Krieg auf dem Balkan

1940–1945

Janusz Piekalkiewicz

Krieg auf dem Balkan

1940–1945

Südwest Verlag München

Vorderes Vorsatz: 8. April 1941, 5.30 Uhr, nordwestlich von Sofia: Die Panzergruppe Kleist rollt in Richtung Belgrad

Seite 2: Herzogewina, 15. 6. 1943: In einer großangelegten Operation, dem Unternehmen »Schwarz«, sollen die Mihailović-Tschetniks endgültig zerschlagen werden.

Seite 4/5: Raum Mostar, Oktober 1943, Unternehmen »Herbstgewitter«: Deutsche Einheit auf dem Weg zum Einsatz.

Hinteres Vorsatz: Kruje, nördlich von Tirana, März 1943: Auf deutscher Seite kämpfende Albaner sammeln sich für eine Aktion

© 1984 by Südwest Verlag GmbH & Co. KG, München
Alle Rechte vorbehalten
ISBN 3-517-00790-0
Schutzumschlag: Design-Team, München
Karten: Hannes Limmer, München
Satz und Druck: Wenschow, München
Einband: Klotz, Augsburg

Inhalt

Für die Aussprache von (Orts-)Namen gilt im Serbokroati-schen in etwa Folgendes:

c = z bzw. tz – also z. B. Jaice = Jaize; Karlovac = Karlowatz
ć = tsch – also Bihać = Bihatsch; Mihailović = Michailowitsch
č = dsch – also Foča = Fodscha; Čačak = Dschadschak
š = sch – also Niš = Nisch; Šibenik = Schibenik
z = s – also Novi Pazar = Nowi Pasar; Zvornik = Swornik
ž = sch – also Ostrožac = Ostroschatz; Užice = Uschize
V vertritt meist das im Serbokroatischen nicht vorhandene W

Vorwort

Die Jahre von 1940–1945 gehören auch für den Balkan zu den dunkelsten Kapiteln unserer Zeitgeschichte.

Die Tragödie der südosteuropäischen Staaten, die Ausrottung der Bevölkerung ganzer Landstriche, das grausame Foltern von Gefangenen sowie das systematische Hinmorden von Frauen und Kindern bestätigen immer wieder, daß es dort seit eh und je kaum eine andere Form kriegerischer Auseinandersetzungen gegeben hat. Die blutigen Erfahrungen ihrer Geschichte, die Leiden durch eine Jahrhunderte dauernde Unterdrückung ließen die Herzen dieser Menschen, die im Frieden zu edelsten Regungen fähig sind, im Krieg so verhärten. Und die Handlungsweise der einzelnen Balkan-Bewohner wurde oftmals eher durch Abstammung oder Blutsbande als durch individuelle Überzeugung bestimmt.

Mit Recht notiert Milovan Djilas, einst enger Vertrauter Titos: »Es ist weitaus schwieriger und beschwerlicher, über eine historische Tragödie zu berichten, als sie hervorzurufen oder an ihr teilzunehmen.« ...dies um so mehr, wenn es auf dreihundertzwanzig Buchseiten – wie in diesem Fall – geschehen soll...

In der Tat haben die Ereignisse in Südosteuropa kaum eine Parallele: Als mit dem handstreichartigen Luftlandeunternehmen auf Kreta (Mai 1941) der Balkanfeldzug zu Ende ging, entbrannte erst richtig der Krieg in den zerklüfteten, wilden Bergen des europäischen Südostens.

Es war der Kampf aller gegen alle: Serben mit Kroaten gegen Deutsche, Italiener mit Kroaten gegen Serben, Deutsche und Italiener mit Kroaten und Serben gegen Titos Partisanen, Albaner und Italiener mit Deutschen gegen Tito, Mihailović-Tschetniks gegen Partisanen, die Veteranen der russischen Zaren-Armee gegen Tito, Tschetniks mit Deutschen gegen Partisanen, Mazedonier gegen Slowenen, und die deutsche Führung holte sogar »Freie Araber« zu Hilfe, außerdem Christen gegen Mohammedaner, Katholiken gegen Orthodoxe, Griechen gegen Griechen, Kosaken und SS-Verbände gegen Partisanen und nicht zuletzt Engländer gegen Griechen. Dazu spielten sich hinter den Kulissen erbarmungslose Duelle der Geheimdienste und verwegener englischer, deutscher, amerikanischer und sowjetischer Sonderkommandos ab, die kein Pardon kannten.

Die Schilderung der Geschehnisse auf dem Balkan – aus der Sicht aller Beteiligten und beinahe Tag für Tag – wurde durch einen recht unbefriedigenden Stand der Quellen, die überwiegend äußerst einseitig verfaßt sind, sehr erschwert. Es spiegeln sich in ihnen immer die gleichen Gegensätze wider, die im Herbst 1940 und im Frühjahr 1941 Oberhand hatten. Und obwohl die Gegner von damals längst durch den Wind der Geschichte verweht sind, ist manches Problem, um das man sich vor vier Jahrzehnten gestritten und zur Waffe gegriffen hat, bis zum heutigen Tag verblieben.

Daher »müssen wir uns erinnern, sonst wird sich alles wiederholen!«

Der Verlag

Schauplatz

Der Balkan, die türkische Bezeichnung für Gebirge, seit Generationen das »Pulverfaß Europas«, hat viele Gesichter und genauso viele Landschaften: Ausgedehnte Ebenen, wilde Felskämme, düstere Urwälder stoßen hart aneinander; das Meer beeinflußt weite Regionen, und überall vermischen sich die Zeugen der Vergangenheit mit denen der Gegenwart.

Die Felsen Kroatiens haben einen anderen Charakter als die Albaniens, die Eichenwälder Kroatiens sind anders als die Urwälder Bosniens, die Ebenen Slawoniens sind nicht zu vergleichen mit den Küstenebenen Albaniens oder Norddalmatiens. Die tief eingeschnittenen, schluchtartigen Täler des Balkans, von romantischer Schönheit, dienen seit ehedem schon als Heerstraßen, über die, wie kaum woanders, Soldaten so vieler Völker und Nationen gezogen sind: Dorer, Illyrer, Römer, Goten, Serben, Bulgaren, Avaren, Byzantiner, Türken, die Kreuzfahrer, Österreicher, Deutsche, Franzosen, Italiener, Russen und Engländer.

Da die Vielfalt dieser großartigen Landschaften den Menschen, der sie bewohnt, herausfordert, jede auf ihre Art, wirken sie auch auf die Seele des einzelnen und fördern den Tatendrang.

In keinem Teil Europas wohnen so viele verschiedene Völker auf so engem Raum nebeneinander wie hier: Die Serben in Serbien, Montenegro und auch in Teilen Bosniens; die Kroaten in Kroatien – zu dem auch Dalmatien und Slowenien gehören – sowie in Teilen Bosniens; dann die Albaner, Bulgaren, Griechen in ihren Staaten, schließlich die Mazedonier im serbischen, bulgarischen und griechischen Grenzgebiet. Die Türkei reicht nicht nur mit einem Teil ihres Gebietes auf den Balkan, die Türken sind auch zahlreich in Albanien und Bosnien vertreten. Diese Völkerschaften trennen nicht nur politische Unterschiede, sondern ebenso Rassen und Religionen. Auch ihre Wohnstätten weisen die ganze Vielfalt auf: von den kargen Steinhütten in vielen Gegenden Dalmatiens, Montenegros und Albaniens bis zu den anmutigen Häusern der reichen Dörfer in den breiten Flußtälern Serbiens oder zwischen der Drau und Save in Kroatien.

Die überall noch vorhandenen stummen Zeugen aus alter Zeit weisen die derzeitigen Einwohner der breiten Küstenzone auf eine andere Vergangenheit hin als in Albanien, Bosnien, Serbien oder im Inneren Kroatiens.

Balkan 1940: Drei Viertel seines Gebietes sind von Gebirgen und Hochebenen durchzogen. Überall trifft man auf Baudenkmäler, die von bewegter Vergangenheit zeugen

Selbst die Großstädte prägt ein krasser Unterschied: Wenn Belgrad auch seinen orientalischen Anstrich fast gänzlich durch moderne Stillosigkeit verloren hat, so mutet Sarajevo Ende der dreißiger Jahre noch wie ein türkisch-orientalisches Märchen an, und das Stadtbild von Agram (Zagreb) ist in seiner ausgeglichenen Harmonie der zahlreichen Barockbauten stilvoll wie eine schöne mitteleuropäische Stadt.

Genauso wie die Gegensätze in der Natur, bestehen sie auch zwischen den Menschen. So war der Balkan bereits im 19. Jahrhundert ein dauernder Wetterwinkel der internationalen Politik. Hier nahm auch der Erste Weltkrieg seinen Ausgang. Und wie kaum ein anderer Teil Europas bildet der Balkan mit seinen wild zerklüfteten, wegarmen Hochgebirgen und seinen düsteren Urwäldern die ideale Landschaft für Partisanen.

Nur für den Dienstgebrauch!

Militärgeographischer Überblick über
SÜDOSTEUROPA
(Donauraum und Balkanhalbinsel)
Abgeschlossen 15. 3. 1940. Generalstab des Heeres.
Berlin 1940

In einem militärgeographischen Überblick über die Gesamtheit der Räume SO-Europas muß der Donauraum auf alle Fälle von der eigentlichen Halbinsel getrennt werden, da die Bedingungen für die Kriegführung kaum irgendwo in Europa so große Gegensätze aufweisen, wie die weiträumigen Donaugebiete gegenüber den kleinräumigen Berg- und Beckenlandschaften der Balkanländer. Die militärgeographische N-Grenze der Balkanhalbinsel ist der Lauf der Save und der Unterlauf der Donau.

Die Balkanhalbinsel

Bodenformen

Die Balkanhalbinsel ist großenteils schwieriges Gebirgsland. Als Kriegsschauplatz erfordert sie fast überall einen erheblichen Anteil an gebirgsmäßig ausgerüsteten Truppen. Dieses Hochgebirge in Verbindung mit den zahlreichen kleinen und größeren Becken und der stark zerrissenen Küstengestaltung geben der Balkanhalbinsel ihre sehr unruhige Hauptgliederung. Es fehlen mit wenigen Ausnahmen langgestreckte Hochgebirgszüge; an deren Stelle treten zahlreiche Einzelmassive. Im übrigen herrscht Mittelgebirgscharakter vor.

Militärgeographischer Überblick über

Südost-Europa

(Donauraum und Balkanhalbinsel)

[H. 1]

Abgeschlossen 15. 3. 1940

Generalstab des Heeres
Abteilung für Kriegskarten und Vermessungswesen
Berlin 1940

Diesen geheimen »Fremdenführer« benutzt das Oberkommando des Heeres für seine Vorbereitungen zur Niederwerfung des Balkans

Aber auch die Mittelgebirge sind großenteils wenig wegsam, vielfach steil und schluchtenreich, also schwer gangbar.

Sehr häufig sind Karsterscheinungen, bedingt durch leicht lösliche Kalkformationen, besonders in der W-Hälfte der Balkanhalbinsel; diese rauhen, teils bewaldeten, teils nackten Gebiete sind schwer zugänglich und erschweren ungemein die Verwendung stärker versammelter Verbände.

Flachland kommt in größerer Ausdehnung nur im Anland der Save, Donau, Morava, Marica, dann im Küstengebiet des Schwarzen und Ägäischen Meeres vor. Größere freie Operationsräume fehlen im westlichen Teil der Balkanhalbinsel ganz; in der östlichen Hälfte sind größere Operationen überall leichter durchführbar, weil hier die hohen Gebirge erheblich wegsamer und gangbarer sind, und die Größe der Beckenlandschaften und ihre Verbindungen untereinander den geschlossenen Einsatz stärkerer Kräfte ermöglichen.

Die Küste des Adriatischen Meeres fällt durchgehend schroff ab. Nur wenige Stellen (z. B. in Albanien) bieten eng begrenzten Entwicklungsraum. Auch die stark zerrissenen Küsten des Ägäischen Meeres sind fast durchweg von felsigen Gebirgen eingenommen, zwischen denen einzelne größere Küstenebenen eingeschlossen sind.

Bodenarten und -bedeckung

Fast die Hälfte der Gebirge der westlichen Balkanhalbinsel besteht aus kalkigem Karst. Die übrigen Gebirge bestehen teils aus Schiefer, teils sind sie vulkanischen Ursprungs. Felsboden kommt in größerer Ausdehnung überall, besonders in N-Albanien vor. In den Karstgebieten, welche die ganze Adria bis Skutari in langen Parallelstreifen begleiten, nimmt der nackte Fels oft die Hälfte des Bodens ein. Pferde und Motorfahrzeuge sind dort nicht verwendbar.

Sandige Ebenen wie in Nordeuropa gibt es in größerer Ausdehnung nirgends. Die vielgestaltigen waldreichen Mittelgebirge haben lehmigen und steinigen bis felsigen Boden mit Waldhumus und viel Weichland in den Tälern, die Becken meist schweren, fruchtbaren Boden bis auf die häufigen Weichlandgebiete.

Von moderner Bodenkultur kann im größten Teile der Balkanhalbinsel noch kaum die Rede sein. Die Feldbebauung beschränkt sich vielfach auf die flacheren Gebiete und die Becken. Die Wälder setzen sich vorwiegend aus Laubbäumen zusammen, Nadelholzbestände sind seltener. In Karten ist auch schütteres Gebüsch und Gestrüpp als Wald bezeichnet, das in vielen Teilen der Balkanhalbinsel abgeholzte Bestände und ungenutzte Landflächen weithin bedeckt. Geregelte Forstwirtschaft ist im N häufiger, im S selten anzutreffen.

Gewässer

In den Karstgebieten sind die hier seltenen größeren Flüsse meistens in tiefe Schluchten eingeschnitten. Im hohen Mittelgebirge sind mittlere (wasserreiche) Flüsse häufiger; sie sind ebenfalls tief, aber weniger schroff eingeschnitten. Zahlreiche wilde, steile Torrenten (nur zeitweise Wasser führende Flüsse und Bäche mit breitem Steinbett) kommen hier zu den Hauptflüssen herab. In den Becken bilden die Flüsse zahllose Schleifen (Mäander) bzw. Sumpf- oder Weichland aus.

Die zur Adria fließenden Gewässer sind kurz, aber als Schluchtflüsse stets bedeutende Bewegungsabschnitte. Auch an der Küste des Schwarzen Meeres kommen nur unbedeutende Gewässer vor. Im hohen, besonders im kahlen Gebirge haben alle Flußläufe den Charakter von Wildbächen (Torrenten) mit wechselnd wasserarmen (ausgetrockneten) und übervollen Steinbetten. Nach dem Verlassen des Gebirges treten Überschwemmungs- und Sumpfgebiete (Malaria!), an den Flachküsten Lagunen und Strandseen auf.

Das Flachland an der Save und an der ägäischen Küste hat sumpfige Schleichflüsse, das nordbulgarische Hochland und die Dobrudscha (Dobrogea) tief eingeschnittene Wasserläufe mit teilweise sumpfiger Niederung. Die Wasserstände sind im Frühjahr und im Spätherbst am höchsten. Im Sommer sind die meisten Flüsse fast leer, zum Teil ausgetrocknet.

Klima

Die klimatischen Verhältnisse der Balkanhalbinsel weisen außerordentliche Gegensätze auf. Im Innern der

Raum Novi Pazar (Montenegro): »Die Balkanhalbinsel ist größtenteils schwieriges Gebirgsland...«

Halbinsel und an der O-Küste (Schwarzes Meer) hat das Klima fühlbar kontinentalen Charakter, während die Küstengebiete des Adriatischen und des Ägäischen Meeres mittelmeerisch (mediterran) bestimmt sind. Hervorzuheben sind der Schneereichtum der Karstplateaus und der höheren Gebirge, die Winterhärte der Hochgebiete (besonders im O), dann das Auftreten der heißen Scirocco-Winde aus S und der im Winter und Frühjahr auftretenden Bora-Stürme aus NO mit durchdringender trockener Kälte.

Operationsrichtungen

Die gebirgige Beschaffenheit der Balkanhalbinsel mit ihren zahllosen kurzen und steilen Bergketten bei zum Teil geringer Ausdehnung der Beckenlandschaften zwangen seit altersher die Kriegszüge, bestimmte Richtungen einzuschlagen. Diese durch Flußläufe und Becken gebildeten durchlaufenden Linien haben auch heute noch in militärischer Hinsicht Bedeutung, weil die meisten wichtigen Verkehrslinien (Eisenbahnen und Straßen) dort verlaufen, während sie in anderen, zum Teil ausgedehnten Räumen über örtliche Bedeutung selten hinausgelangen. Zwischen diesen Linien gibt es in Jugoslawien noch zahlreiche künstliche W-O-Ver-

kehrswege, und zwar zwei Eisenbahnen an die Adriaküste und eine Reihe von mehr oder weniger guten Straßenverbindungen, die sich von den vorgenannten aber dadurch grundlegend unterscheiden, daß sie größtenteils durch schwer gangbares Gebirgsland führen, also leicht zu sperren sind. Ähnliches gilt für die an sich technisch gut ausgebaute N-S-Straßenverbindung längs der Adriaküste, für die sogar außer in Albanien eine durchlaufende Parallelstraße landeinwärts zur Verfügung steht. Beide sind an zahllosen Stellen leicht zu sperren.

Die Naturwege der Balkanhalbinsel – örtlich naturgemäß sehr verschieden und vom Boden und der Witterung abhängig – sind in den Beckenlandschaften zahlreich und großenteils auch für Truppenbewegungen meist geeignet (Mangel an tragfähigen Brücken!); im Gebirge haben sie fast stets nur den Charakter von Saumpfaden; im Winter bei Schnee sind sie unkenntlich und unpassierbar, sonst aber meist für Truppen mit Gebirgsausrüstung verwendbar. Die überall außerordentlich stark gegliederte Küste der Adria und Ägäis mit ihren zahlreichen Buchten und Schlupfwinkeln macht die Verwendung von Seestreitkräften zu Landungsunternehmen und für den Nachschub möglich und verleiht ihnen besondere Bedeutung.

Unterbringung

Alle Beckenlandschaften und Ebenen der Balkanhalbinsel sind stärker besiedelt, als der Gesamtdurchschnitt der einzelnen Länder vermuten läßt. Dementsprechend

sind die Unterkunftsverhältnisse in diesen Gebieten, abgesehen von größeren Städten, zwar primitiv, aber reichlich, teilweise, besonders in den ehemals österreich-ungarischen Teilen Jugoslawiens und in Bulgarien, sogar fast mitteleuropäisch.

In Gebirgsgegenden bestehen die Wohnorte aus weit verstreut liegenden Einzelsiedlungen oder kleinsten Weilern mit höchst primitiven Hütten aus Stein oder Holz mit feuergefährlicher Bedachung und sind für die Unterbringung von stärkeren Truppenverbänden nirgends auch nur entfernt ausreichend. Auch an Stallungen ist überall Mangel. Das Biwak (Freilager) ist die Regel. Im Karst ist die Wahl der Lagerplätze oft durch die Trinkwasserverhältnisse, in den Niederungen durch feuchtes Weideland beschränkt und bedarf stets der Erkundung (Malariagefahr).

Bevölkerung

Die Balkanhalbinsel ist bekanntlich das bevölkerungspolitisch schwierigste, weil gemischteste Gebiet Europas. Die frühere Überfremdung durch türkische Herrschaft hat eine späte Entwicklung zu geschlossenen Nationalitäten zur Folge gehabt, die auch heute noch nicht als abgeschlossen gelten kann. Es ist daher nicht leicht, überall eine scharfe Grenze zwischen ihnen zu ziehen, wo die Staatsgrenze sich nicht damit deckt, wo einzelne Stämme den Anschluß an ihre Gesamtnation selbst noch nicht gefunden haben, auch die zahlreichen Religionsbekenntnisse einander räumlich stark durchgreifen und insbesondere die slawischen Nationen in den Grenzgebieten ein Gemisch ihrer verschiedenen Sprachen sprechen.

Es kommt daher noch heutzutage, wenn auch in abnehmendem Umfange, häufig vor, daß die Bewohner bestimmter Gebiete je nach ihrer politischen Gesinnung und ihrem religiösen Bekenntnis oder ihrer Beeinflus-sung verschiedene Angaben über ihre Nationalität machen. Nach der Nationalität sind zu unterscheiden: Serben, Kroaten und Slowenen (zusammen etwa 10 Millionen) bilden die Mehrheit der Bevölkerung Jugoslawiens. Erstere bekennen sich vornehmlich zum griechisch-orthodoxen, letztere zum römisch-katholischen Glauben. Ein Teil der Serbokroaten im ehemaligen Bosnien und der Herzegowina sind Mohammedaner. Die Landessprache ist die gleiche und wird neuerdings auch mit lateinischen Buchstaben geschrieben. Ein Eingehen auf die zahllosen Mundarten würde zu weit führen.

Bulgaren (etwa 5,5 Millionen) bewohnen das heutige Bulgarien, ferner die Dobrudscha bis weit nördlich der Donaumündung und haben auch im griechisch-türkischen Küstenstreifen der Ägäis vielfach noch die Mehrheit gegenüber dem Staatsvolk. Sie gehören zumeist der griechisch-orthodoxen Kirche an. Die Makedoslaven (Makedonier), etwa 1 Million, bilden keine selbständige Nationalität, werden vielfach den Bulgaren zugerechnet, sprechen mehrere Übergangsmundarten von Bulgarisch zu Serbisch und siedeln beiderseits der jugoslawisch-griechischen Grenze zwischen dem Kara Dagh und der Sar Planina im N, der Linie Kalkandelen-Debra-Ochrida-Kastoria im W, Ostrovo-Saloniki im S und dem Gebirgskamm ostwärts der Struma im O. Die Makedonier gehören großenteils der griechisch-orthodoxen Kirche an, nur ein kleiner Teil ist mohammedanisch.

Die Griechen (etwa 6,2 Millionen) erstrecken sich nach N über die Arta und Vistrica hinaus und bewohnen, mit Bulgaren und Türken gemischt, den ganzen Küstenstreifen der Ägäis, als kleine Minderheit sogar bis an das Schwarze Meer zwischen Istanbul (Konstantinopel) und Burgas. Nach dem Weltkrieg hat ein großer Austausch zwischen türkischer und griechischer Bevölkerung stattgefunden, so daß ihre Prozentsätze auf dem Gebiet der anderen Nation nicht mehr hoch sein dürften. Sie bilden auch einen kleinen Prozentsatz der Bewohner der Städte in S-Albanien und Makedonien und gehören meist zur griechisch-orthodoxen Kirche.

Die Albaner (etwa 1,5 Millionen) bewohnen Albanien, außerhalb Albaniens geschlossen die Metochia und Kosovo (Ober-Albanien), ferner mit Serben gemischt die Gegenden am Drini barz, am oberen Vardar und an der oberen Morava, dann das Gebirge zwischen der Ibar und der südlichen Morava, nördlich Skoplje. Sie sind zu 70% mohammedanisch, im N Albaniens römisch-katholisch, im S griechisch-orthodox.

Die Osmanen (Türken) haben nur im europäischen Teil der Türkei eine Mehrheit. Früher bewohnten zahlreiche Türken weite Teile der Balkanhalbinsel als verstreute, früher herrschende Schicht. Nach dem Weltkrieg sind sie besonders im W fast völlig verschwunden, wenn auch ihre Sitten und Gebräuche, vor allem als Begleiterscheinungen des Mohammedanismus, auch heute noch auffallend in Erscheinung treten. Häufiger sind die Türken zwischen Skoplje und Seres sowie in einem breiten Streifen entlang der W-Küste des Schwarzen Meeres bis nach Odessa hin. Die Türken sind Mohammedaner.

An weiteren Nationalitäten bewohnen Italiener einen Teil der Dalmatinischen Küste und sind auch in den übrigen Küstenstädten der Adria, besonders jetzt in Albanien, anzutreffen. Vereinzelt finden sich neben wenigen Deutschen und Magyaren (spanische) Juden, Zigeuner, Armenier, Polen, Araber, Aromunen (rumänische Wanderhirten).

In Anbetracht der sehr bedeutenden Gebirgs- und Karstpartien, die kaum bewohnt sind, ist die Besiedelung der Täler und Becken ziemlich dicht. Am dichtesten besiedelt sind die serbischen Beckenlandschaften, Kroatien, Bulgarien und alle Küstensäume. Die Bevölkerung lebt größtenteils von Ackerbau und Viehzucht; Industriebevölkerung im mitteleuropäischen Sinne ist unbekannt.

Jugoslawien

Das vereinigte Königreich der Serben, Kroaten und Slovenen (Jugoslavia) umfaßt 247 541 qkm und zählt etwa 15 Millionen Einwohner. Seine Grenzen finden im S und O an zahlreichen Gebirgskämmen und Einzelmassiven Stütze. Im W stößt der Staat an die inselreiche Adria-Küste, über der das Festland fast überall mit hoher Steilstufe ansteigt, deren Überwindung beträchtliche technische Schwierigkeiten verursacht. Im N verläuft die Staatsgrenze, sobald sie den Kamm der Karawanken verläßt und nicht von der wasserreichen Drau gebildet wird, recht willkürlich durch ehemalig österreichische und ungarische Gebiete, weiter östlich das Völkergemisch des Banats durchschneidend. Erst am »Eisernen Tor« (dem Durchbruchstal der Donau) findet sie wieder Halt an hohem Gebirge.

Bevölkerung

Im kulturellen Leben macht sich die scharfe Gliederung nach zwei christlichen Hauptbekenntnissen sehr bemerkbar. Die orthodoxe Kirche umfaßt mit 48,7% fast die Hälfte der Bevölkerung (Zentren: Serbien, Montenegro, große Teile Bosniens), während 37,5% der römisch-katholischen Kirche angehören (Slovenien, Kroatien-Slavonien und Dalmatien fast rein katholisch, Bosnien zum kleineren Teil). Zu diesen beiden Hauptgruppen tritt das Mohammedanertum (besonders in Bosnien, Herzegowina und Südserbien-Makedonien), das 1½ Millionen Menschen oder 11,2% der Bevölkerung umfaßt.

Bosnien ist das schwierigste Mischgebiet aller drei Konfessionen. Bei den Mohammedanern Jugoslawiens ist zu beachten, daß es sich nicht um Türken handelt, sondern um islamisierte Südslaven und Albaner. Es herrscht Gleichberechtigung der Bekenntnisse. Eine weitere wichtige kulturelle Scheidelinie ist durch die Verwendung des lateinischen und des kyrillischen Alphabetes für die Schreibweise der serbo-kroatischen Einheitssprache gegeben. In der Hauptstadt des Landes, Belgrad, ist die kyrillische Schreibweise üblich; jedoch erscheinen amtliche Veröffentlichungen (auch Straßennamen) in beiden Alphabeten. Das umgekehrte gilt für Zagreb (Agram), die Hauptstadt des nunmehr autonomen Kroatien.

Die innere Entwicklung Jugoslawiens wird beherrscht von dem politischen Kampf zwischen dem Volkstum der beiden südslawischen Stämme der Kroaten und Serben, der allerdings durch den Ausgleich zu Anfang des Jahres 1940 an Schärfe verloren hat. Der ebenfalls südslawische Stamm der Slowenen nimmt nach seinem Volkstum eine noch stärkere Sonderstellung ein (starke Abweichung des Slowenischen von der serbokroatischen Einheitssprache).

Verwaltung

Jugoslawien ist ein Königreich mit konstitutioneller Verfassung. Verwaltungsmäßig ist es in 9 Banate und das Selbstverwaltungsgebiet Belgrad (mit Zemun und Pancevo) eingeteilt. Die Grenzfestlegung der einzelnen Banschaften ist willkürlich und folgt weder historischen noch geographischen Gegebenheiten, ebenso sah die Benennung von den historischen Namen ab und erfolgte nach Flüssen. Das kroatische Volkstumsgebiet hat erst in letzter Zeit die Autonomie erhalten, doch sind die Grenzen dieses Gebietes im einzelnen noch nicht festgelegt. Im allgemeinen deckt sich das autonome Kroatien mit dem Gebiet des Save- und Küstenbanats.

Wirtschaft

Jugoslawien ist ein ausgesprochenes Agrarland (82% der Bevölkerung sind in der Land- und Forstwirtschaft tätig). Ackerbau und Viehzucht sind die Grundpfeiler des Wirtschaftslebens, aber auch das überaus reiche Vorkommen von mineralischen Rohstoffen (Eisen, Blei, Kupfer, Zink, Antimon, Chromerz, Bauxit) ist wichtig. Der Abbau und die Verwertung dieser Rohstoffe ist noch im Anfangsstadium, aber schon heute steht Jugoslawien in der Kupfer-, Zink-, Blei- und Chromerzförderung in Europa an erster Stelle. Reich sind die Wälder in Slovenien, Hochkroatien und Bosnien (Forstwirtschaft und starke Holzausfuhr), während die Karstzone und weite Gebiete im S und O Jugoslawiens sehr arm an Hochwald sind.

Verkehr

Das Verkehrsnetz Jugoslawiens leidet noch heute unter dem Umstand, daß es teilweise auf die Belange der österreichisch-ungarischen Monarchie zugeschnitten war, teilweise noch schwach entwickelt ist. Erschwerend für den Ausbau eines zusammenhängenden Verkehrsnetzes ist ferner der gebirgige Charakter des Landes mit seinem stark wechselnden Relief.

Militärisch brauchbare Landstraßen weisen in erster Linie die ehemals österreichisch-ungarischen Landesteile auf. Nebenstraßen, die auch in Jugoslawien diesen Namen führen, kommen für Kraftfahrzeuge nur beschränkt und unter günstigen Witterungsverhältnissen in Betracht. Im Gebirge kann man sie eigentlich nur als Karrenwege bezeichnen. Abgesehen von den wichtigsten Hauptdurchfahrtsstraßen muß im jugoslawischen Straßennetz vielfach noch mit schwachen Holzbrücken und schmalen hochgewölbten Brücken aus der Türkenzeit gerechnet werden.

An Binnenwasserstraßen stehen in Jugoslawien die Flußläufe der Donau, der Save (ab Sisak), der Drau (ab Barc in Ungarn) und die Theiß (ab Landesgrenze) zur Verfügung, viele andere Flüsse dienen nur der Flößerei. Für militärische Unternehmungen von der See aus kommt der Adriaküste Bedeutung zu. Außer zahlreichen Buchten, die sich ausgezeichnet zur versteckten Versammlung eignen, weist die Küste günstige Naturhäfen auf. Sibenik und Kotor sind Kriegshäfen.

Das Nachrichtennetz ist für die Verhältnisse eines Balkanstaates als dicht zu bezeichnen. Alle Drahtverbindungen verlaufen oberirdisch mit Ausnahme des im Bau befindlichen Erdkabels Belgrad-Zagreb-Maribor.

Klima

Die dinarischen Ketten teilen Jugoslawien in zwei scharf geschiedene Klimaprovinzen. Der schmale Saum der dalmatinischen Küste hat Mittelmeerklima, der O des Landes hat dagegen kontinentale Prägung, wobei die Gebirgsgebiete starke Unterschiede gegenüber den Beckengebieten und den nördlichen Niederungsgebieten aufweisen. In scharfem Gegensatz hierzu steht das Klima der ausgedehnten Hochgebiete Kroatiens, W-Bosniens, der Herzegowina und der Crna Gora (Montenegro).

Die Winter sind hier reich an Schnee und besonders während der Borastürme empfindlich kalt. In den Flußniederungen werden besonders im Frühjahr und Herbst starke Nebel beobachtet, die oft bis gegen Mittag anhalten. Für ganz Jugoslawien, mit Ausnahme Dalmatiens, ist zu sagen, daß für die Zeit von November bis April

ein Biwakieren im Freien für größere Verbände nur ausnahmsweise in Frage kommt, in den Gebirgen dürfte es ausgeschlossen sein.

Bodengestaltung

Der Boden Jugoslawiens ist im einzelnen durch eine schwer zu überblickende Mannigfaltigkeit seiner Gliederung gekennzeichnet.

Bulgarien

Die Grenzen sind im Vertrage von Neuilly (27. XI. 1919) so gezogen worden, wie es den Interessen der Siegerstaaten entsprach; z. B. geht im NO die Grenzlinie mitten durch die bulgarische Dobrudscha, im S durch das vor dem Weltkrieg von Bulgaren und Türken bewohnte Thrakien und Makedonien, im W durch das ehemals ganz bulgarische Makedonien und O-Serbien.

Bevölkerung

Seit dem Weltkrieg von 1914/18 umfaßt das Staatsgebiet von Bulgarien 103 146 qkm mit 6,3 Millionen Einwohnern nach der Zählung von 1935. Die Bevölkerungsdichte beträgt demnach im Durchschnitt 62 auf 1 qkm. 80% der Einwohner (also 5 Millionen) wohnen auf dem Lande; auch die kleinstädtische Bevölkerung ist überwiegend landwirtschaftlich tätig.

Neben 86,8% Einwohnern bulgarischer Nationalität spielen nur noch Türken (10,2%) im O und NO des Landes (Deli Orman) eine gewisse Rolle als völkische Minderheit. Außer den Türken sind noch besonders die Zigeuner zu erwähnen (1934: 80 500). Außerdem leben etwa 12 000 Russen und 10 000 Griechen in Bulgarien. Die Juden machen mit 28 000 Köpfen 0,5% der Gesamtbevölkerung aus. Im Geschäftsleben spielen noch die Armenier eine gewisse Rolle. Der Volkscharakter des Bulgaren zeigt den Hang des Slawen zur Schwermut, dabei aber eine durchaus kämpferische Tatbereitschaft. Gerühmt werden seine Gastfreundlichkeit und Hilfsbereitschaft.

Sprache

Das Bulgarische ist eine slawische Sprache und dem Russischen ziemlich verwandt. Viele aus dem Russischen übernommenen Worte und Wendungen haben sich eingebürgert. Es bestehen aber auch viele Übereinstimmungen mit der serbischen Sprache. Die bulgarischen Dialekte unterscheiden sich nicht wesentlich. Die Verwendung der kyrillischen (russischen) Buchstaben im Bulgarischen bringt eine große Unsicherheit in die Orthographie der Karten.

Wirtschaft

Die bulgarische Wirtschaft beruht auf der Landwirtschaft. Die gesamte Anbaufläche beträgt 37 670 qkm = 37,5% des gesamten Staatsgebietes, das in Anbetracht der Gebirgsnatur des Landes also gut ausgenutzt ist. Bulgarien ist in der Hauptsache Getreideland; 70% der angebauten Fläche sind mit Getreide bestellt. Weizen

Ein Dorf bei Edessa in Nordgriechenland: Bald werden
diese stillen Täler Schauplatz
erbittertster Kämpfe

und Mais stehen an erster Stelle. Neben Zuckerrüben
und Sonnenblumen spielen Tabak, Reis und Baumwolle
eine große Rolle. Die Viehzucht ist beträchtlich. Es
werden sehr viel Schafe gehalten. Als Zugtier ist der
Wasserbüffel in den Beckenlandschaften weitverbreitet.
Der Forstwirtschaft Bulgariens dienen etwas weniger
als 3 Millionen ha Waldfläche. 86% sind hiervon Laub-,
12% Nadel- und 2% Mischwald. Die Grenzen zwischen
Wald, Buschwerk und Weide sind nicht scharf.
Buschwerk und Wald werden vielfach als Weide
benutzt. Industrie: In Bulgarien gibt es nur etwa 1200
industrielle Unternehmen, die diese Bezeichnung verdienen, mit zusammen etwa 50–70 000 Arbeitern. Sie
arbeiten fast ausschließlich für den Absatz im Lande
selbst.

Bodenschätze
Es sind dies Vorkommen an Eisen, Chrom, Kupfer,
Mangan und silberhaltigen Bleizinkerzen. Besonders
reich sind die Eisenerzlager bei Blagowest. Die Braun-
kohlengewinnung beläuft sich auf jährlich 1,5 Millionen
Tonnen.

Klima
Das Klima Bulgariens ist gemäßigt kontinental und im
Vergleich zu westlichen Ländern gleicher Breite kühl.
Die Donauzone hat harte Winter, heiße Sommer und
wenig Niederschläge (500 mm jährlich). Das Klima ist
den südrussischen Steppengebieten ähnlich. Die
Gebirgszone hat rauhe, schneereiche Winter, Über-
gangssommer. Temperatur und Niederschlagsmengen
sind je nach der Höhenlage verschieden. In Gebirgsla-
gen über 1000 m hält sich der Schnee von Mitte Herbst
bis Mitte Frühjahr; hier sind scharfe Temperatur-
schwankungen von Tag zu Nacht bemerkenswert,
warme Sommernächte selten.

Verkehrswesen
Das Eisenbahnnetz Bulgariens (2971 km Normalspur,
419 km Schmalspur) genügt den Bedürfnissen nicht
einmal im Frieden. Es ist auch ungleichmäßig verteilt.
Die Gebirgsnatur des Landes erschwert und verteuert
Ergänzungsbauten und Betrieb (große Steigungen, 80
Tunnels, 1485 Brücken, meist Eisen, hohe Dämme und
Einschnitte). Es ist nicht anzunehmen, daß außerhalb
der aufgezählten Verbindungen einwandfreie Straßen
über größere Strecken bestehen. An Binnenwasserstraßen kommt nur die Donau in Betracht. Häfen sind in
Vidin, Lom, Orechovo, Samovit, Nikopol, Svistov und
Russe (Ruscuk). Die wichtigsten Seehäfen sind Burgas
und Varna, ferner (neu seit 1937) Zarevo (Sozopol) und
6 kleinere.

Bodengestaltung
Wie alle Teile der Balkanhalbinsel ist auch Bulgarien
vorwiegend Gebirgsland. Die für die Besiedlung in
Frage kommenden Flächen umfassen 64,6% der
Gesamtfläche des Landes. Infolge des Gebirgscharak-
ters des Landes sind nur 43,2% der Fläche landwirtschaftlich kultiviert, 56,8% werden als nichtbebautes
Land ausgewiesen. Trotz des Umfanges der wichtigsten
Beckenlandschaften gibt es – abgesehen von N-Bulga-
rien – im ganzen Lande kaum Gebiete, die nicht von
mehr oder minder hohen Bergen umgeben erscheinen.
Die höchsten Erhebungen reichen allerdings nicht über
3000 m Meereshöhe (höchster Berg: Mussalla 2925 m)
hinaus. Im ganzen überwiegt der Mittelgebirgscharakter. Auch die höheren Gebirgsstöcke zeigen selten
schroffen alpinen Charakter; vielmehr treten auch dort
abgerundete Formen in den Vordergrund, so daß bis in
die höchsten Höhen die Weidewirtschaft ausgedehnt
werden kann; nur die Flußtäler sind mit engen schroffen
Einschnitten verbunden.
Weit stärker als im deutschen Mittelgebirge tritt die

Waldlosigkeit in Erscheinung. Kahlheit der Berge und vielfach nackter Fels bereits in geringeren Höhen sind wichtige Merkmale. Die bulgarische Küste (311 km) fällt überwiegend steil zum Schwarzen Meere ab. Die für die Schiffahrt wichtigsten Einschnitte sind der Golf von Burgas und die Bucht von Varna.

Die O-W-Erstreckung des Balkan-Gebirges (Stara Planina), der Sredna Gora südlich davon und des Rhodope-Massivs im S zerlegt Bulgarien in acht meist parallel zueinander verlaufende natürliche Landschaften, die durch N-S-Rippen der Gebirge und Flüsse wiederum in kleinere, aber stets miteinander in Verbindung stehende Räume gegliedert werden.

Albanien
(seit 1939 italienisch, 28 000 qkm)

Allgemeines

Die Sonderentwicklung und Rückständigkeit Albaniens seit dem Ende der Türkenherrschaft bis zur Annektion durch Italien in Politik, Wirtschaft und Kultur ist ebenso sehr eine Folge seiner Bevölkerungs- sowie seiner Landschaftsverhältnisse. Die Bevölkerung Albaniens beträgt rund 1,0 Millionen (29 je qkm). Die Albaner stehen rassisch den benachbarten Makedoniern, Dalmatinern und Griechen nahe (dinarische Rasse), auch germanische Typen sind nicht selten.

Der Albaner ist im allgemeinen ein sympathischer, gut veranlagter, bedürfnisloser Menschenschlag, allerdings auch häufig gewalttätig, hinterlistig und träge in der Arbeit. Die Arbeit liegt in der Hauptsache den Frauen ob. Für die geistige Schulung des Volkes ist bisher nicht viel geschehen, so daß Albanien die meisten Analphabeten in Europa aufweist. Der Religion nach zählt man im N 12% römische Katholiken, im S 21% griechische Katholiken und über das Land verteilt 67% Mohammedaner. Gastrecht, Vergeltung und Blutrache gelten noch heute mehr als geschriebenes Recht. Die albanische Sprache weist mit keiner europäischen Sprache

Gemeinsamkeit auf, es kommen aber viele Fremdwörter aus den benachbarten Gebieten vor.

Die Bevölkerung ist größtenteils landwirtschaftlich (als Bauer und Hirt) tätig. Die Tieflandbewohner sind infolge Malariaverseuchung stark degeneriert, das fruchtbare Gebiet daher völlig ungenügend angebaut. Die Ortschaften im Küstengebiet sind geschlossene Siedlungen, im übrigen weit verstreute Gebirgsdörfer. Die Dürftigkeit der Häuser tritt besonders in der Ebene bei den völlig verarmten Kleinpächtern in Erscheinung, die meist in kümmerlichen Lehm- oder Geflechthütten wohnen. Im Hügel- oder Bergland sind größere Gehöfte häufig. Die Einzelsiedlung herrscht vor. Die Städte – die größte ist Tirana mit 30 000 Einwohnern – haben kleine altertümliche Häuser; von moderner Wohntechnik kann höchstens in den neueren Vierteln von Tirana die Rede sein.

Die Verkehrswege sind noch fast im Urzustande. Die erste Eisenbahn Durazzo-Tirana ist erst im Bau. Die einzige, modernen Ansprüchen genügende Straße verbindet Shkoder (Skutari) mit Tirana und dieses mit Durres (Durazzo). Die Gesamtlänge der Straßen beträgt 1200 km. Brücken gibt es fast gar nicht. Über die wasserreichen Flüsse vermitteln Fähren den Verkehr, die übrigen werden durchfurtet. Die meisten der vorhandenen älteren Brücken können nur von leichten Kraftwagen (3 t) befahren werden, soweit sie nicht seit dem Weltkrieg in Trümmern liegen.

In den bergigen Gebieten ist das Tragtier das einzige Verkehrsmittel, zumal auch die Naturwege schmal und steil, dicht an ungangbaren Schluchten und über steile, verkarstete Hänge und Grate hinwegführen. Auch in den Ebenen kennt man nur Tragtierpfade und Fußwege. Die Gewässer spielen als militärische Hindernisse ihrer Talbeschaffenheit wegen eine große Rolle. Die Wasserführung richtet sich ganz nach der Jahreszeit.

Das Klima Küstenalbaniens ist mittelmeerisch bestimmt. Der Sommer beginnt im Mai und ist bei ständig heiterem Himmel sehr heiß. Durchschnittliche

Adria-Küste bei Kotor (südlich Dubrovnik): Wichtiger Stützpunkt der Königlich Jugoslawischen Marine

Temperatur 25°C; aber 30–35°C kommen in 4–6 Sommermonaten sehr häufig vor. Da auch die Nächte meist warm sind, ist das Sommerklima für Mitteleuropäer schwer erträglich, erschlaffend und malariagefährlich. Im September beginnt langsam die winterliche Regenzeit, die erst im April abklingt. Inneralbanien dagegen hat ein deutlich kontinental bestimmtes Klima, das aber in sich nicht einheitlich ist.

Die Vegetation und Bewaldung ist verhältnismäßig dicht und reich bis auf S-Albanien. Mit den Höhenstufen wandelt sich das Pflanzenkleid von immergrünen Hartlaubgewächsen in der Macchia-Zone (Küstensaum) über die Trockenwaldstufe (Eiche) und die Wolkenwaldstufe (Buche, Tanne, Föhre) zur Alpenmattenregion in Höhen um 2000 m und mehr. Im ganzen kann Albanien noch als waldreich bezeichnet werden. Der Buschwald (Macchia) bildet ein trockenes, staubiges, von Dornsträuchern durchsetztes halbdunkles Dickicht von höchstens 4–5 m Höhe. Es zu durchdringen ist mühsam und unangenehm. Die Trockenwaldregion kleidet die Flanken des Hügellandes und die unteren Hänge der Gebirge. Sie besteht in der Regel aus lichten, meist buschartigen Eichenwäldern, die verhältnismäßig wenig Schatten spenden und wegen Mangel an Luftzug bei Hitze wenig angenehm sind (zahllose Insekten).

In siedlungsarmen Gegenden sind geschlossene Eichenhochwälder häufiger (zahlreiche Wildschweine). Dazwischen sind aber kahle oder mit Ginster, Wacholder, Dorngebüsch oder Farren bewachsene Heideflächen häufig – eine Folge der Waldverwüstung. In den Küstengebirgen bilden die Eichen häufig die obere Waldgrenze. In Höhen über 900–1000 m beginnt die Wolkenwaldzone der Buchen. Die Buchenwälder sind frisch, feucht und bilden dichte Hochbestände; bei lichterer Stellung entwickeln sie reichlich Unterholz. Die Alpenmattenregion nimmt in Albanien große Flächen ein. Weite, im Frühling blumenreiche Grashalden wechseln mit Felsentriften. Als Weiden bilden die Alpenmatten eine wichtige Grundlage für die Viehzucht. Große Herden von Schafen und Ziegen bevölkern sie den Sommer über.

Griechenland

Bevölkerung

Griechenland umfaßt in der heutigen Ausdehnung 130 200 qkm mit einer Bevölkerung von rund 7 Millionen Einwohnern, 53,3 je qkm. Der Staat ist erst 1826 nach den Griechischen Befreiungskriegen gegen die Türkenherrschaft entstanden und umfaßte anfänglich nur den Peloponnes mit der Hauptstadt Nauplia. 1830 und 1832 kam Mittelgriechenland mit Attika und der neuen Hauptstadt Athen hinzu, 1864 die Jonischen Inseln, 1881 Thessalien. Erst im Balkankrieg 1912/13, in dem anfänglich Griechenland und Bulgarien gegen die Türken vorgingen, später Griechenland, Serbien und Montenegro gegen Bulgarien, gewann Griechenland Epirus, Makedonien, die nordägäischen Inseln und Kreta.

Nach dem Weltkrieg, in dem Griechenland durch England gezwungen wurde, auf die Seite der Alliierten zu treten, griff der Staat 1920 + 23 von der politischen Idee eines das Ägäische Meer umfassenden Großgriechenlands getragen, nach Thrakien und der kleinasiatischen Küste; doch der energische Gegenstoß der wieder erstarkten Türkei drängte die griechischen Machtansprüche 1923 bis an die Marica zurück. Im Gefolge dieses Krieges fand eine vom Völkerbund geleitete großzügige Umsiedlung von Griechen, Türken und Bulgaren statt, die das ethnographische Bild Makedoniens und Thrakiens wesentlich verändert hat. Seither ist der Prozentsatz der nichtgriechischen Bevölkerung innerhalb der Staatsgrenzen gering. Die neugriechische Sprache, besonders die Umgangssprache, hat viele albanische und türkische Wortstämme aufgenommen.

Wirtschaft

Griechenland ist noch vorwiegend Agrarland; 50% der berufstätigen Bevölkerung sind in der Landwirtschaft beschäftigt, 28% in Industrie und Bergbau, 11% im Handel und Verkehr. Angebaut werden neben Getreide (vorwiegend Weizen und Gerste) vor allem Wein, Tabak und Ölbäume. Zum Export gelangen hauptsächlich Tabak und Korinthen, daneben Wein, Olivenöl und Erze. An Bodenschätzen ist das Land jedoch nicht besonders reich, vor allem fehlt es ganz an Steinkohlen.

Die Industrie ist noch wenig entwickelt. Sie verarbeitet vor allem die landwirtschaftlichen Produkte (Zigarettenfabriken, Konservenfabriken usw.). Eine eigentliche Schwerindustrie fehlt gänzlich. Fischfang spielt nur eine geringe Rolle für den lokalen Markt. Die Handelsflotte umfaßt (1938) 638 Dampf- und Motorschiffe mit 1 890 000 BRT und ist vorwiegend in der Trampschifffahrt eingesetzt.

Bodenformen

Griechenland ist vorwiegend Gebirgsland. Ebene und Hügelland treten zurück, sie bilden meist nur kleine, charakteristische »Landschaftskammern«, die durch Bergzüge scharf voneinander getrennt sind. Den Gebirgen eignet trotz Höhen bis zu 3000 m vorwiegend Mittelgebirgscharakter (Typus Riesengebirge). Alpine Formen fehlen zwar nicht, sind aber auf die während der Eiszeit vergletscherten Hochregionen beschränkt. Mit unseren Mittelgebirgen (Schwarzwald, Harz, Riesengebirge) haben die griechischen Gebirge ein mäßig bewegtes Flachrelief auf der Höhe gemeinsam (Lebensraum der Hirten), dagegen sind Felsabbrüche als Folgen junger tektonischer Bewegungen sowie kañonartige Steilschluchten mit Felshängen häufiger als bei uns. Langhinstreichende Ketten weist nur die Westhälfte der Halbinsel auf.

Die Hauptkette, die als geschlossene Gebirgsschranke aus der Gegend der westmakedonischen Seen bis zum Golf von Korinth reicht, scheidet nicht nur klimatisch O und W, sondern verhindert auch jede günstige Querverbindung. Außer einer im Ausbau befindlichen Straße überschreiten sie nur Saumpfade, deren Paßhöhe meist über 1000 m liegt. Auf der O-Seite herrschen einzelne schärfer durch Sättel oder niedriges Hügelland voneinander getrennte »Gebirgsstöcke« oder »Massive« vor, die leichter zu umgehen, aber schwerer zu übersteigen sind; erheben sie sich doch mit durchweg steilen Flanken unmittelbar über das Niveau der tiefgelegenen Bekken bis zu großen Höhen. Dank dieser Gliederung in Stöcke und Becken ist der O durchgängiger.

Eine Zone von mehr oder minder großen Becken leitet den Landverkehr vom Ausgang der wichtigen Morava-Vardar-Linie bis nach Athen, aber die trennenden Riegel zwischen den einzelnen Becken haben erst spät eine Bahnverbindung zugelassen. Die leicht zu verteidigenden Pässe bzw. Engpässe (Tempeschlucht, Thermopylä) sind in der Geschichte der südlichen Balkanhalbinsel immer wieder als wirksame Sperren in Erscheinung getreten und bedeuten auch heute noch für eine N-S-Bewegung beträchtliche Hindernisse.

Besonders zu beachten, weil im mitteleuropäischen Raum fehlend, ist eine charakteristische Zerschluchtung der meisten Bergfußregionen bzw. der Saumzone zwischen Ebene und Hügelland durch zahlreiche verzweigte Wasserrisse mit senkrechten Wänden (neugriechisch »Rewmata«), deren Boden gewöhnlich trocken ist. Sie sind auf den Karten selten verzeichnet und setzen einer Bewegung längs des Bergfußes unerwartete, für motorisierte Verbände vielfach unüberwindliche Hindernisse entgegen. Diese Schluchten, deren Tiefe zwischen 5 und 50 m schwankt, hören erst in einer gewissen Entfernung vom Gebirgsrand meist ziemlich plötzlich auf; erst von hier ab sind die Böden der Becken junge Aufschüttungsebenen, die in jeder Richtung passierbar sind.

Bodenbedeckung

Auch die von mitteleuropäischen Verhältnissen stärker abweichende Bodenbedeckung verdient eine besondere Beachtung. Geschlossener Wald in unserem Sinn ist sehr selten und auf die höheren Gebirgsregionen beschränkt. In der mediterranen Region (bis zu 600 m) wird der Wald vielfach durch die eigentümliche, aus immergrünen Gehölzen bestehende Macchia ersetzt. Diese bietet vorzügliche Deckung auch gegen Fliegersicht, ist aber bei dichteren Beständen nur unter Gebrauch der Axt passierbar.

Für die Beurteilung der Bodenbedeckung ist zu beachten, daß die Felder in Ebenen und Becken bereits im Mai vom Getreide entblößt sind und bis zur einsetzenden Regenzeit brachliegen. Eine Ausnahme machen die Tabakfelder in Makedonien. Eine wichtige Rolle in der Bodenbedeckung des Kulturlandes spielt der Wein, der in Feldern mit etwa mannshohen Stöcken viele Quadratkilometer beherrscht. Der Stock wird im Frühjahr behäufelt, so daß zwischen den einzelnen Stöcken 30–50 cm tiefe Gruben entstehen, die ein rasches Passieren der Weinfelder erschweren, aber Einzeldeckung gegen Beschuß geben können. Große Ausdehnung haben auch die Ölbaumhaine besonders in den Becken

und deren hügligen Randzonen. Die Bäume stehen verhältnismäßig weit auseinander (etwa wie unsere Obstbaumplantagen) und gewähren nur wenig Deckung gegen Fliegersicht.

Gewässer

Die Wasserführung der Flüsse ist sehr unregelmäßig. Als wasserreiche Dauerflüsse sind nur Vardar, Struma, Mesta, Marica (griechisch Ewros) und Wistriza ernstere Hindernisse. Die übrigen Flüsse schrumpfen im Sommer zu harmlosen Bächen zusammen oder versiegen ganz, andere führen wildbachartig überhaupt nur periodisch Wasser (sog. »Torrenten«). Ihre Schotterbetten (viel seltener Sand) bilden eine verhältnismäßig tragfähige Sohle, so daß Fuhrwerke bzw. motorisierte Verbände meist auch außerhalb der wenigen Brücken passieren können. Die wichtige Straße Athen-Argos hat jahrzehntelang das breite Schotterbett des Inachos ohne Brücke gequert! Nur dort, wo die Flüsse und Bäche mit steilwandigen Ufern in verfestigte Schotter eingeschnitten sind – meist am Rand der Becken – bedeuten sie ein Hindernis.

In den Becken N-Griechenlands und Mittel-Griechenlands stehen infolge mangelnder Drainage größere Gebiete periodisch unter Wasser, während sie im Sommer austrocknen. Sie sind als Sümpfe oder Seen mit versumpften Rändern auf den Übersichtskarten meist nicht zuverlässig verzeichnet, da sie ihre Gestalt und Größe ändern.

Klima

Das Klima Griechenlands weicht von dem mitteleuropäischen in einigen charakteristischen Zügen ab. Während der bis auf wenige Kälteeinbrüche relativ milde Winter häufig regnerisches Wetter aufweist – wobei die Niederschläge seltener in Form von Landregen, meistens als heftige Güsse auftreten (»Aprilwetter«) –, ist der Sommer von Mai bis September, besonders im südlichen Teil des Landes, eine ausgesprochen trockene zuverlässige Schönwetterperiode mit klarem Himmel und tagsüber hohen Hitzegraden, die nur gelegentlich von kurzer Eintrübung und leichten Niederschlägen unterbrochen wird. Die auf die Meereshöhe reduzierte Mitteltemperatur des Juli liegt in ganz Griechenland über 26° C. Aber die Hitze ist trocken und erzeugt selten das Gefühl unerträglicher Schwüle.

Mit der Trockenheit der Luft hängt auch die überdurchschnittlich gute Sicht und die »Hellhörigkeit« der Luft in Griechenland zusammen. Besonders in den Morgen- und Abendstunden sind selbst fernliegende Geländeabschnitte überaus klar und detailliert gezeichnet. Rufe der Hirten von den Bergen sind kilometerweit zu vernehmen.

Straßennetz

Der Zustand des Straßennetzes ist im Vergleich mit mitteleuropäischen Verhältnissen sehr schlecht. Die Siedlungen sind fast durchweg geschlossene Dörfer mit freistehenden (einstöckigen) Häusern aus Stein und

Ein Dorf nahe Travnik, zu Füßen der Dinarischen Alpen (Bosnien): »Größere freie Operationsräume fehlen im westlichen Teil der Balkanhalbinsel ganz...«

Lehmziegel. Sie liegen im Kalkgebiet wegen der Seltenheit der Quellen weit auseinander und bergen dann oft über 1000 Einwohner. Auch in den Ebenen, in denen in türkischer Zeit Großgrundbesitz herrschte, sind dörfliche Siedlungen nur in geringer Zahl vorhanden.

Die wenigen Städte sind meist kleine, bescheidene Landstädte mit vorwiegend Ackerbürgerbevölkerung. Nur Athen (mit Piräus) und Saloniki sind moderne Großstädte, von den übrigen erreichen nur Kavella in N-Griechenland und Patras im Peloponnes 50 000, alle übrigen bleiben unter 30 000 Einwohnern.

Ägäische Inseln

Die Inseln im ägäischen Meer (Sporaden, Kykladen sind die Inseln an der Westküste Kleinasiens) sind durchweg gebirgig. Nur die größeren von ihnen sind durch fahrbare Straßen erschlossen. Einige von ihnen weisen gute Naturhäfen auf, wie Lesbos (Golf von Kalonis, Golf von Mytilini) und die vulkanische Insel

Thira (Santorin). Volkreiche Hafenstädte sind namentlich Chios (Kastron) mit 27 000 Einwohnern (Küstenfunkstelle) auf der gleichnamigen Insel, ferner Hermupolis auf Syros (21 000 Einwohner) und Mytilini (28 000 Einwohner), die Hauptstadt der verkehrsmäßig gut erschlossenen Insel Lesbos.

Ionische Inseln

Die Inseln an der W-Küste Griechenlands, Korfu, Lefkas, Kephalinia, Ithaka und Zakynthos, sind zum großen Teil von hohen und steilen Kalk-Gebirgen durchzogen, aber in den kleinen Küstenebenen und der Hügellandzone gut bebaut. Südfruchtgärten, Weinkulturen und Olivenhaine bestimmen das Bild. Die Häfen Korfu (20 000 Einwohner, Küstenfunkstelle), Argostoli (8000 Einwohner) auf Kephalinia und Zakyntos (12 000 Einwohner) sind geräumig und gut geschützt. Sie kommen hauptsächlich als Stützpunkte für Wasserflugzeuge in Betracht.

Kreta

Als größte und wichtigste Insel mit 8600 qkm Fläche schließt Kreta das inselreiche ägäische Meer im S ab.

Kreta ist auch politisch ein wichtiger Bestandteil Griechenlands mit fast 400 000 Einwohnern. Hohe Gebirge, von denen die verkarsteten Lefka Ori im W, der Ida in der Mitte und die Lassithi-Berge im O schwer zugänglich sind, erfüllen den größten Teil der Insel.

Größere Küstenebenen finden sich nur bei Chania (Kanea) an der N-Küste, einer Hafenstadt von 25 000 Einwohnern, in deren Nachbarschaft die geräumige und tiefe Sudabai einen vortrefflichen, auch für Truppenlandungen sehr geeigneten Naturhafen bildet, der durch Befestigungen und ein Inselfort geschützt ist; ferner bei dem aufblühenden Iraklion (mit kleinem Kunsthafen) sowie im S der Insel die hafenlose Messara-Ebene und die Umgebung von Ierapetra. Ierapetra hat als einziger Hafen an der sonst fast unzugänglichen, meist überaus steil abfallenden S-Küste in letzter Zeit durch eine gute Straßenverbindung über Hagios Nikolaos nach Iraklion an Bedeutung gewonnen.

Die Tiefenfurche von Ierapetra ist die einzige für Truppenbewegungen außerhalb der Straße leicht gangbare Verbindung von der N- zur S-Küste. Ein flacher Sandstrand bei Pachia Ammos im N und Ierapetra im S ermöglicht Truppenlandungen auf beiden Seiten. In der Nachbarschaft von Hagios Nikolaos befindet sich im Schutz der langgestreckten Insel Spinalonga ein ausgezeichneter Marineflughafen mit stets ruhiger See. Truppenbewegungen von W nach O sind auf der Insel nur an der N-Seite möglich.

Eine gute Fahrstraße führt von Chania über die kleine, auf einem Felsvorsprung liegende Hafenstadt Rethymno (7000 Einwohner), dann über einen mäßig hohen Paß nach Iraklion. Hier zweigt eine fahrbare Straße zur Messara-Ebene im S ab; sie hat eine Sattelhöhe von 700 m zu überwinden. Eine weitere führt an den Fuß der Lassithiberge, in denen eingebettet die geräumige Hochebene von Psychro liegt. Die Längsstraße führt von Iraklion an einem leicht zu sperrenden Küstenpaß vorbei durch das Tal von Neapolis, über Ajos Nikolaos nach Sitias Limen, dem Hafen der dünn bevölkerten, öden und trockenen Halbinsel Sitia.

Kreta – hier stand die Wiege des Zeus: im Hintergrund das legendäre Ida-Gebirge

Prolog

Blut ist ein ganz besondrer Saft – sinniert Mephisto in Goethes »Faust«. Und kaum in einem anderen Teil Europas floß so viel davon wie auf dem Balkan. Anlässe dafür gab es im Laufe der Geschichte nicht wenige.

Aus der Teilung des Imperium Romanum im 4. Jahrhundert in die Machtbereiche von Ost- und West-Rom entwickelt sich der Gegensatz zwischen der römisch-katholischen und der griechisch-orthodoxen Kirche. Die Grenzlinie der beiden Konfessionen verläuft heute noch von der Bucht von Kotor (Cattaro) nördlich der Drina entlang bis zur Save.

Nach dem Durchzug von Hunnen und Goten besiedeln heidnische Stämme – Serben, Kroaten und Slowenen – weite Gebiete des heutigen Jugoslawiens.

Die Kroaten (Hrvati) sollen ein ostgotischer Stamm sein, der, als die Ostgoten ihre Wanderung im 3. Jahrhundert antraten, im Gebiet des heutigen Polens zurückblieb, von den nachrückenden Stämmen slawisiert wurde, sich mit ihnen aber nicht vermischte. Nach fast zwei Jahrhunderten hinausgedrängt, erreichten sie im 7. Jahrhundert die Adria und wanderten in das Tiefland ab.

Die Serben, von ihrer Abstammung her Slawen, zogen aus den Stromgebieten Südrußlands im 8. Jahrhundert in ihren derzeitigen Raum. Die Montenegriner sind Serben. Sie besiedelten ihre schwer zugänglichen, unwegsamen Berge im 14. Jahrhundert auf der Flucht vor den Türken.

Die Bulgaren sind ein Mischvolk von romanisierten Thrakern, Slawen und auch Türken.

Die Albaner, Skipetaren – Söhne des Adlers –, Mazedonier und Griechen betrachten sich als einstige Herren des Balkans: Die Albaner führen ihre Herkunft auf die Pelasger, die sagenhaften Urbewohner des Balkans, zurück. Die Mazedonier erblicken in den alten Makedonen ihre Ahnen. Sie scheinen aber neben den heutigen Griechen der einzige Volksstamm auf dem Balkan zu sein, in dem sich mehrere Völker gemischt haben. Die Griechen fühlen sich als die Nachfahren der alten Hellenen. So ist jedes der Völker auf dem Balkan durch ihren Ursprung, ihre Religion und Geschichte geprägt, die sich in ihrer Art von den anderen stark abheben.

Andererseits lehnen diese Völker in ihrer langen Geschichte jede engere gegenseitige Beziehung bewußt ab. Besonders die Kroaten, Serben und Albaner haben sich von fremden Blutmischungen beinahe völlig unberührt erhalten. Dazu tragen neben der dauernden Feindschaft, in der die Völker des Balkans seit jeher untereinander leben, auch die krassen religiösen Gegensätze bei.

In keinem anderen Teil des Kontinents ist der Einfluß der Religion auf die äußeren Verhältnisse des Lebens größer als hier. Die Bewohner des Balkans waren immer schon fanatische Anhänger ihres Glaubens und gegen jede andere Religion äußerst feindlich eingestellt. Drei große Religionen sind auf dem Balkan vorherrschend: Die Kroaten und ein Teil der Albaner sind römisch-katholisch, die Serben, Montenegriner, Griechen und Bulgaren dagegen griechisch-orthodox. Ein Teil der Kroaten und Serben, die in Bosnien leben sowie ein Teil der Albaner werden zu »Kollaborateuren« und nehmen zur Zeit der Türkenherrschaft die mohammedanische Religion an. Die Türken, die mit der Ausdehnung ihrer Herrschaft in diese Gebiete gekommen und auch später dort geblieben sind, halten an Allah fest.

Um die Mitte des 14. Jahrhunderts dringen die Türken von Kleinasien aus in den Balkanraum ein. Am 27. Juni 1389 wird das serbische Heer des Kaisers Lazar auf dem Amselfeld (Kosovo Polje) von den Türken unter Murad I. geschlagen. Die beiden fallen in dieser bedeutenden Schlacht. Der Weg nach Mitteleuropa steht nun für die Türken offen: 1393 ist Bulgarien erobert. 1396 werden die Ungarn bei Nikopolis geschlagen. 1446 besetzen die Türken auch Griechenland. 1453 fällt mit Konstantinopel das äußerste Bollwerk des Abendlandes. 1459 ist Serbien vollständig in türkischer Hand und bleibt es bis 1815. 1463 nehmen die Türken Bosnien, 1482 die Herzegowina, 1522 Dalmatien mit Ausnahme der vorgelagerten Inseln und einiger Städte. 1526 vernichten die Türken bei Mohacs ein ungarisches Heer und halten Ungarn seitdem mehr als 150 Jahre besetzt. 1528 überfallen sie Montenegro. In den Jahren 1529 und 1683 dringen die Türken bis Wien vor. Die folgenden Jahrhunderte sind vom Kleinkrieg der Südslawen gegen das Osmanische Reich gekennzeichnet, und die Freischärler bleiben in der Erinnerung der Völker Jugoslawiens für immer lebendig. Kirche und Mönchstum pflegen gemeinsam die serbische Nationalkultur.

Anders als in Serbien tritt in Bosnien ein großer Teil der kroatischen Oberschicht zum Islam über. Dabei spielt der alte religiöse Gegensatz der katholischen Kroaten zur serbisch-orthodoxen Kirche eine bedeutende Rolle.

Die Türken zeigen sich übrigens in den eroberten Gebieten den Andersgläubigen gegenüber erheblich toleranter als die orthodoxen Christen.

Das Gebiet von Albanien, das alte Illyrien, ist ein Teil des antiken Epeiros, das bereits 168 v. Chr. von Rom regiert wird und 395 n. Chr. unter die Herrschaft des Byzantinischen Reiches gerät. Seit dem 10. Jahrhundert streiten sich um seinen Besitz Bulgaren, Serben, Venezianer und Normannen. Ende des 15. Jahrhunderts bleibt Albanien trotz der erbitterten Kämpfe um Selbständigkeit, die der Nationalheld Skanderberg führt, von den Türken besetzt, die das Land über 450 Jahre lang bis 1912 unterworfen halten.

Nach der ersten Wiener Türkenbelagerung 1529 entsteht die österreichische »Militärgrenze«, die Wacht des Habsburgerreiches gegen die »Heiden«. Flüchtlinge aus den türkisch besetzten Ländern werden in den Grenzgebieten angesiedelt und zum Militärdienst verpflichtet. Mit dem Grenzer, dem Granicar, bildet sich der südslawische Soldatentyp, der in der Erinnerung des Volkes auch heute noch ebenso weiterlebt wie die Freischärler in den ehemals von Türken besetzten Gebieten.

Nachdem 1683 die türkische Armee unter Großwesir Kara Mustafa, die Wien belagert, geschlagen wird, beginnt ihre Macht zu zerbröckeln: 1686 erobern die kaiserlichen Truppen Ofen (Buda) zurück. Bereits 1688 wehen die Fahnen des Reichsheeres über Belgrad. Neben dem Markgrafen Ludwig von Baden, dem Türkenlouis, hat Kurfürst Max Emanuel von Bayern den größten Anteil an den Erfolgen des Reichsheeres, das bis Nisch (Niš) und Sarajevo vordringt.

1697 erringt Prinz Eugen bei Zenta seinen ersten großen Türkensieg. 1716 schlägt der Savoyer die Türken bei Peterwardein, im Spätherbst nimmt er nach langer Belagerung Temesvar. 1717 erobert er Belgrad.

Das 19. Jahrhundert bringt das allmähliche Zurückdrängen der Türken aus Europa und die Befreiung der Völker des Balkans von ihrem Joch. Noch heute spürt man die Nachwirkungen dieser jahrhundertelangen Herrschaft. Dies ist auch einer der Gründe, daß die Kultur in Kroatien, das den Türken nicht unterworfen war, mitteleuropäisch beeinflußt ist und sich so stark von der der anderen Balkanvölker unterscheidet.

Zu dieser Zeit beginnt eine andere Großmacht ihren Einfluß auf dem Balkan geltend zu machen: Rußland. 1875 bricht in der Herzegowina ein Bauernaufstand los, der auf Bulgarien übergreift. Dies wird 1876 zum Anlaß des Krieges zwischen Serbien und Montenegro gegen die Türkei.

Am 29. Oktober 1876 schlagen die Türken das serbische Heer nördlich von Nisch. Nun greift Rußland »zum Schutz der christlichen Balkanvölker« in die Auseinandersetzung ein. Im April 1877 rücken russische Truppen in Rumänien ein. Die rumänische Armee schließt sich ihnen an. Zwei Monate später überschreiten Russen und Rumänen die Donau und schlagen die Türken in den Schlachten bei Plevna und am Schipka-Paß. Die Russen dringen trotz des harten Widerstandes der Türken weiter nach Süden vor.

Durch den Vorfrieden von San-Stefano (bei Konstantinopel) im März 1878 erlangen Rumänien und Serbien die volle Unabhängigkeit zurück. Bulgarien wird ein selbständiges Fürstentum.

Man könnte nun meinen, daß die von der Türkenherrschaft befreiten Völker des Balkans als ehemalige Leidensbrüder in gut nachbarlichem Einvernehmen ihre Zukunft gestalten werden – doch weit gefehlt: Der Berliner Kongreß im Jahr 1878 hat, anstatt die Lage auf dem Balkan zu entspannen, neue Konfliktstoffe für die nächsten Generationen geschaffen, und jetzt erst geht jeder gegen jeden vor: Zwischen Bulgaren und Griechen steht das Mazedonien-Problem, an dem auch die Serben Interesse zeigen. Serbien ist vor allem darüber enttäuscht, daß Bosnien und die Herzegowina Österreich-Ungarn zugesprochen werden. Andererseits entwickelt sich in Bulgarien durch die Dobrudscha-Frage Feindschaft gegen Rumänien: In Berlin hat man nämlich Rumänien die nördliche Dobrudscha als Ausgleich für das an Rußland abgetretene Bessarabien zugesprochen. An der Nordküste der Ägäis wiederum prallen türkische, griechische und bulgarische Interessen aufeinander.

Nach der Niederlage im Russisch-Japanischen Krieg (1904/05) wendet sich St. Petersburg wieder verstärkt dem Balkan zu. Serbien versucht auf Anregung Rußlands die Bildung einer Einheitsfront der Balkanstaaten gegen die Türkei. Trotz der Gegensätze – vor allem in der Mazedonien-Frage – kommt im Oktober 1912 der sogenannte Balkanpakt durch zweiseitige Verträge zwischen Serbien, Bulgarien, Montenegro und Griechenland zustande. Über eine spätere Aufteilung Mazedoniens kann bei den Verhandlungen jedoch keine Einigung erzielt werden.

Am 8. Oktober 1912 eröffnet Montenegro den Krieg gegen die Türkei. Zehn Tage später treten Serbien und Bulgarien an die Seite Montenegros; Griechenland folgt kurz danach. Während das bulgarische Heer in schweren Kämpfen mit der türkischen Hauptmacht sich bis auf 35 Kilometer Konstantinopel nähert, besetzen die Serben und Griechen Mazedonien. Am 30. Mai 1913 beendet der Londoner Vertrag diesen Ersten Balkankrieg. Er beschränkt die Türkei in Europa auf Konstantinopel und das thrazische Vorland. Über Mazedonien kann wiederum keine Einigung erzielt werden.

Trotz tapferer Aufstände gegen die Türken wird Albanien türkische Provinz und bleibt es bis 1912. Am 28. November 1912 macht sich Albanien durch Erklärung in der südalbanischen Hafenstadt Valona (Vlorë) selbständig. Die europäischen Großmächte fördern die Bildung eines albanischen Staates, der Serbien die Möglichkeit einer Ausdehnung bis an die Adria nimmt. Belgrad verlangt daher die Revision der vor dem Ersten Balkankrieg getroffenen Vereinbarungen und einen erheblich größeren Teil Mazedoniens. Außerdem fordert Serbien den Hafen von Saloniki, um endlich einen Zugang zum Meer zu gewinnen. Da Bulgarien das mittlere Mazedonien beansprucht, lehnt es diese serbischen Wünsche nachdrücklich ab. Einem Schiedsspruch des russischen Zaren, im Bündnisvertrag vorgesehen, wollen sich beide Staaten nicht unterwerfen. Die ständigen Spannungen bestätigen den Balkan als Pulverfaß Europas.

Die Bulgaren sehen keine Möglichkeit mehr zu einer friedlichen Lösung und überfallen in der Nacht zum 30. Juni 1913 die serbischen und griechischen Truppen. In diesem Zweiten Balkankrieg kämpfen Serbien, Montenegro, Rumänien und die Türkei gegen Bulgarien. Der Krieg endet mit einer schweren Niederlage Bulgariens. Am 10. August 1913 wird der Friede von Bukarest geschlossen. Serbien erhält nahezu ganz Mazedonien und einen großen Teil des Sandschak mit Novi Pazar zugesprochen. Bulgarien bleibt zwar ein kleiner Grenzstreifen Mazedoniens und ein schmaler Zugang zur Ägäis, dafür muß es aber die Süddobrudscha an Rumänien abtreten.

Am 28. Juni 1914 fallen die verhängnisvollen Schüsse von Sarajevo. Am 23. Juli 1914 überreicht der österreichische Botschafter in Belgrad ein so scharfes Ultimatum, daß seine Annahme eine schwere Demütigung Serbiens bedeutet hätte. Dazu ist aber Belgrad, das sich längst russischer Hilfe versichert hat, nicht bereit. Am 25. Juli 1914 mobilisiert Serbien, drei Tage später, am 28. Juli 1914, erklärt Österreich-Ungarn den Krieg. Zwei Tage danach mobilisiert auch Rußland und tritt an die Seite Serbiens. Damit hat der Erste Weltkrieg begonnen.

Am 20. Juli 1917 fällt die Entscheidung über das Schicksal des späteren Königreiches Jugoslawien, als Vertreter aller südslawischen Volksgruppen in der »Deklaration von Korfu« eine grundsätzliche Einigung über den Zusammenschluß zu einem gemeinsamen Staat erreichen. In allen Einzelfragen zeigen sich schon damals schwerwiegende Gegensätze.

Das »Großserbische Konzept« stellt das Königreich Serbien und die serbisch-orthodoxe Kirche in den Mittelpunkt aller Einigungsbestrebungen der Südslawen. Die an Serbien anzuschließenden Gebiete werden wiederum von den in Belgrad herrschenden konservativen Kreisen mehr oder weniger als »Eroberungen« betrachtet, die sich zu fügen haben.

Den großserbischen Standpunkt, der in Kroatien, Slowenien und Dalmatien auf scharfe Ablehnung stößt, bestätigt auch das Anfang 1916 in Paris gebildete Jugoslawische Komitee. Die »großkroatische Lösung« geht von der Wiederherstellung des historischen Staates der Kroaten, des »Dreieinigen Königreiches Kroatien, Slawonien und Dalmatien«, aus, das jetzt um Rijeka (Fiume) und Bosnien-Herzegowina vergrößert werden soll.

Die Slowenen schließen sich erst während des Ersten Weltkrieges dieser Lösung an. Dem zahlenmäßig starken serbischen Bevölkerungsteil soll im neuen Staat jedoch nur der Status einer völkischen Minderheit zugebilligt werden. Mit Ende des Ersten Weltkrieges und Zerschlagung der Habsburger Donaumonarchie scheinen die Balkanvölker zur Ruhe zu kommen. Doch auch diesmal erweist sich das als trügerische Hoffnung. Der Balkan bleibt, was er immer schon war: ein permanenter Unruhe- und Krisenherd.

Am 29. Oktober 1918 beschließt auf Antrag des Abgeordneten Svetozar Pribicević, einem Serben aus Kroatien, der kroatische Landtag in Agram die Loslösung Kroatiens von Österreich und Ungarn sowie die Bildung eines »Staates der Serben, Kroaten und Slowenen« (SHS-Staat). Der neue Staat umfaßt zunächst nur die ehemaligen österreichischen Kronländer Kroatien, Slawonien und Dalmatien sowie das Gebiet von Rijeka. Am gleichen Tag verfügt der slowenische Nationalrat in Ljubljana (Laibach) den Anschluß Sloweniens an den SHS-Staat.

Am 1. Dezember 1918 erfolgt die Vereinigung von Kroatien und Serbien zum »Königreich der Serben, Kroaten und Slowenen« (SHS-Königreich) durch eine Proklamation, die Kronprinz Alexander im Namen König Peters I. erläßt. Das neue Vielvölker-Königreich ist im staatsrechtlichen Sinn ohne Volksabstimmung entstanden. Und über den Rechtscharakter der Proklamation des Kronprinzen Alexander streiten sich die jugoslawischen Staatsrechtler bis heute. Die überwiegende Mehrheit der Kroaten lehnt von Anfang an entschieden das neue Königreich der Serben, Kroaten und Slowenen ab. Eine bundesstaatliche Autonomie für die Kroaten verweigert Alexander erneut strikt.

Bereits ab 1920 wird die Kommunistische Partei Jugoslawiens (KPJ) verboten, und der jugoslawischen Geheimpolizei gelingt es bald, die illegale kommunistische Parteiorganisation zu zerschlagen.

Als am 28. Juni 1921 die sogenannte »Vidovdaner Verfassung« von dem Belgrader Parlament entgegen früherer Zusagen nicht mit zwei Drittel, sondern lediglich mit einfacher Mehrheit beschlossen wird, ist der Gegensatz zwischen Zagreb (Agram) und Belgrad nicht mehr zu beseitigen.

Der von dem neugegründeten jugoslawischen Staat unternommene Versuch, die in ihm lebenden Völker zu einer Nation zu verschmelzen, ist nun gescheitert. Die Kroaten haben von vornherein einen schweren Start, da sie in der Minderheit sind und dazu im Ersten Weltkrieg auf Seite der Mittelmeermächte gekämpft haben: Unter der serbischen Führung wird ihnen lange Zeit jeder Einfluß verwehrt. Darüber hinaus bringt die von Belgrad aus geleitete Wirtschaftspolitik bald Bankwesen, Industrie und Großhandel Kroatiens fast ausschließlich in serbische Hände. Die Abneigung der Kroaten gegen die Serben steigert sich bereits in den zwanziger Jahren zum Haß. Seitdem kommt das Königreich nicht mehr zur Ruhe.

Am 21. Januar 1925 wird Albanien Republik. 1928 ruft man den gewählten Präsidenten Achmed Zogu zum König aus. Früher schon haben Österreich-Ungarn und Italien um die Vorherrschaft an diesem Teil der Adria gestritten.

Im gleichen Jahr fallen in Moskau die Würfel für eine Idee, die Jahre danach die Balkanländer erschüttern soll: Auf dem Kongreß der Kommunistischen Internationale von 1928 wird die These aufgestellt, daß ein von imperialistischen Staaten geführter Krieg durch revolutionäre Aufstände in einen Bürgerkrieg des Proletariats gegen die Bourgeoisie umgewandelt werden müsse. Besonders im Fall eines Angriffs auf die Sowjetunion müßten die Kommunisten, um unmittelbar zum Bürgerkrieg anzureizen, Partisanentrupps bilden.

1928 wird der populäre Führer der Kroaten, Stjepan Radić, mit einigen kroatischen Abgeordneten in dem Belgrader Parlament, der Skupstina, Opfer eines Attentats. Damit erreicht der innenpolitische Kampf seinen Höhepunkt. Zahlreiche Vertreter des südslawischen Gedankens gehen ins Exil, vorwiegend nach Bulgarien, Frankreich und Österreich. Zu den Emigranten gehört auch der Rechtsanwalt Dr. Ante Pavelić, ein radikaler Befürworter der kroatischen Unabhängigkeit. Pavelić gründet die Ustascha-»Rebellen«, eine Terrororganisation zur Befreiung Kroatiens.

Am 3. Oktober 1929 erläßt Alexander I. ein Gesetz, durch das der SHS-Staat von »Königreich der Serben, Kroaten und Slowenen« in »Königreich Jugoslawien« umbenannt und in neun Provinzen (Banschaften) eingeteilt wird. Den Erfordernissen von Verkehr und Wirt-

schaft sowie einer modernen Verwaltung entsprechend werden die historischen Königreiche, Länder und Provinzen aufgelöst, ihre Fahnen und Symbole abgeschafft. Der kroatische Raum wird dabei in drei Banschaften zergliedert. Das Gesetz sichert den Serben in sechs Banschaften die Mehrheit.

Die ständige Unruhe in Kroatien nimmt allmählich bedrohliche Formen an, und es vergeht kaum eine Woche ohne einen Anschlag kroatischer Terroristen. Im September 1932 kommt es zu einem Aufstand im Velebit-Gebirge, und Pavelić trägt sich schon mit der Absicht, in Gospić, dem Mittelpunkt der Kämpfe, das »Freie Kroatien« auszurufen. Der Aufstand wird jedoch von serbischen Truppenteilen blutig niedergeworfen. Pavelić gelingt die Flucht nach Italien, wo ihm die Unterstützung von Mussolini sicher ist.

Anfang Oktober 1934 reist König Alexander I. zu einem Staatsbesuch nach Frankreich. Am 9. Oktober 1934, um 16.00 Uhr, landet Alexander in Begleitung des Außenministers Jeftić in Marseille. Als Alexander, noch auf dem Deck des jugoslawischen Zerstörers »Dubrovnik« stehend, die riesige Menschenmenge, die sich am Kai drängt, sieht, sagt er lächelnd zu Jeftić: »Wenn ich hier lebend herauskomme, lebe ich noch hundert Jahre.« Eine halbe Stunde später, als der König neben dem französischen Außenminister Barthou sitzend, vom Molo langsam durch die Rue Cannebière fährt, springt ein stämmiger junger Mann mit dem Ruf

»Alexander I. ermordet« – meldet am 10. Oktober 1934 die französische Presse

Hélas! le sang, une fois de plus, a scellé l'union de la France et de la Yougoslavie.

Le Petit Journal

N° 26.200 - St Florent - Le n° 0,25

Mercredi 10 Octobre 1934

5 HEURES DU MATIN
ÉDITION DE PARIS

Le roi Alexandre Ier assassiné à Marseille par un Croate qui est abattu aussitôt

M. BARTHOU, FRAPPÉ AUX COTÉS DU SOUVERAIN, SUCCOMBE

Le général Georges grièvement atteint. Deux morts et dix blessés dans la foule

Le roi Alexandre et M. Barthou se serrent la main quelques minutes avant l'attentat (Par belinogramme)

Le cortège traversait la place de la Bourse

PROCLAMATION DU GOUVERNEMENT AU PEUPLE FRANÇAIS

Le Gouvernement français a la douleur d'annoncer au Pays l'assassinat de Sa Majesté le roi Alexandre de Yougoslavie, frappé au moment même où il venait apporter au peuple français le témoignage de l'affection fidèle du peuple yougoslave.

Interprète de la Nation, le gouvernement adresse à Sa Majesté la Reine, au gouvernement de Yougoslavie et à la grande nation amie, l'expression de la profonde affliction des Français.

Aux côtés de Sa Majesté le roi Alexandre, M. Louis Barthou, ministre des Affaires étrangères, a été, lui aussi, mortellement frappé. Dans le tragique deuil qui les unit, les deux peuples se sentiront plus que jamais en communauté de cœur et de pensée.

Signé : Gaston Doumergue.

La reine apprend son malheur

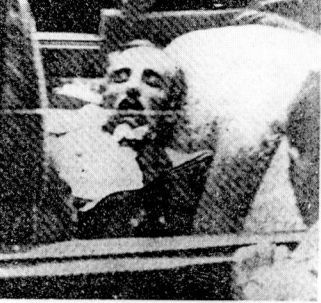

Le souverain agonise sur le coussin de la voiture qui l'emporte à la préfecture (Par belinogramme)

Die Totenmaske von König Alexander I.

General Metaxas, der neue griechische Ministerpräsident

»Vive le Roi!« auf das Trittbrett des Wagens und feuert, ehe er daran gehindert werden kann, aus einer Pistole mehrere Schüsse ab. Der König und Außenminister Barthou brechen schwer verletzt zusammen und sterben knapp nacheinander gegen 17.00 Uhr. »Čuvajte mi Jugoslaviju!« – Behütet mir Jugoslawien! – sind die letzten Worte, die der König im Sterben seinem Außenminister zuhaucht.

Der Mörder von Alexander I. ist ein der Ustascha nahestehender bulgarischer Terrorist namens Vetritschko-Kerin. Für König Alexanders minderjährigen Sohn Peter übernimmt Prinzregent Paul bis 1941 die Regierungsgeschäfte. 1938 gibt die Auflösung der tschechoslowakischen Republik, vor allem aber die Unabhängigkeitserklärung der Slowakei, den kroatischen Selbständigkeitsbestrebungen einen neuen Auftrieb.

In Zagreb konstituieren sich am 15. Januar 1939 die kroatischen Abgeordneten zur Skupstina als »Kroatische Nationalversammlung« und beschließen einstimmig eine folgenträchtige Resolution: »Im Jahr 1918 wurde das kroatische Volk durch Betrug und Gewalt um seine Selbstbestimmungsrechte gebracht. Nach zwanzigjähriger Erfahrung ist das weitere Zusammenleben von Serben und Kroaten unmöglich geworden. Das kroatische Volk betrachtet die Handlungen der Belgrader Regierung als ungültig und unverbindlich für Kroatien. Das gilt insbesondere für alle zwischen Belgrad und den fremden Mächten abgeschlossenen oder noch abzuschließenden Verträge.« Die innere Schwäche Jugoslawiens beeinträchtigt auch die Außenpolitik des Königreiches.

Unterdessen gerät ein anderer bedeutender Balkanstaat in die Interessenssphäre des faschistischen Italiens, das eine Hegemonie im Mittelmeerraum anstrebt: Griechenland.

Nach dem Ersten Weltkrieg hat man Griechenland bereits am 10. August 1920 durch den Frieden von Sèvres Ostthrakien zugesprochen, dessen Grenze nur rund 40 Kilometer westlich Konstantinopel verläuft. Dazu bekommt Griechenland den Nordepirus mit den auf albanischem Staatsgebiet gelegenen Städten Koritza (Korça) und Argyrokastro (Gjirokastra). 1923 bei den Friedensverhandlungen in Lausanne muß Griechenland jedoch auf den Nordepirus und Ostthrakien verzichten. Es kann auch die Einhaltung des von Italien 1920 gegebenen Versprechens, die Inselgruppe des Dodekanes in der Ägäis zurückzugeben, nicht erreichen, was zur Spannung mit Italien beiträgt.

Im Sommer 1936 entfallen bei den ersten Wahlen nach der Rückkehr von König Georg II. auf die monarchistischen Parteien 143, die republikanischen 142 und die Kommunisten 15 Sitze. Als sie einen Gewaltstreich versuchen, ernennt der König General Metaxas, der in Deutschland seine Generalstabs-Ausbildung erhielt, zum Ministerpräsidenten und erteilt ihm diktatorische Vollmachten. Metaxas stützt sich vor allem auf die Armee. Trotz der Bindungen an England bemüht er sich auch um ein gutes Verhältnis zum Deutschen Reich.

Seit 1936 entstehen an der Grenze zu Bulgarien, das der griechische Generalstab zu dieser Zeit als Hauptgegner betrachtet, unter strengster Geheimhaltung eine ausgedehnte, moderne, doch artilleristisch noch recht ungenügend ausgestattete Verteidigungsanlage, die in die Geschichte des Zweiten Weltkrieges als Metaxas-Linie eingeht. Dort, im Nordosten Griechenlands, riegeln die hohen Bergwände des Belašica-Gebirges das Land gegen Bulgarien ab. Das Grenzgebirge mit seinen Höhen von teilweise über 2000 Metern und einer Talsohle von nur 100 Metern fällt langsam nach Osten zur Struma hin ab. Die Griechen sind sich der Bedeutung dieser Bergmauer mit dem Struma-Durchbruch voll

Athen, Frühjahr 1939: Die Nachfahren des Leonidas proben den Krieg

bewußt. Beiderseits des Flusses ist von der Dreiländerecke im Westen bis zur Mesta nach Osten der Grenzraum in sechsjähriger Arbeit und unter enormen Kosten schwer befestigt worden.

Mit einer vorbildlichen Ausnützung des unbegehbaren Geländes hat man eine zusammenhängende Verteidigungslinie geschaffen. Schwere Betonwerke sind tief in die Felsen gesprengt und durch Stollengänge und Kavernen unterirdisch verbunden. Dazu kommen tief gestaffelte und allseits flankierend angelegte Bunker, Feldstellungen und Hindernisse.

Die Straße im Tal liegt im Feuerbereich zahlreicher Anlagen auf den umliegenden Berghöhen. Das stärkste Bollwerk, der Istibei, ein langgezogener, abgeholzter, nach beiden Seiten stark abfallender Höhenrücken, dem man aus der Ferne gar nichts ansieht, liegt scheinbar harmlos und friedlich da. Erst bei genauer Beobach-

tung ist zu erkennen, daß sich hier Bunker an Bunker reiht, darunter schwerste, vorbildlich getarnte Werke, dazwischen Feldstellungen, Drahthindernisse, spanische Reiter, Panzergräben, Minenfelder, Palisadenreihen und Höckerlinien.

25 Bunker mit insgesamt 56 Kampfabschnitten, von denen jeder zwei oder mehrere Bunker hat, sind unterirdisch verbunden, um die Besatzungen bei Stellungswechsel keinem Beschuß auszusetzen. Die Gänge hat man in den Fels gesprengt und oval ausbetoniert, nirgends lange gerade Strecken – überall nur knappe Maße, auf Kampfwert berechnet. Tief im Innern gibt es Sandsackbarrikaden mit mehreren MG-Nestern in 30 Meter Abstand gegen mögliches Eindringen.

Nachrichtenverbindung von Bunker zu Bunker ist sowohl durch Fernsprechleitungen als auch durch Sprachrohr möglich. Die Entlüftungsanlagen sind ebenso vorbildlich wie die Wasserzuführung und die sanitären sowie hygienischen Einrichtungen. Bis zu 30 Meter tief unter der Erde liegen die Mannschafts- und Befehlsräume, Depots und das Lazarett.

Die Bewaffnung besteht aus 43 MG, 2 Geschützen, 2 Granatwerfern und 4 Flak. 13 Offiziere und 472 Mann bilden die Friedensbesatzung des Istibei.

Ein anderes Werk, das Kelkaja, bildet den stark befestigten linken Eckpfeiler der ganzen Verteidigungszone. Es ist gedeckt durch das Werk Arpaluki und besonders durch das flankierend und mächtig aufragende, etwas rückwärts gestaffelte Hauptwerk Istibei.

Diese starke Verteidigungsgruppe stellt den Schlüsselpunkt der ganzen Festungsfront dar. Insgesamt zählt in den Werken die Friedensbesatzung 62 Offiziere und 3176 Mann, die zu der im Grenzraum stehenden griechischen 18. Division gehören. Die Munitionsausstattung beträgt pro Mann 1800 Schuß und pro Maschinengewehr 12 000 Schuß. Für die verkehrsmäßige Erschließung des Grenzgebietes gegen Albanien und dessen Sicherung ist dagegen so gut wie nichts geschehen.

Im November 1938 erklärt Metaxas dem italienischen Gesandten Boscarelli: »Ich weiß, Italien wird Griechenland vorwerfen, es sei zu nachgiebig gegenüber der englischen Politik im Mittelmeer, aber ich kann nur noch einmal wiederholen, daß Griechenland immer eine Politik des Gleichgewichtes zwischen den großen Mittelmeermächten gesucht hat, denn es fühlt sich zu schwach, um einer oder der anderen Partei beizutreten.«

Am 15. März 1939 marschieren deutsche Truppen in Böhmen und Mähren ein. Sie besetzen Prag, und Hitler proklamiert: »Die Tschechoslowakei hat aufgehört zu existieren.« Mussolini ist betroffen, er fühlt sich immer mehr als geistiger Vater des Münchener Abkommens. Zum Überdruß des Duce hat man ihn erst wenige Stunden vorher über Hitlers Absichten unterrichtet. Er ist verärgert, daß der Achsenpartner schon wieder ein Gebiet annektiert hat, während Italien noch immer mit leeren Händen dasteht. Mussolini beschließt nun, König Zogu aus Albanien zu vertreiben.

Am 7. April 1939, nach einigen Verhandlungen mit dem

König, der auf die italienischen Forderungen nicht eingehen will oder kann, wird Albanien von italienischen Truppen (Gen. Guzzoni) besetzt. Italiens Außenminister Graf Ciano verfolgt von der Luft aus die Landung der italienischen Truppen aus Schiffen und Flugzeugen. Er landet selbst am nächsten Tag in Tirana. Nach der Flucht des Königs Zogu forderte er mit Hilfe des zum Statthalter ernannten bisherigen italienischen Gesandten in Tirana, Jacomoni, die albanischen Würdenträger auf, die Königskrone dem König von Italien anzubieten. Albanien wird in das italienische Imperium eingegliedert, die albanische Armee mit der italienischen vereinigt. Damit ist der Balkan wieder unmittelbar in das Spannungsfeld der europäischen Politik geraten.

Am Ostersonntag, dem 9. April 1939, gibt der Duce allgemein gehaltene Erklärungen über die freundschaftlichen Gefühle, von denen seine Beziehungen zu Griechenland bestimmt seien, gegenüber dem griechischen Botschafter in Rom ab. Erst auf die Warnung der britischen Regierung, daß sie eine Veränderung des Status quo im Mittelmeer nicht zulassen werde, bestätigt Mussolini am 10. April 1939 seine Absicht, »die territoriale Integrität Griechenlands und seiner Inseln unbedingt zu achten«. Trotzdem schwebt Mussolini und Graf Ciano ein Druck auf Griechenland vor, um den Epirus und die Ionischen Inseln dem Imperium einzuverleiben. Drei Tage später, am 13. April 1939, gibt die britische Regierung Griechenland die ausdrückliche Garantie seiner Grenzen.

Am 12. Mai 1939, kaum einen Monat nach der Besetzung Albaniens, notiert Graf Ciano in seinem Tagebuch, daß die gesamte Straßenbauplanung in dem besetzten Land auf die griechischen Grenzen ausgerichtet ist: »Dies wurde vom Duce so angeordnet, der immer mehr daran denkt, bei der ersten Gelegenheit über Griechenland herzufallen.«

Nachdem Italien in Albanien starke Kräfte versammelt, veranlaßt dies den griechischen Generalstab (Gen. Papagos), schleunigst einen neuen Operationsplan aufzustellen. Dieser Plan, der im Fall eines italienischen

Oben: Josip Broz (Tito), Generalsekretär der Kommunistischen Partei Jugoslawiens

Rechts: Alexander I. hat testamentarisch seinen Vetter Paul als Regenten von Jugoslawien bestimmt: Der Regent am 1. 6. 1939 im Gespräch mit Hitler bei einem seiner häufigen Besuche in Berlin

Angriffs auch ein Eingreifen Bulgariens vorsieht, hat übrigens ausschließlich defensiven Charakter.

Als die Spannungen wegen Albanien jedoch zunehmen, bittet Metaxas den italienischen Gesandten um Intervention bei seiner Regierung in Rom. Er kehrt nach Athen mit einer Erklärung des Duce zurück: »1. Italien hat schon am 1. September 1939 erklärt, daß es nicht beabsichtigt, irgendeine Initiative zu militärischen Handlungen zu ergreifen. 2. Diese Entscheidung, die allgemein gilt, hat im besonderen Geltung in bezug auf Griechenland. 3. Selbst im Fall, wo Italien bei seiner Stellung als Großmacht ein Eingreifen in den Konflikt nicht vermeiden kann, wird es keine Initiative in bezug auf Griechenland ergreifen. 4. Um auf eine konkrete Art die Gefühle zu beweisen, von denen die italienische Regierung und im besonderen der Duce beseelt sind, wird der Rückzug der italienischen Truppen auf 20 Kilometer von der griechisch-albanischen Grenze befohlen werden.«

Angesichts der sich über Europa zusammenziehenden Wolken unternehmen gemäßigte kroatische und serbische Politiker einen Rettungsversuch: Sie wollen in einem Übereinkommen (Sporazum) einen föderalen Ausgleich zwischen Kroaten und Serben zustandebringen. Tatsächlich kommt es am 26. August 1939, einige Tage vor Ausbruch des Zweiten Weltkrieges, durch Vermittlung Großbritanniens zu einem gewissen Ausgleich zwischen Zagreb (Agram) und Belgrad: Den von Kroaten bewohnten Gebieten Jugoslawiens will man weitgehend Autonomie gewähren, daneben erkennt Belgrad das Bestehen einer »Kroatischen Nation« an. Die Save-Banschaft wird um einige Verwaltungsbezirke vergrößert und erhält den Namen »Banschaft Kroatien«. Sie umfaßt neben Slawonien, Kroatien und Dalmatien auch den Südwesten Bosniens und den Nordteil der Herzegowina.

Die innere Unstetigkeit Jugoslawiens bezeugt am besten die Tatsache, daß in den 23 Jahren von 1918 bis 1941 es insgesamt 39 Regierungen gibt, im Schnitt alle sieben Monate eine neue. Übrigens wird keine einzige vom Parlament gestürzt, alle Entscheidungen fallen hinter den Kulissen. Die Tatsache, daß es 1939/40 noch zu keinen Kriegshandlungen auf dem Balkan kommt, bietet Jugoslawien eine letzte Möglichkeit zu Vorbereitungen politischer und militärischer Art.

Im Herbst 1939 zählt die Kommunistische Partei Jugoslawiens (KPJ) etwa 2000 Mitglieder und rund 10 000 Sympathisanten. Eine straff organisierte Gruppe von mehreren hundert Personen ist seit Ende der zwanziger Jahre im Untergrund tätig und hat einflußreichen Anhang unter den Studenten sowie Intellektuellen und kann so den Regierungsapparat infiltrieren. Der jugoslawische Militärattaché in Berlin, Oberst Vauhnik: »Die Kommunisten wurden auch aufgefordert, in das jugoslawische Heer Desorganisation hineinzutragen, Kriegsmaterial zu sammeln und mittels geheimer Organisation im Staat Panik zu verbreiten. Jede Hilfe muß den separatistischen Organisationen wie der Ustascha, den Makedoniern, den Albanern und den Montenegri-

nern gewährt werden. – So die kommunistische Partei!... Die sowjetische Diplomatie dagegen hatte in Belgrad allslawische Propaganda betrieben, man sprach von slawischer Solidarität und operierte mit Slogans, daß »Mütterchen Rußland« seine slawischen Brüder nie im Stiche lassen werde.«

Der Generalsekretär des Zentralkomitees der KPJ seit 1937: Josip Broz, ein Metallarbeiter von Beruf und Sohn armer kroatischer Bauern aus dem Dorf Kumrovec nördlich von Zagreb. Er hat ein halbes Dutzend falsche Namen und Pässe. Unter dem Namen Tito wird er bald – wie kaum ein anderer vor ihm – das Schicksal Jugoslawiens gestalten.

Am 28. September 1939 – Hitler hat inzwischen Polen überrannt – wird ein Abkommen unterzeichnet, in dem Frankreich und Großbritannien der Türkei für den Fall des Angriffs einer europäischen Macht ihre Hilfe zusichern. Die Türkei sagt ihrerseits Unterstützung zu, sollten Rumänien und Griechenland angegriffen werden. Voraussetzung dafür seien allerdings Lieferungen von Kriegsmaterial. Ausgeschlossen bleibt jedoch ein Kriegseintritt der Türkei gegen die Sowjetunion.

Im Spätherbst 1939 verhält sich die öffentliche Meinung in Italien recht ablehnend gegenüber Deutschland. Diese Einstellung vertieft sich noch im Dezember 1939 nach Ausbruch des sowjetisch-finnischen Krieges. Dann aber bereiten die Engländer durch eine rigorose Blockade im Mittelmeer der italienischen Versorgung erhebliche Schwierigkeiten. Ab 1. März 1940 stoppen sie sogar neutrale Kohlenschiffe nach Italien, so daß das Deutsche Reich mit Kohlenlieferungen aushelfen muß. Erst jetzt gelingt es in Rom langsam, die antideutsche Stimmung in eine antibritische umzuwandeln.

Am 10. März 1940 erklärt der Duce dem Außenminister v. Ribbentrop, daß Italien einen Parallelkrieg führen werde, über dessen Beginn er sich die Entscheidung vorbehalten müsse. Am 18. März 1940 wiederholt Mussolini diese Ankündigung gegenüber Hitler bei einem Treffen auf dem Brenner.

Im Winter 1939/40 bemühen sich Großbritannien und Frankreich um die Bildung eines Balkanblocks. Mit dem griechischen und türkischen Generalstab kommt es zu ausgedehnten Besprechungen. Die vom griechischen Generalstab nach Kriegsausbruch begonnenen geheimen Gespräche mit den alliierten Generalstäben führen jedoch zu keinem konkreten Ergebnis: Während es den beiden Westmächten darum zu tun ist, ähnlich wie 1915 eine Balkanfront aufzubauen und für diesen Zweck in den nordgriechischen Häfen Kriegsmaterial bereitzustellen, sind die Griechen an der Aufrechterhaltung ihrer Neutralität interessiert. Andererseits sind England und Frankreich wegen des dringenden Eigenbedarfs nicht in der Lage, das von Griechenland vor Kriegsausbruch bestellte und größtenteils bereits bezahlte Kriegsmaterial zu liefern. Auf die wiederholte Anregung des griechischen Generalstabs nach rechtzeitiger Aufstellung eines gemeinsamen Operationsplanes für den Fall, daß die Kampfhandlungen auf den Balkan übergreifen, geben die Westmächte keine präzise Antwort.

Benito Mussolini und Adolf Hitler: zwei Diktatoren, die dem Balkan Blut und Tränen bringen

Das OKW sorgt vor: Bereits im Januar 1940, fast 15 Monate vor dem Balkanfeldzug, errichtet die deutsche Abwehr in Sofia insgeheim eine Funkaufklärungsstelle. Man hört den jugoslawischen Militärfunkverkehr ab und knackt dessen Geheimcode. Die entzifferten Funksprüche liefern dem OKW jene Unterlagen, die den reibungslosen, kaum behinderten Ablauf des Feldzuges ermöglichen.

Die französische Niederlage im Sommer 1940 versetzt Griechenland in eine schwierige Situation: Großbritannien ist nach dem Rückzug aus Dünkirchen nicht imstande, irgendwelche Hilfe zu gewähren.

Am 10. Juni 1940 erfolgt der Kriegseintritt Italiens: Um 17.00 Uhr übergibt Graf Ciano dem englischen und französischen Botschafter die Pässe mit der Erklärung, daß Italien sich ab 11. Juni, 6.00 Uhr, im Kriegszustand mit beiden Mächten befinde. Gleichzeitig verkündet Mussolini diese Nachricht vom Balkon des Palazzo Venezia. Er erklärt dabei kategorisch, daß es nicht seine Absicht sei, irgendeine andere Nation in den Krieg hineinzuziehen. Mussolini läßt durch Graf Ciano nochmals gegenüber dem griechischen Gesandten die Versicherung seiner friedlichen Absichten auf dem Balkan wiederholen. »Die besonderen Zusicherungen, die man Griechenland erteilt habe, werden dabei ausdrücklich aufrechterhalten.« General Metaxas bestätigt daraufhin, Griechenland werde streng neutral bleiben und jeden englischen Landungsversuch in Saloniki, Volos oder anderen Häfen sowie auf Kreta sogar mit Gewalt verhindern.

Die Kapitulation Frankreichs bringt jedoch die griechische Geheimpolitik ans Tageslicht: Am Sonntag, dem 16. Juni 1941, erbeutet nachmittags die deutsche 9. Panzerdivision (GenMaj. Ritter v. Hubicki) auf dem Bahnhof von La Charité-sur-Loire das Geheimarchiv des französischen Generalstabs, darunter Dokumente über geheime Verhandlungen Griechenlands mit den Westmächten. Unter den streng geheimen Papieren, die man in La Charité gefunden hat und die die griechische Regierung belasten, sind außer den Dokumenten über enge Fühlungnahmen der griechischen und französischen Generalstäbe auch noch zwei Erklärungen vom griechischen Unterstaatssekretär des Außenministeriums, Mavroudis, und dem griechischen Generalstabschef General Papagos, die bestätigen, daß man sich im Winter 1939/40 auf griechischer Seite für alle Fälle auf die Möglichkeit einer alliierten Intervention einrichte. Mavroudis, der das griechische Außenministerium unter Metaxas praktisch leitet, erklärt dabei dem französischen Gesandten in Athen, daß Griechenland eine Landung der Alliierten in Saloniki nicht verhindern, ja sogar begrüßen würde, vorausgesetzt allerdings, daß auch der Erfolg eines derartigen Unternehmens sichergestellt sei. General Papagos wiederum beurteilt die

Aussichten eines alliierten Landungsunternehmens in Saloniki nur für den Fall als positiv, wenn genügend Luftstreitkräfte und eine ausreichende Luftabwehr von alliierter Seite bereitgestellt werden könnten.

Nach den Funden von La Charité ist die Antwort von Metaxas auf Mussolinis Erklärung vom 10. Juni 1940, in der er die strenge Neutralität seines Landes betont und feststellt, daß er auch jeden britischen Landungsversuch zurückweisen werde, nicht mehr glaubwürdig.

Hitler, der Mussolini über die Aktenfunde informieren läßt, hofft damit über den Duce politischen Druck auf Griechenland ausüben zu können und Athen wieder auf Neutralitätskurs zu zwingen. Aber die Spannung zwischen Griechenland und Italien wird von Mussolini durch provozierte Zwischenfälle dauernd verschärft. Nur das Einschreiten Hitlers verhindert im Spätsommer 1940 noch einmal den Angriff auf Griechenland, den seit Juli 1940 der ehemalige italienische Oberbefehlshaber in Albanien, General Geloso, generalstabsmäßig vorbereitet hat.

Jugoslawien betreibt jetzt seit der Niederlage Frankreichs eine betont vorsichtige Neutralitätspolitik. Hitlers Mißtrauen kann allerdings nicht zerstreut werden, zumal bekannt wird, daß Großbritannien und die USA die Belgrader Politik zu beeinflussen suchen. Für den Angriff auf die Sowjetunion, für den zur Zeit gerade die Vorbereitungen beginnen, ist für das Deutsche Reich

eine sichere Balkanflanke von entscheidender Bedeutung.

Während Mussolini den Krieg in Nordafrika gegen die Engländer unzureichend vorbereitet und nicht mit den nötigen Kräften eingeleitet hat, steht das Gros des italienischen Heeres mit Gewehr bei Fuß in Oberitalien. Der ehrgeizige Duce, geblendet durch die deutschen Erfolge in Westeuropa, sucht jetzt nach einem Gegner, den auch er in einem Blitzkrieg besiegen könnte, um sein Prestige gegenüber dem deutschen Bundesgenossen zu heben. Wohl aus diesem Grund befiehlt Mussolini im Juli 1940 unerwartet und ohne jegliche politische Begründung dem italienischen Generalstab, einen Operationsplan gegen Jugoslawien auszuarbeiten und die Masse des Heeres an dessen Grenze aufmarschieren zu lassen. Zwei Armeen mit 37 Divisionen und eine Armee in Reserve werden zum Angriff bereitgestellt.

Generalleutnant v. Rintelen, Militärattaché bei der Deutschen Botschaft in Rom: »Am 22. Juli 1940 übermittelte mir der stellvertretende Generalstabschef des Heeres, General Roatta, die Bitte an den deutschen Generalstab, ihm im Hinblick auf eine mögliche Operation gegen Jugoslawien Unterlagen über die jugoslawischen Befestigungen an der deutschen Grenze zu überlassen.«

Am 8. August 1940 wird Roatta deutlicher: Er erklärt

General v. Rintelen, daß der italienische Generalstab vom Duce den Auftrag bekommen habe, eine Studie über den Angriff gegen Jugoslawien auszuarbeiten unter der Annahme eines italienischen Einsatzes auch gegen die jugoslawische Nordgrenze durch Kärnten und Steiermark. Um die nötigen Eisenbahntransporte auf deutschen Bahnen vorbereiten und Vereinbarungen über die von Italien gewünschten Flugplätze und Nachschubeinrichtungen treffen zu können, bitte er um eine baldige Besprechung mit Vertretern des deutschen Generalstabs. Vielleicht komme auch eine Beteiligung von deutschen und ungarischen Streitkräften in Frage. General v. Rintelen: »Einige Tage darauf wurde ich vom OKW beauftragt, General Roatta zu erwidern, der Führer wünsche Ruhe an der deutschen Südgrenze und warne davor, den Engländern eine Gelegenheit zu verschaffen, sich mit den Luftstreitkräften in Jugoslawien festzusetzen.«

Zusammen mit dem geplanten Überfall auf Jugoslawien tauchen die aggressiven Absichten gegen Griechenland wieder auf. Die Anschuldigungen Italiens über Neutralitätsverletzungen durch Griechenland, das englischen Kriegsschiffen in den griechischen Territorialgewässern und Häfen Unterschlupf gewähre und dadurch die Angriffe auf italienische Schiffe erleichtere, häufen sich von Tag zu Tag. Graf Ciano wirft sogar in einer heftigen Auseinandersetzung dem griechischen Gesandten in Rom die absurde Anschuldigung vor, daß im Hafen von Milos britische Zerstörer lägen, die sich übrigens später als griechische Kriegsschiffe herausstellen. Wenige Tage danach beginnt die offiziöse italienische Nachrichtenagentur Stefani ihre Presseangriffe wegen der angeblichen Unterdrückung der albanischen »Minderheit« im Grenzgebiet von Tschamuria.

Bis Mitte August 1940 setzt Italien seine diplomatische Offensive gegen Griechenland fort. Den Eintragungen vom 10. und 12. August 1940 im Tagebuch von Graf Ciano kann man entnehmen, daß sich zu diesem Zeitpunkt bei Mussolini der Entschluß gefestigt hat, eine Aktion gegen Griechenland durchzuführen.

Am 13. August 1940 erklärt Graf Ciano dem Befehlshaber der italienischen Truppen in Albanien, General Visconti-Prasca, daß er sich bereithalten müsse, innerhalb von zwei Wochen gegen Griechenland in Aktion zu treten. Visconti-Prasca verfügt zur Zeit nur über fünf Divisionen und fordert auf diesen Befehl von inkompetenter Seite sofort beim Generalstab des Heeres Verstärkungen an.

Zwei Tage später, am 15. August 1940, torpediert ein U-Boot »unbekannter Nationalität« den griechischen Kreuzer »Helli«, einen Veteranen aus dem Ersten Weltkrieg, der 1912 in Dienst gestellt, kaum militärischen Wert hat. Er war während des Ersten Balkankrieges im Einsatz und dient jetzt als Minenleger. An diesem Tag

Italienische Gebirgstruppen auf dem Weg zu den Bereitstellungen entlang der albanisch-griechischen Grenze

liegt die »Helli« anläßlich der Feier zu Ehren des wundertätigen Muttergottesbildes beflaggt vor Reede im Hafen von Tinos. Die »Helli« hat nach altem Brauch die Repräsentanten des Staates zur Wallfahrt auf die Insel gebracht. Ohne Warnung schießt das unerkannte U-Boot drei Torpedos ab und bringt die »Helli« zum Sinken. Spätere Untersuchungen von Torpedo-Bruchstücken erweisen eindeutig deren italienische Herkunft. Übrigens versucht General Metaxas, um die Beziehungen zu Italien nicht noch weiter zu verschlechtern, diesen Befund in seinem Land geheimzuhalten. Bei der Rückkehr der Tinos-Pilger werden sowohl die Passagierschiffe als auch die sie begleitenden Zerstörer von italienischen Flugzeugen angegriffen.

Am 17. August 1940 wird Mussolinis Unternehmen gegen Griechenland wohl aufgrund der deutschen politischen und militärischen Einwände vertagt. Hitler paßt dieses Säbelrasseln Mussolinis keineswegs in seine strategischen Pläne. Am gleichen Tag teilt das Auswärtige Amt seinerseits Rom mit: Das Deutsche Reich erwarte, daß Italien jegliche Angriffsabsichten gegen die Balkanstaaten fallenlasse: Alle Anstrengungen seien auf England zu richten.

Ebenfalls am 17. August 1940 beginnt eine mustergültig verschleierte Teilmobilisierung der griechischen Grenzdivisionen. Diese Maßnahmen umfassen vor allem die Auffüllung der Stärke der Grenzeinheiten durch Abgaben von Truppenteilen aus dem Inneren des Landes und durch individuelle Einberufung von Reservisten zu Übungen. Es werden auch für den Ernstfall höhere Stäbe vorgesehen und die beiden im albanischen Grenzraum stehenden Divisionen mobilisiert, ebenso die auf den Inseln der Ägäis verteilte Division, die man auf das thrazische Festland überführt. Weitere Maßnahmen: Die Aufstellung einer Reserve-Infanteriebrigade in Westmazedonien sowie die Teilmobilisierung der Division auf Kreta.

Am 28. August 1940, während eines Treffens zwischen Hitler und Graf Ciano, betont der Führer ausdrücklich die Wichtigkeit der Ruhe auf dem Balkan im Hinblick auf die rumänische Ölversorgung.

Am 30. August 1940 findet in Wien eine Außenministerkonferenz der Achsenmächte sowie von Ungarn, Bulgarien und Rumänien statt. Es kommt dabei zum »Wiener Schiedsspruch« durch Deutschland und Italien: Rumänien wird gezwungen, den Großteil Siebenbürgens an Ungarn abzutreten und die Süddobrudscha an Bulgarien. Obgleich Rumänien dadurch erhebliche Teile seines Staatsgebietes an die beiden Nachbarn verliert, hat es seine Politik eng an Deutschland gekettet, das einzig in der Lage zu sein scheint, ihm sein verbleibendes Territorium gegen die Sowjetunion zu garantieren.

Am 2. September 1940 beschließt Hitler, eine Militärmission und Lehrtruppen nach Rumänien zu entsenden. Die deutschen Einheiten sollen zugleich das Ölgebiet von Ploesti sichern, von dessen Produktion die deutsche Kriegführung entscheidend abhängt.

Im September 1940 verlegt das Oberkommando der italienischen Streitkräfte, das Comando Supremo, entgegen allen Friedenszusicherungen Mussolinis drei Divisionen von Italien nach Albanien.

Am 13. September 1940 befiehlt der Duce, eine Offensive in Nordafrika zu eröffnen. Teile der italienischen 10. Armee (Gen. Berti) überschreiten die libysch-ägyptische Grenze bei Sidi Barrani. Nach mehreren Gefechten mit schwachen britischen Kräften kommt die Offensive bereits am 18. September 1940 wegen Nachschubmangels zum Stehen.

Am gleichen Tag befinden sich an der albanisch-jugoslawischen Grenze 37 Divisionen Italiens mit zwei Armeen in vorderer Linie und einer Armee als Reserve. Alle Kommandeure sind in ihre ersten Angriffsziele eingewiesen und alles zum Antreten bereit. Dies ist übrigens der einzige planmäßig vorbereitete und durchgeführte Aufmarsch, den Italien während des ganzen Zweiten Weltkrieges vorgenommen hat.

Am 27. September 1940 wird in Berlin zwischen Deutschland, Italien und Japan der Dreimächtepakt abgeschlossen. Sein Ziel: Sowohl in Europa als auch in Asien eine »neue Ordnung« zu schaffen.

Ende September 1940 wird vom Duce überraschend der Aufmarsch gegen Jugoslawien wieder rückgängig gemacht und eine nahezu vollständige Demobilmachung des italienischen Heeres angeordnet: 600 000 Mann sollen entlassen und der Landwirtschaft sowie Industrie zugeführt, auch die aus der Wirtschaft eingezogenen Fahrzeuge und Zugtiere schleunigst nach Italien zurückverfrachtet werden. Da man die ältesten Jahrgänge auch aus den mobil bleibenden Divisionen herauszieht, müssen die älteren Soldaten gegen jüngere, noch nicht ausgebildete ausgetauscht werden. Damit wird das ganze Gefüge des Heeres erschüttert und die Truppenausbildung erschwert. Andererseits bleiben die älteren Reservisten in Nordafrika und Albanien bei der Truppe, was natürlich Unzufriedenheit verbreitet.

Es stellt sich dabei heraus, daß der Unterstaatssekretär im Kriegsministerium, General Ubaldo Soddu, dem Duce eine Weisung zum Abbau des Heeres bis zum 10. Oktober 1941 abgerungen hat. Unterdessen erhält General Visconti-Prasca, Oberbefehlshaber der in Albanien stehenden Divisionen, laufend so widersprüchliche Befehle, daß er daraus beides schließen kann: Die geplante Offensive ist abgesagt – oder sie findet in Kürze statt.

Anfang Oktober 1940 verdichten sich erneut die Anzeichen für eine bevorstehende italienische Aktion gegen Griechenland: Das Überfliegen des griechischen Hoheitsgebietes nimmt immer mehr zu, und der griechische Gesandte in Rom stellt das umlaufende Gerücht fest, das italienische Losschlagen sei nur noch eine Angelegenheit von Tagen.

Bereits am 7. Oktober 1940, mehrere Tage vor dem ersten Fußfassen der Deutschen auf dem Balkan und der Entsendung von Militärmissionen nach Rumänien, hat der britische Secret Service mehrere Meldungen darüber erhalten. Neben der Warnung des zur Zeit

Ploesti, Oktober 1940: Deutsche leichte Flak soll die Öl-Industrieanlagen schützen

besten britischen Agenten in Deutschland, Paul Thümmel, einem Altparteigenossen und Duzfreund von Himmler, der unter der Bezeichnung A-54 für die Engländer spioniert, berichten die diplomatischen Vertretungen und der Secret Intelligence Service (SIS) vom Balkan über den Einzug deutscher Flak-Einheiten in Ploesti und die Anwesenheit deutscher Truppen samt Ausrüstung an mehreren Orten Rumäniens. Auch ein Angebot, vier Jagdstaffeln nach Rumänien zu entsenden, sowie weitere Beweise, daß man deutsche Divisionen im Südosten Europas erwarte, werden gemeldet.

Am 12. Oktober 1940 erscheint in Bukarest die von Hitler versprochene deutsche Wehrmachtsmission. Chef der Mission ist General der Kavallerie Hansen und Chef der Luftwaffenmission Generalleutnant Wilhelm Speidel. Es folgen die Lehrtruppen, d. h. die 13. Infanteriedivision (mot) »Lehrstab R I«, zur Ausbildung von drei rumänischen Musterdivisionen. Außer dem Schutz der Ölfelder von Ploesti sieht Hitler die Möglichkeit, Rumänien als Aufmarschgebiet gegen die Sowjetunion zu nutzen sowie in Südosteuropa solche Verhältnisse zu schaffen, die eine Flankenbedrohung von dort her ausschließen.

Als im Frühjahr 1940 es den britischen Kryptologen gelingt, den geheimen deutschen Funkschlüssel laufend zu entziffern, ermöglicht dies zugleich dem Secret Intelligence Service (SIS), sich Einblick in die Funksprüche und Fernschreiben der deutschen operativen Führungsstellen zu verschaffen. Das Knacken des Codes der deutschen Enigma-Schlüsselmaschine, der als unlesbar gilt, wird zum bestgehüteten Geheimnis des Zweiten Weltkrieges und geht in die Geschichte als Operation »Ultra Secret« ein, was die höchste Geheimhaltungsstufe bedeutet.

Diese Operation soll bereits im Herbst 1940 während der Ereignisse auf dem Balkan eine wichtige Rolle spielen. Und für Churchill sind die Enigma-Berichte eine der wertvollsten Entscheidungshilfen im Verlauf des Zweiten Weltkrieges.

Unterdessen treffen Hitlers beide Widersacher, Stalin und Churchill, unabhängig voneinander erste Gegenmaßnahmen: Stalin reagiert auf die Eröffnung des deutschen Botschafters v. d. Schulenburg, daß deutsche Truppen in Rumänien zusammengezogen werden, mit einer unverhüllten Warnung. Die Sowjetunion, erklärt Außenkommissar Molotow, betrachte Bulgarien und die türkischen Meerengen als seine Sicherheitszone und könne deshalb gegenüber Ereignissen, welche die UdSSR von daher bedrohen, nicht teilnahmslos bleiben. Schlimmer noch, jetzt beschließt auch der Duce, zu handeln: Als Hitler ohne sein Wissen deutsche Truppen nach Rumänien schickt, nimmt Mussolini den Vorgang zum willkommenen Anlaß, unter strikter Geheimhaltung vor dem deutschen Verbündeten auch eines seiner Balkanprojekte in die Tat umzusetzen. Er ordnet umgehend mit Nachdruck an, daß das OKW sowie auch dessen Verbindungsorgane in Italien nichts von dem geplanten Feldzug gegen Griechenland erfahren dürfen.

Und am gleichen Tag, an dem die Ankunft der deutschen Militärmission in Rumänien bekannt geworden ist, teilt Mussolini Graf Ciano mit: »Hitler stellt mich immer vor vollendete Tatsachen. Diesmal werde ich ihm mit gleicher Münze heimzahlen. Er wird aus den Zeitungen erfahren, daß ich in Griechenland einmarschiert bin. So wird das Gleichgewicht wieder hergestellt sein.«

Zwei Tage später, am 14. Oktober 1940, die Demobilmachung des italienischen Heeres läuft gerade auf Hochtouren, ruft Mussolini den Generalstabschef der Streitkräfte, Marschall Badoglio, und Generalstabschef des Heeres, General Roatta, zu sich, um ihnen zu erklären, daß die politische Notwendigkeit eine militärische Besetzung Griechenlands verlange. Auf die Frage des Duce, wie viele Truppen und wieviel Zeit nötig seien, um Griechenland zu schlagen, erklären die beiden: Die acht Divisionen in Albanien müßten um weitere zwölf Divisionen verstärkt werden, was drei

Monate Zeit erfordere, wenn der Feldzug in Griechenland erfolgreich durchgeführt werden solle.

Die in Albanien verfügbaren Streitkräfte sind nach Meinung von Badoglio völlig unzulänglich, und eine Landung in den westgriechischen Hafen Preveza scheidet wegen des für Kriegsschiffe zu seichten Wassers aus. Als Badoglio fragt, was denn die Deutschen von dem Projekt eines Feldzuges in Griechenland hielten, antwortet Mussolini wütend: »Hat Hitler mich vielleicht gefragt, als er Polen den Krieg erklärte? Hat man uns von dem Norwegen-Unternehmen unterrichtet? Hat man uns befragt, bevor man im Westen angriff? Man tat so, als ob wir überhaupt nicht vorhanden wären. Nun zahle ich mit gleicher Münze heim.«

Nach dieser Konferenz setzt Mussolini den Angriffstermin auf den 26. Oktober 1940 fest. In zwölf Tagen also soll der Überfall beginnen. Badoglio meldet zwar noch einmal die Forderung von insgesamt 20 Divisionen für die Operationen an, aber sowohl Graf Ciano als auch der Statthalter in Albanien, General Jacomoni, und der Oberbefehlshaber in Albanien, General Visconti-Prasca, sprechen sich für die sofortige Durchführung des Unternehmens aus: Mit ernsthaftem Widerstand der Griechen sei nicht zu rechnen. Mussolinis Unterschätzung der griechischen Widerstandskraft geht so weit, daß für den Einmarsch in den Epirus nur fünf italienische Divisionen mit je zwei Regimentern bereitgestellt werden. Die Bedenken Badoglios und Roattas werden vom Duce zurückgewiesen mit dem Hinweis auf eine wahrscheinliche Beteiligung Bulgariens auf der Seite Italiens.

Erstaunlicherweise hat Mussolini zu dieser Unterredung weder einen Vertreter der Marine noch der Luftstreitkräfte beordert und weder über die erforderlichen Transportmittel noch über die Sicherstellung der Versorgung gesprochen. Erst auf energisches Drängen von Badoglio verschiebt man lediglich das Angriffsdatum um zwei Tage auf den 28. Oktober 1940. Badoglio und Roatta, die eigentlich gegen einen Angriff sind, trösten sich nun, man werde alle notwendigen Verstärkungen noch während des Feldzuges zuführen können. Unterdessen ist in der letzten Oktoberwoche die Mobilmachung der griechischen Streitkräfte nahezu abgeschlossen.

Am 17. Oktober 1940 verzeichnet das streng geheime wöchentliche Resümee der britischen Stabschefs, daß deutsche Offiziere in Bulgarien – angeblich zu Propagandazwecken – Rundreisen durchführen. An noch nicht näher identifizierten Stellen in Bulgarien würden deutsche Luftbeobachtungsposten aufgestellt, um Vorbereitungen für die Ankunft von Maschinen der Luftwaffe, die eine vordere Luftverteidigungslinie bilden sollen, zu treffen.

Generalleutnant v. Rintelen, jetzt der »Deutsche General in Rom«: »Ich legte am 23. Oktober 1940 General Roatta die Frage vor, welchem Zweck das Zusammenziehen von Divisionen an der albanisch-griechischen Grenze dienen solle. Er bezeichnete alle Gerüchte über italienische Angriffsabsichten gegen Griechenland als unbegründet. Diese unbefriedigende Antwort veranlaßte mich, am folgenden Tage Marschall Badoglio die gleiche Frage vorzulegen. Er antwortete mir, es würden lediglich Vorbereitungen getroffen, um bei einer britischen Landung in Griechenland sofort eingreifen zu können.«

Am Abend des 23. Oktober 1940 meldet der SIS zum ersten Mal das Abhören eines Enigma-Funkspruches auf dem Balkan. Er steht im Zusammenhang mit der Ankunft der Luftwaffen-Mission in Rumänien.

Als am Abend des 26. Oktober 1940 der verschlüsselte Text von Mussolinis Ultimatum in der italienischen Botschaft in Athen eintrifft, gibt der italienische Gesandte gerade einen großen Empfang zu Ehren des Sohnes von Puccini, der am gleichen Tag in der griechischen Hauptstadt eine Oper seines Vaters dirigiert hat: Die festlich geschmückte Tafel im Haus des Gesandten ist mit italienischen und griechischen Fähnchen geschmückt. Auf diesem Bankett versäumt es der italienische Botschafter Grazzi nicht, die griechischen Minister wieder einmal der Sympathien des Duce für ihr Land zu versichern.

Mussolini und sein Schwiegersohn Graf Ciano arbeiten indessen – weiterhin in völliger Verschwiegenheit gegenüber den Deutschen, da man ein Veto befürchtet – an der Angriffsvorbereitung auf Griechenland. Noch vor knapp einem Monat hat Mussolini dem deutschen Außenminister v. Ribbentrop versichert, daß er im Augenblick den Krieg gegen England als Hauptsache ansehe, sich daher gegen Jugoslawien und Griechenland ruhig verhalten werde und zunächst die Eroberung Ägyptens durchzuführen beabsichtige.

Am 27. Oktober 1940, um 21.00 Uhr, wird in Rom der deutsche Geschäftsträger, der Gesandte Fürst v. Bismarck, offiziell von Graf Ciano darüber informiert, daß Italien in den nächsten sechs Stunden der griechischen Regierung eine ultimative Forderung, die Überlassung strategischer Punkte für die Dauer des Krieges gegen England, übergeben wird und daß morgens um 6.00 Uhr italienische Truppen auf jeden Fall von Albanien aus in Nordgriechenland einmarschieren werden. Diese Nachricht gibt v. Bismarck sofort an die Reichsregierung weiter. Sie erreicht Hitler in seinem Sonderzug auf dem Bahnhof Bologna, eine Stunde, bevor er sich mit dem Duce in Florenz treffen will. Der Zug fährt nun mit erhöhter Geschwindigkeit, aber Hitler kommt natürlich zu spät, um seinem Bundesgenossen den Überfall auf Griechenland auszureden. Als Mussolini die Unzufriedenheit in Hitlers Miene liest, tröstet er ihn: »Seien Sie nicht beunruhigt, das Ganze ist in vierzehn Tagen vorbei.«

1940

Januar–Dezember

Generalstab
A. P. Geheim 115 078
Sehr vertraulich, persönlich
Athen, den 13. Januar 1940
Der Chef des Generalstabes der Armee,
General A. Papagos
an den
Herrn Ministerpräsidenten und Kriegsminister

Betrifft: Meine Unterredung mit dem deutschen Militärattaché. Ich habe die Ehre, Ihnen mitzuteilen, daß der deutsche Militärattaché sich gleich nach seiner Rückkehr aus Deutschland bei mir angemeldet hat und von mir heute empfangen wurde.
Wir haben folgende Unterredung gehabt:
Er übermittelte mir zunächst die persönlichen Grüße des Generals v. Brauchitsch und der anderen deutschen Offiziere, die ich während meiner Deutschland-Reise im September 1938 kennengelernt hatte. Er ließ mich dann Folgendes wissen:
...
b) Er ist ermächtigt, mir die Versicherung zu geben, daß eine Ausdehnung des Krieges auf den Balkan aufgrund einer deutschen Initiative völlig ausgeschlossen ist. Deutschland hat kein Interesse, sich der Versorgungsquellen, die ihm der Balkan bietet, zu berauben und ist daher bestrebt, den Frieden auf der Halbinsel aufrechtzuerhalten.
...
A. Papagos

Aktenfund in La Charité-sur-Loire
Mittwoch, 3. Juli 1940, Berlin
Das *DNB* berichtet:
Wie amtlich verlautbart wird, hat ein deutscher Nachrichtentrupp in dem kleinen Städtchen La Charité an der Loire in einem halbzerstörten Zug die politischen Geheimakten des französischen Generalstabes erbeutet. Die hier gefundenen Dokumente sind von solcher Bedeutung, daß ihre Veröffentlichung schlechthin als die größte Sensation dieser Art bezeichnet werden muß. Sie enthüllen mit beispielloser Eindeutigkeit die Kriegsausweitungspläne Englands und Frankreichs. Infolge der eigenen Schwäche und dem Mangel an Einsatzbereitschaft Englands und Frankreichs sollten die kleinen Völker Europas systematisch zur Schlacht-bank geführt werden. Deutschland wollte man auf zweifache Art niederzwingen:
1. Durch Abschneiden von den schwedischen Erzgruben oder durch ihre Vernichtung, ferner durch Vernichtung sowohl des rumänischen Öls als auch der sowjetrussischen Ölquellen von Baku und Batum.
2. Durch Hineinziehen Skandinaviens in den Krieg gegen Deutschland, wodurch man zehn Divisionen gegen Deutschland gewinnen wollte, und durch Hineinziehung von Rumänien, der Türkei, Griechenlands und Jugoslawiens, wodurch man etwa 100 Divisionen gegen Deutschland mobilzumachen hoffte.

Krieg völlig ausgeschlossen

Dienstag, 9. Juli 1940, Berlin
Das *DNB* meldet:
Das Auswärtige Amt veröffentlicht aus dem demnächst erscheinenden sechsten Weißbuch eine vierte Veröffentlichung aus den politischen Geheimakten des französischen Generalstabes. Diese befassen sich mit dem Balkan und der Türkei als Aufmarschgebiet Englands und Frankreichs. Dokument Nr. 21 ist ein Bericht General Weygands an Ministerpräsident Daladier vom 9. Dezember 1939, in dem er auf eine schnelle Aktion drängt. In dem Bericht heißt es u. a., in der gegenwärtigen Lage könne in Europa nur der Kriegsschauplatz auf dem Balkan die Möglichkeit günstiger Ergebnisse bieten, sei es durch Zermürbung, welche die Eröffnung einer neuen Front für den Gegner bedeuten würde, sei es durch einen erfolgreichen Umgehungsangriff auf seine lebenswichtigen Punkte. So könne es sein, daß ein Eingreifen der Westmächte auf dem Balkan sich auf kurze Sicht als unumgänglich nötig erweise.

Größtes Interesse an der Erhaltung des Friedens
Freitag, 12. Juli 1940
Die *Agence Bulgare* berichtet:
In Ungarn herrscht über die Ergebnisse von München größte Zufriedenheit. Deutschland und Italien besitzen nach wie vor ein großes Interesse an der Erhaltung des Friedens in Südosteuropa. Da Ungarn, Jugoslawien, Rumänien und Bulgarien eine wichtige Ernährungsbasis nicht nur für die Achsenmächte, sondern überhaupt für den ganzen Kontinent geworden sind und es vermut-

Eine der wenigen modernen Jagdmaschinen vom Typ Hawker Hurricane, die Großbritannien den Königlich Jugoslawischen Luftstreitkräften geliefert hat

lich auf viele Jahre bleiben werden, sind kriegerische Auseinandersetzungen nicht zu befürchten.

Polemik gegen Griechenland
Donnerstag, 15. August 1940, Mailand
United Press berichtet:
»Popolo d'Italia« spricht von einem englisch-griechischen Komplott. In seinem Kommentar kommt das offiziöse Blatt zum Schluß, daß ein Problem vorliege, das gelöst werden müsse. Die Grenzrevision auf dem Balkan sei eine Angelegenheit, die auch Griechenland angehe, und zwar nicht nur Bulgarien gegenüber.

Telephonverbindungen unterbrochen
15. August 1940, Athen
Die Agentur *Proia* meldet:
Durch amtliche Anordnung sind soeben alle Telephonverbindungen zwischen Griechenland und Italien unterbrochen worden. Weiter verlautet, daß die Truppen in Alarmbereitschaft versetzt wurden.

Kreuzer »Helli« torpediert

Freitag, 16. August 1940, Athen
Die *Agence d'Athenes* teilt mit:
Der König richtete an General Metaxas eine Botschaft, in der er seinem Schmerz über die Torpedierung des Kreuzers »Helli« durch ein unbekanntes Unterseeboot

in der Bucht von Tinos Ausdruck verleiht. General Metaxas seinerseits erließ einen Tagesbefehl an die königliche Marine. Die Torpedierung forderte einen Toten und 26 Verwundete. Vier Mann werden vermißt. Die Opfer wurden auf die Insel Syra überführt.

War es ein italienisches U-Boot?
Mittwoch, 21. August 1940, Athen
Die Zeitung *Kathemerini* berichtet:
Griechische Marineexperten, die die Teile des Torpedos untersuchten, das das griechische Kriegsschiff »Helli« zum Sinken brachte, haben erklärt, man habe auf ihnen die Bezeichnung »Turin 1930« eingraviert gefunden.

Italienische Verstärkungen in Albanien
Dienstag, 8. Oktober 1940, Athen
Die Zeitung *Eleftero Vima* meldet:
Von zuverlässiger Stelle verlautet, daß drei weitere italienische Divisionen an die griechisch-albanische Grenze gebracht worden sind. Es soll sich um etwa 45 000 Mann handeln.

Griechenland in Bereitschaft
Freitag, 11. Oktober 1940, London
Die *Agentur Reuter* teilt mit:
»Evening Standard« meldet aus Athen, daß Griechenland sämtliche Vorbereitungen getroffen hat, um auf alle Eventualitäten gefaßt zu sein. Jede Straße und Brücke im Norden des Landes sei vermint.

Inspektionsreise Mussolinis
Montag, 21. Oktober 1940, Mailand
Die *Agentur Stefani* berichtet:
Im selbstgesteuerten Flugzeug traf der Duce gestern in Ronchi dei Legionari ein, von wo aus er sich zur Inspektion der an der Ostgrenze stehenden Truppen nach Sappiane begab.

Griechenland im Kriegszustand

Montag, 28. Oktober 1940, Athen
Die *Agentur Reuter* meldet:
Zum erstenmal heulten die Sirenen der griechischen Hauptstadt am Montag morgen um 7.00 Uhr, aber nicht, um Fliegeralarm zu geben, sondern um den Eintritt des Kriegszustandes zu verkünden. Auf den Straßen versammelte sich eine große Menschenmenge, um den König und den Ministerpräsidenten zu begrüßen.

Italienische Bomber über Griechenland
Dienstag, 29. Oktober 1940, Athen
Die *Agence d'Athenes* berichtet:
Griechische Jagdflugzeuge und die Flak haben feindliche Bomber vertrieben, die einen Angriff auf den Flugplatz Tatoi versuchten. Der Angriff auf Patras war vor allem gegen die Hafenanlagen, den Justizpalast und das Telegraphenamt gerichtet. Die Bevölkerung zeigte keine Anzeichen von Panik.

Der Vormarsch dauert an

29. Oktober 1940, Rom
Das *Comando Supremo* teilt mit:
Gestern im Morgengrauen überschritten unsere in Albanien stationierten Truppen die griechische Grenze und drangen in feindliches Gebiet ein. Der Vormarsch dauert an.

W. Churchill an Außenminister Eden
29. Oktober 1940:
Es ist von höchster Wichtigkeit, an der Suda-Bucht den besten Flugplatz und eine Treibstoffbasis für die Royal Navy einzurichten. Eine erfolgreiche Verteidigung Kretas ist ein unschätzbarer Beitrag zur Verteidigung Ägyptens. Verlust von Kreta an die Italiener brächte ein bedauerliche Verschärfung aller unserer Schwierigkeiten im Mittelmeer.

Wir werden zurückschlagen
29. Oktober 1940, Athen
Die Zeitung *Eleftero Vima* meldet:
Durch den griechischen Rundfunk wurde offiziell mitgeteilt, daß britische Streitkräfte »bereits bei der Hand«

»Italiener greifen Griechenland an« – meldet die französische Presse am 29. 10. 1940

seien. Die Straßen der griechischen Hauptstadt waren heute nacht voll von Lastwagen, Taxis und requirierten Privatautos, die die einberufenen Truppen zu ihren Bestimmungsorten beförderten. Die Autos waren vollgestopft mit singenden Soldaten, die durch die verdunkelten Straßen in ihre Kasernen oder an die Front abtransportiert wurden.

Großbritannien steht Griechenland zur Seite
Mittwoch, 30. Oktober 1940, London
Die *Agentur Reuter* teilt mit:
Das Foreign Office bestätigte heute, daß die Zusicherung der britischen Hilfe an Griechenland eine Hilfeleistung »mit allen verfügbaren Mitteln« bedeutet.

Italienischer Heeresbericht
30. Oktober 1940, Rom
Das *Comando Supremo* meldet:
Unsere Truppen setzten ihren Vormarsch auf griechischem Gebiet fort, wobei sie den Widerstand der feindlichen Nachhut brachen.

Griechischer Heeresbericht
30. Oktober 1940, Athen
Das *Kriegsministerium* teilt mit:
In der Nacht vom Montag zum Dienstag unternahmen kleinere feindliche Abteilungen einen Vorstoß. Im Lauf des gestrigen Tages führten starke gegnerische Truppenteile unter Einsatz von leichter und schwerer Artillerie

weitere Angriffe durch. Unsere Truppenbewegungen wurden planmäßig durchgeführt. In Westmazedonien ist die Lage unverändert. Die Fliegertätigkeit ist unbedeutend.

Griechischer Heeresbericht
Donnerstag, 31. Oktober 1940, Athen
Das *Kriegsministerium* teilt mit:
Unsere Truppen hielten nach dem vorgesehenen Rückzug am 30. Oktober ihre Stellungen und hinderten mit ihrem heftigen Feuer den Vormarsch der italienischen Truppen. An der übrigen Front herrscht Ruhe. Albanische Banden arbeiten mit dem Feind zusammen.

Sender Beromünster (Schweiz)

31. Oktober 1940:
Wie wichtig das Mittelmeer im gegenwärtigen Krieg geworden ist, zeigen neuerdings die Vorfälle in Griechenland. Italien klagte die griechische Regierung einer unneutralen Haltung an und verlangte von ihr die Besetzung wichtiger strategischer Punkte durch italienische Streitkräfte. Die Ablehnung dieser ultimativen Forderungen durch die griechische Regierung hatte die Eröffnung der Feindseligkeiten an der albanisch-griechischen Grenze zwischen italienischen und griechischen Truppen zur Folge. Da England bekanntlich vor etwas mehr als einem Jahr ein Garantieversprechen an Griechenland abgegeben hat, erklärte es sich zur sofortigen Hilfeleistung bereit. Diese Ereignisse sind noch so neu, daß weder über die Entwicklung der militärischen Operationen noch über die politischen Folgen des italienisch-griechischen Konfliktes bereits etwas gesagt werden kann.

Griechischer Heeresbericht
Freitag, 1. November 1940, Athen
Das *Kriegsministerium* teilt mit:
Gestern nahmen die Kämpfe der griechischen Streitkräfte einen günstigen Verlauf. Die Italiener wurden überall zurückgedrängt. An allen Frontabschnitten unternahmen unsere Truppen Gegenangriffe und stießen dabei kaum auf Widerstand. Die Italiener setzten leichte Panzer ein, besonders an der westlichen Front und im Küstenabschnitt, die sich jedoch als nicht sehr wirksam erwiesen, da sie sich in dem bergigen Gelände nicht bewährten.

Die Entwicklung an der italienisch-griechischen Front zwischen Ochrida-See und adriatischer Küste

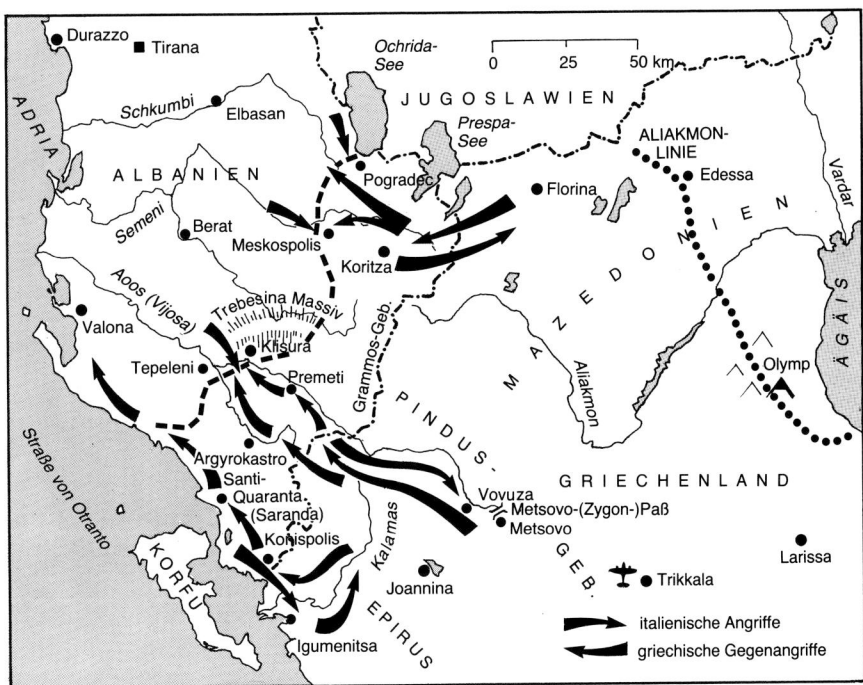

Linke Seite: Italienische schwere Feldgeschütze unterstützen Angriffe der Gebirgstruppen

Griechische Städte bombardiert
Sonnabend, 2. November 1940, Athen
Das *Sicherheitsministerium* gibt bekannt:
Gestern sind 24 Luftangriffe gegen Griechenland durchgeführt worden. Dabei wurden insgesamt 92 Personen getötet und 149 verwundet. Die Italiener haben Flugblätter in griechischer Sprache abgeworfen, in denen erklärt wird: Italien sei kein Feind des griechischen Volkes, sondern es liebe und respektiere das griechische Volk, und es würde nur einmarschieren, um die Griechen gegen die Engländer zu schützen.

Griechischer Heeresbericht
Sonntag, 3. November 1940, Athen
Das *Kriegsministerium* teilt mit:
An der Epirusfront und in Westmazedonien sind heftige Artilleriekämpfe im Gang. Die feindlichen Flugplätze von Koritza und Argyrokastro haben unsere Luftstreitkräfte erfolgreich bombardiert; am Boden befindliche feindliche Flugzeuge wurden zerstört. In den Luftkämpfen konnten vier feindliche Bomber abgeschossen werden. Zwei griechische Flugzeuge sind nicht zurückgekehrt. Die feindliche Luftwaffe setzte ihre Angriffe fort. Saloniki, Patras, die Umgebung von Korfu, Joannina und Chania sowie andere Ortschaften wurden bombardiert. Kein einziges militärisches Ziel ist getroffen worden.

Planmäßiger Vormarsch
Dienstag, 5. November 1940, Mailand
Die *Agentur Stefani* berichtet:
Der Vormarsch auf Joannina entwickelt sich planmäßig, obwohl die griechischen Gebirgstruppen einen hartnäkkigen Kleinkrieg führen. Die Berichterstatter erwähnen, daß die griechischen Streitkräfte gut ausgerüstet sind und es verstehen, Geländevorteile geschickt auszunützen. Die verhältnismäßig langsamen Fortschritte des italienischen Vormarsches werden durchweg mit dem orkanartigen Wetter der vergangenen Tage und mit dem Mangel an befahrbaren Straßen erklärt.

Griechischer Heeresbericht
5. November 1940, Athen
Das *Kriegsministerium* teilt mit:
An der mazedonischen Front wurde eine neue Anhöhe auf albanischem Gebiet von unseren Truppen angegriffen und besetzt. Außer der bereits in früheren Kommuniqués erwähnten Anzahl der Gefangenen nahmen unsere Streitkräfte an verschiedenen Abschnitten der Front weitere feindliche Truppenteile gefangen und erbeuteten Kriegsmaterial.

Wechsel im italienischen Oberkommando
Sonntag, 10. November 1940, Rom
Die *Agentur Stefani* meldet:
Ohne Angabe von Gründen wird heute die Umbesetzung der militärischen Führung am albanischen Frontabschnitt amtlich mitgeteilt. An die Stelle von General Visconti rückt General Soddu, Vizegeneralstabschef und Unterstaatssekretär des Kriegsministeriums. Der Kommandowechsel dürfte eine weitere Intensivierung der Kriegführung bringen.

Geheimer Bericht des *Sicherheitsdienstes der SS* zur innenpolitischen Lage:
Nr. 140 vom 11. November 1940 (Auszug)

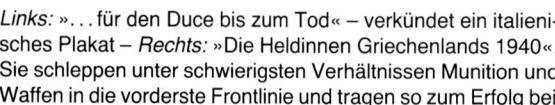

OI HPΩIΔEΣ TOY 1940

Links: »...für den Duce bis zum Tod« – verkündet ein italienisches Plakat – *Rechts:* »Die Heldinnen Griechenlands 1940«. Sie schleppen unter schwierigsten Verhältnissen Munition und Waffen in die vorderste Frontlinie und tragen so zum Erfolg bei

I. Allgemeines: Die Bevölkerung steht nach den eingegangenen Meldungen stark unter dem Eindruck der Rede des Führers in München, die »wie eine Erlösung« gewirkt habe und zusammen mit dem bevorstehenden Molotow-Besuch die innenpolitischen Angelegenheiten in den Hintergrund treten ließ. Übereinstimmend wird zum Ausdruck gebracht, daß die als begründeter denn je empfundene Siegeszuversicht des Führers sich auch auf den letzten Volksgenossen übertragen habe.
Der immer wieder gemeldeten Unzufriedenheit über den langsamen Verlauf der italienischen Operationen in Griechenland, die man bereits mit dem russisch-finnischen Kriege zu vergleichen geneigt ist, stehen als außerordentlich stimmungsförderndes Moment die mit Genugtuung aufgenommenen Blockadeerfolge der deutschen Kriegsmarine gegenüber.

Griechischer Heeresbericht
Montag, 11. November 1940, Athen
Das *Kriegsministerium* teilt mit:
Die feindliche Luftwaffe hat einige Ortschaften der Insel Kreta bombardiert, aber ohne Sachschaden anzu-

richten. An der Epirusfront beschoß unsere Artillerie erfolgreich feindliche Truppenkonzentrationen, die erhebliche Verluste erlitten und zersprengt wurden. Dabei konnte verschiedenes Kriegsmaterial erbeutet werden. Im bewaldeten Berggelände von Smolika und Grammos auf dem nördlichen Pindus-Gebirge fanden zwischen dem 28. Oktober und dem 10. November heftige Kämpfe statt, die zu schweren Verlusten einer Alpini-Division führten, einer Elitetruppe des Feindes. Sie wurde von Bersaglieri und einer Formation der faschistischen Miliz unterstützt. Der Gegner versuchte, an der Epirusfront zu einem entscheidenden Schlag gegen unsere Truppen auszuholen. Eine weitere Alpini-Division wollte diese Berggegenden durchqueren und sich möglichst rasch in Metsovo an der großen Verbindungsstraße zwischen dem Epirus und Thessalien festsetzen. Nach erbitterten Kämpfen wurden die feindlichen Truppen zurückgedrängt. Sie zogen sich – um einer Einkreisung zu entgehen – in gänzlicher Auflösung zurück, verfolgt von unseren Streitkräften. Die feindlichen Verluste an Toten und Verwundeten sind außerordentlich groß. Zahlreiche Gefangene und Kriegsmaterial jeder Art fielen in unsere Hände.

Britische Angriffe auf albanische Häfen
Mittwoch, 13. November 1940, Athen
Die *Agentur Reuter* berichtet:
In einem Kommuniqué gibt die Royal Air Force

bekannt: Eine erfolgreiche Operation wurde in der Nacht vom 11. auf den 12. November 1940 gegen Durazzo an der albanischen Küste durchgeführt. Der Hafen konnte überall in Brand gesetzt und die Treibstofflager zerstört werden. Auch das Gebiet von Valona ist stark bombardiert worden.

Tarent bombardiert

Donnerstag, 14. November 1940, Rom
Die *Agentur Stefani* meldet:
Der Heeresbericht Nr. 138 des Comando Supremo brachte die Nachricht über einen feindlichen Luftangriff auf Tarent in der Nacht vom 12. November. Gestern gab Churchill im Unterhaus eine völlig erfundene Version dieses Vorfalls bekannt. Auf italienischer Seite hält man es nicht für notwendig, derart tendenziöse Verdrehungen der Tatsachen, wie sie die Erklärungen Churchills und des Ersten Lords der britischen Admiralität enthalten, zu beantworten. Man wird in den nächsten Tagen genaue Angaben über den Angriff auf Tarent sowie über die Gesamtlage im Seekrieg und über die Situation im Mittelmeer machen.

Griechische Feldhaubitzen in Feuerstellung

Griechische Armee auf dem Vormarsch
Sonnabend, 16. November 1940, Athen
Die Zeitung *Proia* berichtet:
Ein Sprecher der griechischen Regierung erklärte, die griechische Armee habe jetzt, obwohl sie ungenügend ausgerüstet sei, an allen Fronten die Initiative ergriffen und sei überall im Vorrücken.

Die heftigen Kämpfe dauern an
Sonntag, 17. November 1940, Rom
Das *Comando Supremo* gibt bekannt:
An der griechischen Front kam es im Laufe des gestrigen Tages zu Angriffen und Gegenangriffen, die im Abschnitt der 9. Armee besonders erbittert waren. Unsere Luftstreitkräfte haben die Suda-Bucht (Kreta) sowie den Hafen von Alexandrien (Ägypten) bombardiert.

Italienischer Heeresbericht
Mittwoch, 20. November 1940, Rom
Das *Comando Supremo* teilt mit:
Wiederholte starke Angriffe südöstlich von Koritza und zu beiden Seiten der Straße von Kalabaka sind mit schweren Verlusten für den Feind zurückgeschlagen worden.

Erster Erfolg der RAF-Flieger
20. November 1940, London
Die *Agentur Reuter* berichtet:

Offiziell wird mitgeteilt, daß gestern von britischen Jagdverbänden in Griechenland neun italienische Flugzeuge abgeschossen wurden, die britischen Luftstreitkräfte verzeichnen keine Verluste.

Koritza in griechischer Hand
Freitag, 22. November 1940, Athen
Die Zeitung *Eleftero Vima* berichtet:
Um die Mittagszeit verkündete Ministerpräsident Metaxas einer großen Menschenmenge vor dem Hauptquartier die Nachricht von der Besetzung Koritzas. Metaxas erschien auf den Stufen zum Eingangstor und rief: »Griechen, unsere Truppen sind in Koritza einmarschiert.« Ein gewaltiger Jubel erhob sich. Darauf erschien König Georg in Begleitung des Chefs der britischen Mission, General Gambier Tarrys, auf dem Balkon des Hauptquartiers. Britische und griechische Flaggen wurden in der ganzen Stadt gehißt. Kurz darauf gab der Erzbischof von Athen Anweisung, sämtliche Kirchenglocken zu läuten.

Italienischer Rückzug
22. November 1940, Rom
Das *Comando Supremo* teilt mit:
Unsere aus zwei Divisionen bestehenden Deckungstruppen, die bei Beginn der Feindseligkeiten in Defensivstellung an der griechisch-albanischen Grenze bei Koritza standen, haben sich nach elf Tagen Kampf auf eine Linie westlich der Stadt zurückgezogen, die evakuiert worden ist. Unsere Verluste sind beträchtlich, doch ebenso bedeutend und vielleicht noch schwerer sind die des Feindes. Auf der neuen Linie werden unsere Verstärkungen konzentriert.

Griechisches Kommuniqué
Sonntag, 24. November 1940, Athen
Das *Kriegsministerium* teilt mit:
Der Vormarsch unserer Truppen geht an allen Fronten weiter. Die Beute an Kriegsmaterial nimmt ständig zu. Der Feind bombardierte einige Städte im Landesinnern, ohne daß es Schaden oder Opfer gegeben hätte.

Die Stimmung in Italien

24. November 1940, Rom
Die Zeitung *Popolo di Roma* berichtet:
Ein Kommuniqué des Presseamtes des Kulturministeriums für die Auslandspresse tritt heute den Behauptungen entgegen, nach denen die Griechen bei ihrem Vormarsch in Albanien reiche Beute an Kriegsmaterial gemacht hätten. Gleichwohl hat der Rückschlag im Krieg gegen Griechenland zu einer gewissen Beunruhigung der öffentlichen Meinung beigetragen, um so mehr, als mit ihm nicht gerechnet wurde.

Zuversicht in Griechenland
Montag, 25. November 1940, Athen
Die Agentur *Athinaiko Praktoreio* berichtet:
Die ganze griechische Bevölkerung ist fest davon über-

Griechische Gebirgskanonen bei der Bekämpfung italienischer Infanteriestellungen im Grenzgebirge

zeugt, daß Griechenland im Kampf gegen Italien auf übernatürliche Hilfe zählen könne. Dieser Glaube, der auch in den Kirchen offen zum Ausdruck gebracht wird, verleiht den Truppen einen nicht zu unterschätzenden moralischen Rückhalt.

Griechischer Heeresbericht

Montag, 2. Dezember 1940, Athen
Das *Kriegsministerium* teilt mit:
Unsere Truppen sind an der ganzen Front erheblich vorgerückt und haben Stellungen erobert, die für die kommenden allgemeinen Operationen von besonderer Bedeutung sind.

Schneefälle an der Front

Mittwoch, 4. Dezember 1940, Rom
Die Zeitung *Voce d'Italia* meldet:
Schwere Schneefälle an der griechisch-italienischen Front haben die Operationen in einen regelrechten Winterfeldzug verwandelt. Laut Berichten aus Tirana ist der Schneefall von kalten Winden begleitet, so daß sich die italienische Heeresleitung veranlaßt gesehen hat, jedem Soldaten eine weitere Wolldecke zu verabfolgen. Gleichzeitig rollen Wagenladungen mit Holz und Koks an die Front.

Italienische Gegenangriffe

Freitag, 6. Dezember 1940, Rom
Das *Comando Supremo* teilt mit:
In Albanien setzt der Feind, der Verstärkungen auch von anderen Grenzen herangezogen hat, seinen Druck vornehmlich auf unseren linken Flügel fort. Unsere Truppen haben Gegenangriffe durchgeführt.

Griechische Truppen in Santi Quaranta

6. Dezember 1940, Athen
Die Zeitung *Proia* berichtet:
Heute morgen sind griechische Truppen in Santi Quaranta (Saranda) einmarschiert. Sie setzen ihren Vormarsch an der Front von Argyrokastro fort, bezogen Stellungen nördlich von Argyrokastro und beherrschen nun alle Straßen zwischen Santi Quaranta und Argyro-

kastro. In einem Nachtangriff erstürmten die Evzonen-Elitetruppe den Charakecberg, der Delvino beherrscht und vom 11. Alpiniregiment hartnäckig verteidigt wurde. Bei der Eroberung dieses Berges spielten Bajonettangriffe eine bedeutende Rolle. Die griechischen Soldaten loben die Tapferkeit der Alpini. Die Italiener, die mit großer Zähigkeit verschiedene Gipfel halten, werden aus der Luft mit Nachschub versorgt.

Unaufhaltsamer Vormarsch

Donnerstag, 12. Dezember 1940, Athen
Das *Kriegsministerium* gibt bekannt:
Der griechische Vormarsch in den verschiedenen Abschnitten der Front wird trotz heftigen feindlichen Widerstandes fortgesetzt. Es sind wieder Gefangene gemacht und Kriegsmaterial erbeutet worden.

Weisung Nr. 20
Der Oberste Befehlshaber der Wehrmacht
Führerhauptquartier,
den 13. 12. 40

OKW/WFSt/Abt. L
Nr. 33406/40 g. K. Chefs.
Geheime Kommandosache
Weisung Nr. 20 Unternehmen »Marita«. (Auszug)
1. Der Ausgang der Kämpfe in Albanien läßt sich noch nicht übersehen. Angesichts der bedrohlichen Lage in Albanien ist es doppelt wichtig, daß englische Bestrebungen, unter dem Schutze einer Balkanfront eine vor allem für Italien, daneben für das rumänische Ölgebiet, gefährliche Luftbasis zu schaffen, vereitelt werden.
2. Meine Absicht ist daher:
a) in den nächsten Monaten in Südrumänien eine sich allmählich verstärkende Kräftegruppe zu bilden,
b) nach Eintreten günstiger Witterung – voraussichtlich im März – diese Kräftegruppe über Bulgarien hinweg zur Besitznahme der Ägäischen Nordküste und – sollte dies erforderlich sein – des ganzen griechischen Festlandes anzusetzen (Unternehmen Marita). Mit der Unterstützung durch Bulgarien ist zu rechnen.

· · ·

6. Nach Durchführung des Unternehmens Marita ist

beabsichtigt, die Masse der hierfür eingesetzten Verbände zu neuer Verwendung herauszuziehen.

...

gez. Adolf Hitler

W. Churchill an den Chef des Luftstabes
Sonntag, 15. Dezember 1940:
Welche Fortschritte machen Sie in Griechenland mit der Anlage eines großen Systems von Flugplätzen, die geeignet sind, moderne Bomber und Jäger aufzunehmen, und mit der Verlegung von Kaderpersonal, Ersatzteilen usw. dorthin?
Es ist für mich ganz klar, daß dies in nächster Zeit von größter Wichtigkeit sein wird, und wir müssen trachten, uns nicht durch die Ereignisse überraschen zu lassen.
Ich bitte, mir alle vierzehn Tage einen Bericht vorzulegen.

Kälte in den albanischen Bergen
Donnerstag, 19. Dezember 1940, Koritza
United Press berichtet:
Die ersten Opfer der grimmigen Kälte, die in den albanischen Bergen herrscht, sind heute ins Lazarett von Koritza eingeliefert worden. Die Leute lagen mit erfrorenen Gliedern in den Ambulanzwagen, die aus den Kampfgebieten eintrafen. Viele von ihnen hatten einen Transport von zwei Tagen hinter sich. Sie wurden zwischen zwei Maultieren durch den tiefen Schnee getragen und so von den Höhen herabtransportiert, bis sie auf der nächsten Straße in die wartenden Ambulanzwagen verladen werden konnten. Die Ärzte und Pflegerinnen arbeiten Tag und Nacht. In einem überfüllten Krankensaal konnte ich beobachten, wie Soldaten in den Operationssaal gebracht wurden, wo Amputationen vorgenommen wurden. Ein Militärarzt zeigte sich ganz verzweifelt und sagte mir: »Ich bin gerade mit vier Amputationen fertig geworden – alles Erfrierungen!« Die meisten griechischen Soldaten – auch diejenigen, die hoch oben in den Bergen stehen – tragen nur dünne Socken und dünnes Unterzeug: die plötzliche Mobilisierung hat es unmöglich gemacht, die Soldaten mit Wollsachen zu versorgen.

Deutsche Vorbereitungen

Oberkommando der Wehrmacht
FHQu, den 21. 12. 1940
WFSt/Abt. L (I) Nr. 33435/40 g. K. Chefs.
Geheime Kommandosache
Chefsache
Nur durch Offizier
Die anfänglich aus einer verstärkten Panzer-Division, einigen Verbänden der Luftwaffe und Lehrkräften für die Kriegsakademie und ähnliche Kurse bestehende Wehrmachtmission in Rumänien wird zur Zeit um eine weitere Panzerdivision verstärkt (Transport durch Ungarn nach Rumänien vom 13.–25. 12.).

Darüber hinaus hat der Führer im Hinblick auf die Lage auf dem Balkan nunmehr die Versammlung einer von der Wehrmachtmission unabhängigen starken Kräftegruppe in Südrumänien befohlen, als deren Führer Generalfeldmarschall List bestimmt worden ist. Ihre Aufgabe wird es gegebenenfalls sein, über das befreundete Bulgarien hinweg und ohne jugoslawisches oder türkisches Gebiet zu berühren, zur ägäischen Küste – je nach Lage auch weiter nach Griechenland hinein – durchzustoßen und hierdurch den Engländer in diesem Raum auszuschalten. Die Möglichkeit solchen deutschen Handelns ist bereits Ende November dem General Antonescu bei dessen Berliner Besuch vom Chef des Oberkommandos der Wehrmacht angedeutet worden. General Antonescu war einverstanden und bat lediglich um weitgehende Schonung seines Volkes betr. materieller Lasten, die ihm zugesagt wurde.
Der bulgarischen Armee ist bei der Aktion die Übernahme des Flankenschutzes gegen die Türkei zugedacht, deren militärisches Eingreifen jedoch für unwahrscheinlich gehalten wird. Ob Jugoslawien sich einem deutschen Angriff durch Zugriff auf Saloniki anschließen wird, läßt sich nicht übersehen.
Im einzelnen ergibt sich für den zeitlichen Ablauf der militärischen Maßnahmen folgendes:
Rumänien:
21. 12. 1940
Der Chef der deutschen Wehrmachtmission (General Hansen) ist angewiesen worden, in Rumänien umgehend die bis Mitte Januar eintreffenden Verbände in Verbindung mit dem deutschen Gesandten anzumelden. Dabei gibt General Hansen an, daß die Verstärkung aufgrund der Lage auf dem Balkan, insbesonders zum Schutz des Ölgebietes erfolgt. Die in der zweiten Januarhälfte folgenden Transporte sollen in der gleichen Weise am 2. 1., weitere Absichten schrittweise angemeldet werden.
Besprechungen und Abmachungen mit dem rumänischen Generalstab sind dem General Hansen freigegeben worden mit der Einschränkung, daß Offensivpläne (nach Bulgarien hinein) nicht behandelt werden dürfen.
Ende Dezember – Anfang Januar
Deutsche Pionierformationen erscheinen an dem rumänischen Ufer der Donau. Vorbereitungen für den Flußübergang (Brückenschläge usw.) werden – unter möglichster Tarnung eingeleitet – sich im Lauf des Januar immer deutlicher abzeichnen.
In Südrumänien treffen laufend im Bahntransport deutsche Truppen (besonders Panzer- und mot. Verbände) ein.
In Ungarn und Rumänien muß vom 1. 1. 1941 0.00 Uhr an auf bestimmten Strecken wegen des Anwachsens der Truppen- und Versorgungstransporte der Militärfahrplan eingeführt werden. Eine Drosselung des landeseigenen Wirtschafts- und Personenverkehrs wird dann erforderlich. Der Chef des Wehrmacht-Transportwesens ist beauftragt, in beiden Ländern die erforderlichen Maßnahmen zu besprechen. Unterstützung durch entsprechende Schritte des Auswärtigen Amtes, hierzu

In grimmiger Kälte, auf verschneiten Pfaden: Tragtiere bringen Nachschub für vorgeschobene griechische Stellungen

Unten: Griechische Truppen: Unzulänglich ausgerüstet und nicht motorisiert, erzielen sie trotz immenser Nachschubschwierigkeiten beachtliche Erfolge

'Ο κουρία ς. – Ἡ σειρά σας στρατηγέ !

Rasieren zack-zack. »Sie sind jetzt dran, Herr General!«

in Bukarest enge Zusammenarbeit mit dem Chef der deutschen Wehrmachtmission, scheint geboten.

Ende Januar:

Außer der mehr über das Land verteilten Wehrmachtmission (2 Panzer-Divisionen und Verbände der Luftwaffe) werden bis dahin 7–8 deutsche Divisionen in Südrumänien stehen.

Ob anschließend weitere starke Kräfte zugeführt werden, ist noch nicht entschieden.

Bulgarien:

Zur Zeit befinden sich der aus 15 Offizieren des Heeres bestehende »Erkundungsstab Sofia«, außerdem je eine kleine Erkundungsgruppe der Kriegsmarine und der Luftwaffe in Bulgarien. Die wichtigste Aufgabe dieser in Zivil entsandten Stäbe ist die Erkundung der Straßen- und Einsatzverhältnisse. Der Leiter des »Erkundungsstabes Sofia« (Oberst i. G. Zeitzler) ist beauftragt, bei dem bulgarischen Generalstab Verstärkung einiger Straßenbrücken (durch bulgarischen Arbeitsdienst) zu erbitten. Deutsche finanzielle Hilfe wird in Aussicht gestellt.

Die Einrichtung von Verpflegungs- und Versorgungsanlagen in Bulgarien ist je nach Entwicklung der Lage für

später vorgesehen. Die Erkundungstätigkeit wird sich voraussichtlich im Lauf des Januar verstärken. Je näher der heute noch nicht zu bestimmende und auch von den Wetterverhältnissen abhängige Zeitpunkt der Brückenschläge über die Donau heranrückt, desto deutlicher wird sich die deutsche Einmarschabsicht abzeichnen.

Zusammenfassend ergibt sich das Bild, daß der deutsche Aufmarsch in Rumänien Unruhe auf dem Balkan, voraussichtlich auch in Sowjetrußland auslösen wird. Es ist nicht ausgeschlossen, daß schon die Versammlung deutscher Truppen an der Donau eine nachgiebige Haltung Griechenlands bewirkt und daher erwünscht, den Eindruck einer starken Kräftezusammenziehung mit den gegebenen Mitteln zu fördern.

Sowjetrußland kann auf entsprechende, mit Sicherheit zu erwartende Anfragen die Antwort erhalten, daß Deutschland ein Festsetzen der Engländer auf dem Balkan nicht dulden könne und außerdem durch den Beitritt Rumäniens zum Dreimächtepakt zu dessen Schutz verpflichtet sei. Die aus diesen Gründen durchgeführte Kräftekonzentration sei jedoch keineswegs gegen Rußland gerichtet; dies zeige schon die Versammlung ausschließlich in Südrumänien.

Wichtig für Sowjetrußland wird sein, daß Deutschland keinerlei Absichten gegen Jugoslawien oder die Türkei hat.

Erfolgreicher Widerstand

Sonntag, 22. Dezember 1940, Mailand

Ein Korrespondent von *Corriere della Sera* berichtet:

Die Lage ist nach italienischen Berichten durch den erfolgreichen Widerstand der italienischen Truppen gekennzeichnet. Während die Witterungs- und Bodenverhältnisse auf beiden Seiten größere Kampfhandlungen unmöglich machen, dauert die lebhafte Artillerietätigkeit an.

Berlin dementiert Durchmarsch in Ungarn

Donnerstag, 26. Dezember 1940, Berlin

United Press meldet:

In Zusammenhang mit Gerüchten, die in Budapester diplomatischen Kreisen kursieren, sollen sich 300 000 bis 350 000 deutsche Soldaten, darunter motorisierte Einheiten, durch Ungarn auf dem Weg nach Rumänien befinden, wird in Berlin von zuständiger Stelle versichert, man sei ermächtigt, diese Gerüchte amtlich zu dementieren. Es sei typisch, daß in Zeiten, in denen wenig Nachrichten vorliegen, plötzlich die sensationellsten Gerüchte auftauchen. »Wir können über solche Berichte nur lachen!«

Weitere schwere Schneefälle

Sonnabend, 28. Dezember 1940, Athen

United Press meldet:

Nach Meldungen von der Küstenfront wird der Vormarsch der Griechen durch schwere Schneefälle behindert.

Der Krieg

Am Montag, dem 28. Oktober 1940 um 3.00 Uhr morgens, reißt das Läuten des Telefons den griechischen Regierungschef Metaxas aus dem Bett. Der Anrufer teilt ihm mit, der französische Botschafter möchte ihn noch in dieser Stunde in einer wichtigen Angelegenheit aufsuchen. Der alte General öffnet, da er die Dienerschaft nicht stören will, selbst das Tor. Zu seinem Erstaunen steht vor ihm nicht der Botschafter Frankreichs, sondern der Gesandte Italiens Grazzi.

Der Vertreter Roms übergibt ein Ultimatum, das die bekannten Vorwürfe wiederholt, den britischen Einfluß auf Griechenland für unvereinbar mit der Neutralität dieses Staates erklärt und die Überlassung nicht näher bezeichneter Stützpunkte an Italien auf Dauer des Krieges fordert. Die griechische Regierung werde daher aufgefordert, ihren »militärischen Stellen die entsprechenden Befehle zu erteilen«, damit die Besetzung in friedlicher Weise vor sich gehe. Sollten die italienischen Truppen auf Widerstand stoßen, so würde dieser durch Waffen gebrochen, wofür die griechische Regierung die Verantwortung tragen müsse.

Metaxas antwortet, er könne den Inhalt nicht anders als eine Kriegserklärung verstehen. Grazzi ergänzt seine Ausführungen mit dem Hinweis, die italienischen Streitkräfte würden um 6.00 Uhr morgens – in drei Stunden also – die albanisch-griechische Grenze überschreiten. Aber Metaxas antwortet »ochi – nein!, also das ist der Krieg.«

Auf eine Zwischenbemerkung des Gesandten, daß noch bis 6.00 Uhr Zeit sei, erklärt Metaxas: »...Die Verantwortung für diesen Krieg fällt allein auf die italienische Regierung. Ihre Regierung weiß genau, daß Griechenlan nur wünscht, neutral zu bleiben, daß wir aber entschlossen sind, unser nationales Territorium gegen wen auch immer zu verteidigen. Sie sind die Stärkeren...«

Über den Umfang der Forderungen weiß der italienische Gesandte keine näheren Angaben zu machen. Metaxas erklärt daraufhin, daß es sich anscheinend schon um eine beschlossene Sache handele, die jede Diskussion oder Verhandlung ausschließe. Graf Ciano, der das Ultimatum verfaßt hat, gibt in seinem Tagebuch zu, daß dieses Dokument den Griechen keine Alternative als Ausweg zwischen Angriff und Okkupation lassen soll.

Der griechische Kriegsrat, dessen Mitglieder um 5.00 Uhr unter dem Vorsitz König Georgs II. zusammentreten, billigt das Verhalten des Regierungschefs. Einigen Ministern treten Tränen in die Augen. Die Anwesenden bekreuzigen sich: »Gott rette Griechenland!« Die griechische Regierung stellt fest, daß es sich mit Italien im Kriegszustand befinde und ruft aufgrund eines ihr am 13. April 1939 gegebenen Hilfsversprechens die Unterstützung Englands an.

Großbritannien ist gerade dabei, seine Kräfte in Ägypten auf Angriffsstärke zu bringen, und seine Armee im Mutterland befindet sich erst im Aufbau. Andererseits bedeutet die Hilfe für Griechenland wichtige Stützpunkte für den Luft- und Seekrieg gegen Italien. Chur-

König Georg II. von Griechenland

chill hofft aus dem neuen Konflikt sogar einen Zwei-frontenkrieg in Europa zu entwickeln, was schon immer Ziel der englischen Strategie war. Zugleich sieht er für die britischen Streitkräfte eine Möglichkeit, auf dem Kontinent Fuß zu fassen.

Um 5.30 Uhr, eine halbe Stunde vor Ablauf der gesetzten Frist, überschreitet eine 155 000 Mann starke italienische Armee unter dem Oberbefehl von General Visconti-Prasca die Grenze Albaniens zum Epirus.

Die Italiener verfügen zur Zeit in Albanien nur über eine Panzerdivision mit leichten 2-Mann-Panzern, eine Gebirgsdivision und sechs Infanteriedivisionen, davon eine zur Sicherung gegen Jugoslawien. Die Luftstreitkräfte der Regia Aeronautica zählen in Albanien: 107 Jäger vom Typ Fiat CR 42, Fiat G 50 und Macchi MC 200, 55 Bomber und 25 Aufklärer vom Typ Savoia SM 79 und Fiat BR 20. In Apulien stehen 119 Bomber, 20 von Deutschland gelieferte Ju 87 B-2, 54 Jäger Fiat CR 42 und Fiat G 50 und 18 Aufklärer bereit.

Die italienische Armee geht in drei Hauptstoßrichtungen vor: Auf dem linken Flügel stößt die 3. Alpini-Division »Julia« (Gen. Ricagna) in Richtung Metsovo-(Zygon-)Paß vor. Auf dem rechten Flügel greift die 51. Infanteriedivision »Siena« zusammen mit dem 3. Grenadierregiment und Schwarzhemdenverbänden von Konispolis in Richtung auf Igumenitsa an. Im Mittelabschnitt stehen die 23. Infanteriedivision »Ferrara« und die 131. Panzerdivision »Centaurus«, verstärkt durch albanische und Schwarzhemden-Verbände. Die Hauptstoßrichtung dieser Verbände geht auf Joannina-Metsovo. Es stehen allerdings zu Anfang zehn italienische Divisionen nur zweieinhalb griechischen gegenüber.

Das griechische Heer unter dem Oberbefehl von General Papagos gliedert sich in das II. Armeekorps (Gen. Papadopoulos) im Abschnitt vom Grammos-Gebirge bis zum Meer, das III. Armeekorps (Gen. Tsolakoglou) zwischen dem Großen Prespa-See und dem Grammos. Nach Abschluß der Mobilmachung, die gerade noch läuft, sollen sie eine Kavalleriedivision, 14 Infanteriedivisionen und rund 430 000 Mann zählen. Die Luftstreitkräfte haben rund 170 Maschinen erster Linie. Ferner verfügt Griechenland über 21 Torpedoboote und sechs U-Boote.

Mussolini hat sich bei seiner Einschätzung der Abwehrbereitschaft des griechischen Volkes gründlich getäuscht, und so beginnt die italienische Offensive unter falschen Voraussetzungen: Zar Boris III. von Bulgarien, Schwiegersohn des Königs Viktor Emanuel III. von Italien, will – obwohl ein erklärter Feind von Griechenland – bei dem Überfall keinesfalls Mussolinis Komplize sein.

Bereits vom ersten Tag an führen die Griechen ihren Widerstand überaus geschickt und hartnäckig. Sie passen sich sofort dem Gebirgskrieg an, greifen zur Taktik des Durchsickerns und sind gegen Witterungseinflüsse recht unempfindlich, während die Italiener ohne entsprechende Winterausrüstung vor Frost zittern.

Anstatt daß die Italiener wie geplant mit dem linken Flügel den Schwerpunkt bilden und über Florina in Westmazedonien gegen Saloniki vorstoßen, ist nun der mit schwachen Kräften ausgestattete rechte italienische Flügel frontal über die wegearmen Ausläufer der griechischen Grenzgebirge zur Offensive angetreten, und zwar ohne flankierende Truppenlandungen hinter der griechischen Front oder auf Korfu.

Die fünf italienischen Divisionen, die von der albanischen Südgrenze zur Eroberung des Epirus vorrücken, treffen nur auf schwache, sich zurückziehende griechische Grenzsicherungen. Nach Überschreiten der Grenzen versagen jedoch die mitgeführten albanischen Verbände und Freischärler: Sie sollten Kleinkrieg gegen die Griechen beginnen und treiben statt dessen Sabotage unter den italienischen Truppen oder laufen zu den Griechen über.

Es regnet seit Tagen, und so beginnt der italienische Vormarsch auf den wenigen, verschlammten Wegen unter erheblichen Schwierigkeiten. Gleichzeitig starten rund 300 italienische Bomber, die recht erfolglos Saloniki, Piräus, Patras sowie andere griechische Städte, daneben Verkehrsknotenpunkte, Rollfelder, Hafenanlagen und Brücken angreifen. Die griechischen Sicherungseinheiten ziehen sich langsam zurück. Aber an den Westhängen des Grammos-Massivs versteift sich der Widerstand in den provisorischen Verteidigungslinien.

Die Griechen besitzen jedoch keine Panzereinheiten und nur spärliche, größtenteils aus beschlagnahmten Lkw bestehende Transportkolonnen, so daß die Truppe große Anmarschstrecken zu Fuß zurücklegen muß. Die Einwohner der grenznahen Abschnitte helfen jedoch treuherzig und mit allen Kräften. Oft tragen die Bauern – Männer, Frauen und Kinder – den Nachschub sowie Munition auf dem Rücken über die Berge an die Front. Dennoch gelingt es den Italienern – die Überraschung ausnutzend – etwa 60 Kilometer tief auf griechisches Gebiet in Richtung Joannina vorzustoßen.

Jetzt wirkt sich verstärkt die für jegliche militärische Operation ungünstige Jahreszeit aus: Die Regengüsse machen zum Nachteil der Italiener das Terrain für Panzerkräfte völlig unbenutzbar.

Nachdem der Angriff der Bersaglieri, die nur ungenügenden Nachschub erhalten und denen keine ausreichenden Reserven nachfolgen, bei Metsovo liegenbleibt, ist es mit dem operativen Überraschungsmoment gegen Griechenland endgültig aus. Und bald zeichnen sich die Stoßrichtungen der Italiener deutlich ab.

General Papagos zieht nun zwei Divisionen und eine Brigade von der bulgarischen Grenze ab, beordert sie zusammen mit den Heeresreserven nach dem Epirus und stellt aus ihnen im Raum von Kalabaka das I. Armeekorps (Gen. Kosmas) auf. So wird der Einbruchsraum abgeriegelt und eine Ablenkungsoffensive nördlich des Grammos vorbereitet.

Das Deutsche Reich hat zu Beginn des italienischen Angriffs die diplomatischen Beziehungen zu Griechen-

...An den Westhängen des Grammos-Massivs versteift sich der Widerstand in den provisorischen Verteidigungslinien: Griechisches MG-Nest

Unten: Gefangene italienische Offiziere auf dem Weg in das Kriegsgefangenenlager

land nicht abgebrochen. Um Hitler keinen Anlaß zum militärischen Eingreifen zu geben, beschränkt die griechische Regierung die britischen Hilfeleistungen im Kampf gegen Italien neben Waffen und Ausrüstungen auf die Mitwirkung von Luftstreitkräften der Royal Air Force (RAF) geringer Stärke. Die RAF soll nur gegen die Italiener an der albanischen Front wie im Mutterland eingesetzt werden.

Metaxas läßt außerdem Hitler zusichern, daß kein britischer Heeresverband das griechische Festland betritt, solange die deutschen Truppen in Rumänien nördlich der Donau verbleiben. Jedoch bereitet selbst diese eher bescheidene Hilfeleistung Anfang November 1940 Churchill erhebliche Schwierigkeiten: Es stößt dabei auf den Widerstand des Oberbefehlshabers in Mittelost, General Wavell, der zur Zeit die nach Ägypten vorgedrungenen Italiener zurückschlagen muß und seine Kräfte nicht schwächen will.

Nach langem Zögern entschließt sich Air Chief Marshal Longmore, sich wenigstens von vier Jagd- und Bomberstaffeln aus dem Nahen Osten zu trennen. Über den Einsatz dieser 70 Maschinen entbrennt sofort ein harter Papierkrieg: General Papagos will sie zur Unterstützung seiner Truppen an der Front haben, der britische Air Vice Marshal d'Albiac plant wiederum, die Maschinen für Angriffe gegen die italienischen Adria-Nachschubhäfen zu verwenden.

Um Hitler nicht den Vorwand für eine Intervention zu liefern, zwingt Metaxas die Engländer, sich lediglich mit Flugbasen bei Athen zu begnügen. Von hier aus können die RAF-Staffeln nicht viel ausrichten, da das Herbstwetter ihre Einsätze erheblich stört. Als General Wavell von all diesen Schwierigkeiten erfährt, sieht er in jeder direkten Unterstützung der griechischen Truppen eine sinnlose Verzettelung seiner schwachen Kräfte. Da Churchill die griechische Armee noch weniger kampftüchtig wie die italienische hält, ist er anfangs skeptisch über die Chancen einer erfolgreichen Verteidigung Griechenlands vor einem Überfall durch Mussolini.

Am Freitag, dem 1. November 1940, landet ein britisches Bataillon in der Suda-Bucht von Kreta, dem Schlüssel zum Ägäischen Meer, wodurch die dort stehenden griechischen Truppen für die Epirusfront frei werden.

Am Freitag, dem 1. November 1940, bestätigt ein Enigma-Funkspruch der Luftwaffe den Plan der Deutschen, ein umfassendes Luftwarnnetz in Rumänien und Bulgarien einzurichten.

Am Sonnabend, dem 2. November 1940, beginnt das griechische II. Korps (Gen. Papadopoulos) einen Gegenstoß und wirft den am weitesten auf griechisches Gebiet vorgedrungenen linken Flügel der italienischen 11. Armee (Gen. Geloso) zurück. Am gleichen Tag trifft der britische General Parry zu Verhandlungen in Athen ein. Da jedoch Hitler offiziell erklärt hat, er sei am italienisch-griechischen Konflikt desinteressiert und er werde allein im Falle einer britischen Besetzung

Salonikis intervenieren, lehnt die griechische Regierung zunächst die englische Hilfsofferte mit Ausnahme der RAF-Unterstützung strikt ab, um Hitler keinen Vorwand zur Einmischung zu liefern. Zur selben Zeit gibt Metaxas vor der Athener Presse einen Rechenschaftsbericht seiner Politik und schließt ihn mit den Worten: »...Aber es gibt Augenblicke, in denen ein Volk, wenn es groß bleiben will, bereit sein muß, auch ohne Hoffnung auf Sieg zu kämpfen.«

Die Operation des griechischen II. Korps entwickelt sich jedoch unerwartet erfolgreich: Die griechische Armee ist nach gerade beendeter Mobilmachung den angreifenden italienischen Verbänden zahlenmäßig überlegen und verfügt jetzt über 15 Divisionen mit 430 000 Mann. Sie besitzt zwar kaum moderne Ausrüstung, führt aber ihren Gegenangriff mit großem Schwung und dank einer guten strategischen Führung so erfolgreich durch, daß es schon am nächsten Tag scheint, als würde sie die abschnittweise fluchtartig weichenden italienischen Truppen bis an das Ufer der Adria zurückwerfen.

Bereits am 2. November 1940 überschreiten griechische Soldaten die albanische Grenze, nachdem sie am äußersten rechten Flügel den Paß der Straße nach Koritza mit dem Bajonett erstürmt haben. Die Schlacht im Pindus-Gebirge tobt eine Woche lang bis zum 8. November 1940.

Die Italiener weichen unter griechischem Druck und schweren Verlusten auf die Grenze zurück, ebenso die gut ausgerüstete und am weitesten vorgestoßene 3. Alpini-Division »Julia« (Gen. Ricagno), die den Metsovo-Paß nach Thessalien öffnen soll. Der Verlust dieses Passes hätte schwerwiegende Folgen für die griechische Verteidigung gehabt, da er die einzige Ost-West-Verbindung zwischen Thessalien und dem Epirus bildet. Seine Eroberung hätte den Italienern sowohl den Weg in die Ebene Thessaliens wie nach Joannina geöffnet. Die Division »Julia« ist in den Tälern entlang, durch Panzer gesichert, in Richtung des Passes vorgestoßen. Man hat es jedoch versäumt, die umgebenden Höhen zu besetzen. Durch diese Entwicklung muß der weiter südwestlich kämpfende rechte italienische Flügel, der den Kalamas überschritten und Igumenitsa, auf der Höhe von Korfu, genommen hat, stehenbleiben.

Am Sonntag, dem 3. November 1940, landen im Raum von Athen die ersten britischen Armee-Einheiten auf dem griechischen Festland.

Tags darauf, am Montag, dem 4. November 1940, beschließt Hitler, einen Entlastungsangriff über Ungarn, Rumänien und Bulgarien gegen Griechenland zu unternehmen, da die italienischen Truppen offensichtlich zurückgeschlagen werden und vor einer Niederlage stehen. Er beauftragt den Oberbefehlshaber des Heeres (GFM v. Brauchitsch), die erforderlichen Vorbereitungen für einen deutschen Vorstoß aus Bulgarien bis an die Küste des Ägäischen Meeres zu treffen. Damit soll die Luftwaffe in der Lage sein, die britischen Stützpunkte niederzukämpfen.

Griechische Kavallerie auf dem Vormarsch: »... kämpfen – auch ohne Hoffnung auf Sieg«

Am Sonnabend, dem 9. November 1940, übernimmt General Soddu das Oberkommando der italienischen Truppen in Albanien (9. und 11. Armee). Jedoch gelingt es selbst den erheblichen Truppenverstärkungen und der Massierung von 400 Flugzeugen nicht, den griechischen Gegenangriff zum Stehen zu bringen, der in drei Richtungen vorstößt: Gegen Valona, gegen Santi Quaranta (Saranda) und gegen Argyrokastro.

In der Nacht vom 10./11. November 1940 erreichen die griechischen Evzonen-Gebirgsregimenter in einem Gewaltmarsch auf den Berghöhen um Klisura eine Stellung im Rücken der Alpini-Elite-Division und gehen in der Morgendämmerung zum Sturm über. Unter hohen Verlusten muß sich die Alpini-Division zurückziehen.

In der Nacht vom 11./12. November 1940 greifen britische Torpedo- und Bombenflugzeuge vom Träger »Illustrious« (Capt. Boyd) aus die italienische Flotte im Hafen von Tarent an. Das Schlachtschiff »Littorio« erhält drei, die älteren Schlachtschiffe »Caio Duilio« und »Conte di Cavour« je einen Torpedotreffer. Die »Cavour« sinkt auf Grund, wird zwar später gehoben, jedoch nie wieder in Dienst gestellt. Zwei Swordfish-Torpedoflugzeuge werden von der Flak abgeschossen. Der Schwere Kreuzer »Trento« und der Zerstörer »Libeccio« erhalten durch Bombentreffer geringfügige Beschädigungen.

Dies ist ein schwerer Schlag für die italienische Flotte und ihre Präsenz im östlichen Mittelmeer. Der Angriff bleibt auch für den griechischen Feldzug nicht ohne Folgen: Italien muß die beabsichtigte Besetzung von Korfu aufgeben. Schlimmer noch: Es kann nun nicht mehr den Schiffsverkehr an der ionischen Westküste unterbinden, der für den griechischen Nachschub an die Front wichtig ist.

In derselben Nacht vernichtet der britische Kreuzerverband (Vizeadm. Pridham-Wippell) in der Straße von Otranto einen aus Valona (Albanien) zurückkehrenden italienischen Konvoi: vier Transporter mit 16 938 BRT werden versenkt.

Am Dienstag, dem 12. November 1940, unterzeichnet Hitler die Weisung Nr. 18, nach der u. a. der Oberbefehlshaber des Heeres Vorbereitungen zu treffen hat, »um im Bedarfsfall aus Bulgarien heraus das griechische Festland nördlich des Ägäischen Meeres in Besitz zu nehmen und damit die Voraussetzung für den Einsatz deutscher Fliegerverbände gegen Ziele im ostwärtigen Mittelmeer zu schaffen, insbesondere gegen diejenigen britischen Luftstützpunkte, die das rumänische Ölgebiet bedrohen«.

Am 12. und 13. November 1940 hält sich der sowjetische Außenminister Molotow in Berlin auf, um mit Hitler und v. Ribbentrop den Beitritt der UdSSR zum Dreimächtepakt und die Aufteilung der Welt in Interessensphären nach der Niederlage Englands und der Auflösung seines Imperiums zu besprechen. Molotow legt einen ganzen Katalog mit Wünschen den Balkan betreffend auf den Konferenztisch: Moskau beansprucht u. a. ein ähnliches Verhältnis mit Bulgarien, wie es zwischen Deutschland und Rumänien besteht, nämlich die Entsendung einer Militärmission nach Sofia und den Abschluß eines gegenseitigen Beistandspaktes. Mit der

Türkei wünscht die Sowjetunion ohne Einmischung Dritter eine Vereinbarung über die Dardanellenfrage, deren Lösung nach sowjetischer Auffassung in der Einrichtung von Land- und Luftstützpunkten in den Meerengen bestehen müßte. Molotow bekundet schließlich ein lebhaftes Interesse des Kreml an Griechenland, Rumänien sowie Jugoslawien und läßt durchblicken, daß der Sowjetunion eine dauernde Festsetzung Deutschlands auf dem Balkan durchaus unerwünscht sei.

Bis zum 12. November 1940 ist der griechische Aufmarsch von elf Divisionen beendet. Die Italiener verfügen nur über sieben schwache Divisionen, so daß die Griechen an Infanterie mehr als doppelt überlegen, an Artillerie gleich stark sind. Mussolini muß dabei ein bedeutendes strategisches Versäumnis verbuchen: Den italienischen Luftstreitkräften ist es nicht gelungen, den griechischen Aufmarsch zu stören.

Am Donnerstag, dem 14. November 1940, beginnen das griechische I. Armeekorps (Gen. Kosmas) mit der 2., 3. und 8. Infanteriedivision, einer Kavalleriedivision, einer Kavalleriebrigade; das II. Armeekorps (Gen. Papadopoulos) mit der 1. Infanteriedivision, der 5. Infanteriebrigade, einer Kavalleriebrigade und das III. Armeekorps (Gen. Tsolakoglou) der Armee Westmazedonien mit der 9., 10., 13. und 15. Infanteriedivision eine Offensive gegen die italienische 9. und 11. Armee. Der Feldzug verwandelt sich nun in ein zähes Ringen um beherrschende Höhen und einzelne Ortschaften, Überfälle sowie nächtliche Spähtruppunternehmen.

Vom 14. November 1940 an geht die Initiative auf die griechische Armee über. Die italienische Führung beginnt jetzt die Schwierigkeiten der erneuten Mobilmachung zu spüren, zu der die soeben erst entlassenen Reservisten aus innerpolitischen Gründen nicht herangezogen werden sollen. Außerdem ist die Aufnahmefähigkeit der beiden albanischen Häfen Valona und Durazzo äußerst begrenzt, dazu verfügt Italien zunächst nicht über genügend Schiffsraum für den Transport von Zugtieren.

Und während sich in den italienischen Häfen die Artillerie, Nachschubfahrzeuge und Zugtiere stauen, gehen in Albanien vornehmlich Infanterieeinheiten ohne ihre Trosse, Nachschubeinrichtungen, ohne Artillerie und sonstige Kampfmittel an Land.

Ebenfalls am 14. November 1940, meldet der britische Militärattaché in Sofia, daß der Chef eines deutschen Aufklärungstrupps in Bulgarien bereits drei Tage zuvor, am 11. November, in Sofia eingetroffen sei und südlich von Simitli auf der Straße in Richtung Saloniki alle Brücken im Eiltempo verstärkt würden. Damit ist für Churchill klar, daß der Einmarsch deutscher Truppen in Bulgarien in Kürze erfolgen kann.

Am Freitag, dem 15. November 1940, fünf Monate nach dem Kriegseintritt Italiens, findet endlich zwischen dem Chef des OKW, Generalfeldmarschall Keitel, und dem Chef des Comando Supremo, Marschall Badoglio, in

Vorwärts – Söhne Griechenlands!

Innsbruck das erste Treffen statt. Das einzig konkrete Ergebnis: die Rückberufung des italienischen Fliegerkorps aus Belgien, das sich an den Luftangriffen auf England beteiligt hat.

Am Dienstag, dem 19. November 1940, wird ein britischer RAF-Jagdverband in Eleusis/Griechenland stationiert. Er schießt gleich bei seinem ersten Einsatz an einem Tag neun italienische Flugzeuge ab.

Am Mittwoch, dem 20. November 1940 tritt Ungarn dem Dreimächtepakt bei. An diesem Tag weist Hitler in einem Brief an den Duce höflich aber eindeutig auf die durch den Mißerfolg auf dem Balkan veränderte Lage hin: Nicht nur die Balkanstaaten, Bulgarien und Jugoslawien, seien wieder abgeneigt, sich auf die Seite der Achse zu stellen, sondern auch Stalin sei hellhörig geworden für das, was auf dem Balkan geschieht. Die Engländer hätten Luftbasen in Griechenland gewonnen und könnten dadurch das für die Achse lebenswichtige rumänische Erdölgebiet, Albanien und Süditalien aus der Luft angreifen. Einen unbedingten Schutz gegen Luftangriffe gäbe es nicht, und die Zerstörung der Ölraffinerien wäre ein nicht wiedergutzumachender

Koritza, 23. 11. 1940, auf dem Höhepunkt der griechischen Offensive: Erobertes Munitionsdepot

Schaden. Andererseits ist eine Zerstörung der britischen Luftbasen nach den bisherigen Erfahrungen des Luftkrieges ausgeschlossen, womit Hitler den Mißerfolg der Schlacht um England indirekt zugibt.

Es ist nach Hitlers Meinung nun notwendig, Spanien zu bewegen, in den Krieg einzutreten, um die Meerenge von Gibraltar zu schließen, Jugoslawien auf die Seite der Achsenmächte zu ziehen und die britische Mittelmeerflotte zu versenken.

Hitlers Schlußfolgerung: »Diese Lage ist, militärisch gesehen, drohend, wirtschaftlich gesehen, soweit es sich um das rumänische Petroleumgebiet handelt, geradezu unheimlich.« Zur Zeit fehlen Hitler jedoch für die geplante Operation gegen Griechenland noch die militärischen und politischen Voraussetzungen: vor allem Bulgariens Einverständnis für den deutschen Aufmarsch an der bulgarisch-griechischen Grenze.

Um die bedrohliche Lage an der Front zu verbessern, sollen die Truppen nach einer Idee von Mussolini schleunigst auf dem Luftweg von Süditalien nach Albanien verlegt werden. Die beschränkte Anzahl italienischer Transportmaschinen macht dies jedoch kaum möglich.

Am Mittwoch, dem 20. November 1940, bittet das Comando Supremo das OKW um die Gestellung einer Anzahl von bewährten Junkers-Ju-52-Transportflugzeugen mit deutschem Personal »für 14 Tage«, um den Engpaß überwinden zu können. Hitler stimmt der Forderung des Marschalls Badoglio zu.

Am Donnerstag, dem 21. November 1940, ziehen sich die italienischen Nachhuten unter hartem griechischem Druck ungeordnet auf die Berghöhen zwischen dem Ochrida-See und der Adria zurück, um Valona und Tirana zu sichern. Das griechische III. Armeekorps erobert das strategisch wichtige Morave-Massiv vor Koritza sowie den Quarrit-Paß. Das II. Armeekorps erreicht in seinem Gegenangriff die albanische Grenze und überschreitet die Straße entlang der Grenze in breiter Front. An der linken Flanke drängt das I. Armeekorps die Italiener nach Albanien zurück. Am gleichen Tag wird Churchill von seinem Secret Intelligence Service benachrichtigt, daß laut der Enigma-Berichte die deutschen Vorbereitungen zum Einmarsch in Bulgarien gerade abgeschlossen seien.

Auf dem rechten Flügel der Griechen fällt am Freitag, dem 22. November 1940, der erste wichtige albanische Straßenknotenpunkt Koritza. Mit der Einnahme von Koritza erreicht die griechische Offensive ihren ersten Höhepunkt. Um nicht eingeschlossen zu werden, müssen die Italiener weiter nach Nordosten ausweichen.

Durch die britische Luftüberlegenheit im Mittelmeer-raum und die fortlaufenden Angriffe auf albanische Häfen droht jeder Versuch, die italienische Armee auf Schiffen über die Adria zurückzunehmen, in eine Katastrophe zu münden.

Am Sonnabend, dem 23. November 1940, tritt Rumänien dem Dreimächtepakt bei.

Am Montag, dem 25. November 1940, nach der Analyse durch Director of Military Intelligence von 17 verschiedenen Meldungen aus diplomatischen Kreisen und dem SIS auf dem Balkan ist man in London der Meinung, daß sich Angehörige der deutschen Wehrmacht bereits in ganz Bulgarien befinden und der Einmarsch starker Truppenkontingente mit Zustimmung von Bulgarien unmittelbar bevorsteht. Military Intelligence schätzt, daß »der deutsche Generalstab alle Vorbereitungen getroffen hat, um die Truppenbewegungen mit maximalem Tempo durchzuführen«, und man rechnet damit, daß innerhalb einer Woche vier deutsche Divisionen an die griechisch-bulgarische Grenze verlegt werden.

Am Dienstag, dem 26. November 1940, gibt Mussolini aufgrund der Niederlage in Albanien den Befehl zur Remobilisierung des italienischen Heeres.
Griechenland hat seine bisherigen Erfolge an der albanischen Front durch klare Schwerpunktbildung erreicht. General Metaxas setzt hier zwei Drittel seiner Truppen gegen die Italiener ein. General Papagos: »...Nur konnten wir wegen des Mangels an Panzern und schnellen Transportmitteln unsere Erfolge nicht voll ausschöpfen, obwohl sich Gelegenheiten boten, bei denen wir sehr beträchtliche Ergebnisse hätten erzielen können... Die Tatsache, daß die Italiener über eine bedeutende Anzahl von Panzern verfügten, wir aber nicht einen einzigen und außerdem nur sehr wenig Pak besaßen, zwang uns dazu, die Täler, die schnelle Bewegungen ermöglichten, sorgfältig zu meiden und ausschließlich in bergigem Gelände vorzugehen und zu manövrieren. Dies führte zu einer verstärkten Erschöpfung der Truppen und der Lasttiere, zu Umwegen und Verzögerungen bei den Transportkolonnen, zusätzliche Schwierigkeiten für die Befehlsgebung, den Nachschub usw.
Der Gegner dagegen konnte sich dank der Mittel, über die er verfügte, in den Ebenen schnell zurückziehen, sich, ohne dabei ernstlich gestört zu werden, in neuen Stellungen festsetzen und unter Ausnutzung des günstigen Geländes unserem Vormarsch in den Bergen mit verhältnismäßig schwachen Kräften Widerstand leisten. Darüber hinaus wurden die frischen Kräfte, die die Italiener während dieser Phase des Krieges einsetzten, in Kraftfahrzeugkolonnen an die Front befördert, während unsere Verbände alle Verlegungen zu Fuß durchführen mußten und daher an der Front schon ermüdet eintrafen, oder – gar was häufig genug vorkam – zu spät anlangten, um noch eingreifen zu können.«

Am Mittwoch, dem 27. November 1940, erfährt Military Intelligence durch einen abgefangenen Enigma-Funkspruch der Luftwaffenmission aus Bukarest, daß deren Vorbereitungen »in guter Zeitfolge, sogar zeitlich etwas im voraus« verlaufen.

Am Donnerstag, dem 5. Dezember 1940, fliegt Admiral Canaris, Chef der deutschen Abwehr, im Auftrag Hitlers nach Madrid, um Verhandlungen mit der spanischen Regierung über den geplanten Angriff auf Gibraltar (Unternehmen »Felix«) und den Kriegseintritt Spaniens zum Abschluß zu bringen. Canaris hat dabei auch eine andere, nicht minder wichtige Geheimmission zu erfüllen: In persönlichem Auftrag von Hitler soll der Abwehrchef hinter dem Rücken des Auswärtigen Amtes und Mussolinis einen Waffenstillstand zwischen Italien und Griechenland anbahnen. Canaris weiht in Madrid Oberst Andorka, den ehemaligen Chef des ungarischen Geheimdienstes, der jetzt in Spanien als Gesandter sein Land vertritt, in seine Mission ein.

Am Freitag, dem 6. Dezember 1940, erreicht der linke Flügel der griechischen Armee den kleinen albanischen Hafen Santi Quaranta (Saranda) und eröffnet damit den Weg für die Nachschubtransporte über See.
Franco hat am Sonntag, dem 8. Dezember 1940, das beabsichtigte deutsche Unternehmen gegen Gibraltar abgelehnt.

General Wavell beginnt am Montag, dem 9. Dezember 1940, mit seiner Offensive in Libyen. Die Soldaten

«NENI, VIDI, VICI»

(Μετὰ τὴν ἐπίσκεψίν του εἰς τὴν 'Αλβανίαν):
—'Ηλθον, εἶδον... ποὺ νὰ μὴν ἔβλεπον!

der italienischen 10. Armee (Gen. Gariboldi) fliehen panikartig. Schon am nächsten Tag ist die Masse von vier italienischen Divisionen zerschlagen, vier Generäle und 38 000 Mann werden gefangengenommen. Britische Verluste: acht Vermißte, 387 Verwundete und 133 Tote. Und der Angriff von General Wavell geht weiter.

Am gleichen Tag verlegen, laut Hitlers Entscheidung vom 20. November 1940, die ersten 17 Transportmaschinen Ju 52 des III. Kampfgeschwaders z. b. V. 1 von Graz und Wiener Neustadt nach Foggia.

Unterdessen scheint sich in Südosteuropa die Lage zu stabilisieren, und am 9. Dezember 1940 teilt das Foreign Office Churchill mit: »Deutschland wünscht gegenwärtig den Krieg nicht auf den Balkan auszudehnen.«

Am Mittwoch, dem 11. Dezember 1940, ist die Armee von Marschall Graziani vollständig geschlagen. Churchill denkt zu dieser Zeit an die technische Vorbereitung von Luftangriffen auf die Ölfelder bei Ploesti von griechischen Stützpunkten aus.

Am Freitag, dem 13. Dezember 1940, unterzeichnet Hitler »angesichts der bedrohlichen Lage in Albanien« und aus Sorge, daß die RAF eine »für Italien« und »das rumänische Ölgebiet gefährliche Luftbasis« auf dem Balkan schaffen könnte, die Weisung Nr. 20, in der Einzelheiten des Aufmarsches gegen Griechenland festgelegt sind (Unternehmen »Marita«). Der geplante deutsche Feldzug in Griechenland richtet sich vor allem gegen die Engländer und soll die rechte Flanke des deutschen Ostaufmarsches sichern. Jugoslawien, durch dessen Gebiet die wichtigsten Bahn- und Straßenverbindungen in den griechischen Raum führen, stellt einen wesentlichen Faktor dar.

Mitte Dezember 1940 werden einige deutsche Flugmeldekompanien, ausgestattet mit den neuesten Funkmeßgeräten (Radar) vom Typ Würzburg und Freya, unter größten Sicherheitsvorkehrungen zur bulgarisch-griechischen Grenze vorgeschoben.
Jetzt stehen die griechischen Truppen kurz vor Valona, das heftig verteidigt wird. In diesen Tagen verschlechtert sich die Lage der Achsenmächte im Mittelmeerraum wesentlich.

Am Dienstag, dem 17. Dezember 1940, benachrichtigt Oberst Andorka seinen Freund, den griechischen Gesandten in Madrid, Admiral Argyropoulos, über die Bedingungen der deutschen Waffenstillstandsofferte: Die deutsche Regierung vermittelt an der albanischen Front einen Waffenstillstand und entsendet eine Militärmission, die die Einhaltung der Waffenruhe garantiert. Griechenland behält die eroberten Gebiete Albaniens. Die Gegenleistung Griechenlands: Es kehrt zur strikten Neutralität zurück und sorgt dafür, daß die britischen Truppen und die RAF das griechische Territorium verlassen. Der verdutzte griechische Gesandte – zuerst recht skeptisch, ob es sich tatsächlich um ein offizielles deutsches Angebot handelt – kabelt sofort die Nachricht nach Athen.

Linke Seite: Mussolini nach seinem Frontbesuch in Albanien: »...hätte ich es lieber nicht gesehen!«

So sieht ein englischer Karikaturist die Rolle Hitlers im italienisch-griechischen Konflikt

Noch am gleichen Tag bekommt Metaxas ein Telegramm von Admiral Argyropoulos und legt das Angebot dem Ministerrat vor. Die Minister verweigern jedoch ihr Plazet. Sie wittern jetzt nach den Erfolgen der griechischen Truppen und den gleichzeitigen italienischen Niederlagen in Nordafrika ein listiges Manöver der Achsenmächte. In Anbetracht dessen läßt Metaxas den Vertrauten von Canaris, den deutschen Militärattaché in Athen, Major Clemm, wissen, daß die Deutschen ihren Vorschlag auf dem üblichen diplomatischen Weg wiederholen möchten. Hitler, der davon erfährt, läßt das Angebot fallen, wohl in der Befürchtung, daß Mussolini womöglich das Bündnis aufkündigen würde, wenn er hört, daß Berlin fast die Hälfte »seines« Albaniens den Griechen anbietet.

Am Mittwoch, dem 18. Dezember 1940, befiehlt Hitler in seiner »Weisung 21« (Fall Barbarossa) dem OKW: Die deutsche Wehrmacht muß darauf vorbereitet sein, auch vor Beendigung des Krieges gegen England, Sowjetrußland in einem schnellen Feldzug niederzuwerfen.« Die Vorbereitungen zum Angriff sollen bis zum Frühjahr (15.5.1941) abgeschlossen sein. Der Aufmarsch erfolgt acht Wochen vor Operationsbeginn.

Am Donnerstag, dem 19. Dezember 1940, beschießen die britischen Schlachtschiffe »Warspite« und »Valiant« den albanischen Hafen Valona.

Am Montag, dem 23. Dezember 1940, schickt Churchill den vorsichtigen, zurückhaltenden Lord Halifax als Botschafter nach Washington und überträgt Anthony Eden die auswärtigen Angelegenheiten Großbritanniens. Dieser verstärkt sofort die Bemühungen um eine breite Balkanfront mit Teilnahme der Türkei, Griechenland und Jugoslawien.
Durch das schlechte Wetter gehindert, nehmen griechische Truppen erst an diesem Tag den Küstenort Chimara (Himara), während andere griechische Verbände das Trebesina-Massiv überqueren und bei Klisura den letzten italienischen Verteidigungsriegel vor Valona erreichen. Doch nun setzt der Winter mit aller Gewalt ein und stoppt den griechischen Vormarsch.

Am Dienstag, dem 24. Dezember 1940, geben die entzifferten Enigma-Funksprüche der Luftwaffenmission in Bukarest erste Hinweise auf die Anwesenheit von insgesamt acht Bodenunterstützungsstaffeln der Luftwaffe, die der 12. Armee (GFM List) zugeteilt sind. Diese hauptsächlich auf den Flugplätzen in Südrumänien liegenden Staffeln, die eine wichtige Komponente des Blitzkrieges darstellen, sind ein unmißverständlicher Beweis, daß der deutsche Vorstoß über Bulgarien in südlicher Richtung stattfindet. Man kann auch feststellen, daß drei dieser Staffeln speziell zur Unterstützung von Panzerverbänden ausgebildet sind. Zwei andere Staffeln hatte man während des Frankreichfeldzuges zusammen mit der Panzergruppe Kleist beim Ardennen-Durchbruch eingesetzt.

Am Donnerstag, dem 26. Dezember 1940, erfährt Military Intelligence dank weiterer entzifferter Enigma-Funksprüche, daß die Luftwaffenmission in Rumänien instruiert ist, die Verlegung der Bodenunterstützungsstaffeln »mit vollem Nachdruck«, trotz des ungeeigneten Wetters, »durchzuführen«. Tags darauf erwähnt einer der entzifferten Enigma-Berichte erstmals die Bezeichnung »Marita« als Tarnname für ein soeben vorbereitetes Unternehmen.

Am Sonnabend, dem 28. Dezember 1940, bittet Mussolini um deutsche Unterstützung in Albanien. Hitler erwägt zunächst, die Italiener mit einer Gebirgsdivision zu unterstützen, nimmt aber schließlich davon Abstand. Die Rückführung des bisher an der Kanalfront eingesetzten Corpo Aero Italiano, CAI (Gen. Fougier) und die Entsendung von 50 deutschen Transportflugzeugen vom Typ Ju 52 nach Foggia soll Italien wenigstens teilweise entlasten.
An diesem Tag hält die griechische Armee eine Linie von der Adria über Tepeleni – Trebesina-Massiv bis zum Ochrida-See. Nur der Bedürfnislosigkeit der italienischen Soldaten ist es zuzuschreiben, daß sie in dem unwirtlichen Gebirgsland, in Schnee und Eis, ohne

ausreichendes Material zur Schaffung von Unterkünften, ohne geregelten Nachschub und mit beschränkten Kampfmitteln dem griechischen Ansturm bisher widerstanden haben.

Trotz veralteter Ausrüstung, mit der das griechische Heer den Kampf führen muß, bleibt das griechische Übergewicht groß genug, um die Italiener in der Verteidigung zu halten.

Zu dieser Zeit erfährt Churchill dank Enigma, daß die Luftwaffenverbände in Rumänien jetzt ca. 500 Flugzeuge besitzen. Weiterhin weiß man, daß diese Verbände dem VIII. Fliegerkorps unterstellt werden sollen, das bis jetzt an der Kanalküste im Rahmen des Unternehmens »Seelöwe«, der Vorbereitung zur Invasion Englands, eingesetzt war.

Am nächsten Tag, dem 29. Dezember 1940, weisen die Enigma-Berichte darauf hin, daß das VIII. Fliegerkorps der Luftflotte 4 verlegt worden ist und sich auf rumänischen Luftstützpunkten befindet. Den britischen Military Intelligence liegen auch Meldungen vor, daß der Eisenbahnverkehr durch Ungarn von den Deutschen weiterhin verstärkt worden ist. Der britische Militärattaché in Budapest berichtet von 1800 Zügen, ausrei-

Dezember 1940: In eisigem Wind marschiert eine griechische Einheit, mit britischen Stahlhelmen und Decken ausgestattet, zu ihren neuen Stellungen

chend für den Transport von 20 Divisionen. Ein SIS-Bericht »von einer Quelle, die sich in der Vergangenheit als vertrauenswürdig erwiesen hat« gibt an, daß zwölf deutsche Divisionskommandeure ihre Quartiere aus dem Raum Krakau in Richtung Süden verlegt haben, um den Befehl über die deutschen Truppen in Rumänien zu übernehmen. Laut weiterer Berichte soll ein Angriff auf Griechenland über Bulgarien und Jugoslawien für Anfang März 1941 geplant sein.

Am Montag, dem 30. Dezember 1940, übernimmt General Graf Cavallero anstelle des erkrankten General Soddu den Oberbefehl in Albanien. Dort stehen sich jetzt 16 italienische und 13 griechische Divisionen gegenüber. An diesem Tag nimmt die griechische Armee den Angriff wieder auf, konzentriert aber ihre

ΔΙΑ ΤΑΣ ΕΛΛΗΝΙΔΑΣ

ΤΑ ΠΛΕΚΤΑ ΔΙΑ ΤΟΝ ΣΤΡΑΤΟΝ

Τὰ κατωτέρω σχέδια ἔχουν ἐγκριθῆ ὑπὸ τοῦ Γενικοῦ Στρατηγείου ὡς τὰ πλέον κατάλληλα διὰ τὸν στρατόν. Παρακαλοῦνται ὅθεν αἱ Ἑλληνίδες, νὰ πλέκουν ἐπὶ τῇ βάσει τῶν σχεδίων αὐτῶν.

ΣΧΕΔΙΟΝ ΚΑΛΤΣΑΣ: Γκέττα. Λάστιχο ἐπάνω καὶ κάτω στὴν γκέττα 4 δάκτυλα. Μάκρος 40 ἑκατοστὰ τοῦ μέτρου. Φάρδος ἐπάνω 70 πόντους πλέξιμο καὶ θὰ τελειώνῃ μὲ 54 στὸ κάτω μέρος ἀνάλογα μὲ τὸ μαλλὶ τοῦ καθενός. Μᾶλλον πιὸ φαρδὺ παρὰ πιὸ στενό.

Τὸ πλέξιμο τῆς γκέττας νὰ ἔχῃ ἐλαστικότητα.

Καλτσάκι. Ὕψος 19 ἑκ. τοῦ μέτρου. Ἐπάνω ἀρρίζει μὲ 52 πόντους μὲ λάστιχο. Στὸ μέσον τῆς πατούσας 58 πόντοι. Θὰ ἀναλογῇ ἕνα ζεῦγος γκέττες μὲ 3—4 ζεύγη καλτσάκια.

ΣΧΕΔΙΟΝ ΓΑΝΤΙΟΥ: Γάντι. Λάστιχο 4 δάκτυλα. Φάρδος λάστιχου 56 πόντοι. Βάσις ἀντίχειρος 24 πόντοι. Βάσις δείκτου 20 πόντοι. Βάσις τριῶν δακτύλων 52 πόντοι. Μῆκος γαντιοῦ 28 ἑκατοστὰ τοῦ μέτρου.

Anregung für griechische Frauen: Gestricktes als Liebesgabe

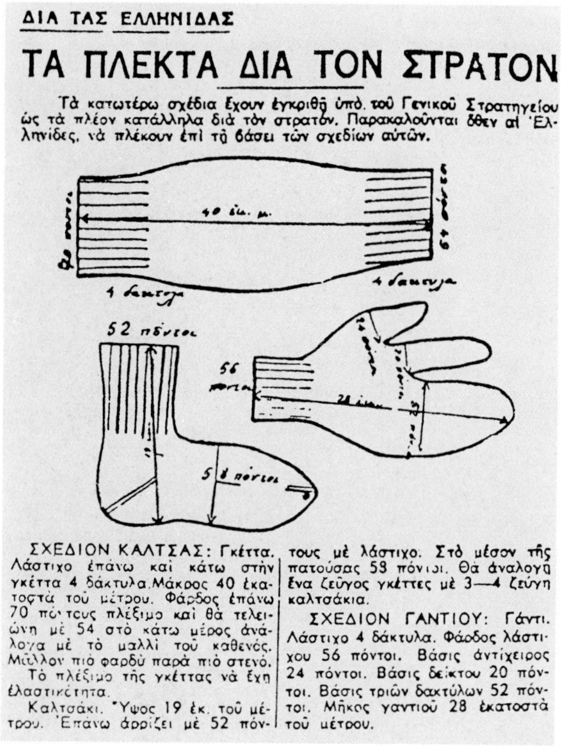

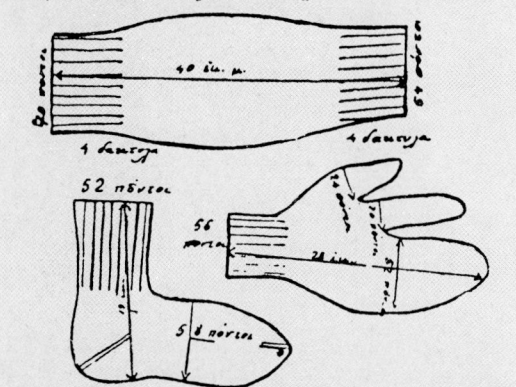

Kräfte nicht mehr auf Valona, sondern im Mittelabschnitt auf Klisura. Inzwischen nehmen die Griechen die Stadt Argyrokastro. Mussolini hat längst den Gedanken aufgegeben, Saloniki und Athen zu erobern, es geht ihm jetzt nur noch um die Frage, wie man Albanien halten kann. General Wavell schickt zur Unterstützung der Griechen Beutematerial aus Sidi Barrani und Bardia (Nordafrika), darunter mehrere italienische Geschütze. Aus Großbritannien treffen 180 000 Paar Stiefel, 300 000 Paar Socken und 200 000 Decken ein.

Auch in den letzten Dezembertagen schneit es immer noch. Die Berge und Wälder des Balkans hüllt die Natur in einen weißen Mantel, so als wollte sie das Land vor Unheil bewahren, das ihm bevorsteht. Und die Alten in den abgelegenen Dörfern, die die Zeichen des Himmels und der Erde zu deuten verstehen, munkeln von Blutströmen, die in den nächsten Jahren fließen werden.

Churchill und die Chiefs of Staff wissen dank der »Ultra«-Berichte, was zu erwarten ist. Etwas dagegen unternehmen können sie aber kaum, denn es fehlt ihnen das Wichtigste: das militärische Potential.

Weihnachten 1940: In einem Feldlazarett an der italienisch-griechischen Front

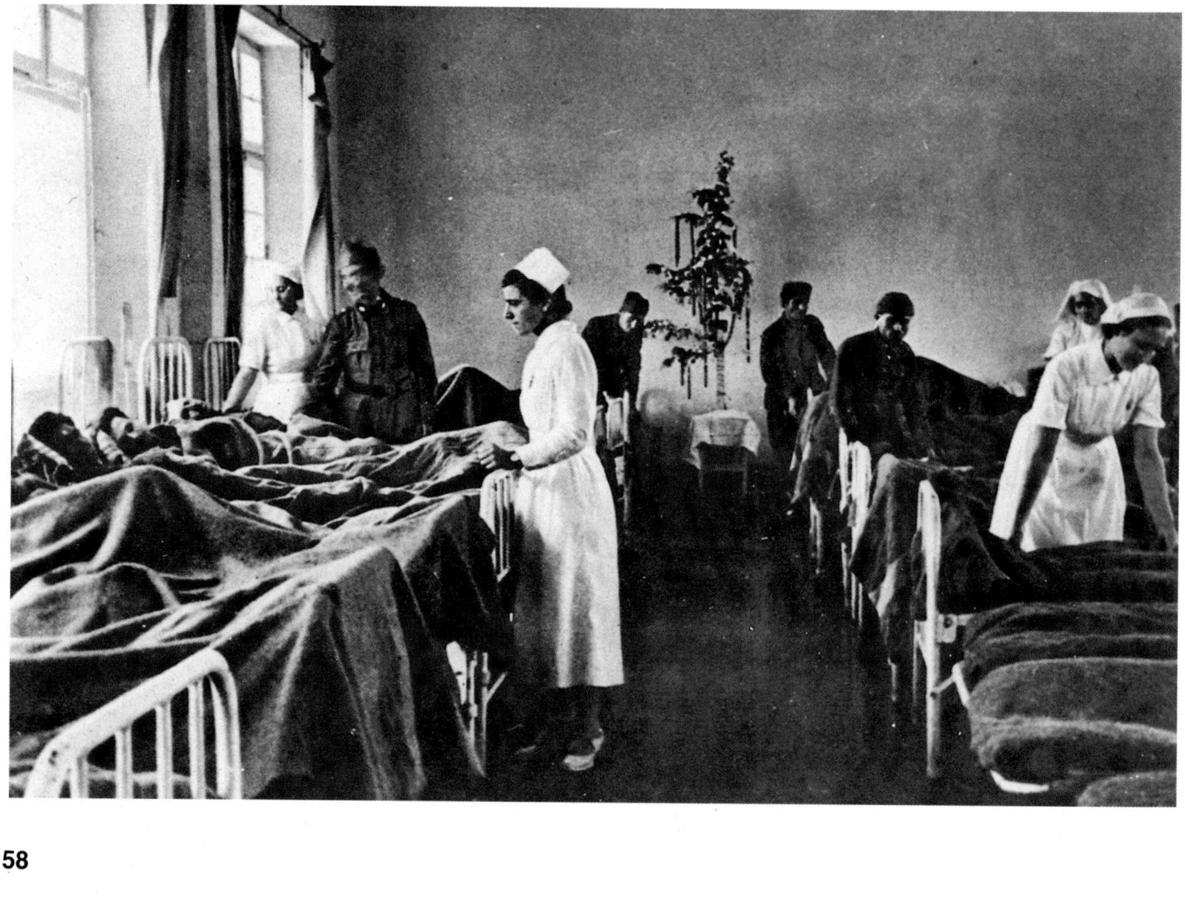

1941

Januar–Juni

An der griechischen Front von Valona
Freitag, 3. Januar 1941, Santi Quaranta
United Press meldet:
Die auf Valona vorstoßenden griechischen Truppen, die jetzt um die letzten Höhenzüge vor der Stadt kämpfen, setzten auch über Neujahr ihre Operationen mit unverminderter Härte fort. Zum Schutz der Gebirgspässe, die nach Valona (Vlorë) führen, haben die Italiener schwere Geschütze in Stellung gebracht, und die Granaten, die über uns hinwegsausten, machten einen Lärm wie ein über eine Brücke fahrender Expreßzug. Der strahlende Sonnenschein des letzten Tages hat auch eine große Luftoffensive ausgelöst. Die italienischen Flugzeuge fliegen oft so tief in die engen Schluchten hinein, daß ihre Tragflächen die Wände zu berühren scheinen. Wir konnten beobachten, wie einer dieser Bomber eine Baumspitze streifte und gegen eine Felswand geschleudert wurde. Das Flugzeug verschwand nach einer furchtbaren Explosion; offenbar war die ganze Bombenladung in die Luft geflogen.

Sender Beromünster (Schweiz)

Donnerstag, 9. Januar 1941:
Stationär ist die Lage auf dem albanischen Kriegsschauplatz. Zwar sind die Griechen nur einen guten Tagesmarsch von der Hafenstadt Valona entfernt, deren Besitz ihr strategisches Ziel sein muß. Bei Tepeleni, Klisura und in der Gegend des Ochrida-Sees ist der griechische Vormarsch offenbar auch noch nicht zu jenen Stellungen vorgedrungen, die eine strategische Ausweitung der bisher errungenen taktischen Positionen erlauben würden. Diese Feststellung mindert die außerordentliche Leistung der griechischen Armee und ihrer Führung nicht im mindesten herab.

W. Churchill an General Wavell
Freitag, 10. Januar 1941:
1. Unsere Informationen widerlegen die Vermutung, daß die deutsche Konzentration in Rumänien lediglich »Teil des Nervenkrieges« darstellt oder einen »Bluff, um Zersplitterung unserer Kräfte herbeizuführen«. Wir verfügen über eine Anzahl von genauen Nachrichten, die darauf hinweisen, daß eine großangelegte Operation über Bulgarien hinweg in Richtung griechische

Grenze mit dem Ziel Saloniki noch vor Monatsende beginnen kann ... Diese Streitmacht kann, falls sie nicht gestoppt wird, in Griechenland eine ähnliche Rolle spielen, wie die deutsche Armee beim Durchbruch bei Sedan in Frankreich. Die Wirkung auf die griechischen Divisionen in Albanien wäre verhängnisvoll. Unsere Informationen, auf die wir uns mit guten Gründen verlassen können, zwingen uns zu diesen Schlußfolgerungen.

Sibirische Kälte
Donnerstag, 16. Januar 1941, Budapest:
Der Balkan leidet unter einem Einbruch sibirischer Kälte. Nach den letzten Nachrichten betragen die Temperaturen in Jassy 39 Grad unter Null. Die Schneestürme in Jugoslawien, besonders in Bosnien und im südlichen Serbien, führten zu schweren Verkehrsstörungen. Der Orientexpreß ist in Mazedonien im Schnee steckengeblieben.

Vermittlungsversuch in Athen?

Freitag, 17. Januar 1941, Sofia
United Press berichtet:
Aus Kreisen der neutralen Diplomatie wird mitgeteilt, daß Deutschland seit einiger Zeit in Athen Verhandlungen führe, um einen Friedensschluß zwischen Griechenland und Italien in die Wege zu leiten. Den Deutschen sei heute viel daran gelegen, den Frieden auf dem Balkan nicht aufs Spiel zu setzen. Nach Erklärung von derselben Seite wird Deutschland Ende Januar in Rumänien über 280 000 Mann verfügen. Angeblich soll bereits Material für doppelt so viele Truppen in Rumänien eingetroffen sein, weshalb auch die Stärke der Verbände selbst leicht auf das Doppelte gebracht werden könnte.

Griechischer Heeresbericht
Sonnabend, 18. Januar 1941, Athen
Das *Kriegsministerium* gibt bekannt:
Bei erfolgreichen Operationen besetzten gestern die griechischen Truppen feindliche befestigte Stellungen. Es wurden 1000 Gefangene gemacht, darunter Oberst Menengetti, Kommandant des 70. Regiments der 7. Division »Lupi di Toscana«, die kürzlich in Albanien gelandet sind.

Oberst Donovan in Griechenland
18. Januar 1941, Athen
Die Agentur *Proia* berichtet:
Oberst Donovan, der im Auftrag von US-Präsident Roosevelt eine militärische Inspektionsreise in Ägypten und Libyen durchgeführt hatte, ist jetzt in Griechenland eingetroffen.

An der griechischen Front

Montag, 20. Januar 1941, Klisura
Ein Berichterstatter von *United Press:*
Ich war dabei, als die Griechen in heftigem Schneetreiben drei wichtige Anhöhen erstürmten und über 1000 Gefangene machten. Von einem Artilleriebeobachtungsposten aus sah ich durch ein Fernglas, wie die kleinen, bärtigen Gestalten in Khakiuniform über die verschneiten Hänge vorwärtsstürmten. Sie rannten geduckt ein Stück, suchten dann hinter einem Felsblock Schutz, um so dem italienischen Feuer mit Grabenmörsern und Maschinengewehren zu entgehen. Der erste Angriff galt einer Höhenstellung, die die Griechen zwang, einen Hang von 70 Grad Neigung zu erklimmen. Als die Griechen gerade auf halber Höhe des Berges waren und die Sonne leicht durch Wolken und Nebel durchzuschimmern begann, konnte ich die Nahkämpfe beobachten. Die Griechen bedrängten ihren Gegner hart, und besonders die griechische Artillerie legte jetzt ein heftiges Sperrfeuer vor die italienischen Linien. Die schweren Granaten wirbelten gewaltige graue Wolken

auf, und sekundenlang konnte man immer das Aufblitzen erkennen, das sich von dem weißen Hintergrund abhob. Die Italiener leisten in diesem Abschnitt den heftigsten Widerstand des ganzen Feldzuges.

Donovan in Belgrad
Donnerstag, 23. Januar 1941, Belgrad
United Press meldet:
Der Vertreter von US-Präsident Roosevelt, Oberst Donovan, ist um 22.38 Uhr hier eingetroffen. Donovan erklärte gegenüber der Presse, er gedenke, einige Tage in Belgrad zu bleiben und sich dann nach Athen zu begeben.

General Ioannis Metaxas ist tot
Mittwoch, 29. Januar 1941, Athen
Die Zeitung *Kathemerini* meldet:
Ministerpräsident Metaxas ist heute morgen um 6.30 Uhr an den Folgen einer Halsoperation gestorben. Der frühere Gouverneur der griechischen Nationalbank, Alexander Korizis, ist als Nachfolger ernannt worden.

Zogu-Linie durchbrochen
Mittwoch, 5. Februar 1941, Athen
Die *Agence d'Athenes* teilt mit:
Aus dem griechischen Hauptquartier erfährt man, daß es den Griechen im mittleren Abschnitt jetzt endgültig gelungen ist, die sogenannte Zogu-Linie zu durchbrechen, die wichtigste Verteidigungslinie in Albanien, die bereits unter König Zogu begonnen und dann von den Italienern vollendet worden ist.

Die griechische Armee überrascht

Donnerstag, 6. Februar 1941, Rom
United Press berichtet:
Man gibt zu, daß die Taktik, Bewaffnung und Vorbereitung der griechischen Armee allgemein überrascht hat. Es ist der griechischen Ausrüstung nicht gebührend Rechnung getragen worden. Telegrafo schreibt u. a.: »Nach Ausbruch des Krieges fanden wir uns einer für den Gebirgskrieg ausgerüsteten Armee gegenübergestellt, die Skitruppen, Schlitten, alpine Abteilungen und Verpflegungskolonnen, die raschen Wechsel gewohnt waren, besaß. Diese Überraschung hat tatsächlich den Griechen Vorteile gebracht; doch kann sie nicht ewig andauern.«

Bulgarisches Dementi
Dienstag, 11. Februar 1941, Sofia
Die *Bulgarische Telegraphenagentur* teilt mit:
Hiermit wird festgestellt, daß die Behauptungen des britischen Premierministers in jeder Hinsicht unrichtig sind, wonach deutsche Truppen sich in Bulgarien befinden oder bulgarische Flugplätze von den Deutschen besetzt worden sein sollen.

NAZI TANKS NEAR GREECE
Mobile Columns Pour Across Bulgaria
EDEN AND DILL FLY ON TO ATHENS

RUMANIA EXPLOSIONS: BOMBS DENIED
Mystery Fires in Ploesti Oilfields
NEGOTIN, Yugoslavia, Sunday.

»Nazi-Panzer vor Griechenland« – meldet die britische Presse am 3. 3. 1941

Besuch jugoslawischer Politiker in Deutschland
Donnerstag, 13. Februar 1941, Belgrad
United Press meldet:
Ministerpräsident Zwetković und Außenminister Cincar-Marković sind unter strenger Geheimhaltung nach München geflogen. In gut unterrichteten Kreisen verlautet, daß v. Ribbentrop die jugoslawischen Staatsmänner in München empfangen werde und daß darauf eine Zusammenkunft mit Reichskanzler Hitler auf dem Berghof stattfinden soll. Über den Zweck der Reise ist keine amtliche Verlautbarung herausgegeben worden.

Italienisches Dementi
Sonnabend, 22. Februar 1941, Rom
United Press teilt mit:
In offiziösen Kreisen beschränkt man sich heute darauf, den Meldungen jeden Wahrheitsgehalt abzusprechen, die von einer angeblichen Friedensvermittlung Deutschlands zwischen Italien und Griechenland wissen wollten.

Dementi aus Berlin
Mittwoch, 26. Februar 1941, Berlin
Das *DNB* berichtet:
Bulgarien ist ein mit Deutschland eng befreundeter Staat. Deutschland würde nie Aktionen unternehmen, die diese Freundschaft stören könnten. Mit dieser Feststellung wurde heute an der Wilhelmstraße zu den von der feindlichen Propaganda ausgestreuten Gerüchten über eine angebliche deutsche Infiltration Bulgariens Stellung genommen. Gleichzeitig wurden die ausländischen Gerüchte über einen angeblichen deutschen Einmarsch in die bulgarische Dobrudscha abgetan durch die weitere Feststellung, daß von einem Truppeneinmarsch in bulgarisches Gebiet keine Rede sein könne.

Deutsche Truppen in Sofia

Sonntag, 2. März 1941, Sofia
Die *Agentur Reuter* teilt mit:
Am Nachmittag trafen die ersten deutschen Verbände in der Hauptstadt ein; die Vorhut bildeten Panzerwagen verschiedener Typen. Kurz vorher mußte auf polizeiliche Anordnung der Verkehr in Sofia stillgelegt werden, und es wurden Absperrungen großen Umfanges vorgenommen. Am späten Nachmittag marschierte bulgarisches Militär durch die Straßen, gefolgt von den ersten Verbänden deutscher Infanterie. Fast in jeder Straße des Stadtzentrums rollten schmutzbedeckte deutsche Militärautos, denen man ansah, daß sie eine lange Fahrt hinter sich hatten. Die neu angekommenen deutschen Soldaten führen in der bulgarischen Hauptstadt ein typisches Touristenleben. Eine große Zahl deutscher Geschwader überflog Sofia und bezog dann auf den verschiedensten Flugplätzen Bulgariens die neuen Stützpunkte. Gestern abend wurde gemeldet, daß deutsche Truppen die Hafenanlagen von Varna am Schwarzen Meer besetzt haben.

Jugoslawisches Dementi
Donnerstag, 6. März 1941, Belgrad
Die *Agentur Havas* teilt mit:
Nach Erklärungen zuständiger Kreise treffen die Meldungen über eine Begegnung des Prinzregenten Paul mit Reichsaußenminister v. Ribbentrop nicht zu. Eine solche Begegnung habe weder in Slowenien noch in Deutschland stattgefunden.

Griechischer Heeresbericht
Donnerstag, 13. März 1941, Athen
Das *Kriegsministerium* gibt bekannt:
Am Dienstag und am Mittwoch, dem vierten Tage der italienischen Offensive, verstärkte der Feind seine Operationen, ohne irgendwelche Geländegewinne zu erzielen. Alle italienischen Angriffe wurden wieder unter erheblichen Verlusten abgewiesen. Die griechischen Truppen konnten örtliche Erfolge erzielen.

Keine Mobilisierung in Ungarn
13. März 1941, Budapest
Die *Ungarische Telegraphenagentur* teilt mit:
Wir sind ermächtigt zu erklären, daß alle Gerüchte über angebliche Mobilisierungsmaßnahmen in Ungarn sowie die Meldungen, daß Truppenkonzentrationen an gewissen Grenzabschnitten vorgenommen worden seien, jeder Grundlage entbehren.

Heftige italienische Angriffe
Freitag, 14. März 1941, Athen
Das *griechische Oberkommando* gibt bekannt:
Am Donnerstag, dem fünften Tag der italienischen Offensive, unternahm der Feind den ganzen Tag über unter Einsatz frischer Streitkräfte eine Reihe von hefti-

gen Angriffen auf breiter Front. Die Infanterie wurde durch Artillerie und zahlreiche Flugzeuge unterstützt. Unsere Truppen wiesen alle diese Angriffe zurück, wobei sie dem Feind große Verluste zufügten. Unsere Luftstreitkräfte bombardierten erfolgreich militärische Ziele, und unsere Bodenabwehr schoß zwei Flugzeuge ab.

Einsätze der RAF in Albanien
Mittwoch, 19. März 1941, Athen
Die *Agentur Reuter* teilt mit:
Bomber der RAF in Griechenland griffen am Dienstag den Hafen Durazzo in Albanien an. Trotz heftiger Flakabwehr waren die Operationen erfolgreich.

Keine besonderen Ereignisse
19. März 1941, Rom
Das *Comando Supremo* gibt bekannt:
An der griechischen Front nichts von Bedeutung.

Deutsche Vermittlung?

19. März 1941, Rom
Die *Agentur Havas* berichtet:
Wieder gehen in Rom Gerüchte um, die eine angeblich bevorstehende deutsche Vermittlungsaktion zwischen Italien und Griechenland betreffen.

Sender Beromünster (Schweiz)

Donnerstag, 20. März 1941:
Seit der Besetzung Bulgariens durch die deutsche Wehrmacht, also seit drei Wochen, herrscht Ungewißheit darüber, ob der Balkan in vollem Umfang zum Kriegsschauplatz verwandelt werden wird oder ob im Gegenteil die militärische Vorherrschaft Deutschlands in Südosteuropa eine gewisse Stabilität herbeiführen wird. Was Griechenland betrifft, so sind bis heute die diplomatischen Beziehungen zwischen Athen und Berlin nicht abgebrochen, obschon Athen sich seit nahezu fünf Monaten mit dem Verbündeten Deutschlands, mit Italien, im Kriege befindet. Allerdings stehen nun seit drei Wochen deutsche Truppen an der Grenze Nordgriechenlands auf einer langen Front, die im Westen von jugoslawischem Gebiet, im Osten von der europäischen Türkei begrenzt wird... Eine letzte Frage ist die der aktiven Beteiligung britischer Truppen an der Verteidigung Griechenlands. Die Meldungen über britische Truppenlandungen in einem Hafen Südgriechenlands werden immer häufiger, die Dementierung dieser Meldungen immer schwächer. Es ist also nicht ausgeschlossen, daß seit der Besetzung Bulgariens durch die deutsche Wehrmacht und seit dem Abschluß der britischen Operationen in Nordafrika britische Truppenteile nach Griechenland entsandt wurden.

Italienischer Heeresbericht
Dienstag, 25. März 1941, Rom
Das *Comando Supremo* gibt bekannt:
An der griechischen Front nichts Neues.

Zar Boris von Bulgarien schreitet eine Ehrenkompanie der Luftwaffe ab

Wien, Schloß Belvedere, 25. 3. 1941: Der Beitritt Jugoslawiens zum Dreimächtepakt wird feierlich unterzeichnet

Belgrad, 27. 3. 1941: »Sofort nach dem Bekanntwerden der Regierungsänderung kommt es in den Straßen Belgrads zu Freudenkundgebungen«

Jugoslawien im Dreimächtepakt

25. März 1941, Wien
United Press berichtet:
Amtlich wird bekanntgegeben, daß Jugoslawien heute dem Dreierpakt beigetreten ist. Die Unterzeichnung des Paktes erfolgte im Schloß Belvedere. Das Protokoll über den Beitritt Jugoslawiens zum Dreimächtepakt stimmt im Wortlaut mit den von Ungarn, Rumänien, der Slowakei und Bulgarien unterzeichneten Protokollen überein und enthält keine Einschränkungen.

Tagesparole des Reichspressechefs
25. März 1941:
Der Beitritt Jugoslawiens zum Dreimächtepakt ist heute die Großaufmachung der ersten Seite. Das Ereignis ist neben der meldungsmäßigen Berichterstattung in Kommentaren und Aufsätzen als ein weiterer bedeutender Sieg der neuen europäischen Ordnungs-Ideen über die destruktiven Kräfte der angelsächsischen Welt herauszuarbeiten.

»...alles in Ordnung!«
Mittwoch, 26. März 1941, Belgrad
Das *DNB* meldet:
Ministerpräsident Zwetković und Außenminister Cincar-Marković trafen heute vormittag um 9.00 Uhr in Begleitung des deutschen Gesandten v. Heeren wieder in Belgrad ein, wo sie von sämtlichen in Belgrad anwesenden Regierungsmitgliedern begrüßt wurden. Zwetković begrüßte seinen Stellvertreter Dr. Maček mit den Worten: »Jetzt ist alles in Ordnung!«

Tagesparole des Reichspressechefs
26. März 1941:
Das Weltecho zum Beitritt Jugoslawiens zum Dreimächtepakt ist sorgfältig zu verzeichnen. Dabei sind die englischen und amerikanischen Stimmen hervorzuheben, die einerseits die Enttäuschung nicht verbergen, andererseits immer noch Unruhe in Jugoslawien stiften möchten.

Weisung Nr. 25 (Auszug)
Der Führer und Oberste Befehlshaber der Wehrmacht
F. HQ. 27.3. 41
OKW/WFSt/Abt. L (I Op)
Nr. 44379/41 gk Chefs.
Geheime Kommandosache
Weisung Nr. 25 (Auszug)
1. Der Militärputsch in Jugoslawien hat die politische Lage auf dem Balkan geändert. Jugoslawien muß auch dann, wenn es zunächst Loyalitätserklärungen abgibt, als Feind betrachtet und daher so rasch als möglich zerschlagen werden.
2. Meine Absicht ist, durch eine konzentrische Operation aus dem Raum Fiume – Graz einerseits und dem Raum um Sofia andererseits in allgemeiner Richtung Belgrad und südlich in Jugoslawien einzubrechen und die jugoslawische Wehrmacht vernichtend zu schlagen,

außerdem den äußersten Südteil Jugoslawiens vom übrigen Land abzutrennen und als Basis für die Fortführung der deutsch-italienischen Offensive gegen Griechenland in die Hand zu nehmen.
Die baldige Öffnung des Donau-Verkehrs und die Besitznahme der Kupferminen von Bor sind aus wehrwirtschaftlichen Gründen wichtig.
Durch die Aussicht auf Zurückgewinnung des Banats und von Mazedonien wird versucht, Ungarn und Bulgarien für die Teilnahme an den Operationen zu gewinnen.
Die innerpolitische Spannung in Jugoslawien wird durch politische Zusicherungen an die Kroaten verschärft werden.
. . .
(gez.) Adolf Hitler

Tagesparole des Reichspressechefs
27. März 1941:
Die sensationellen Nachrichten aus Belgrad, wonach König Peter durch einen Militärputsch auf den Thron gesetzt worden sei, sind bis zur Klärung der Lage zurückzustellen.

Belgrad nach dem Umschwung

27. März 1941, Belgrad
Die *Agentur Reuter* teilt mit:
Sofort nach dem Bekanntwerden der Regierungsänderung kam es in den Straßen Belgrads zu Freudenkundgebungen. Fahnen wurden gehißt, und Tausende durchzogen die Hauptstraßen und huldigten dem König. In den ersten Nachmittagsstunden dauerten die Kundgebungen immer noch an. Tausende von Menschen versammelten sich vor dem Palast des Patriarchen der orthodoxen Kirche und huldigten König Peter, nachdem der Patriarch eine Ansprache gehalten hatte, in der er u. a. ausführte: »In diesem entscheidenden Augenblick unserer Geschichte werden die Ehre und der Ruhm des serbischen Volkes bewahrt werden. Dazu fordere ich euch auf, euch um den jungen König zu scharen. Die Kirche steht immer hinter euch.«
Die Nachricht vom Umschwung verbreitete sich wie ein Lauffeuer im ganzen Land, und viele Bauern kamen unverzüglich auf Ochsenkarren in die Stadt, um an den Feiern teilzunehmen. Alle aus den Provinzen hier vorliegenden Meldungen besagen, daß sich die Demonstrationen im ganzen Land ereigneten.
Bis in die Morgenstunden hatte ein starker Militärkordon die Umgebung der italienischen und deutschen Gesandtschaft in Belgrad abgesperrt, um Zwischenfälle zu verhindern. In der unteren Stadt wurde das deutsche Reisebüro mit Steinen beworfen.

Proteste der Friedensbewegung
Freitag, 28. März 1941, Belgrad
United Press berichtet:
Am Freitag abend haben Kommunisten, denen sich auch Schüler und Studenten anschlossen, versucht, das

Manifestationsverbot der Polizei zu umgehen und eine Demonstration abzuhalten. Die Polizei hinderte sie daran. Die Kommunisten gaben heute ein Flugblatt heraus, in dem der neuen Regierung der Vorwurf gemacht wird, sie versuche, in den Krieg zu ziehen, »um dem imperialistischen England« zu helfen.

Tagesparole des Reichspressechefs
28. März 1941:
Die Ereignisse in Jugoslawien, die einen für Deutschland unfreundlichen Charakter tragen, sind heute in der Überschriftung der Nachrichten etwas deutlicher als bisher zu nuancieren, ohne jedoch die Form einer Drohung anzunehmen. Nach wie vor keine Kommentare.

Gekränkter Diplomat
Sonnabend, 29. März 1941, Berlin
Das *DNB* meldet:
Der deutsche Gesandte in Belgrad, v. Heeren, hat erneut den jugoslawischen Außenminister Nicić aufgesucht, um bei ihm zu protestieren. Man glaubt in diesen Kreisen, daß der Protest im Zusammenhang steht mit den Vorfällen vom Freitag nach dem Festgottesdienst in der Belgrader Kathedrale, wo gegen den deutschen Gesandten Schmährufe ausgestoßen wurden.

Tagesparole des Reichspressechefs
29. März 1941:
Die heute vorliegenden DNB-Meldungen über die zunehmende deutsch-feindliche Tendenz in den jugoslawischen Vorgängen sollen in der gleichen Art wie bisher erscheinen, können aber etwas stärker in den Vordergrund treten.

Deutsche verlassen Belgrad

Montag, 31. März 1941, Belgrad
Das *DNB* berichtet:

Die reichsdeutsche Kolonie von Belgrad in einer Stärke von 1100 Personen ist am gestrigen Abend, 21.00 Uhr Ortszeit, auf dem Dampfer »Uranus« auf der Donau nach Deutschland abgereist.

Italiener reisen ab
31. März 1941, Belgrad
Die *Agentur Stefani* meldet:
Die italienische Gesandtschaft hat Maßnahmen getroffen, um die Ausreise der Italiener aus Jugoslawien zu beschleunigen.

Glückwunsch Moskaus an Jugoslawien
31. März 1941, Moskau
Die *Agentur Exchange* meldet:
Die Sowjetregierung hat an die neue jugoslawische Regierung ein Glückwunschtelegramm gerichtet, das in diplomatischen Kreisen große Beachtung findet. Nach Entbietung der besten Wünsche heißt es in dem Telegramm: »Das jugoslawische Volk hat sich wieder seiner glorreichen Vergangenheit würdig erwiesen.«

Bulgarisches Dementi
31. März 1941, Berlin
United Press teilt mit:
An maßgebender deutscher Stelle wurde erklärt, aufgrund der Ereignisse in Jugoslawien seien Bulgarien und Ungarn gezwungen gewesen, »gewisse Maßnahmen zu ergreifen«. Um was für Maßnahmen es sich handelt, wurde nicht näher erläutert. In bulgarischen Kreisen Berlins wurden die Gerüchte über eine Generalmobilmachung Bulgariens kategorisch dementiert.

RAF in Aktion
31. März 1941, Athen
Das *britische Fliegerkommando* (Griechenland) meldet:
RAF-Bomber unternahmen gestern erfolgreiche Angriffe auf Elbasan und Umgebung.

Hitlers Rache läßt nicht lange auf sich warten...

Keinerlei sowjetische Glückwünsche
Dienstag, 1. April 1941, Moskau
Das *DNB* teilt mit:
Die »Prawda« dementiert die Meldung einer amerikanischen Agentur, daß die Sowjetunion an Jugoslawien ein Glückwunschtelegramm gerichtet habe, in dem es heiße, daß das jugoslawische Volk sich wieder »seiner ruhmvollen Vergangenheit würdig erwiesen habe«. »Prawda« stellt fest, daß es ein solches Telegramm überhaupt nicht gebe. Die Sowjetunion habe keinerlei Glückwünsche ausgesprochen.

Belgrad offene Stadt

Donnerstag, 3. April 1941, Belgrad
United Press berichtet:
Heute abend, um 18.30 Uhr, wurde am Belgrader Radio eine Bekanntmachung der Regierung verlesen, wonach Belgrad zur offenen Stadt erklärt wurde.

Italienischer Heeresbericht
Freitag, 4. April 1941, Rom
Das *Comando Supremo* gibt bekannt:
An der griechischen Front beidseitige Artillerietätigkeit.

Griechenland im Krieg mit Deutschland

Sonntag, 6. April 1941, Athen
Das *griechische Oberkommando* gibt bekannt:
Heute morgen um 5.15 Uhr hat die deutsche Armee in Bulgarien unsere Truppen ohne jegliche Provokation angegriffen. Unsere Streitkräfte verteidigen ihre Heimat.

Deutscher Einmarsch
6. April 1941, Berlin
Das *DNB* teilt mit:
Heute morgen, um 5.30 Uhr, hat die deutsche Reichsregierung bekanntgegeben, daß sie sich genötigt gesehen habe, die Wehrmacht in der vergangenen Nacht in Griechenland und Jugoslawien einmarschieren zu lassen. Der Zweck sei, England ein für allemal aus Europa zu vertreiben.

Sowjetisch-jugoslawischer Pakt
6. April 1941, London
Die *Agentur Reuter* meldet:
Wie Radio Moskau heute morgen in einer Sondersendung bekanntgab, ist zwischen der Sowjetunion und Jugoslawien ein Freundschafts- und Nichtangriffspakt für die Dauer von fünf Jahren abgeschlossen worden. Der Pakt, von Molotow und dem jugoslawischen Gesandten in Moskau, Gavrilović, unterzeichnet, tritt nach Austausch der Ratifikationsurkunden in Kraft.

Belgrad, 7. 4. 1941: Das Zentrum der jugoslawischen Hauptstadt nach den Terrorangriffen der Luftwaffe

Schwere Angriffe auf Belgrad

Montag, 7. April 1941
Das *Oberkommando der Wehrmacht* gibt bekannt:
An der Südostfront schreitet der Angriff unter hartnäckigen Kämpfen planmäßig fort. Starke Teile der Luftwaffe unterstützen das Vorgehen des Heeres durch Aufklärung, Angriffe gegen Kolonnen, Stellungen und Verkehrsmittel des Feindes. Wie bereits gemeldet, wurden die Festungsanlagen und andere kriegswichtige Ziele in Belgrad bei Tage mehrfach von starken Verbänden deutscher Kampfflugzeuge mit vernichtender Wirkung angegriffen. Insbesondere erhielten der Hauptbahnhof von Belgrad und eine Pontonbrücke über die Donau ostwärts Belgrad, ferner einige Transportzüge schwere Treffer. Zahlreiche große Brände wiesen noch in der Nacht den deutschen Kampfflugzeugen den Weg zu einem vierten Angriff auf die Festung Belgrad. Außerdem wurden Flugplätze in Mittel- und Südjugoslawien mit nachhaltigem Erfolg bombardiert und mit Bordwaffen beschossen. Dabei gelang es, zahlreiche Flugzeuge am Boden zu vernichten.

Links: Metaxas-Linie, Festung Istibei: »... mit vorzüglicher Trefferwirkung unter starkes Feuer genommen...«

Rechte Seite: Nach dem Vorstoß über die bulgarisch-griechische Grenze: Deutsche Panzer zermalmen die schwachen Panzerhindernisse

Überfall auf Griechenland
7. April 1941, Athen
Das *griechische Oberkommando* teilt mit:
Starke deutsche Streitkräfte mit modernster Ausrüstung, Panzerwagen, viel schwerer Artillerie und zahlreichen Flugzeugen haben seit gestern morgen plötzlich unsere Stellungen angegriffen, in denen nur schwache griechische Einheiten stationiert waren. Während des ganzen Tages spielten sich erbitterte Kämpfe nahe der griechisch-bulgarischen Grenze ab, vor allem in der Gegend des Beles-Gebirges (Belasica) und im Tal der Struma.

Stukagruppe zerschlägt Metaxas-Linie

Von Kriegsberichterstatter Wundshammer:
Unsere treue Ju 87 rast holpernd über den Feldflugplatz, hebt mit einigen Sprüngen ab – und dann schweben wir. Hinter uns steigen die anderen Maschinen. Wir gewinnen Höhe. Jetzt liegt vor unseren Augen ausgebreitet das gewaltige Massiv der mazedonischen Berge. Wie ein ungeheurer, vielfach gefalteter Stoffvorhang aus mattem Gelbgrün liegen unten die Bergflanken im ersten Morgenlicht.
Vor uns die gezackten Grate der griechischen Berge mit ihren schwersten Bunkerstellungen. Auf den Gipfeln leuchtet hellweiß der Firn, und lang heruntergezogene Schmutzstreifen zeigen uns die Lage der feindlichen Bunker. Da unten liegt er, der »Festungsberg«, wie wir ihn genannt haben. Ein runder Bergkegel von 1350 Meter Höhe, der das Strumatal und die Paßstraße nach Süden flankiert. In der Sprechfunkanlage hören wir die letzten Befehle des Staffelkapitäns.

Mit jähem Ruck kippen wir nach vorne ab, und dann beginnt der Sturz. Vor der Schnauze unserer Stukas liegt der Festungsberg. Die Tragflächen dröhnen wie gewaltige Metalltrommeln, und in unseren Ohren braust und jault es. Rasend schnell vergrößern sich die Umrisse des Festungsberges. Dann wird die Maschine mit hartem Schwung hochgerissen. Die schwere Bombe ist ausgelöst, und ich verfolge ihren Fall bis ins Ziel. Sie detoniert unmittelbar vor einem Bunker und reißt einen gewaltigen Trichter auf. Aus den lehmgelben Befestigungen schießen langgestreckte, braungelbe Rauchwolken nach oben. Einen Augenblick denken wir an die Kameraden, die unten vor den Bunkern auf den Sturmangriff warten.

Völkischer Beobachter, 7. 4. 1941

Kampf um die Metaxas-Linie

Von Kriegsberichterstatter Fleißner:
Vor uns erhebt sich der Istibei, der Festungsberg. Es ist ein langgezogener, abgeholzter, nach beiden Seiten stark abfallender Geländerücken, von dem man aus der Ferne gar nicht vermutet, daß er das wohl stärkste Bollwerk der »Metaxas-Linie« darstellt.
Erst wenn man genauer hinsieht, erkennt man, daß sich Bunker an Bunker reiht, Befestigungsanlagen stärksten Ausmaßes, dazwischen Feldstellungen, Drahthindernisse, spanische Reiter, Panzergräben, Minenfelder, Palisadenreihen, Höckerhindernisse. Was wir nicht wußten: Der Festungsberg stellt auch eine Stadt unter Tage dar.
Bis 50 Meter unter der Erde liegen die Mannschaftsräume und Befehlszentren, vor jedem feindlichen

Angriffsmittel sicher. Sämtliche Bunker sind durch Kavernen unterirdisch verbunden, und die Besatzungen brauchen sich bei Stellungswechsel keinem feindlichen Feuer auszusetzen. Aller Verkehr wickelt sich unterirdisch, auf gut ausgebauten hohen Straßenzeilen ab. Nachrichtenverbindung von Werk zu Werk, von Bunker zu Bunker ist sowohl durch Telefon als auch Sprachrohr möglich, die Entlüftungsanlagen sind ebenso vorbildlich wie die Wasserzuführung und die sanitären wie hygienischen Einrichtungen.

Seit zwei Stunden ist der Istibei nun Angriffsziel unseres Gebirgsjägerregiments. Sturzkampfflieger und Artilleriefeuer sollen uns die Aufgabe erleichtern, aber beide bleiben ohne Wirkung. Die Sturzkampfflieger, die in mehreren Wellen eingesetzt sind, können infolge der vorzüglichen Tarnung die meisten Bunker aus der Höhe, aus der sie zum Sturzflug ansetzen müssen, gar nicht ausmachen und haben im übrigen in dem bergigen Gelände unter ungeheuer schwierigen Bedingungen zu kämpfen.

Die Artillerie hat zwar die Werkanlage mit Geschützen aller Kaliber mit vorzüglicher Trefferwirkung unter starkes Feuer genommen, aber es zeigt sich später, daß die massigen Betonklötze kaum Schaden dadurch gelitten hatten. Wir, die Gebirgsjäger, haben also die Last des Angriffs allein zu tragen.

Völkischer Beobachter, April 1941

Ohne jeden Verlust
Dienstag, 8. April 1941, Sydney
Der *australische Marineminister* teilt mit:
Die britischen Truppentransporte nach Griechenland sowie der Nachschub von Material und Munition sind ohne jeden Verlust vor sich gegangen, obwohl die italie-

nische Flotte und die Luftwaffen der Achsenmächte alles versucht haben, das Unternehmen zu stören.

Explosion in Piräus
8. April 1941, Athen
Das *griechische Sicherheitsministerium* gibt bekannt:
Im Hafen von Piräus explodierte in einem Handelsschiff eine Ladung Munition und Sprengstoff, wobei bedeutender Schaden angerichtet wurde.

Alle Angriffe zurückgeschlagen
Mittwoch, 9. April 1941, Belgrad
Der *jugoslawische Generalstab* gibt bekannt:
Nach den Berichten der Truppenkommandos, die bisher den Generalstab erreichten, entwickelte sich die Lage an den Fronten günstig. Alle Angriffe konnten aufgehalten und zum Teil zurückgeschlagen werden. Unsere Truppen kämpfen mit größter Entschlossenheit und haben dem Gegner sehr schwere Verluste zugefügt.

Durchbruch nach Saloniki

Von Kriegsberichterstatter Henning:
...Es geht wieder weiter! In halsbrecherischer Fahrt über die tiefe Einkerbung eines Wildbaches. Drüben, über dem Paß, liegen die ersten feindlichen Panzer, zerschossen und ausgebrannt. Die alten Modelle französischer Herkunft hatten gegen unsere Kampfwagen wenig zu bestellen. Einige stehen noch in Flammen. Wir fahren in die Nacht. Unbehelligt passieren wir die wenigen Ortschaften bis kurz vor der griechischen Grenze. Im Schutze einer Steilwand macht die Kolonne halt. Noch sechs Stunden trennen uns vom Morgen-

grauen, Stunden einer kurzen Ruhe, die wir bitter nötig haben.

Uns zur Linken liegt der Dojransko-See, der die jugoslawisch-griechische Staatsgrenze schneidet. Dunkle Berge umrahmen seine helle Wasserfläche, und hinter ihnen steht drohend eine Gewitterwand. Es ist eine regenschwere Nacht. Ihre Geräusche sind das eintönige Lärmen der Frösche, der leichte Wellenschlag des Sees und die mit verhaltener Stimme geführten Gespräche der Männer. Große Tropfen platschten auf unsere Decken und Zeltbahnen. Um 2.00 Uhr kommt das Aufbruchsignal durch. Langsam schieben sich die Fahrzeuge nach vorn...

Nun dehnt sich ein weites, fruchtbares Tal vor uns. Riesige Grasflächen, auf denen Kühe zu Hunderten weiden. Wir haben gute Straßen. Es ist eine Freude, wieder mal aufdrehen zu können. Unsere Marschgeschwindigkeit steigert sich. Plötzlich brechen die Panzer aus der Marschordnung aus, rasen an uns über Äcker und Gräben vorüber nach vorn durch ein Dorf. In diesem Augenblick setzt gegnerisches Feuer ein. Im direkten Beschuß wird der Gegner zum Schweigen gebracht.

Nun gibt es kein Halten mehr. Eine große Brandwolke weist uns den Weg nach Saloniki. Und rechts der Vormarschstraße liegen griechische Infanterieverbände, die uns aufhalten sollten. Wir wollen weiter. Wir haben auch keine Männer übrig, die zur Bewachung und zum Rücktransport der Gefangenen abgestellt werden können. Unser Ziel ist Saloniki. Da vorn, wo jetzt weitere Öltanks in Flammen aufgehen, die wie eine gewaltige, weithin sichtbare Fackel am Abendhimmel stehen, muß es liegen.

Völkischer Beobachter, April 1941

Alexandroupolis von Deutschen besetzt
9. April 1941, Konstantinopel
Die *Agentur Ulus* berichtet:
Von griechischer Seite wird mitgeteilt, daß Alexandroupolis (Dedeagatsch) in Ostthrazien von deutschen Truppen besetzt wurde. Damit ist die Landverbindung zwischen Griechenland und der Türkei abgeschnitten.

Griechische Armee in Ostmazedonien kapituliert
9. April 1941, Berlin
Das *DNB* meldet:
Nach dem Durchbruch durch den Rupel-Paß, der von den Griechen zäh und erbittert verteidigt wurde, und nach der Einnahme von Saloniki hat die ostwärts des Vardar kämpfende griechische Armee in Erkenntnis ihrer hoffnungslosen Lage heute, am Mittwochmorgen, die Kapitulation angeboten und die Waffen gestreckt.

Skoplje in 36 Stunden

Von Kriegsberichterstatter Thorbeck:
Die Straße von Jugoslawien nach Griechenland kreuzt hier die von Bulgarien kommende Ost-West-Verbin-

dung. Wer Skoplje (Skopje) hat, verfügt über den Schlüssel zum Süden Jugoslawiens und riegelt alles, was nördlich davon steht, endgültig ab. Am frühen Morgen brechen wir wieder mit der Vorausabteilung auf. Hinter der Stracinhöhe und hinter der Peinjabrücke setzt sich der Feind noch einmal fest. Aber wir haben keine Zeit zu verlieren.

Der Auftrag ist kurz: Tagesziel Skoplje! Eine Sturzkampffliegergruppe wird durch Funkspruch alarmiert. Tote, in der südlichen Hitze bereits aufgedunsene Pferde, liegen im Straßengraben, lebende Pferde haben die Holzsättel abgeworfen und galoppieren kreuz und quer über die Felder. Ein leichter Regen nieselt in der Morgenfrühe aus den Gewitterwolken vor uns. Er vertreibt den Staub von der Straße und verwandelt den Sand, der bisher in den Wagen gejagt wurde, in klebrige Kleiespritzer. Ein paarmal kreisen feindliche Bomber über der Straße und unternehmen Störungsversuche. Dann weichen die Berge zurück, ihre schneeige Silhouette bleibt im Rücken. Vor Kumanovo müssen noch einmal die Panzer her, um einen letzten organisierten Widerstand zu brechen.

Die Straße, die nach Skoplje führt, ist nun frei für einen Sturmlauf. Die Marschfolge hat sich geändert. Bei dem ungestümen Vordrängen nach vorn ist eine schnelle Schützenkompanie an die Spitze befohlen. Die Panzer können das Tempo nun nicht mehr mithalten. In den Dörfern dicht an der Straße lagern noch die serbischen Kompanien und Bataillone, die auf den Abmarsch zur Grenze warten. Wir scheuchen sie auf, ein paar Warnungsschüsse genügen, dann reißen sie die Hände hoch und kommen nachgelaufen.

Deutsche Kampfpanzer III auf dem Vormarsch durch Jugoslawien; darüber ein Nahaufklärer Henschel HS 126

Die Lage an der deutsch-griechischen Front im Raum Saloniki. Stand: 10. 4. 1941

Auf zwei Fahrbahnen der Betonstraße geht es im Eiltempo in die Stadt hinein. Die Büffelkarren mit dem Brückengerät vor der Stadt schieben wir und die Leiterwagen stoßen wir in den Graben. Die Vardarbrücken fallen unversehrt in unsere Hand, und das Korpskommando wird ausgehoben. Das wütende Feuer aus Dachluken und Kellerfenstern bringt unsere kleine Vorausabteilung nur noch auf höhere Touren. Bei Einbruch der Dämmerung sind die vier Ausgänge von Skoplje gesichert. Mit sinkender Nacht wird mit der Säuberung der Stadt begonnen.

Völkischer Beobachter, April 1941

Skoplje geräumt
9. April 1941, Athen
Die *Agentur Reuter* teilt mit:
Trotz erbittertem Widerstand mußten die jugoslawischen Truppen Skoplje räumen. Die jugoslawische Offensive in Albanien geht aber an allen Frontabschnitten weiter.

Überraschend gut ausgerüstet
9. April 1941, Athen
Ein Korrespondent der *Agentur Reuter* meldet:
Die in Griechenland eintreffenden britischen Streitkräfte sind überraschend gut ausgerüstet, nicht nur mit Waffen und anderem Kriegsmaterial, sondern auch mit allem anderen, angefangen von Fleischkonserven und Kaffee bis zur Dampfwalze und Betonmischmaschine. Das britische Oberkommando tut alles, um die Soldaten körperlich und geistig in guter Form zu halten. Der Sanitätsdienst umfaßt neben zahlreichem männlichem Personal auch eine Anzahl hübscher Pflegerinnen in

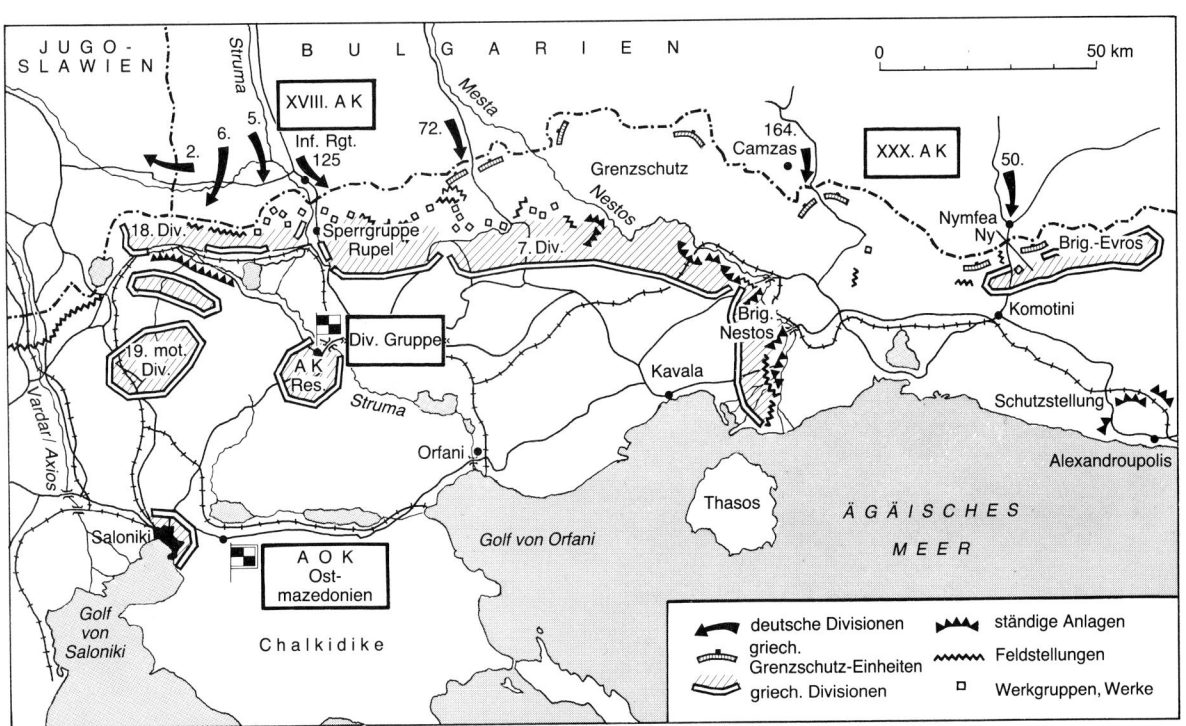

Felduniform, die in jedem Athener Restaurant, wo sie erscheinen, Aufsehen erregen.

Deutsche Truppen an der albanischen Grenze
9. April 1941, Rom
Popolo di Roma berichtet:
Die italienischen und deutschen Truppen haben, wie heute abend in Rom bekannt wird, im Süden Jugoslawiens die Verbindung miteinander hergestellt. Gleichzeitig treffen aus Tirana Berichte ein, nach denen die griechische Armee in Albanien den Rückzug auf griechisches Gebiet in die Wege geleitet hat, um zu verhindern, daß sie von den Deutschen abgeschnitten wird.

Entscheidung gefallen

Donnerstag, 10. April 1941, Berlin
Das *DNB* meldet:
Durch die Einnahme von Skoplje, der größten Stadt Südserbiens, ist die wichtigste strategische Entscheidung im deutsch-jugoslawischen Krieg gefallen. Alle weiteren militärischen Operationen haben bereits den Charakter einer taktischen Liquidation und einer Aufrollung unhaltbar gewordener Stellungen. Der Vormarsch deutscher Panzertruppen von Skoplje nach Tetovo und gegen die albanische Grenze läßt erkennen, daß die deutsche Balkanarmee rasch eine Entlastung der italienischen Armee erreichen und die Durchführung des sogenannten »großen Planes« des Belgrader Generalstabes vereiteln will, der darin bestand, gegenüber den deutschen Truppen im Norden langsam zurückzugehen, gegenüber Bulgarien eine defensive Stellung zu halten und die auf diese Weise gewonnene Zeit zur Eroberung von Albanien zu benützen, um sich eine breite Rückzugsbasis gegen Griechenland zu sichern.

Tagesparole des Reichspressechefs
10. April 1941:
Der Minister verweist dann auf Meldungen über Belgrad. Wendungen wie »die Stadt ein einziger Trümmerhaufen, die Straßen von den Leichen von Frauen und Kindern bedeckt«, sind bei der Wiedergabe natürlich wegzulassen.

Geheimer Bericht des *Sicherheitsdienstes der SS* zur innenpolitischen Lage:
Nr. 178 vom 10. April 1941 (Auszug)
I. Allgemeines: Je größer die deutschen Erfolge auf jenen Kriegsschauplätzen, wo bisher Italiener gekämpft hatten, werden, desto mehr steigt die Entrüstung und Abneigung gegen die Italiener. Man fragt sich allgemein mit einer gewissen Verbitterung, was die italienischen Soldaten in den langen Monaten nur getan haben. Bei den meisten Gesprächen der Volksgenossen über diese Frage wird der Unterschied in der Bewaffnung zwischen deutschen und italienischen Truppen nicht erwähnt, ist auch fast allgemein unbekannt.

Britische Truppen im Kampf mit deutschen Streitkräften
Freitag, 11. April 1941, Athen
United Press berichtet:
Die britischen Truppen stehen seit gestern in Nordgriechenland mit deutschen Streitkräften in Gefechtsberührung.

Zagreb in deutscher Hand

Sonnabend, 12. April 1941
Das *jugoslawische Hauptquartier* teilt mit:
Im nördlichen Abschnitt hat der überlegene Feind über Daruvar die Save erreicht. Kragujevac ist ebenfalls besetzt. Die deutschen Truppen sind in Zagreb einmarschiert, ohne auf Widerstand unserer Truppen zu stoßen.

Deutsche Truppen bei Florina
12. April 1941, Athen
Kommuniqué des *Oberkommandos der griechischen Streitkräfte:*
Motorisierte deutsche Verbände, die aus der Gegend von Monastir (Bitola) vorrücken, sind im Gebiet von Florina auf unsere Truppen gestoßen.

...In treuer Kameradschaft«...
12. April 1941, Berlin
Das *DNB* meldet:
Der Führer hat folgendes Telegramm an Mussolini gerichtet: »Duce! In dem Augenblick, da sich deutsche und italienische Verbände zum erstenmal auf dem jugoslawischen Kriegsschauplatz die Hände reichen, grüße ich Sie auf das herzlichste. In treuer Kameradschaft Adolf Hitler.«

Die Deutschen in Belgrad
Sonntag, 13. April 1941, Berlin
Sondermeldung des *Oberkommandos der Wehrmacht:*
Seit heute früh, 5.30 Uhr, rücken Panzertruppen der Armee v. Kleist in Belgrad ein.

Expeditionskorps schlägt zurück
Montag, 14. April 1941, London
Das *Kriegsministerium* gibt bekannt:
Deutsche Streitkräfte, die versuchten, im Norden von Griechenland vorzustoßen, sind von den Truppen unseres Expeditionskorps erfolgreich aufgehalten worden.

Das neue Kroatien

Dienstag, 15. April 1941, Zagreb
Telegramm von Mussolini an Staatschef Pavelić:
»Ich begrüße mit großer Genugtuung das neue Kroa-

Panzer der 11. Panzerdivision (GenMaj. Crüwell) auf dem Vormarsch. Vorn rechts: Panzer-Beobachtungswagen Saurer RR 7/2, das einzige Räder-Raupenfahrzeug der Wehrmacht

Auf einem griechischen Feldflugplatz: Leichter Bomber vom Typ Potez 63 G wird einsatzbereit gemacht

Athen, der höchste griechische Rat; in der Mitte König Georg II.

tien, das heute die lang ersehnte Freiheit wieder erwirbt, wo die Achsenmächte das künstliche jugoslawische Gebilde vernichtet haben. Ich freue mich, Ihnen die Anerkennung des unabhängigen Staates Kroatien durch die faschistische Regierung auszusprechen.«

Waffenstillstandsgesuch der jugoslawischen Armee?
15. April 1941, Budapest
Die deutschsprachige Zeitung *Pester Lloyd* berichtet:
Wie aus hiesigen deutschen Quellen verlautet, soll die jugoslawische Armee um einen Waffenstillstand nachgesucht haben. Es heißt auch, die Kapitulation der jugoslawischen Streitkräfte sei nur noch eine Frage von Stunden.

Griechischer Rückzug in Albanien
15. April 1941, Athen
Das *griechische Oberkommando* teilt mit:
Unsere Streitkräfte an der nördlichen Front in Albanien haben den Befehl, sich zurückzuziehen und das Gebiet von Koritza zu räumen.

Britisches Dementi
15. April 1941, London
United Press berichtet:
In offiziellen Londoner Kreisen werden die in Berlin kursierenden Gerüchte, wonach die Engländer sich mit dem Gedanken tragen sollen, ihre Truppen aus Griechenland zurückzuziehen, kategorisch dementiert.

Bomben auf deutsche Panzerkolonnen
Mittwoch, 16. April 1941, Griechische Zentralfront
Die *Agentur Reuter* meldet:
An der Zentralfront südlich von Monastir (Bitola) haben auf breitem Abschnitt starke deutsche Panzerstreitkräfte mit Unterstützung von Fallschirmtruppen die Offensive gegen die britisch-griechische Verteidigungslinie begonnen.
Aus Thrazien wird berichtet, daß bulgarische Truppen das Gebiet zwischen Alexandroupolis (Dedeagatsch) und der Struma besetzen und dort eine bulgarische Besatzungszone errichten.

Vormarsch der ungarischen Truppen
16. April 1941, Budapest
Der *Honved-Generalstab* teilt mit:
Unsere Truppen besetzten im Laufe des heutigen Tages den Südwesten von Transdanubien bis zur kroatischen Grenze. Die Säuberung des Gebiets zwischen der Donau und der Theiß von Tschetnik-Banden sowie die Ermittlung der genauen Zahl an Kriegsgefangenen und der Beute sind in vollem Gange.

Kapitulation der jugoslawischen Armee

Freitag, 18. April 1941, Berlin
Das *DNB* meldet:
Am 17. April um 21.00 Uhr haben alle jugoslawischen Einheiten, soweit sie noch nicht entwaffnet waren, bedingungslos die Waffen gestreckt. Die Kapitulation tritt heute, am 18. April um 12.00 Uhr in Kraft.

Räumung Griechenlands?
Sonnabend, 19. April 1941, London
United Press berichtet:
Die Londoner Zeitungen haben heute begonnen, die Öffentlichkeit auf die Möglichkeit einer baldigen britisch-griechischen Niederlage in Griechenland vorzubereiten, der dann ein Abtransport der britischen Streitkräfte folgen würde.

Deutscher Vorstoß nach Süden
Montag, 21. April 1941
Das *Oberkommando der Wehrmacht* gibt bekannt:
In Griechenland stießen die deutschen Truppen in der Verfolgung des geschlagenen Feindes über Larissa hinaus weit nach Süden vor. Andere Kräfte nahmen im Vorgehen über das Pindosgebirge nach Westen den über 1500 Meter hohen Paß von Metfovan (Metsovo).

Geheimprotokoll Nr. 1645
21. April 1941, Athen
An den Befehlshaber der Epirus-Armee:
Ich bin informiert darüber, daß General Tsolakoglou die Initiative zu einer Kapitulation ergriffen hat. Allen muß bewußt werden, daß das höhere Staatsinteresse sich einer derartigen Maßnahme widersetzt. Ich appelliere an den Patriotismus aller. Die Armee muß bis zur äußersten Grenze ihrer Kräfte kämpfen. Lösen Sie sofort Tsolakoglou ab.   *Alexander Papagos*

Bulgarische Truppen auf dem Vormarsch
21. April 1941, Rom
Die *Agentur Stefani* teilt mit:
Gestern begannen die bulgarischen Truppen mit ihrem Vormarsch in Richtung des Ägäischen Meeres. Sie werden in den nächsten Tagen Xanthi, Kavalla, Alexandroupolis, Seres, Drama und Dimotika besetzen.

Peter II. und die jugoslawische Regierung in Jerusalem
21. April 1941, Beirut
Das *Office Français d'Information* (OFI) berichtet:
Wie aus Jerusalem gemeldet wird, ist König Peter II. von Jugoslawien, aus Athen kommend, über Alexandrien in Jerusalem eingetroffen. In seiner Begleitung befinden sich der Ministerpräsident, der stellvertretende Ministerpräsident und der Außenminister.

Britisches Expeditionskorps auf der Flucht
Dienstag, 22. April 1941
Das *Oberkommando der Wehrmacht* gibt bekannt:
Die Luftwaffe griff am Montag in den griechischen Gewässern mit besonderem Erfolg feindliche Schiffe an, die zum Abtransport des vom griechischen Festland flüchtenden britischen Expeditionskorps eingesetzt waren. Kampfflugzeuge versenkten sechs beladene

Schiffe mit zusammen 31 000 Tonnen und beschädigten außerdem mehrere Schiffe so schwer, daß mit dem Verlust weiteren Schiffsraumes gerechnet werden kann.

Rückzug des britischen Expeditionskorps aus Thessalien
22. April 1941, Athen
Ein Korrespondent von *United Press* meldet:
Der Rückzug der britischen Streitkräfte auf die neue, kürzere Verteidigungslinie ging bei Tag und Nacht durch weite Ebenen und über Bergpässe vor sich. Ich habe gesehen, wie sich lange Kolonnen britischer Infanterie, Geschütz- und Munitionstransporte auf den Bergstraßen und auf Feldwegen nach dem Süden bewegten. Die in Serpentinen sich windenden Straßen waren in teilweise schlechtem Zustand: gewaltige Staubwolken wurden aufgewirbelt und bedeckten die australischen, neuseeländischen und englischen Soldaten mit einer grauen Staubschicht.

Viele der Truppen traten den Rückzug aus ihrer Linie unmittelbar nach heftigen Kämpfen an und lagen müde auf den Fahrzeugen. Als ich von einem Felsvorsprung in die Tiefe schaute, erinnerten mich die langen, kaum endenwollenden Reihen an eine gewaltige Ameisenwanderung. Die kleinen Fahrzeuge der Spähtrupps schossen wie Eidechsen über die Bergpässe.

Kampf bei den Thermopylen

Mittwoch, 23. April 1941
Das *Oberkommando der Wehrmacht* gibt bekannt:
Die Bewegungen des deutschen Heeres in Griechenland verlaufen planmäßig. Über Lamia weiter nach Süden vorstoßende Kräfte stellten in der historischen Enge der Thermopylen englische Nachhuten zum Kampf.

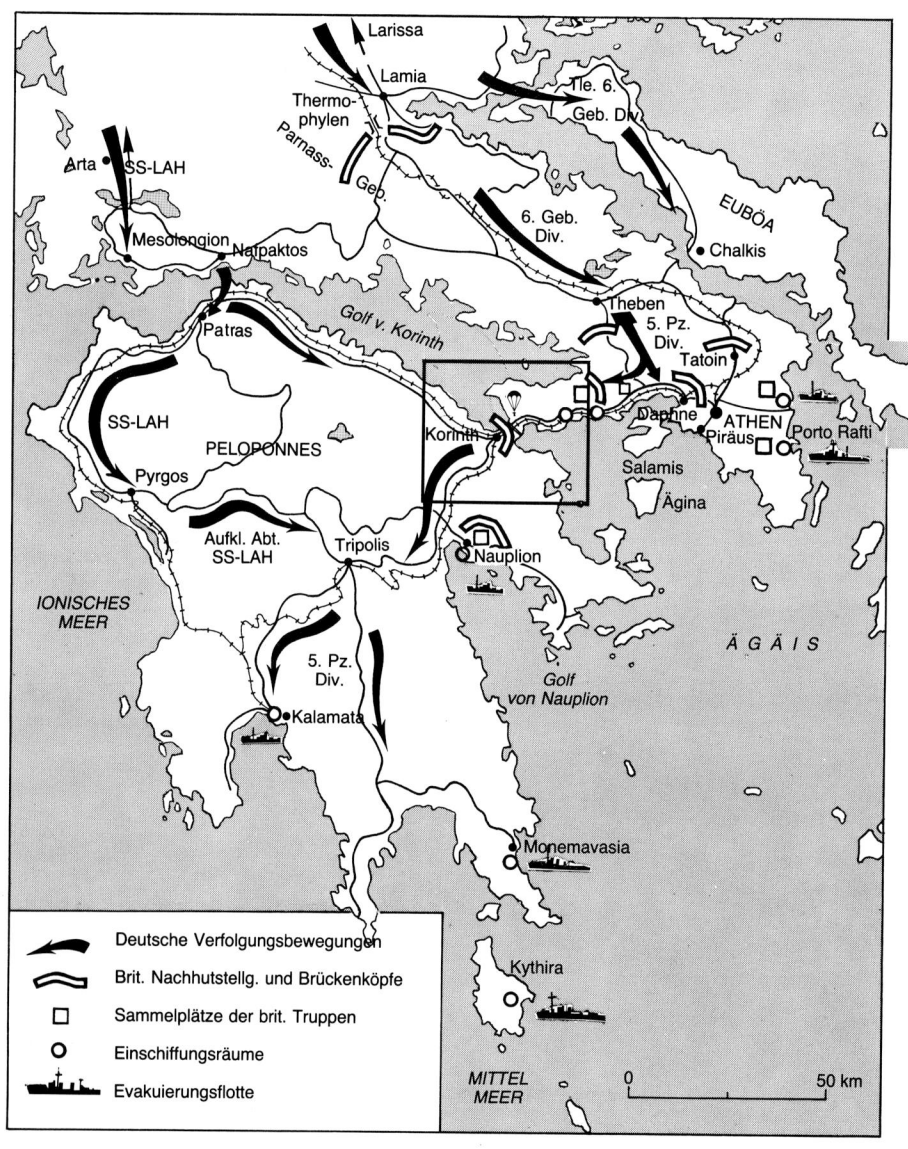

Links: Die deutschen Verbände versuchen, dem britischen Expeditionskorps seinen Weg zu den Einschiffungshäfen abzuschneiden

Rechte Seite oben: Mancherorts werden die deutschen Truppen von ansässigen Deutschen enthusiastisch empfangen

Rechte Seite unten: Luftlandeunternehmen gegen die strategisch wichtige Brücke über den Korinth-Kanal

Legende:
- Deutsche Verfolgungsbewegungen
- Brit. Nachhutstellg. und Brückenköpfe
- ☐ Sammelplätze der brit. Truppen
- ○ Einschiffungsräume
- Evakuierungsflotte

Ortsnamen auf der Karte: Larissa, Lamia, Thermophylen, Parnass-Geb., Tle. 6. Geb. Div., Arta, SS-LAH, Mesolongion, Naupaktos, EUBÖA, 6. Geb. Div., Chalkis, Golf v. Korinth, Theben, 5. Pz. Div., Tatoin, Patras, Korinth, Daphne, ATHEN, Piräus, Porto Rafti, SS-LAH, PELOPONNES, Salamis, Ägina, Pyrgos, Tripolis, Nauplion, Aufkl. Abt. SS-LAH, ÄGÄIS, IONISCHES MEER, 5. Pz. Div., Golf von Nauplion, Kalamata, Monemavasia, Kythira, MITTELMEER, 0 50 km

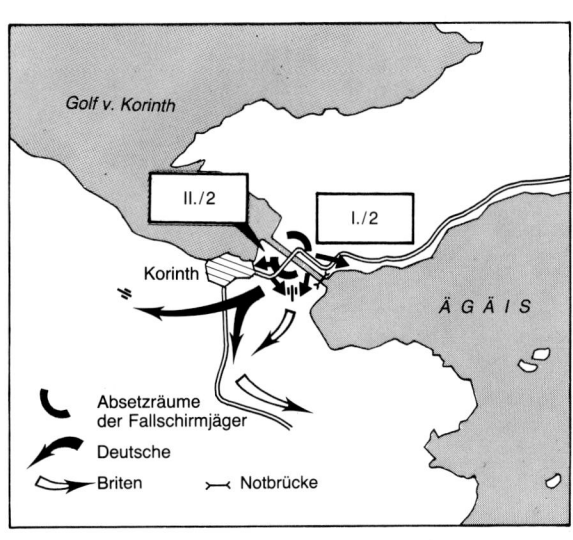

Kapitulation der griechischen Armee im Epirus.
23. April 1941, Rom
Das *Comando Supremo* gibt in einer Sondermeldung
bekannt:
Die feindliche Armee im Epirus und in Mazedonien hat
die Waffen niedergelegt.

Minister Eden hat versagt
Donnerstag, 24. April 1941, London
United Press meldet:
Die »Daily Mail« beschuldigt Eden, er habe versagt in
seiner Mission, die Türkei, Jugoslawien und Griechenland in einen Block gegen Deutschland zusammenzu-
schließen. »Warum«, so schreibt das Blatt, »sind unsere
diplomatischen Bemühungen so langsam und träge?
Deutschland hat im Herbst in Ungarn und im Winter in
Rumänien und Bulgarien gearbeitet: Deutschland
kommt uns immer zuvor.«

Bulgarische Truppen in Mazedonien
Sonnabend, 26. April 1941, Sofia
Die *Agence Bulgare* teilt mit:
Die bulgarischen Truppen rücken in Mazedonien weiter
vor und besetzten Monastir, Florina, Veles und Prilep.

Mit Vorausabteilung in Athen

Von Kriegsberichterstatter Kunzelmeyer:
Um halb neun Uhr am Sonntag morgen erreichten wir
das Weichbild Athens. Oberstleutnant Sch., der Führer
der Vorausabteilung, überbrachte der bereits wartenden griechischen Abordnung die Aufforderung zur
Kapitulation. Um 9.15 Uhr wurde sie in einem kleinen
dunklen Café am Stadteingang unterschrieben. Dann

nahm die Besetzung der wichtigsten militärischen und politischen Punkte Athens schnell ihren Fortgang. Auf der Akropolis weht seit den Vormittagstunden die Hakenkreuzflagge. Der Hafen von Piräus, dem wir einen kurzen Besuch abstatten, bietet ein ödes Bild. Dicht am Kai liegen ausgebrannte Truppentransporter, und der große Getreidespeicher dicht dabei ist durch die Explosion eines englischen Munitionsschiffes, das gleich beim ersten Angriff getroffen worden ist, völlig ausgebrannt. Kahl und schwarz ragen noch ein paar Mauerreste zum Himmel.

Völkischer Beobachter, April 1941

Hakenkreuzfahne auf der Akropolis
Sonntag, 27. April 1941
Das *Oberkommando der Wehrmacht* gibt bekannt:
Nach rastlosen Angriffs- und Verfolgungskämpfen sind die Spitzen einer deutschen Panzerdivision, den fliehenden Engländern nachstoßend, am Sonntag morgen 9.25 Uhr in Athen eingedrungen. Auf der Akropolis wurde die Hakenkreuzfahne gehißt. Die Leibstandarte Adolf Hitler erreichte in ungestümem Vormarsch westlich des Pindus-Gebirges den Golf von Patras, erzwang den Übergang über den Golf und drang auf dem Peloponnes vor.

Isthmus von Korinth besetzt
27. April 1941
Sondermeldung des *Oberkommandos der Wehrmacht:*
Jn kühnem Angriff aus der Luft nahmen deutsche Fallschirmtruppen gestern morgen den Isthmus von Korinth, besetzten die Stadt und sicherten den Kanal.

Mit rücksichtsloser Schärfe

Befehl Nr. 9 des XI. Armeekorps
27. April 1941
. . .
2. Ich erwarte, daß mit rücksichtsloser Schärfe jeder Widerstand gebrochen wird. Jeder mit der Waffe in der Hand bei Gegenwehr oder Flucht Angetroffene ist unverzüglich zu erschießen, sich Ergebende sind Kriegs- oder Standgerichten zur sofortigen Aburteilung zu übergeben... In Unruhegebieten sind ferner Geiseln festzunehmen, deren Erschießung bei Auftreten weiteren feindlichen Widerstandes zu beantragen ist. Jede Rücksichtnahme wird den deutschen Truppen als Schwäche ausgelegt und ist verfehlt.

General v. Kortzfleisch

W. Churchill an General Wavell
Montag, 28. April 1941:
Aus unseren Informationen geht klar hervor, daß in Kürze ein starker Luftlandeangriff deutscher Truppen und Bomber gegen Kreta angesetzt wird. Lassen Sie mich bitte wissen, welche Kräfte Sie auf der Insel haben und wie Ihre Pläne aussehen. Die Insel muß zäh verteidigt werden.

Schärfste Gegenmaßnahmen

28. April 1941, Befehl der 2. Armee:
Die Zunahme von heimtückischen Überfällen auf deutsche Soldaten macht schärfste Gegenmaßnahmen erforderlich. Nur sofortiges und rücksichtsloses Durchgreifen gewährleistet die Aufrechterhaltung von Ruhe und Sicherheit und die Verhinderung der Bildung von Banden.
1. Bei einer Division ist ein Kommando zur Durchführung der Entwaffnung nach einem serbischen Dorf entsandt worden. Der Führer ist mit einem anderen Offizier und einem Wachtmeister vorausgeritten und dabei von einer Komitatschibande (in serbischer Uniform) überfallen und erschossen worden, seine Begleiter wurden schwer verletzt.
Dieser Vorfall gibt zu folgenden Feststellungen Veranlassung:
a) Im ganzen serbischen Raume gibt es nach Abschluß des Waffenstillstandes keinen serbischen Soldaten mehr, der zum Waffentragen berechtigt ist.
b) Wer trotzdem in serbischer Uniform mit der Waffe in der Hand angetroffen wird, stellt sich außerhalb des Völkerrechtes und ist sofort zu erschießen.
c) Tritt in einem Gebiet eine bewaffnete Bande auf, so sind auch die in der Nähe der Bande ergriffenen wehrfähigen Männer zu erschießen, sofern nicht sofort einwandfrei festgestellt werden kann, daß sie nicht mit der Bande in Zusammenhang gestanden haben.
d) Sämtliche Erschossene sind aufzuhängen, ihre Leichen sind hängen zu lassen.
e) Eine Festnahme von Geiseln nach einem Überfall ist falsch und kommt in keinem Fall in Frage. Vielmehr ist nur nach Punkt a)–d) zu verfahren.
. . .
In den Meldungen der Divisionen über erfolgte Überfälle ist stets und sofort zu melden, daß und wie die Überfälle durch rücksichtslose Maßnahmen gesühnt worden sind.

Generaloberst Freiherr v. Weichs

Kroatisch-serbische Zusammenstöße
Mittwoch, 30. April 1941, Berlin
Das *DNB* meldet:
Kroatische Truppen haben die Drina-Grenze gegen Serbien besetzt. Beim Vordringen der kroatischen Truppen bis zur Drina soll es an verschiedenen Orten im Laufe der Säuberungsaktion zu Zusammenstößen zwischen Kroaten und Serben gekommen sein.

Ende des Balkanfeldzuges

Donnerstag, 1. Mai 1941, Berlin
Das *DNB* berichtet:
Der Balkanfeldzug ist beendigt. Auf der weit ausgedehnten und stark gebirgigen Halbinsel des Peloponnes setzten deutsche Truppen ihre Säuberungsaktion plan-

Wie vorsintflutliche Monster wirken die aus dem Ersten Weltkrieg stammenden griechischen Panzer, die mit Motorschaden liegengeblieben sind

In einem griechischen Ort nach Besetzung durch deutsche Truppen: Panzermänner verteilen Brot an die Bevölkerung

Oben: Kreta, 20. 5. 1941, »Unternehmen Merkur«: Die erste Welle der deutschen Fallschirmjäger

Links: Ein Bomber Dornier Do 17 K der jugoslawischen Luftstreitkräfte. Mit dieser Maschine wird der Staatsschatz nach Kairo gebracht

Rechte Seite: »Die Lage fest in der Hand« – meldet die britische Presse noch am 23. 5. 1941 aus Kreta

mäßig fort. Größere Gefechte sind hier nicht mehr zu erwarten. Es handelt sich vielmehr nur noch darum, zersprengte Abteilungen serbischer und griechischer Streitkräfte sowie die zerschlagenen Reste des britischen Expeditionskorps, die auf irgendeine Weise noch die Flucht über das Meer zu bewerkstelligen hoffen, aufzustöbern und gefangenzunehmen.

Jugoslawische Kriegsschiffe in britischen Stützpunkten
1. Mai 1941
Die *britische Admiralität* teilt mit:
Das jugoslawische U-Boot »Nebojsa« sowie zwei jugoslawische Torpedoboote sind in einem britischen Marinestützpunkt eingetroffen und haben sich einem britischen Flottenverband angeschlossen.

Jugoslawen fliegen weiter
Sonnabend, 3. Mai 1941, Kairo
United Press berichtet:
Wie in militärischen Kreisen verlautet, sind die Vorbereitungen für die Aufstellung einer »Freien jugoslawischen Luftstreitmacht« in Ägypten in vollem Gange. In Kairo sind bereits mehrere hundert jugoslawische Piloten eingetroffen, die eigene jugoslawische Staffeln bilden werden.

Abtransport der britischen Truppen aus Griechenland
Sonntag, 4. Mai 1941, Sydney
Die *Agentur Reuter* teilt mit:
Nach Berichten des Generals Blamey ist das Schicksal von etwa 12 000 britischen, australischen und neusee-

General Freyberg an W. Churchill
5. Mai 1941, Kreta:
Kann Nervosität nicht begreifen; bin nicht im geringsten wegen eines Luftlandeangriffs besorgt; habe meine Dispositionen getroffen und glaube mit Truppen zu meiner Verfügung Feind die Stirn bieten zu können. Kombinierter See- und Luftangriff wäre andere Sache. Sollte ein solcher erfolgen, bevor Geschütze und Transportmittel hier eintreffen, würde die Lage schwierig. Doch mit Hilfe der Flotte vertraue ich darauf, daß alles gutgeht.

Sender Beromünster (Schweiz)

Freitag, 9. Mai 1941:
Der Balkankrieg – der vierte in unserem Jahrhundert – ist zu Ende gegangen... Der Abschluß des Krieges auf dem Balkan bildete die Besetzung der Inseln des Ägäischen Meeres durch deutsche Truppenverbände, nachdem auch die Inseln des Ionischen Meeres von den Italienern in Besitz genommen wurden. Das bedeutet, daß die Dardanellen und die türkische Westküste vollständig blockiert sind.

W. Churchill an General Freyberg
Sonntag, 18. Mai 1941:
Mit Freude hören wir von Ihren kraftvollen Maßnahmen und der Ankunft der Verstärkungen. Unser aller Gedanken sind in diesen schicksalsschweren Tagen bei Ihnen. Wir alle wissen, daß Sie und Ihre tapferen

ländischen Soldaten nicht bekannt. 3000 Mann, die an der griechischen Küste geblieben sind, gehörten zum größten Teil dem Hilfsdienst an.

Alliiertes Einheitskommando auf Kreta
Montag, 5. Mai 1941, Chania (Kreta)
Die *Agentur Reuter* meldet:
Die alliierten Streitkräfte auf Kreta sind jetzt dem neuseeländischen Generalmajor Freyberg, dem Oberkommandierenden des neuseeländischen Expeditionskorps, unterstellt.

Soldaten eine unsterbliche Ruhmestat vollbringen werden. Die Flotte wird das Äußerste beitragen. Ein Sieg auf Kreta würde stärkste Rückwirkungen auf die Weltlage zeitigen.

Deutsche Aktion gegen Kreta
Dienstag, 20. Mai 1941, London
Die *Agentur Reuter* teilt mit:
Nach bisher unbestätigten Meldungen haben deutsche Fallschirmtruppen einen Angriff auf die Insel Kreta eingeleitet.

Luftlandungen auf Kreta
20. Mai 1941

General Freyberg meldet an das Hauptquartier von General Wavell:
Heute im Morgengrauen haben starke deutsche Streitkräfte mit schweren Angriffen auf Kreta begonnen. Eine große Anzahl Fallschirmtruppen ist über der Insel abgesprungen, und nach bisher vorliegenden Meldungen sind Transportflugzeuge mit Truppen gelandet. Britische und griechische Einheiten stehen weiterhin im Einsatz. Mehrere deutsche Fallschirmjäger wurden gefangengenommen. Die Kämpfe halten an.

Mit Fallschirmjägern nach Kreta
Von Kriegsberichterstatter Tappert:
Endlich nach langen Minuten kommt, mit einem hörbaren Aufatmen begrüßt, wieder Land in Sicht. Es ist Kreta, dessen mächtige Berge sich wie eine gewaltige drohende Festung aus dem Dunst herausschälen. Phantastisch und einzigartig ist dieser Anblick der wuchtig und massiv aus dem Meer emporsteigenden Insel, gegen die sich in diesem Augenblick ein riesiger Heerwurm von Transportflugzeugen wälzt. Hunderte von Ju 52 ziehen in einer kaum überschaubaren Reihe auf der Straße nach Kreta entlang. Aber keine Hurrikane, keine Spitfire, keine Gloster läßt sich blicken. Was die feindlichen Jäger versäumen, das versucht die britische Flak doppelt wettzumachen. Sie legt einen riesigen Feuervorhang vor die deutschen Flugzeuge, und die schwerfällig dahinstampfenden Jus mögen den britischen Flakkanonieren vielleicht als besonders leichtes Ziel erscheinen.
Es ist ein stets von neuem packender Anblick, wenn sich die Türen der Flugzeuge öffnen und in Sekundenschnelle Jäger auf Jäger in die Tiefe stürzt, wenn sich dann die Fallschirme entfalten und zur Erde pendeln. Mitunter schweben Hunderte von Fallschirmen gleichzeitig in der Luft, und dann sieht es von oben so aus, als sei die Landschaft mit lauter kleinen weißen Farbklecksen betupft.

Völkischer Beobachter, Mai 1941

Tagesparole des Reichspressechefs
Donnerstag, 22. Mai 1941:
Über den Angriff der deutschen Truppen in Kreta, der am Morgen des 20. Mai begonnen hat und seitdem planmäßig fortgeschritten ist, wird von deutscher Seite aus militärischen Gründen noch keine Meldung herausgegeben werden. Die Lage auf Kreta entwickelt sich gut, sobald gewisse vorgesehene Ziele erreicht sind, wird die erste umfassende Meldung erfolgen.

Die Lage zufriedenstellend
Freitag, 23. Mai 1941, Kairo
Aus dem *Hauptquartier von General Wavell:*
Britische und neuseeländische Truppen, unterstützt von griechischen, haben am Mittwoch in hervorragendem Angriffsgeist die Kämpfe fortgesetzt. Drei Gegenangriffe unserer Verbände brachten vollen Erfolg. Bei Anbruch der Nacht war die Lage in allen Kampfgebieten mit Ausnahme bei Malemes für uns zufriedenstellend. Operationen gegen Malemes, wo der Gegner den Flugplatz in Besitz genommen hat, sind eingeleitet.

Bevölkerung macht Jagd auf Fallschirmjäger
Sonnabend, 24. Mai 1941, Kairo
Die *Agentur Reuter* meldet:
Alle klassischen Begriffe der Kriegführung gelten nicht mehr. Es gibt keine zusammenhängende Front, keine Etappe, kein Stabsquartier. Niemand ist sicher, ob nicht in der nächsten Minute ein Feind neben ihm auftaucht. Jeder kämpft sozusagen für sich selbst. Die gesamte Bevölkerung unterstützt die alliierten Truppen bei ihrer Jagd auf Fallschirmjäger.

Tagesparole des Reichspressechefs
24. Mai 1941:
Die Sondermeldung über Kreta bildet die Großaufmachung der Blätter. Das Ereignis, das eine der kühnsten Waffentaten der Weltgeschichte darstellt und das den Stolz der ganzen Nation erweckt, bietet Anlaß zu nachdrücklichen politischen Kommentaren.

Entscheidender italienischer Beitrag
Donnerstag, 29. Mai 1941, Mailand
Die *Agentur Stefani* teilt mit:
Der Landung italienischer Streitkräfte auf Kreta wird in den italienischen Militärkreisen große strategische Bedeutung beigemessen. Durch die italienische Truppenlandung sei die bereits schwierige Lage der Engländer noch kritischer geworden. Diese Landung stellt einen neuen entscheidenden Beitrag zum großangelegten Angriff auf die britische Hochburg Kreta dar.

Bereits im Mai 1941 verkünden Plakate der deutschen Militärbehörden die ersten Todesurteile für Widerstandskämpfer

Unten: Kreta, 24. Mai 1941: Die britischen Truppen geben den aussichtslosen Kampf auf und strecken ihre Waffen vor den deutschen Fallschirmjägern

Kreta in deutscher Hand
Montag, 2. Juni 1941
Das *Oberkommando der Wehrmacht* gibt bekannt:
Der Kampf um Kreta ist beendet. Die ganze Insel ist frei vom Feinde. Deutsche Truppen besetzten gestern den letzten Stützpunkt der geschlagenen Briten, den Hafen Sphakia. Gebirgstruppen kämpften im Berggelände nördlich von Sphakia den letzten britischen Widerstand nieder und brachten dabei weitere 3000 Gefangene ein. Die deutsche Luftwaffe unterstützte

wirksam diese letzten Säuberungsaktionen. Im Seegebiet zwischen Kreta und Alexandria vernichteten deutsche Kampfflugzeuge aus einem Flottenverband heraus durch drei Volltreffer einen britischen Zerstörer.

UdSSR und Griechenland
Dienstag, 3. Juni 1941, Moskau
Die *Agentur Reuter* meldet:
Heute hat man amtlich bekanntgegeben, daß die Sowjetunion die griechische Gesandtschaft in Moskau

nicht mehr anerkenne, da Griechenland seine Souveränität eingebüßt habe.

Sender Beromünster (Schweiz)

Freitag, 6. Juni 1941:
Die endgültige Besetzung der Insel Kreta durch die deutschen Truppen bedeutet einen Abschluß, nachdem nun die letzte griechische Insel in den Besitz der deutschen Wehrmacht gelangt ist. Aber die Eroberung ist gleichzeitig auch ein neuer Anfang, weil sich die deutsche Wehrmacht damit eine überaus wichtige Basis im östlichen Mittelmeer geschaffen hat und diese Situation sehr wohl als Ausfallstor für weitere Offensivhandlungen gegen die britischen Stellungen im Nahen Osten nutzen kann. Die erfolgreiche Gegenoffensive des Afrika-Korps ... der Feldzug in Griechenland und die Einnahme Kretas haben in kurzen Abständen die Engländer nun auch dieser Positionen beraubt.

Erste Großoperation der Guerillas?

Mittwoch, 11. Juni 1941, Budapest
United Press meldet:
In der ungarischen Presse werden die ersten Augenzeugenberichte über die Explosion bei Smederovo veröffentlicht, nach denen – wie bis jetzt bekannt – rund 3000 Personen getötet und 3000 verletzt wurden. Die deutsche Armee hatte in dem alten Fort von Smederovo 90 Waggons Munition und zahlreiches Kriegsmaterial gestapelt, das ihr in Nordserbien in die Hände gefallen ist. Man vermutet, daß es sich um einen Sabotageakt handeln könnte. Die Explosion wird von Augenzeugen wie folgt geschildert: »Am 5. Juni 1941 nachmittags wurde die Stadt Smederovo von einem furchtbaren Stoß erschüttert... Niemand wußte, was geschehen war, und die Menschen, die diese Explosion überlebt haben, trauten sich erst nach Stunden auf die Straße. Was sich dann ihrem Anblick bot, war unbeschreiblich, überall sah man Tote und Verwundete, eingestürzte Häuser, Brände und verzweifelte Menschen... Das Unglück ereignete sich am Donnerstag, an dem zahlreiche Leute aus der Umgebung oder aus Belgrad zum Wochenmarkt kamen, um Lebensmittel einzukaufen...«

100 Serben für einen Ustaschi

Freitag, 20. Juni 1941, Agram
Die *Agentur Stefani* berichtet:
Das Kommando der Ustaschi in Bosnien hat folgende Proklamation erlassen: »Serben! Am 12. Juni begleitete eine Gruppe Ustaschi einen für die Bevölkerung bestimmten Lebensmitteltransport. Sie wurde aus einem von serbischer Seite organisierten Hinterhalt beschossen. Wegen dieses Überfalls sind 14 Serben auf dem Platz hingerichtet worden. Obwohl kein Ustaschi verletzt worden ist, war eine drakonische Maßnahme notwendig. Sollten sich ähnliche Zwischenfälle ereignen, so müßten noch strengere Strafen angewendet werden. Für jeden getöteten Ustaschi werden 100 Serben erschossen.«

Und so war es

Der eiskalte Winter trifft die in den Bergen Albaniens ausharrenden Gegner mit voller Härte. Tausende von Soldaten werden mit schweren Erfrierungen in Lazarette eingeliefert. Hoher Schnee und orkanartige Stürme zwingen die Griechen Anfang Januar 1941 zur Aufgabe jeglicher Operation. Diese Atempause rettet die italienische Armee vor der Vernichtung und gibt Mussolini die Möglichkeit, laufend weitere Divisionen nach Albanien zu überführen, um die Front zu verstärken. Die Versorgungslage wird jedoch so kritisch, daß der Heeresgruppe in Albanien Verpflegung und Munition nur noch für ein bis zwei Tage zur Verfügung stehen. Eine Unterbrechung der Schiffstransporte über die Adria bei gleichzeitiger griechischer Offensive hätte zu einem Zusammenbruch führen müssen. Sogar Hitler trägt sich vorübergehend mit dem Gedanken, eine Gebirgsdivision und Panzerverbände unter einem Generalkommando dorthin zu verlegen.
Das OKW, das die Lage in Albanien mit Sorge verfolgt, beordert einige erfahrene Generalstabsoffiziere an die italienische Front, um sich über die Situation aus erster Hand informieren zu lassen und festzustellen, ob es zweckmäßig ist, ein Gebirgskorps zu entsenden. Die Erkundung ergibt, daß von einem Einsatz deutscher Gebirgstruppen abgeraten wird.
Auch die Griechen leiden unter der fehlenden nötigen Winterausrüstung und Versorgung. Sie haben vorwiegend Waffen deutscher und französischer Herkunft, was beim Munitionsnachschub geradezu unüberwindliche Schwierigkeiten hervorruft.

Am Sonntag, dem 5. Januar 1941, nehmen in Nordafrika britische Truppen (Gen. Wavell) mit zahlenmäßig keineswegs starken Panzerkräften Bardia. Rund 45 000 Italiener gehen in Gefangenschaft. Die Heeresgruppe Libyen (Marschall Graziani) zählt jetzt nur fünf Divisionen in Tripolitanien und weitere fünf in der Cyrenaika.

Am Mittwoch, dem 8. Januar 1941, beschließt in London das britische Defence Committee, der griechischen Regierung Truppen anzubieten.

Am Donnerstag, dem 9. Januar 1941, erfährt Churchill durch Enigma, daß man noch mehr Angehörige der Luftwaffe nach Bulgarien beordert hat, um Telegraphen- und Fernschreibverbindungen mit Ungarn und Rumänien zu errichten sowie Kabel zur bulgarisch-griechischen Grenze entlang der Hauptvorstoßachse auf Saloniki zu verlegen. Am gleichen Tag wird gemeldet, daß deutsche Flak-Einheiten sich bereits in Bulgarien befinden und drei Luftwaffenflugzeuge Fotoaufklärung an der bulgarisch-griechischen Grenze durchführen.

Am Freitag, dem 10. Januar 1941, erhält das britische Oberkommando in Nahost (Gen. Wavell) entsprechende Instruktionen. Die Aufgabe dieser als britisches Expeditionskorps bezeichneten Verbände in Griechenland: Die Einnahme von Valona und Abwehr der deutschen Einheiten in Rumänien. Sie sollen einige Panzer- und Artillerieeinheiten sowie fünf RAF-Staffeln umfassen.

Am gleichen Tag übernimmt Generalfeldmarschall List die in Rumänien für das Unternehmen »Marita« versammelte deutsche 12. Armee. Sein Hauptquartier liegt in dem malerischen Ort Predeal südlich von Kronstadt.

Bereits Anfang Januar 1941 genehmigen Bulgariens Zar Boris III. und sein Ministerpräsident Filoff den Deutschen die getarnte Vorbereitung des »Marita«-Aufmarsches. Sie befürchten jedoch eine sowjetische Landung bei Varna und bitten zugleich um eine stärkere Kräftekonzentration in der Nordbukowina.

Am Montag, dem 13. Januar 1941, besucht Zar Boris III. von Bulgarien Hitler auf dem Berghof bei Berchtesgaden. Der Zar kann sich immer noch nicht für einen

Rechts: General Papagos, Oberbefehlshaber der griechischen Streitkräfte

Unten: Einer der wenigen modernen Panzer der Königlich Jugoslawischen Armee: Tankette T-3 ist das tschechische Modell T-3-D. Bewaffnung: eine Skoda-Kanone 3,7 cm; Frontalpanzerung 3 cm

Beitritt Bulgariens zum Dreimächtepakt entschließen. Sein Einwand: Bulgarien sei unvorbereitet, außerdem bestehe die Gefahr eines sowjetischen Eingreifens. Er betont, daß in der Dobrudscha eine starke deutsche Flankendeckung erforderlich sei. Abgesehen von diesen Vorbehalten ist der Zar aber mit einer engeren bulgarisch-deutschen Zusammenarbeit generell einverstanden.

Zur gleichen Stunde, als Zar Boris III. mit Hitler auf dem Berghof verhandelt, landet General Wavell in Athen. Er bietet Premierminister Metaxas und General Papagos zwei Artillerieregimenter und 60 Panzer an. Die Griechen lehnen ab. Sie würden gerne zehn Divisionen akzeptieren, aber zwei Regimenter und einige Panzer sind eine unzureichende Unterstützung und könnte die Deutschen nur provozieren, sofort einzugreifen. Man vereinbart, die Engländer um Hilfe zu bitten, sobald die Deutschen die Donau überschreiten sollten. Premier Metaxas läßt daraufhin die Reichsregierung verständigen, »daß Griechenland die Landung britischer Truppen so lange verhindern werde, wie deutsche Truppen nördlich der Donau stehen bleiben«.

Am Freitag, dem 17. Januar 1941, erklärt in Moskau der sowjetische Außenminister Molotow dem deutschen

Botschafter, Graf v. d. Schulenburg, »die UdSSR betrachte Bulgarien als sowjetische Sicherheitszone«. An diesem Tag willigt die ungarische Regierung ein, deutsche Wehrmacht-Verbindungsstellen zur Erleichterung des deutschen Nachschubs nach Rumänien in Ungarn errichten zu lassen.

Am Sonnabend, dem 18. Januar 1941, erscheint in Athen Colonel Donovan, Sonderbeauftragter des US-Präsidenten Roosevelt und späterer Chef des US-Geheimdienstes. Donovan kommt aus Kairo, wo er mit General Wavell ausführliche Gespräche geführt hat. Nur wenige Eingeweihte wissen von dem zweiten Auftraggeber des Colonel: der britische Secret Intelligence Service. Der »Wilde Bill«, so sein Spitzname, verhandelt mit Metaxas und General Papagos, inspiziert die griechischen Truppen an der Front in Albanien, und was das wichtigste dabei ist, er verspricht den Griechen umfangreiche US-Waffenlieferungen, wenn sie sich entschließen könnten, Hitler auf dem Balkan Einhalt zu gebieten.

Die Griechen hören aufmerksam zu, besonders da sie soeben von den Engländern die schockierende Nachricht bekommen haben, daß ihre rechte Flanke jetzt ernsthaft von Deutschen bedroht ist. Man hat nämlich General Papagos berichtet, daß deutsche Offiziere in Zivil, darunter Oberst Zeitzler, der Stabschef der Panzergruppe I, sich in Bulgarien aufhielten und daß Vorbereitungen für einen Brückenschlag über die Donau im Gange seien.

Zeugen des griechischen Erfolges: Italienische Kriegsgefangene warten geduldig auf Verpflegung

Nachdem der Duce endlich entschieden hat, sich mit Hitler zu treffen und am Sonntag, dem 19. Januar 1941, nach Puch bei Salzburg fährt, bedeutet dies das Ende des italienischen Parallelkrieges und von jetzt an eine deutsche Einwirkung auf die Kriegführung im Mittelmeerraum: Hitler weiht Mussolini in seine Pläne ein, über Bulgarien nach Griechenland vorzustoßen. Wegen der kritischen Lage in Nordafrika erklärt sich der Führer bereit, einen deutschen Verband nach Libyen (Unternehmen »Sonnenblume«) zu entsenden. Bei dieser Besprechung fällt die endgültige Entscheidung über den deutschen Angriff auf Griechenland. Die italienische Heeresgruppe in Albanien soll an ihrem Nordflügel einen Angriffsverband versammeln, der mit den deutschen Truppen zusammenwirken kann. Mussolini stimmt diesem Vorschlag zu. Er hat aber immer noch die Hoffnung, die Griechen allein zu schlagen, bevor die Deutschen eingreifen werden.

Am Mittwoch, dem 22. Januar 1941, erobert das britische XIII. Korps (Lt. Gen. O'Connor) die italienische Festung Tobruk und zwingt die Reste des italienischen XXII. Korps (Gen. Pitassi-Manella) mit dem Gros der 61. Division (Gen. Serti) zur Waffenniederlegung. Die Engländer erbeuten hier 87 Panzer und 208 Geschütze.

Am 22. und 23. Januar 1941 finden im Hauptquartier des Armee-Oberkommandos 12 in Predeal bei Kronstadt (Rumänien) geheime Besprechungen zwischen Generalfeldmarschall List und einer bulgarischen Offiziersdelegation unter Führung des Generalstabschefs General Bojdeff über Vorbereitungen für einen deutschen Einmarsch in Bulgarien statt. Es stehen für den Einmarsch bereit: das Panzergruppen-Kommando Kleist, zwei Generalkommandos mit Korps- und Heerestruppen sowie zwei Infanterie- und zwei Panzerdivisionen.
Auch die diplomatischen Verhandlungen mit Sofia nehmen kein Ende. Das OKW sieht sich gezwungen, den frühesten Termin für das Unternehmen »Marita« auf den 1. April 1941 zu verlegen. Entsprechend werden auch die Eintreffdaten für die drei Aufmarschstaffeln in Rumänien um etwa einen Monat verschoben.

Am Donnerstag, dem 23. Januar 1941, trifft in Belgrad Colonel Donovan ein, den zuvor der bulgarische Zar Boris III. empfangen hat. Donovan drängt die jugoslawische Regierung, sich nicht auf eine Partnerschaft mit Hitler einzulassen und den Beitritt zum Dreimächtepakt strikt abzulehnen. Der Colonel macht auch einen heimlichen Abstecher nach Semlin, dem Quartier des Generals der Flieger Simović, Anführer einer Gruppe serbisch-nationalistischer Offiziere, die entschlossen sind, die Regierung zu beseitigen, falls diese ein Bündnis mit Hitler eingeht. Auch General Simović erhält von Donovan die uneingeschränkte Zusicherung einer »vollen moralischen und materiellen Hilfe« der USA.
Nach Meinung von General Simović nahestehenden Personen ist die Mission des US-Colonel Donovan von entscheidender Bedeutung für seinen endgültigen Entschluß, einen Putsch zu entfachen. General Simović weiht Donovan in die Vorbereitungen des Umsturzes ein. Als Verbindungsmann bestimmt Donovan den Advokaten Djordje Radin, einen in Belgrad lebenden US-Staatsbürger.

Am Mittwoch, dem 29. Januar 1941, stirbt der an Angina erkrankte Metaxas an den Folgen der Behandlung mit falsch dosiertem Sulfonamid. Der deutschfreundliche Metaxas hat bis zuletzt auf eine Vermittlung Berlins gehofft. Mit seinem Tod scheidet einer der wichtigsten Widersacher von Churchills Balkanplan aus. Der neue Ministerpräsident wird Alexander Korizis, Präsident der griechischen Nationalbank. Korizis leitet eine neue Phase griechischer Politik ein.

Am Sonnabend, dem 1. Februar 1941, hält Major Clemm, Militärattaché der deutschen Botschaft in Athen, einen Immediat-Vortrag vor Hitler. Clemm stellt in seinem Vortrag die These auf, daß der deutsche Feldzug gegen Griechenland durchaus vermieden werden könne, da einflußreiche Kreise in Athen aus dem Krieg auszuscheiden wünschten und bis jetzt nur ein paar schwache RAF-Einheiten auf griechischem Boden stünden. Hitler gibt zu verstehen, daß er noch immer nicht entschieden habe. Als er Clemm verabschiedet, deutet Hitler auf einer Balkankarte auf Albanien: »Und das alles wegen dieses Drecks da! Greife ich ein, so wird die Welt von mir sagen, daß ich ein kleines tapferes Volk, das ebenso wie die Finnen seine Freiheit verteidigt, hinterrücks überfallen habe, greife ich aber nicht ein, so fallen die Italiener ab.«

Am Mittwoch, dem 5. Februar 1941, erfährt Churchill von einem Enigma-Funkspruch, der enthüllt, daß sämtliche Verwaltungsdienste der Luftwaffe, die bei den Vorbereitungen für das Unternehmen »Seelöwe«, der Landung in England, im Raum von Antwerpen eingesetzt waren, nun nach Rumänien verlegt worden sind.

Am 6. und 7. Februar 1941 wird dank dem Enigma-Funkverkehr eine starke Anhäufung der Eisenbahntransporte mit Sprengbomben, Munition, Treibstoff und anderen Versorgungsgütern der Luftwaffe zu den Zielbahnhöfen in Südwestbulgarien, direkt auf der Vorstoßachse Rupel-Paß–Saloniki, festgestellt.

Am Freitag, dem 7. Februar 1941, fällt Benghasi. Damit hat sich die strategische Lage Großbritanniens in Nordafrika weiter verbessert. Die britische Nilarmee (Gen. Wavell) bereitet sich auf einen Vorstoß nach El Agheila vor. Die gesamte Cyrenaika befindet sich jetzt in britischer Hand, und Churchill steht vor einer schwerwiegenden Entscheidung. Soll General Wavell weiter nach Westen vorrücken, Tripolis nehmen und zum Stellungskrieg übergehen, oder soll man auf dem Balkan intervenieren?

Am Sonnabend, dem 8. Februar 1941, erfolgt die Wiederaufnahme von Verhandlungen zwischen Griechenland und der britischen Regierung über die Entsendung britischer Streitkräfte nach Griechenland. Zu gleicher Zeit sticht in Neapel der erste Konvoi mit Truppen und Material für das Deutsche Afrika-Korps in See und nimmt Kurs auf Tripolis.

Am Montag, dem 10. Februar 1941, bricht Großbritannien die diplomatischen Beziehungen zu Rumänien ab. An diesem Tag findet in London eine Sitzung des Defence Committee statt. Der Plan eines Vorstoßes auf Tripolis wird verworfen, und man entschließt sich, ein Expeditionskorps für Griechenland aufzustellen. Zur Verwirklichung des neuen Plans soll Außenminister Eden zusammen mit General Dill, dem Chef des Imperial General Staff, nach Kairo fliegen.

Bereits am Mittwoch, dem 12. Februar 1941, verlassen Eden und General Dill London. In Kairo schließt sich ihnen General Wavell und dessen Befehlshaber der Air Force, Longmore, an. Die Delegation soll nach Athen, Ankara und Belgrad fliegen, um dort für eine vom Ägäischen Meer bis zur Donau reichende Koalition gegen die Achsenmächte zu werben. Diese Koalition

»Sieg, Freiheit – Mutter Gottes mit uns«: So erklären sich die griechischen Soldaten ihre unerwarteten Erfolge

wird nach Churchills Erachten über 50 bis 60 Divisionen verfügen; das Rückgrat sollen englische Truppen, Panzer, Flugzeuge und Schlachtschiffe bilden. Doch in den besuchten Hauptstädten herrscht eher Furcht vor der deutschen Wehrmacht, und die Delegation kann keinen Erfolg verbuchen.

General Papagos, Chef des griechischen Generalstabs, macht sich keine Illusionen, daß Hitler irgendwann seinem bedrängten Bundesgenossen zu Hilfe kommen wird, und faßt angesichts der bisherigen Erfolge in Albanien einen kühnen Entschluß: Durch eine griechische Offensive will er die Italiener aus Albanien zum Rückzug zwingen, damit Truppen zur Abwehr der eventuellen deutschen Invasion frei werden.

Obwohl General Papagos nicht mehr als 13 Divisionen zur Verfügung hat, die Italiener dagegen 20 Divisionen und eine Panzerdivision, plant er Valona (Vlorë) und Tirana zu nehmen. Die griechischen Gebirgsbauern, jetzt als Freischärler, sollen ihm mit Guerillakrieg helfen, die Italiener aus Albanien zu vertreiben. Der Offensivplan sieht vor, die italienische Front südostwärts Klisura durch einen umfassenden Angriff zum Einsturz zu bringen und dann längs der Straße nach Valona durchzubrechen.

Am Donnerstag, dem 13. Februar 1941, beginnt die griechische Offensive. Es entbrennen die bis jetzt schwersten Kämpfe, und die Truppen von General Papagos stürmen die entscheidenden Höhen von Tepeleni. Die Griechen nehmen das Trebesina-Gebirge und die Ortschaft Klisura. Mit äußerster Anstrengung gelingt es den Italienern, eine Niederlage zu verhindern. Zum vollen Durchbruch reicht jedoch die griechische Kraft nicht mehr aus. In diesen Stellungen bleibt die Papagos-Armee stehen und unternimmt keine weiteren Vorstöße.

Am Freitag, dem 14. Februar 1941, verhandelt Hitler mit dem jugoslawischen Ministerpräsidenten Cvetković und Außenminister Cincar-Marković über einen Beitritt Jugoslawiens zum Dreimächtepakt. Die beiden jugoslawischen Politiker schlagen jedoch, um den Beitritt ihres Landes an diesen Pakt zu verhindern, Hitler vor, nach Beendigung des italienisch-griechischen Konfliktes einen Balkanpakt zwischen Jugoslawien, Bulgarien, der Türkei und Griechenland abzuschließen. Der neue Balkanbund würde neutral bleiben und unterbinden, daß England auf dem Balkan eine neue Front errichtet. Die beiden Minister bitten Hitler zugleich um dessen Vermittlung bei einem Waffenstillstand zwischen Griechenland und Italien.

Daraufhin startet am Montag, dem 17. Februar 1941, das Auswärtige Amt auf Hitlers Weisung einen erneuten Vermittlungsversuch im griechisch-italienischen Konflikt, um das Unternehmen »Marita« überflüssig zu machen. Dem griechischen Gesandten in Berlin, Rangabé, wird der Vorschlag gemacht: »Deutschland garantiert die Unverletzlichkeit des griechischen Territoriums. Griechenland darf die Gebiete behalten, die es

Berchtesgaden, 14. 2. 1941: Der Besuch des jugoslawischen Ministerpräsidenten Cvetković und Außenministers Cincar-Marković bei Hitler

in Albanien erobert hat. Dafür scheidet Griechenland aus dem Krieg aus. Es gewährt aber Deutschland die Möglichkeit, die Engländer aus dem Epirus und von den griechischen Inseln zu vertreiben.« Doch Athen weigert sich, deutschen Streitkräften auf seinem Staatsgebiet Operationsfreiheit zu gestatten. Nicht zuletzt scheitert dieser Versuch am Widerstand Italiens, das gerade seine Frühjahrsoffensive in Albanien vorbereitet: Mussolini hofft weiterhin, aus eigener Kraft zum Erfolg zu gelangen.

Am Donnerstag, dem 20. Februar 1941, treffen der Chef des Empire-Generalstabs General Dill und Außenminister Eden von ihrer Rundreise zu den Hauptstädten des Balkans in Kairo ein, wo General Wavell und US-Colonel Donovan sie erwarten. Donovan trägt ihnen seine Ansichten über die strategische Lage vor. Der US-Gesandte in Ägypten, Fish, meint später, daß Donovan die britischen Entscheidungen weitgehend beeinflußt habe: Seine Ausführungen bestärken die drei Engländer in ihrer Auffassung, daß man die Hilfe für Griechenland im Zusammenhang mit ihrer Auswirkung auf die USA betrachten muß: Die Verweigerung der Hilfe an Griechenland hätte schwer-

wiegende Rückwirkungen auf das Verhältnis der USA zu Großbritannien.

Am Sonnabend, dem 22. Februar 1941, landen in Athen Eden, General Wavell und General Dill, um britische Hilfe für Griechenland anzubieten. Am Abend führen sie im Palast von Tatoi mit König Georg II., Premier Korisis und General Papagos ein längeres Gespräch über den Einsatz des britischen Expeditionskorps in Griechenland. Dabei erklärt Korisis, daß sich Griechenland unter allen Umständen schlagen werde.

Schon 48 Stunden später, am 24. Februar 1941, billigt das britische Kabinett die geplante »Griechenland-Expedition«. Ihre Stärke: zwei Divisionen und eine Panzerbrigade. Am gleichen Tag legt in London der Director of Military Intelligence dem Vice Chief of the Imperial General Staff ein Kompendium zur Lage auf dem Balkan aufgrund von Erkenntnissen der Nachrichtendienste vor. Er macht darauf aufmerksam, daß »man den Verlust aller Streitkräfte, die nach Griechenland geschickt werden, mit einkalkulieren müsse...«

Am Dienstag, dem 25. Februar 1941, landen die briti-

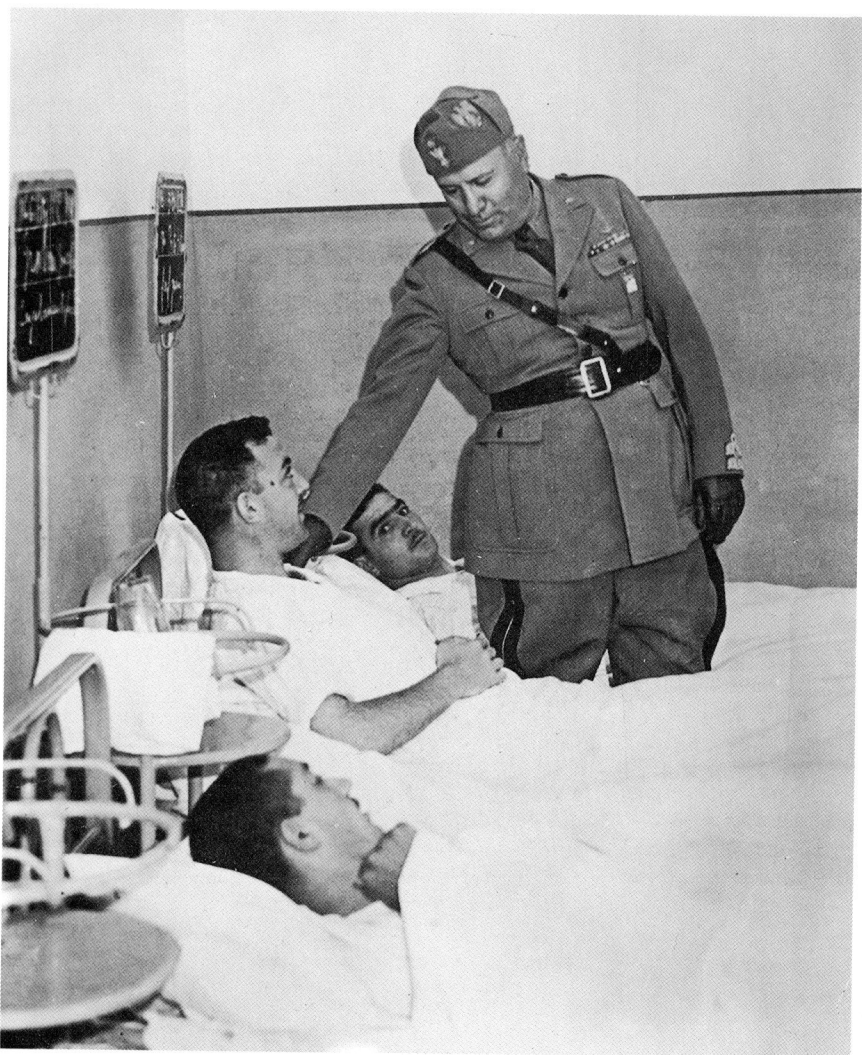

Raum Koritza, Februar 1941: Neue Panzereinheit der griechischen Armee, ausgestattet mit italienischen Beutepanzern

Hoher Besuch im Feldlazarett: Der Duce am Bett eines verwundeten italienischen Soldaten

schen Zerstörer »Decoy« und »Hereward« 200 Mann vom 50. Commando auf der Insel Castelrosso (östlich von Rhodos). Dieses erste amphibische Unternehmen auf dem Balkan ist zugleich die erste Niederlage der Engländer in diesem Raum: An den beiden folgenden Tagen gelingt es den italienischen Zerstörern »Sella« und »Crispisi« sowie den Torpedobooten »Lupo« und »Lince«, Verstärkungen an Land zu setzen und die Commandos unter beträchtlichen Verlusten zur Aufgabe von Castelrosso zu zwingen: Die britischen Verstärkungen aus Zypern werden irrtümlich anstatt nach Castelrosso nach Alexandria dirigiert.

Noch am Donnerstag, dem 27. Februar 1941, gibt der deutsche Gesandte in Bulgarien eine feierliche Erklärung ab, daß die deutschen Truppen nicht in Bulgarien einmarschieren werden. Diese Zusicherung soll vor allem die Sowjetunion und zum Teil auch Jugoslawien über die wahren Absichten Hitlers hinwegtäuschen.

Es sind noch keine 16 Stunden vergangen, als am 28. Februar 1941 im Morgengrauen der Brückenschlag über die Donau bei Giurgiu (Rumänien) als Vorbereitung für den Einmarsch deutscher Truppen in Bulgarien beginnt. Dem jugoslawischen Generalstab sind die Truppenbewegungen an seinen Grenzen nicht entgangen. Als Vorsichtsmaßnahme hat man die Friedensstärke der Armee schon 1939/40 von 150 000 Mann auf etwa 250 000 Mann erhöht.

Am Sonnabend, dem 1. März 1941, tritt Bulgarien, während die britische Delegation noch in Ankara Gespräche führt, dem Dreimächtepakt bei.

Am Sonntag, dem 2. März 1941 um 6.00 Uhr, belegt die deutsche Luftwaffe die bulgarischen Flugplätze, und die bulgarische Armee bezieht ihre Stellungen entlang der griechischen und jugoslawischen Grenze. Zugleich rükken die Verbände der deutschen 12. Armee (GFM List) von Rumänien aus in Bulgarien ein. Das VIII. Fliegerkorps verlegt seine Geschwader auf die neuen Einsatzhäfen Plovdiv und Sofia. England bricht daraufhin die diplomatischen Beziehungen zu Bulgarien ab.
Ebenfalls am 2. März 1941 landet in Tirana ein Flugzeug aus Bari mit Mussolini an Bord. Der Duce wird vom Oberbefehlshaber in Albanien, General Cavallero, dem Statthalter Giacemini und dem Kommandanten der italienischen Luftstreitkräfte in Albanien, Fliegergeneral Ranza, begrüßt. Danach beginnt der 18tägige Frontbesuch des Diktators. Mussolini verbringt ganze Tage bei den Truppen, kommt dabei in die vorgeschobensten Stellungen und inspiziert die Gebirgsfront bis zum Ochrida-See. Der Duce bespricht mit allen Befehlshabern eingehend die militärische Lage und unterhält sich mit Verwundeten in den Feldlazaretten.
Die Heeresgruppe Albanien besteht jetzt aus 26 Divisionen, denen 15 griechische Divisionen gegenüberstehen. Der Duce befiehlt, einen Durchbruch im Zentrum der Front mit allen verfügbaren Kräften zu erzwingen.

Am Montag, dem 3. März 1941, erreichen die Vorausabteilungen der deutschen Infanteriedivisionen die bulgarisch-griechische Grenze, die 5. Panzerdivision (Gen Maj. Nedtwig) und die 11. Panzerdivision (GenMaj. Crüwell) die bulgarisch-türkische Grenze. Hitler ist sich der neutralen Haltung der Türkei schon so sicher, daß er sechs für die Operation »Barbarossa« bestimmte Divisionen aus der letzten Aufmarschstaffel in Rumänien festhält.

Am Dienstag, dem 4. März 1941, gelangen die seit dem 8. Februar 1941 mit dem Engländer noch unverbindlich geführten Verhandlungen zu einer Einigung, und noch am selben Tag beginnen die Transporte des britischen Expeditionskorps (Gen. Wilson) aus Alexandria nach Griechenland (Operation Lustre). Zu gleicher Stunde erfährt General Dill zu seiner Verblüffung, daß eine Verkürzung der griechischen Frontlinie nicht befohlen worden ist und daß General Wilson nur über 16 griechische Bataillone statt der versprochenen 23 verfügen kann. Dazu erweist sich die Mazedonien-Armee als ein nur schwaches Armeekorps, das kaum Artillerie besitzt. Damit erscheint der Einsatz des Expeditionskorps immer sinnloser. In London sind die Generalstabschefs sogar der Meinung, daß von der Entsendung eines Expeditionskorps dringend abzuraten sei.

»...keinen sehr großen Rahmen«: Höchst geheimer Bericht des deutschen Militärattachés in Rom vom 6. 3. 1941 über die geplante italienische Offensive in Albanien

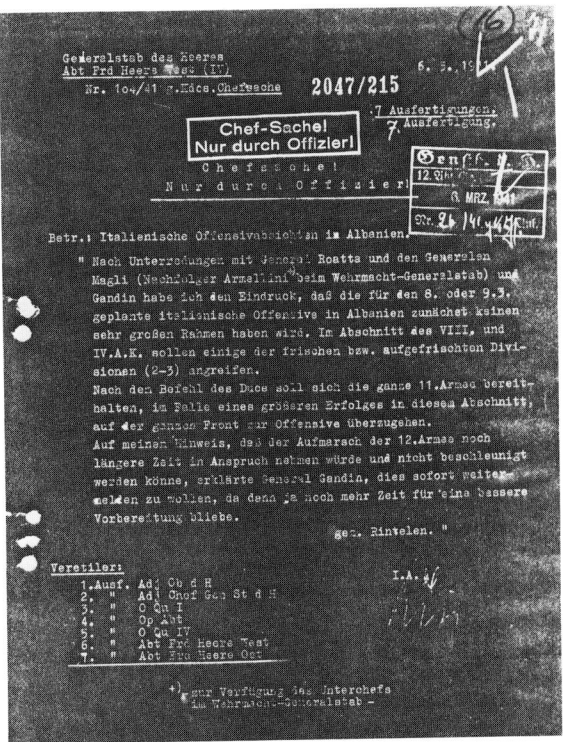

Am Freitag, dem 7. März 1941, landen in Volos und Piräus die ersten Teile des Expeditionskorps. Es sind nur schwache, für einen Gebirgskrieg kaum geeignete Kräfte: die britische 1. Panzerbrigade (Brig. Charrington), die neuseeländische 2. Division (Gen. Freyberg), die australische 6. Division (Gen. Mackay) und vor allem nur wenige Flugzeuge, da die Bodenorganisation noch fehlt. Selbst Churchill beurteilt diese Kräfte als zu schwach, als daß sie einen Erfolg garantieren könnten. In einem Telegramm an Churchill vom 7. März 1941 meint jedoch Eden: »Zweifellos wird unser Prestige leiden, wenn wir schmählich hinausgeworfen werden, aber es würde uns weniger schaden, in Griechenland gekämpft und seine Leiden geteilt zu haben, als es seinem Schicksal zu überlassen.«

Am Morgen des 9. März 1941 treffen deutsche Truppen an der bulgarisch-griechischen Grenze ein. Die Griechen räumen Westthrazien und lassen dort nur die Brigade Evros (Gen. Zizis) zurück. Die Truppen des Armee-Oberkommandos Ostmazedonien (Gen. Bakopoulos) in Stärke von rund 70 000 Mann (darunter 8500 Mann Festungstruppen) sollen die Verteidigung des Raumes Saloniki übernehmen.

Am gleichen Tag beginnt die große italienische Frühjahrsoffensive, von der sich der Duce, der sie persönlich leitet, die entscheidende Wende erhofft: Nach heftiger Artillerievorbereitung und starken Bombenangriffen von 400 Kampfflugzeugen stürmen die Italiener gegen den Abschnitt des griechischen II. Armeekorps (Gen. Barkos). Der Schwerpunkt ihres Stoßes liegt um das Trebesina-Massiv.

Vom 9. bis 14. März 1941 verfolgt Mussolini von einem Beobachtungsposten aus die italienische Offensive. Dabei trifft er häufig mit den Oberbefehlshabern der 9. Armee, General Pirzio Biroli, und dem Befehlshaber der 11. Armee, General Vacchiarolli, zusammen. Die italienische Offensive wird jedoch von Teilen der Epirus-Armee (Gen. Drakos) gestoppt und endet am 16. März 1941 mit einer völligen Niederlage.

Der Anblick der im Piräus an Land gehenden britischen Truppen erzielt bei manchem griechischen Truppenführer kaum die von Churchill erwartete Wirkung: So legt z. B. der Oberbefehlshaber der in Nordgriechenland stehenden Epirus-Armee, Generalleutnant Drakos, am 12. März 1941 dem deutschen Konsulat in Saloniki einen Vermittlungsvorschlag vor, der sich von dem Angebot des Admiral Canaris aus dem Dezember 1940 kaum unterscheidet. Drakos gelingt es auch, den Premier Korisis für seine Überlegungen zu gewinnen, der sich bereit erklärt, eine Verständigung mit Hitler zu suchen.

Am Sonntag, dem 16. März 1941, bittet Premier Korisis das Deutsche Reich offiziell um Vermittlung des griechisch-italienischen Waffenstillstandes: Während in Athen der Unterstaatssekretär des Ministerpräsidenten den deutschen Gesandten darüber informiert, legt in Berlin der griechische Gesandte Rangabé dem Auswärtigen Amt eine diplomatische Note vor, in der Griechenlands Regierung dem deutschen Reichskanzler ihre Ergebenheit versichert: »Auf jeden Fall liegt die Entscheidung über Griechenland in den Händen des Reiches.« Hitler jedoch lehnt diesmal die Entgegennahme des Dokumentes ab. Am gleichen Tag wird die italienische Offensive in Albanien gänzlich eingestellt.

Am Montag, dem 17. März 1941, ist die 1. und 2. Aufmarschstaffel der deutschen 12. Armee (GFM List) jetzt in Bulgarien vollständig versammelt. Die Truppen rücken nun in die Aufmarschräume entlang der griechischen Grenze. An diesem Tag wird nach Meldung des deutschen Militärattachés in Belgrad, Oberst Toussaint, der jugoslawische Kronrat wohl den Beitritt zum Dreimächtepakt beschließen. Zu gleicher Stunde bekommt der deutsche Gesandte in Athen, Erbach, die Weisung von Reichsaußenminister v. Ribbentrop, keine weiteren Gespräche mehr mit der griechischen Regierung zu führen.

Am Mittwoch, dem 19. März 1941, verstärkt sich in der britischen Militärmission in Athen die Ansicht, daß die Deutschen bei ihrem Angriff auf Griechenland jugoslawisches Gebiet überqueren und somit die britische und griechische Verteidigungslinie umgehen würden. Der britische Secret Intelligence Service (SIS) in Belgrad fordert nicht nur die britischen diplomatischen Missionen und die Militärattachés, sondern auch den Special Operations Executive (SOE), eine Sonderabteilung des SIS für destruktive Einsätze, auf, sofort Sabotageprojekte für eine Abriegelung des »Eisernen Tors« zu erstellen und Widerstandsbewegungen in den Balkanländern, denen eine deutsche Besatzung droht, zu organisieren.

Oberst Vauhnik: »Obwohl noch nicht Verbündete, handelten Stalin und Churchill, was Jugoslawien anbelangt, vollkommen gleich. Beide wollten einen Staatsstreich hervorrufen, und beide wollten Jugoslawien in einen Krieg mit Hitler verwickeln.«

Am Donnerstag, dem 20. März 1941, meldet sich im Amtssitz der deutschen Abwehr am Tirpitz-Ufer in Berlin der griechische Gesandte Rangabé. Er bittet Admiral Canaris, die Note der griechischen Regierung wegen Vermittlung eines griechisch-italienischen Waffenstillstandes Hitler persönlich zuzuleiten. Canaris beordert Konteradmiral Bürkner, in die Reichskanzlei zu fahren und Hitler die Note zu übergeben. Hitler hat aber dieses Dokument nie zu sehen bekommen: Die Note wird Bürkner zwar in der Reichskanzlei abgenommen, von dort wandert sie aber in das Auswärtige Amt und wird hier zu den Akten gelegt.

An diesem 20. März trifft sich Mussolini kurz vor seiner Heimreise zu einer abschließenden Lagebesprechung mit den Generälen Geloso, Messe, Rossi, Gambara und Mercalli.

Hitler: »Jetzt, meine Herren, nur eine kleine Formalität unter Freunden.« Die beiden jugoslawischen Politiker Cvetković und Cincar-Marković unterzeichnen die Einführung der »Neuen Ordnung« in ihrem Land

Am Freitag, dem 21. März 1941, fliegt der Duce enttäuscht nach Rom zurück, als er erkennt, daß der Durchbruch nicht gelungen ist. Dieser griechische Erfolg hat zwar auch die Epirus-Armee stark geschwächt, doch ist sie in guter psychologischer Verfassung.

Die einzige Hoffnung des griechischen Oberkommandos ist jetzt die Metaxas-Linie. Das überwiegend gebirgige Gelände ist für eine Verteidigung ideal geeignet und durch die Forts der Metaxas-Linie zumindest in einem Abschnitt gut geschützt. Die Deutschen wissen bisher wenig von dieser geheimnisumwitterten Linie. Ihre Stärke ist dem deutschen Nachrichtendienst erstaunlicherweise bis zuletzt so gut wie unbekannt geblieben.

Am gleichen Tag richtet Sir Roland Campbell, der britische Botschafter in Belgrad, an das Londoner Foreign Office die Anfrage, ob die britische Regierung einem Staatsstreich zustimmen und eine neue jugoslawische Regierung unterstützen würde.

Am Sonntag, dem 23. März 1941, gibt das Foreign Secretary (Außenminister Eden) nach einigem Zögern seinem Botschafter in Belgrad von Kairo aus das Plazet, das zu tun, was einem Regierungswechsel in Jugoslawien förderlich sei, »selbst auf das Risiko eines deutschen Angriffs hin«.

Am Montag, dem 24. März 1941, erhält Sir Roland Campbell die volle Genehmigung der Regierung seiner Majestät, jegliche notwendig werdenden subversiven Maßnahmen in Jugoslawien zu unterstützen.

Am Dienstag, dem 25. März 1941 um 12.00 Uhr, unterzeichnen Premierminister Cvetković und Außenminister Cincar-Marković, v. Ribbentrop, Graf Ciano und der japanische Botschafter in Berlin Oshima im Wiener Belvedere-Schloß den Vertrag über Jugoslawiens Beitritt zum Dreimächtepakt. Dieser Beitritt stößt aber auf den Widerstand vor allem bei der serbischen Intelligenz, in der fast durchweg von serbischen Generälen befehligten Armee, in der serbisch-orthodoxen Kirche und bei den serbischen Freimaurern.

Oberst Vauhnik: »Bei den Verhandlungen wurde so geheim und mysteriös vorgegangen, daß weder der jugoslawische Gesandte in Berlin, noch ich als Militärattaché herbeigezogen oder darüber verständigt worden wären.«

Der prominenteste Kopf in den deutschfeindlichen Kreisen, General der Luftstreitkräfte Simović, hat schon im Jahre 1940 Pläne zur Bildung einer den ganzen Balkan durchquerenden Südfront mit Anlehnung an Frankreich und England entworfen.

In der Nacht vom 26./27. März 1941 erfolgt in Belgrad ein Staatsstreich: Zwischen 23.30 Uhr und 3.30 Uhr besetzen nach einem Plan des Generals der Luftstreitkräfte, Bora Mirković, etwa 300 Putschisten, meist jugoslawische Flieger, von Semlin aus alle wichtigen Gebäude Belgrads und verhaften den in der Hauptstadt anwesenden Regenten Prinz Paul sowie die Regierungsmitglieder. Prinzregent Paul bekommt von den Putschisten nur zwei Stunden Zeit, um die ihm anbefohlene Ausreise ins Exil nach Griechenland anzutreten. General Simović übernimmt die Führung der neuen Regierung, der Kroatenführer Dr. Maček tritt als Vizepräsident in das neue Kabinett ein, dem auch mehrere Minister der früheren Regierung angehören.

Der Staatsstreich ist ohne Blutvergießen verlaufen. Der größte Teil der Belgrader Garnison hat sich sofort den Putschisten angeschlossen. Schon in den Morgenstunden wird im Belgrader Rundfunk die erst vorbereitete und zu dieser Zeit noch nicht unterzeichnete Kriegsproklamation verlesen, von der der jugoslawische Thronfolger keine Ahnung hat.

Um 9.30 Uhr tritt die alte Regierung zurück, Simović erhebt den als volljährig erklärten 17jährigen König Peter II., Sohn des im Oktober 1934 in Marseille ermordeten Königs Alexander I., auf den Thron.

Um 13.00 Uhr verkündet in der Reichskanzlei Hitler in einer eilig zusammengerufenen Besprechung mit Generalfeldmarschall v. Brauchitsch, Generalfeldmarschall Keitel, Reichsmarschall Göring, Generaloberst Jodl, Reichsaußenminister v. Ribbentrop und den Chefs des Generalstabs von Heer und Luftwaffe seinen Entschluß, Jugoslawien militärisch und als Staatsgebilde zu zerschlagen. Gleichzeitig fordert er Italien, Ungarn und Bulgarien zur Mitwirkung auf.

Am gleichen Abend wird Hitlers Weisung Nr. 25 unterzeichnet: Blitzfeldzug gegen Jugoslawien in Verbindung mit dem Angriff auf Griechenland, der vom 1. 4. auf den 6. 4. verschoben wird. Das Unternehmen »Barbarossa« verlegt Hitler um etwa vier Wochen. Die Weisung wird sofort an die Wehrmachtteile ausgegeben.

Unterdessen finden in Belgrad und einigen anderen Städten antideutsche Demonstrationen statt. Die Menge ruft »Lieber den Krieg als den Pakt«. Die Fenster des deutschen Reisebüros werden eingeworfen und die Hakenkreuzfahnen zerrissen.

Oberst Vauhnik: »Nicht einmal 10 Prozent der jugoslawischen Generäle haben den Staatsstreich gutgeheißen, weil sie vom militärischen Standpunkt aus die Lage richtig einschätzten, daß in dieser Zeit und unter solchen Bedingungen ein Krieg hoffnungslos verloren sei, besonders wenn ihn solche Generäle zu führen hätten wie die Generäle Mirković und Simović.«

Am späten Abend des 27. März 1941 versichert sich Hitler in einem Brief an Mussolini der zu erwartenden Mithilfe Italiens und »bittet ihn zugleich herzlich«, keine weiteren Operationen mehr in Albanien vorzu-

Erst am Abend des 27. März 1941 berichtet der neue Regierungschef dem völlig ahnungslosen König Peter II. über die ihm zugesprochene Volljährigkeit sowie über alle sonstigen Ereignisse und in seinem Namen erlassenen Verfügungen. Die neue Regierung ist jedoch vorsichtig genug, den soeben erfolgten Beitritt Jugoslawiens zum Dreimächtepakt nicht rückgängig zu machen. Die Grenzen sind hermetisch abgeriegelt, der Vertrag noch nicht ratifiziert.

Oberst Vauhnik: »Als vielsagend muß auch der Umstand bezeichnet werden, daß als erster der sowjetische Militärattaché General Simović zum Staatsstreich beglückwünschte.«

nehmen und mit allen verfügbaren Kräften die wichtigsten Übergänge an der jugoslawisch-albanischen Grenze zu decken.

Churchill: »Die Nachricht vom Umschwung in Belgrad bereitete uns selbstverständlich große Befriedigung. Hier endlich war ein greifbares Resultat unserer verzweifelten Bemühungen, eine alliierte Front auf dem Balkan zu errichten und dessen sukzessive Preisgabe an Hitlers Bannkreis zu verhindern.« US-Colonel Donovan erzählt nun jedem, der es wissen will, er habe den Putsch des Generals Simović »gekauft«.

Außenminister Eden und General Dill, die bereits nach England unterwegs sind, erfahren bei einer Zwischen-

Oben: Gefechtsfeldaufklärer der Königlich Griechischen Armee: Bereits im Spanischen Bürgerkrieg erprobte deutsche Maschinen vom Typ Henschel HS 126

Linke Seite: »300 Flieger retten Jugoslawien« – meldet die britische Presse am 29. 3. 1941 aus Belgrad

landung auf Malta die Neuigkeit und fliegen unverzüglich nach Athen zurück. General Papagos glaubt sich der jugoslawischen Hilfe sicher zu sein und ist überzeugt, daß Deutschland jetzt nicht mehr die ursprünglich vorgesehenen Kräfte gegen Griechenland voll einsetzen kann. Er beläßt daher fast drei Viertel seiner Streitkräfte in Albanien.

Erst am Sonntag, dem 30. März 1941, ordnet in Belgrad der neue Premier Simović die allgemeine Mobilmachung des jugoslawischen Heeres an. Der erste Mobilmachungstag soll der 3. April 1941 sein. Das Foreign Office kündigt der jugoslawischen Regierung die Ankunft der britischen Delegation in Belgrad an. Simović ist zwar bereit, General Dill zu empfangen, aber nur unter der Bedingung, daß er in Zivil erscheint und

Minister Eden in Griechenland bleibt. Die Putsch-Anführer begreifen erst jetzt, in welche Gefahr sie sich begeben haben. Simović läßt Berlin schnellstens wissen, daß der Staatsstreich an der deutschfreundlichen Haltung seines Landes nichts geändert habe.

Oberst Vauhnik, jugoslawischer Militärattaché in Berlin: »Da Stalin befürchtete, daß Simović im letzten Augenblick mit Hitler irgendwelche Abmachungen treffen könnte, kam er auf die Idee, Jugoslawien einen Militärpakt anzubieten.«

Am Dienstag, dem 1. April 1941, fliegt General Dill nach Belgrad. Von den englischen Vorschlägen für einen Bündnisvertrag und einer blitzartigen Invasion in Albanien, um die Italiener zu verjagen, bevor die Deutschen Zeit haben, sich in Bewegung zu setzen, will Simović jedoch nichts hören. Die von ihren militärischen Fähigkeiten überzeugten serbischen Generäle bestehen darauf, die Grenzen Jugoslawiens selbst zu verteidigen. Simović ist ebenso wie sein Kabinett fest davon überzeugt, daß Hitler es nicht wagen wird, Jugoslawien anzugreifen, und legt das Datum für die Hochzeit seiner Tochter auf den Morgen des 6. April 1941 fest.

An diesem Tag übermittelt in Belgrad der Geschäftsträger der sowjetischen Gesandtschaft, Lebedjejew, der

jugoslawischen Regierung die dringende Botschaft Molotows, daß die Sowjetregierung das seit Wochen in Moskau vorliegende jugoslawische Angebot eines Militärpaktes akzeptiere. Molotow verlangt die unverzügliche Entsendung einer jugoslawischen Delegation zum Abschluß des vorgeschlagenen Vertrages nach Moskau. Die Regierung bestimmt sofort eine Abordnung mit dem jugoslawischen Gesandten in Moskau, Gavrilović, an der Spitze. Zur Entrüstung der Jugoslawen soll es nicht, wie Molotow zuvor durchblicken läßt, ein Militärbündnis, sondern ein harmloser Neutralitätsvertrag sein.

Ebenfalls am 1. April 1941, gegen 18.00 Uhr, wird der jugoslawische Militärattaché, Oberst Vauhnik, in Berlin von dem Canaris-Mitarbeiter Generalmajor Oster vertrauensvoll von dem bevorstehenden deutschen Überfall auf Jugoslawien unterrichtet. Vauhnik schickt sofort drei chiffrierte Telegramme auf drei verschiedenen Wegen nach Belgrad. Oberst Vauhnik: »Am 2. April 1941 war in den ersten Morgenstunden somit meine Heimat von der drohenden Gefahr schon in Kenntnis gesetzt.«

Am Mittwoch, dem 2. April 1941, erfährt die Military Intelligence aus dem Enigma-Funkverkehr weitere Hinweise auf ein Sonderunternehmen unter dem Tarnnamen »Strafgericht«, das für den Morgen des 6. April 1941 geplant ist. Der Chef des britischen Secret Intelligence Service ahnt jedoch nicht, daß es sich bei dieser Operation um die Bombardierung Belgrads handelt. Weiter enthüllt der Enigma-Bericht, daß die Luftwaffe an der Eisenbahnlinie von Niš (Nisch) nach Belgrad Aufklärung durchgeführt hat. Dem Military Intelligence liegt auch eine entschlüsselte Meldung des italienischen Botschafters aus Sofia vor, daß am Morgen des 5. April 1941 ein Angriff gleichzeitig auf Griechenland und auf Jugoslawien stattfinden wird.

Am Abend des 2. April 1941 erhält der ungarische Premierminister Graf Teleki ein Telegramm des ungarischen Gesandten in London, daß das Foreign Office formell erklärt habe, Ungarn müsse mit einer Kriegserklärung Großbritanniens rechnen, wenn es sich an eventuellen deutschen Schritten gegen Jugoslawien beteiligen würde. So bleibt den Ungarn die Wahl zwischen einem vergeblichen Widerstand gegen den Durchmarsch deutscher Truppen oder einer offenen Parteinahme gegen die Alliierten und den Verrat an Jugoslawien.

Kurz nach 21.00 Uhr verläßt Graf Teleki das Außenministerium und zieht sich in seine Räume im Palais Sandor zurück. Dort erreicht ihn ein telefonischer Anruf. Man vermutet, es sei ihm mitgeteilt worden, die

2. 4. 1941. Die längste Pontonbrücke der Kriegsgeschichte: Vom rumänischen Ufer bei Giurgiu aus rollen deutsche motorisierte Verbände der 12. Armee über die Donau nach Bulgarien

deutsche Wehrmacht habe bereits die ungarische Grenze überschritten. Kurz danach erschießt er sich.

An diesem Tag erklärt Bulgarien offiziell der Reichsregierung, daß es sich an Kriegshandlungen gegen Jugoslawien nicht beteiligen wird.

Am Donnerstag, dem 3. April 1941, erricht die deutsche Heeresmission in Rumänien der Befehl des OKH, mit eigenen Kräften und einer halben Kompanie des Regiments »Brandenburg« in der Nacht vor Angriffsbeginn das jugoslawische Ufer am »Eisernen Tor« handstreichartig zu besetzen, um Sprengungen zur Sperrung der Donau zu verhindern.

An diesem Abend, um 18.30 Uhr, erklärt die jugoslawische Regierung über Radio Belgrad, daß man Belgrad zur offenen Stadt erklärt habe. Dies ist die Folge der Nachricht von Oberst Vauhnik über einen bevorstehenden deutschen Luftangriff auf die Hauptstadt (Unternehmen »Strafgericht«) am Morgen des 6. April 1941.

In der Nacht vom 3./4. April 1941 findet in Kenali (südlich Bitola) zwischen dem griechischen Oberbefehlshaber, General Papagos, General Wilson und dem General Janković als Bevollmächtigtem des jugoslawischen Generalstabes ein Treffen statt. Man bespricht gemeinsame Operationen und ist sich in allen Punkten einig. General Janković bestätigt, daß die jugoslawischen Streitkräfte das Tal um Strumica abriegeln, damit eine Verbindung zu den Griechen erhalten bleibt. Für den Angriff gegen die Italiener in Albanien werden vier jugoslawische Infanteriedivisionen zusammengezogen, die notfalls schon vor der planmäßig für den 12. April festgesetzten Beendigung ihres Aufmarsches angreifen könnten. Es wird auch vereinbart, daß die Jugoslawen den Angriff der Westmazedonien-Armee und einen Vorstoß der Epirus-Armee unterstützen.

Am Freitag, dem 4. April 1941, ist die Operation »Lustre«, der Antransport des Expeditionskorps nach Griechenland aus dem Raum von Alexandria, abgeschlossen. Jetzt befinden sich rund 60 000 Mann der britischen Truppen in Griechenland. Die englische 1. Panzerbrigade marschiert gleich nach ihrer Ausladung in das Gebiet des unteren Axios (Vardar), wo sie Sprengungen an Brücken und Straßen vorbereitet. Die neuseeländische 2. Division bezieht Stellungen im Raum von Katerini und südlich davon. Sie sollen die Übergänge im Olympgebiet und an der Küste sperren. Die australische 6. Division wird in den Raum von Servia am mittleren Aliakmon überführt.

Am gleichen Tag kehrt General Dill enttäuscht aus Belgrad nach Athen zurück. Dill berichtet, daß er in Belgrad keinen strategischen Plan vorgefunden habe.

Am Sonnabend, dem 5. April 1941, hat das griechische Oberkommando, entsprechend der Vereinbarung mit Jugoslawien, seiner Armee Westmazedonien den Befehl gegeben, zusammen mit jugoslawischen Kräften am 7. April 1941 in Richtung Elbasan anzugreifen.

In der Nacht vom 5./6. April 1941 erlebt der jugoslawische Gesandte in Moskau, Gavrilović, eine seltsame Überraschung: Mitten in der Nacht wird er geweckt und in den Kreml gerufen, wo ihn Stalin bereits erwartet. Er legt dem schlaftrunkenen Gavrilović einen vor einiger Zeit von Simović angeregten Nichtangriffspakt zwischen der UdSSR und Jugoslawien fertig zur Unterschrift vor. Die Unterzeichnung findet am 6. April 1941 statt, der Vertrag ist aber auf den 5. April 1941 vordatiert. Die Parteien versprechen sich darin, beiderseitig ihre Unabhängigkeit zu wahren und ihre Hoheitsrechte sowie ihre territoriale Unverletzlichkeit gegenseitig zu garantieren.

Im Fall, daß einer der beiden Staaten von einer dritten Macht angegriffen wird, verspricht der andere, eine freundschaftliche Haltung gegenüber der angegriffenen Signatarmacht zu bewahren. Militärisch bringt der Vertrag für Jugoslawien keinen Nutzen mehr.

Politisch scheint in ihm eine Warnung an Deutschland und eine offene Mißbilligung des erwarteten Vorgehens zu liegen. Zum ersten Mal setzt sich damit die Sowjetunion öffentlich von ihrem Vertragspartner vom August 1939 ab.

Auf dem Bankett anläßlich der Unterzeichnung des Vertrages tröstet Stalin den enttäuschten jugoslawischen Gesandten Gavrilović: »Wir sind Brüder des gleichen Blutes und der gleichen Religion. Nichts ist in der Lage, unsere beiden Länder voneinander zu trennen. Ich hoffe, daß ihre Armee die Deutschen lange aufhalten wird. Sie haben Berge und Wälder, wo die Panzer wirkungslos sind. Organisieren Sie einen Partisanenkrieg...«

»Nach Unterzeichnung des Vertrages«, erzählt der sowjetische Generalstabs-Hauptmann Krilov, der später in den Westen überwechselt, »...näherte sich Stalin dem Gesandten Gavrilović, schüttelte ihm fest die Hand, und dann, bevor er sich wieder umkehrte, bekreuzigte er sich auf prawoslawische Art mit der rechten nach der linken, wie dies bei den Russen und Serben üblich ist, als ob er den jugoslawischen Minister segnen wollte. Im Eck des Raumes erblickte ich Mikojan, wie er sein Gesicht in einem Taschentuch verbarg und sich kaum vor Lachen halten konnte...« Oberst Vauhnik: »Stalin zeigte sich besonders zynisch, denn schon nach einigen Tagen mußte der jugoslawische Gesandte Gavrilović Moskau verlassen, da Stalin sagte, Jugoslawien existiere nicht mehr. Sein Ziel – Krieg zwischen Jugoslawien und Hitler – hatte er erreicht.«

Links: 6. 4. 1941 an der österreichisch-jugoslawischen Grenze, nördlich Maribor: Kradfahrer einer deutschen Vorausabteilung reißen die Grenzschilder ab

Rechte Seite: Jugoslawische Infanterie – ein buntes Völkergemisch

Noch einige Stunden vor dem deutschen Überfall tappt der jugoslawische Generalstab im Dunkeln. So ruft am Sonntag, dem 6. April 1941 um 1.00 Uhr, der Kommandant der 3. Armee, General Joca Naumović, beim Generalstab an und erklärt, daß keine unmittelbare Kriegsgefahr bestehe, weil einige jugoslawische Kabinettsminister sich gerade auf eine Reise nach Berlin vorbereiteten.

Doch bereits um 5.15 Uhr greifen die deutschen Truppen ohne Kriegserklärung Jugoslawien und Griechenland an. In Athen ist vorher der Regierung durch den deutschen Gesandten Prinz Viktor zu Erbach-Schönberg ein kurzfristiges Ultimatum zugestellt worden.

Der Großdeutsche Rundfunk gibt lediglich bekannt, daß »Truppen der Wehrmacht nach Griechenland und Jugoslawien eingerückt sind, um Großbritannien endgültig vom europäischen Festland zu vertreiben. Eine solche Maßnahme ist wegen der englischen Landung und des Belgrader Putsches erforderlich, sie richtet sich aber nicht gegen die Völker der betroffenen Staaten...«

Deutsche Kräfte: 2. Armee (GenOberst Frhr. v. Weichs), 12. Armee (GFM List), die Panzergruppe 1 (GenOberst v. Kleist) und die Luftflotte 4 (Gen. d. Fl.

Löhr). Die 2. Armee soll aus dem Raum Graz, und die 14. Panzerdivision (GenMaj. Kühn) aus dem ungarischen Raum Nagy-Kanizsa, südwestlich vom Plattensee in Ungarn, nach Agram (Zagreb) vorstoßen, während das XXXXVI. Armeekorps mot. (Gen. d. Pz. Tr. Vietinghoff) bei Koprivnica die Drau überschreitet und durch Slawonien und Syrmien über Ruma-Indjija in Richtung Belgrad marschiert.

Die 12. Armee soll aus dem Raum Temesvar (Rumänien) über das jugoslawische Banat gegen Belgrad vorgehen. Ebenfalls gegen Belgrad rollt aus dem Raum Sofia (Bulgarien) die Panzergebirgsdivision 1. Aus Kjustendil marschiert das XXXX. Armeekorps mot. (Gen. d. Pz. Tr. Stumme) in Richtung Skoplje (Skopje). Die 2. Panzerdivision (GenLt. Veiel) des XVIII. Armeekorps (Gen. d. Inf. Böhme) geht bei Strumica über die bulgarisch-jugoslawische Grenze mit Richtung auf Saloniki und überschreitet danach im Raum Djevdjelija die jugoslawisch-griechische Grenze. Das XXX. Armeekorps (GenLt. Ott) soll ausschließlich die Metaxas-Linie angreifen.

Gegen Jugoslawien sind eingesetzt: vier Panzerdivisionen, vier motorisierte Divisionen und sieben Infanteriedivisionen; gegen Griechenland: zwei Panzerdivisionen,

zwei halb-motorisierte Divisionen, vier Infanteriedivisionen und zwei Gebirgsdivisionen.

Insgesamt verfügen die deutschen Verbände über etwa 1200 Panzer vom Typ II, III, IV und 38 (t). Die Luftflotte 4 zählt 210 Jagdflugzeuge vom Typ Me 109 E, 400 Bomber Ju 88 A-5, Do 17 Z-2 und Stukas Ju 87 D sowie 170 Aufklärungsflugzeuge Do 17 M und Do 17 P, Ju 88 D-2 und Hs 126.

Italien setzt gegen Jugoslawien von Istrien aus ein: die 2. Armee (Gen. Roatta) mit einer Panzerdivision, drei schnellen Divisionen und zehn Infanteriedivisionen; gegen Griechenland: die 9. Armee (Gen. Pirzio-Biroli) und die 11. Armee (Gen. Vacchiarolli) mit einer Panzerdivision, drei Alpini- und 19 Infanteriedivisionen.

Griechenland hat gegen die Italiener im Einsatz: eine Kavalleriedivision, 14 Infanteriedivisionen und zwei Brigaden; gegen die Deutschen: eine motorisierte Division, fünf Infanteriedivisionen, zwei Brigaden und Festungstruppen. Diese werden von dem britischen Expeditionskorps mit einer Panzerdivision und zwei Infanteriedivisionen verstärkt.

Die Königlich-Griechischen Luftstreitkräfte zählen nur rund 170 Flugzeuge, darunter 66 Doppeldecker Potez 25 A-2, 31 polnische PZL-24-Jäger, 9 französische Bloch-Jagdflugzeuge, 39 veraltete Bomber Potez 63, englische Blenheim und Battle, sowie 16 Aufklärer vom Typ Henschel Hs 126 A und 10 Land- und Schwimmerflugzeuge Dornier-Do-22.

Jugoslawiens Armee verfügt über drei Kavalleriedivisionen, 28 Infanteriedivisionen, eine Festungsdivision und neun Brigaden. Die Königlich-Jugoslawischen Luftstreitkräfte zählen etwa 800 Flugzeuge, davon etwas über die Hälfte als Frontflugzeuge 1. Linie. Darunter: 40 Jäger Hawker Hurricane I, 30 Doppeldecker Hawker Fury, 50 leichte Bomber Bristol Blenheim I, 40 SIAI-Marchetti SM. 79 B, 12 Caproni Ca. 101, Breguet XIX sowie etwa 20 jugoslawische Ikarus IK-2 und Rogozarski IK-3. Daneben 73 Jäger vom Typ Messerschmitt Me 109 E-3 (davon 46 Maschinen im Einsatz), 70 Kampfflugzeuge Dornier Do 17 K, 12 Wasserflugzeuge Dornier Do 22, sowie 36 Verbindungsflugzeuge vom Typ Fieseler Fi 156 Storch und 5 zivile Transportmaschinen vom Typ Junkers Ju 52/3m.

Der deutsche Angriff gegen Griechenland (Unternehmen »Marita«) wird mit drei Stoßkeilen geführt: Das XXXX. Armeekorps mot. (Gen. d. Pz.Tr. Stumme) rollt mit zwei schnellen Verbänden und einer Infanteriedivision in Richtung Skoplje (Skopje), damit die Verbindung zu den Italienern in Albanien hergestellt und, mit der Masse nach Süden eindrehend, baldmöglichst Monastir erreicht wird. Das XVII. Gebirgskorps (Gen. d. Inf. Kienitz) soll durch frontalen Angriff mit drei Divisionen die Metaxas-Linie beiderseits des Rupel-Passes durchbrechen und diesen Angriff durch örtliche Umfassung mit der 2. Panzerdivision von Westen her erleichtern. Das XXX. Armeekorps (GenLt. Ott) bricht mit seinen beiden Infanteriedivisionen in Ostthrazien ein, um hier die Küste zu erreichen und die Voraussetzung für eine Besetzung der vorgelagerten Inseln zu schaffen.

Das erste Angriffsziel des Unternehmens »Marita«: Saloniki. Damit soll die griechische Nordfront gespalten werden. Die von der Natur der Gebirgslandschaft begünstigte, gut ausgebaute Metaxas-Linie wird in ihrer ganzen Ausdehnung, besonders aber beiderseits des Strumatals, von den Griechen äußerst hartnäckig verteidigt. Trotz des Einsatzes starker Stukaverbände, schwerer Artillerie und Panzer halten sie dem deutschen Ansturm stand.

In Jugoslawien dagegen, wo höchstens 60 bis 70 Prozent der Soldaten dem Einberufungsbefehl folgen, stehen am Morgen des 6. April 1941 nur elf jugoslawische Divisionen operationsbereit zur Verfügung. Die kroatischen Verbände der jugoslawischen 4. Armee (Gen. Nedeljković) und der 7. Armee (Gen. Trufinović) begrüßen die Deutschen als Befreier und verweigern Befehle.

Das Versagen der jugoslawischen Armee entscheidet schon nach wenigen Stunden die Entwicklung der Operationen gegen Griechenland. Die deutschen Truppen, darunter die 9. Panzerdivision (GenLt. Ritter v. Hubicki), stoßen in das Vardartal vor.

Während in den Morgenstunden des 6. April 1941 (Palmsonntag) über den Großdeutschen Rundfunk noch die Erklärung der Reichsregierung läuft, fliegen von österreichischen Stützpunkten aus die Kampfgeschwader KG 2, KG 3 und KG 51 der Luftflotte 4 (Gen. d. Fl. Löhr) mit 468 Maschinen, darunter zahlreiche Stukas Ju 87, den ganzen Tag über rollende Angriffe mit Spreng- und Brandbomben gegen die jugoslawische Hauptstadt, die kaum über Luftabwehr verfügt. Gleichzeitig bombardieren andere Geschwader, zusammen mit italienischen und ungarischen Staffeln, alle wichtigen Luftbasen des Landes und vernichten einen Großteil der dort bereitgestellten Maschinen. Damit sind das Oberkommando des Generals Simović sowie die jugoslawische Luftverteidigung nahezu lahmgelegt.

Belgrad wird von der Außenwelt abgeschnitten, und die Gesamtmobilisierung des jugoslawischen Heeres ist kaum mehr möglich. General Simović und die Mitglieder der Regierung verlassen nach der ersten Angriffswelle die brennende Hauptstadt.

Die Zahl der Toten kann niemals eindeutig geklärt werden. 1946 wird im Belgrader Gerichtsverfahren gegen General Löhr von 1500 getöteten Zivilpersonen gesprochen. Nach Churchills Angaben sollen es 17 000 sein. Dedijer, Titos Biograph, erwähnt 3000 auf dem Belgrader Friedhof beerdigte Opfer des Luftangriffs.

Auf der rechten Flanke der 12. Armee (GFM List) stoßen inzwischen von Kjustendil, etwa 85 Kilometer südwestlich von Sofia, eine Panzer- und eine motorisierte Division in Richtung Skoplje vor, während eine andere Panzerdivision über Štip nach Prilep rollt.

Am Montag, dem 7. April 1941, zerschlägt im Morgengrauen die deutsche 9. Panzerdivision (GenLt. Ritter v. Hubicki) mit Unterstützung der Luftwaffe nahe der Ortschaft Mlado Nagoricane das jugoslawische

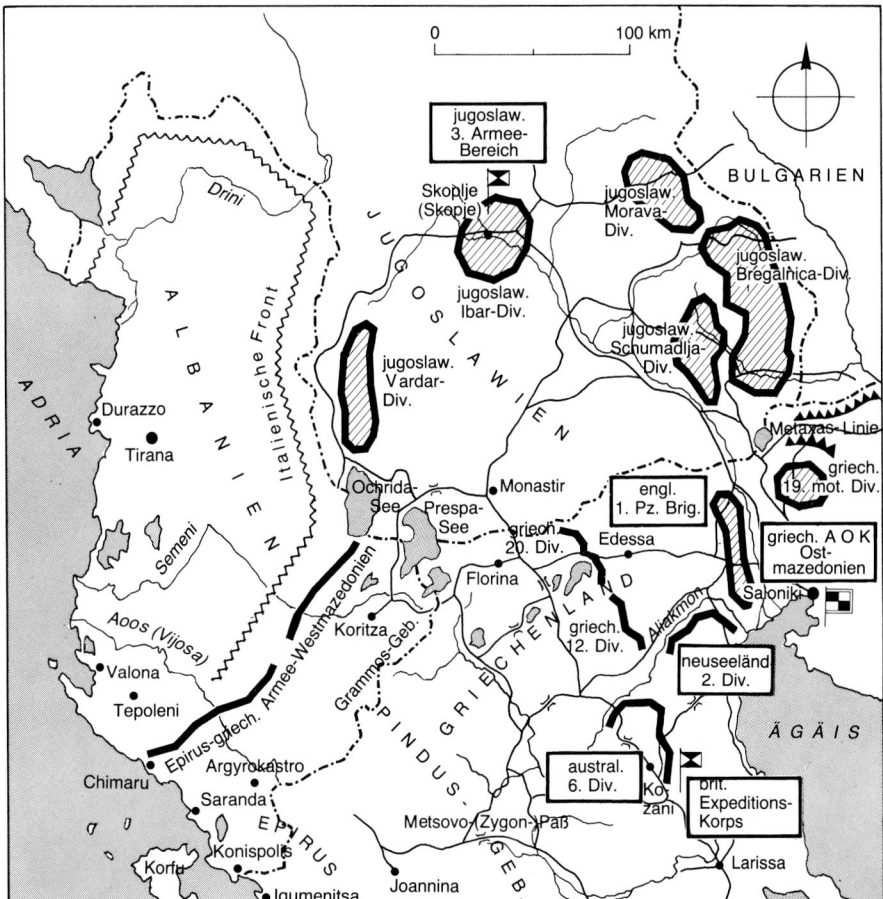

Die ersten Opfer der Aggression: Von der Luftwaffe auf ihren Flugplätzen zerstörte jugoslawische Maschinen

Die Lage der jugoslawischen, griechischen und britischen Verbände zwischen Albanien und Bulgarien am Morgen des 6. 4. 1941

0   100 km

jugoslaw.
3. Armee-
Bereich

Skoplje
(Skopje)

BULGARIEN

jugoslaw.
Morava-
Div.

jugoslaw.
Bregalnica-Div.

jugoslaw.
Ibar-Div.

jugoslaw.
Schumadlja-
Div.

Drini

A L B A N I E N

J U G O S L A W I E N

jugoslaw.
Vardar-
Div.

Metaxas-
Linie

ADRIA

Durazzo

Tirana

Ochrida-
See

Prespa-
See

Monastir

griech.
20. Div.

Edessa

griech.
19.
mot. Div.

engl.
1. Pz. Brig.

griech. A O K
Ost-
mazedonien

Saloniki

Semeni

Florina

griech.
12. Div.

Aliakmon

neuseeländ
2. Div.

Aoos (Vijosa)

Koritza

Grammos-Geb.

G R I E C H E N L A N D

ÄGÄIS

Valona

Tepoleni

Epirus-griech. Armee-Westmazedonien

austral.
6. Div.

Ko-
zani

brit.
Expeditions-
Korps

Chimaru

Argyrokastro

P I N D U S - G E B.

Saranda

E P I R U S

Metsovo-(Zygon-Paß

Konispolis

Korfu

Joannina

Larissa

Igumenitsa

Italienische Front

Oben: Der Balkan wird gerettet: Ein Tommy macht den Drachen unschädlich. So sieht der englische Karikaturist den deutschen Angriff gegen Jugoslawien und Griechenland

Rechts: Jugoslawische Infanterie in Stellung

Unten: Grundriß des wichtigsten Bollwerks der Metaxas-Linie: Fort Istibei

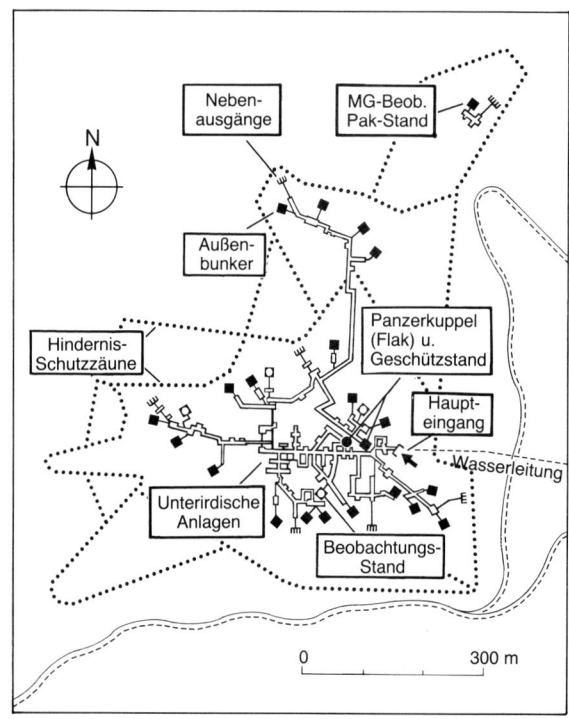

21. Infanterieregiment und das 93. Infanterieregiment, die weder Pak noch Flak besitzen, und nimmt gegen 17.00 Uhr Skoplje.

An diesem Tag spielen sich die entscheidenden Kämpfe in drei räumlich getrennten Gebieten ab: im Süden im Raum von Skoplje, an der Ostgrenze nordwestlich Sofia und im Nordwesten in Kroatien und Slawonien.

Am Dienstag, dem 8. April 1941 um 5.30 Uhr, beginnt die Panzergruppe 1 (GenOberst v. Kleist) ihren Vorstoß in Richtung Niš. Jetzt beginnt die 2. Phase des Unternehmens »Marita«: die Zerschlagung des jugoslawischen Heeres und Aufnahme der Verbindung mit den Italienern in Albanien. Im Süden steht der jugoslawische Widerstand vor dem Zusammenbruch, die linke Flanke der Aliakmon-Stellung ist bereits bedroht.

Unter Vorsitz von General Simović tagt der jugoslawische Ministerrat noch einmal in der Schule des montenegrinischen Bergdorfes Nikšić. Nach zehn Minuten hat man die Kapitulation beschlossen.

Als General Papagos erkennen muß, daß von jugoslawischer Seite keine Unterstützung zu erwarten ist, entschließt sich das griechische Oberkommando, seine Truppen aus Albanien und Westmazedonien zurückzunehmen, um zusammen mit den britischen Kräften die

Linie ostwärts des Olymp, auf den Höhen südlich des Aliakmon und an der griechisch-albanischen Grenze zu beziehen. Inzwischen stoßen die deutschen, nach Norden vorgehenden Verbände bei Vranje und am oberen Ibar auf Widerstand, den sie bis zum Ende des Feldzuges nicht brechen können.

Am linken Armeeflügel des XVIII. Korps (Gen. d. Inf. Böhme) stockt ebenfalls der Vormarsch. Hier versucht seit 72 Stunden die 5. Gebirgsdivision (GenMaj. Ringel), die Anlagen der Metaxas-Linie auf dem Istibei, Popotlivitsa und Rupescu zu stürmen, um den Rupel-von Paß aus der Flanke zu öffnen. Den Stukas und der schweren Artillerie gelingt es nur, einen Teil der Bunker zu zerschlagen. Die Wende im Kampf gegen diese scheinbar uneinnehmbare Verteidigungslinie auf den Bergkämmen bringt die 2. Panzerdivision (GenLt. Veiel): Sie überquert die Grenze nach Jugoslawien vom Strumatal aus und stößt ohne Widerstand bis nach Strumica vor. Dort dreht sie nach Süden ab und rollt bis zum Doiran-See. Die britischen Truppen fühlen sich nicht stark genug, um in diese Kämpfe einzugreifen. Die griechische 19. motorisierte Division wiederum, die einzige Reserve der Ostmazedonischen Armee (Gen. Bakopoulos), ist noch nicht zur Stelle, um die deutschen Panzerverbände aufzuhalten.

In der Nacht vom 8./9. April 1941 nimmt die 2. Panzerdivision kampflos Saloniki. Die eingeschlossenen Verteidiger der Metaxas-Linie und alle griechischen Kräfte der Ostmazedonischen Armee ostwärts des Vardar-Flusses erhalten nun von General Papagos die Genehmigung zur Kapitulation.

Am Mittwoch, dem 9. April 1941 um 13.00 Uhr, unterzeichnet im Divisionsgefechtsstand in Prochoma der Kommandeur der 2. Panzerdivision, Generalleutnant Veiel, und General Bakopoulos die Kapitulation aller griechischen Truppen zwischen der türkischen Grenze und dem Vardar. Die Verteidiger der Metaxas-Linie, die dem deutschen Ansturm drei Tage lang widerstanden haben, werden von der deutschen Führung gelobt. Hitler in seiner Siegesrede: »Ihr seid die einzigen Truppen, die unter den Stuka-Angriffen ausgehalten haben.«

Am gleichen Tag nimmt die der 2. Armee (GenOberst v. Weichs) unterstellte Panzergruppe 1 (GenOberst v. Kleist), nachdem sie mit ihren Panzern auf den Schienen des Orientexpreß vorwärts rollte, den wichtigen Verkehrsknotenpunkt Niš und stößt mit der 11. Panzerdivision (Gen. Maj. Crüwell) und der 60. mot. Division (GenLt. Eberhardt) durch das Tal der Morava weiter nach Norden auf Belgrad vor.

Am Abend steht die Westgruppe nördlich von Monastir (Bitola). Damit ist die Trennung der Jugoslawen von Griechenland erreicht und der jugoslawische Widerstand in Südserbien gebrochen. Das deutsche Oberkommando ist nun in der Lage, alle seine Kräfte gegen die griechisch-britischen Armeen einzusetzen. Die griechische Heeresleitung beschließt jetzt, die griechischen und britischen Streitkräfte aus Albanien, Westmazedonien und am östlichen Flügel aus der Stellung Florina-Veria-Aliakmon in die Verteidigungslinie Olymp-Grevena-griechisch-albanische Grenze schrittweise zurückzunehmen.

Als am Donnerstag, dem 10. April 1941, die deutsche 2. Armee aus Österreich und Ungarn ihre Angriffe gegen Jugoslawien beginnt, ist die Entscheidung über den Feldzug bereits gefallen.

Die im Bregalnicatal und auf Skoplje vorgedrungenen Verbände der Gruppe Stumme (Gen. Kdo. XXXX. AK) drehen mit einer Panzerdivision nach Süden auf Prilep ein, nehmen Verbindung mit den Italienern am Ochrida-See auf und gehen weiter nördlich nach Westen vor. Sie wollen die in Nordalbanien angegriffenen Italiener entlasten, die sich unter dem Druck von vier jugoslawischen Divisionen allmählich hinter den Drin zurückziehen. Zu gleicher Stunde bricht im jugoslawischen Mazedonien jeder geordnete Widerstand zusammen. Das XXXX. Armeekorps mot. stößt jetzt weiter nach Süden vor. Nur durch schwache Kräfte aufgehalten, erreicht es Florina und kommt an diesem Tage erstmals mit englischen Truppen in Gefechtsberührung.

Am Abend des 10. April 1941 stehen die Spitzen der

Oben: Kuschlar-Gebirge, 6. 4. 1941: Deutsche Panzer überqueren die Hindernisse entlang der griechisch-bulgarischen Grenze, nördlich von Xanthi

Rechts: »...besetzte in kühnem Entschluß mit nur wenigen Mann als erster die Stadt Belgrad« (so die damalige Meldung): SS-Hauptsturmführer Klingenberg, Kompanieführer in einem Kradschützen-Bataillon der Waffen-SS

Rechte Seite: April 1941: Die Kämpfe in Jugoslawien

11. Panzerdivision (Gen. Maj. Crüwell) der Panzer-gruppe v. Kleist im Raum Kragujevac-Jagodina, nur noch etwa 80 Kilometer von der Hauptstadt Belgrad entfernt. Während der Westflügel der deutschen 2. Armee in breiter Front nach Süden vorgeht, rollt das XXXXVI. Armeekorps mot. (Gen. d. Pz. Tr. v. Vie-tinghoff) mit zwei Panzer- und einer motorisierten Divi-sion aus dem Drau-Brückenkopf von Barcs in Richtung Agram (Zagreb). An diesem Tag proklamiert über Rundfunk kurz vor dem Einmarsch der deutschen Trup-pen in Agram der aus seinem italienischen Exil zurück-gekehrte ehemalige k. u. k. Oberstleutnant Slavko Kva-ternik den Unabhängigen Staat Kroatien (Nezavisna Država Hrvatska NDH).
Ebenfalls am 10. April 1941 bildet das Zentralkomitee der Kommunistischen Partei (ZK-Sekretär J. Broz-Tito) ein Militärkomitee zur Aufnahme des bewaffne-

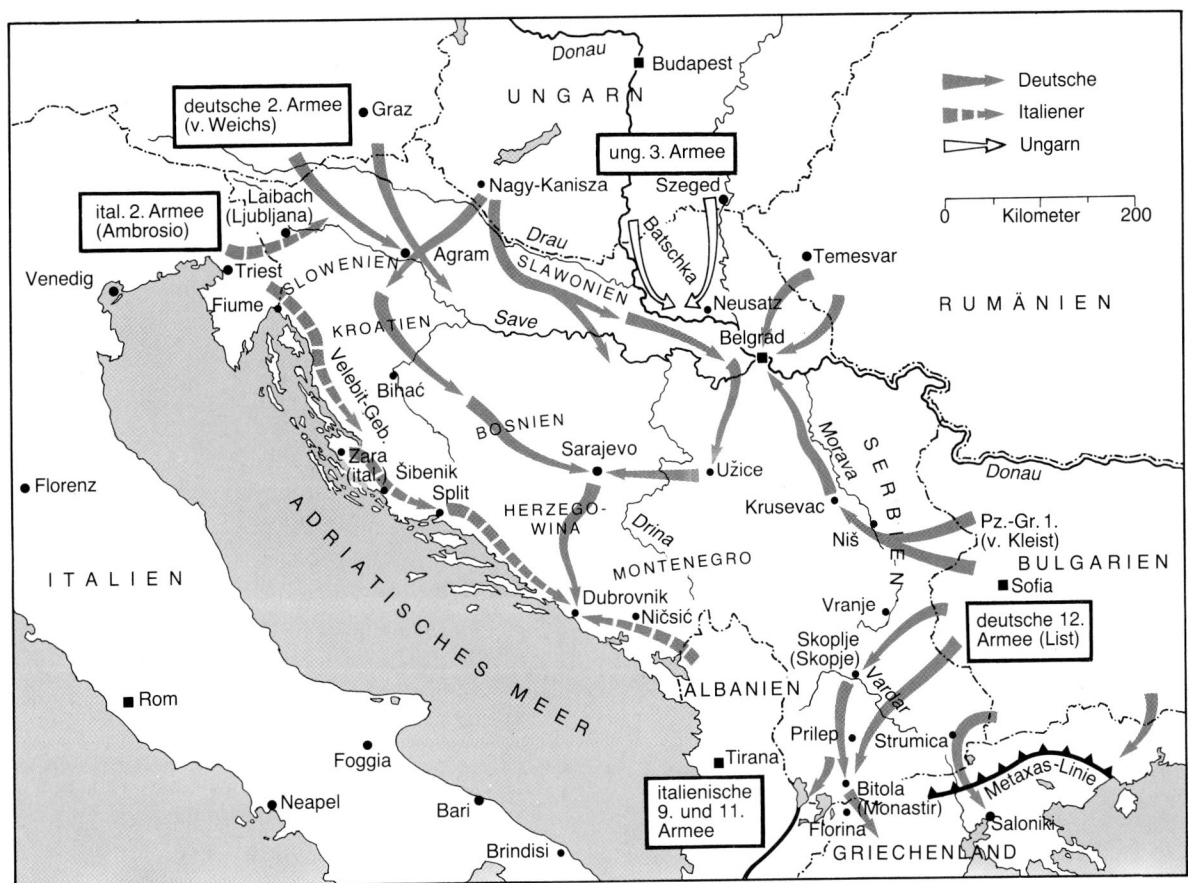

ten Kampfes. Einige Stunden später, in der Nacht vom 10./11. April 1941, ruft der »Slowenische Nationalrat« die slowenischen Soldaten zur Rückkehr in ihre Heimatorte auf. Eine »Slowenische Legion« beginnt zugleich die Reste. jugoslawischer Truppenteile zu entwaffnen. Die schnellen Verbände der deutschen 2. Armee stoßen unterdessen zwischen Drave und Save südostwärts gegen Belgrad vor.

Am Freitag, dem 11. April 1941, treffen die Verbände des deutschen XXXX. Armeekorps mot. (Gen. d. Pz. Tr. Stumme) beiderseits Florina auf starken Widerstand. Es wird hier von der griechischen 1. Kavalleriedivision (GenMaj. Stanotas) und der britischen 1. Panzerbrigade (Brig. Charrington) drei Tage lang in schwere Kämpfe verwickelt und kann deshalb nicht wie vorgesehen die Flanke der weiter südöstlich stehenden Teile des britischen Expeditionskorps umfassen. Die Griechen treten mehrfach zu Gegenangriffen an.

Am gleichen Tag ist die Bereitstellung des XXXXI. Armeekorps mot. (Gen. d. Pz. Tr. Reinhardt) im Raum von Temesvar (Rumänien) beendet, so daß es von Nordosten her auf Belgrad vorstoßen kann.

Am Sonnabend, dem 12. April 1941, ernennt Hitler General Glaise v. Horstenau zum Bevollmächtigten Deutschen General in Kroatien mit Sitz in Agram. Als »deutschgesinnter« Österreicher agierte er vor dem »Anschluß« in der Dollfuß-Schuschnigg-Ära als eine Art Verbindungsmann zum Dritten Reich und ließ sich

von den NS-Machthabern als Werkzeug ihrer Politik benutzen. Jetzt soll Glaise v. Horstenau durch seine Kontakte zu hochgestellten Kroaten, den ehemaligen Kameraden aus der k. u. k. Armee, mildernd auf deren Ausschreitungen einwirken.

Am Nachmittag dringt in einem Handstreich das XXXXI. Armeekorps mot. überraschend in Belgrad ein. Fast gleichzeitig rollen auch die ersten Teile der Panzergruppe v. Kleist in die jugoslawische Hauptstadt. Mit der Eroberung von Belgrad ist das erste operative Ziel der deutschen Führung erreicht. Zu dieser Zeit bringen britische Flugzeuge König Peter II. und sein Gefolge von Montenegro nach Kairo.

Am selben Tag gelingt den Deutschen mit starker Luftunterstützung der Durchbruch bei Florina. Die Zentralmazedonische Armee kann sich einer Umklammerung der gleichzeitig von Saloniki aus vorgehenden deutschen Kräfte nach Süden entziehen. Den beiden gegen die Italiener in Albanien kämpfenden griechischen Armeen wird jedoch der Rückzug verlegt. General Papagos versucht vergeblich, General Wilson zu bewegen, sich mit seinen Truppen im Landesinneren der Epirus-Armee anzuschließen. Da General Wilson überzeugt ist, die Deutschen in dem schwierigen Gelände um den Olymp aufhalten zu können, zieht er sich mit dem Expeditionskorps in diese Richtung zurück.

Auf dem linken Flügel müssen die Griechen jetzt den Klisura-Paß räumen. Die SS-Leibstandarte (SS-Obergruppenf. Dietrich) stößt unterdessen entlang der Straße bis nach Grevena vor. Auf dem rechten Flügel werden die Verteidiger der Olympstellung in das Tempetal gedrängt.

Ebenfalls am 12. April 1941 rollt die 14. Panzerdivision (GenMaj. Kühn) von Agram weiter nach Südwesten vor und trifft dort auf die italienische 2. Armee (Gen. Roatta), um an der Einschließung der im Raum von Laibach (Ljubljana) stehenden Feindkräfte mitzuwirken. Hier strecken 30 000 Jugoslawen die Waffen. An diesem Tag treten auch ungarische Truppen der 3. Armee (Gen. Gorody-Novik) zwischen Donau und Theiß mit zehn Brigaden den Vormarsch über die Grenze an. Sie besetzen fast ohne Widerstand der weichenden jugoslawischen 1. Armee (Gen. Radenković) diesen Raum.

Am Sonntag, dem 13. April 1941, versucht die deutsche 2. Panzerdivision (GenLt. Veiel) zusammen mit der 2. Gebirgsdivision (GenMaj. Schlemmer) vergebens, das britische Expeditionskorps einzukreisen. Trotz der zusätzlich unterstellten deutschen 5. Panzerdivision (GenMaj. Fehn) gelingt es den geschickt geführten englischen Nachhuten, so lange Widerstand zu leisten, daß die Deutschen erst fünf Tage später, am 18. 4. 1941, den Peneios überschreiten können.

Am Montag, dem 14. April 1941, ist die Lage des jugoslawischen Heeres verzweifelt. General Simović, Urheber des Staatsstreiches vom 27. 3. 1941, tritt von seinem Posten als Oberbefehlshaber des Heeres zurück und bringt sich in Nikšić (Montenegro) in Sicherheit. Von dort aus flieht er mit einem Flugzeug nach Kairo. Kurz davor hat er noch seinen Nachfolger, General Kalafatović, zur Übergabe ermächtigt.

Das XXXXVI. Armeekorps mot. (Gen. d. Pz. Tr. v. Vietinghoff) stößt im Laufe des Tages tief in die Flanke und den Rücken der südlich Belgrad mit Front nach Osten stehenden jugoslawischen 6. Armee und bricht damit den lezten organisierten Widerstand der Jugoslawen. General Kalafatović bittet um die Entsendung von Parlamentären.

Die Kämpfe ostwärts der Morava nähern sich dem Ende. Von der Straße Niš–Belgrad stoßen deutsche Verbände nach Westen und Südwesten in die weichende jugoslawische 5. Armee (Gen. Cukavać) hinein.

Seit diesem Tag, nach der Trennung von den griechischen Hauptkräften, hat der Feldzug für das britische Expeditionskorps kaum noch einen Sinn. Abgesehen von dem verstärkten Panzerregiment und Teilen der australischen Division, die südostwärts Florina gekämpft haben und sich nach dem deutschen Durchbruch rechtzeitig dem Westflügel ihrer Hauptkräfte südlich Kozani anschlossen, hatte das Expeditionskorps bisher kaum Gefechtsberührung.

Unterdessen ist ein Teil der deutschen Panzerverbände bis Kozani nach Südosten durchgestoßen, andere sind wiederum von der Straße Kozani-Florina aus in breiter Front nach Südwesten eingeschwenkt. Die gerade gebildete Abwehrfront der Griechen wird nach Südwesten gegen den Pindus-Gebirgszug zurückgedrängt.

Am Dienstag, dem 15. April 1941, trifft Generaloberst v. Weichs mit seinem Stab vormittags in Belgrad ein. Kurz nach seiner Ankunft empfängt er die dort wartenden jugoslawischen Parlamentäre der 2. und 5. Armee. Weichs übergibt ihnen ein Schreiben mit den Bedingungen des OKH sowie der Aufforderung, unverzüglich eine bevollmächtigte Delegation nach Belgrad zu entsenden.

Am selben Tag äußert General Papagos in einem Gespräch mit General Wilson, es sei wohl an der Zeit, die englischen Streitkräfte zu evakuieren, um Griechenland unnötige Verwüstungen zu ersparen. Nun entschließt sich General Wilson, seinen Verband weiter nach Süden in eine neue Stellung abzusetzen. Von diesem Brückenkopf nordwestlich der attischen Häfen soll der Rückzug des Korps für die inzwischen beschlossene Einschiffung gedeckt werden. Zur Sicherung bleiben am Olymp Nachhuten gegen die stark nachdrängenden deutschen Verbände stehen.

Um 16.00 Uhr erhält die Luftflotte 4 den Befehl von Reichsmarschall Göring, den Rückzug und die Einschiffung des britischen Expeditionskorps zu verhindern. Die deutschen Panzer versuchen jetzt vergebens, die weichenden Engländer zu umfassen. Auch der Einsatz der Luftwaffe kann bei dem unbeständigen Wetter den Rückzug der Engländer kaum behindern.

Ebenfalls am 15. April 1941 erreicht das von Agram und aus dem Raum westlich Belgrad vorrückende deutsche XXXXI. Armeekorps (Gen. d. Pz. Tr. Reinhardt) Sarajewo, rollt dann in den jugoslawischen Rückzugsraum

Belgrad, am Morgen des 13. 4. 1941: In der jugoslawischen Hauptstadt herrscht Chaos; Geschäfte werden geplündert
20. 4. 1941. SS-Obergruppenführer Dietrich führt mit Vertretern des griechischen Oberbefehlshabers General Tsolakoglou Kapitulationsverhandlungen

hinein und erzwingt die Kapitulation der jugoslawischen 2. Armee (Gen. Miljković). Der jugoslawische Widerstand verringert sich zusehends. Im Raum von Mostar kommt es sogar zu Kämpfen zwischen Kroaten und Serben, die sich allmählich auf ganz Dalmatien ausdehnen.

An diesem Tag gibt das Luftflotten-Kommando 4 (GenOberst Löhr) den unmittelbaren Anstoß zur Eroberung von Kreta. Generaloberst Löhr: »Als ich mich am 15. April beim Reichsmarschall auf dem Semmering zum Flug nach Sofia abmeldete, brachte ich den Kreta-Gedanken vor, der vorerst wenig Anklang fand.« Dr. Ante Pavelić, der am 15. April 1941 aus seinem italienischen Exil nach Agram zurückkehrt, übernimmt als »Poglavnik« (Oberhaupt) die Führung des neuen Staates Kroatien. Seitdem überstürzen sich die Gesetzesverordnungen, Weisungen und Befehle ganz nach dem Vorbild des NS-Regimes.

Am Mittwoch, dem 16. April 1941, vollzieht sich das Schicksal der griechischen Streitkräfte: Die Westmazedonische Armee (Gen. Tsolakoglou), die ursprünglich nach Südosten auf Thessalien ausweichen sollte, kommt nicht mehr über das Gebirge, wendet sich nach Süden und gerät nun in die Epirus-Armee (Gen. Pitsikas).

Am Donnerstag, dem 17. April 1941, wird in Belgrad um 3.25 Uhr morgens zwischen dem Oberbefehlshaber der 2. Armee, Generaloberst Freiherr v. Weichs, und dem italienischen Militärattaché in Belgrad sowie dem jugoslawischen Minister Marković und General Janković die bedingungslose Kapitulation unterzeichnet, die am 18. 4. 1941 in Kraft tritt. Einer der Hauptgründe der Niederlage ist neben der immensen deutschen Überlegenheit das vollständige Fehlen jeglicher nationalen Einheit der jugoslawischen Völker sowie das Versagen der politischen und militärischen Führung. Oberst Vauhnik, jugoslawischer Militärattaché in Berlin: »Jugoslawien beging tatsächlich Selbstmord. Nicht um einen Tag, ja nicht um eine Stunde wurden die Vorbereitungen Hitlers für den Angriff auf die Sowjetunion verzögert. Im Gegenteil, die Beute, die man in Jugoslawien machte, war sehr willkommen . . .«
Die deutschen Verluste in diesem kurzen Feldzug: 151 Tote, 392 Verwundete und 15 Vermißte. Die Deutschen behalten nach Freilassung sämtlicher Kroaten nur 244 000 serbische Gefangene.
An diesem Tag beendet das britische Expeditionskorps seine Vorbereitungen für den Abtransport. Man läßt am Olymp weiterhin nur Nachhuten stehen und das Gros auf die Thermopylen zurücknehmen. Um diese Bewegung zu stören, teilt das XVIII. Armeekorps (Gen. d. Inf. Böhme) die 2. Panzerdivision (GenLt. Veiel) in zwei Kampfgruppen: Die eine stößt unter Oberst v. Vaerst westlich am Olymp vorbei nach Elasson, mit der anderen rückt Oberst Balck über den schmalen Küstenstreifen und durch das Tempetal gegen Larissa vor, während zwischen ihnen die 6. Gebirgsdivision (GenMaj. Schörner) den 2917 Meter hohen Olymp erklimmt.

Am Morgen des 18. April 1941 berät in Athen im Königspalast von Tatoi der Kronrat. Es wird die Fortsetzung des Kampfes trotz der aussichtslosen Lage beschlossen. Während der Tagung trifft ein Funkspruch von General Barkos, dem Korpskommandanten der Epirus-Armee ein: »Die Lage gleitet uns schnell aus der Hand ... Ich beschwöre Sie im Namen Gottes, fassen Sie sofort einen Entschluß, damit wir nicht Zerstörungen zu beklagen haben, wie nie zuvor.« Eine Aufforderung von General Wilson, an den Thermopylen gemeinsam weiteren Widerstand zu leisten, wird abgelehnt. Die griechische Regierung besteht vielmehr auf dem sofortigen Abtransport des Expeditionskorps, um die mondscheinlosen Nächte auszunützen. Ministerpräsident Korisis, Nachfolger von Metaxas, verläßt den Kronrat und erschießt sich eine Stunde später in seiner Wohnung.

Um Zeit für die Einschiffung zu gewinnen, verteidigen sich die Nachhuten des Expeditionskorps weiterhin hartnäckig in der Sperrstellung der Thermopylen-Enge, wobei ihnen Luftunterstützung nicht mehr zur Verfügung steht, da die Flugplätze bereits geräumt sind.

Am gleichen Tag unterzeichnen Italien und Kroatien in Rom einen Staatsvertrag. Dem Herzog von Spoleto, einem Neffen des Königs von Italien, wird die kroatische Königswürde angetragen. In den gleichzeitig abgeschlossenen Verträgen berichtigt man die italienisch-kroatische Grenze zugunsten Italiens. Außerdem erhält Italien zahlreiche Stützpunkte an der dalmatinischen Küste und übernimmt die Garantie für die politische Unabhängigkeit des Königreiches Kroatien und für seine territoriale Integrität.

General Glaise v. Horstenau: »Um der Öffentlichkeit Italiens nach den von ihrer Wehrmacht in den Seealpen, in Albanien und in Nordafrika erlittenen Niederlagen endlich errungene Siege vortäuschen zu können, wurden bei der Einnahme von Spalato italienische Soldaten in jugoslawische Uniformen gesteckt, mit Platzpatronen sowie mit Knallfröschen Scheinkämpfe geliefert und gefilmt, die man dann in den italienischen Kinos den gutgläubigen Zuschauern vorführte. Die Bewohner von Spalato als Augenzeugen des Scheinmanövers waren aber über diesen Schwindel empört.«

Während des Blitzkrieges und der nur entlang der wenigen Hauptverkehrslinien vorgetriebenen Offensive gelingt es Abertausenden Soldaten, vor den deutschen Truppen auszuweichen.

Bereits an diesem 18. April 1941 beginnen sich die Reste des jugoslawischen Heeres, die sich mit ihren Waffen der Gefangenschaft entzogen haben und untergetaucht sind, als Freischärler zu organisieren. Als Operationsbasis dienen ihnen die schwer zugänglichen Gebiete Bosnien, Montenegro, das Velebit-Gebirge und der Ravna-Gora-Berg. Auch in Belgrad hält sich eine Widerstandsgruppe: die nationalserbische, den Faschisten nahestehende antikommunistische Bewegung »Zbor«. Sabotageakte an Fernmeldeeinrichtungen und an den Verkehrswegen, Überfälle auf deutsche Militärfahrzeuge und Gendarmeriestationen sind die ersten Hinweise auf ihre Existenz.

Am Sonnabend, dem 19. April 1941, fällt Larissa. An diesem Tag überschreiten deutsche Panzer den Bereich des Pindus-Massivs bei Metsovo. Damit ist das Schicksal der griechischen Armee im Epirus besiegelt: Der Rückzug des britischen Expeditionskorps öffnet den deutschen Truppen den Weg in die thessalische Ebene. Ein Teil der Westgruppe der 12. Armee, die SS-Leibstandarte (SS-Obergruppenf. Dietrich), dringt entlang der Straße vom Metsovo-Paß in Richtung Epirus vor. An diesem Tag gelingt es dem Vertreter der jugoslawischen Staatsbank, die Goldbestände in zwei Bomber vom Typ Dornier Do 17 K zu verladen, die im letzten Augenblick vor dem Auftauchen der deutschen Vorhuten starten. Ohne Zwischenfälle landen die beiden Maschinen in Heliopolis (Ägypten).

Am Sonntag, dem 20. April 1941, bietet General Tsolakoglou, ohne die griechische Regierung zu verständigen, den Waffenstillstand an, noch bevor sich alle griechischen Truppen von der albanischen Front gelöst und die Italiener die albanische Südgrenze erreicht haben. Während die Meldung auf dem Dienstweg über die 12. Armee an das OKH weitergeleitet wird, beauftragt das Generalkommando XI den Kommandeur der Leibstandarte mit dem Abschluß eines »vorläufigen Waffenstillstandes«. SS-Obergruppenführer Dietrich hat wegen fehlender Verbindungen zum Generalkommando und zur 12. Armee das Angebot der Griechen zu Verhandlungen bereits ohne weitere Rückfrage angenommen und fährt ins griechische Armeehauptquartier nach Votonasi.

Um 18.00 Uhr unterzeichnet Dietrich ein Protokoll über die Einstellung der Feindseligkeiten. Ein Protest Mussolinis bei Hitler erreicht jedoch, daß die Kapitulation unter Einschaltung italienischer Dienststellen wiederholt werden muß, obwohl von einer Teilnahme italienischer Truppen an den entscheidenden Kampfhandlungen nicht die Rede sein kann. Unter dem Zwang der Lage beugen sich die Griechen dieser Forderung, obwohl sie keineswegs von den Italienern besiegt worden sind. Inzwischen wird der deutsche Angriff gegen das britische Expeditionskorps fortgesetzt.

Jetzt, am 20. April 1941, stehen die deutschen Panzerspitzen vor der starken Thermopylen-Stellung und bei Volos, wo die ersten Engländer bereits abtransportiert werden. General Wilson bleibt nun nichts anderes übrig, als Griechenland so schnell wie möglich zu räumen. Es wird beschlossen, den größeren Teil des Expeditionskorps im Peloponnes einzuschiffen und die dortigen flachen Strände und kleinen Häfen auszunützen: Eine weitaus schwierigere Aufgabe als bei Dünkirchen, da die Fliegerdeckung fehlt.

Währenddessen beginnen in Wien die Verhandlungen zwischen v. Ribbentrop und Graf Ciano über die Aufteilung des besetzten Jugoslawiens.

In diesem Tagen wird der jugoslawische Hauptsender in »Soldatensender Belgrad« (Leiter: PK-Leutnant Reintgen) umbenannt. Die in dem Vorort Makisch, einem Überschwemmungsgebiet der Save, stehenden Aus-

Die Brücke über den Kanal von Korinth, 26. 4. 1941. Die Soldaten des Fallschirmjägerregiments 2 besetzen das strategisch wichtige Objekt: Wenige Sekunden nach dieser Aufnahme fliegt die Brücke in die Luft. PK-Filmberichterstatter von der Heyden findet dabei den Tod

strahlungstürme ergeben eine überraschende Reichweite, nicht zuletzt durch die Eigenart des Sumpfbodens. So wird der »Soldatensender Belgrad« ebensogut im Nahen Osten, in Nordafrika, England und an der Ostfront gehört. Hier kommt auch ein Produkt der deutschen Propaganda zur Wirkung, das wie kaum ein anderes im Zweiten Weltkrieg diesseits und jenseits der Front größte Popularität erreicht: Das Lied von »Lili Marleen«.

Am Montag, dem 21. April 1941, wird der Organisator der Luftlandetruppen, General der Flieger Kurt Student, von Hitler ins Hauptquartier (Mönichkirchen) befohlen. Nach einer langen Auseinandersetzung gelingt es General Student, ihn von den Erfolgschancen eines Angriffs auf Kreta mit Luftlandetruppen zu überzeugen. Hitler stimmt dem Plan zu, und Göring beauftragt sofort die Luftflotte 4 (GenOberst Löhr) mit dem VIII. (Gen. d. Fl. v. Richthofen) und XI. Fliegerkorps (Gen. d. Fl. Student), das Unternehmen durchzuführen. Damit werden zum ersten Mal Heeres-, Luftwaffen- und Marineverbände unter dem Kommando eines Luftwaffengenerals einheitlich zusammengefaßt.

Nun ist das jugoslawische Heer geschlagen, seine Oberbefehlshaber sind ins Ausland geflohen oder haben kapituliert, der König und seine Regierung befinden sich im Exil. Im Land herrscht Ruhe. Hitler läßt in Jugoslawien im Rahmen der Vorbereitungen zum Unternehmen »Barbarossa« jetzt nur vier kampfschwache Divisionen stehen. So zieht z. B. die deutsche Wehrmachtführung aus Kroatien sämtliche Truppen heraus bis auf die in Sarajevo sowie Banja Luka verbliebene 718. Sicherungsdivision und sechs Landesschützenbataillone zur Sicherung der wichtigen Bahnstrecke Agram-Belgrad. Man vergißt dabei wohl den Freiheitswillen und die alte Guerilla-Tradition der einzelnen Völker dieser unterworfenen Länder. Die trügerische Ruhe dauert nur wenige Tage.

Ebenfalls am 21. April 1941, hat die deutsche 2. Armee der ihr zur Zeit noch unterstehenden Militärverwaltung in Serbien befohlen, »gegen Bandenbildungen mit schärfsten Mitteln vorzugehen«.

Allein die Tatsache, daß die deutsche Führung von Anfang an kaum Wert auf großangelegte Befriedungs-Aktionen legt und darauf verzichtet, einen Landstrich nach dem anderen gründlich zu säubern, ermöglicht den Guerillas, Fuß zu fassen. Die deutschen Truppen beschränken sich lediglich auf die Besetzung der wichtigen Städte und Industriezentren sowie Sicherung des Verkehrs- und Verbindungsnetzes.

Am Mittwoch, dem 23. April 1941, entscheidet sich König Georg II., da er keine Möglichkeit mehr sieht, den deutschen Vormarsch nach Athen aufzuhalten, zusammen mit dem Premier der neugebildeten Regierung Tsuderos, das Land zu verlassen. Ein britisches Flugboot vom Typ Sunderland bringt sie nach Kreta. In den Morgenstunden des 23. April 1941 verlassen die

letzten britischen Truppen Athen. General Wilson: »Auf der Fahrt durch die Stadt wurde ich wie ein siegreicher Held gefeiert und nicht wie der Kommandeur einer evakuierenden Armee. Die Männer riefen ›zito‹, die Frauen warfen uns Blumen zu unter Zurufen wie ›kommt wieder zurück‹ und ›danke für eure Hilfe‹.«
Unterdessen wird in Saloniki auf ausdrücklichen Wunsch von Mussolini zum dritten Mal die Kapitulation der griechischen Armee, jetzt in Anwesenheit von General Ferrero, dem Vertreter des Comando Supremo, und dem Vertreter des OKW, General Jodl, unterzeichnet.
Während sich die ersten Einheiten des Expeditionskorps in den Häfen Salamis, Piräus und in Chalkis auf Euböa einschiffen (Operation »Dynamo«), hält der britische Widerstand an den Thermopylen weiter an. Nachdem die Häfen Piräus, Volos und Salamis durch deutsche Luftangriffe zerstört worden sind, geht die Einschiffung der britischen Truppen in kleinen Buchten des Peloponnes weiter. Die Einheiten ziehen über eine Autostraße bis in die Nähe der durch Oliven- und Fichtenwälder getarnten Einschiffungsstelle. Die Truppen gehen im Schutz der Dunkelheit von 22.00 Uhr bis 3.00 Uhr früh auf die Transporter, um den Küstenbereich möglichst noch vor Tagesanbruch zu verlassen.

Am Freitag, dem 25. April 1941, wird der letzte Widerstand der Engländer am Thermopylen-Paß gebrochen: Es gelingt der Vorausabteilung einer deutschen Infanteriedivision, die Enge zu öffnen. Nun ist der Weg nach Athen frei.
An diesem Tag ergeht die OKW-Weisung Nr. 28 zur Eroberung der Insel Kreta durch ein Luftlandeunternehmen unter dem Kennwort »Merkur«. Die Transportbewegungen dürfen allerdings keine Verzögerung des Aufmarsches für das Unternehmen »Barbarossa« herbeiführen. Dem Luftflottenkommando 4 stehen an fliegenden Verbänden das VIII. Fliegerkorps (Gen. d. Fl. v. Richthofen) und das XI. Fliegerkorps (Gen. d. Fl. Student) zur Verfügung. Die Luftlandung selbst wird die 7. Flieger-(Fallschirm)Division (GenLt. Süßmann), dazu die 5. Gebirgsdivision (GenMaj. Ringel) mit insgesamt rund 25 000 Mann und 1000 Flugzeugen durchführen. Aus Mangel an Transportmitteln muß die Führung auf die einzige deutsche Luftlandedivision, die 22. Infanteriedivision (GenLt. v. Sponeck) des Heeres, die in Rumänien bereitsteht, verzichten. Statt dessen wird die 5. Gebirgsdivision eingesetzt, der es jedoch an Sonderausrüstung, vor allem an der speziellen Erfahrung und Ausbildung mangelt. Die Kriegsmarine stellt aus griechischen Küstenmotorseglern sogenannte Seetransportstaffeln zusammen.

Am Morgen des 26. April 1941 springen zwei Bataillone des Fallschirmjägerregiments 2 (Oberst Sturm) unter dem Schutz einer niedrigen Wolkendecke und Morgennebel über die Enge von Korinth ab. Nachdem sich die Brücke bereits unversehrt in deutscher Hand befindet, trifft ein britisches Flakgeschoß die Sprengkammern der

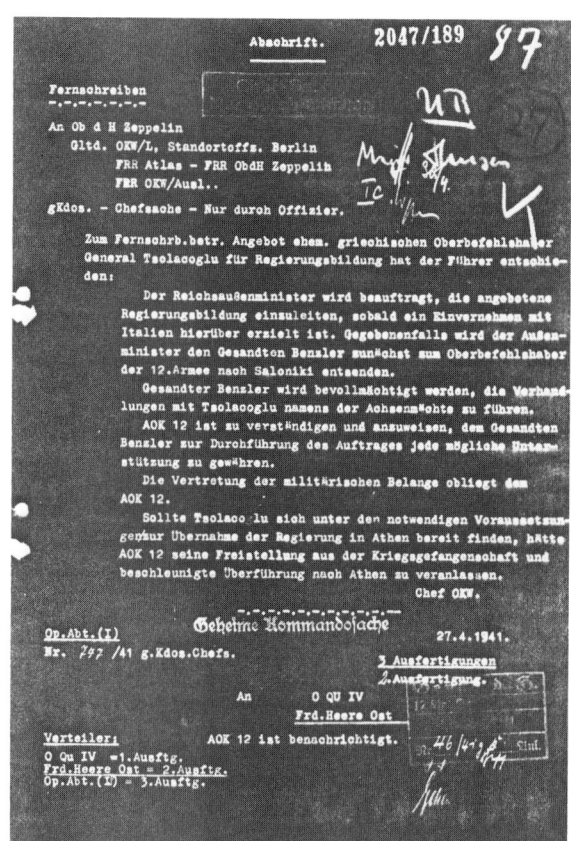

Ein Dokument höchster Geheimhaltungsstufe: General Tsolakoglou, der bisherige griechische Oberbefehlshaber, ist bereit, eine Hitlerfreundliche Marionettenregierung zu bilden

Rechte Seite: Die griechische Hauptstadt ist gefallen

Brücke und jagt sie in die Luft. Einem britischen Pionieroffizier, der an den Vorbereitungen zur Brückensprengung mitgearbeitet hat, ist es gelungen, eine Sprengladung durch gezielte Schüsse zur Explosion zu bringen. Jetzt können sich die restlichen Verbände des Expeditionskorps unverfolgt in den südlichen Teil des Peloponnes zu ihren Einschiffungsstränden zurückziehen.

Am Sonntag, dem 27. April 1941, besetzen als erste die Soldaten des II. Bataillons (Rittm. Jacobi) der »Brandenburger« Athen und hissen die Hakenkreuzfahne auf dem Rathaus. Ihnen folgen eine Vorausabteilung der 5. Panzerdivision (GenMaj. Kühn) und Teile der 6. Gebirgsdivision (GenMaj. Schörner).
Die Einschiffung der britischen Truppen in den Nächten bis zum 29. April 1941 geht – wenn auch durch deutsche Luftangriffe gestört – planmäßig vor sich. Im Golf von Nauplion kommt es jedoch zu schweren Menschen- und Schiffsverlusten. Der Transportdampfer »Slamat« hält sich, um möglichst viele Menschen mitzunehmen, zu lange auf und gerät bei Tagesanbruch in einen deut-

schen Stuka-Angriff. Das Schiff sinkt. Zwei Zerstörer, die fast die gesamten 700 Mann retten können, werden ein paar Stunden später selbst Opfer von Luftangriffen. Von allen drei Schiffen überleben lediglich 50 Mann die Katastrophe.

Zum Schluß finden die Verladungen nur noch im äußersten Süden des Peloponnes statt. Bei Kalamata können jedoch deutsche Vorausabteilungen 5000 Mann gefangennehmen, deren Abtransport nicht mehr gelungen ist. Insgesamt hat die Mediterranean Fleet (Adm. Cunningham) 50 732 Mann abtransportiert, 21 Schiffe gingen verloren. Fast 12 000 Soldaten des Empire sind gefallen oder in Gefangenschaft geraten. Die Royal Air Force büßte 209 Flugzeuge ein, 8000 Lastwagen wurden zerstört. Demgegenüber haben die deutschen Verluste während des griechischen Feldzuges 1099 Tote, 3500 Verwundete und Vermißte betragen.

Am Dienstag, dem 29. April 1941, erreichen die von Korinth und Patras weiter vorstoßenden deutschen Vorausabteilungen die Häfen im Süden des Peloponnes.

Am Mittwoch, dem 30. April 1941, sind die letzten griechischen und englischen Truppen auf dem griechischen Festland einschließlich des Peloponnes gefangengenommen oder vertrieben.

An diesem Tag übernimmt auf Kreta General Freyberg das Kommando der Insel und die Organisation ihrer Verteidigung. 27 500 Mann stehen unter seinem Befehl, die man größtenteils vom griechischen Festland hierher überführt hat. Etwa die Hälfte sind Engländer, je ein Viertel entstammen australischen oder neuseeländischen Kontigenten, dazu elf griechische Bataillone mit geringem Kampfwert. Alle Verbände sind nur leicht bewaffnet und schlecht ausgerüstet.

Auf der Insel befinden sich außer einigen ortsfesten Geschützen lediglich acht mittlere und zehn leichte Panzer. Die Transportmittel sind sehr knapp, so daß eine bewegliche Kampfführung mit schneller Verschie-

bung von Kräften an bedrohte Punkte kaum möglich ist und sich wegen der deutschen Luftherrschaft auf die kurzen Nachtstunden beschränken muß. Die britischen Kräfte sind in vier Gruppen gegliedert, je eine bei Hiraklion, Rethymo, an der Suda-Bucht und bei Malemes. Der König von Griechenland, seit dem 23. April 1941 in Chania (Kanea), fordert die rund 400 000 Inselbewohner zum Kleinkrieg gegen etwaige deutsche Besetzung auf und läßt mit englischer Hilfe Freischärler ausbilden.

Churchill sorgt persönlich dafür, daß der Verteidiger von Kreta, General Freyberg, sämtliche Nachrichten erhält, die sich aus den Feindlagebeurteilungen auf Grund der Enigma-Funksprüche ergeben. Freyberg, nicht in das Geheimnis von »Ultra« eingeweiht, wird von General Wavell, der ihn auf Kreta besucht, erklärt, daß diese Feindnachrichten von einem in Berlin arbeitenden »Typ« aus dem Foreign Office stammen.

Erst zwischen dem 2. und 3. Mai 1941 wird vom XI. Armeekorps (Gen. d. Inf. v. Kortzfleisch) im Gebiet um Prapastica, nordöstlich von Priština, eine Säuberungsaktion durchgeführt, bei der eine Gruppe von etwa 3000 versprengten serbischen Soldaten, die sich in die Wälder und Berge zurückgezogen haben, aufgespürt und zerstreut wird. Den eingesetzten Verbänden gelingt es noch, 215 Versprengte gefangenzunehmen, ohne jedoch Hinweise auf weitere Schlupfwinkel zu erhalten.

Einer, der die bedingungslose Kapitulation vom 18. April 1941 nicht anerkennt, ist der 53jährige serbische Oberst Draca Mihailović. Der Major der Königlichen Garde und Generalstabsoffizier, ehemaliger Militärattaché in Prag und Sofia, war noch vor kurzem Chef der Operationsabteilung der jugoslawischen II. Armee in Sarajevo. Mihailović schart eine Gruppe von 26 Offizieren und Soldaten um sich und hofft, zusammen mit anderen noch intakten Einheiten eine neue Abwehrfront aufbauen zu können. Sie setzen ihren Marsch durch die weglose Gebirgslandschaft des von deutschen

Norddeutsche Ausgabe
118. Ausg. / 54. Jahrg. / Einzelpreis 20 Pf.

»Freiheit und Brot«

Norddeutsche Ausgabe
Berlin, Montag, 28. April 1941

VÖLKISCHER BEOBACHTER

Kampfblatt der nationalsozialistischen Bewegung
Großdeutschlands

Athen in deutscher Hand

Fallschirmtruppen besetzten Korinth — Leibstandarte „Adolf Hitler" nahm Patras

Ein Kreuzer versenkt — zwei weitere beschädigt

Truppen besetzten Bosnien in Richtung Osten nach Serbien fort, wo Mihailović im Ersten Weltkrieg als junger Leutnant gekämpft hat.

Am Donnerstag, dem 8. Mai 1941, erreichen Mihailović und seine Gruppe nach einem zufälligen Scharmützel mit deutschen Patrouillen den Ravna Gora, einen bewaldeten, einsamen Gebirgszug in Westserbien, etwa 100 Kilometer südlich von Belgrad. Hier hat diese Gruppe, die sich als Nachfolgerin einer serbisch-nationalen Armee sieht, zwei Tage später, am 10. Mai 1941, ihren ersten geplanten Zusammenstoß mit deutschen Soldaten. Dieses erste Gefecht, das seinen Männern schwere Verluste bringt, belehrt Mihailović jedoch, daß eine Weiterführung des Widerstandes nur noch mit Guerilla-Taktik möglich ist. Mihailović beschließt nun, eine Guerilla-Abteilung aufzubauen, und wählt den Ravna Gora zu seinem Einsatzgebiet. Zur selben Zeit formieren sich in verschiedenen Gebieten unabhängig voneinander operierende Widerstandsgruppen, die sich Tschetniks nennen. Diese Tschetniks (von Ceta-Schar) sind nationale serbische Freischärler, die in den Balkankriegen und im Ersten Weltkrieg in Südserbien den Volksaufstand organisierten.

Als serbischer Veteranen- und Milizverband bestand die Tschetnik-Organisation auch nach 1918 im jugoslawischen Staat weiter. Sie führen als eine Art Miliz-Dorfwehr ihre Tradition auf die Haiducken der Türkenkriege und die Komitadschi, die Freischärler des Ersten Weltkrieges, zurück. Diese serbische paramilitärische Nationalistenorganisation hat zahlreiche Zweigstellen im ganzen Land gegründet. Ihr Zweck ist etwas verschwommen formuliert: Sie soll den serbischen Einfluß in den nicht-serbischen Teilen des Landes festigen. Sie bildete zugleich einen Teil der Streitkräfte des Königreiches Jugoslawien. Mihailović, der bereits vor Kriegsausbruch zu den leitenden Männern der Tschetniks gehörte und ihr letzter Stabschef vor Beginn des Balkanfeldzuges war, tritt jetzt als führender Organisator der Widerstandsbewegung auf, der sich immer mehr regionale Guerilla-Gruppen unterordnen.

Vom Ravna Gora aus koordiniert nun der großserbisch und royalistisch gesinnte Mihailović Tschetnikgruppen in verschiedenen Teilen Serbiens. Mihailović entsendet seine Vertrauensmänner nach Belgrad und in die Provinzstädte. Den Tschetniks gelingt es nach und nach, in den unwegsamen Gegenden des Landes Bastionen serbisch-nationaler Selbständigkeit zu schaffen. Sie beginnen jetzt ihren Kampf gegen die deutsche Besatzungsmacht durch Überfälle auf einzelne Soldaten und kleine Kolonnen, durch Anschläge auf militärische Depots, vor allem auf Verbindungslinien, Fernsprechleitungen, Brücken und Bahnlinien. Ihre erste Großsabotage bildet die Sprengung des Munitionsdepots in Semendria, wobei die halbe Stadt in Trümmer sinkt.

Bis zum 11. Mai 1941 besetzen deutsche Truppen den Peloponnes und die ägäischen Inseln, die Italiener die westgriechischen Inseln und einige in der Umgebung des Dodekanes. Kroatien wird einschließlich Bosnien unabhängig. Gleichzeitig garantiert Kroatien den Italienern das Durchmarschrecht auf adriatischen Straßen und Eisenbahnen. Montenegro wird italienisches Gouvernement, Mazedonien zwischen Albanien und Bulgarien aufgeteilt, Ostthrazien (ohne Saloniki) fällt an Bulgarien, Altserbien und Griechenland bleiben besetzt.

Ab Montag, dem 12. Mai 1941, fliegt das VIII. Fliegerkorps (Gen. d. Fl. v. Richthofen) mit 280 Bombern, 150 Stukas und 180 Zerstörern rollende Einsätze gegen Kreta. Seit dem 12. Mai 1941 erkennt die englische Luftaufklärung eine wachsende Belegung der deutschen Flugplätze auf dem Festland und den Inseln, so daß mit einem Angriff aus der Luft gerechnet wird.

Bis zum 14. Mai 1941 sind die fliegenden Verbände der Luftwaffe für das Unternehmen »Merkur« auf griechische Absprunghäfen überführt und die notwendigen Flakeinheiten bereitgestellt. Es stehen zur Verfügung: 180 Kampfflugzeuge, 90 Sturzkampfbomber, 90 Zerstörer, 90 Jagdflugzeuge, 50 Aufklärer, 550 Transportmaschinen Ju 52, 60 Lastensegler und 8 Seenotflugzeuge. Brauchbare Unterlagen über die Feindlage auf Kreta sind, außer Luftaufnahmen, nicht vorhanden. Die Aufklärung kann keine Ergebnisse vorlegen, und die Aussagen griechischer Marine-Unteroffiziere sind recht dürftig. Die eigentlichen englischen Befestigungen, in Olivenhainen und auf terrassierten Weingärten ausgezeichnet getarnt, werden aus der Luft nicht erkannt.

Am Mittwoch, dem 14. Mai 1941, hält in Athen Generaloberst Löhr mit den Kommandierenden Generälen und Admirälen eine Schlußbesprechung über das Unternehmen »Merkur« ab. Als Angriffstag ist der 20. Mai vorgesehen, falls es gelingen sollte, bis dahin die Luftherrschaft über der Ägäis zu erkämpfen. Weitere Verzögerungen bringen die Arbeiten an der gesprengten Kanalbrücke von Korinth. Bevor ihre Trümmer nicht beseitigt sind, kann wegen der britischen Seestreitkräfte kein Tanker aus Italien ungehindert den Piräus erreichen.

Am Sonnabend, dem 17. Mai 1941, versichert Churchill vor dem britischen Unterhaus, daß man Kreta bis zum letzten Mann verteidigen werde.

Am Montag, dem 19. Mai 1941, muß General Freyberg, da sich die RAF auf der Insel unmöglich halten kann, die vier Hurricane- und die drei Gladiator-Jagdflugzeuge nach Ägypten zurückschicken. General Freyberg will jetzt die Flugplätze verminen, dies wird ihm aber untersagt, da man hofft, die englischen Jäger in Kürze wieder auf Kreta stationieren zu können.

Im Morgengrauen des 20. Mai 1941 greifen zwischen 5.50 Uhr und 6.00 Uhr die ersten deutschen Zerstörerstaffeln die Flugplätze und Flakstellungen auf Kreta in den Räumen Malemes, Chania (Kanea) und Hiraklion

(Kandia) an. Die gut getarnten britischen Stellungen werden aber verfehlt. General Freyberg, der die erste Welle der Fallschirmjäger während des Frühstücks gerade abspringen sieht, bemerkt: »Die sind aber verdammt pünktlich mit ihrem Zeitplan.« Um 7.15 Uhr erleidet das Fallschirmjäger-Sturmregiment (GenMaj. Meindl) während der Landung bei Malemes schwere Verluste: Das I. Bataillon (Maj. Koch) kann die beherrschende Höhe 107 nicht nehmen, das III. Bataillon (Maj. Schwerber) wird fast völlig aufgerieben, teilweise schon während des Absprungs am Fallschirm.

Dem Fallschirmjägerregiment 3 (Oberst Heidrich) gelingt es nicht, die Hauptstadt Chania zu besetzen, sein I. Bataillon (Hptm. Frhr. v. d. Heydte) und das III. Bataillon (Maj. Heilmann) bleiben in den Vororten liegen. Da die beiden Sender der Fallschirmjäger durch die Hartlandung der Lastensegler im Tavronitisbett zerstört werden, kann sich General Student kein genaues Bild von der Lage machen.

Links: Draža Mihailović, hier als jugoslawischer Militärattaché

Unten: Athen, 4. 5. 1941, Siegesparade: Gebirgsjäger marschieren an Generalfeldmarschall List vorbei, rechts von ihm General v. Richthofen

Als von den 493 eingesetzten Transportflugzeugen lediglich sieben nicht zurückkehren, ist man jedoch sicher, daß alles planmäßig abrollt. Nur das Reserve-Bataillon landet ohne Feindberührung und geht zum Angriff gegen die den Flugplatz beherrschenden Höhen vor.

Inzwischen kommt auf der Insel Ägina Generalleutnant Süßmann, Kommandeur der Mittelgruppe, durch einen Unfall ums Leben, und Generalmajor Meindl, Befehlshaber der Westgruppe, ist bei der Landung auf Kreta schwer verletzt worden.

Mit größtmöglicher Beschleunigung werden die gegen 9.00 Uhr zurückkehrenden Ju-52-Transportflugzeuge wieder startklar gemacht, so daß um 15.25 Uhr die zweite Welle das Angriffsgebiet erreicht. Bereits beim Absprung entstehen große Verluste durch starkes Abwehrfeuer aus bisher unerkannten Infanteriestellungen. Der in zeitlichen Abständen erfolgte Start und die schwierige Orientierung über den Zielräumen führen zu verstreutem Absetzen der Einheiten. Doch gegen Ende des Tages fällt die erste Entscheidung: Zwei Stoßtrupps der Fallschirmjäger stürmen die Höhe 107 bei Malemes. General Freyberg erfährt davon zu spät, hat aber auch nicht genügend Kräfte für einen Gegenangriff. Jetzt haben die Ju 52, wenn auch unter Artilleriebeschuß und mit zahlreichen Fahrgestellbrüchen, die Möglichkeit, mit Munitionsnachschub und dem Gebirgsjägerregiment 100 (Oberst Utz) zu landen. Um die 5. Gebirgsdivision (GenMaj. Ringel) nach Kreta zu schaffen, requiriert Konteradmiral Schuster griechische Kaiks,

Küstenmotorsegler von 20 bis 50 Tonnen, die etwa sechs Knoten in der Stunde schaffen.

Um 17.00 Uhr meldet die britische Luftaufklärung die deutsche Motorseglerstaffel (Oblt. z. S. Oesterlin) im Anmarsch südlich der Insel Milos. Um Mitternacht erfaßt das Radar der britischen Force D (Konteradm. Glennie), der über drei Kreuzer und vier Zerstörer verfügt, den deutschen Geleitzug. Zehn von 25 Motorseglern werden versenkt. Von den eingeschifften 2300 Gebirgsjägern kommen 297 um. Trotz geschickter Einnebelungsversuche durch das italienische Torpedoboot »Lupo« (FregKpt. Mimbelli) geht die Masse des Materials, Artillerie, Pak und Panzer mit den Kaikas unter, nur einige Schiffsbrüchige können sich auf die Insel Kreta retten.

Nach Meldung der »Lupo« wird die Gruppe »Hiraklion«, der zweite Geleitzug aus Motorseglern mit rund 4000 Gebirgsjägern an Bord, die sich in dieser Nacht bereits auf dem Vormarsch südlich Milos befinden, durch Funk zurückgerufen. Wie sich später herausstellt, ist dieser Funkspruch nicht aufgenommen worden, und die Gruppe »Hiraklion« wird von britischen Kreuzern angegriffen.

Das VIII. Fliegerkorps (Gen. d. Fl. v. Richthofen) bombardiert die Verbände der Royal Navy. Nach den Einsatzmeldungen sind etwa drei bis vier Feindgruppen in einer Gesamtstärke von vier Schlachtschiffen, elf Kreuzern, 18 Zerstörern und einem Tanker an den Gefechten beteiligt. Die Kreuzer »Perth« und »Kingston« werden durch Nahtreffer beschädigt. Der Flakkreuzer

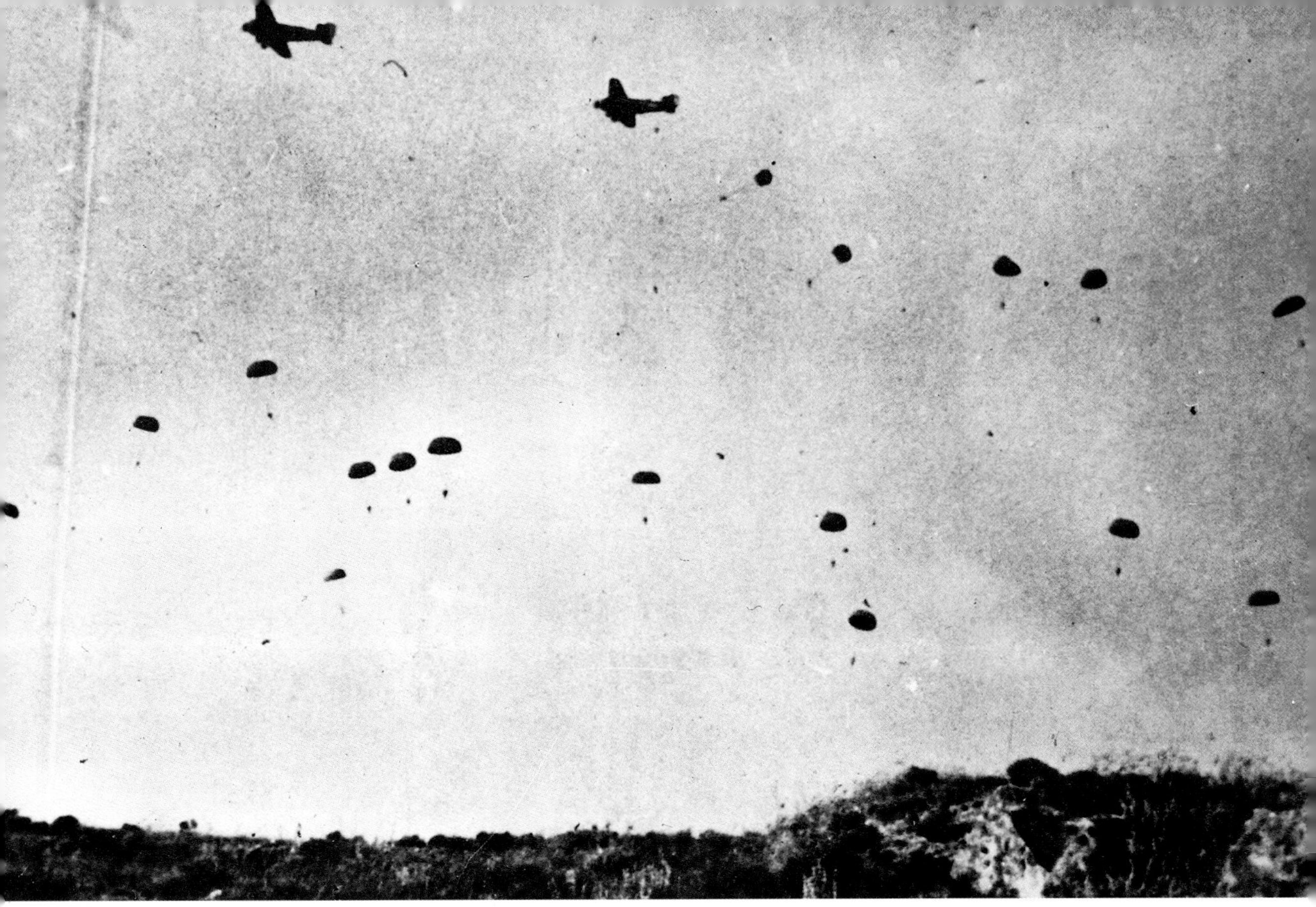

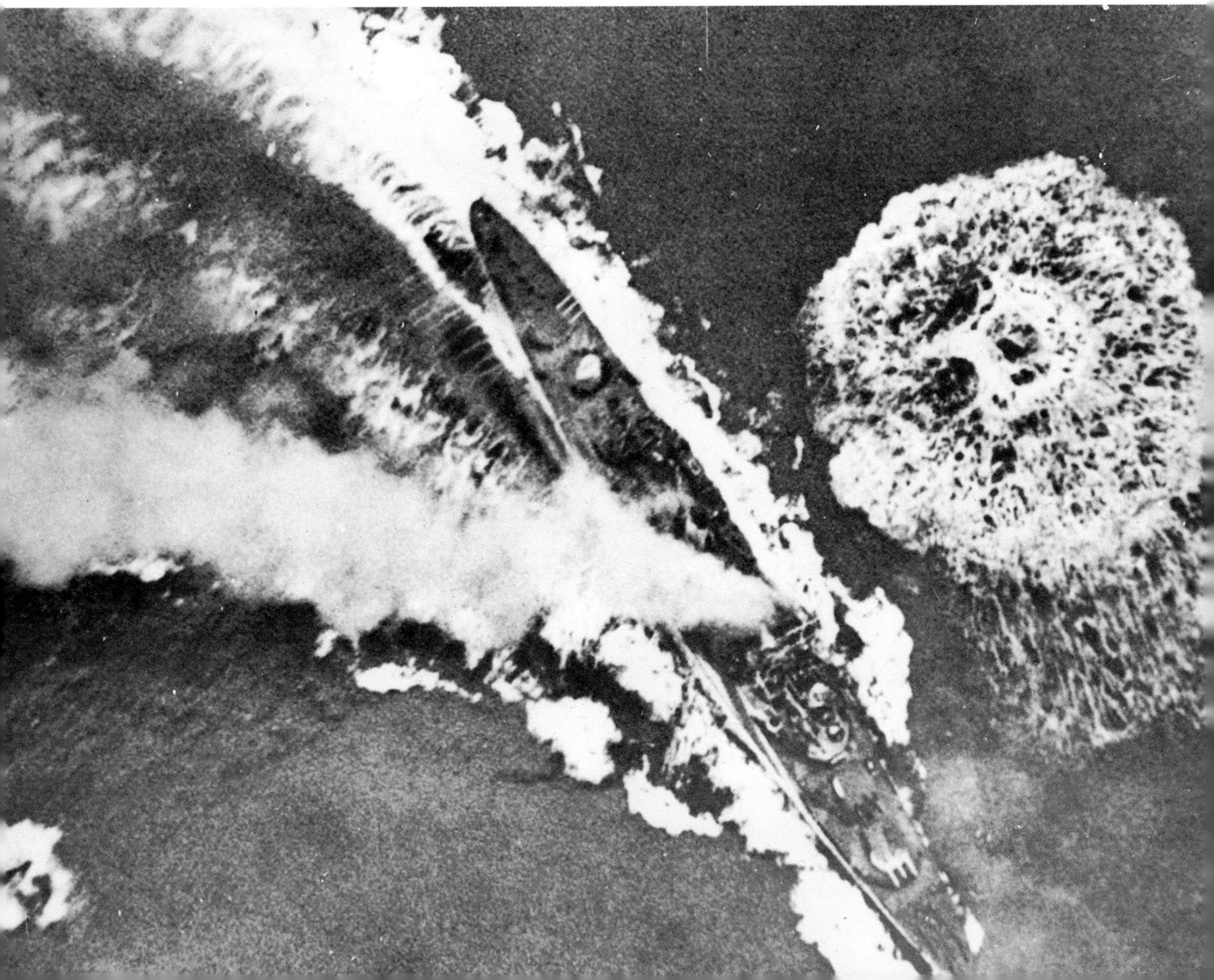

»Carlisle« wird durch direkten Treffer schwer beschädigt, ebenso das Schlachtschiff »Warspite«. Der Zerstörer »Greyhound« sinkt um 13.51 Uhr, der Kreuzer »Gloucester« wird um 15.00 Uhr versenkt, das Schlachtschiff »Valiant« um 16.45 Uhr leicht beschädigt und der Kreuzer »Fiji« um 18.45 Uhr schwer getroffen. Er kentert um 20.15 Uhr. Auf dem unübersichtlichen Gefechtsgebiet werden auch die italienischen Torpedoboote »Lupo« und »Sella« versehentlich angegriffen.

Am Abend des 22. Mai 1941 fliegen Generalmajor Ringel, Kommandeur der 5. Gebirgsdivision, und sein Stab nach Kreta, um die einheitliche Kampfführung im Raum Chania sicherzustellen.

Am Freitag, dem 23. Mai 1941, erfaßt morgens die deutsche Luftaufklärung Teile der auf dem Marsch nach Alexandria befindlichen britischen Flotte. Um 7.55 Uhr werden 13 Seemeilen südlich der Insel Gaudos vom VIII. Fliegerkorps die Zerstörer »Kelly« und »Cashmere« versenkt sowie die Zerstörer »Havoc« und »Ilex« beschädigt.

Am selben Tag melden die Fallschirmjäger der Gruppe »Hiraklion« die Landung feindlicher Maschinen auf Kreta. Im Laufe des Tages erfolgt noch ein Angriff durch fünf Bristol-Blenheim-Bomber auf den Flugplatz in Malemes. Am Abend werden die ersten deutschen Jäger nach Malemes verlegt.

Am Sonnabend, dem 24. Mai 1941, stellt die Aufklärung in den Morgenstunden keine Seestreitkräfte mehr in den Gewässern nördlich von Kreta fest. Zur Sicherung des Flugplatzes Malemes gegen Angriffe aus Süd und West wird der Westteil Kretas unter schweren Kämpfen bis zum Sonnenuntergang von griechischen Truppen und Freischärlern gesäubert. Am Abend finden deutsche Soldaten in den Weinbergen am Rande des Dorfes Castelli Kisamo, nahe der Straße nach Malemes, 40 verstümmelte Leichen von Fallschirmjägern, die Freischärler nach der Gefangennahme umgebracht haben.

Zu gleicher Zeit werden die Neuseeländer aus ihren vorgeschobenen Stellungen östlich Malemes auf ihre Hauptverteidigungslinie westlich Chania, die stark ausgebauten Höhen um Galatas, zurückgedrängt. Die 5. Gebirgsdivision stößt jetzt auf Chania vor. Generalmajor Ringel: »Wir hatten keine Tropenuniform, keine Tragtiere, keine Kraftfahrzeuge. Meine Jäger mußten zu ihren Waffen und dem Marschgepäck alles das auf den Schultern und Rücken schleppen, was sonst der Nachschub besorgt oder andersie bewegt wird – sMG, die Infanterie- und Gebirgsgeschütze, die Munition, den Proviant und vor allem das Wasser.«

Am Sonntag, dem 25. Mai 1941 vormittags, landet die letzte Einheit der 5. Gebirgsdivision bei Malemes, nachmittags beginnt bereits der Kampf um Chania.

Am Montag, dem 26. Mai 1941, funkt General Freyberg nach Kairo: »Die Lage auf der Insel ist hoffnungslos.

Die Verluste sind hoch, und die Masse der stationären Küstenartillerie ist verloren.«

Am Dienstag, dem 27. Mai 1941, nimmt die 5. Gebirgsdivision nach schweren Kämpfen die Stadt Chania. Zur Verfolgung der nach Süden ausweichenden Engländer in Richtung Sphakia werden zwei Bataillone angesetzt. Während der Kämpfe um die Suda-Bucht müssen sich Teile des Gebirgsjägerregiments 141 unter dem Feinddruck vorübergehend zurückziehen. Alle Verwundeten, die nicht mitgenommen werden können, findet man später tot und verstümmelt. Bis zum Abend ist der Westteil der Insel vom Feind gesäubert.

An diesem Tag berichtet General Wavell nach London: »Eine Verlängerung des Kampfes . . . stelle die Verteidigung des Mittleren Ostens weit mehr in Frage als der Verlust von Kreta.« Nach dieser Meldung beschließt das britische Kriegskabinett den Rückzug von der Insel. Am späten Abend des 27. Mai 1941 erhält General Freyberg den Befehl, Kreta zu räumen und seine Verbände nach Ägypten zu überführen. Noch einmal müssen Teile des Alexandria-Geschwaders mit unzureichender Luftunterstützung nach Kreta in Marsch gesetzt werden.

Jetzt, nachdem die Lage auf Kreta geklärt ist, beschließt das Comando Supremo, sich an der Eroberung der Insel zu beteiligen. Am 27. Mai 1941, um 18.00 Uhr, verläßt ein kleiner Konvoi die Insel Rhodos: an Bord eine Streitmacht von 2685 Mann mit 205 Tragtieren, 13 leichten Panzern und 4 Kraftfahrzeugen. Der Geleitzug besteht aus 15 Motorseglern und Fischerbooten, geschützt von einem Zerstörer, vier Torpedobooten und sechs Schnellbooten. Die italienische Armada bleibt über Nacht in Scarpanto und nimmt am nächsten Morgen Kurs auf Kreta.

Am Mittwoch, dem 28. Mai 1941, landet nachmittags nach einer abenteuerlichen Seefahrt eine deutsche Abteilung mit vier leichten Panzern ungestört am Strand westlich von Malemes. Einige Stunden später rollt die aus einem Kradschützenbataillon, einer Gebirgsaufklärungsabteilung, mehreren Batterien und soeben eingetroffenen Panzern gebildete Abteilung über die Küstenstraße nach Osten, um bei Rethymo und Hiraklion die eingeschlossenen Fallschirmjäger zu entsetzen. Die Abteilung macht 1100 Gefangene und nimmt Galatos sowie das Küstengebiet der Suda-Bucht.

Am selben Tag gehen bei Sitia, in der östlichen Bucht von Kreta, die von Rhodos kommenden Italiener an Land, ohne auf Widerstand zu stoßen. Dies ist die einzige kombinierte Operation der italienischen Streitkräfte im Zweiten Weltkrieg.

Die Italiener marschieren nach Jerapetra (Hierapetra), wo sie mit den deutschen Gebirgsjägern Verbindung aufnehmen. Teile der 5. Gebirgsdivision stoßen gleichzeitig unter zähen Kämpfen gegen neuseeländische Nachhuten und griechische Freischärler durch das zum Teil noch schneebedeckte, wegearme Ida-Gebirge in Richtung Südküste vor.

»Die Lage auf der Insel ist hoffnungslos...«: Deutsche Fallschirmjäger bekämpfen die letzten britischen Widerstandsnester

Kreta, 23. 5. 1941: Stukas bombardieren die britischen Schiffe in der Suda-Bucht

In der Nacht vom 28./29. Mai 1941 führen die Engländer noch an der Nordküste bei Hiraklion die ersten Einschiffungen durch. Rund 4700 Soldaten werden evakuiert. Der britische Verband Force D (Konteradm. Glennie) verliert dabei durch Stuka-Angriffe der St. G. 2 (OberstLt. Dinort) vier Schiffe.

Zu gleicher Zeit gelingt es einem anderen britischen Flottenverband, darunter die Zerstörer »Imperial« und »Hereward« bei Sphakia, in vier Stunden 5000 Mann an Bord zu nehmen. Hier bei Sphakia, einem armseligen Fischerdorf am Fuß des schneebedeckten Ida-Gebirges an der Südküste von Kreta, ist die Einschiffung wegen der auf dieser Seite herrschenden starken Brandung äußerst schwierig. Bis die Truppen jeweils zur Einschiffung aufgerufen werden, müssen sie sich in der Nähe des Steilufers verbergen. Mindestens 15 000 Mann liegen in dem felsigen Gelände um Sphakia, während die Nachhut in ständiger Gefechtsfühlung bleibt.

Als man dem Kommandeur der englischen Mittelmeer-Flotte, Admiral Cunningham, vorwirft, er setze die Royal Navy rücksichtslos zur Rettung der Infanterie ein, antwortet er: »Die Flotte braucht drei Jahre, um ein neues Schiff zu bauen, sie würde 300 Jahre brauchen, um eine neue Tradition zu schaffen. Die Evakuierung geht weiter.« Die britischen Zerstörer »Decoy« und »Hero« holen den griechischen König Georg II. mit Gefolge vom Strand bei Aviarumeli ab.

Am Donnerstag, dem 29. Mai 1941, befreien deutsche Gebirgsjäger die Fallschirmjäger der Westgruppe bei Rethimo und Hiraklion und besetzen um Mitternacht Jerapetra. Nachdem das Geschwader von Admiral Rawlings endlich gegen 20.00 Uhr Alexandria erreicht, ist von der an der Nordküste aus Hiraklion geretteten Garnison jeder fünfte Mann tot, verletzt oder in Gefangenschaft geraten. Im Morgengrauen müssen die Einschiffungen an der Südküste bei Sphakia wegen Fliegergefahr eingestellt werden.

Am Freitag, dem 30. Mai 1941, werden der Zerstörer »Kelvin« und der Kreuzer »Perth« beschädigt.

Am nächsten Morgen, dem 31. Mai 1941, läuft die »Admiral King« abermals aus. Es besteht kaum Hoffnung, alle aufzunehmen, doch die Schiffe sollen bis zum äußersten beladen werden. An diesem Tag gehen die Zerstörer »Napier« und »Nizam« sowie am Tag darauf der Flakkreuzer »Calcutta« 100 Seemeilen nördlich von Alexandria durch Bombentreffer verloren. Inzwischen wird die Admiralität unterrichtet, daß die Evakuierung nach dieser Nacht eingestellt werden muß.

Ebenfalls am 31. Mai 1941 macht sich in Griechenland die Widerstandsbewegung bemerkbar: An diesem Tag holen zwei junge Athener auf der Akropolis die Hakenkreuzfahne herunter.

Am Sonntag, dem 1. Juni 1941 um 15.00 Uhr, stechen noch einmal Schiffe der Royal Navy in See und bringen fast 4000 Mann nach Alexandria. Danach stellt die

Generaloberst Löhr, rechts Generalmajor Korten, im Gespräch mit Fallschirmjäger-Offizieren nach der Besetzung von Korinth

Flotte zur Vermeidung weiterer Schiffsverluste die Räumung endgültig ein. Für die Evakuierung Kretas hat die Admiralität vier Kreuzer, 12 Zerstörer, einen Minensucher und ein Spezialschiff eingesetzt. Insgesamt werden 17 000 Mann nach Alexandria evakuiert. Über 5000 britische Soldaten bleiben auf Kreta zurück. Die britischen Verluste auf Kreta und während des Rücktransportes: 1742 Tote, 1737 Verwundete und 11 835 Vermißte. Die Royal Navy hat 1828 Tote zu beklagen und empfindliche Schiffsverluste erlitten. Versenkt: 4 Kreuzer, 6 Zerstörer, 1 Minensucher, 3 Behelfs-U-Jäger, 2 Motorboote, 5 Motortorpedoboote und 19 Landungsfahrzeuge. Beschädigt: 1 Flugzeugträger, 3 Schlachtschiffe, 3 Kreuzer, 8 Zerstörer und 1 Spezialschiff.

An diesem Tag stößt ein deutsches Gebirgsjägerregiment, das sich zur Südküste über die Berge mühsam durchgekämpft hat, bei Sphakia noch auf starke britische Kräfte, die es gefangennimmt. Am Abend des 1. Juni 1941 meldet Generaloberst Löhr dem Reichsmarschall Göring: »Auftrag erfüllt, Kreta heute feindfrei.« Der Kampf um Kreta ist beendet.

Im Verlauf des Unternehmens »Merkur« sind 12 245 Engländer und 2266 Griechen in Gefangenschaft geraten. Die Transportflugzeuge vom Typ Ju 52 haben rund 24 000 Soldaten, 353 leichte Geschütze und 1100 Tonnen an Nachschubgütern nach Kreta geflogen. Erbeutet: 136 Geschütze, 30 Panzer und mehrere große Vorratslager. Rund 14 000 Italiener können aus der Kriegsgefangenschaft befreit werden. Während der Kämpfe

Terrorwellen erfassen den ganzen Balkan: Namenloser Widerstandskämpfer vor der Erschießung

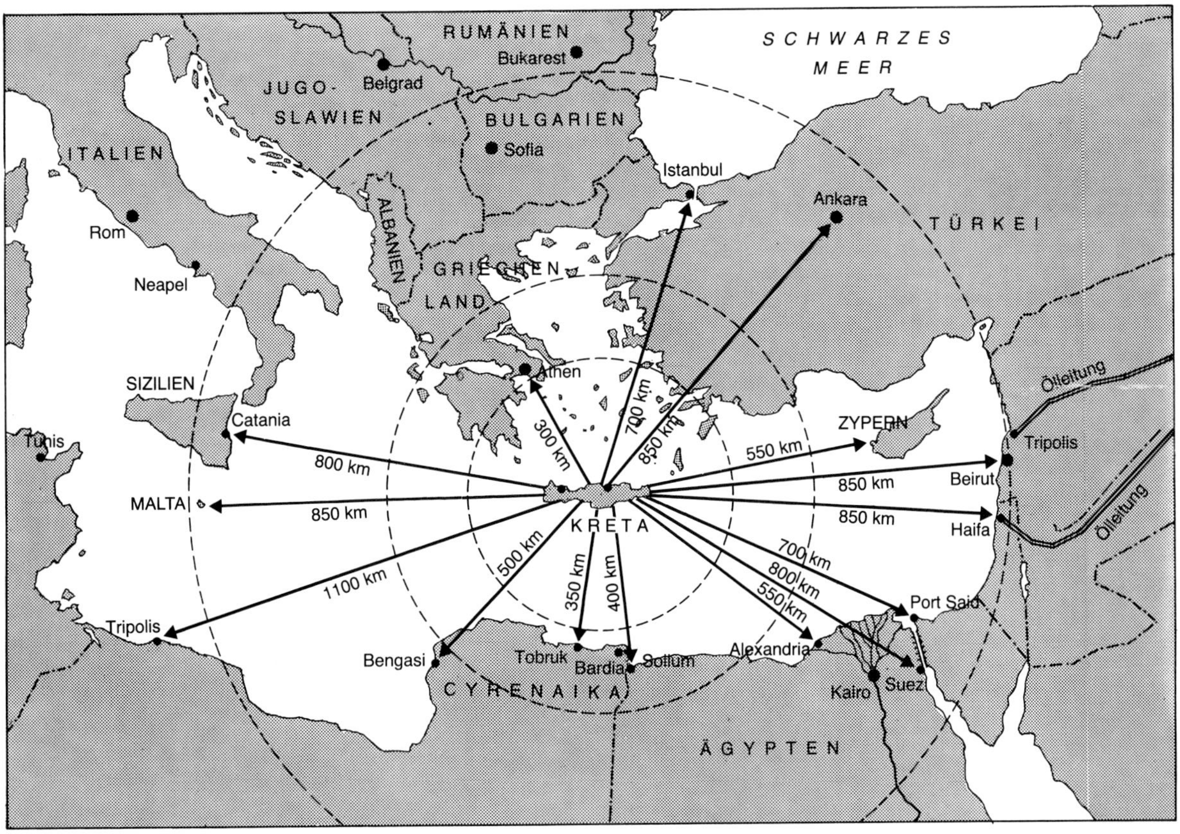

Kreta, strategischer Mittelpunkt zwischen Italien und dem Nahen Osten: Für die deutsche Führung nicht von Nutzen

um Kreta sind 21 britische Flugzeuge abgeschossen und 12 am Boden zerstört worden.

Die deutschen Verluste: 1915 Gefallene, 1759 Vermißte, fast 2200 Verwundete. Dies übersteigt die Verluste des eigentlichen Balkanfeldzugs ganz erheblich. Von den fliegenden Verbänden sind 76 Mann gefallen, 236 vermißt. Die Flugzeugverluste (ohne Lastensegler): Totalverlust 200 (einschl. 119 Transportflugzeuge), beschädigt 148 (einschl. 106 Transportflugzeuge).

Alle diese Opfer lohnen sich jedoch kaum: Zu einer Ausnutzung Kretas als Ausgangspunkt für strategische Operationen im östlichen Mittelmeer, wozu sich die günstige Lage der Insel anbietet, kommt es aus Mangel an geeigneten Kräften nie.

Mit dem Abschluß der Unternehmen »Marita« und »Merkur« geht der Balkanfeldzug zu Ende. Doch nun entbrennt in den zerklüfteten, wilden Bergen auf diesem Teil unseres Kontinents erst recht ein Krieg, der kaum Parallelen hat und der auch noch lange tobt, nachdem die deutsche Wehrmacht im Mai 1945 die Waffen gestreckt hat.

Am Montag, dem 2. Juni 1941, beginnen in Athen Besprechungen zwischen Vertretern der deutschen 12. Armee und der italienischen 11. Armee wegen der Übernahme des griechischen Gebietes mit Ausnahme von Saloniki und einer Enklave im südlichen Attika mit dem Hafen von Piräus. Dabei sollen deutsche Wehrmachtsdienststellen den Stadtbezirk Athen räumen.

Am Donnerstag, dem 5. Juni 1941, erschüttert in den Nachmittagsstunden eine gewaltige Explosion Smederovo an der Donau, eine etwa 12 000 Einwohner zählende Stadt, rund 50 Kilometer südöstlich von Belgrad. Über 500 Tonnen Sprengstoff, die im Alten Fort fast inmitten der Stadt in die Luft gejagt werden, machen das ganze Wohnviertel dem Erdboden gleich. Das Ausmaß der Tragödie wird durch die Anwesenheit von Scharen von Menschen, die an diesem Tag von Belgrad und aus der nächsten Umgebung nach Smederovo zum Wochenmarkt strömten, noch verschlimmert. Man findet in den Trümmern über 3000 Tote und die gleiche Zahl meist Schwerverletzter.

Alles deutet auf einen Sabotageakt der Mihailović-Tschetniks: Sie sollen die von den Deutschen auf den Feldern in Nordserbien eingesammelte und nach Smederovo gebrachte Beutemunition in die Luft gejagt haben. Es waren insgesamt über 90 Eisenbahnwaggons.

Am Sonntag, dem 22. Juni 1941, dem Tag des deutschen Überfalls auf die Sowjetunion, weist die Komintern alle kommunistischen Parteien Europas an, aus ihrer bisherigen Zurückhaltung herauszutreten und das Zeichen zum Aufstand zu geben. Josip Broz (Tito), der 49jährige Generalsekretär der illegalen Kommunistischen Partei Jugoslawiens (KPJ), der sich in einer Belgrader Villa aufhält, gibt das Signal zum Widerstand. Der Aufruf der KPJ vom 22. Juni 1941 lautet: »Laßt nicht zu, daß das kostbare Blut des heroischen Sowjetvolkes vergossen wird, ohne daß ihr ihm beisteht!«

Am gleichen Tag richtet die jugoslawische Exilregierung des Premierministers Simović von London aus einen Appell an das jugoslawische Volk, um es aufzufordern, jede voreilige Kampfhandlung zu vermeiden, erst die Direktiven abzuwarten und den Feind inzwischen nur im äußersten Notfall zu provozieren.

Zu dieser Zeit stehen im ehemaligen Jugoslawien: neben vier deutschen Divisionen, neun komplette und drei unvollständige italienische Divisionen, zwei bulgarische Divisionen mit Teilen einer bulgarischen Armee, Teile eines ungarischen Korps sowie mehrere kroatische Divisionen. Bereits in den letzten Wochen des Juni 1941 werden fast täglich deutsche Offiziere und Soldaten aus dem Hinterhalt ermordet. Erster Sabotageakt der Tito-Leute: der Anschlag in der Nacht vom 23./24. Juni 1941 auf die Eisenbahnlinie Belgrad-Agram (Zagreb).

Auf den Sender Belgrad wird ein Sprengstoffanschlag verübt. Aus einem Gefängnis und zwei Krankenhäusern werden festgenommene Personen befreit, serbische und deutsche Wachtposten getötet, mehrere Wehrmachtsgaragen überfallen und Fahrzeuge zerstört. Der Militärbefehlshaber Serbien (Gen. d. Fl. Schröder) läßt daraufhin 13 Personen erschießen und die Vollstreckung veröffentlichen. Da die Terrorakte weiter zunehmen, befiehlt sein Nachfolger, General der Flieger Danckelmann, fünf der festgenommenen Täter in Belgrad durch den Strang hinrichten zu lassen.

Die kommunistischen Partisanen unter Josip Broz (Tito), gehen zu Angriffen auf einzelne feindliche Patrouillen und Kolonnen über, die durch die Dörfer und Wälder streifen. Die deutschen Truppen müssen sich bei ihrer geringen Zahl auf den Schutz der großen Verkehrswege beschränken. Die erst gerade aufgestellten kroatischen Truppen, das sogenannte Domobranen-Heer, kann noch keine umfassenden Säuberungsaktionen durchführen.

Die Tschetniks kontrollieren unterdessen, außer einigen Städten, bereits ganz Montenegro. Ähnlich steht es um den Sandschak, die Herzegowina, Teile von Bosnien und das mittlere Serbien. Auch hier gibt es eine alte, noch aus der Türkenzeit stammende Tradition von Widerstand. In Montenegro, wo der Universitätsprofessor Milovan Djilas einer der Führer des Aufstandes ist, gehen die dortigen Kommunisten mit derartiger Brutalität vor, daß Tito ihnen Einhalt gebieten muß. Die Montenegriner proklamieren sich bereits als Sowjetrepublik. Schon zu Beginn kommt es zu einer Verknüpfung zwischen den Aktionen gegen die deutschen Okkupanten und dem revolutionären Kampf gegen nichtkommunistische, bäuerlich-bürgerliche Kräfte: Zunächst greifen kommunistische Partisaneneinheiten – vor allem die einheimische serbische Polizei – in jenen ländlichen Gegenden an, die von den Deutschen gar nicht besetzt gehalten werden. In der Herzegowina wiederum, wo im Juni 1941 ein Tschetnik-Aufstand ausbricht, wird er zwar von der kroatischen Ustascha niedergeschlagen, doch können sich die meisten Tschetniks nach Montenegro retten, das ihnen mit stillschweigender Duldung Italiens nun als Sammelraum dient.

Am Dienstag, dem 24. Juni 1941, bereitet sich in Sofia das illegale Politbüro des ZK der Bulgarischen Kommunistischen Arbeiterpartei (BAP) auf den bewaffneten Kampf vor. Für die Leitung des Kleinkrieges wird eine Zentrale Militärkommission (Leitung: Cvjatko Radojnov, ein ehemaliger Spanienkämpfer) gebildet. Dieser Zentralen Militärkommission (Zentralna Woenna Komisija) unterstehen die bei den Bezirksleitungen der Partei gebildeten Militärkommissionen. Das Land wird in fünf Operationsgebiete (Sofia, Plovdiv, Pleven, Varna, Burgas) unterteilt und Kampfgruppen aufgestellt, deren Angehörige tagsüber im Transportwesen oder in der Industrie ihrer Arbeit nachgehen. Ihre Aufgabe: politische Arbeit unter den bulgarischen Soldaten. Erste Maßnahmen sind der Aufruf an das Heer »Kein einziger Soldat an die Ostfront« und die Aufforderung an die bulgarischen Okkupationstruppen in Jugoslawien, sich der Tito-Partisanenbewegung anzuschließen.

Zwei Tage später, am Donnerstag, dem 26. Juni 1941, entsteht in Bulgarien die erste Partisanengruppe in der Gegend von Razlog. Ihr Anführer: das Mitglied des ZK

Skoplje (Mazedonien), Juli 1941: In der einstigen Hauptstadt der römischen Provinz Dardania und Residenz des serbischen Zaren Stephan Dusan (1331–1355) herrscht trügerische Ruhe...

Legende:
///// Von Mihailović-Tschetniks beherrschtes Gebiet
·.·.·.·. Alban. Partisanen

und Sekretär der Bezirksleitung der BAP, Nikola Parapunov. Weitere Einheiten werden in der Gegend von Dubnica (Stanke Dimitrov), in den Bergen bei Batak und in der Sredna Gora, 50 Kilometer östlich von Sofia, aufgestellt.

Am Freitag, dem 27. Juni 1941, wird in Belgrad das Militärkomitee in Generalhauptquartier (GHQ) der Partisanenverbände für Nationale Befreiung (Glavni stab narodnooslobodilackih partizanskih odreda, GS NOP) umgebildet, das Tito als Kommandeur übernimmt. Zum Hauptstab gehören: Edvard Kardeli, Rade Koncar, Franc Leskosek, Ivan Milutinović, Aleksandar Ranković, Ivo Lola Ribar, Svetozar Vukmanović, Sreten Zujović und andere.

Übrigens nennen sich die von Tito geführten Widerstandskämpfer zur Zeit keineswegs »Partisanen«. Sie bezeichnen sich als »Guerilleros« oder »Guerillaverbände«, ein Name, den der geistige Führer der kommunistischen Freischärler, der aus Montenegro stammende Professor Milovan Djilas geprägt hat. Erst im Herbst 1942 fordert Tito nach einem Wink aus Moskau seine Kampfgenossen auf, den Namen »Guerilleros« durch »Partisanen« zu ersetzen. Dieser Ausdruck ist in Rußland seit den Kämpfen gegen Napoleon 1812 und während des Bürgerkrieges 1918–1922 wohlbekannt.

Bis Ende Juni 1941 räumen laut Abmachung mit Italien vom 2. 6. 1941 die deutschen Verbände Thessalien, Attika und den Peloponnes, in das die Verbände der italienischen 11. Armee nachrücken. Mit Ausnahme des größten Teils von Kreta und der Insel Milos, Skyros, Lesbos und Limnos erhält Italien die Besatzungshoheit über alle griechischen Inseln in der Ägäis südlich von Skyros und Lesbos.

IZVRŠENJE SMRTNE KAZNE
nad osobama koje su širile letke komunističkog sadržaja

ZAGREB, 28. lipnja. Ministarstvo unutarnjih poslova, Ravnateljstvo za javni red i sigurnost Nezavisne Države Hrvatske izdalo je danas ovaj oglas:

Dana 24. o. mj. zatečeni su od redarstvenih vlasti Ivan Šikić 30 god. star, rkt. rodom iz Murtera, kotar Šibenik, Ivan Sutlarić 22 god. star, rkt. rodom iz Zagreba, Stjepan Škrnjug 21 god. star, rkt. rodom iz Krap. Toplica, Vilim Gašparović 19 god. star rkt. rodom iz Podsopolja kotar Crikvenica, Stjepan Krznarić 18 god. star, rkt. rodom iz Brinja, kako bacaju na ulici letke komunističkog sadržaja. Leci sadrže najpogrdnije izraze po hrvatsku državnu vlast, lažne i alarmantne vijesti, narod se poziva na vršenje sabotaže, a vojska na odkaz poslušnosti, kao i najpogrdnije izraze i uvrede za savezničke države i njihove vojske.

Bekanntmachung der kroatischen Behörden: Kommunisten werden mit dem Tod bestraft

1941

Juli–Dezember

Hungerkatastrophe in Griechenland
3. Juli 1941, Ankara
Die *Agentur Ulus* teilt mit:
Die ersten zuverlässigen Nachrichten, die seit der Kapitulation der griechischen Armee ins Ausland gedrungen sind, geben ein erschütterndes Bild von den Verhältnissen im schwer geprüften Griechenland. Nach der Niederlage zogen dort Hunger, Krankheiten und Epidemien ein. Schon zu Friedenszeiten war das Land stark auf die Einfuhr lebensnotwendiger Nahrungsmittel angewiesen. In den vergangenen zwei Monaten wurden diese Reserven vollständig aufgebraucht, dazu ging das ertragreiche Weizenland Mazedoniens und Thraziens an Bulgarien verloren. In den ärmeren Vorstadtvierteln Athens wächst die Zahl der Opfer des Hungers. Unterernährte Frauen, die vor den halb leeren Lebensmittelgeschäften Schlange stehen, brechen vor Erschöpfung zusammen.

Sabotageakte

Freitag, 11. Juli 1941, Belgrad
Die Zeitung *Novo List* berichtet:
Zehn Kommunisten, die in der Nacht zum 10. Juli in der Gegend von Obrenovac einen Sabotageakt durchzuführen versuchten, wurden am Tatort erschossen.

Deutsche Verwaltung in Serbien
11. Juli 1941, Berlin
United Press meldet:
Die deutsche Verwaltung für die serbischen Restgebiete des früheren jugoslawischen Staates ist durch die Einsetzung eines Ministerrates durch den Militärbefehlshaber für Serbien, General der Flakartillerie v. Schröder, erweitert worden. Wie bekannt, waren kurz nach der Besetzung Belgrads von den deutschen Militärbehörden verschiedene serbische Persönlichkeiten zur Mitarbeit in der Verwaltung herangezogen worden, indem ihnen bestimmte Ressorts technischer Art kommissarisch übertragen wurden. Diese Mitarbeit hat nun festere Formen angenommen.

Erschießungen

Sonnabend, 20. Juli 1941, Berlin
Das *DNB* teilt mit:
Wegen eines kommunistischen Sabotageversuchs in der Nähe von Valjevo in Westserbien wurde eine größere Anzahl kommunistischer Anführer und Juden erschossen.

Bekämpfung der Aufstandsbewegung im Südostraum
21. Juli 1941
Bericht im Auftrag des Generalstabschefs des Oberbefehlshabers Südost (HGr.F):
Kurz nach dem Ausbruch des deutsch-russischen Krieges, just in den Tagen, da die letzten großen Truppentransporte, die 294., die 46. und die 73. I. D. vom Balkan nach dem Osten abrollten, flammten in Serbien die ersten Anzeichen einer Aufstandsbewegung auf. Plakate und Flugzettel forderten allüberall im Lande zu Plünderungen, Sabotage und Aufruhr auf ... Entfacht durch die russische und englische Propaganda, die auf unterirdischen Wegen nur allzuleicht Eingang in das beunruhigte Land fand und durch die Agitation kommunistischer und wohl auch nationalserbischer Parteigänger flammten bald hier und bald dort örtliche Unruhen auf.

Oberheeresarchivrat Wisshaupt

Gegenmaßnahmen im Banat
Freitag, 1. August 1941, Berlin
Das *DNB* meldet:
Infolge von Sabotageakten kommunistischer Elemente des Banats sind Gegenmaßnahmen der Behörden notwendig geworden. Am 31. Juli wurden daher in Groß-Betschkerek 90 führende Kommunisten erschossen.

Unruhen in Serbien

Sonnabend, 2. August 1941
Fernschreiben des Befehlshaber Serbien an den Wehrmachtsbefehlshaber Südost:

Bis zum 22. 6. 1941 Lage in Serbien, abgesehen von kleineren Bandenunternehmungen, die aber die deutsche Wehrmacht nicht berührten, ruhig. Seitdem an verschiedenen Stellen Unruhen... Hauptunruheherde sind: Gegend Uzice, Valjevo, Cacak, Kragujevac, Topola, zum Teil Banat. Träger der Unruhen sind besonders Kommunisten... Die Lage dahin beurteilt, daß die Unruhen zum allergrößten Teil von Kommunisten ausgehen, die hierzu ihre Weisungen aus Moskau erhalten. Aktivisten z. Zt. nicht sehr zahlreich, die aber, in kleinen und kleinsten Einheiten plötzlich auftretend, Schäden und Verwirrung anstiften können. Grund zu Besorgnis vor größeren Aktionen besteht solange nicht, als das serbische Volk und die Cetnici nicht mit den Kommunisten gemeinsame Sache machen. Bisher scheint dies nicht der Fall zu sein. Anscheinend verhalten sich serbisches Volk und Cetnici gegen die Kommunisten ablehnend.

Erschießungen in Kroatien
Mittwoch, 6. August 1941, Mailand
United Press berichtet:
In einer Meldung des »Corriere della Sera« aus Zagreb heißt es, daß alle wegen Teilnahme an dem Bombenattentat gegen die Ustaschi zum Tode verurteilten Personen gestern nachmittag hingerichtet worden seien. Insgesamt seien 103 Personen erschossen worden.

Fahndungsarbeit erschwert
Freitag, 8. August 1941
Der Gesandte Benzler, Bevollmächtigter des A. A. meldet telegraphisch:
Aufdeckung Zentralen der Verschwörerclique äußerst schwierig, da mit Verrätern nicht zu rechnen und Arbeit mit Geld ziemlich aussichtslos... Kommunistischer Femeterror macht Mitarbeit loyaler Serben bei Bekämpfung Kommunismus fast unmöglich und erschwert Fahndungsarbeit außerordentlich.

Neuorganisation der Gendarmerie in Kroatien
Montag, 25. August 1941, Budapest
Die deutschsprachige Zeitung *Pester Lloyd* berichtet:
Zu dem Zweck einer beschleunigten Wiederherstellung der Sicherheit in Kroatien ist in Agram eine neue Organisation der Gendarmerie geschaffen worden. Sie soll als Bestandteil des kroatischen Heeres dem Kriegsministerium unterstehen. Gleichzeitig werden die

Führerhauptquartier Wolfsschanze, 25. 8. 1941: Marschall Kvaternik, stellvertretender kroatischer Staatsführer und Minister für Landesverteidigung, besucht Hitler. Rechts Generalfeldmarschall Keitel, der Gesandte Hewel und Reichsaußenminister v. Ribbentrop

Befugnisse der »Ustascha«-Miliz eingeschränkt, die in Zukunft nicht mehr die Aufgaben der staatlichen Exekutive durchführen, sondern nur zu ihren Sonderaufgaben herangezogen werden soll.

Immer noch Kämpfe auf Kreta?
Mittwoch, 27. August 1941, Kairo
Die *Agentur Reuter* teilt mit:
Es wird bestätigt, daß in den gebirgigen Gebieten Kretas die Kämpfe anhalten. Unter dem griechischen General Mendakos hat sich eine kleine Streitmacht gebildet, der auch etwa 1000 Engländer, Australier und Neuseeländer angehören. In einer Aktion wurden kürzlich von diesen Verbänden 300 Mann als Gefangene eingebracht. Es gelang, die Truppen aus der Luft zu versorgen.

Unruhen in Kroatien
Donnerstag, 28. August 1941, Budapest
Die Zeitung *Magyarorszag* teilt mit:
Die kroatische Presse enthält in den letzten Tagen verschiedene Angaben über die gegen die Tschetniks durchgeführten Säuberungsaktionen. Soeben sei die Säuberung der Petrova Gora, etwa 50 Kilometer südlich von Agram, gelungen. Gegen eine im Bergland Medvenica nördlich von Agram befindliche Bande wurde ein Steckbrief erlassen, der für alle Angaben, die zur Ergreifung eines Bandenmitgliedes führen, eine Belohnung von 10000 Kuna ausschreibt. Außerdem berichten die Blätter über das Begräbnis von sechs deutschen Soldaten in Sarajevo, die im Kampf gegen die Tschetniks gefallen sind. Bei dieser Gelegenheit wird erwähnt, daß die Tschetniks dieser Gegend unter Leitung von ehemaligen serbischen Offizieren stehen. Als bekannter Bandenführer gelte ein Komitadschi namens Draža Mihailović.

Anschlag auf Bahnlinie

Freitag, 29. August 1941, Budapest
Die deutschsprachige Zeitung *Pester Lloyd* meldet:
Die Eisenbahnverbindung von Sarajevo nach Brod an der Save ist, wie die Eisenbahndirektion Agram mitteilt, unterbrochen worden. Damit scheint die wichtigste Bahnverbindung von Agram nach Bosnien und dem Zentrum der Schwerindustrie in Zenica gestört zu sein. Wie man erfährt, ist die Unterbrechung auf Sprengung einer Brücke durch serbische Komitadschis zurückzuführen.

Neue Regierung in Serbien
29. August 1941, Belgrad
Das *DNB* meldet:
Der Militärbefehlshaber in Serbien hat auf die Bitte des Ministerkommissars Utschimović den General Nedić beauftragt, eine serbische Regierung zu bilden. General Nedić hat diesen Auftrag angenommen. Bei der Vorstellung der neuen serbischen Regierung hielt der Mili-

Belgrad, Milocha-Velikog-Straße: Ein namenloser 15jähriger serbischer Junge hängt neben dem Werbeplakat für Pferderennen

tärbefehlshaber in Serbien, General Danckelmann, eine Rede, in der er darauf hinwies, daß die Regierung gebildet worden sei, um zum Wohle ihres eigenen Landes für Ruhe, Ordnung und Sicherheit zu sorgen. Der neue serbische Ministerpräsident Milan Nedić wurde 1877 geboren. Vom Sommer 1939 bis November 1940 war er Kriegsminister.

Lagebericht des Befehlshabers Serbien
Zeitraum vom 21. bis 31. August 1941:
Steigerung in Richtung eines bewaffneten kommunistischen Aufstandes. Planmäßige Sabotageakte zur Stillegung des Wirtschaftslebens und Verkehrs, Sabotage an Bergwerken, Hütten usw., an Eisenbahnen, Terrorisierung der arbeitswilligen Bevölkerung, Erpressung von Lebensmitteln; Zunahme der Überfälle auf amtliche Gebäude und Amtspersonen zur Lahmlegung des Verwaltungsapparates durch kleine gut bewaffnete Trupps. Unverkennbar erhalten Kommunisten Weisungen durch Radio. (Geschickte Schilderungen angeblicher Überfälle an russischer Front.) Beteiligung von Tschetniks an Überfällen nicht feststellbar. Aufstandsgebiet umfaßt den ganzen serbischen Raum außer Banat und Arnautenzipfel bei Mitrovica.

Erfolge der »Ustascha«

Mittwoch, 3. September 1941, Budapest
Die Zeitung *Pester Lloyd* berichtet:
Die von der kroatischen Regierung gegen die Komitadschi-Bewegung eingeleitete Säuberungsaktion erzielte weitere Fortschritte. Wie aus Agram berichtet wird, ist im östlichen Bosnien in zehn Bezirken der Drina-Gegend mit Hilfe bewaffneter Ustascha-Organisationen im Laufe der letzten acht Tage die Tätigkeit von serbischen und kommunistischen Banden endgültig unterdrückt worden.

Bereits 200 000 ermordet
3. September 1941
Bericht des Chefs des Verwaltungsstabes beim Militärbefehlshaber in Serbien an den Wehrmachtbefehlshaber im Südosten:
...Nach hier vorliegenden Meldungen sind allein in Kroatien rund 200 000 Serben ermordet worden. Diese Ermordungen sind hier allgemein bekannt und werden mit Rücksicht darauf, daß das kroatische Gebiet unter dem Schutz des Deutschen Reiches seine Selbständigkeit erlangte, sowie mit Rücksicht darauf, daß die in Kroatien liegende Truppe diese Greueltaten nicht verhinderte, letztlich den Deutschen zur Last gelegt.

SS-Gruppenführer Dr. Turner

Richtlinien zur Bandenbekämpfung

Freitag, 5. September 1941
Anordnung des Wehrmachtsbefehlshabers im Südosten und Oberbefehlshaber der 12. Armee:
1. Die Lage in Serbien läßt ein weiteres Umsichgreifen der Aufstandsbewegung nicht ausgeschlossen erscheinen. Vermehrte Überfälle auf Soldaten und Wehrmachtseinrichtungen durch starke, wohlbewaffnete, anscheinend organisierte und geschickt geführte Banden beweisen, daß die bisherigen Gegenmaßnahmen nicht ausreichen.
Befehlshaber Serbien und Höheres Kommando LXV haben daher sofort alle Vorbereitungen zu treffen, um jeder Verschärfung gewachsen zu sein und das Land noch vor Beginn des Winters endgültig zu beruhigen.
2. Hierbei ist folgenden Gesichtspunkten Rechnung zu tragen:
a) Je gespannter die Lage in Serbien wird, desto mehr müssen die Divisionen schwerpunktmäßig und örtlich inmitten der Aufstandsgebiete zusammengefaßt werden (Raum Sabac-Valjevo-Krupanj-Leznica, Raum Topola-Kragujevac-Kraljevo-Užice-Lazarevac und Raum Bor-Zajecar-Niš-Krusevac). Ortschaften nicht unter Bataillonstärke belegen! Rücksichten auf Bequemlichkeit und bessere Unterkunft müssen zurückgestellt werden! Die Truppe muß sich als im Feldzug befindlich betrachten, auf Dauerunterkünfte während dieser Zeit verzichten, ihre Unterkünfte vielmehr denen im Bewegungskrieg

Immer mehr solcher Tafeln säumen die Straßen und Wege auf dem Balkan

angleichen. Das setzt eine dauernd manövrierfähige Zusammensetzung und Ausstattung, frei von jedem unnötigen Ballast, voraus.
b) Überraschendes, schlagartiges Niederkämpfen der Aufstandszentren durch Einkesselung mit überlegenen Kräften (auch Artillerie!). Leitung der Unternehmen durch ältere, erfahrene Offiziere, Divisionskommandeure, nach im einzelnen festgelegten Operationsplänen und vorausgegangener Erkundung und Aufklärung. Die bisher fallweise angesetzten schwachen Jagdkommandos reichen bei derzeitiger Lage offenbar nicht mehr aus.
c) Die augenblicklich weiträumige Unterkunft und das Bestreben, alles gleichzeitig zu schützen und zu überwachen, birgt die große Gefahr der Zersplitterung in sich. Sie führt zwangsläufig zu Rückschlägen, die im Interesse des Ansehens der deutschen Wehrmacht untragbar sind. Der Schutz muß sich daher – wenn nötig – auf solche Objekte beschränken, deren Erhaltung lebenswichtig ist. Dazu gehören vor allem Belgrad als Hauptstadt (hier ausreichende bewegliche Reserven!), die Bahn Leskovac-Niš-Belgrad-Richtung Agram, die Donau- und Savebrücken, der Donaudurchbruch am Eisernen Tor, das Kupferbergwerk Bor usw.
d) Aktive, verstärkte Propaganda in serbischer Sprache mit allen zur Verfügung stehenden Mitteln (Rundfunk, Flugblätter, Zeitungen, Bildanschläge usw.).
e) Verschärfter Druck auf die Bevölkerung, in deren Gebieten Aufständische geduldet werden, um die Einwohner dahin zu bringen, das Auftreten von Banden den deutschen Dienststellen anzuzeigen, oder sonst bei der Unschädlichmachung der Unruheherde mitzuwirken.
f) Rücksichtslose Sofortmaßnahmen gegen die Aufständischen, deren Helfershelfer und ihre Angehörigen (Aufhängen, Niederbrennen beteiligter Ortschaften, vermehrte Festnahme von Geiseln, Abschieben der Familienangehörigen usw. in Konzentrationslager etc.).
g) Scharfe Überwachung der serbischen Gendarmerie.

Die erste Seite des Zentralorgans des Zentralkomitees der Kommunistischen Partei Sloweniens »Arbeit« vom September 1941 mit dem Gedicht »Komm mit mir!«

Passives Verhalten, z. B. entwaffnen lassen ohne eigene Verluste, ist sofort durch wirksame Strafen zu ahnden! Andererseits wird es sich empfehlen, für tapferes Verhalten und bei entsprechendem Durchgreifen Belohnungen (Prämien) in Aussicht zu stellen.

h) Vermehrter Einsatz von V-Leuten zur Feststellung der Rädelsführer, Drahtzieher und Aufstandsherde.

i) Voller Einsatz des Einflusses der serbischen Regierung, die verantwortlich zur aktiven Mitarbeit heranzuziehen ist.

3. Alle Angehörigen der deutschen Wehrmacht in Serbien sind immer wieder über die Lage in Serbien und über ihr Verhalten bei Überfällen usw. zu belehren. Dabei ist besonders zu betonen, daß von jedem deutschen Soldat Initiative und aktives Handeln verlangt werden muß, daß er in keiner Lage mit Aufständischen verhandeln und sich niemals ergeben darf.

4. Von den Truppenführern aller Dienstgrade erwarte ich besondere Aktivität und Initiative sowie den vollen Einsatz ihrer Person für die ihnen gestellte Aufgabe, die zur Zeit einzig und allein darin besteht, die serbische Aufstandsbewegung rasch und endgültig niederzuschlagen.

Unfähige Führer sind unverzüglich abzulösen, gegebenenfalls zur Rechenschaft zu ziehen.

Generalfeldmarschall List

Bewaffneter Aufstand greift um sich
Freitag, 12. September 1941
Lagebericht des Verbindungsoffiziers des Wehrmachtbefehlshabers Südost zum Höh. Kdo. LXV:
Im Gebiet des Befehlshabers Serbien ist der bewaffnete Aufstand im Anwachsen. Die Hauptgebiete des Aufstandes, der sich im allgemeinen auf das ganze besetzte Gebiet erstreckt, scheinen im Drina-Bogen mit den Hauptorten Loznica, Krupanj, im Save-Bogen westlich Sabac und im Raum Obrenovac-Valjevo zu liegen. Die Führung der Aufstandsbewegung wird in Almhütten der Cor. Pl. südwestlich Sabac vermutet. Die Aufstandsbewegung ist bereits so weit angewachsen, daß Abteilungen unter Bataillonstärke im Lande nicht mehr verschoben werden können, ohne Gefahr zu laufen, von den Aufständischen zum Kampfe gestellt und im umwegsamen Gelände eingeschlossen zu werden. Die Entsendung von Halbbataillonen zum Einsatz eingeschlossener Truppen führte bereits zu Mißerfolgen.
Die Angaben über die Stärke des Feindes im Save-Bogen westlich Sabac schwanken zwischen 2000 und 10 000 Mann. Marschbewegungen von mot.-Truppen oder von einzelnen Kampfwagen sind in großen Gebieten durch zahlreiche besetzte Straßen- und Wegesperren nicht möglich.

Im besetzten Serbien
Montag, 15. September 1941, Belgrad
Die Zeitung *Novo List* teilt mit:
Die Ansprache, die Ministerpräsident General Milan Nedić gestern abend im Belgrader Rundfunk an das serbische Volk gerichtet hat, wird als letzte Mahnung an die Komitadschis und die kommunistischen Partisanen angesehen. Zur Ablieferung der Waffen und Rückkehr der auf das Land und in die Berge geflüchteten Personen hat man noch eine Frist bis zum 17. September eingeräumt. Dies wäre aber der letzte Termin. Den Personen, die bis zu diesem Tag zurückkehren, wird unter der Voraussetzung, daß sie keine Verbrechen begangen haben, volle Straffreiheit zugesichert.

Weisung Nr. 31 (Entwurf)
Der Führer und Oberste   F. H. Qu., den 16. 9. 41
Befehlshaber der Wehrmacht
OKW/WFSt/Abt. L (I Op.)
Nr. 441538/41 g. K. Chefs.
Chef Sache
Nur durch Offizier
1.) Ich beauftrage den Wehrmachtbefehlshaber im Südosten, Generalfeldmarschall List, mit der Niederschlagung der Aufstandsbewegung im Südostraum.
Es kommt zunächst darauf an, im serbischen Gebiet die Verkehrswege und die für die deutsche Kriegswirtschaft wichtigen Objekte zu sichern und dann auf weite Sicht

im Gesamtraum mit den schärfsten Mitteln die Ordnung wiederherzustellen.

In Kroatien (bis zur Demarkationslinie) sind die gegen kroatischen Regierung durch Vermittlung des Deutschen Generals in Agram zu treffen.

2.) Für die Dauer der Durchführung dieser Aufgaben sind alle im Aufstandsgebiet befindlichen, beziehungsweise dorthin zuzuführenden Kräfte des Heeres unter dem Befehl des Kommanierenden Generals des XVIII. A. K., General der Infanterie Böhme, zusammenzufassen. Dieser übt im Aufstandsgebiet selbst nach Anweisung des W. Bfh. Südost die vollziehende Gewalt aus. Alle mitlitärischen und zivilen Dienststellen sind insoweit an seine Anweisungen gebunden.
Die nähere Abgrenzung seiner Befugnisse regelt der W. Bfh. Südost. Die Belange des Vierjahresplanes sind grundsätzlich zu berücksichtigen.

3.) Ob. d. H. führt in das serbische Gebiet außer weiteren Sicherungskräften (diese auch für Kroatien) zunächst eine Infanterie-Division, Panzerzüge und Beutepanzer zu und bereitet für den Bedarfsfall die Zuführung einer weiteren Division vor, sobald eine solche im Osten frei wird.
Die Maßnahmen bitte ich im einzelnen dem Oberkommando der Wehrmacht zu melden.

4.) Ob. d. L. unterstützt wie bisher die Unternehmungen im Aufstandsgebiet mit den hierfür verfügbaren Kräften und benennt dem W. Bfh. Südost einen Führer für die taktische Zusammenarbeit mit dem Gen. d. Inf. Böhme.

5.) Ungarische, rumänische und bulgarische Heeres- und Fliegerkräfte können ohne Genehmigung des Oberkommandos der Wehrmacht zu den Operationen nicht herangezogen werden, dagegen zum Schutz des Donauverkehrs angebotene ungarische und rumänische Boote neben der Donau-Flottille eingesetzt werden. Ihre Aufgaben sind unter entsprechendem Einsatz der deutschen Flottille so zu regeln, daß gegenseitige Berührung vermieden wird.
Die Verwendung kroatischer Truppen in den Kroatien benachbarten serbischen Grenzräumen ist von der kroatischen Regierung zugestanden und kann daher stattfinden.
Das italienische Oberkommando wird von den beabsichtigten Maßnahmen verständigt und gebeten werden, in Verbindung mit dem Wehrmachtbefehlshaber Südost entsprechend in dem von den Italienern besetzten Raum durchzugreifen.

6.) Das Auswärtige Amt wird eine gemeinsame politische Aktion der Balkanstaaten gegen die kommunistischen Leitstellen in diesen Ländern durchführen.
W. Bfh. Südost wird durch den Vertreter des Reiches hierüber näher unterrichtet.
...

Verstärkte Bandenaktivitäten

Dienstag, 16. September 1941
Befehl des Befehlshabers Serbien an die unterstellten Einheiten: Die Entwicklung der Aufstandsbewegung war kurz folgende:
a) Das übliche auf dem Balkan seit Jahrzehnten bekannte Bandenunwesen.
b) Beginn verstärkter kommunistischer Agitation und kommunistischer Attentate zur Störung des deutschen Nachschubes bei Beginn des russischen Krieges.
c) Kommunistische Bandenbildung (zum Teil unter militärischer Führung).
d) Angeregt durch teilweise erfolgreiche Kampfesführung der Kommunisten stellen nationale Serben ebenfalls Kampfverbände gegen Deutsche auf.
e) Zusammengehen von kommunistischen und nationalen Banden.
f) Aktive Kampfführung beider Bandengruppen (zum Teil vereinigt) gegen die deutsche Wehrmacht ...

Die Lage in Bulgarien
Montag, 22. September 1941, Berlin
United Press berichtet:
Die Entwicklung der Lage in Bulgarien, die durch die Verhängung des Ausnahmezustandes charakterisiert wird, findet in den politischen Kreisen Berlins große Aufmerksamkeit. Man schreibt die Maßnahmen vor allem dem Wunsch der Regierung in Sofia zu, den kommunistischen Umtrieben, die beträchtlichen Umfang angenommen haben, ein Ende zu bereiten. Sie sind, wie man hier überzeugt ist, auf die Propagandatätigkeit Moskaus zurückzuführen, das sich der traditionellen Russenfreundlichkeit der Bulgaren zu bedienen sucht, um seine Ziele zu fördern.

Kleinkrieg in Serbien
Donnerstag, 25. September 1941, Budapest
United Press meldet:
Serbische Tschetniks haben, wie der Budapester »Magyar Remzet« aus Ujvidek berichtet, eine neue größere Aktion gegen deutsche Besatzungstruppen unternommen. In dem Bericht heißt es, ein etwa 12 000 Mann starker Verband von Tschetniks habe eine serbische Stadt angegriffen, deren Name in dem Bericht nicht genannt wird. Die deutsche Garnison mußte Hilfe herbeirufen. Die deutschen Militärbehörden setzten sogar Stukas gegen die Tschetniks ein. Auch die Freiwilligenarmee von Ministerpräsident Nedić ist im Einsatz gegen die Aufständischen.

Sicherung der Eisenbahnen
Mittwoch, 1. Oktober 1941, Budapest
United Press teilt mit:
Wie der »Magyarorfzag« aus Subotica berichtet, wurden in dem von deutschen Truppen besetzten Banat 30 Personen, meist Serben und Juden, wegen kommunistischer Sabotage hingerichtet. Zur Verhütung künftiger Sabotageversuche an den Eisenbahnen hat die deutsche

Cack, 1. 10. 1941: Der politische Kommissar des Cack-Partisanengebiets, Ratko Mitrović, hält eine Rede auf dem Marktplatz. Am 11. 12. 1941 wird er an der gleichen Stelle von einem deutschen Stoßtrupp aufgehängt

Behörde angeordnet, daß die Bevölkerung der Städte und Dörfer im Banat ohne Rücksicht auf Beruf, Nationalität und Religion die Strecke zu bewachen habe, und zwar müßten von Sonnenuntergang bis morgens 6.00 Uhr alle 50 Meter Doppelposten aufgestellt werden.

1 Soldat = 100 Geiseln

Montag, 13. Oktober 1941
Fernschreiben des Höheren Kommandos LXV an die 718. Infanterie-Division:
Künftig sind für jeden gefallenen oder ermordeten Soldaten hundert, für jeden verwundeten fünfzig Gefangene oder Geiseln zu erschießen. Hierzu aus jedem Standortbereich sofort so viele Kommunisten, Nationalisten, Demokraten und Juden festzunehmen, als ohne Gefährdung der Kampfkraft bewacht werden können. Bekanntgabe des Zwecks öffentlich sowie an Festgenommene und deren Angehörige. Als Meldung über Erschießungen und Festnahmen in den Tagesmeldungen.

Maisfelder als Versteck
Dienstag, 14. Oktober 1941, Berlin
United Press teilt mit:
Die Belgrader Donau-Zeitung veröffentlicht das Dekret des Militärbefehlshabers in dem es u. a. heißt:

»Da die Maisfelder den Kommunisten als Versteck dienen, muß die Ernte sofort geschnitten und bis zum 25. Oktober eingebracht werden. Der Besitzer ist für das Einbringen der Ernte verantwortlich. Wer dieses Dekret verletzt, wird mit dem Tode, in milderen Fällen mit Gefängnis bestraft.«

Erschießung 200 : 1
Freitag, 24. Oktober 1941, Belgrad
Das *DNB* berichtet:
Wie das offizielle Blatt der serbischen Regierung »Novo Vrenie« meldet, sind zur Vergeltung eines Attentats gegen einen deutschen Soldaten, das am Abend des 18. Oktober verübt wurde und den Tod des Opfers zur Folge hatte, 200 kommunistische Geiseln erschossen worden.

Heftige Kämpfe in Serbien
Montag, 10. November 1941, Agram
Die Zeitung *Hrvatski Narod* berichtet:
Die heftigen Kämpfe in Serbien werden noch immer zwischen Regierungstruppen und Freischärlern geführt, bei denen es auf beiden Seiten starke Verluste gibt. So haben die Kämpfe bei Arangjelovac einen ganzen Tag angedauert und die Aufständischen 75 Tote, die Regierungstruppen zahlreiche Verwundete gekostet. Bei Kragujevac wurden die Freischärler des Anführers Mihailović überwältigt.

Serbien, November 1941: Trotz drakonischer Vergeltungs-maßnahmen nehmen die Guerilla-Aktionen ständig zu – deutscher MG-Schütze bei der Bekämpfung einer eingekesselten Guerilla-Gruppe

Maßnahmen zur Bahnsicherung
Donnerstag, 13. November 1941, Sarajevo
Die Zeitung *Novo List* meldet:
Die Besatzungsbehörden haben in Serbien angeordnet, daß bei einigen größeren Eisenbahnlinien bis auf eine Entfernung von 500 Metern vom Bahnkörper alle Bäume und Sträucher bis Ende Februar 1942 abzuholzen sind. Nur Weinberge dürfen stehenbleiben. Die Maßnahme ist zur Sicherung der Bahnen gegen Anschläge erlassen worden.

Aktionen der serbischen Regierung
Donnerstag, 20. November 1941, Budapest
United Press berichtet:
Die militärische Aktion der Regierung Nedić gegen die serbischen Aufständischen, die Anfang November begann, wird fortgesetzt. Eine Übersicht über die in den letzten zwei Wochen erwähnten Orte ergibt, daß sich die Säuberungsaktion bisher vorwiegend auf drei Gebiete konzentriert: die Gegend von Valjevo in West-serbien, das Gebirge bei Rudnik südlich von Topola und eine Reihe von Städten östlich des Flusses Morava. Über die Gesamtzahl der Aufständischen schwanken

die Schätzungen. Sicher scheint nur zu sein, daß es sich ursprünglich um drei verschiedene Gruppen handelte, um Kommunisten, dann linksstehende serbische Frei-schärler unter Führung des einarmigen Trisunović und um eine Gruppe ehemaliger Offiziere und Soldaten der jugoslawischen Armee unter dem Befehl des ehemali-gen Obersten Draža Mihailović, der früher jugoslawi-scher Militärattaché in Sofia war.

Erfolge der Regierungstruppen
Donnerstag, 27. November 1941, Budapest
Die deutschsprachige Zeitung *Pester Lloyd* teilt mit:
Wie aus Belgrad gemeldet wird, hat die Strafaktion der Regierungstruppen in Ostserbien weitere Fortschritte erzielt. Nach Wiederherstellung der Ordnung in den Städten östlich der Morava sind die Truppen des Gene-rals Nedić, deren Stärke gegenwärtig auf 15 000 Mann geschätzt wird, weiter nach Osten vorgedrungen und haben auch die Umgebung von Kucevo gesäubert.

Freischärler am Ende?

Donnerstag, 4. Dezember 1941, Budapest
Die Agentur *MTJ* teilt mit:
In den Donauländern beginnt man sich an die Vorstel-lung zu gewöhnen, daß die Pazifizierung Serbiens noch einige Wochen dauern dürfte. Seit der Einnahme von Čačak und Užice fehlen zur Zeit neue Nachrichten,

doch wird angenommen, daß die Säuberungsaktion weiter in südlicher Richtung fortschreitet, wobei sie aber erst jetzt das schwierige Gelände erreicht. Die Belgrader Blätter drücken zwar die Hoffnung aus, daß der Kampf gegen die serbischen Freischärler »Komitadschi« bald zu Ende gehen würde; doch muß man sich die große Ausdehnung der Gebirge in Südserbien bis zum Amselfeld vor Augen halten und außerdem berücksichtigen, daß die Komitadschi-Bewegung bis in das nordöstliche Montenegro reicht und daß zwischen Serbien, Bosnien und Montenegro teilweise offene Grenzen bestehen.

Erster Bericht von General Mihailović
4. Dezember 1941, London
Die *Agentur Reuter* teilt mit:
Die jugoslawische Regierung veröffentlicht den ersten Heeresbericht des Oberkommandierenden der jugoslawischen Truppen in Serbien: Die Truppen unter dem Befehl von General Mihailović stehen im Kampf gegen eine deutsche Offensive, die im Talgebiet der westlichen Morava zwischen Belgrad und Niš eingeleitet wurde. Zwei deutsche und eine kroatische Division griffen nach heftiger Artillerievorbereitung an, und an zwei Abschnitten mußten sich unsere Truppen zurückziehen. Etwas weiter nördlich gelang es, im Gegenangriff einer deutschen Panzerstreitkraft empfindliche Verluste zuzufügen. Örtliche Operationen halten in Bosnien und Montenegro an. Unsere Truppen kämpfen mit höchster Entschlossenheit.

Mihailović erfolgreich
Freitag, 5. Dezember 1941, London
Die *Agentur Reuter* meldet:
Die jugoslawische Regierung in London gibt den zweiten Heeresbericht von General Mihailović bekannt. Danach erlitten deutsch-italienische Streitkräfte im Kampf um den Ort Rudnik erhebliche Verluste und mußten sich unter Zurücklassung von Kriegsmaterial zurückziehen. Die Beute stellt eine wichtige Bereicherung der Ausrüstung für die Truppen von Mihailović dar. Insgesamt sollen sieben Divisionen gegen die Streitkräfte Mihailović eingesetzt worden sein.

Mihailović verfügt über 80 000 Mann
Sonntag, 7. Dezember 1941, London
Die *Agentur Reuter* berichtet: Die jugoslawische Regierung hat weitere Funknachrichten von General Mihailović erhalten. Danach kann angenommen werden, daß der General über 80 000 Mann verfügt, die in Divisionen und Brigaden aufgeteilt sind. Seine Truppen sollen gegenwärtig vor Niš stehen, wo sich seit drei Tagen heftige Kämpfe abspielen. Der größere Teil Serbiens befindet sich unter der Kontrolle von Mihailović, während die deutschen und italienischen Truppen die größeren Städte und wichtigsten Verkehrslinien beherrschen. Die Verwaltung von Mihailović führt das Siegel »Freies Serbien«.

200 000 Dinar Belohnung
Mittwoch, 10. Dezember 1941, Budapest
Die Agentur *MTJ* teilt mit:
Das deutsche Oberkommando in Serbien hat in allen serbischen Zeitungen eine Aufforderung an die Bevölkerung erlassen, den Aufenthaltsort des Führers der Aufständischen in Südserbien, des ehemaligen jugoslawischen Generalstabsobersten Draža Mihailović, den Behörden anzuzeigen und ihn im Falle einer Gefangennahme den zuständigen Stellen zu übergeben. Die Person, deren Angaben zur Verhaftung des Kommandanten der serbischen Aufständischen führen würden, erhalte eine Belohnung von 200 000 Dinar.

Lage in Serbien
Freitag, 12. Dezember 1941, Keitz
United Press berichtet:
Die Armee von General Mihailović hält nach den soeben aus Serbien eingetroffenen Meldungen trotz der Offensive des Gegners ihre Stellungen. Es ist den Achsentruppen bisher nicht gelungen, die Armee von Mihailović zum Rückzug zu zwingen.

Die Kopfprämie von Mihailović ist binnen kurzer Zeit von 200 000 Dinar – wie dieses Plakat zeigt – auf eine für damalige Zeit sagenhafte Summe von 100 000 Reichsmark in Gold gestiegen

Kroatische Freiwillige
Sonntag, 14. Dezember 1941, Agram
Das *DNB* meldet:
Der Staatschef verabschiedete heute ein kroatisches Freiwilligenbataillon, das im Rahmen italienischer Verbände an der Ostfront kämpfen wird.

Sicherstellung der Ruhe

Chef OKW   FHQu, den 15. 12. 41
OKW/WFST/Abt. L (I Op.)
Nr. 442164/41 gK. Chefs. B.
Geheime Kommandosache
Chef Sache
Nur durch Offizier
Weisungen
Fernschreiben an W. Bfh. Südost
1.) Die Lage im Osten erfordert es, alle verfügbaren deutschen Kräfte diesem Kriegsschauplatz in absehbarer Zeit wieder zuzuführen. Um trotzdem die im Rahmen der Gesamtlage dringend erforderliche Ruhe auf dem Balkan sicherzustellen, sind in erheblich vermehrtem Umfang Truppen verbündeter Staaten zur restlosen Beseitigung der Unruhen heranzuziehen. In erster Linie kommen hierfür bulgarische Kräfte für Serbien und die 2. ital. Armee für Kroatien in Betracht.
2.) Ausgenommen von der Besatzung durch fremde Truppen sollen die Industriegebiete bleiben, die von kriegswichtiger Bedeutung für die deutsche Versorgung sind.
3.) Im Endziel sollen nicht mehr als 2 deutsche Sich. Div. zur Sicherung der für uns bedeutsamen Gebiete verbleiben.
4.) Besetzung Griechenlands bleibt unverändert.
5.) OKW ersucht, Vorschläge für Kräfteansatz, Durchführung und Zeitpunkt der Operationen vorzulegen, um auf diesen Grundlagen mit den verbündeten Mächten in Verbindung zu treten. Die Führung wird in Kroatien der 2. ital. Armee zufallen.
Es kann nicht mehr verantwortet werden, daß 6 deutsche Divisionen im serbisch-kroatischen Raum gebunden bleiben, obwohl bulgarische und italienische Kräfte in reichem Maße zur Verfügung stehen. Wenn nicht in kürzester Zeit die Aufstandsgebiete in Kroatien ausgebrannt werden, wird es im Frühjahr notwendig sein, einen Feldzug zu führen.
...

Die Kämpfe in Serbien
Mittwoch, 17. Dezember 1941, Belgrad
Die Zeitung *Obnova* meldet:
Es wird ein Wiederaufleben der Kämpfe mit den Aufständischen gemeldet, was auf das mildere Wetter der letzten Tage zurückzuführen ist. Besonders heftig ist in den Gebieten von Čačak, Aranjelovac und Poglajenovac gekämpft worden.

Albanien gegen USA
17. Dezember 1941, Tirana,
Die Zeitung *Tomori* berichtet:
Das albanische Amtsblatt veröffentlicht eine Verordnung, wonach Albanien sich mit den USA im Kriegszustand befindet.

Der Kleinkrieg auf dem Balkan
Donnerstag, 18. Dezember 1941, London
Die *Agentur Reuter* teilt mit:
Die jugoslawische Regierung in London veröffentlicht das letzte Kommuniqué von General Mihailović: »Unsere Streitkräfte haben sich mit griechischen Streitkräften nach einem Marsch über südjugoslawisches und nordgriechisches Berggebiet vereinigt und den Kampf gegen die deutschen Truppen aufgenommen. Es wurde ein einheitlicher Operationsplan entworfen und ein gemeinsamer Nachrichtendienst eingerichtet.«

Der Eisenbahnverkehr in Serbien
Freitag, 19. Dezember 1941, Sarajevo
Die Zeitung *Novo List* berichtet:
Der Eisenbahnverkehr in Mittelserbien wurde wieder eröffnet. Da die Säuberung des Tales der westlichen Morava von den Aufständischen beendet ist, wurde der Verkehr von der Station Stalac an der Strecke Belgrad-Niš nach Kraljevo, Čačak und Užice aufgenommen.

Und so war es

Während deutsche Panzerverbände an der Ostfront vor Bialystok und Lemberg bei sengender Sommerhitze in den Kesselschlachten spektakuläre Siege erringen, erklärt das Politbüro in Moskau den Abwehrkampf gegen die deutschen Invasoren zum »Vaterländischen Krieg«. Stalin übernimmt den Vorsitz des sowjetischen Verteidigungskomitees.
Jetzt schlägt für Moskau auch die Stunde auf dem Balkan: Der Kreml fordert seine Gefolgsmänner zum offenen Kampf gegen die faschistischen Besatzer auf. Seitdem wird Hitler fast jeden Tag mit Schreckensnachrichten aus dem Südosten Europas konfrontiert.
Kaum ein Fahrzeug kann es wagen, eine Ortschaft zu verlassen, ohne beschossen zu werden. Sie fahren nur noch im Geleit durch das dünn besiedelte Land. Aber selbst starke Kolonnen geraten in den Hinterhalt der Partisanen. Die Ausfälle an Fahrzeugen, Nachschubgütern, Soldaten und Waffen wachsen ständig.
Die Besatzungstruppen sichern zwar ganze Landstriche stützpunktartig, aber die eingesetzten, meist schwachen Kräfte werden des öfteren von Partisanen niedergemacht. Dieses Netz von Stützpunkten soll die wichtigen Eisenbahnlinien, Straßen und andere Anlagen schützen. Es sind kleine Forts, ausgestattet mit automatischen Infanteriewaffen, Mörsern, Pak und leichten

Feldgeschützen. Sie befinden sich vor allem in der Umgebung der von Guerillas bevorzugten Ziele, wie Brücken, Tunnels oder unübersichtliche Eisenbahn- und Straßenabschnitte. Diese kleinen Stützpunkte sind in der ersten Zeit mit schwachen Infanterieposten, später mindestens mit einem Infanteriezug belegt. Einige ähneln Feldbefestigungen mit Erdgräben, Stacheldrahthindernissen und Bunkern, mit Blöcken oder Sandsäkken verstärkt, andere wiederum sind regelrechte Festungen aus Beton. Sie können Rundum-Feuer führen und stehen in der Regel in Funkverbindung mit ihren vorgesetzten Stellen und benachbarten Stützpunkten.

Die Zufahrten sind stark vermint, und die nur den Besatzungen bekannten Wege zwischen den Minenfeldern werden häufig gewechselt. Panzerspähwagen, ausgestattet mit Suchscheinwerfern und Maschinengewehren, patrouillieren zwischen den einzelnen Stützpunkten. Die wenig geschützten Eisenbahnlinien wiederum versucht man durch Panzerzüge zu sichern. Außerdem sind für die Bataillone bei den Stäben und Hauptquartieren mobile, gut ausgerüstete Reserven in Alarmbereitschaft, die den angegriffenen Stützpunkten sofort Hilfe leisten sollen. Durch den Mangel an geeigneten Truppen muß man die Stützpunkte in Abständen von etwa 10 Kilometer oder sogar mehr errichten, was vor allem auf den wichtigsten Straßen ständiges Patrouillieren erforderlich macht. Die Guerillas nutzen dies und legen besonders häufig an diese Straßenabschnitte Tretminen.

Kampfkräftige deutsche Spähtrupps dringen zwar ins wildzerklüftete Gebirge vor, sie kommen jedoch nur selten zurück, da die Sicherung ihres Vorgehens durch schwerere Waffen nur vom Ausgangspunkt aus möglich ist. Bei großangelegten, gleichzeitig aus verschiedenen Richtungen geführten Unternehmen mit der Absicht, die Partisanen in ihren Schlupfwinkeln aufzustöbern, stoßen die Einheiten fast immer ins Leere. Ihre Führer

1941: Die ersten Partisanengebiete in Griechenland

Gebiete, in denen 1941 die ersten Partisanen auftraten

»Die nachstoßenden deutschen Einheiten finden kaum noch
Unterkünfte oder Futtermittel . . .«: Deutsche Einheit bei der
Verfolgung von Guerillas

kennen weder das Gelände noch die Feindlage und
besitzen meist unzureichendes Kartenmaterial. Nur
wenige haben Erfahrung im Hochgebirgskampf.
Und wenn die Kolonnen an deckungslosen Felshängen
vorstoßen, erwartet sie meist gezieltes Feuer. Die Tragtiere fallen dabei aus oder stürzen in die Tiefe. Waffen
der verschiedensten Art, Munition, Nachrichtengeräte
und Truppenbedarf gehen damit verloren. Die sich ins
Gebirge zurückziehenden Partisanen zünden auf ihrem
Weg sämtliche Gebäude und Heuhaufen an. Die nachstoßenden deutschen Einheiten finden kaum noch
Unterkünfte oder Futtermittel. Die ihnen folgenden
Nachschub-Tragtierkolonnen werden oft überfallen
oder gefangengenommen. So müssen die Kampfgruppen dann tagelang ohne Versorgung liegenbleiben und
sind, während sie auf Nachschub- oder den Rückzugs-
befehl warten, ständigen Überfällen ausgesetzt.
Im Hochgebirgs-Bewegungskampf ist man nur auf den
Funk als Nachrichtenmittel angewiesen. Doch sind die
Funkgeräte sehr schwer und haben noch dazu eine

begrenzte Reichweite. Die Funksprüche werden nur
verschlüsselt gesendet, und mit Einbruch der Dunkelheit endet der Funkverkehr: Die Sprüche kommen bei
Nacht nur verzerrt an und führen oft zu Mißverständnissen. Auch Truppenbewegungen sind bei Nacht im unbekannten Gebirgsgelände kaum durchführbar.

Am Dienstag, dem 1. Juli 1941, werden in Athen auf
dem geheimen VI. Plenum des Politbüros der Kommunistischen Partei Griechenlands Richtlinien zum Kampf
gegen die Besatzung und die bisherige soziale Ordnung
festgelegt. Das Plenum verlangt, die Sowjetunion in
ihrem Kampf zu unterstützen. Es soll eine provisorische
Regierung gebildet werden.
Am gleichen Tag bekommt in Belgrad die Führung der
Kommunistischen Partei Jugoslawiens (KPJ) über
direkten Funkkontakt aus Moskau die Weisung, die
jugoslawischen Kommunisten müßten den »offenen
Kampf gegen die Invasoren« aufnehmen und einen
»Partisanenkrieg hinter den feindlichen Linien entfachen«.
Währenddessen berichtet der deutsche Nachrichtendienst des Auswärtigen Amtes, aus Agram (Zagreb),
daß in der kroatischen Hauptstadt Meldungen aus Bosnien und anderen serbisch bewohnten Gebieten eintreffen, die über »ungeheuren Terror der Ustascha der

serbischen Bevölkerung gegenüber« berichten. In Kroatien bilden die Serben fast 30 Prozent der gesamten Bevölkerung von etwa 6,5 Millionen. Sie gehören überwiegend der griechisch-orthodoxen Kirche an und sind zusammen mit den Juden Zielscheibe der Innenpolitik von Pavelić. Um das Problem der serbischen Minderheit zu lösen, will man laut Pavelić ein Drittel von ihnen aus Kroatien vertreiben, ein Drittel zum Übertritt in die römisch-katholische Kirche zwingen und ein Drittel liquidieren.

Obwohl die führenden Kirchenmänner in der Regel den Ustascha-Terror scharf verurteilen, gibt es zahlreiche Geistliche, die die Pläne von Pavelić unterstützen. So bietet die Ustascha den Serben oft anstelle des Massakers einen sofortigen Glaubensübertritt zur römisch-katholischen Kirche an. Sind sie dafür, gewähren die katholischen Priesten ganzen Dörfern gleichzeitig Zutritt zu ihrer Kirche.

In Agram (Zagreb) haben die Zivilbehörden einen Befehl erlassen, nach dem die Serben mit den Juden gleichgestellt werden: Es ist den Serben verboten, die Straßenbahn zu benutzen, sie dürfen nur in den auch für Juden bestimmten Stadtteilen (Gettos) wohnen. Gegen die Serbenverfolgung formieren sich in Kroatien selbst, vor allem in Ost- und Zentralbosnien, der Herzegowina und der Lika bewaffnete serbische, durch Tschetniks angeführte Selbstschutz- und Widerstandsgruppen, die größere Gebiete unter ihre Kontrolle bringen.

Und bald entbrennt zwischen ihnen und der Ustascha ein erbitterter National- und Religionskrieg, in dessen Verlauf auch Tschetniks kroatische und muselmanische Dörfer niedermetzeln und dabei die Grausamkeit der Ustascha noch übertreffen. Unterdessen stellt Pavelić fünf Ustascha-Bataillone auf. Zwei von ihnen bilden in Sarajevo die berüchtigte »Schwarze Legion«. Diese Bataillone sind Kader für die spätere Ustascha-Wehrmacht. Unabhängig davon werden von Marschall Kvaternik die ersten Einheiten einer regulären Armee der »Domobranen« (Landwehr) vereidigt.

Durch die gewaltsame Umsiedlung und Vertreibung großer Teile der serbischen Bevölkerung aus Slawonien, Syrmien und Nordbosnien wird der Terror seitens der Ustascha-Behörden noch verschärft. Die Ustascha, die sich als SS-ähnliche Parteimiliz betrachtet, und die mit ihnen sympathisierenden bosnischen Muselmanen stehen jetzt im offenen Kampf gegen Mihailović-Tschetniks. Aus Rache verüben die Tschetniks in abgelegenen Dörfern, fernab von Standorten der deutschen oder italienischen Besatzungstruppen, vor allem Überfälle auf die kroatischen und muselmanischen Einwohner. Die Ustascha-Milizen antworten ihrerseits mit ebenso grausamen Verfolgungen der serbischen Bevölkerung.

Am 2. Juli 1941 haben Churchill und Eden den Ministerpräsidenten und Außenminister der jugoslawischen Exilregierung erneut empfangen und ihnen, wie bereits am 26. Juni 1941, formell die Wiederherstellung des Königreiches Jugoslawien nach dem Krieg versprochen.

Zu dieser Zeit kooperieren Titos Partisanen noch mit den Tschetniks unter Mihailović.

Am Freitag, dem 4. Juli 1941, beschließt das Politbüro der KPJ, das sich im Belgrader Unterschlupf von Josip Broz-Tito versammelt, einen Aufruf an die Völker Jugoslawiens zum Aufstand gegen die »Invasoren und deren Söldlinge«: »...Auf in den Kampf, denn das schulden wir den Sowjetvölkern, die auch für unsere Freiheit kämpfen.« Auf dieser Sitzung legt das Politbüro des ZK der KPJ sowohl einen detaillierten Plan für den bewaffneten Kampf in Serbien als auch allgemeine Direktiven für die Partisanentätigkeit im ganzen Land fest.

Die strategischen Ziele und die Taktik der kommunistischen Partisanen beruhen auf den Erfahrungen des Spanischen Bürgerkrieges (1936–1939) und enthalten zwei Grundregeln: 1) Die Entfachung und Ausbreitung des Aufstandes auf das ganze Gebiet des ehemaligen Königreiches Jugoslawien, um alle feindlichen Kräfte zu binden, und 2) die sukzessive Schaffung von sog. freien Territorien, die dann auch »befreite Gebiete« genannt werden. Diese freien Gebiete gibt es zum Teil schon, da sie von Anfang an aus Mangel an Kräften weder von deutschen noch italienischen Truppen besetzt worden sind. Ein solches Niemandsland ist z. B. die Region zwischen Serbien, Montenegro und Südbosnien. Die Aufstellung der Partisanenverbände beginnt mit der Bildung von Überfall-Kommandos und Sabotagetrupps. Sie sind fünf bis zwanzig Mann stark. Ihre erste Tätigkeit: die Beschaffung von Waffen.

Am Montag, dem 7. Juli 1941, werden zwei friedlich patrouillierende serbische Gendarmen in Bela Crkva, einem kleinen Dorf in Westserbien, von Tito-Partisanen aus dem Hinterhalt erschossen. Von diesem Tag an beginnt neben dem Guerillakrieg in Jugoslawien auch der Bürgerkrieg, der sich als einer der grausamsten der Geschichte erweisen wird. Einige Zeit später gerät eine italienische Kolonne in einen Hinterhalt, den frisch aufgestellte Partisaneneinheiten zwischen Cetinje in Montenegro und Fiume (Rijeka) bei Crnojevica angelegt haben. 670 italienische Offiziere und Mannschaften werden getötet, verwundet oder gefangengenommen, ihre gesamte Ausrüstung fällt in die Hände der Partisanen. Die ersten Attentate führen zu blutigen Vergeltungsmaßnahmen und diese wiederum zu örtlichen Revolten, die es Partisanen ermöglichen, in den vorläufig befreiten Gebieten ein neues politisches System einzurichten.

Am Dienstag, dem 8. Juli 1941, wird mit einer Proklamation der Achsenmächte die Beute des Balkanfeldzuges aufgeteilt. Damit werden die politischen Verhältnisse in Südosteuropa völlig umgestaltet: Deutschland und Italien verkünden nun die staatsrechtliche Auflösung des Königreiches Jugoslawien. Bei der Aufteilung begnügt sich Hitler mit einer verhältnismäßig geringfügigen Grenzkorrektur (9620 qkm mit 775 000 Einwohnern), und das Reich stößt nicht bis zur Adria vor.

Obwohl in Albanien geschlagen, kassiert Italien den Löwenanteil der Beute: Ganz Griechenland mit Ausnahme von Athen und Saloniki wird italienisches Verwaltungsgebiet, von der italienischen 11. Armee (Gen. Vacchiarolli) besetzt, nachdem Mussolini Albaniens Grenze bis Joannina vorgeschoben hat. Den Bulgaren wird Serbisch-Mazedonien und Griechisch-Thrazien überlassen.

Im Gegensatz zu Jugoslawien bleibt Griechenland jedoch als einheitlicher Staat erhalten. Das neue griechische Regierungskabinett unter General Tsolakoglou übt nur geringen Einfluß aus. Die deutsche Besatzungszone in Griechenland beschränkt sich auf die wichtigsten strategischen Positionen: Sie umfaßt Saloniki und Umgebung, den Demotika-Streifen an der türkischen Grenze, die nordägäischen Inseln, Teile von Athen und Attika mit den dortigen Flugbasen, die Küste des Golfs von Nauplion bis zum Bergwerksbezirk bei Laurion, dazu die Inseln Salamis, Ägina und Westkreta.

Griechenland bleibt noch im größeren Maße als Jugoslawien unvollständig besetzt: Die Achsenmächte beziehen mit ihren Garnisonen lediglich den Peloponnes, einzelne Küstenbereiche sowie Inseln und beschränken sich im Landesinnern auf die Sicherung der Verbindungslinien und der Regionen mit größeren Industrie- und Agrarzentren. Das weglose Gebirge hätte die Versorgung der entlegenen Garnisonen erschwert. Schwache Einheiten, die man dort zu Anfang hinbeordert, treffen auf heftige Reaktionen der Gebirgsbewohner. So begrenzt man notwendigerweise die Zahl der Besatzungstruppen auf ein Minimum. Aus diesem Grund gibt es ganze Landstriche, die noch kein Besatzungssoldat betreten hat.

In dem von Kvaternik bereits am 10. 4. 1941 ausgerufenen »Unabhängigen Kroatien«, bestehend aus Bosnien,

der Herzegowina und aus Teilen Dalmatiens, ergeben sich Spannungen wegen der Besatzungsfrage: Mussolini betrachtet dieses neue Staatsgebilde als sein Protektorat und will dort Truppen stationieren. Das Gebiet umfaßt etwa zwei Fünftel der bisherigen jugoslawischen Gebiete (100 636 qkm) mit 6,5 Millionen Einwohnern, davon 3,3 Millionen römisch-katholische Kroaten, 2,2 Millionen Prawoslawen (griechisch-orthodoxe Serben), eine halbe Million bosnisch-herzegowinische Muselmanen, 150 000 Slowenen und 140 000 Volksdeutsche sowie kleinere Minderheiten von Magyaren, Tschechen, Slowaken, Ukrainern und Juden.

Hitler zieht eine Demarkationslinie quer durch Kroatien westlich von Agram (Zagreb) und Banja-Luca sowie südlich von Sarajevo bis an die montenegrinische Grenze. Er sichert sich damit alle großen Durchgangsstraßen und Eisenbahnlinien für die später beabsichtigte Wiederaufnahme des Krieges im östlichen Mittelmeer. So unterliegt Nordkroatien der deutschen und Südkroatien der italienischen Einflußsphäre: beide Zonen sind durch die Demarkationslinie getrennt. Kroatien kommt als selbständiger Staat zwar nicht unter Militärverwaltung, doch übt der »Deutsche Bevollmächtigte General in Kroatien« (Gen. d. Inf. z. V. Glaise v. Horstenau) auch die Befugnisse eines territorialen Befehlshabers aus. Daneben beordert Hitler den SA-Obergruppenführer Kasche als Gesandten nach Agram.

Slowenien wird geteilt: Italien erhält das Gebiet bis zur Save einschließlich Laibach (Ljubljana), Deutschland fast zwei Drittel der früheren Drau-Banschaft, 9600 Quadratkilometer, die Hitler nicht formell dem Reich eingliedert, sondern den NS-Gauleitern Uibereither (Steiermark) und Rainer (Kärnten) unterstellt.

Ungarn erhält die im Ersten Weltkrieg verlorenen Gebiete, einen kleineren slowenischen Landstreifen entlang der Mur sowie die Batschka und Baranja. Albanien wird mit einem Streifen Westmazedoniens erwei-

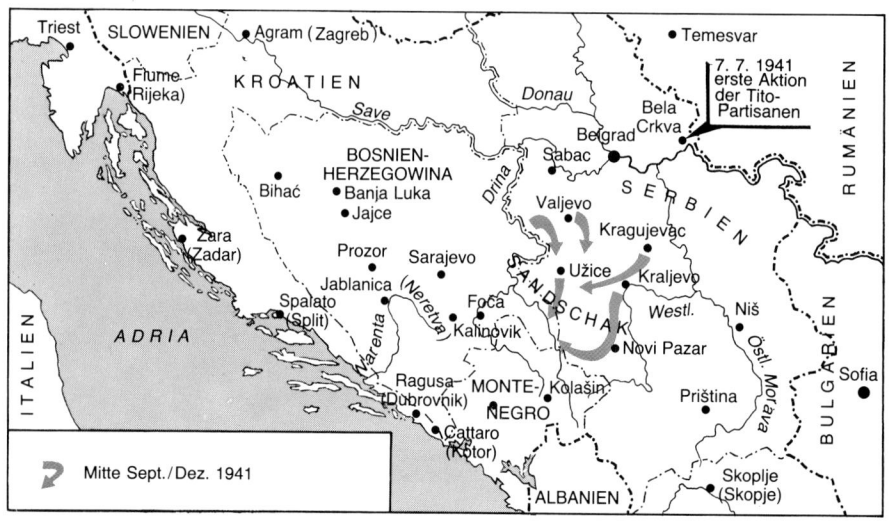

Montenegro, Juli 1941: Erste organisierte Aktionen der Tito-Partisanen und darauffolgende Kämpfe

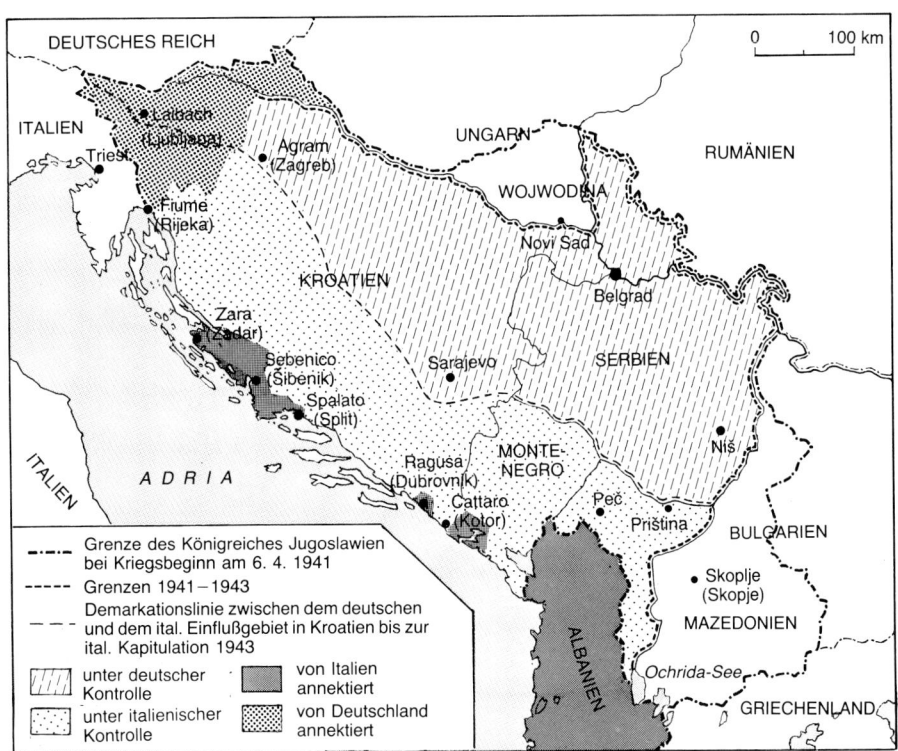

Die »Neuordnung« auf dem Balkan nach den Vorstellungen der Achsenmächte (Stand: Juli 1941)

Innerhalb der Karte:

DEUTSCHES REICH

ITALIEN

Laibach (Ljubljana)

Triest

Fiume (Rijeka)

Agram (Zagreb)

UNGARN

WOJWODINA

Novi Sad

RUMÄNIEN

KROATIEN

Zara (Zadar)

Sebenico (Šibenik)

Spalato (Split)

Belgrad

Sarajevo

SERBIEN

Niš

ITALIEN

A D R I A

Ragusa (Dubrovnik)

MONTE-NEGRO

Cattaro (Kotor)

Peć

Priština

BULGARIEN

ALBANIEN

Skoplje (Skopje)

MAZEDONIEN

Ochrida-See

GRIECHENLAND

0   100 km

— · — Grenze des Königreiches Jugoslawien bei Kriegsbeginn am 6. 4. 1941
---- Grenzen 1941–1943
– – – Demarkationslinie zwischen dem deutschen und dem ital. Einflußgebiet in Kroatien bis zur ital. Kapitulation 1943
unter deutscher Kontrolle
unter italienischer Kontrolle
von Italien annektiert
von Deutschland annektiert

tert, verbleibt aber wie zuvor in Personalunion mit Italien.

Da die Bulgaren schon Zentralmazedonien mit der Hauptstadt Skoplje (Skopje) und Teile von Serbien besetzt halten, muß sich Mussolini auf das Dreieck zwischen Ochrida-See, Priština und Peć sowie einen Landstreifen beiderseits Podgorica beschränken.

In Montenegro hat eine »Konstituierende Nationalversammlung« die Unabhängigkeit proklamiert und sich aufs engste mit Italien liiert. Jetzt gelangen Montenegro, der Sandschak (Landstrich zwischen Serbien, Montenegro und Süd-Bosnien) mit der Stadt Novi Pazar sowie das vorwiegend von Albanern besiedelte Gebiet von Kosovo-Mitrovica unter italienische Militärverwaltung.

Das restliche Serbien, das später eine administrative geschäftsführende Regierung unter dem ehemaligen jugoslawischen Kriegsminister und Generalobersten Nedić erhält, ist weiterhin deutsche Besatzungszone.

Die noch verbleibenden Gebiete werden fast ausschließlich Italien überlassen: nahezu alle dalmatinischen Inseln mit großen Teilen der dalmatinischen Küste und der Flottenstützpunkt Cattaro (Kotor) in der Südadria, dazu ein langer Küstenstreifen mit Ragusa (Dubrovnik), Spalato (Split), Sebenico (Šibenik) und Zara (Zadar). So wird Jugoslawien durch den Gewaltspruch vom 8. Juli 1941 in neun Zonen aufgeteilt.

Nun beginnt unbarmherzig die erzwungene Völkerverschiebung, eine der vielen, die Europa erschüttert: Die serbischen und griechischen Bevölkerungsteile werden aus den Besatzungszonen verdrängt. So schiebt z. B. das ungarische Regime kurzfristig 150 000 Serben aus der Batschka nach Alt-Serbien ab. Ebenso verfährt die bulgarische Regierung in Thrazien und Mazedonien. Der Grausamkeit der Albaner fallen zwischen Peć und Prizren sowie am Ochrida-See und bei Joannina Tausende von Griechen zum Opfer.

Eine der bedeutendsten Guerilla-Operationen im Sommer 1941 wird in Montenegro gegen die Italiener durchgeführt: Am Freitag, dem 11. Juli 1941, beginnt schlagartig ein gut vorbereiteter Angriff der Tschetnik-Einheiten des Hauptmanns Durišić, einem engen Freund von Mihailović, auf mehrere italienische Stützpunkte in diesem Gebirgsland. Die schwachen italienischen Garnisonen werden entweder aufgerieben oder müssen sich Hals über Kopf in ihre zentralen Standorte zurückziehen. Seit diesem Tag kehrt in die wilden Gebirge Montenegros nie mehr Ruhe ein.

In Bosnien, im Sandschak mit der Stadt Novi Pazar und in der Herzegowina wiederum versuchen kroatische Ustascha-Einheiten in einem aufreibenden Kleinkrieg das von den Aufständischen befreite Territorium wieder zurückzugewinnen.

Mitte Juli 1941 kommt es unter den etwa 3000 serbischen Holzarbeitern im Raum Drvar zu Unruhen. Sie stoßen mordend nordwärts in das überwiegend von Kroaten bewohnte Becken von Bosnisch-Petrovac vor und bedrohen die alte Türkenfestung Bihać mit ihren moslemischen Einwohnern. Sie werden von der Ustascha ebenso niedergeschlagen wie ein Tschetnik-Aufstand in der Herzegowina.

In diesen Kämpfen zeigen sich bereits deutlich die Unterschiede in der Kampfweise von Tschetniks und Tito-Partisanen. Während Mihailović die serbische Zivilbevölkerung weiterhin aus dem Kampfgeschehen heraushalten will, provozieren die kommunistischen Partisanen geradezu die Besatzungsmacht zu Repressalien an der unbeteiligten Bevölkerung.

Im Rahmen des italienischen Heeres werden sogenannte »legale« Tschetnik-Verbände aufgestellt. Einer ihrer wichtigsten Anführer ist Kosta Pecanać, bis April 1941 Vojvoda (Oberster Leiter) der Tschetnik-Bewegung. Die Schaffung dieser »legalen« Tschetnik-Verbände durch die Italiener erschwert später den deutschen Besatzungsbehörden erheblich die systematische Bekämpfung der Tschetniks von Mihailović, da sie jetzt Querverbindungen zu hohen italienischen militärischen Stellen unterhalten.

Pecanać, bereits im Ersten Weltkrieg ein bekannter Aufständischenführer, hat im Juli 1941 mit dem Sicherheitsdienst (SS-Sturmbannf. Dr. Kraus) mit Wissen des Militärbefehlshabers Serbien Kontakt aufgenommen. Pecanać erklärt sich bereit, keine Aktion gegen deutsche, italienische und bulgarische Besatzungstruppen zu unternehmen. Später stimmt Pecanać zu, seine »legalen« Tschetniks gegen Tito-Partisanen einzusetzen und sie von den Mihailović-Tschetniks fernzuhalten. Nach Meinung Sachkundiger leistet Pecanać bei der Abschirmung Südserbiens gegen die Tito-Partisanen der deutschen Wehrmacht im Sommer und Herbst 1941 wesentliche Dienste.

Am Sonntag, dem 27. Juli 1941, wird in Belgrad unter der Führung von Tito der Hauptstab der Volksbefreiungs- und Partisanen-Abteilungen Jugoslawiens gebildet. Dieses Kommando übernimmt die organisatorische und propagandistische Vorbereitung späterer Aktionen. Die Partisanengruppen erhalten den Auftrag, neue Kämpfer »ohne Rücksicht auf ihre Nationalität oder ihre politische oder religiöse Überzeugung« anzuwerben. Damit können sie bei der Jugend, besonders bei jungen Frauen, die der Gedanke der Gleichberechtigung anzieht, Erfolg verbuchen. So entstehen zahlreiche neue örtliche Partisanenabteilungen. Ihre Stärke schwankt zwischen 30 und 40 Personen, in manchen Landesteilen sogar bis zu Gruppen von 3000 bis 4000. Die Partisanen finden Rückhalt in der Bevölkerung: Die Dörfer stellen ortskundige Führer und Späher, kümmern sich um die Versorgung der Partisanen und ermöglichen ihr Untertauchen. Die Folge sind deutsche Repressalien gegen die Bevölkerung, die in den Massenexekutionen von Kraljevo und Kragujevac im Oktober 1941 ihren Höhepunkt erreichen.

Bis Ende Juli 1941 fallen den neu aufgestellten Partisanengruppen etwa 20 000 Gewehre und Pistolen, mehrere hundert Maschinengewehre sowie größere Mengen an Munition und Sprengstoff in die Hände.

Am Dienstag, dem 29. Juli 1941, verüben die Partisanen mitten in Belgrad am hellen Tage einen spektakulären Handstreich zur Befreiung des im Polizeilazarett gefangengehaltenen Kommunistenführers Aleksandar Ranković, Mitglied des Politbüros der KPJ und einer der engsten Mitarbeiter Titos.

An diesem Tag trifft in Belgrad einer der tüchtigsten Spezialisten zur Bekämpfung von Widerstandsbewegungen ein: SS-Standartenführer Veesenmayer. Vom Auswärtigen Amt beordert, soll er mit Hilfe von Spitzeln und V-Männern die Führung der Partisanen aufspüren und ausheben. Auch dieser Methode ist kein Erfolg beschieden. Keinem der Agenten gelingt es, in den streng abgeschirmten Tito-Kreis einzudringen; mehrere bezahlen ihren Versuch mit dem Tod.

Im Juli 1941 findet in Griechenland eine Aussprache zwischen dem Kommunistenführer Lefteris Apostolou und General Stafanos Sarafis, dem späteren Oberkommandierenden der Ethnikos Laikos Apeleftherotikos Stratos (ELAS), statt. Der Treff dieser beiden Männer markiert den Beginn des organisierten Widerstandes in Griechenland.

Das Land verwaltet weitgehend die Marionettenregierung des Generals Tsolakoglou unter italienischer Aufsicht. Griechenland wird in ein wirtschaftliches Chaos gestürzt, die Importe an Grundnahrungsmitteln, auf die Griechenland schon immer angewiesen war, hören auf. Sowohl die italienische als auch deutsche Besatzungsmacht kümmern sich um die eigenen Belange. So wird z. B. die einzige Eisenbahnverbindung nach Mitteleuropa fast ausschließlich für die Versorgung der Rommel-Truppen in Nordafrika und der Garnison auf Kreta benutzt. Die Hungersnot ist oft schlimmer als politische Unterdrückung und fordert nicht weniger Opfer als die Vergeltungsmaßnahmen der Besatzer.

In Albanien wiederum besteht Ende Juli 1941 eine Anzahl voneinander unabhängiger Guerilla-Bewegungen, von denen einige in loser Verbindung zu den Kommunisten stehen.

Während sich die italienischen Truppen den Tschetnik-Partisanen gegenüber weitgehend passiv verhalten und Versuchen, die Besatzungsgebiete durch Vereinbarungen mit einzelnen Anführern der Aufständischen zu sichern, sind die deutschen Verbände für Aktionen, die über Sicherungsaufgaben hinausgehen, zu schwach. Schon Ende Juli 1941 muß die Wehrmacht stärkere Kräfte gegen die in Serbien um sich greifende Aufstandsbewegung einsetzen, nachdem sich serbische Polizei und Gendarmerie zum Teil als machtlos oder unzuverlässig erwiesen haben.

Auch deutsche Sicherungskräfte, Landesschützen und Feldpolizei, sind dem Gegner nicht mehr gewachsen. Außerdem fehlen den Truppen Ausbildung und Erfahrung im Kampf gegen Freischärler. Die vorwiegend aus älteren Jahrgängen bestehenden und unzulänglich ausgerüsteten deutschen Besatzungstruppen in Serbien, insgesamt drei Divisionen, sind für den Partisanen-

Oben: Guerilla-Gruppe im Gebiet der jugoslawisch-griechischen Grenze

Links: Die Frauen von Bela Crkva: Sie haben alles verloren, was ihnen lieb und teuer war – Familie, Haus und Habe

kampf kaum geeignet. Die in diesen Tagen mit erheblichem Aufwand begonnenen Säuberungsaktionen südlich von Čačak und südlich Belgrad im Kosmaj-Gebirge haben kaum Erfolg: Die Partisanengruppen lösen sich auf und tauchen unter, um sich nach Abzug der deutschen Verbände wieder zu sammeln.

Am Freitag, dem 1. August 1941, berichtet aus Belgrad der deutsche Gesandte Benzler, daß ein Teil der männlichen Bevölkerung Serbiens aus Angst vor neuen deutschen Repressalien in die Berge flüchtet und so die Partisanenverbände weiter verstärkt. Diese profitieren auch von zahlreichen mittellosen serbischen Flüchtlingen, die aus Kroatien und Ungarn nach Serbien einströmen.
Bereits Anfang August 1941 weigert sich der deutsche Militärbefehlshaber, weitere serbische Zwangsumsiedler aus Kroatien aufzunehmen, weil damit »unzufriedene Elemente« dem »kommunistischen Einfluß weitgehend zugänglich« sind. Die anwachsende Partisanentätigkeit versuchen die deutschen Militär- und Polizeikommandos mit Massenerschießungen von Geiseln einzudämmen. Der Abschreckungseffekt dieser Aktionen ist zweifelhaft.
Die Partisanen konzentrieren in diesen Wochen ihre Angriffe vor allem auf die dürftig ausgerüstete serbische Gendarmerie, die als verhaßter Kollaborateur gilt. Immer mehr gelingt es den Partisanen, den Ruf einer pan-jugoslawisch-nationalen Freiheitsbewegung zu erlangen und sich auch mit den serbisch-nationalistischen Tschetniks unter Mihailović zu verbünden, was

eine noch größere Gefahr für die Besatzungstruppen darstellt. So ist die Verhinderung einer Einheitsfront der beiden Freischärlerbewegungen die wichtigste Aufgabe der deutschen Führung. Die einzige Möglichkeit, dies zu erreichen: Den Kampf gegen die Mihailović-Tschetniks einzustellen. Man hofft, sie dadurch zumindest zu einem gewissen Waffenstillstand gegenüber den deutschen Truppen bewegen zu können.

Am Sonnabend, dem 2. August 1941, kann Tito der Komintern in Moskau die ersten Erfolge seiner Partisanenerhebungen melden. Die Sowjets jedoch, mit der Gefahr des deutschen Vormarsches auf Moskau beschäftigt, nehmen kaum Notiz von der Lage in Jugoslawien. Schon Anfang August 1941, wenige Wochen nachdem die Tito-Partisanen den Kampf aufgenommen haben, setzen sie in den befreiten Dörfern und Kleinstädten Südserbiens eine Art Verwaltung ein. Obwohl Tito selbst Kroate ist, bestehen erstaunlicherweise seine engsten Mitarbeiter und Partisaneneinheiten in der ersten Zeit fast ausschließlich aus Serben.

Am Sonntag, dem 10. August 1941, erscheint die erste Nummer des »Bulletin des Hauptstabes« der Tito-Partisanen. Der Eröffnungsartikel betont: »Die Partisaneneinheiten sind Volksbefreiungsabteilungen und keine Kampforganisationen einer politischen Partei.«
Das wahre Ziel der Partisanen ist keineswegs die »Volksbefreiung«, sondern die Ausnutzung der einmaligen geschichtlichen Situation, die Pläne der von Moskau gesteuerten KPJ durchzusetzen: Als nationale Sek-

tion der Komintern tut sie nur ihre Pflicht im Dienst der Weltrevolution. Um die ländliche Bevölkerung in der Ungewißheit zu lassen, tragen sogar manche Partisanen königliche Embleme oder Bilder des Königs als Anstecknadel auf der Brust. Die Partisanen, mit Ausnahme rein kommunistischer Einheiten, haben oft auch Geistliche bei sich. In den serbischen Dörfern Kroatiens, die unter dem Ustascha-Terror gelitten haben, werden nach ihrer Befreiung durch Partisanen griechisch-orthodoxe Kinder getauft und feierliche Gottesdienste zelebriert.

Die in Serbien und Kroatien eingesetzten deutschen Truppen und Polizeieinheiten können die Zunahme der Überfälle und die Ausdehnung der von den Partisanen kontrollierten Gebiete nicht verhindern. Besonders bedroht werden die für die deutsche Kriegswirtschaft wichtigen Bergwerke in Bor (Serbien), Trepca nahe Užice und Prijedor (Kroatien). Daß die deutschen Besatzungsbehörden die Gefahr des ausgedehnten Kleinkrieges bis jetzt unterschätzt haben, liegt auch daran, daß die meisten Säuberungsaktionen kaum Erfolge brachten. Das veranlaßt die militärische Führung in Serbien, die meisten Meldungen als übertrieben oder falsch zu bewerten, anstatt die Mißerfolge auf die geschickte Taktik der Aufständischen zurückzuführen. Und es dauert noch bis Mitte August 1941, ehe der Militärbefehlshaber Serbien (Gen. d. Fl. Danckelmann) und der Befehlshaber des Höheren Kommandos LXV (Gen. d. Art. Bader) über den WB Südost Verstärkungen für den Kampf gegen Partisanen anfordern.

Die KPJ, die alle Kräfte der Nation heranziehen will, versucht, sich mit Mihailović zu verständigen. Im August 1941 wird ein erster Kontakt durch die Partisanengruppen in Mittelserbien hergestellt. Nach dem Bericht von Ranković, der als Tito-Partisan an diesen Gesprächen teilnimmt, will Mihailović keinerlei offensive Kampfhandlungen in die Wege leiten, ehe die Alliierten nicht neue militärische Initiativen ergriffen haben und die jugoslawischen Widerstandsbewegungen durch ihre direkte Hilfe unterstützen können.

Tatsächlich kämpfen die Tschetniks vorwiegend defensiv. Aufgrund alter Erfahrungen aus den Türkenkriegen führen sie Überfälle meistens in abgelegenen Gebieten durch, um Repressalien gegen die Bevölkerung nach Möglichkeit zu vermeiden. Ihre Hauptaufgabe ist die Ausbildung der Kader, um für den Fall einer alliierten Landung auf dem Balkan rasch starke Kräfte aufstellen zu können.

Mit ihren hohen Schaffellmützen, mit einem Totenkopfemblem oder dreifarbigen jugoslawischen Kokarden verziert, den schulterlangen krausen Haaren und wilden Bärten wirken die Tschetniks wie Räubergestalten aus längst vergangenen Zeiten. Dieser Eindruck wird noch durch Dolche, Pistolen und Bandeliers (Patronengurte) verstärkt. Ihre militärische Disziplin ist recht locker, dazu sind sie schlecht organisiert. Die Tschetniks entstammen größtenteils bäuerlichen Familien, sind erdgebunden, daher mangelt es ihnen an Beweglichkeit. Hinzu kommt, daß ihre monarchistische

und großserbisch-nationalistische Ideologie bei den anderen Völkern Jugoslawiens alles andere als Begeisterung hervorruft.

Schließlich hat die Tschetnik-Bewegung noch ein Handicap, das ihr mit der Zeit in Anbetracht der scharf konkurrierenden Tito-Partisanen zum Verhängnis wird: Mihailović, dessen Wahlspruch »für König und Vaterland« lautet, will in erster Linie die biologische Substanz des serbischen Volkes erhalten, dessen traditionelle Vorherrschaft bewahren und erst in zweiter Linie einen Widerstandskampf – am liebsten, »wenn die Zeit dafür reif sein wird« – führen, d. h., wenn die Besatzer durch einen permanenten Zermürbungskrieg geschwächt sind. Dann wollen die Tschetniks sie unter Mithilfe der Alliierten vertreiben.

Da für einen getöteten oder verwundeten deutschen Soldaten 100 Geiseln erschossen werden, ist es kaum verwunderlich, daß Mihailović seine Leute immer wieder vor unüberlegten Einzelunternehmungen warnt. Das gleiche tut übrigens auch die jugoslawische Exilregierung in ihren Rundfunksendungen aus London. Dem Besitz der Tschetniks, von denen die meisten dem ländlichen Mittelstand angehören, hat man gerade durch Vergeltungsmaßnahmen enormen Schaden zugefügt. Andererseits führen diese Vergeltungsaktionen den Verbänden Titos neue Kämpfer zu: Menschen, die ihr Hab und Gut verloren haben und vor den deutschen Repressalien in die Wälder flüchten.

Die moskautreuen Partisanen beherrschen die Provokationstaktik meisterhaft. Da sie kaum über eigene Versorgungsquellen verfügen, müssen sie kämpfen, wenn sie Hunger haben, und so werden sie schon aus der Not heraus von einem Streifzug zum anderen getrieben. Ihr Eifer im Kampf und im Plündern wird auch nicht durch die Furcht vor Vergeltungsmaßnahmen gegen ihr Eigentum gehemmt: Sie gehören, nach ihrer eigenen Darstellung, zu den Exproprierten, den Enteigneten. Sie haben eher Anlaß, sich solche Vergeltungsmaßnahmen zu wünschen, denn sie verstärken die Zahl der Besitzlosen und damit die ihrer potentiellen Anhänger. Zugleich schwächt die Zerstörung des Privateigentums die wirtschaftliche Grundlage der von ihnen bekämpften Gesellschaftsordnung. »Daher nehmen die Operationen der Partisanen die Form dauernder Guerilla-Streifzüge an, nährt sich an der Zerstörung, die sie geschaffen hat, und wächst phönixgleich aus der Asche ihrer eigenen Niederlagen« (J. Améry).

Der politische Gegner – oder derjenige, den man dafür hält – wird von den Partisanen ohne großen Umstand niedergemacht. Besonders gegenüber den innerjugoslawischen Feinden, den serbischen Tschetniks, den kroatischen Ustascha- und Heimwehrverbänden, den slowe-

»...100 Geiseln für einen verwundeten deutschen Soldaten mit dem Tode bestraft«: Seit dem Sommer 1941 auf dem Balkan ein fast alltäglicher Anblick

nischen Domobranen und anderen antikommunistischen Gruppen gilt: kein Pardon für den »Klassenfeind« und »Verräter«.

Am Montag, dem 11. August 1941, kurz vor der italienischen Besetzung der II. Zone in Kroatien, wird eine eigenartige Abmachung getroffen: ein förmlicher Nichtangriffspakt zwischen dem Oberbefehlshaber der 2. Armee (Gen. Roatta) und den serbischen Tschetniks (vertreten durch den ehemaligen jugoslawischen Minister Dr. Novaković). Ungeachtet scharfer Proteste der Regierung Kroatiens begünstigen die italienischen Militärbehörden in der II. Zone nicht nur die Aufstellung von sogenannten »legalen« Tschetnik-Verbänden, sondern liefern ihnen auch Versorgungen, Ausrüstungen, Waffen und Munition. Damit ermöglichen sie die Kontinuation des bewaffneten Aufstandes gegen die Ustascha.

Am Dienstag, dem 12. August 1941, meldet aus Belgrad der deutsche Gesandte Benzler: Ein »Zusammengehen der Führung von Tschetniks und Tito-Partisanen« sei »bisher nicht festgestellt ... Falls sich Tschetniks mit Tito-Partisanen verbinden, ist Einsatz serbischer Gendarmerie nicht möglich«.

Am Sonnabend, dem 23. August 1941, findet eine Besprechung zwischen dem Wehrmachtsbefehlshaber Südost, Generalfeldmarschall List, und dem Befehlshaber in Belgrad, General Danckelmann, statt. Sie stellen fest, daß mit Verstärkungen der deutschen Truppen auf dem Balkan nicht zu rechnen sei. Desto dringender erscheint ihnen, eine serbische Regierung unter einer Persönlichkeit zu bilden, die über genügend Autorität verfügt. Die Wahl fällt auf den ehemaligen jugoslawischen Kriegsminister Generaloberst Milan Nedić. Er gilt als Feind des Kommunismus. Zudem erhofft sich die deutsche Verwaltung in Serbien von Nedić, daß er durch seine guten Beziehungen zu ehemaligen jugoslawischen Offizierskadern einen Teil der Offiziere unter den Tschetnik-Führern zur Mitarbeit gewinnen kann.

Am Mittwoch, dem 27. August 1941, berichtet aus Belgrad der deutsche Gesandte Benzler, daß die Ausbreitung der Tito-Partisanen in Serbien bereits so weit vorgeschritten ist, daß sich die deutschen Truppen »praktisch nur noch in Geleitzügen bewegen« können. Von Beginn an ist es das Ziel der deutschen Politik, die beiden Freischärler-Bewegungen aufeinanderzuhetzen. Der Befehl eines deutschen Korps vom 28. August 1941 sagt eindeutig: »Höheres Kommando LXV befiehlt: Banden, von denen man weiß, daß es sich um Tschetniks handelt, sind nicht zu bekämpfen. Verteilung von Flugblättern, die von Tschetniks stammen, ist nicht zu unterbinden, den Kommunismus mit Hilfe der nationalen Tschetniks zu bekämpfen.«

Am Freitag, dem 29. August 1941, bildet in Belgrad Generaloberst Nedić im Auftrag des deutschen Militär-

befehlshabers eine serbische Regierung. Nedić hat sich nur auf Drängen mehrerer serbischer Honoratioren und mit Zustimmung aller Parteien zur Verfügung gestellt. Einer der wichtigsten Erfolge von Nedić auf dem Gebiet der Partisanenbekämpfung: Es gelingt ihm, die in Südserbien operierende Tschetnik-Gruppe unter Kosta Pecanać für eine Zusammenarbeit zu gewinnen. Pecanać kämpft bereits seit Juli 1941 Hand in Hand mit SS-Einheiten gegen die Tito-Partisanen. Innenpolitisch wird Nedić von der Zbor-Bewegung unterstützt, einer strammen antikommunistischen Gruppe der gebildeten Oberschicht, die nicht abgeneigt ist, mit den deutschen Besatzern zu kollaborieren.

Dem strammen serbischen Nationalisten Nedić, in dessen Büro bis zuletzt das Bild des in Exil weilenden Königs hängt, werden zur Entlastung der deutschen Wehrmacht die Freiwilligenverbände, die »Serbische Staatswache« und »Serbische Grenzwache« in Stärke von 18 000 Mann als Ordnungstruppe belassen. Sie unterstehen jedoch einsatzmäßig dem Höheren SS- und Polizeiführer Serbien. Der Deutsche Generalbevollmächtigte für die Wirtschaft in Serbien, zunächst nur als Kontrollorgan gedacht, nimmt zunehmend die Wirtschaftsverwaltung in eigene Hand. Die vollziehende Gewalt im militärischen Bereich obliegt dem Militärbefehlshaber Serbien (Gen. d. Inf. Felber).

Ende August 1941 wird die Zahl der italienischen Divisonen auf dem Balkan von 45 auf 32 reduziert. Zu gleicher Zeit werden umbenannt: das italienische Armeeoberkommando 2 in Oberkommando der Streitkräfte Slowenien-Dalmatien (mit 8 Divisionen), das Armeeoberkommando 9 in Oberkommando der Streitkräfte Albanien-Montenegro (mit 12 Divisionen) und das Armeeoberkommando 11 in Oberkommando der Streitkräfte Griechenland (mit 11 Divisionen). Eine Division bleibt auf dem Dodekanes stationiert.

Die Politik der italienischen Besatzungsbehörden zeichnet sich durch Irrealität und Inkonsequenz aus. Die Führung versucht immer wieder, sich mit den Tschetniks unter Mihailović zu verständigen, selbst die einfachen Soldaten bemühen sich um Kontakte mit den Einwohnern; andererseits schreckt man nicht vor härtesten Vergeltungsmaßnahmen zurück. Die italienische Besatzungsmacht – vor allem auf Ausbeutung des Landes bedacht – läßt an Ort und Stelle nur einen Rest an Nahrungsmitteln, der kaum die Existenz der Bevölkerung sichert.

Am Mittwoch, dem 3. September 1941, berichtet der Chef des Verwaltungsstabes beim Militärbefehlshaber in Serbien, Ministerialdirektor und SS-Gruppenführer Dr. Turner, dem Wehrmachtbefehlshaber im Südosten, daß bisher aus Ungarn rund 37 000, aus Bulgarien 20 000 und allein aus Kroatien 104 000 Serben »entgegen allen Vereinbarungen« in das deutsche Besatzungsgebiet Serbiens abgeschoben worden sind. Dr. Turner: »Diese Menschen, die in ungezählten Fällen selbst Zeuge der bestialischen Hinmordung ihrer Angehöri-

Relikt der vergangenen Epoche: Das mit deutscher Unterstützung aufgestellte Russische Schutzkorps in Serbien ist gleichzeitig der einzige noch existierende Rest der russischen Zarenarmee

Kanonier des Russischen Schutzkorps in Serbien: Zur Sicherung des wichtigen Eisenbahnknotenpunktes abkommandiert

gen waren, hatten nichts mehr zu verlieren, konnten, da die Abschiebung auch ohne jede Anmeldung erfolgte, nicht aufgefangen und untergebracht werden und gesellten sich darum zu den Kommunisten in die Wälder und Gebirge ...«

Die Tito-Partisanen konzentrierten sich in diesen Wochen auf das Grenzgebiet zwischen Kroatien und Serbien. Es gelingt ihnen, in der Mačva, dem Landstrich im Save-Bogen östlich der Drina-Mündung, dem Cer-Gebirge und in den Gebirgen im Raum Užice-Čačak, am Oberlauf der Morava südlich von Belgrad, größere Gebiete unter ihre Kontrolle zu bringen. Auch in Bosnien werden die Partisanen, wie hier die beheimateten Tschetniks, immer aktiver. Ein Ergebnis des zügellosen, blutigen Vorgehens der Ustascha.

Der deutsche Wehrmachtbefehlshaber Südost nimmt wohl die Berichte über das Auftauchen der ersten Partisanenverbände nicht ernst genug. Mit ihnen fertig zu werden, überläßt man vorwiegend den neu aufgestellten kroatischen »Domobranen« und der »Serbischen Staatswache«.

Am Dienstag, dem 5. September 1941, meldet der Wehrmachtbefehlshaber Südost (GFM List) an das OKW: »Im Save-Drina-Dreieck erstmalig starke, anscheinend gut bewaffnete und geschickt geführte Aufstandsbewegung. Mehrere deutsche Garnisonen sind bereits von Partisanenverbänden eingeschlossen, und weite Landstriche gelten als befreites Gebiet.« Die einzige Möglichkeit für die deutschen Besatzungstruppen, um sich schwerpunktmäßig erwehren zu können und weitere Verluste isolierter Posten und Garnisonen zu vermeiden: Fast ganz Westserbien muß geräumt werden. Auch die Italiener sind gezwungen, sich aus großen Teilen von Montenegro zurückzuziehen. Nach jugoslawischen Angaben sind dabei zwei italienische Divisonen entwaffnet worden.

Am Freitag, dem 12. September 1941, geht ein langgehegter Wunsch der russischen Emigranten in Jugoslawien in Erfüllung: Der Ex-Zarengeneral Michail F. Skorodumow gibt mit Zustimmung der deutschen und serbischen Militärbehörde die Aufstellung des Weißen Russischen Schutzkorps (offizieller Name: Schutzkorps Serbien) bekannt.

Das Korps ist einer der außergewöhnlichsten Verbände des Zweiten Weltkrieges, Relikt einer vergangenen Epoche: Es ist der einzige noch existierende Rest der alten zaristisch-russischen Armee. Als das weißrussische Heer von General Wrangel nach seiner Zerschlagung durch die Bolschewisten 1921 von der Krim in die Türkei evakuiert wurde, fanden viele seiner Offiziere und Mannschaften Zuflucht in Jugoslawien. König Alexander unterstützte sie finanziell und ermöglichte ihnen, den Führungsstab aufrechtzuerhalten. An der Militärakademie wurden Kader für eine antibolschewistische Armee, die womöglich irgendwann entstehen könnte, ausgebildet.

Jetzt, nach den Jahren der Hoffnung, ist die Zeit dafür

gekommen: In der Toptschyderski-Kaserne am Rand von Belgrad werden das Regiment 1 (Gen. Zborowskij), das Regiment 2 (Gen. Jegorow) und das Regiment 3 (Oberst Schatilow) aufgestellt, die man später durch zwei weitere Regimenter verstärkt. Das Korps mit insgesamt 4000 Mann wird zuerst unter dem Befehl von General Steifon, dann unter Oberst der zaristischen Leibgarde Rogozhin zur Sicherung der wichtigen Eisenbahnlinie Belgrad-Niš vor Überfällen der Partisanen abkommandiert.

Am Sonntag, dem 14. September 1941, findet ein Ereignis statt, das für weitere Aktivitäten von Oberst Mihailović von entscheidender Bedeutung ist: Dem Funker, der in seinem Hauptquartier bereits seit längerer Zeit mit einem selbstgebastelten Sendegerät, gespeist durch 500 winzige Blitzlichtbatterien, vergeblich versucht hat, Kontakt mit irgendeiner alliierten Stelle auf der anderen Seite des Mittelmeeres zu erreichen, gelingt es überraschend, via Malta eine Funkverbindung mit London und so mit der jugoslawischen Exilregierung herzustellen. Seitdem verbreitet sich die Nachricht über die legendären ersten organisierten Guerillas im Zweiten Weltkrieg in Windeseile in Europa und im alliierten Hauptquartier.

Am Dienstag, dem 16. September 1941, beauftragt Hitler Generalfeldmarschall List mit der Niederschlagung von Partisanen-Bewegungen im Südostraum, nachdem die Nedić-Regierung in Serbien keine Eindämmung der »Bandenaktivitäten« bewirkt, sondern im Gegenteil Anfang des Monats gerade einen großen Herbstaufstand begonnen hat.

Am gleichen Tag ernennt Hitler unter Ausschaltung aller sonstigen militärischen und zivilen Dienststellen General Böhme zum Bevollmächtigten Kommandierenden General in Serbien. General Böhme wird zugleich mit der Niederschlagung des Aufstandes und der Übernahme der vollziehenden Gewalt im Operationsgebiet beauftragt. Hitler, vom Ernst der Lage beeindruckt, genehmigt jetzt die Entsendung von zwei gut ausgebildeten und bewaffneten Divisionen, der 342. Infanteriedivision (GenMaj. Wanger) und der 113. Infanteriedivision (GenMaj. Güntzel) nach Serbien.

Die Vergeltungsmaßnahmen, mit Niederbrennen ganzer Ortschaften, Schaffung von Sperrzonen beiderseits wichtiger Verkehrslinien durch Aussiedlung der Bevölkerung, eskalieren zunehmend eine Verschärfung der Kriegführung auf dem Balkan.

General Böhme leitet persönlich von Norden her aus der Mačva energisch die Säuberungsaktion mit Unterstützung von Panzern, Panzerzügen, schwerer Artillerie und Flugzeugen. Auch Italien und Kroatien versprechen sich eine Beruhigung durch die seit längerem vorbereitete Großaktion in Serbien zur Säuberung von Tito-Partisanen. Trotzdem gelingt es sowohl den Mihailović-Tschetniks als auch den Tito-Partisanen, sich im südserbischen Raum um die Stadt Užice in einem recht ausgedehnten »befreiten Gebiet« festzusetzen.

Montenegro, Herbst 1941: Deutscher Funktrupp während einer Säuberungsaktion

Die Deutschen haben bereits nach den ersten Sabotageakten im Frühsommer 1941 zum Mittel der Geiselerschießungen gegriffen: Für jeden getöteten deutschen Soldaten werden in der Regel 100 Zivilisten erschossen. Die Geiseln sind meist angesehene und wohlhabende Bürger wie Rechtsanwälte, Kaufleute, von der Gesinnung her nationalistische Serben. So helfen die Deutschen unbeabsichtigt den Tito-Partisanen, das Land von unbequemen bourgeoisen Elementen zu säubern.

Am Freitag, dem 19. September 1941, findet im Dorf Strugarik am Nordrand der Ravna-Gora-Hochebene nahe Užice das erste Zusammentreffen zwischen Tito und Mihailović statt. Es wird beschlossen, im Kampf gegen die Deutschen militärisch und politisch zusammenzuarbeiten. Mihailović beharrt auf seinem Standpunkt, daß es besser sei, die Kräfte zu schonen, bis man zu einem günstigeren Zeitpunkt zum entscheidenden Schlag ausholen könne. Nach eher stürmischen Verhandlungen wird man sich einig: Die Kriegsbeute soll zur Hälfte geteilt, die freie Entscheidung der Bevölke-

rung zugunsten der Tschetniks oder der Tito-Partisanen respektiert werden.

Der Versuch, eine gemeinsame Front von Tschetniks und Partisanen aufzubauen, scheitert aber am ausschließlichen Führungsanspruch Titos. Außerdem ist Mihailović mit der gewalttätigen, revolutionären Politik der Partisanen nicht einverstanden. Die Taktik, die Tito befohlen hat, kann seiner Meinung nach nur zu grausamen deutschen Vergeltungsmaßnahmen und zur Zerstörung der biologischen Substanz des serbischen Volkes führen. Gewaltsame Aktionen zu dieser Zeit, argumentiert er, werden mit einer Niederlage enden, weil die Angst vor Vergeltung alle Hoffnungen auf Unterstützung vom Volk zunichte machen würde.

Dabei steht fest, daß der Führer der Tschetniks bereits zu dieser Zeit Verbindungen zu den Deutschen unterhält: Nedić erklärt später bei seinem Prozeß in Nürnberg, daß sich Anfang September 1941 Abgesandte von Mihailović mit ihm in Verbindung gesetzt hätten, um Verhandlungen aufzunehmen. Mit deutschem Einverständnis seien Mihailović Finanzmittel zur Verfügung gestellt worden.

Einige Tschetnik-Kommandeure, unter ihnen die Priester Zecević und Martinović, laufen in diesen Tagen zu den Tito-Partisanen über. »Bei den Tschetniks gäbe es für sie zu wenig Aktionen«, sagen sie. So fallen einige Gebiete, die die Tschetniks von deutscher Besetzung befreit haben, im Herbst 1941 in die Hände der Partisanen.

Am Sonnabend, dem 20. September 1941, bekommt der Tschetnik-Führer überraschend Verstärkung: Einem britischen U-Boot vor der Adria-Küste entsteigt mit einem Schlauchboot der wackere Südafrikaner, Captain »Bill« Hudson, ein SOE-Verbindungsoffizier zum britischen Generalstab, und steuert den einsamen Strand bei Petrovać (Montenegro) an. Hudson, begleitet von zwei Flieger-Majoren und einem Unteroffizier der Königlich jugoslawischen Exilarmee – versierte Funker mit einem leistungsstarken Sender – bekam in London höheren Ortes den Befehl, die immer noch verworrene Lage auf dem Balkan für die Regierung Seiner Majestät zu erkunden.

Hudson soll Mihailović, in dem Churchill den Führer des gesamten jugoslawischen Widerstandes sieht, alliierte Unterstützung anbieten. Captain Hudson, der noch vor zwei Jahren in der Nähe von Užice im Werk Trepca Mines der britischen Firma Selection Trust Group Ltd. als Bergwerksingenieur gearbeitet hat, wird auf abenteuerlichen Wegen in das Hauptquartier von Mihailović auf der Hochebene des Ravna Gora gebracht. Seine Mission trägt den Codenamen »Bullseye«. Von dieser Stunde an verfügt Mihailović über einen Trumpf, dessen sich keiner der anderen Guerilla-Führer rühmen kann: eine Direktverbindung mit einer alliierten Macht.

Am Mittwoch, dem 24. September 1941, begibt sich Tito, der bis dahin in der Belgrader Villa des Verlegers

Montenegro, September 1941: Deutsche Gebirgsjäger überqueren bei der Verfolgung von Guerillas mit ihren Tragtieren einen Gebirgsfluß

M. Ribnikar der Zeitung Politika sein Hauptquartier aufgeschlagen hat, »in den Wald«. Als wohlhabender Kaufmann getarnt, reist er mit der Eisenbahn, begleitet von zwei Sicherheitsleuten, einem als orthodoxen Priester und einem als Volksdeutschen getarnten Partisanen. Sie fahren bis zu einer kleinen Station etwa 150 Kilometer südlich von Belgrad und von dort mit einem Pferdefuhrwerk weiter, um das »befreite Gebiet« zu erreichen.

Schon seit Beginn des Kampfes gegen die Besatzungsmächte strebt Tito planmäßig den Aufbau einer kommunistischen Gesellschaftsordnung für die Nachkriegszeit an. In den nicht besetzten und von den Partisanen als »befreite Gebiete« bezeichneten Landesteilen richtet Tito jetzt das kommunistisch beherrschte Nationale Befreiungskomitee als Verwaltungsorgan ein. Die Behördenstruktur des Königreiches wird von der Basis her nach und nach zerschlagen.

Am Freitag, dem 26. September 1941, treffen sich die Partisanenführer aus dem ganzen ehemaligen Jugoslawien in Stolice, einem Dorf nahe der Stadt Krupanj im

bereits befreiten westserbischen Gebiet. Nur die Kommandeure von Kroatien und Slowenien müssen illegal zu dem Treff anreisen: Die befreiten Gebiete sind bereits so umfangreich, daß man bei Umgehung größerer Städte von der Adriaküste bis in die Umgebung von Belgrad reisen kann, ohne die von Partisanen kontrollierten Landstriche verlassen zu müssen. In Stolice findet eine Beratung des Politbüros der KPJ statt, auf der weitere wichtige Beschlüsse für die ferne Zukunft gefaßt werden: Die militärische Führung soll gänzlich von der politischen getrennt werden. Es wird der »Oberste Stab der Partisanenverbände Jugoslawiens für die Volksbefreiung« (Vrhovni Stab, VS) gebildet. Der Kommandant des Obersten Stabes ist der Vorsitzende des Zentralkomitees: Tito. Bei dem Treff in Stolice werden auch Erfahrungen des bisherigen Kampfes ausgewertet, und man einigt sich auf vollkommene Straffung der militärischen Organisation.

Bis ins Detail wird die innere Struktur der Partisanen-Bewegungen festgelegt: Umbildung der Partisanengruppen nach militärischen Gesichtspunkten, Gliederung nach Stäben, Gruppen, Zügen, Kompanien, Bataillonen, Brigaden. Die einheitliche Uniform, der rote Stern und der einheitliche militärische Gruß werden eingeführt. Man beschließt auch die Bildung von Partisanenbataillonen (Stärke 50 bis 300 Mann) durch

Zusammenlegung kleinerer Partisanenabteilungen. Diese sind nicht mehr ortsgebunden, sondern für einen oberregionalen Einsatz bestimmt. Die Stäbe in Montenegro, Kroatien, Slowenien, Serbien und in Bosnien sowie der Herzegowina werden in Hauptstäbe umorganisiert.

Die vorhandenen Tendenzen einzelner Anführer, sich auf kleine Partisanengruppen und begrenzte Diversions- und Sabotageakte zu beschränken, werden entschieden verworfen. Die Konferenz bestätigt zugleich einen detaillierten Plan zur Befreiung neuer Gebiete in Serbien. Auf den befreiten Territorien will man verstärkt die alten Machtorgane liquidieren und Volksbefreiungs-Ausschüsse bilden.

Einige Tage später wird der neue Führungsstab weiter südwärts in die von deutschen Truppen eilig geräumte Stadt Užice verlegt. Und gerade in diesem entlegensten Teil Westserbiens, das eigentlich den Tschetniks unter Mihailović »gehört«, errichtet Tito seine erste Partisanenrepublik, »die Volksrepublik Užice«. In Užice arbeitet sogar eine Waffenfabrik mit einer täglichen Kapazität von 400 Gewehren. Hier finden die Partisanen ein Lager mit etwa 21 000 Gewehren und 2,7 Millionen Schuß Munition. In der Stadt befindet sich auch eine Druckerei und eine Bank, in der sie noch Geld im Wert von 2 Millionen Reichsmark kassieren. Eine rund 150 Kilometer lange Eisenbahnstrecke ist in Betrieb, der Postverkehr wird errichtet, Schulen und Kinos sind geöffnet, und an jedem zweiten Tag erscheint in Užine das noch heute bestehende kommunistische Parteiblatt »Borba« (Der Kampf). Aus den von den deutschen Truppen zurückgelassenen 300 Tonnen Tabak wird die neue Zigarettenmarke »Roter Stern« produziert.

Nur 40 Kilometer von Užice entfernt liegt das Hauptquartier von Titos gefährlichstem Konkurrenten: Auf der Ravna-Gora-Hochebene hat sich Mihailović in einer Bauernhütte im Dorf Brajice niedergelassen.

Ende September 1941 kontrollieren die Tschetniks (über 5000 Mann) und die Partisanen (etwa 13 000 Mann) fast zwei Drittel des Landes.

Am Sonnabend, dem 27. September 1941, kommt in Griechenland auf Betreiben der Nationalen Befreiungsfront (Ethniko Apelefthrotiko Metopo, EAM) eine Art Volksfront zustande, die sechs Linksparteien und eine Reihe von Politikern aus dem antiroyalistischen Lager der Liberalen umfaßt. Dabei gelingt es den Kommunisten, unter diesem Tarnmantel längere Zeit das griechische Volk zu täuschen. Anfangs beschränkt sich die EAM auf Entfesselung von Streiks, durch die das deutsche Programm – eine Verschickung der Griechen zur Arbeit im Reichsgebiet – kaum zu realisieren ist.

Für Bulgarien zeigt Moskau schon immer ein besonderes Interesse: Die für die Partisanen-Bewegungen zuständige sowjetische geheime Staatspolizei NKWD entsendet laufend politische Emigranten nach Bulgarien, um den bewaffneten Kampf gegen die Besatzungsmächte zu unterstützen. So landen Ende September 1941 fünf Gruppen per Fallschirm in der Dobrudscha,

im Gebiet von Trjavna, Chaskovo und Seres (Nordgriechenland). Ein Teil der Agenten fällt bald danach in die Hände der Polizei.

Nun, nach weniger als einem halben Jahr nach dem schnellen Siegesfeldzug auf dem Balkan, wird dieser Raum für Hitler erneut zu einem militärischen Problem, und es kristallisiert sich ein permanenter Nebenkriegsschauplatz heraus, dessen Anforderungen die deutschen Kräfte kaum gewachsen sind.

Bereits vor Jahrhunderten entwickelte sich im Kampf mit den Türken die traditionelle Grausamkeit des Guerillakampfes auf dem Balkan: Die Guerillas konnten von ihren Feinden keine Gnade erwarten und handelten danach.

Auf die Sabotageakte und wachsende Aktiviäten der Partisanen reagieren die deutschen Truppen sowie die in Serbien stationierte Einsatzgruppe der deutschen Sicherheitspolizei und des SD (SS-Standartenf. Fuchs) mit Repressalien und Geiselerschießungen. Die Erschießungen läßt man jedoch vielfach von der serbischen Gendarmerie ausführen. General Glaise v. Horstenau: »Die tragende Idee der Partisanenkämpfe ist nach wie vor ein Gemisch zwischen verschwommenen Kommunismus und Panslavismus. Gemeinsam ist allen Insurgenten die unbedingte Ablehnung des heutigen Kroatiens.«

Zur Zeit kennt die Mehrheit der Partisanen die ideologischen Nuancen zwischen Tito und Mihailović. Tito kündigt nämlich als einziges Programm den Kampf gegen die Besatzungsmächte an und verspricht nach dem Krieg eine Agrarreform. Das eigentliche Programm einer »Volksrepublik« wird nur zögernd und behutsam mit dem Fortschreiten der kommunistischen Machtübernahme publik gemacht.

Eine der erstaunlichsten Tatsachen: Der Begriff Konspiration existiert als solcher kaum. Hier wissen alle Betroffenen über alles Bescheid. Planen z. B. die Tschetniks in größter Verschwiegenheit irgendwelche Kampf- oder Sabotageaktionen, so munkelt man schon Tage zuvor darüber. Andererseits werden die Tschetniks in der Regel vor bevorstehenden deutschen Strafexpeditionen gewarnt und haben Zeit genug, das Weite zu suchen.

Am Sonntag, dem 28. September 1941, beginnt in Serbien die deutsche Offensive gegen Tito-Partisanen, die »Erste Offensive« genannt.

Am Mittwoch, dem 8. Oktober 1941, erläßt der deutsche Bevollmächtigte Kommandierende General in Serbien in einem Tagesbefehl das strikte Verbot für die Truppe, mit Freischärlern oder Partisanen jeglicher Provinienz zu verhandeln. Auch der Nedić-Regierung wird eingeschärft, ihre Kontakte zu Mihailović einzustellen. Ab sofort sollen Tschetniks ebenso wie Tito-Partisanen als »außerhalb des Gesetzes stehend« behandelt und »erledigt« werden. Mit dieser Maßnahme will man die kroatische Ustascha-Regierung beruhigen, da Agram (Zagreb) die Annäherung der deutschen Stellen an die nationalserbischen Kräfte mit wachsendem Unbehagen verfolgt. Auch die italienische Besatzungspolitik paßt dem kroatischen Staatschef Pavelić nicht in seine Pläne.

Am Donnerstag, dem 16. Oktober 1941, berichtet der deutsche Gesandte in Agram, SA-Obergruppenführer Kasche, dem Auswärtigen Amt von der italienischen Besetzung der »sog. II. Zone«: »Von einer Bekämpfung der Kommunisten kann nicht gut gesprochen werden. Im Gegenteil, die Italiener setzen wieder von Kroaten ausgewiesene pravoslawische Popen, Serben und Juden in ihren früheren Wohnorten ein. Darüber hinaus haben sie in vielen Orten Übernahme der Zivilverwaltung, Entwaffnung der Ustascha oder ihre Ausweisung gefordert. Dieses Vorgehen führt zu gesteigerter Erbitterung der Kroaten...«

Die deutschen Besatzungsbehörden verfolgen aufmerksam über ihre Agenten sowohl in den Lagern der Mihailović-Tschetniks als auch bei den Tito-Partisanen die interne Entwicklung in den beiden Guerillagruppen. Sie wissen auch, daß man den Nationalisten Mihailović nicht besser von gemeinsamen Aktionen mit den Partisanen abschrecken kann als durch harte Vergeltungsmaßnahmen gegen die serbische Bevölkerung. Und bei der nächsten sich bietenden Gelegenheit packen sie zu.

Am Montag, dem 20. Oktober 1941, dringen deutsche Säuberungstruppen in die serbische Stadt Kraljevo ein. Vor einigen Tagen ist Kraljevo in einem gemeinsamen Angriff von Tschetniks und Partisanen überfallen worden. Über 30 deutsche Soldaten fanden dabei den Tod. Nach dem Einrücken in die Stadt erschießen deutsche Truppen fast die gesamte männliche Bevölkerung, nach letzten jugoslawischen Angaben rund 6000 Menschen.

Tags darauf, am 21. Oktober 1941, veranstalten deutsche Truppen im benachbarten Kragujevac, einem kleinen serbischen Städtchen, in dessen Nähe während eines Überfalls 10 deutsche Soldaten ermordet und 20 verwundet wurden, das nächste Massaker: 2300 Männer, nach offizieller deutscher Darstellung, 7000 nach letzten jugoslawischen Angaben, darunter viele Kinder, werden umgebracht. Man holt die Männer wahllos aus den Häusern, Gymnasiasten aus der Schule, nahezu die ganze Belegschaft einer für die deutsche Luftfahrtindustrie arbeitenden Fabrik. Als die Kunde von dem schrecklichen Ereignis Mihailović erreicht, haben die deutschen Besatzungsbehörden ihr Ziel nicht verfehlt: Seitdem ist der Tschetnik-Führer für gemeinsame Aktionen mit Partisanen kaum noch zu gewinnen.

Am Sonntag, dem 26. Oktober 1941, vier Tage nach den Massakern in Kragujevac und Kraljevo, treffen sich Tito und Mihailović erneut in einer Bauernhütte am Rand des Dorfes Brajice unweit des Tschetnik-Hauptquartiers auf dem Ravna-Gora.

Auch diesmal ist das wichtigste Anliegen von Tito ein zukünftiges gemeinsames Führungskommando. Nach Stalins Spielregeln sollen kremltreue Partisanen unter dem Vorwand der »Zusammenarbeit« im Laufe der Zeit alle sich bildenden unabhängigen Guerilla-Bewegungen unterwandern, sie dann im Sinne des NKWD beherrschen und in eine »Volksfront« umbilden. Auf diese Weise will man den Boden für spätere Machtansprüche Moskaus vorbereiten.

Einer der Augenzeugen der Begegnung, Sreten Zujović-Crni: »Mitten im Zimmer stand ein Tisch, an dessen einer Seite Tito mit uns beiden Platz genommen hatte, gegenüber Draza mit seinen Leuten, seinem politischen Berater Vasić und seinem Stellvertreter Oberstleutnant Pavlović. Unsere acht Mann Leibwache standen mit ihren Maschinenpistolen hinter uns, während sich die Leibwache von Mihailović an der gegenüberliegenden Wand aufgestellt hatte.« Die beiden Guerillaführer beschuldigen sich gegenseitig, die Bestimmungen des Abkommens nicht eingehalten zu haben, und ihre lebhaften Meinungsverschiedenheiten können nur mühsam beigelegt werden.

Mihailović, der Generalstabsoffizier und nachrichtendienstlich geschulte ehemalige Militärattaché, kennt die wahren Gründe des Tito-Wunsches nach einem einheitlichen Oberkommando für die beiden Bewegungen und lehnt sie strikt ab. Die zweitägigen Verhandlungen enden mit einer recht unverbindlichen Verabredung: Tito soll die Produktion der Waffenfabrik in Užice mit den Tschetniks teilen, dafür bekommen seine Partisanen von Mihailović einen Teil der Versorgung, die ihnen die Engländer liefern sollen. Die Gespräche der ungleichen Partner machen auf die deutschen Militärs – als sie davon erfahren – den größten Eindruck: Allein die Tatsache, daß sie stattgefunden haben, läßt sie Alarm schlagen.

Im Spätherbst 1941 ist mehr als ein Drittel Jugoslawiens befreit, andere Gebiete stehen unter Kontrolle der Partisanen. Neben den freien Gebieten Ostserbiens, um Pozarevac und Saitschar (Zajecar) gibt es in Südserbien, um Jablanica und Toplica, in Westserbien und Sumadija ein geschlossenes befreites Gebiet mit den Zentren Užice, Čačak, Gornji Milanovac, Krupanj, Bogatic, Losnica und Bajina Basta, das der Größe der Schweiz entspricht. In allen diesen Landstrichen bilden sich nationale Befreiungsausschüsse als Organe der neuen kommunistischen Macht.

Die Hauptverkehrslinien zwischen Belgrad, Niš, Skoplje (Skopje), Solun, Sofia, Laibach (Ljubljana), Agram (Zagreb), Sarajevo, Spalato (Split), Fiume (Rijeka) und einige andere stehen praktisch unter Kontrolle der Partisanen.

Am Montag, dem 27. Oktober 1941, verlegt Generalfeldmarschall List sein Hauptquartier aus einer Residenz bei Athen nach Saloniki. In diesen Tagen erreicht die kroatisch-italienische Spannung einen neuen Höhepunkt: Die Ustascha führt mehrere Überfälle auf italienische Truppenteile durch. Auf Druck von Mussolini wird vom italienischen Oberkommando (Gen. Ambrosio) der kroatischen Regierung zugestanden, in der

Montenegro, Herbst 1941: Leichte deutsche Gebirgskanone nimmt eingekreiste Guerillas unter Feuer

Küstenzone weiterhin Ustascha-Miliz aufstellen zu können. Die italienischen Befehslhaber versprechen zwar die Entwaffnung der Mihailović-Tschetnik-Verbände, kündigen aber zugleich Agram eine Teilamnestie gegenüber den aufständischen Orthodoxen an.

Am Dienstag, dem 28. Oktober 1941, stattet General Simović dem sowjetischen Botschafter in London, Maisky, einen Besuch ab. Der Premier der jugoslawischen Exilregierung richtet in Verkennung der Tatsachen eine Bitte an die Regierung der UdSSR: Sie möge sich dafür verwenden, daß die Partisanen Titos dem Oberbefehl von Mihailović unterstellt werden. Um seinem Anliegen Nachdruck zu verleihen, ersucht Simović anschließend Minister Eden, die Demarchen in Moskau zu unterstützen.

Ein äußerst wichtiger Faktor in der Entwicklung der Widerstandsbewegungen auf dem Balkan ist bereits im Sommer 1940 auf persönlichen Befehl von W. Churchill (»steckt Europa in Brand!«) entstanden: Die Special Operation Executive, SOE (Brig. Gubbins). Aufgabe dieser SOE – ein Ableger des britischen Secret Intelligence Service – ist die Organisation und Führung der Widerstandsbewegungen gegen die Besatzungsmächte in Europa.

Über ihre speziell ausgebildeten Fallschirmagenten nimmt SOE Verbindung mit den anwachsenden Widerstandsbewegungen in Ost-, West- und Südosteuropa auf. Die nächste Etappe ist das Absetzen britischer Militärmissionen per Fallschirm, die sich den östlichen Widerstandsbewegungen anschließen. Sie leiten ihre Tätigkeit und versorgen sie mit Sabotage- und Kampfmitteln durch Abwürfe. Zu jeder solcher Militärmission gehören außer ihrem Chef und seinem Stab Spezialisten und Instrukteure für Sabotage und Diversion, Propaganda, Spionage u. a. sowie vor allem ein komplett ausgerüstetes Funkerteam.

Damit sichert sich die britische Führung entscheidenden Einfluß auf die Widerstandsbewegungen auf dem Balkan: Da sowohl die jugoslawische als auch griechische Exilregierung nicht über direkte Verbindungsmittel verfügen, liegt die unmittelbare Führung der diesen Exilregierungen nahestehenden Widerstandsbewegungen in ihren Heimatländern in den Händen der SOE, genauer gesagt des britischen Secret Intelligence Service.

Und so hat London die Garantie, daß in erster Linie die Interessen des britischen Empire in diesem Teil Europas gesichert werden. Bei dem Oberkommando der

Streitkräfte im Mittleren Osten (GHQ of Middle East Forces) in Kairo entsteht eine SOE-Abteilung (SOE Kairo) direkt der Londoner SOE-Zentrale unterstellt. SOE-Kairo (Brig. Keble) leitet die britischen Militärmissionen auf den Balkan.

Beim Hauptquartier of Middle East Forces in Kairo gibt es auch eine besondere Abteilung, die sogenannte »A-Force« (Col. Simonds), deren Tätigkeit eng mit den Widerstandsbewegungen auf dem Balkan verknüpft ist. Zur Aufgabe der »A-Force« gehört nämlich das Ausfindigmachen und die »Heimführung« der aus einem KG-Lager der Achsentruppen entflohenen Angehörigen der alliierten Streitkräfte, vor allem Flieger. Der Aufgabenbereich der »A-Force« umfaßt sämtliche europäischen Mittelmeerländer sowie Rumänien, Ungarn und Österreich.

Moskau, zu dessen Interessensphäre das Mittelmeer und der Nahe Osten gehören, wird über die Tätigkeiten der SOE-Abteilung in Kairo sowie der britischen Militärmission auf dem Balkan durch einen seiner besten Agenten, Kim Philby, der zur Zeit in der Londoner Zentrale der SOE arbeitet, auf dem laufenden gehalten.

In der Nacht vom 1./2. November 1941 entbrennt zwischen den Tschetniks von Mihailović und den Partisanen der offene Kampf: Nach offizieller Tito-Darstellung greifen die Tschetniks die Partisanen bei der Ortschaft Pozega, südlich des Ravna-Gora-Plateaus (westliche Morava) an. Bei diesem Städtchen, das zugleich einen Stützpunkt der Tschetniks bildet, kommt es zu einem fast 24 Stunden dauernden Gefecht der beiden Guerilla-Gruppen. Am Abend ziehen sich die Tschetniks zurück und räumen Pozega. Seit diesem Zwischenfall wird das Verhältnis der beiden Konkurrenten immer gespannter und artet in einen permanenten Konflikt aus. Dies gibt wiederum den deutschen Besatzungskräften die Mög-

lichkeit, mit einer der beiden Seiten ein gewisses Stillhalteabkommen zu treffen.

In einer schneidigen »Vergeltungsaktion« umzingeln die Partisanen das Hauptquartier von Mihailović auf dem Ravna Gora und warten auf weitere Weisungen von Tito. Ein Funkspruch aus Moskau bewahrt Mihailović vor dem Schlimmsten: Stalin, der seine Beziehungen zu den Westalliierten während der Schlacht um Moskau nicht gefährden will, läßt Tito mitteilen: . . .»Mihailović sei der einzige Führer der jugoslawischen Widerstandsbewegung«. Der Vertraute Titos und engste Kompagnon, Dedijer: ». . .Ich hatte ihn nie zuvor so verblüfft gesehen.«

Die von Hitler befohlene und durch General Bader durchgeführte Großaktion gegen das »Bandenwesen« macht trotz des schlechten Wetters und verbissenem Widerstand der Mihailović-Tschetniks sowie Tito-Partisanen rasche Fortschritte. Mihailović muß vor den deutschen Angriffen zurückweichen, da seine Tschetniks unter Munitionsmangel leiden.

Am Sonnabend, dem 8. November 1941, wird die Kommunistische Partei Albaniens gegründet, und es beginnt sich dort der moskautreue Widerstand zu organisieren.

In der Nacht vom 8./9. November 1941 werfen vier RAF-Wellington-Bomber im Raum des Ravna Gora mehrere Container mit Versorgungen für die Tschetniks ab. In der Morgendämmerung funkt Captain Hudson aus Empörung über die Kämpfe zwischen Partisanen und Tschetniks nach Kairo, »man soll die Waffenlieferungen bis zur Beendigung des Bürgerkrieges in Jugoslawien stoppen!«

Am Dienstag, dem 11. November 1941, eröffnet der in der Sowjetunion arbeitende Sender Slobodna Jugoslavija – Freies Jugoslawien – seine Tätigkeit.

In der Nacht vom 14./15. November 1941 findet in Divci, einem Dorf nahe Valjevo an der Kolubra süd-westlich von Belgrad, ein geheimes Gespräch zwischen Deutschen und den Tschetnik-Anführern statt. Es kommt zustande durch die Initiative des Hauptmanns Dr. Matl von der Abwehrstelle Belgrad, einem versierten Kenner des Balkans, der den Kontakt zwischen dem Chef des Stabes beim Kommandierenden General in Serbien, Oberst i. G. Pemsel, und General Mihailović vermittelt hat. Der Wunsch von Mihailović, mit den deutschen Dienststellen Verhandlungen aufzunehmen, ist das Ergebnis der schon Monate andauernden Zwangslage: Um zu verhindern, daß seine Gruppen nicht nach zwei Seiten, gegen die Deutschen und Tito-Partisanen kämpfen müssen, versuchte Mihailović schon des öfteren, mit der deutschen Wehrmacht zu einer örtlichen Kampfpause zu gelangen.

Die Besprechung in Divci ist unter Zusicherung des freien Geleits für den serbischen Tschetnik-General vereinbart. Man will dabei die nationalen Verbände unter den Aufständischen für eine vernünftige Übereinkunft mit der deutschen Besatzungsmacht gewinnen, um unnötige Verluste durch Strafexpeditionen zu vermeiden oder wenigstens zu verringern. Den deutschen Stellen geht es in Wirklichkeit vor allem darum, möglichst viele Verbände für die Ostfront freizubekommen. Das Gespräch bleibt jedoch ohne Erfolg: Der Vertreter des Stabschefs beim Kommandierenden General in Serbien, Oberst i. G. Kogart, sowie die Vertreter des Verwaltungsstabes und der Polizei fordern von General Mihailović unmißverständlich eine bedingungslose Kapitulation. Dagegen erklärt sich der Tschetnik-Chef bereit, die Sicherung der für die Deutschen wichtigen Verkehrslinien und Wirtschaftszentren zu garantieren. Dafür solle man ihn in den Bergen, die er ja ohnehin beherrsche, in Ruhe lassen.

Nach diesen ergebnislosen Verhandlungen flammen die erbitterten Kämpfe wieder auf. In einer großangelegten Operation, von Tito-Partisanen als die »Erste Offensive« bezeichnet, versuchen die deutschen, italienischen und kroatischen Truppen, sowohl die »Tschetnik-Banden« als auch die Partisanen aufzureiben.

Am Freitag, dem 28. November 1941, nähern sich deutsche Panzer Užice, und Tito muß den Befehl zur Evakuierung geben. Unterdessen werden die Stadt und die zum Gebirge führenden Landstraßen von der Luftwaffe bombardiert. Angehörige des Obersten Tito-Hauptquartiers versuchen zwar noch aus einzelnen Stellungen heraus, den deutschen Vormarsch durch Verminungen aufzuhalten, doch die Panzer rollen unaufhaltsam vorwärts. Der Oberste Stab muß seinen Standort unter starkem Druck der deutschen Besatzungskräfte wechseln und zieht in die Berge des Sandschak, die im äußersten südöstlichen Grenzteil Bosniens beginnen. Auch Mihailović muß mit seinen nach erbitterten Gefechten zerstreuten Gruppen in die unwegsamen, verschneiten Berge und Wälder um den Ravna Gora ausweichen.

Der Aufstand im November 1941 ergreift ganz Serbien und führt zu einer ernsten Bedrohung von Belgrad. Nur der rücksichtslose Einsatz der in Semlin stationierten deutschen Bomber bringt eine Änderung der Lage.

Anfang Dezember 1941 kommt es zu ersten regulären Operationen der deutschen Besatzungstruppe, als stärkere Partisanengruppen aus dem Raum Užice versuchen, nach Ostbosnien, mit Schwerpunkt in Westserbien, einzusickern. Bei dieser Offensive kommen die deutsche 342. Infanteriedivision (GenMaj. Wanger) aus Frankreich, die 113. Infanteriedivision (GenMaj. Güntzel) von der Ostfront und als Verstärkung das Infanterieregiment 125 aus Griechenland zum Einsatz. Sie werden von Artillerie, Panzern und Flugzeugen unterstützt. Das nächste wichtige Ziel der deutschen und kroatischen Truppen ist die Sicherung der sowohl militärisch als auch wirtschaftlich wichtigen Bahnverbindung zwischen Agram (Zagreb) und Österreich.

Am Dienstag, dem 2. Dezember 1941, treten von Norden, Westen und Süden unter Befehl des kroatischen II. Korpskommandos drei Domobranen- und fünf Ustascha-Bataillone sowie eine deutsche Bahnsicherungsabteilung zum Angriff gegen die entlang den Bahnstrecken gruppierten Partisaneneinheiten an.

Am Mittwoch, dem 3. Dezember 1941, berichtet SS-Gruppenführer Dr. Turner über die Aktivitäten des sowohl mit der Regierung Nedić als auch mit deutschen Sicherungstruppen gegen Tito-Partisanen kämpfenden Tschetnik-Kommandanten aus den Vorkriegsjahren, Kosta Pecanać: »Pecanać hat bis auf den heutigen Tag die von ihm zugesicherte politische Linie weiterverfolgt und sich dem Generaloberst Nedić zur Verfügung gestellt. Seine Tschetniks haben gute Erfolge gegen die Kommunisten erzielt. Sie operierten in etwa 20 Gruppen verteilt, in mangelhafter Kleidung, schlecht bewaffnet und mit ungenügender Munition versehen.«

Am Mittwoch, dem 10. Dezember 1941, verzeichnet das Oberkommando der Wehrmacht (OKW) in seinem Lagebericht: »Serbien: Das Unternehmen zur Säuberung und Sicherung des westlichen Moravatales gegen die Mihailović-Gruppe ist abgeschlossen. Mihailović ist mit wenigen Anhängern entkommen, Stabsführer

Major Misić mit Stab gefangen. Damit ist größte Gruppe der nationalen Aufständischen im serbischen Raum gesprengt. Durch Aufruf an Serben ist auf Mihailović eine Kopfprämie von 100 000 Dinar ausgesetzt.«

Nach Ansicht der deutschen Führung ist der Aufstand in Serbien niedergeschlagen, und es wird hier bis zum Sommer 1944 relative Ruhe herrschen. Die Wirklichkeit sieht aber etwas anders aus: Es ist zwar der deutschen Besatzungsmacht tatsächlich gelungen, in langwierigen, verlustreichen Kämpfen und durch blutige Vergeltungsaktionen den Aufstand in Serbien einzudämmen, doch ein entscheidender Erfolg, der auch eine politische Lösung voraussetzt, wird nicht errungen.
Die deutschen Truppen und ihre bulgarischen Verbündeten veranstalten jetzt laufend Vergeltungsmaßnahmen, um die Bevölkerung von weiteren Aktionen abzuschrecken. In manchen Gegenden werden fast sämtliche Dörfer niedergebrannt und die Geiseln wahllos erschossen: Von September bis Ende Dezember 1941 sollen es in Serbien 35 000 gewesen sein. Und diese Terrormaßnahmen führen den Tschetniks und Partisanen neue Kämpfer zu.

Ab Mitte Dezember 1941, zu der Zeit als Mihailović-Tschetniks ihre bisher größte Niederlage durchstehen müssen, rollt allmählich die Luftversorgung richtig an: Nach langen Kompetenzschwierigkeiten und Papierkrieg stellt die RAF über ihre Dienststellen in Kairo der Special Operation Executive (SOE) mehrere Langstreckenmaschinen zur Verfügung. Diese Flugzeuge,

meist Bomber vom Typ Wellington, die von der Insel Malta starten, werfen fast jede Nacht Waffen, Medikamente, Konserven und Geldmittel ab. Es landen auch Berater und vor allem Funker mit Ausrüstungen.

Tito bemüht sich zur Zeit vergeblich, für seine Partisanen Ähnliches aus Moskau zu erhalten, und richtet zahlreiche Hilferufe an die Komintern.

In diesen Tagen entfacht die jugoslawische Exilregierung über BBC London eine Rundfunk-Propagandakampagne zugunsten von Mihailović, der jetzt von der Exilregierung den Rang eines Brigadier erhält.

Am Sonnabend, dem 20. Dezember 1941, verfaßt Mihailović eine neue Direktive an die Tschetniks, in der es u. a. heißt: »Mit den kommunistischen Partisanen kann es keine Zusammenarbeit geben, weil sie gegen die Dynastie und für die kommunistische Revolution kämpfen, was niemals unser Ziel sein kann.«

Die Stärke der Tschetniks ist schwer zu erfassen: Nicht alle stehen unter den Waffen, der Austausch wird laufend durchgeführt, die einen werden zum Dienst eingezogen, die anderen zeitweise entlassen. Der Stand von 200 000 Mann, den Mihailović der britischen Führung gemeldet hat, umfaßt wohl die Anzahl der Tschetniks,

Linke Seite: Dezember 1941: »Das Unternehmen zur Säuberung des westlichen Moravatals ist abgeschlossen...« Eine deutsche Feldhaubitzenbatterie kehrt in ihren Stützpunkt zurück...

...unterdessen geht in einem anderen Landstrich der erbarmungslose Kampf gegen die Guerillas weiter *(unten)*

die im Falle einer Mobilisierung in Dienst gestellt werden können.

Mihailović führt seine Streitmacht mit Hilfe von Befehlshabern der regionalen Korpsbezirke, d. h. aufgrund der friedensmäßigen Organisationsstärke der Wehrkreise. Die Befehlshaber dieser Korpsbezirke sind jetzt Offiziere mit dem Dienstgrad eines Obersten oder Majors. In Anbetracht der Verbindungsschwierigkeiten dieser Bezirksbefehlshaber besitzen sie große Selbständigkeit, und ihre Maßnahmen entsprechen nicht immer der Politik von Mihailović.

Neben den Besatzungsmächten Deutschland, Italien und Bulgarien beteiligen sich jetzt auch nicht weniger als drei südslawische Marionettenregierungen an den Gemetzel: Der seit August 1941 in Belgrad amtierende serbische Ministerpräsident Nedić mit seiner Staatswache, in Agram (Zagreb) die kroatische Regierung unter Pavelić, der eine aus Domobranen (Landwehr) und Ustascha bestehende 150 000-Mann-Armee befehligt, sowie die Gendarmerie des von Mussolini geschaffenen Montenegrinischen Nationalkomitees.

Zwischen allen diesen Formationen herrschen erbitterte Kämpfe auf Leben und Tod: Nedić und seine Freiwilligen serbischen Einheiten verabscheuen das Ustascha-Regime. Anführer der Tschetniks in Montenegro, Hauptmann Djurisić, entreißt wiederum dem Nationalkomitee fast das ganze Kernland und mordet bestialisch die Moslem-Minderheiten der Herzegowina und Bosniens. Pavelić rottet dagegen erbarmungslos Serben, Juden und Zigeuner des Unabhängigen Staates Kroatien (NDH) aus.

Am Sonntag, dem 21. Dezember 1941, just zu Stalins 62. Geburtstag, unmittelbar nach dem Auslaufen der ersten deutschen Offensive, wird im jetzigen Tito-Hauptquartier in Foča der Entschluß für die Bildung der ersten jugoslawischen Partisanen-Brigade gefaßt. In diesem reizvollen ostbosnischen Städtchen inmitten hoher Berge, nur 50 Kilometer von Sarajevo entfernt, können die Partisanen zum erstenmal seit zwei Monaten vor dem Schlafengehen wieder ihre Sachen ausziehen. Eine Zeitung wird gedruckt, das erste Konzert abgehalten und ein Postdienst eingerichtet. Auch Telefonverbindungen hat man durch das gesamte »befreite« Gebiet gelegt.

Die 1. Proletarische Brigade setzt sich aus sechs Bataillonen mit 1200 Männern und Frauen zusammen. Sie ist wie ein regulärer Verband organisiert, jedoch auf Minenlegen und Sabotage spezialisiert. Diese Brigade soll ununterbrochen im Einsatz sein. Tito betrachtet sie als Kader für seine Stoßtruppen einer zukünftigen kommunistischen (Volks)-Befreiungsarmee. Damit beginnt die Gründung der regulären Verbände der Partisanenstreitkräfte. Die Brigade wiederum besteht aus kampferprobten Kompanien einzelner Partisanen-Abteilungen, die man vom Dorf Rudo aus (nördlicher Grenzstrich des Sandschak bei Novi Pazar entlang Serbien und Südostbosnien) aufstellt. Der Sandschak bei Novi Pazar, ein Niemandsland, das keine Besatzungstruppen hat, gehört zur italienischen Einflußzone.

Laut offizieller Geschichtsschreibung ist dies die Geburtsstunde der jugoslawischen Volksarmee. Zugleich erhält das Oberkommando der Partisanen seinen endgültigen Namen »Oberster Stab der Volksbefreiungsarmee Jugoslawiens und der Partisanen-Abteilungen«. Dem Obersten Stab sind nun die Hauptstäbe für die zu befreienden Länder eingegliedert: Für Kroatien, für Bosnien und die Herzegowina, für Montenegro, für Slowenien und für Mazedonien. Außerdem gibt es noch Gebietskommandanturen in den sogenannten befreiten Gebieten. Die höheren Kommandos und Einheiten der Kampftruppen unterstehen direkt dem Operativen Stab des Obersten Stabes.

Von Anfang an ist Tito bestrebt, möglichst viele bewegliche Verbände zu formieren. Die besonders erfolgreichen unter ihnen erhalten die Bezeichnung »Proletarische«- oder »Stoß«-Brigaden. Sie sollen die Elite des Partisanenheeres bilden. Die Brigade ist mit leichten Waffen ausgerüstet, hat nur einen minimalen Versorgungsdienst und einen kleinen Troß. Auf schnellste Fortbewegung und große Marschleistungen trainiert, benutzt sie die leichten, landesüblichen Fuhrwerke oder Tragtiere lediglich zum Transport von Munition und schweren Waffen (Minen- und Granatwerfer, schwere MG und einige kleinkalibrige Gebirgsgeschütze).

Verpflegung wird kaum mitgeführt. Sie wird entweder, wenn notwendig, für einige Tage unter den Leuten verteilt oder einfach von der Bevölkerung requiriert. Die sogenannte Basis ist in der Regel gleichzeitig auch ein Verpflegungsdepot.

Die Brigade kann, wenn erforderlich, in einem Tag selbst in bergigem Gelände 50 bis 60 Kilometer zurücklegen, greift einen Stützpunkt des Gegeners an und verschwindet, um sich der Verfolgung zu entziehen.

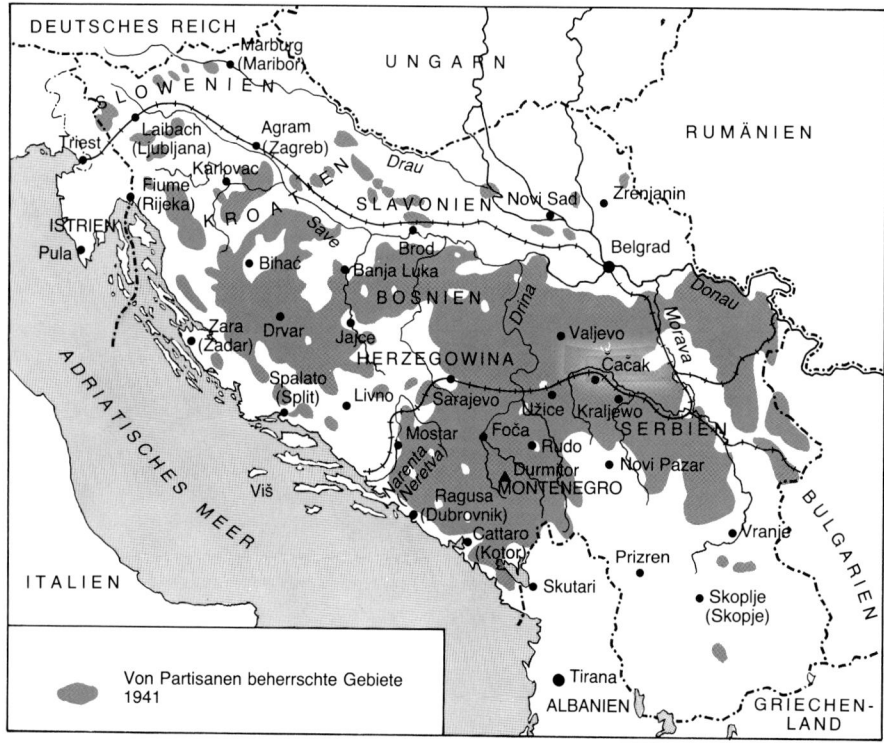

Ende 1941 sind schon erstaunlich große Gebiete von den Partisanen beherrscht

Von Partisanen beherrschte Gebiete 1941

Rechte Seite: Montenegro, Raum Durmitor, Dezember 1941: Mit französischen Beutepanzern gegen Guerillas – Hotchkiss H 39 während einer Kampfpause

Eine Woche später, am 29. Dezember 1941, befiehlt Tito, den Obersten Stab der Partisanen zu erweitern: Neben dem schon bestehenden Obersten Kommandanten, dem Stabschef, seinem Stellvertreter und weiteren Mitgliedern kommen noch die Abteilungen Operation, Funk- und Verbindungsdienst, Wirtschaft, Militärgericht, Rückwärtiges Gebiet, Technik und Sanitätswesen. Jetzt wird auch der Aufbau eines geheimen Nachrichtendienstes bei den operativen Verbänden eingeleitet. Eine neue Abteilung für Propaganda und Agitation steht sowohl den politischen als auch den militärischen Stellen zur Verfügung. Eine andere äußerst wichtige selbständige Organisation wird jetzt gegründet: die politische Polizei OZNA, die der obersten politischen Führung untersteht. Die OZNA arbeitet mit den militärischen Stellen zusammen, über die sie selbst Aufsicht führt. Ihre Aufgabe: Bekämpfung des inneren Feindes. Mit allen diesen Maßnahmen leitet man bereits Ende 1941 den Übergang von der Partisanen-Bewegung zur Befreiungsarmee, vom Partisanenkrieg zum regulären Krieg ein. Zu dieser Zeit verfügen die Partisanenverbände über eine Stärke von 80 000 Mann, die in 49 Abteilungen, 15 selbständigen Bataillonen und einer Proletarischen Brigade organisiert sind.

Auch in Griechenland entstehen bis Ende 1941 mehrere Widerstandsorganisationen. Die stärkste hat die kommunistisch beherrschte Nationale Befreiungsfront EAM (Ethniko Apeleftherotiko Metopo) gebildet. Ihre Nationale Volksbefreiungsarmee wird unter der Abkürzung ELAS (Ethnikos Laikos Apeleftherotikos Stratos) bekannt. Nichtkommunistische Bewegungen sind die National-Republikanische Griechische Liga, EDES (Ethnikos Dimokratikos Ellinikos Syndesmos) unter General Zervas und die kaum in Erscheinung tretende Nationale und Soziale Befreiung, EKKA (Ethniki kai Koinoniki Apeleftherosis) unter Oberst Psaros.

Die Guerillagruppe EDES, geführt von dem ehemaligen Oberst der griechischen Armee Napoleon Zervas, der sich jetzt selbst zum General befördert, beschränkt ihre Tätigkeiten auf die Berge des heimatlichen Epirus entlang der albanischen Grenze. Zervas, ein begeisterter Republikaner, wurde kurz nach dem Ersten Weltkrieg aus der Armee suspendiert, als er sich an einem Staatsstreich gegen die Monarchie beteiligte.

Sowohl ELAS als auch EDES erhalten anfangs nur recht spärliche britische Unterstützung. ELAS ist übrigens mehr damit beschäftigt, Rivalen zu unterdrücken als gegen die Deutschen zu kämpfen.

In den letzten Dezembertagen löst Mihailović seine Gruppe auf. Mit einem Dutzend von Getreuen und seinem Führungsstab taucht er in dem unzugänglichen Teil Montenegros unter. Die meisten Tschetniks ziehen sich zwar in ihre Heimatdörfer zurück, doch eine Anzahl von ihnen kämpft weiter gegen die Besatzer. Einige Tausend Tschetniks schließen sich der Heimwehr der serbischen Regierung von General Nedić an und vergrößern damit die Reihe der legalen »anerkannten« (regierungstreuen) Tschetniks. Sie werden zu den gefürchtetsten Gegnern der Tito-Partisanen.

Etwa zur Hälfte der bisher im serbischen Raum aufgestellten Tito-Partisanen-Abteilungen gelingt es, bis zum Jahresende in den ostbosnischen Raum des unabhängigen Staates Kroatien, nach Herzegowina und Montenegro einzubrechen. Hier spielen sich bis zur Kapitulation Deutschlands im Mai 1945 die Hauptaktionen der Partisanen ab.

Die Strategie der Tito-Partisanen beruht auf bewährten Grundsätzen: Man darf einem überlegenen Feind nicht die Möglichkeit zu einer Entscheidungsschlacht bieten. Man muß ihn immer wieder angreifen, um seine Kräfte und Kampfmittel zu vernichten. Damit soll schrittweise das Kräfteverhältnis verändert und so die Voraussetzung für einen Entscheidungskampf geschaffen we: den, wenn die Überlegenheit des Feindes geringer wird. Tito bedient sich dieser Kampfweise, um die feindlichen Vorteile einer größeren Schlagkraft, der besseren Bewaffnung und Ausrüstung auszugleichen.

Die Taktik der Tito-Partisanen ist einfach, aber erfolgreich: Durch Überfälle auf kleinere Garnisonen, Stützpunkte oder Verkehrsanlagen des Gegners zwingt man ihn, mit einer Vielzahl von einzelnen Unternehmungen seine Kräfte zu zersplittern. Man sollte nur dort angreifen, wo fast hundertprozentige Aussicht auf Erfolg besteht.

Auch die operativen Verbände, die Brigaden und später Divisionen, dürfen sich nie, selbst wenn sie angegriffen werden, zu einer entscheidenden Schlacht stellen. Sogar in ihren eigenen Aktionen größeren Stils sollen sie stets in kleinen, aufgelockerten Gruppen kämpfen. Der Angriff ist übrigens die wichtigste Kampfart der Partisanen. Hinterhalte und Überfälle sollen entweder als Angriff oder auch als Verteidigung angelegt werden. Den Nahkampf wenden die Partisaneneinheiten hauptsächlich bei Überfällen auf Garnisonen und Stützpunkte an.

Schon jetzt, ein halbes Jahr nach Beginn des Kleinkrieges auf dem Balkan, zeigen sich klare Umrisse seiner Verhaltensregeln: Während die Partisanen überall versuchen, die Besatzungstruppen anzugreifen, behaupten sie selbst einige ausgewählte »befreite Gebiete«, für die man eine neue Regierung einsetzt. Hier werden die Partisanenverbände aufgefrischt und auf neue Kämpfe vorbereitet.

Um ihre Überlegenheit zu erzwingen, stützen sich die Partisanen vor allem auf zwei Faktoren: die Kampfmoral sowie Gelände- und Klimakenntnisse. Das Charakteristische der operativen Kriegführung der Partisanen: das Vermeiden entscheidender Kämpfe, plötzliche Schwerpunktverlagerungen und überraschende Angriffe, Anlegen von Hinterhalten sowie Sabotage und Zersetzungsarbeit. Unter Ausnützung von Gelände, Dunkelheit und günstigen Wetterverhältnissen erringen die Partisanen dank ihres hohen Kampfgeistes selbst gegen starke feindliche Kräfte die taktische Überlegenheit.

Um den Feind zu überraschen und eine günstige Ausgangslage für den Angriff zu schaffen, wird in der Regel aus der Bewegung heraus angegriffen. Meist werden alle Vorbereitungen während des Anmarsches durchgeführt. Damit stellt der Marsch im Partisanenkampf eine wesentliche Gefechtstätigkeit dar. Oft müssen, um einen Nachtangriff durchzuführen, 20 bis 30 Kilometer zurückgelegt werden, d. h., nach Mitternacht mit dem Angriff beginnen und sich im Morgengrauen wieder vom Feind absetzen.

Um das »Gesetz des Handelns« erfolgreich anwenden zu können, wird der Kampf einheitlich geplant und geführt, was das optimale Zusammenwirken aller Partisaneneinheiten sichert. Die Abwehr muß unbedingt beweglich geführt werden, indem die Partisanen so oft wie möglich zu Gegenstößen und raschen Gegenangriffen übergehen, den Feind zu überrumpeln suchen, ihm Fallen stellen, um die Wucht des feindlichen Angriffs zu mildern. Dabei kommt es stets darauf an, Voraussetzungen für erneute Angriffe der Partisanen zu schaffen. Weil die Partisanentätigkeit eine umfassende politische und materielle Unterstützung durch die Bewohner erfordert, müssen ihre Ziele mit jenen des Volkes übereinstimmen. Erfolge der Partisanen beruhen auf der Überzeugung, einer gerechten Sache zu dienen. Und eine einheitliche politische und militärische Führung ist die wichtigste Voraussetzung für den Erfolg im Partisanenkampf.

Die Disziplin in den Partisaneneinheiten begründet sich auf die Bereitschaft der Kämpfer, ihre Aufgaben zu lösen und alle Entbehrungen zu ertragen. Disziplin wird strikt eingehalten, und selbst geringere Verfehlungen werden mit öffentlicher Ermahnung, Rangverlust, der Ablösung von dem Kommandoposten oder auch durch Anordnung, für eine bestimmte Zeit keine Waffen tragen zu dürfen, bestraft. Ernste Vergehen, wie Verrat oder Feigheit vor dem Feind, sogar sexuelle Beziehungen mit unteren Dienstgraden werden mit dem Tod bestraft. Die Exekution führen in der Regel direkte Vorgesetzte des Übeltäters durch.

Mit diesen Geboten vor Augen und in dem Bewußtsein, daß sie nicht viel zu verlieren haben, bereiten sich die Partisanen auf die Ereignisse des kommenden Jahres vor.

1942

Januar–Juni

Mihailović zum Kriegsminister ernannt
Dienstag, 13. Januar 1942, London
Die *Agentur Reuter* meldet:
Die jugoslawische Regierung in London gibt bekannt, daß Ministerpräsident General Simović seinen Rücktritt angeboten hat. Sein Nachfolger ist der bisherige Vizeministerpräsident Jovanović. Gleichzeitig wurde General Mihailović, der den Kampf der Aufständischen in Südserbien führt, ehrenhalber zum Kriegsminister ernannt.

Balkan-Union
Donnerstag, 15. Januar 1942, London
Die *Agentur Reuter* teilt mit:
Die griechische und die jugoslawische Exilregierung unterzeichneten heute im Foreign Office ein Abkommen, dessen Zweck die Gründung einer Balkan-Union ist.

Letzter Widerstand in Serbien?
Freitag, 16. Januar 1942, Rom
Giornale d'Italia berichtet:
Mit der Aushebung der letzten Widerstandsnester, deren Verbleiben vom Winter begünstigt wird, ist im Frühjahr zu rechnen.

Erhebliche Übertreibungen
Sonntag, 18. Januar 1942, Budapest
Die Zeitung *Magyar Nemzet* meldet:
Anläßlich der Umbildung der jugoslawischen Exilregierung in London sind verschiedene Schätzungen über die Stärke der Aufständischen aufgetaucht, die erhebliche Übertreibungen darstellen. Nach der hier verbreiteten Auffassung zerfallen die Aufständischen zur Zeit in zwei völlig getrennte Gruppen, von denen jede gegenwärtig auf etwa 10 000 Mann geschätzt wird: einerseits die sogenannten Kommunisten, die durch die Einnahme von Čačak zersprengt wurden, andererseits die nationalserbischen Freischärler, die Komitadschis unter der Führung von Draža Michailović, die sich gegen Ende Dezember von Südserbien teilweise nach Montenegro und zum Teil über die Drina nach Bosnien zurückgezogen haben.
Die Truppen des Generals Nedić, der über etwa 20 000 Mann verfügen dürfte, führen gegenwärtig die Säuberungsaktion nahezu ausschließlich gegen die kommunistischen Partisanen.

England schickt Nahrungsmittel nach Griechenland
Dienstag, 27. Januar 1942, London
Die *Times* berichtet:
Die britische Regierung wird in den nächsten Tagen ankündigen, daß sie die Entsendung von Lebensmitteln nach Griechenland angesichts der besonderen Umstände gestattet. Die britische Regierung hat von jeher den völkerrechtlich festgelegten Standpunkt vertreten, daß es Pflicht der Besatzungsmacht ist, die Bevölkerung im besetzten Gebiet ausreichend zu ernähren. In diesem besonderen Fall jedoch entschloß sie sich, in Abweichung vom völkerrechtlichen Standpunkt, zu helfen, obwohl sie sich dessen bewußt ist, daß die Versorgung Griechenlands einen gefährlichen Präzedenzfall darstellen könnte, da in Zukunft auch für andere notleidende besetzte Länder England die Verantwortung für die Linderung der Not zugeschoben werden könnte.

Notleidende Kinder in Griechenland
Dienstag, 17. Februar 1942, Konstantinopel
Die *Agentur Ulus* meldet:
Die Berichte über die erschütternde Ernährungslage in Griechenland veranlassen die leitenden Persönlichkeiten des Roten Halbmondes, eine Hilfsaktion zu organisieren. Tausend griechische Kinder im Alter von 13 bis 16 Jahren sollen bis zum Ende des Krieges bei türkischen Familien untergebracht werden. Ferner wurde bekannt, daß durch das Internationale Rote Kreuz auf einem schwedischen Schiff 3000 Kinder nach Palästina, Syrien und Ägypten gebracht werden sollen. Der Vertreter des Internationalen Roten Kreuzes, Dr. Junod, hofft, daß der gleiche Dampfer Lebensmittel von Haifa nach Griechenland bringen kann. Über die Lieferung von Nahrungsmitteln durch die Achsenmächte nach Griechenland werden von deutscher Seite einige Angaben bekannt. So seien seit der Besetzung Griechenlands insgesamt 50 000 Tonnen Getreide geliefert worden. Das entspricht etwa 30 Gramm pro Kopf der Bevölkerung und pro Tag.

Geschenk des Führers
Mittwoch, 25. Februar 1942, Agram
Das *DNB* teilt mit:
Der Führer ließ dem kroatischen Staatschef Dr. Ante Pavelić als Zeichen seiner Anerkennung für die Tapfer-

keit der kroatischen Freiwilligen an der Ostfront einen Mercedes-Benz-Wagen überreichen, eine genaue Nachbildung des vom Reichskanzler benützten Wagens. Die Übergabe wurde heute feierlich vollzogen.

Britisch-griechisches Abkommen
9. März 1942, London
Die *Agentur Reuter* meldet:
Im Foreign Office ist heute durch den Ministerpräsidenten und Außenminister der griechischen Exilregierung, Tsuderos, und Außenminister Eden ein britisch-griechisches Abkommen unterzeichnet worden. Dieses Abkommen sieht u. a. eine britische Hilfeleistung für die griechischen Land-, See- und Luftstreitkräfte vor. Der Aufbau der griechischen Armee im Mittleren Osten, die größtenteils aus Truppen besteht, die den Feldzug in Albanien mitgemacht haben, soll große Fortschritte machen.

Sippenhaft in Serbien

Freitag, 3. April 1942, Belgrad
Die Zeitung *Obnova* meldet:
Da sich nur noch eine geringe Anzahl Aufständischer in Freiheit befindet, hat das serbische Innenministerium die Verhaftung der Familienangehörigen sämtlicher Führer der Partisanen, die sich in den Wäldern verbergen, verfügt. Diese Familienangehörigen sollen als Geiseln dienen, und ihr gesamtes Vermögen wird beschlagnahmt. Jede Person, die nach dieser Verlautbarung auf irgendeine Art die Aktionen der Freischärler unterstützt, wird als Helfershelfer betrachtet. Die Familienangehörigen dieser Personen können gleichfalls als Geiseln verhaftet und ihr gesamtes Vermögen beschlag-

nahmt werden. Auch Familienangehörige, die nach dieser Anordnung in die Wälder flüchten oder irgendeine Tat gegen die öffentliche Ruhe und Sicherheit begehen sollten, werden als Geiseln verhaftet, und ihr Vermögen wird beschlagnahmt.

Griechische Flüchtlinge
Sonntag, 19. April 1942, Ankara
United Press berichtet:
Im Laufe der letzten drei Wochen sind mehrere hundert griechische Flüchtlinge, meistens Frauen und Kinder, in kleinen Schiffen an der türkischen Küste eingetroffen. Der Großteil dieser Flüchtlinge kam von der Insel Chios. Es befinden sich jetzt 4000 Griechen im Flüchtlingslager bei Smyrna. Die in der Türkei eingetroffenen Griechen erklären, die italienischen Behörden stünden der Abreise der griechischen Bevölkerung von den Inseln wohlwollend gegenüber, da auf diese Weise Aussicht bestehe, die Lebensmittelknappheit zu mildern.

Aufruf des deutschen Oberkommandierenden
Dienstag, 28. April 1942, Agram (Zagreb)
Die Zeitung *Hrvatski Narod* meldet:
General der Artillerie Bader, der deutsche Oberkommandierende der verbündeten Streitkräfte in Bosnien, erließ in Sarajevo folgende Bekanntmachung:
»1. Die verbündeten Truppen auf dem Gebiet Ost-Bosniens stehen unter meinem Befehl. Seitens der kroatischen Regierung unterstützt mich Herr Benak, Abgesandter des kroatischen Innenministeriums.
2. Ich fordere zum letztenmal alle loyalen Bürger zur Aufrechterhaltung von Ruhe und Ordnung auf.
3. Allen denen, die den kroatischen Staat aufrichtig anerkennen, verspricht die kroatische Regierung Gleichschaltung vor dem Gesetz ohne Rücksicht auf

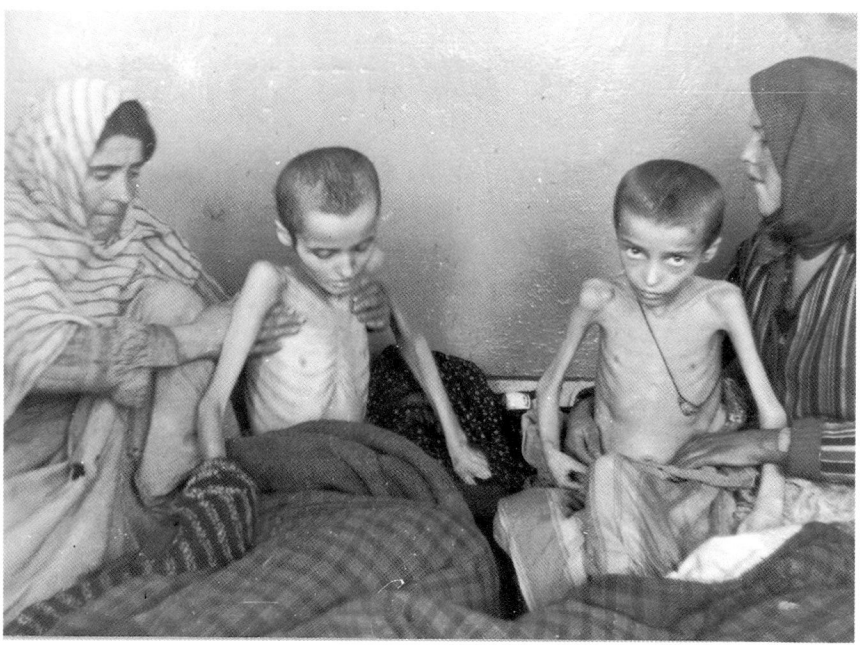

Links: Griechische Kinder, unschuldige Opfer der verworrenen Zustände im besetzten Land

Rechte Seite: Mostar, Hauptstadt der Herzogewina. Die orientalisch anmutende Stadt zu Füßen der Karstberge liegt zu beiden Seiten der Neretva

ihre religiöse oder nationale Zugehörigkeit. Ebenso wird ihnen Schutz für Leben und Vermögen gewährt. Die Regierung verlangt nur Treue und aufrichtige Zuneigung zum neuen Staat Kroatien. Sie fordert alle Bürger zur Mitarbeit auf. Maßnahmen zur Wiederaufbauarbeit der beschädigten Güter sind unternommen worden.

4. Waffen und Munition sind den einmarschierenden verbündeten Truppen abzuliefern.

5. Wer vor den Truppen flieht, wird als verdächtig betrachtet, und sein Besitz wird angezündet.

6. Truppen werden nur dort eingesetzt, wo Widerstand geleistet wird. Dieser wird gebrochen werden.

7. Geheimer Waffenbesitz, Unterstützung der Aufständischen und ihre Helfer werden mit dem Tode bestraft.

8. Die deutsche Waffengewalt und ihre Verbündeten siegen auf allen Fronten. Im Osten stehen wir vor Rostow, Moskau und Leningrad.

Commandos wieder aktiv
Freitag, 8. Mai 1942, London
Die *Agentur Reuter* meldet:
Der Handstreich gegen die südlich der Insel Kreta gelegene kleine Insel Kufo, der im italienischen Heeresbericht erwähnt wurde, scheint darauf hinzudeuten, daß die britischen Kommandos im Mittleren Osten wieder sehr aktiv geworden sind. Seit einiger Zeit sind zahlreiche dieser Commandos im Mittleren Osten stationiert.

Ausbildung jugoslawischer Truppen in Kanada
Dienstag, 26. Mai 1942, London
Die *Agentur Reuter* meldet:
Die Regierung Ottawa hat eben ihre Zustimmung erteilt zur Aufstellung und Ausbildung einer jugoslawischen Armee und jugoslawischer Luftstreitkräfte in Kanada.

König Georg von Griechenland in Washington
Freitag, 19. Juni 1942, Washington
United Press berichtet:
König Georg von Griechenland erklärte vor den Pressevertretern u. a.: »Die griechischen Luftstreitkräfte kämpfen in Nordafrika und an anderen Fronten. Unsere Flotte, die kürzlich durch zehn in England gebaute Kriegsschiffe verstärkt wurde, und unsere Handelsmarine mit einem Schiffsraum von mehr als einer Million Tonnen befördern Lieferungen für die Alliierten. Die griechischen Partisanenabteilungen und sieben Millionen griechische Bürger binden mehr als 80 000 Soldaten der Achsenmächte an diesen Frontabschnitt.«

Und so war es

Es herrscht bereits tiefer Winter. Die Berge sind völlig eingeschneit, und die Temperaturen sinken weit unter null Grad. Das Hauptkampfgebiet von Mihailović liegt jetzt in Montenegro und in der Herzegowina. Tito befindet sich mit seiner frisch aufgestellten 1. Proletarischen Brigade in Bosnien, wo ihm die Italiener als allein verantwortliche Besatzungsmacht kaum Schwierigkeiten bereiten.

Am 11. Januar 1942 fassen das Politbüro der KPJ und der Oberste Stab den Beschluß zur Schaffung der Freiwilligenarmee, um noch breitere Kreise der Bevölkerung in den Kampf einzubeziehen. Der Oberste Stab, wiederholt umbenannt, heißt jetzt »Oberster Stab der Volksbefreiungs-Partisanenabteilungen und der Freiwilligenarmee Jugoslawiens« (Vrhovni stab narodnooslobodilackih partizanskih odreda i dobrovoljačke vojske Jugoslavije; VS NOP i DVJ).

Am Dienstag, dem 13. Januar 1942, tritt in London die jugoslawische Exilregierung unter Simović zurück. Das neue Kabinett wird jetzt von Jovanović gebildet und König Peter ernennt General Mihailović zum Kriegsmi-

nister der jugoslawischen Exilregierung. Er wird zugleich Oberkommandierender der jugoslawischen Heimatarmee und damit offiziell als britischer Bundesgenosse anerkannt. Diese Beförderung von Mihailović hebt das Prestige seiner Tschetnik-Verbände enorm.

Am Donnerstag, dem 15. Januar 1942, schließen in London die jugoslawische und griechische Exilregierung einen Vertrag über die Bildung einer Balkan-Union für die Nachkriegszeit. Am gleichen Tag beginnt in Südostbosnien eine großangelegte Säuberungsaktion der Achsen-Besatzungstruppen – von den Partisanen die »Zweite Offensive« genannt: Teile von zwei deutschen Divisionen, der 342. Infanteriedivision (GenMaj. Wanger), die kurz vor ihrer Verlegung zur Ostfront stand, sowie der 718. Infanteriedivision (GenMaj. Fortner) zusammen mit kroatischen Truppen, greifen die Partisanen an.
Diesmal werfen die Deutschen auch Skibataillone in den Kampf. Bei einem unerwarteten Angriff auf die Romanija-Planina wird ein Bataillon der 1. Proletarischen Brigade von einem dieser Skibataillone überrascht und fast vollständig aufgerieben. Die einzelnen Partisanengruppen werden eingeschlossen und teilweise zerschlagen. Da die italienischen Truppen nicht rechtzeitig eintreffen, gelingt es dem Rest der Partisanen mit

dem Führungsstab nach einem mörderischen Gewaltmarsch in dem schwer zugänglichen vereisten Hochgebirge bei 35 Grad Kälte auszubrechen.
Den 80 000 Tito-Partisanen stehen jetzt 500 000 Mann
an Besatzungstruppen und 116 000 Mann der Kollabo-
rateur-Formationen gegenüber.
Der Rückzug nach Südbosnien erweist sich als Vorteil
für Tito: Er hat es hier in der italienischen Besatzungszone erstens mit weniger gefährlichen Gegnern zu tun,
zweitens sorgen die Vergeltungsaktionen der Ustascha
gegen die Serben und die Racheaktionen der serbischen

Tschetniks gegen Muselmanen und Kroaten für Zulauf
in den Partisanenreihen durch Verfolgte verschiedener
Nationalitäten und Bekenntnisse.

Am Sonntag, dem 8. Februar 1942, proklamiert Tito,
nachdem er seine Kräfte nun um Foča konzentriert hat,
das Partisanengebiet am Durmitor als Teilrepublik der
UdSSR.

Am Freitag, dem 13. Februar 1942, notiert General
Bader, »Kommandierender General und Befehlshaber
Serbien«, zur Lage in Serbien: »Angesichts der außer-

Linke Seite: Plateau Romanija-Planina, 16. 1. 1942: Gefährliche Gegner der Tito-
Guerillas sind die Skibataillone der deutschen Gebirgs-
jäger

Rechts: Hauptschauplatz der
Partisanenkämpfe im ersten
Halbjahr 1942

Unten: Der ELAS-Anführer
Aris Velouchiotis (Athanasios
Klaras)

ordentlich schwierigen Geländeverhältnisse – mindestens die Hälfte des Landes besteht aus mehr oder
weniger wegelosem Waldgebirge von 500 bis 1800 m
Höhe – erscheint eine völlige Niederwerfung der Aufstandsbewegung mit den zur Zeit verfügbaren Kräften
undurchführbar.«

Mitte Februar 1942 bezichtigt erstmalig der in Tiflis
(UdSSR) stehende Sender »Freies Jugoslawien« Mihailović der Zusammenarbeit mit den Deutschen.

Am Montag, dem 16. Februar 1942, wird im besetzten
Griechenland von den Partisanen die Nationale Befreiungsarmee ELAS (Ethnikos Laikos Apeleftherotikos
Stratos) gegründet. Sie fungiert als bewaffnete Organisation der Nationalen Befreiungsfront EAM (Ethniko
Apeleftherotiko Metopo), einer völlig unter dem Einfluß der Moskauer Agenten stehenden Koalition von
sechs angeblich unabhängigen Parteien, die den Kommunisten als Aushängeschild dient. In geschickter
Anknüpfung an die Tradition der Klephten, der Berg-
guerillas aus dem Befreiungskrieg gegen das Osmanische Reich, finden ihre Parolen eine Gefolgschaft, die
vor keiner Brutalität zurückscheut. Geführt werden die
ELAS-Gruppen u. a. von dem in Moskau geschulten
Aris Velouchiotis (Athanasios Klaras), einem Psycho-
pathen, der Tausende Parteigegner mit eigener Hand

Einer der auf deutscher Seite kämpfenden albanischen Skipetaren (Söhne der Adler) in seiner farbenprächtigen Kleidung. Rund 150 verschiedene Trachten mit über 500 Varianten zählt man in dem Land der größten Trachtenvielfalt

Links: Hier kennt man kein Pardon: Ermordete Ustaschas werden im Massengrab verscharrt

abschlachtet. Die Politischen Kommissare »Politikos«, meistens Agenten des sowjetischen NKWD, sorgen für gründliche kommunistische Unterwanderung. Der KP-Zentrale in Athen unterliegt die Kontrolle über die gesamte ELAS.

Während Titos Partisanen von den örtlichen Militärausschüssen der Partei rekrutiert werden, gehen in Griechenland Emissäre der ELAS und der EAM, die sich vorwiegend in Athen konzentrieren, in die Städte und Dörfer auf Sympathisantenfang. Und in der Regel ist die arme Bevölkerung der kargen Gebirgsgegenden Griechenlands den sozialrevolutionären Guerillas zugeneigt, andererseits schließen sich die besser gestellten Städter und Talbauern mehr den liberal-demokratischen oder königstreuen Widerstandsgruppen an. Auf Kreta und Rhodos motivieren wiederum Sippenzugehörigkeit und Blutrache zum Kampf gegen die Besatzer. Die Bevölkerung der griechischen Großstädte drängt die nackte Angst vor dem Hungertod in die Reihen der Guerillas aller möglichen politischen Schattierungen. Die meisten von ihnen sind überzeugt, die Kommunistische Partei Griechenlands KKE (Kommounistiko Komma Ellados) könne das Besatzungsregime beseitigen. Der Widerstand in Griechenland entwickelt sich jedoch immer mehr zu einem von der KKE vorwiegend durch Guerilla-Operationen geführten Bürgerkrieg.

Tausende patriotisch gesinnte junge Menschen, die darauf brennen, gegen die Deutschen oder Italiener zu kämpfen, schließen sich arglos der EAM an. Die in den Moskauer Komintern-Schulen ausgebildeten konspirativen Verschwörer haben ein leichtes Spiel, allmählich alle Schlüsselstellungen in der Widerstandsorganisation in die Hand zu bekommen.

Im Frühjahr 1942 treten auch politisch anders orientierte Guerilla-Organisationen zur EAM/ELAS in Konkurrenz. Die bedeutendste unter ihnen: die Nationale Republikanische Griechische Liga, EDES (Ethnikos Dimokratikos Ellinikos Syndesmos), die sich vor allem in Westgriechenland (Epirus) konzentriert. Sie untersteht weiterhin dem eigenwilligen Royalisten Oberst Napoleon Zervas. Die EDES ist in der Hauptsache ein Hort für Berufsoffiziere und – im Gegensatz zu der politisch zweckbestimmten ELAS – eine vorwiegend militärische Organisation, was auch ihre korrekte Kampfweise bestimmt.

Und bald wird Griechenland zum Schlachtfeld, auf dem Italiener und Deutsche die lachenden Dritten sind: Die meisten Kämpfe fechten ELAS und EDES unter sich aus. Die anderen Okkupanten, die Bulgaren, kennen dieses Problem nicht: In dem von ihnen besetzten Teil Griechenlands herrscht ein Terror, der jeden Gedanken an eine Widerstandsbewegung erstickt. Und den bulgarischen Sicherungskräften gelingt das, was während des ganzen Krieges keine der Achsenmächte schafft: Sie »befrieden« ihre Besatzungszone restlos. Zu dieser Zeit treten auch in Albanien die ersten von der Kommunistischen Partei Albaniens aufgestellten Partisanenabteilungen in Erscheinung.

Das Problem der Nachrichtenübermittlung steht auch bei den Widerstandsbewegungen im engen Zusammenhang mit der Kommandostruktur und »Truppenführung«. Besonders für die jugoslawischen und griechischen Guerilla-Einheiten, die in feindbesetztem Gebiet ums Überleben kämpfen, sind angemessene Nachrichtenverbindungen lebenswichtig. Weil die Besatzungsbehörden Post-, Telegraphen- und Fernmeldeämter kontrollieren, ist die Widerstandsführung gezwungen, sich auf gewisse Arten von Nachrichtenübermittlung zu beschränken: Kurierdienst und Funk. Während der Kurier bei kurzen Entfernungen zur Beförderung eiliger Sendungen völlig ausreicht, kann man ihn als ständigen Verbindungsmann zwischen den weit verstreuten Tschetnik-Einheiten und den alliierten Hauptquartieren im Mittelmeerraum kaum einsetzen. Trotz der Schwierigkeiten besonders im Gebirge machen die Guerilla-Führer immer öfter Gebrauch vom Funkverkehr. Aus Sicherheitsgründen chiffrieren und dechiffrieren sie ihre Funksprüche selbst. Sie bedienen sich dabei eines recht primitiven Codes, bis die geübten Funkerteams der alliierten Militärmission diese kryptographische Arbeit übernehmen. Ein beachtlicher Prozentsatz des Funkverkehrs innerhalb der Verbände und ihrer Stäbe wird jedoch immer noch von zwar zuverlässigen, aber unzureichend ausgebildeten eigenen Funkern durchgeführt. Dadurch haben der deutsche Funkabhördienst sowie Codebrecher ein leichtes Spiel, Informationen zu erlangen. So konnte z. B. ein deutscher Funkabhörzug innerhalb von zwei Monaten nach Errichtung seiner Abhöranlagen die vollständige Kommandostruktur und Gliederung der Tschetniks von Mihailović, einschließlich der Identifizierung und Stärke ihrer Hauptverbände, die Namen und Decknamen der Kommandeure sowie Standorte ihrer Hauptquartiere ermitteln.

Am Dienstag, dem 17. Februar 1942, wenden sich die arg bedrängten Partisanen zum erstenmal an Stalin wegen materieller Unterstützung. Tito läßt nach Moskau funken: »Benötigen dringend Medikamente, vor allem Antityphus-Serum. 160 schwere Fälle von Erfrierungen während Offensive. Sendet Munition, Schnellfeuerwaffen, Stiefel und Uniformstoffe für unser Leute. Erwarten dies auf dem Luftweg durch Fallschirmabwurf über Zabljak am Fuß des Durmitor in Montenegro. Hier wieder Schnee gefallen und Flugplätze daher unbrauchbar, falls Flugzeuge ohne Schneekufen.«

Mit der Zunahme an irregulären Kräften wächst gleichzeitig das Problem ihrer Versorgung. Dabei ist zwischen den »bodenständigen« und den »beweglichen« Guerilla-Einheiten zu unterscheiden: Die ersteren leben, wenn sie nicht gerade in Aktion sind, als Bauern, Handwerker oder Kaufleute und sind »Selbstversorger«, während die anderen – ständig die Gegend wechselnd – im Untergrund bleiben müssen und selten die Möglichkeit haben, für ihren Unterhalt aufzukommen. Diese Einheiten können nur existieren, wenn sie sich bei den Bauern Nahrungsmittel und das Futter für ihre Tragtiere requirieren, da die erbeuteten Lagerbestände kaum ausreichen und die Luftversorgung der Alliierten sich fast ausschließlich auf Waffen, Munition, Sprengstoffe, Medikamente und Ausrüstung beschränkt. Bereits bei Anbeginn der Guerilla-Bewegungen hat man in den Dörfern der befreiten Gebiete, deren landwirtschaftliche Produkte erkundet, die dann gewöhnlich bei Nacht »abgeholt« werden. Gelegentlich kommt es dabei zu Schießereien, wenn eine Gruppe in das Gebiet einer anderen eindringt oder die Bauern sich selbst der Beschlagnahmung widersetzen. Zu dieser Zeit ist die Bekleidung der Guerillas ein kaum lösbares Problem: Nachdem ihre alten griechischen oder jugoslawischen Uniformen verschlissen sind, versuchen die Guerillas, sich bei den Besatzungstruppen bzw. der Bevölkerung zu versorgen. Bald sieht man die Freischärler in bunt gemischtem Räuberzivil, teils aus deutschen oder italienischen Uniformen sowie abgelegter Zivilbekleidung.

Der erste Winter, den die Partisanen unter recht ungewöhnlichen Verhältnisse bei starkem Frost unter freiem Himmel verbringen müssen, fordert viele Opfer. Um so sehnsüchtiger erwarten sie jetzt Hilfe von ihrem »Großen Bruder« aus dem fernen Kreml.

Am Sonntag, dem 1. März 1942, wird die 2. Proletarische Brigade aufgestellt. Tito betrachtet nun die Brigaden als zweckmäßigsten Verband im Partisanenkampf. Im Laufe des Jahres 1942 werden in Bosnien, im Sandschak, in Montenegro und in der Herzegowina weitere 21 Brigaden mit je 500 bis 600, später etwa 1000 Mann formiert.

Am Donnerstag, dem 19. März 1942, weist General Kuntze, der Wehrmachtsbefehlshaber Südost, unter anderem an: »Durch brutale polizeiliche und geheimpolizeiliche Maßnahmen ist die Bildung von aufständischen Banden schon im Entstehen zu erkennen und auszubrennen ... Gefangene Aufständische sind grundsätzlich zu erhängen oder zu erschießen.«

Während der Kämpfe spielt der deutsche Funkabhördienst eine große Rolle. Deutschen Kryptologen gelingt es, stets den jeweils neuesten Code der Partisanen zu brechen. Nachdem die deutsche Führung den Schlüssel kennt und die Funksprüche sowohl von den Tito- als auch von Mihailović-Truppen entziffert, werden den Freischärlern öfters erhebliche Schläge zugefügt.

Die operative Funkaufklärung auf dem Balkan untersteht dem Kommandeur der Fernmeldeaufklärung 4. Die Peilhauptstellen liegen bei Athen und in Saloniki. Je ein Fernmeldeaufklärungsflugzug befindet sich in Saloniki und auf Kreta, auch hier sind Peiltrupps stationiert. Bei Aushebung erkannter Funkstellen oder von Widerstandsnestern arbeitet der Zug mit dem Aufklärungszug der Abteilung Abwehr des OKW zusammen.

Er ist in der Regel mit den neuesten Nahpeilern und Pfeilflugzeugen ausgestattet.

Am Sonntag, dem 29. März 1942, nachdem Partisanen 37 bitterkalte Nächte in der Abwurfzone am Durmitor, etwa 50 Kilometer südöstlich von Foča, ausgeharrt haben in der Hoffnung, Versorgung aus der Sowjetunion zu bekommen, trifft endlich ein Funkspruch aus Moskau ein: »Machen alle erdenklichen Anstrengungen, um mit Kriegsmaterial zu helfen. Die technischen Schwierigkeiten sind jedoch enorm. Sie können leider nicht darauf rechnen, daß wir dieselben in nächster Zukunft meistern werden. Bitte richten Sie sich darauf ein. Es muß alles getan werden, um die Waffen dem Feind selbst abzunehmen und den sparsamsten Gebrauch von dem vorhandenen Material zu machen ...«
In Wirklichkeit jedoch hält Stalin – nach dem Überfall seines Bundesgenossen Hitler auf die Sowjetunion auf die westalliierte Hilfe angewiesen – den Zeitpunkt noch nicht für gekommen, seine wahren Absichten auf dem Balkan zu verraten. Und die jugoslawischen Kommunisten versuchen sich Stalins Verhalten mit Rücksicht auf Churchill und Roosevelt zu erklären. Als Tito nach Moskau funkt, ob man dort mit der Bildung einer provisorischen Regierung unter seinem Vorsitz einverstanden sei, antwortet Stalin mit einem klaren »Nein!« Der Diktator geht in seiner Heuchelei so weit, daß er sogar den roten Stern mißbilligt, den die Partisanen als Emblem für ihre Uniformen gewählt haben, und daß Tito seinen kampferprobten Brigaden den Namen »Proletarisch« gibt.
Das Hauptproblem der deutschen Führung im ehemaligen jugoslawischen Gebiet wird im Frühjahr 1942 die kommunistische Partisanenbewegung Titos, die man durch eine Reihe von Einzelunternehmen sowie eine große Operation gegen das Zentrum der Partisanen im Raum um Foča niederschlagen will.

Am Montag, dem 20. April 1942, beginnt eine neue Säuberungsaktion gegen die Partisanen in Bosnien, der Herzegowina und in Montenegro. An dieser »Dritten Offensive« nehmen italienische und deutsche Truppen sowie die Ustascha und regierungstreue Tschetniks teil. Während General Roatta (ital. 2. Armee) den Oberbefehl über die Operation erhält, wird die Führung der gemeinsamen Aktion in Bosnien General Bader übertragen. Die Offensive entwickelt sich schwerfällig, und die Italiener kommen nur langsam voran. In den letzten Apriltagen 1942 eröffnet General Bader den Angriff auf das Aufständischengebiet in Ost- und Südbosnien. Den deutschen Truppen, die aus Serbien über die Drina auf kroatisches Gebiet vorstoßen, sowie den von Norden und Westen eingesetzten kroatischen Einheiten gelingt es, das von den Tschetniks bisher beherrschte Gebiet fast ohne Widerstand zu besetzen.
Auch die Partisanen müssen sich zurückziehen und werden im Raum Foča eingekreist. Der Hauptstoß richtet sich gegen das an die Städte Sarajevo, Vlasenica,

Uvac, Nikšić, Bileća und Neresinje angrenzende »befreite« Gebiet mit dem Ziel, die dort stehenden Partisaneneinheiten und den Obersten Stab zu zerschlagen.

Anfang Mai versucht Tito verzweifelt, der Einkreisung durch die von Westen vordringenden Truppen des Generals Roatta und der regierungstreuen Tschetniks zu entgehen. Er muß mit seinen Brigaden das Gebiet um Foča aufgeben und beschließt nun, sich in einem Gewaltmarsch nach Süden in das benachbarte Montenegro zurückzuziehen. Die starken italienischen Truppen vermögen es zwar nicht, die Partisanen zu zerschlagen, doch gerät Tito in eine kritische Lage: Sein Versuch, nach Montenegro auszuweichen und dort eine neue Volksrepublik zu gründen, scheitert an der Entschlossenheit der »legalen« montenegrinischen Tschetniks, die die Partisanen abdrängen.
Die deutsche Führung muß mittlerweile feststellen, daß mit den zur Verfügung stehenden Kräften das Partisanenproblem nicht zu lösen ist. Andererseits rüttelt das ständige Anwachsen der »Banden« gerade in der italienischen Zone Kroatiens an dem Verhältnis des Reiches zu Mussolini und zu Pavelić. Da die Deutschen z. B. die italienische Kollaboration mit den »legalen« Tschetniks tolerieren müssen, nehmen sie zugleich in Kauf, daß die italienische Politik damit das Pavelić-Regime desavouiert.
Die Gegensätze in diesem Dreiecksverhältnis gehen so weit, daß es selbst während der gemeinsamen Großoffensive gegen Partisanen zu mehreren Zwischenfällen kommt: Als z. B. Anfang Juni 1942 in Sarajevo der italienische Kommandeur mit dem serbischen Tschetnik-Führer Tungusperović verhandelt, verhaftet die Ustascha-Polizei den Tschetnik trotz heftiger Proteste der italienischen Feldgendarmerie. Eine italienische Einheit wird daraufhin beordert, den Serbenführer mit Gewalt aus dem kroatischen Polizeigefängnis zu befreien. Um endlich wieder Ruhe unter den Bundesgenossen herzustellen, schaltet sich der im Operationsgebiet befehlsführende Kommandeur der deutschen 718. Infanteriedivision (GenMaj. Fortner) ein und läßt den Tschetnik in deutsche Haft nehmen.

Noch bis Mitte 1942 sind die Tschetniks von General Mihailović zahlenmäßig erheblich stärker als die Partisanen, andererseits aber nicht so straff organisiert wie Titos Verbände. Sie gehorchen nicht unbedingt Mihailovićs Befehl, er kann nur selten mit ihnen geschlossen operieren; sie beherrschen jedoch weit größere Gebiete als Tito. Zu dieser Zeit haben die Tschetniks in Serbien

Oben: Eine eingekreiste Guerilla-Gruppe ergibt sich: Zu dieser Zeit werden sie im Volksmund noch Komitadschi oder Hajduken genannt. Ihre Tradition geht auf die Kämpfe gegen die Türkenherrschaft zurück

Unten: Schilder mit Schmähungen auf der Brust, warten Guerillas auf ihren Tod

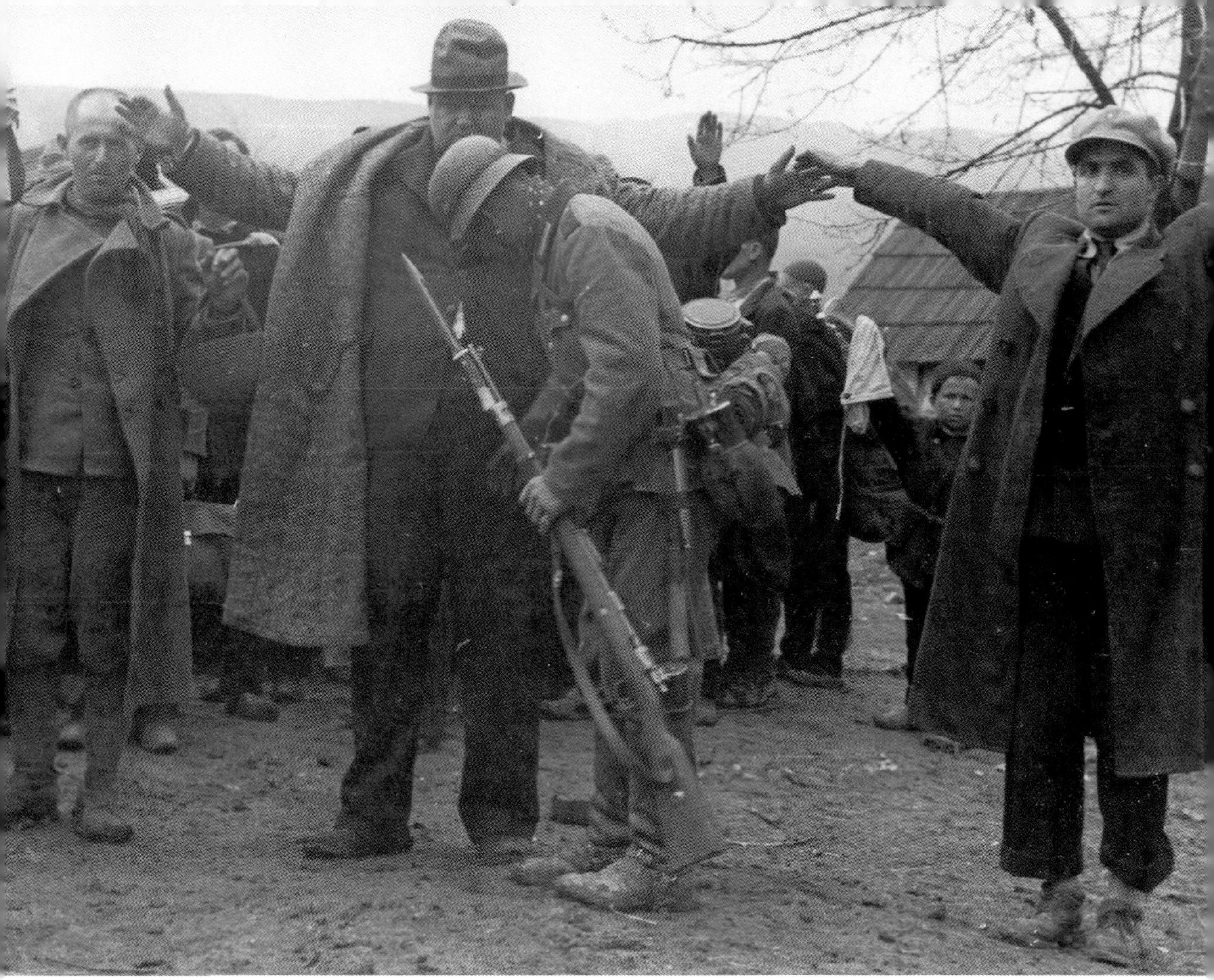

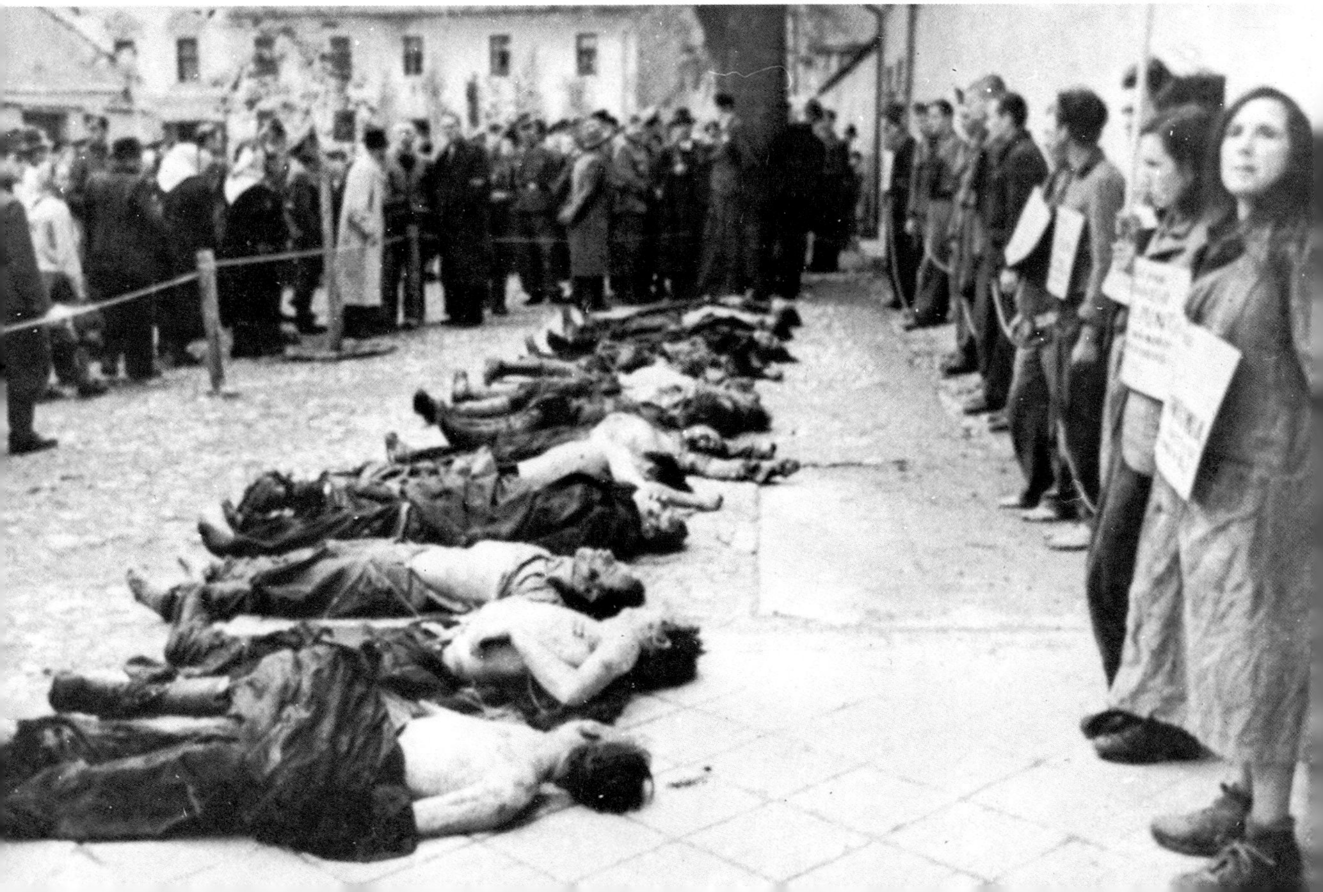

bereits die Staatswache, Gendarmerie und Miliz des Ministerpräsidenten Nedić mit eigenen Leuten unterwandert. Obwohl Mihailovićs Leute, ob mit oder ohne seinem Wissen, recht eng mit den Italienern zusammenarbeiten, ruft die jugoslawische Sektion der BBC in London in seinem Namen zum »tivilen Ungehorsam« gegen die Deutschen auf.

Mihailovićs These von »der Wahrung der biologischen Substanz des serbischen Volkes« schafft eine Basis zur Zusammenarbeit mit General Nedić. Es herrscht ein merkwürdiger Zustand: Man kämpft im Gebirge, während im Tal paktiert wird. Mihailović bekommt zwar zeitweise von dem serbischen Ministerpräsidenten bedeutende Geld- und Waffenlieferungen (aus deutschen Beständen), lehnt aber entschieden das Angebot von Nedić ab, eine gemeinsame antikommunistische Front zu errichten.

Etwa Mitte Juni 1942 beschließt General Roatta, der im italienisch besetzten Teil Kroatiens befehlsführende Oberbefehlshaber der 2. Armee, die »legalen« Tschetniks in der Herzegowina und in Montenegro sowie in Westdalmatien und in Westbosnien in italienische Militär-Hilfsdienste zu nehmen. Damit hofft General Roatta, für seine Armee einen sicheren Schutz gegen die Tito-Partisanen zu bekommen. Diese Tschetniks, von den Italienern offiziell »Milizia voluntavia anticomunista« genannt, verpflichten sich ihrerseits, gegen Geld, Waffen und Versorgung die italienische Besatzungsmacht und deren Einrichtungen in Ruhe zu lassen und gegen die Partisanen zu kämpfen. Die Verantwortung für diese und viele andere Abmachungen der Tschetniks mit den Besatzungstruppen wird General Mihailović angelastet, obwohl er kaum Einfluß darauf hat: Die »legalen« (oder »anerkannten«) Tschetniks haben sich nie seinem Kommando unterstellt. Da sie den gleichen traditionsgebundenen Namen »Tschetniks« tragen, führt dies zu tragischen Verwechslungen, die seither durch die Geschichtsbücher geistern sowie von der kommunistischen Propaganda weidlich ausgenutzt werden und denen letzten Endes Mihailović selbst zum Opfer fällt.

Unterdessen wird die Situation des legendären Guerillaführers immer komplizierter: Mihailović steht im eigenen Land der Marionettenregierung des Generals Nedić gegenüber, und er kann sich nur auf die Exilregierung im fernen London stützen, die keine Macht oder Fähigkeit besitzt, ihm zu helfen. Sein rechtmäßiger Führungsanspruch wird selbst von seinen engsten Freunden immer seltener beachtet. Die prominentesten Führer der Westalliierten preisen aber unentwegt Mihailović als tapferen Krieger und senden ihm Anerkennungstelegramme. Er macht Schlagzeilen, und sein Porträt ziert in den USA die Titelseiten renommierter Magazine. Tito dagegen ist zur Zeit sowohl in Großbritannien als auch in Nordamerika kaum bekannt, und der »Catholic Herald« informiert z. B. seine Leser, daß Tito »Third International Terrorist Organisation« bedeute, andere Zeitungen wollen sogar wissen, daß der Partisanenführer eine Frau sei.

Einiges zur Mihailović-Berühmtheit trägt wohl Churchill selbst bei, dem in dieser düsteren Zeit der Hitlerschen Siege der bärtige Widerstandskämpfer publicitywirksam erscheint. Weil man dem Abhördienst der BBC noch Mitte 1942 von oberster Stelle verboten hat, Sendungen des Radio »Freies Jugoslawien« aus Tiflis im sowjetischen Georgien abzuhören, die regelmäßig Berichte der Tito-Partisanen enthalten, dringt nur selten etwas Konkretes über Tito und seine Leute in die Hauptstädte der Westalliierten.

Interessanterweise berichtet nicht nur der englische Rundfunk über die Erfolge der jugoslawischen Widerstandsbewegung von Mihailović und seinen Tschetniks, sondern auch die sowjetische Presseagentur TASS und verschiedene Moskauer Zeitungen.

Trotz der noch eindeutigen Überlegenheit gegenüber den Partisanen leidet Mihailović unter einem schwerwiegenden Nachteil: Sein Hauptkriegsschauplatz Serbien ist von den Deutschen besetzt, die auf seine Aktionen stets mit grausamen Vergeltungsmaßnahmen antworten. Titos Partisanen dagegen operieren seit vielen Monaten in dem Gebiet, das unter Kontrolle der Italiener oder Kroaten steht, die weniger energisch gegen

Tod den Besatzern und Verrätern! – kündigt ein Plakat der Tito-Partisanen an

Smrt okupatorjem in izdajalcem!

Oben: Leichte 2-cm-Flak im Erdkampf-Einsatz gegen Tschetniks

Rechts: Nicht selten fallen Unschuldige den mörderischen
Guerilla-Kämpfen zum Opfer: Alle Männer eines Dorfes im
»Bandengebiet« werden als Geiseln abgeführt. Sie sind die
ersten, die bei der nächsten deutschen Vergeltungsaktion den
Tod finden werden

Widerständler vorgehen als die Deutschen. Auch die
Funkanweisungen der Königlich jugoslawischen Exilregierung und des alliierten Oberkommandos an Miahilo-
vić, wonach er sich zurückhalten solle, »bis die Zeit reif
ist«, reden eine klare Sprache. Dies wird jedoch Mihailović zum Verhängnis und führt, verbunden mit struktu-
reller Schwäche der Tschetniks, unaufhaltsam zur Auflösung seiner Verbände.
Ein weiterer Grund, warum Mihailović kaum Erfolg
beschieden ist, liegt in seiner nationalen Beschränkung
auf das Serbentum. Außerdem sind die Tschetniks von
Mihailović in ihrem Verhalten gegenüber Kroaten und
bosnischen Moslems keineswegs gutgesinnt: Im Namen
des serbischen Volkes veranstalten sie wiederholt Massaker unter den Einwohnern völkergemischter Gebiete.
Nicht selten metzeln Tschetnik-Einheiten – unter dem
Vorwand, die Morde der Ustascha an Pravoslawen zu
rächen – die Bevölkerung kroatischer Dörfer nieder.
Sie schonen auch nicht die mohammedanischen Serben
in Ostbosnien, im Sandschak oder in Montenegro.

Auch die Art, wie Mihailović und Tito ihre Kämpfe führen, unterscheidet sie wesentlich voneinander: Beide gliedern zwar zur Zeit ihre Streitkräfte in Brigaden, doch während die Tschetniks an bestimmte geographische Gebiete gebunden sind, kann Tito seine Proletarischen Brigaden überall im Land einsetzen. Und was noch wichtiger ist: Tito hat die Möglichkeit, sich außer auf die Militärausschüsse auf jeder Ebene auch auf Befehlshaber und Kommandeure in den einzelnen »befreiten« Gebieten stützen zu können. Dagegen fehlt in der Kräfteorganisation von Mihailović dieses wichtige Zwischenglied. So kann Mihailovićs Streitmacht bei Bedrängnis nicht auf Verstärkungen vom Obersten Stab rechnen, geschweige denn auf Entlastungsangriffe der Kommandeure aus anderen Gebieten.

Im Bereich der Logistik sieht es noch schlimmer aus: Die örtlichen Tschetnik-Kommandos werden von ihren Vorgesetzten kaum unterstützt und sind praktisch in jeder Hinsicht auf eigene Initiative angewiesen. Insgesamt hängt die ganze Tschetnik-Bewegung in sich nur locker zusammen, Verbundenheit sowie Disziplin werden selten beachtet, und die Mängel des organisatorischen Aufbaus verstärken dies noch.

So beginnt gegen Mitte des Jahres 1942 die Bewegung von Mihailović infolge innerer Schwäche auseinanderzubröckeln, während zu gleicher Zeit die Organisation Titos immer mehr an Stärke gewinnt. Und genauso wie Mihailović alte Strukturen, Traditionen und Lebensweisen erhalten will, versucht Tito sie zu verändern, wenn es sein muß auch mit Gewalt.

Bei den Verwaltungsbehörden in Kroatien und Serbien wird jeden Monat eine offizielle Gesamtübersicht aller Erfolge in der »Bandenbekämpfung« verfaßt, in der man von 10 000, 15 000 oder auch 20 000 ausgerotteten Rebellen berichtet. In Wirklichkeit handelt es sich meistens um unschuldige Bauern, Frauen und Kinder, die vor den Säuberungstruppen im Wald Schutz suchen und dort nach dem Aufspüren als Widerständler niedergemetzelt werden. Die Guerillas, selbst darauf bedacht, ihre eigenen Leute zu schonen, machen sich diese Methode auf eigene Art und Weise zunutze: Zwangsweise werden ganze Dörfer mobilisiert und den Säuberungstruppen als Lockmittel dargeboten, während die tatsächlichen Guerillas das Weite suchen.

Bis Mitte 1942 sollen in Kroatien von den Ustaschas bereits 600 000 Serben massakriert worden sein. Rund 100 000 Überlebende jagt man ohne Hab und Gut über die serbische Grenze. Weitere Zehntausende an wehrfähigen Männern verschwinden in den bosnischen Wäldern. Mit den Opfern ähnlicher Vertreibungsaktionen, wie sie die Ungarn und Bulgaren in den von ihnen besetzten Gebieten veranstalten, bilden sie jetzt den wertvollsten Teil des menschlichen Nachschubs für neue Partisanenverbände.

Dank diesem Zustrom kann Tito im montenegrinisch-herzegowinischen Grenzgebiet bis Juni 1942 die Aufstellung seiner fünf neuen Proletarischen Brigaden beenden und gewinnt damit 12 000 bis 13 000 Mann operativer Truppen. Dies sichert ihm endlich die Überlegenheit gegenüber den weniger beweglichen Tschetniks von Mihailović. Es stellt sich aber bald heraus, daß es unmöglich ist, diese Streitmacht in den kargen bosnischen Bergen zu versorgen, da die Bauern dort selbst kaum etwas für den eigenen Bedarf haben. Übrigens nur durch die sprichwörtliche Genügsamkeit der Bewohner des Balkans kann man sich erklären, daß die Partisanen bei der ihnen zur Verfügung stehenden spärlichen Verpflegung etliche Jahre leben und kämpfen können.

Anfang Juni 1942 sind die Tito-Partisanen von allen Seiten umstellt. Sie haben kaum Versorgung und müssen schwere Verluste erleiden.

Am Freitag, dem 19. Juni 1942, trifft Tito eine Entscheidung, die erneut seine strategische Begabung beweist: Er faßt den kühnen Entschluß, mit seiner jetzt fünf Proletarische Brigaden zählenden Streitmacht zu einer völlig unvorhersehbaren Operation überzugehen. Statt nach Süden in Richtung Montenegro auszuweichen, befiehlt Tito den Vorstoß nach Nordwesten, um mit den fast 350 Kilometer entfernten Partisanengruppen bei Banja Luka und Bihać in Verbindung zu kommen und während des Marsches in Westbosnien und Nordwestkroatien Verstärkung zu gewinnen. In der Nacht zum 22. Juni 1942 beginnt aus dem Raum südlich von Foča der legendäre »Lange Marsch« der Partisanenarmee in Stärke von vier Brigaden, mitsamt Verwundeten und Flüchtlingen, in zwei Kolonnen quer durch Westbosnien.

Der Weg nach Norden verläuft parallel zur Adria-Küste über das Gebirge und führt durch die meist nur von »legalen« Tschetniks oder kroatischen Truppen schwach besetzte III. Zone des italienischen Besatzungsgebietes. Die Hauptteile der beiden über drei Kilometer langen Karawanen von Menschen, Packtieren, Fuhrwerken und Herden marschieren in nordwestlicher Richtung, überwiegend in der Nacht und von der deutschen Aufklärung unbemerkt. Die einzelnen Gruppen abseits der Marschroute greifen Verkehrsanlagen an, sprengen Brücken und plündern die Versorgungsdepots der kroatischen Truppen.

1942

Juli–Dezember

Not in Griechenland
Mittwoch, 1. Juli 1942, London
Die *Agentur Reuter* meldet:
Der britische Informationsminister gab gestern
bekannt, daß in Griechenland innerhalb von drei Mona-
ten über 40 000 Menschen an Hunger gestorben sind.
Ab März 1942 verzeichnet man täglich etwa 1500 Todes-
fälle.

Bandenkrieg in Serbien

Sonntag, 12. Juli 1942, Berlin
Das *DNB* teilt mit:
Serbische Banden, verstärkt durch versprengte Reste
der geschlagenen ehemaligen jugoslawischen Armee,
führen seit Abschluß der Kampfhandlungen auf dem
Balkan einen Bandenkrieg auf eigene Faust. Sie halten
sich in schwer zugänglichen Gebirgsteilen des Landes,
einsamen Felstälern und Höhlen versteckt, um von dort
aus zu operieren. Den Kampf gegen diese Banden
führen seit Jahresfrist deutsche, italienische und kroatische Truppen mit wachsendem Erfolg. An der Säuberung der Flußgebiete sind auch die deutsche und die
ungarische Donauflottille beteiligt. Nach Vernichtung
der Banden in Serbien liegt der Schwerpunkt des
gemeinsamen Kampfes gegen diese Banden jetzt in
Bosnien. Zahlreiche Gruppen wurden bereits in ihren
Höhlengebieten eingeschlossen und vernichtet. Ostbosnien ist damit befriedet. In den letzten Tagen hatten die
Banden allein in Westbosnien 2000 Tote. Das schwierige Gelände erfordert gebietsweise Säuberungsaktionen, die planmäßig und erfolgreich fortschreiten.

Schon bald Vergangenheit
Montag, 20. Juli 1942, Rom
Popolo di Roma meldet:
Eine nicht unwesentliche Bedeutung wird der Entwicklung des seit dem Zusammenbruch Jugoslawiens auf
seinem ehemaligen Hoheitsgebiet herrschenden Gue-
rilla-Krieges beigemessen. Wie offiziell gemeldet wird,
ist es gelungen, in Dalmatien und Kroatien wichtige
Widerstandszentren zu zerstören. Im adriatischen
Küstengebiet haben außerdem ganze Bevölkerungsteile
nicht nur den bewaffneten Widerstand aufgegeben, sondern sich bereit erklärt, in den Reihen einer »freiwilligen antikommunistischen Miliz« zu kämpfen. Die die

Nutzlosigkeit einer weiteren feindseligen Haltung einse-
henden· aufrührerischen Elemente haben die Waffen
gestreckt und gehen jetzt wieder ihrer normalen
Beschäftigung nach. Dies wurde ihnen dadurch ermöglicht, daß Italien Gnade vor Recht ergehen ließ und auf
Repressalien verzichtete. Damit entfallen viele Speku-
lationen, die von der sowjetischen und angelsächsischen
Propaganda an den Kleinkrieg auf dem Balkan
geknüpft worden sind. Es ist vorauszusehen, daß die
Legende einer fortbestehenden jugoslawischen Front
schon bald der Vergangenheit angehören wird.

Weitere Maßnahmen zur Bekämpfung des Terrors
Sonntag, 26. Juli 1942, Agram
Die Zeitung *Za Dom* teilt mit:
Das kroatische Justizministerium hat ein Dekret über
die Bekämpfung terroristischer Akte gegen den Staat
und Einzelpersonen veröffentlicht. Familienmitglieder
von Personen, die einzeln oder im Verband bewaffneter
Gruppen die Ruhe und öffentliche Ordnung bedrohen
oder Gewaltakte gegen den Staat oder Einzelpersonen
unternehmen, werden interniert. Als Familienmitglieder im Sinn der Verordnung gelten Frauen, Kinder,
Eltern, Brüder und Schwestern. Das Vermögen der
Angehörigen wird konfisziert. Dem Dekret unterliegen
auch die Familien der geflüchteten Tschetniks, die nicht
binnen 14 Tagen an ihren Wohnort zurückkehren.

Beendigung der Säuberungsaktion
Sonntag, 9. August 1942, Agram
Die Zeitung *Hrvatski Narod* berichtet:
Nach Beendigung der Säuberungsaktion der deutschen
und kroatischen Truppen gegen die Freischärler in der
Kozara Planina, einem Gebirgszug im nördlichen Bosnien, hat Pavelić in Begleitung des deutschen Gesandten Kasche am Mittwoch und Donnerstag eine Inspektionsreise durch das Una-Tal im nordwestlichen Bosnien unternommen. Die gefangenen Freischärler und
ihre Familien sind in Internierungslagern untergebracht
worden. Ein Teil der rechtsstehenden Komitadschi hat
ein Übereinkommen mit den kroatischen Behörden
geschlossen, die ihnen nach Anerkennung des neuen
Staates einen Einfluß auf die örtliche Verwaltung eines
Gebietes im mittleren Bosnien zusichern. Die linksste-
henden Komitadschi in Kroatien werden neuerdings als
»Partisanen« bezeichnet.

Kämpfe in Kroatien

Dienstag, 11. August 1942, Budapest
Die deutschsprachige Zeitung *Pester Lloyd* meldet:
Der Eisenbahnverkehr zwischen Sarajevo und Ragusa (Dubrovnik) über Mostar hat in den letzten Wochen durch die Aktionen der Komitadschi in der Herzegowina an mehreren Stellen eine Unterbrechung erlitten. Er ist nach einem Kommuniqué der kroatischen Staatsbahnen zu Beginn dieser Woche wieder aufgenommen worden. Wie man aus Agram hört, ist die Unterbrechung der Eisenbahnverbindung in der Herzegowina dadurch entstanden, daß Komitadschi-Verbände aus Montenegro vor einiger Zeit nach Bosnien zu ziehen versuchten, um die auf der Kozara Planina eingeschlossenen Komitadschi zu unterstützen, wobei es bei Konjić an der Narenta (Neretva) zu mehreren Streckensprengungen gekommen sein soll.

Betreten der Wälder verboten
Dienstag, 1. September 1942, Agram
Die Zeitung *Za Dom* berichtet:
Über den gesamten Verwaltungsbezirk von Agram mit Ausnahme der Hauptstadt selbst ist eine Verschärfung der Polizeikontrolle verhängt worden. Für die Städte, Dörfer und Landgemeinden des Bezirks wurde ein Ausgehverbot für die Zeit von 21.00 Uhr abends bis 5.00 Uhr morgens erlassen. Die Ankunft von Ortsfremden ist den Behörden sofort zu melden. Der Bevölkerung ist das Betreten der Wälder nur mit einer besonderen Bewilligung der zuständigen Gemeindevorsteher erlaubt.

Säuberungsaktionen in Dalmatien
Montag, 7. September 1942, Agram
Das *kroatische Hauptquartier* meldet:
Die Säuberungsaktionen kroatischer und italienischer Truppen im Nordgebiet Dalmatiens gegen Partisanenbanden sind beendet. Einige hundert Partisanen wurden getötet und 1008 Gefangene eingebracht, darunter der Kommandant der Partisanenbrigade und zwei Bataillonskommandeure.

Kämpfe um die Stadt Foča
Dienstag, 8. September 1942, Budapest
Die Agentur *MTJ* teilt mit:
Die in Sarajewo erscheinende kroatische Zeitung »Novo List« meldet einen Überfall serbischer Komitadschi auf die Stadt Foča an der Drina, die von der sogenannten »Schwarzen Legion« verteidigt wurde. Die »Schwarze Legion«, die erhebliche Verluste erlitten hat, ist eine besondere Einheit der kroatischen »Ustascha«, die sich an der Säuberungsaktion in Bosnien beteiligte.

Eisenbahnverkehr wieder eröffnet
Mittwoch, 9. September 1942, Agram
Die Zeitung *Hrvatski Narod* meldet:
Die direkte Zugverbindung von Agram nach Banja

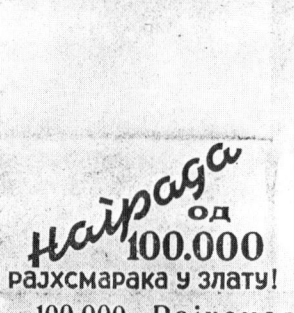

Luka im westlichen Bosnien ist seit Sonntag wiederhergestellt, da bei Kostajnica der neue Viadukt über den
Fluß Una dem Verkehr übergeben werden konnte. Der
alte Viadukt war von Partisanen gesprengt worden.

Neue Kämpfe südlich der Save
Dienstag, 15. September 1942, Agram
Die Zeitung *Za Dom* berichtet:
Es hat in der vergangenen Woche im nördlichen Bosnien eine neue Säuberungsaktion gegen die Partisanen
stattgefunden, wobei in der Gegend südlich von Bos-
nisch-Brod an der Save etwa 800 Partisanen gefallen
sein sollen. Die Auseinandersetzungen am Südufer der
Save konnten noch nicht völlig abgeschlossen werden.
In den Gebieten, in denen das Abkommen der kroatischen Regierung mit den rechtsstehenden Tschetniks in

Links: Eine Kompanie der Hrvatsko Domobranstvo, der kroatischen Armee, während einer Befriedungsaktion. Diese etwa
55 000 Mann starke Streitmacht hört auf italienischen Befehl

Linke Seite unten: 100 000 Reichsmark in Gold demjenigen,
der Tito lebend oder tot abliefert

Unten: Italienischer Unteroffizier verteilt Verpflegung an Soldaten der kroatischen Armee

Kraft ist, herrscht Ruhe. Es handelt sich um die gesamte Umgebung von Banja Luka im westlichen Bosnien, einschließlich der Stadt Tuzla.

Zugverbindung wieder hergestellt
Mittwoch, 16. September 1942, Sarajevo
Die Zeitung *Novo List* meldet:
Der Eisenbahnverkehr von Sarajevo über Mostar nach Ragusa (Dubrovnik) ist am Sonnabend wieder eröffnet worden. Ein großer Teil der Strecke zwischen Konjić und Bradina war durch Partisanen zerstört worden. Auch die Brücke bei Lukac mußte neu gebaut werden.

Ruhe in Bosnien
Donnerstag, 24. September 1942, Berlin
Das *DNB* teilt mit:
Auch in der vergangenen Woche wurden die Säuberungsaktionen in Bosnien planmäßig und erfolgreich fortgesetzt. Außer kleineren örtlichen Zusammenstößen und Sabotageversuchen, die rechtzeitig erkannt und verhindert werden konnten, herrscht Ruhe.

Krise im besetzten Serbien?
Donnerstag, 8. Oktober 1942, Budapest
Die Zeitung *Magyar Nemzet* berichtet:
In Serbien hat der Ministerpräsident, General Nedić, aus gesundheitlichen Gründen den deutschen Behörden sein Demissionsgesuch unterbreitet.

22 Todesurteile in Sofia
Montag, 26. Oktober 1942, Sofia
Agence Bulgare teilt mit:
Das Kriegsgericht hat am Sonnabend 22 Studenten zum Tod verurteilt, die im letzten Frühjahr Anschläge auf Eisenbahnlinien und Sabotageakte an kriegswichtigen Anlagen vorbereitet hatten. Der größte Teil der Studenten stammt aus der Provinz.

Stillegung von Bahnstrecken in Kroatien
Montag, 21. Dezember 1942, Agram
Die Zeitung *Za Dom* berichtet:
Wie die Generaldirektion der Staatsbahnen mitteilt, wurde der gesamte Personen- und Güterverkehr auf der Bahnstrecke Brod-Sarajevo eingestellt. Dasselbe betrifft auch die Nebenstrecke östlich von Agram. Die Verkehrseinstellungen erfolgten wegen Sabotageaktionen der Partisanen.

Weisung Nr. 47

Der Führer   F. H. Qu., den 28. 12. 1942
OKW/WFSt/Op.
Nr. 552273/42 g. K. Chefs.
Geheime Kommandosache
Chefsache!
Nur durch Offizier! Weisung Nr. 47 für die Befehlsführung und Verteidigung des Südostraumes

I.) Die Lage im Mittelmeerraum macht in absehbarer Zeit einen Angriff auf Kreta, die deutschen und italienischen Stützpunkte in der Ägäis und die Balkanhalbinsel möglich.
Es muß damit gerechnet werden, daß dieser Angriff durch Aufstandsbewegungen in den westlichen Balkanländern unterstützt wird.
. . .
II.) Aufgrund dieser Lage und der Entwicklung in Nordafrika übertrage ich die Verteidigung des Südostraumes einschließlich der ihm vorgelagerten Inseln dem Wehrmachtsbefehlshaber Südost, der mir als »Ob. Südost« (H. Gr. E) unmittelbar unterstellt ist.
. . .
Für die Vorbereitung eines solchen Abwehrkampfes fallen dem Ob. Südost folgende Aufgaben zu:
1.) Vorbereitung der Verteidigung an den Küsten mit Schwerpunkten im Dodekanes, Kreta und Peloponnes, die festungsmäßig auszubauen sind (Ausnahme Mytilene und Chios).

2.) Endgültige Befriedung des Hinterlandes und Vernichtung der Aufständischen und Banden aller Art in Verbindung mit der italienischen 2. Armee.
. . .
III.) Organisation der Befehlsführung:
1.) Der Oberbefehlshaber im Südosten ist der oberste Vertreter der Wehrmacht im Südosten und übt in den von deutschen Truppen besetzten Gebieten vollziehende Gewalt aus.
. . .
2.) Dem Ob. Südost unterstehen:
a) Für den Bereich Kroatien »Der Deutsche Bevollmächtigte General in Kroatien« (abgesehen von seiner Eigenschaft als Militärattaché) und »Der Befehlshaber der deutschen Truppen in Kroatien«.
b) für den Bereich Altserbien der »Kommandierende General und Befehlshaber in Serbien«.
c) für den Bereich Saloniki und die Inseln Lemnos, Mytilene, Chios und Strati sowie für die neutrale Zone zur Türkei in Thrazien der »Befehlshaber Saloniki-Ägäis«,
d) für den Bereich des Hafens Piräus, die Unterkünfte und den Bereich der deutschen Truppen in Attika sowie Insel Melos der »Befehlshaber Südgriechenland«,
e) für den Bereich Kreta »Der Kommandant der Festung Kreta«,
f) der »Admiral Ägäis« in allen Fragen der Küstenverteidigung,
g) der »Militärattaché in Sofia« im Rahmen seiner über die Attachéaufgaben hinausgehenden Aufgaben.
Für die Kriegsmarine bleibt die bisherige Abgrenzung zwischen Marinegruppe Süd und dem deutschen Marinekommando Italien bestehen.
. . .
aa) Führung des Luftkrieges im gesamten Mittelmeerraum mit Ausnahme des südfranzösischen Mittelmeerbereiches bleibt Aufgabe des O. B. Süd.
. . .

Das bulgarische Kloster Rila: Das etwa 120 km südlich von Sofia in 1147 m Höhe gelegene Nationalheiligtum entstand bereits im 12. Jahrhundert und ist das berühmteste Kloster des Landes

Italienischer Soldat mit leichtem MG im Guerilla-Kampf

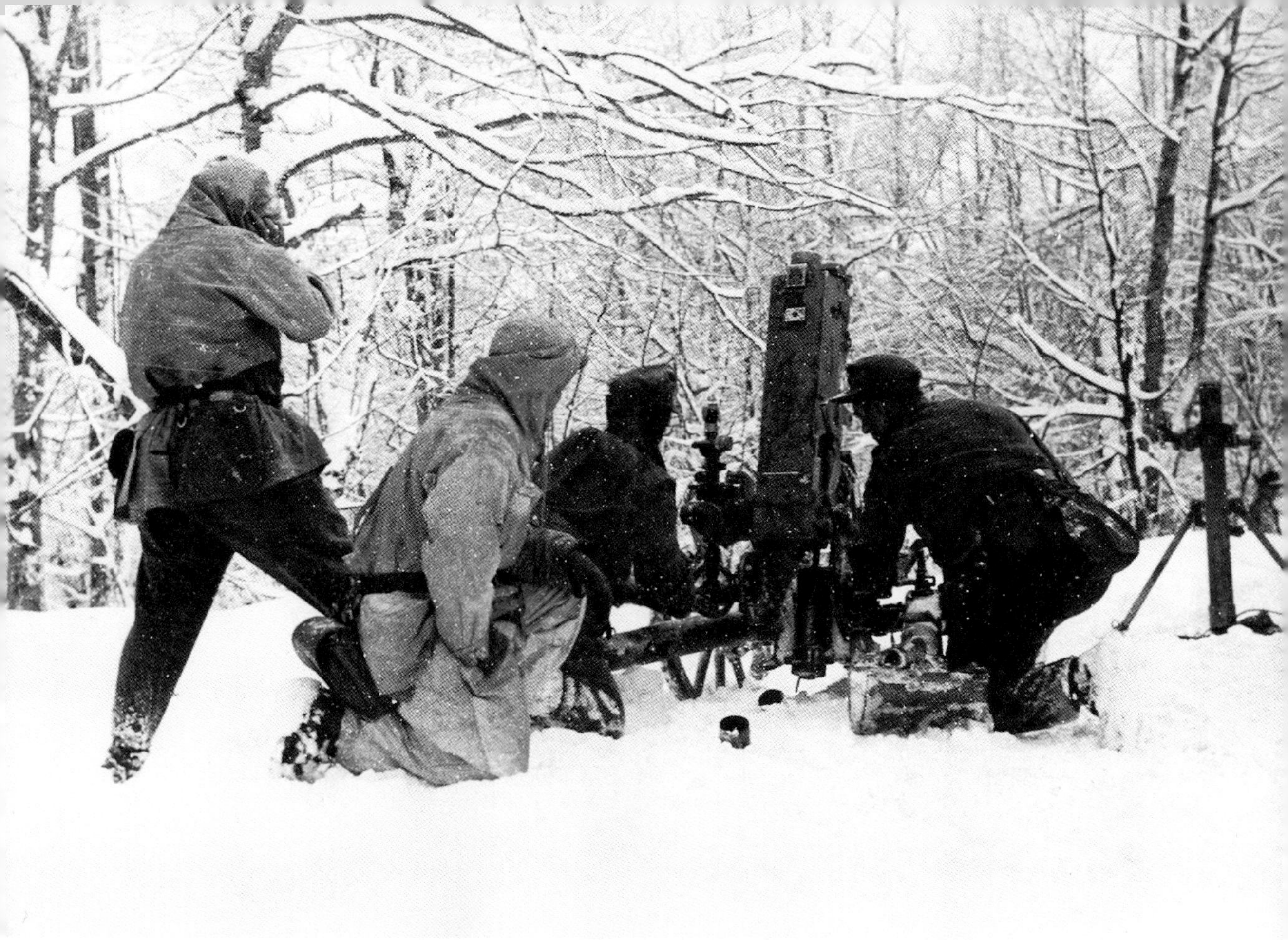

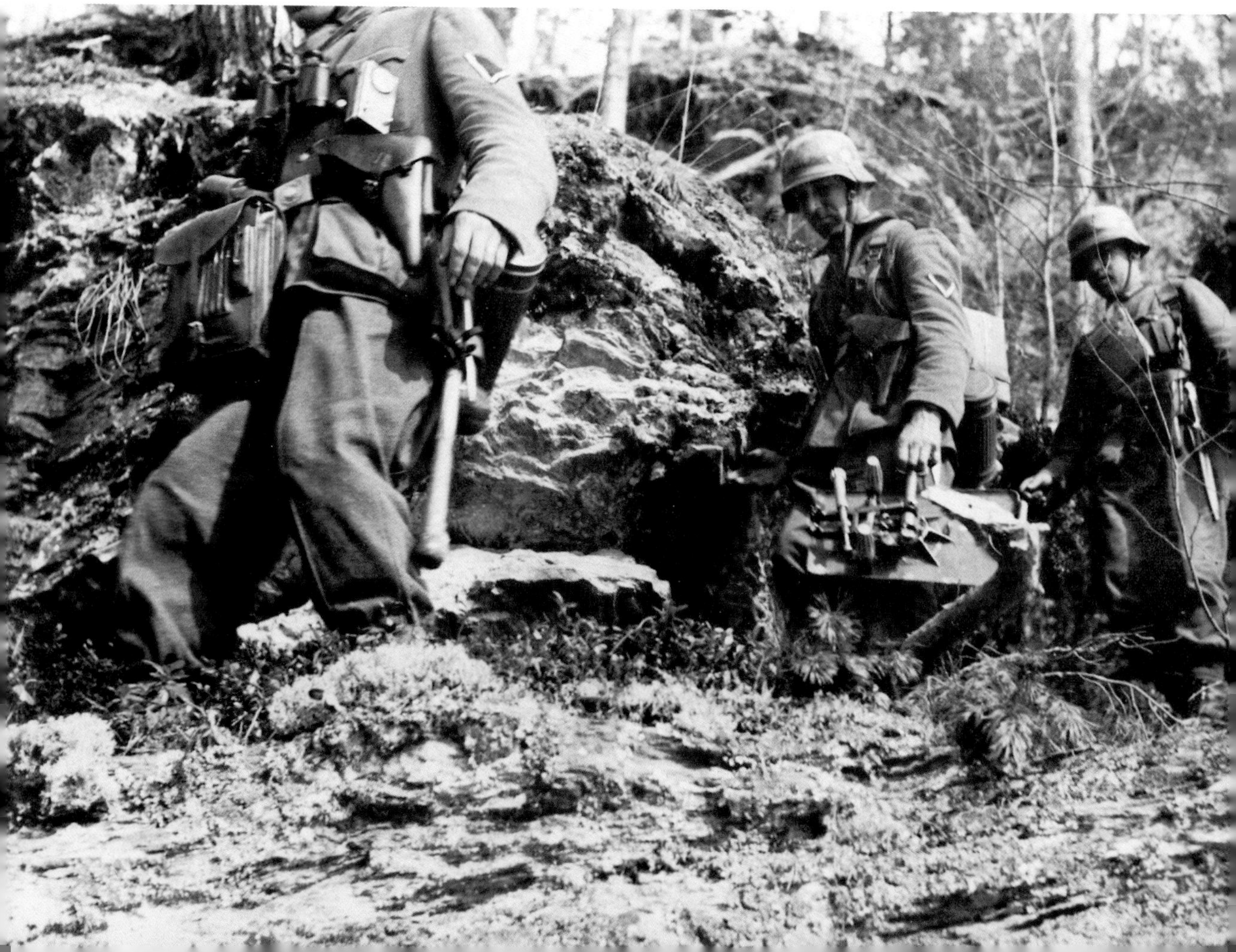

IV.) Der Ob. Südost hat alle Befugnisse eines Territorialbefehlshabers gegenüber den drei Wehrmachtteilen und der Waffen-SS in den von deutschen Truppen besetzten Teilen Kroatiens, Serbiens und Griechenlands einschließlich der griechischen Inseln.

Die ausschließlich von deutschen Truppen besetzten Gebiete sind Operationsgebiet. Hier übt der Ob. Südost vollziehende Gewalt durch die ihm unterstellten Befehlshaber aus.

Auch die Teile Kroatiens, die durch deutsche Truppen besetzt sind oder in denen deutsche Truppen operieren, gelten als Operationsgebiet.

In den zum italienischen Besetzungsraum gehörenden Gebieten, in denen deutsche Truppen untergebracht sind, übt er die militärischen Hoheitsrechte für alle Wehrmachtteile insoweit aus, als es der militärische Auftrag der deutschen Wehrmacht erfordert.

Die Abgrenzung der Befugnisse des Ob. Südost gegenüber dem »Bevollmächtigten des Reiches für Griechenland« siehe Anlage.

. . .

(gez.) Adolf Hitler

Generaloberst Löhr, der in Rumänien geborene Sohn eines Donauschiffers, 1936 zum Oberbefehlshaber der österreichischen Luftstreitkräfte ernannt, gilt als einer der besten Kenner des Balkans und seiner Probleme

Linke Seite oben: Bosnien, Jawor-Gebirge: Während in den Tälern schon Frühling herrscht, kämpfen die Gebirgsjäger hier noch im Schnee

Darunter: Herzegowina, Juni 1942: In der Ebene entlang der Adriaküste sind deutsche Truppen ununterbrochen im Einsatz zur Bandenbekämpfung

Und so war es

In der sengenden Hitze des Hochsommers ziehen die Partisanen auf ihrem »Langen Marsch« unermüdlich entlang dem Zentralmassiv Bosniens, der längsten Gebirgskette auf dem Balkan, nach Norden.

Am Freitag, dem 3. Juli 1942, greift ihre rechte,. südliche Kolonne, zu der die erste Proletarische und die 3. (Sandžaker) Brigade – Tito direkt unterstellt – gehören, 50 Kilometer südwestlich von Sarajevo die wichtige Bahnverbindung Sarajevo-Mostar an und zerstört sie. Vier Tage später, am 7. Juli 1942, erobert die zweite nördliche Kolonne mit der 2. und 4. Brigade die wichtige Stadt Konjić. Die Tito-Streitmacht nähert sich nun langsam dem fruchtbaren Becken von Livno. Hier soll sie die Verbindung mit den Partisanengruppen im Raum von Drvar-Petrovac herstellen.

Am Freitag, dem 17. Juli 1942, verkündet der sowjetische Sender »Christo Botev« in bulgarischer Sprache das Programm der bulgarischen Vaterländischen Front, ausgearbeitet vom Auslandsbüro des ZK der BAP unter Leitung des Altkommunisten Georgi Dimitroff. Zu den wichtigsten Punkten gehören: Verhinderung der Beteiligung Bulgariens am Krieg gegen die Sowjetunion und Abzug der bulgarischen Truppen aus Jugoslawien und Griechenland. Im Gebiet von Plovdiv (Philippopol) in Bulgarien operieren jetzt u. a. zwei große Partisaneneinheiten »Anton Ivanov« und »Christo Botev«.

Am Montag, dem 20. Juli 1942, berichtet General Bader: »...wie weit der Aufstand in Kroatien auf Serbien und im besonderen auf die Mihailović-Bewegung sich auswirken wird, ist zur Zeit nicht zu übersehen, da sich die Aufstandsorganisation des Mihailović nicht mehr allein auf den altserbischen Raum beschränkt. D. M. (Autor: Draza Mihailović) Organisationstätigkeit erstreckt sich bis auf die südserbischen und albanischen Gebiete bis Skoplje-Prilep, die Ostherzegowina sowie Ostbosnien.«

Am Mittwoch, dem 22. Juli 1942, verzeichnet ein Abhördienst der BBC einen Bericht des sowjetischen Senders »Freies Jugoslawien«: Darin wird behauptet, daß im vergangenen Jahr nur von den Tito-Partisanen gekämpft worden sei, die Tschetniks hätten gegen die Achsenmächte überhaupt nicht gekämpft, Mihailović habe Verrat begangen, und darüber sei dokumentarisches Beweismaterial gefunden worden.

Immer öfter bestätigt sich, daß die kroatischen Streitkräfte, die sogenannten Domobranen, und selbst die Italiener den Partisanen in dem bergigen Gelände des Balkans militärisch nicht gewachsen sind. Ab Sommer 1942 häufen sich die Nachrichten, kroatische Soldaten würden geschlossen zu den Verbänden Titos überlaufen. Im Juli 1942 z. B. berichtet der Leiter der Auslandsorganisation (AO) der NSDAP in Kroatien, Rudolf Epting: »Das Überlaufen kroatischer Offiziere und Sol-

daten zu den Aufständischen ist leider oftmals und mitunter sogar kompanieweise vorgekommen.« Und was andererseits noch schlimmer ist, wie sein Bericht verzeichnet: »...Die Italiener schützen nicht nur in den von ihnen besetzten Gebieten die dort wohnende serbische Bevölkerung gegenüber den Kroaten, sondern sie putschen teilweise diese gegen die Kroaten auf und gewähren in vielen Küstenorten Tausenden von Juden, die Kroatien sucht und einfangen will, Obdach und Schutz.«

Im Juli 1942 führen vier italienische Divisionen mit einer Stärke von 75 000 Mann eine großangelegte Säuberungsaktion gegen Partisanen durch. Titos Antwort: die Aufstellung von drei neuen Proletarischen Brigaden.

Am Sonnabend, dem 1. August 1942, übernimmt Generaloberst Löhr als Nachfolger von General Kuntze die Dienststelle des Wehrmachtbefehlshabers Südost (W. B. Südost) im Hauptquartier in Saloniki. Löhr, der

begeisterte Flieger, der während des Balkanfeldzuges die Luftflotte 4 befehligt hat, ist im Mai 1941 als erster Österreicher in der deutschen Wehrmacht zum Generaloberst befördert worden.

Unterdessen wachsen die Verstärkungen der Partisanen im Raum der Kozara Planina, einem Gebirgszug nordwestlich von Banja Luka im nördlichen Bosnien, auf etwa 10 000 Mann. Gegen sie wird das gemeinsame deutsch-kroatische Unternehmen mit starken Kräften geführt: Die 714. Infanteriedivision (GenMaj. Stahl), drei kroatische Gebirgsbrigaden, ein Ustascha-Bataillon sowie Teile der aus Serbien herangeholten 720. Infanteriedivision. In heftigen, drei Wochen dauernden Kämpfen müssen die Partisanen zwar die Kozara Planina räumen, aber es ist wieder nicht geglückt, die Masse des Gegners zu vernichten.

In diesen Wochen entsteht in den istrischen Häfen ein blühender Schwarzmarkt, wie es ihn in alten Zeiten nur im Nahen Osten und in Nordafrika gab: Die in Kroatien stehenden italienischen Einheiten verkaufen unter der Hand an Mihailović-Tschetniks und Tito-Partisanen ganze Lkw-Ladungen von Waffen aller Art.

Am Donnerstag, dem 6. August 1942, erobert Tito nach hartem Kampf gegen die Italiener und Ustascha-Einheiten die überwiegend muselmanische Stadt Livno, nordöstlich von Spalato (Split). Hier fallen den Partisanen die für die deutsche Kriegsindustrie wichtigen Leichtmetall-Werke in die Hände. Mitte August errichtet Tito in dem nahegelegenen Glamoč für mehrere Wochen ein neues Hauptquartier.

Oben: Das befreite Jajce schmücken bald riesige Wandgemälde mit Titos Porträt

Linke Seite: Jajce, 26. 9. 1942: Tito-Partisanen nach Befreiung der Stadt. Die Männer tragen zu dieser Zeit noch Räuberzivil, oft auch erbeutete serbische oder deutsche Uniformen

Juli bis Oktober 1942: Titos »Langer Marsch« verlagert die Kämpfe nach Norden

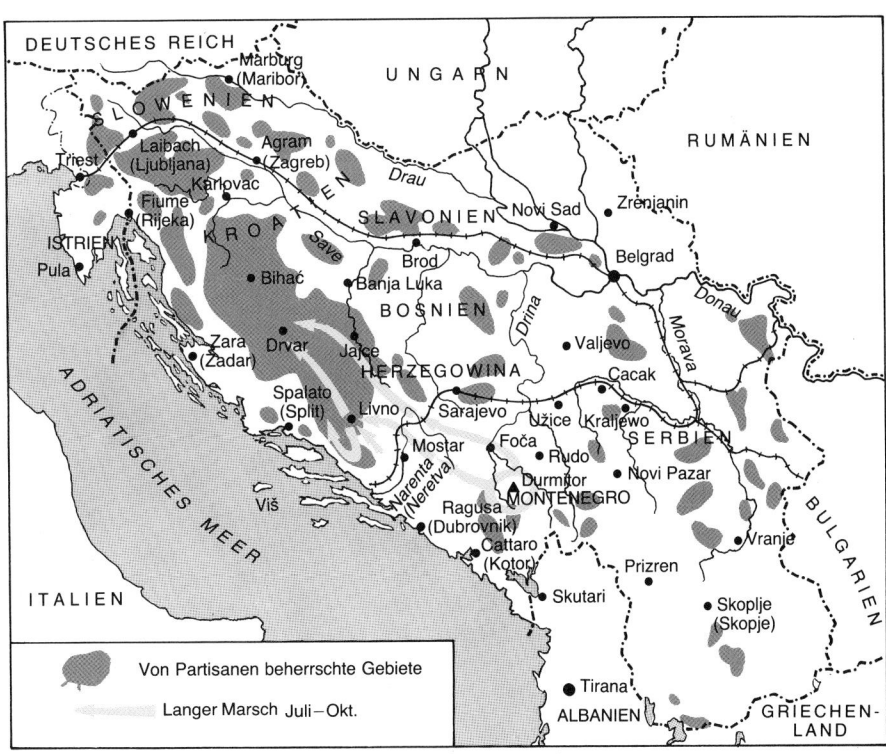

Am Montag, dem 24. August 1942, nimmt die rechte, südliche Kolonne der sich auf dem »Langen Marsch« befindlichen Partisanenstreitmacht Mrkonjić Grad südlich von Banja Luka. Noch weiter im Süden unterbricht sie auch für einige Tage erneut die wichtige Eisenbahnlinie Sarajevo-Mostar.

Am Dienstag, dem 25. August 1942, berichtet der deutsche Gesandte in Agram (Zagreb), Kasche, daß die Stadt Foča, nachdem sie von den Tito-Partisanen geräumt und von der kroatischen Heimwehr und Ustascha besetzt wurde, jetzt von den Mihailović-Tschetniks erobert worden sei. Wörtlich heißt es: »Stärkere Tschetnik-Banden haben am 19. August 1942 Foča genommen. Schwache kroatische Besatzung überwunden. In Foča durch Tschetniks 1 300 Personen, auch Frauen und Kinder, erschlagen. Nach sicheren Meldungen haben Italiener Tschetniks unterstützt.«
Zu gleicher Zeit macht Moskau der Königlich jugoslawischen Exilregierung wiederholt den Vorschlag, ...eine sowjetische Militärmission für Mihailović sowie Kriegsmaterial für die Tschetniks zur Verfügung zu stellen. Selbst gemeinsame Rundfunksendungen würde der Kreml gern sehen.

Am Sonnabend, dem 12. September 1942, gibt Tito seinen Leuten den Befehl, ab sofort ihre Bezeichnung »Guerilleros« oder »Guerillaverbände« durch den Ausdruck »Partisanen« zu ersetzen. Zu dieser Zeit haben sich die hinter den deutschen Linien in Rußland kämpfenden Partisanen einen Namen gemacht. Das Wort »Partisan« hat jedoch in der serbokroatischen Sprache eine andere Bedeutung: »Anhänger« bzw. »Parteigänger«.

Am Freitag, dem 25. September 1942, erobert die rechte Kolonne der Partisanenstreitmacht auf ihrem »Langen Marsch« das von den Ustaschas besetzte Jajce.

Mit einer verstärkten Mobilisierung der »legalen« Tschetniks in der Herzegowina im Herbst 1942 hoffen die Italiener, die von den Tito-Partisanen in Westbosnien (Kroatien) kontrollierten Gebiete von Süden her aufzurollen. Und die Partisanen werden tatsächlich gezwungen, mehrere der von ihnen gehaltenen Landstriche zu räumen. Die Erfolge der »legalen« Tschetniks bedeuten übrigens auch für die Pavelić-Regierung den gleichen Machtverlust wie für die Partisanen: Die kroatische Souveränität in der Herzegowina und in Westbosnien besteht praktisch nicht mehr.
Die Kollaboration der regionalen Tschetnik-Führer mit der italienischen 2. Armee (Gen. Roatta) scheint für Mihailović wegen der unzureichenden alliierten Unterstützung lebensnotwendig zu sein, um die Ausrüstung und Versorgung seiner Verbände zu sichern. Montenegro und die Herzegowina, wo den »legalen« Tschetniks eine von den Italienern offiziell zugebilligte Selbstschutzfunktion zufällt, betrachtet Mihailović als Ausgangsbasis für eine künftige Befreiung des ganzen Lan-

des. Und das Halten dieser Region ist im Hinblick auf die kommunistischen Rivalen für ihn besonders wichtig. Zur gleichen Zeit werden in Serbien die von Mihailović-Anhängern stark unterwanderten »legalen« Tschetnik-Verbände sowie Miliz- und Gendarmerie-Einheiten der Nedić-Regierung wegen ihrer Unzuverlässigkeit aufgelöst.

Am Montag, dem 28. September 1942, beginnt in Kroatien eine neue Offensive deutscher, italienischer, »legaler« Tschetnik-Verbände und Ustascha-Einheiten gegen die Partisanen in den Gebieten Banja Luka, Travnik, Mostar, Sinj und Knin. Diese Operation zwingt die Partisanenkräfte zum Wechsel in den nur von kroatischer Landwehr schwach gesicherten Raum um Bihać.

Am Donnerstag, dem 1. Oktober 1942, landet am frühen Morgen in den Bergen Griechenlands nahe Delphi eine Gruppe von acht britischen Fallschirmspringern, darunter Funker und Sprengstoff-Experten, angeführt von Colonel Myers. Die Aufgabe dieser Militärmission: Eine Guerillagruppe aufzustellen, um die drei Viadukte von Gorgopotamos bei Lamia, der wichtigsten Eisenbahnlinie Athen-Saloniki, zu zerstören. Diese Aktion soll die bevorstehende Offensive der britischen 8. Armee (Lt. Gen. Montgomery) an der El-Alamein-Front unterstützen, da der britische Secret Intelligence Service (SIS) schätzt, daß zu dieser Zeit etwa 80 Prozent des Nachschubs für das Afrika-Korps via Piräus über die Eisenbahnstrecke durch Griechenland rollen.
Die SOE-Agenten haben daneben die recht heikle Order, die bis jetzt auf mehrere Dutzend unter sich rivalisierender Gruppen und Grüppchen angewachsene griechische Widerstandsbewegung einheitlich zusammenzufassen. Fünf der wichtigsten sind: die von der »Nationale Befreiungsfront« EAM geschaffene Partisanenbewegung, die »Nationale Volksbefreiungsarmee« ELAS unter dem berüchtigten Aris Velouchiotis, dann die gemäßigt konservative »Nationale Republikanische Griechische Liga« EDES unter Oberst Zervas, sowie die von dem linksliberalen Cartalis aufgezogene »Nationale und Soziale Befreiung« EKKA, die »Panhellenische Befreiungsorganisation« PAO unter dem Royalisten Oberstleutnant Grivas.
Übrigens, selbst die beiden größten von ihnen, die EDES und ELAS, zählen zur Zeit nur einige hundert Mann und sind außer der gegenseitigen Bekämpfung kaum noch imstande, mehr als unbedeutende Überfälle aus dem Hinterhalt auf einzelne deutsche und italienische Soldaten oder Lkw durchzuführen. Anders als im ehemaligen Jugoslawien liegen die Ursachen des inneren Konflikts in Griechenland keineswegs in den Interessengegensätzen der verschiedenen völkischen Minderheiten, sondern auf sozialer und ideologischer Ebene. So hat sich z. B. die moskautreue »Nationale Volksbefreiungsarmee« ELAS als oberstes Ziel gesteckt, die Widerstandsorganisationen ihrer nichtkommunistischen Rivalen entweder zu liquidieren oder zu vereinnahmen.

Zur Bekämpfung von Partisanen eingesetzter italienischer
leichter Panzer Carro Armato L.6/40 der Panzerabteilung
Adria während einer Kampfpause

Im Herbst 1942 tritt der Kampf der deutschen Verbände gegen die bisher unterschätzten Mihailović-Tschetniks und Tito-Partisanen in eine neue Phase: Zu ihrer Niederschlagung werden nicht nur verschärfte Repressalien eingeleitet, sondern erstmalig auch erhebliche militärische Kräfte zusammengezogen. In Serbien und in dem von bulgarischen Truppen besetzten Süden des ehemaligen Jugoslawiens konzentrieren sich diese Maßnahmen überwiegend gegen die Mihailović-Tschetniks, die sich hier erneut ausgebreitet haben und weit stärker sind als Titos Partisanen.

Am Mittwoch, dem 23. September 1942, empfängt Hitler in seinem Hauptquartier bei Winniza (Ukraine) Poglavnik Pavelić und dessen militärische Berater. Er verkündet dem kroatischen Staatschef den Plan der neuen einheitlichen deutschen militärischen Leitung im Kampf gegen die Aufständischen in Kroatien. Hitler teilt ihm dabei mit, daß im kroatischen Operationsgebiet die vollziehende Gewalt an den deutschen Truppenbefehlshaber übergeht und die kroatische Exekutive insoweit ausgeschaltet wird.
Ein besonderer, vom »Kommandierenden General und Befehlshaber Serbien« (Gen. d. Art. Bader) unabhängi-

ger »Befehlshaber der deutschen Truppen in Kroatien« (GenLt. Lüters) wird anstelle des »Deutschen Bevollmächtigten Generals in Agram« (Gen. d. Inf. Glaise v. Horstenau) eingesetzt. Ihm unterstehen neben den deutschen Kräften in Kroatien auch sämtliche kroatischen Domobranen- und Ustascha-Einheiten in der deutschen Besatzungszone. Seit dieser Neuregelung sind dem Wehrmachtbefehlshaber Südost (W. B. Südost), Generaloberst Löhr, sowohl der »Kommandierende General und Befehlshaber in Serbien« als auch der »Befehlshaber der deutschen Truppen in Kroatien« gleichberechtigt unterstellt.

Am Dienstag, dem 6. Oktober 1942, erreicht eine Reihe innerer Krisen, die das neue Kroatien erschüttern, ihren Höhepunkt: Der bisher engste Mitarbeiter des Poglavnik Pavelić, der Organisator und Oberbefehlshaber der kroatischen Streitkräfte, Marschall Kvaternik, wird von Pavelić wegen fortgeschrittener Trunksucht entlassen. Weil es dem kroatischen Staatschef kaum möglich ist, die Aufstandsbewegungen allein unter Kontrolle zu bringen, müssen jetzt zunehmend deutsche Kräfte nach Kroatien entsandt werden.
In Griechenland wiederum liegt das Problem für die

Linke Seite: Oktober 1942: Tito-Partisanen bei einer Rast während der Verfolgung durch deutsche Truppen

Rechts: Bosnisch Petrovac, 7. 11. 1942: Tito und sein Stab inspizieren die 1. Proletarische Brigade

Unten: Vorder- und Rückseite eines deutschen Flugblattes für Überläufer unter den Partisanen

OVAJ LETAK VRIEDI KAO
PROPUSTNICA
DIESER ZETTEL GILT ALS
PASSIERSCHEIN

PARTIZANI !

Vratite se smjesta, zadnji je čas!
U protivnom čeka Vas uništenje njemač-
kih i hrvatskih oružanih snaga!
Dosta je Vaše zločinačke djelatnosti!
Oni, koji se na vrieme predadu, biti će
po odredbi njemačkog vojnog zapovjed-
ničtva pôšteđeni.

PSK/14

deutsche Führung zur Zeit weniger in den sich unmittelbar militärisch auswirkenden Aktionen griechischer Widerstandsgruppen, sondern vielmehr in der Bedrohung durch eine bevorstehende Wirtschafts- und Hungerkatastrophe.

Am Freitag, dem 16. Oktober 1942, wird der Gesandte Dr. Neubacher als »Sonderbeauftragter des Reiches für wirtschaftliche und finanzielle Fragen in Griechenland« nach Athen entsandt. Neubacher ergreift zusammen mit dem italienischen Bankfachmann d'Argostino eine Reihe von Sanierungsmaßnahmen. Sie führen, unterstützt durch Hilfsaktionen des Internationalen Roten Kreuzes, zu einer Besserung der Lage und bewahren das Land vor dem Chaos. In dieser Situation wirken sich auch der Rücktritt des seit der Kapitulation Griechenlands amtierenden Ministerpräsidenten, General Tsolakoglou, und die Neubildung der griechischen Marionettenregierung unter Professor Logothetopoulos günstig aus.

Am Freitag, dem 23. Oktober 1942, eröffnet die britische 8. Armee (Lt. Gen. Montgomery) die lang erwartete Offensive an der El-Alamein-Front gegen die deutsch-italienische Panzerarmee Afrika (GFM Rommel). Bis zum nächsten Morgen erzielen die britischen Truppen tiefe Einbrüche in die gegnerischen Stellungen.

Das schnelle Anwachsen der Partisanenkräfte und die damit verbundenen Führungsprobleme veranlassen Tito zur Aufstellung neuer Truppenkommandos. So werden am 1. November 1942 in Glamoč die 1. und 2. Proletarische Division und bis Ende November 1942 weitere sechs Divisionen formiert. Zwei Proletarische Divisionen und eine Sturmdivision behält Tito zur besonderen Verwendung unter seinem persönlichen Befehl. Aus den anderen Verbänden sollen das 1. Bosnische und das 1. Kroatische Korps entstehen, mit denen Tito plant, so bald wie möglich vom Guerilla- zum regulären Krieg überzugehen.

Die neu aufgestellten Divisionen bilden von nun an die taktisch-operativen Einheiten. Ihre durchschnittliche Stärke beträgt 1943 ungefähr 3000, im Jahr 1944 zwischen 5000 und 6000 und bis zum Kriegsende bei einigen Divisionen sogar um 10000 Mann. Bei der Aufstellung setzen sich die Divisionen zusammen aus drei Brigaden, einer Batterie oder einer Artillerieabteilung, einem Fernmeldezug oder einer Fernmeldekompanie, einer Aufklärungs- oder Pionierkompanie, einer Begleitkompanie, dem Nachschub- und Sanitätswesen mit Feldlazarett. Dem Kommando der Divisionsstäbe sind noch einige Partisanenabteilungen unterstellt.

Die Korps wiederum gelten als operativ-strategische Verbände, sind an bestimmte operative Gebiete gebunden und tragen den Namen der Provinz, in der sie im Einsatz sind. Zum Korps gehören drei oder mehr Divisionen, selbständige Brigaden und Partisanenabteilungen. Den Korpsstäben sind alle territorialen Kommandos und Dienststellen ihres Gebietes unterstellt. Sie nehmen Einfluß auf die Entwicklung der Volksbefreiungsausschüsse. Die Stärke der ersten Korps: 10000 Mann. Die Partisanenverbände erhalten die Bezeichnung »Volksbefreiungsarmee«, und gleichzeitig werden Dienstgradabzeichen eingeführt.

Zur Zeit umfaßt das zentrale freie Gebiet den westlichen Raum Bosniens mit dem benachbarten Teil Kroatiens, Dalmatiens und Mittelbosniens mit rund 50000 Quadratkilometern. Einheiten der Tito-Volksbefreiungsarmee halten ferner den größeren Teil des südlichen Sloweniens, dazu auch kleinere Gebiete in Ostbosnien, in der Herzegowina, in Montenegro, Serbien, Mazedonien und in der Vojvodina unter Kontrolle. In Serbien bleibt es das ganze Jahr 1942 über relativ ruhig. Die »Tito-Streitmacht« erhält den neuen Namen »Volksbefreiungsarmee und Partisanenabteilung Jugoslawiens« (NOV und POJ).

In der Nacht vom 2./3. November 1942 entbrennen blutige Kämpfe in den Vorstädten von Bihać, einer wichtigen Stadt von strategischer Bedeutung, etwa 110 Kilometer südlich von Agram (Zagreb), mit 15000 Einwohnern. Da die am nächsten liegenden italienischen Divisionen »Lombardia« in Karlovac (Karlstadt) und »Sas-

sari« in Knin nicht gewillt sind, den Kroaten zu Hilfe zu kommen, und die deutschen Truppen in die italienische Zone nicht einrücken dürfen, wird nach zweitägigen wechselvollen Kämpfen Bihać von den Partisanen erobert. Nun hat Tito das operative Ziel seines »Langen Marsches« erreicht: Er hat fast ein Sechstel Jugoslawiens befreit und hält es mit einem dichten Netz von Kommunalverwaltungen und örtlichen Partisaneneinheiten zusammen.

Am Mittwoch, dem 4. November 1942, gründet Tito eine Kriegsschule der Volksbefreiungsarmee, die vor allem Bataillons-, Brigade- und Divisionskommandeure ausbildet. Nun nähert sich der »Lange Marsch« der Partisanen, der bereits fünf Monate dauert, seinem Ende: Die kroatischen Domobranen und Ustaschas müssen überstürzt Bosnisch Petrovac räumen, das auf dem Weg der Partisanenkräfte liegt.

Im Morgengrauen des 8. November 1942 landen an der Küste Marokkos und Algeriens, von der deutschen Aufklärung völlig unbemerkt, westalliierte Truppen unter dem Oberbefehl von General Eisenhower.
Die Operation »Torch« verändert nun die Lage im Mittelmeerraum: Für Hitler bedeutet es die Gefahr einer alliierten Invasion, möglicherweise auf dem Balkan.

Seit November 1942 beginnt das italienische Oberkommando, seine Truppen einschließlich der ihm unterstellten »legalen« Tschetniks aus den umkämpften Gebieten in den Bergen Kroatiens ganz zurückzuziehen, und man beschränkt sich jetzt auf die Kontrolle der Adriaküste und der großen Städte.
Im November 1942 übernimmt Generalleutnant Lüters als »Befehlshaber der deutschen Truppen in Kroatien« die Führung des geplanten größten Unternehmens gegen Partisanen.

Am Freitag, dem 20. November 1942, wird der bisherige Oberste Stab der Volksbefreiungs-Partisanenabteilungen und der Freiwilligenarmee Jugoslawiens in den »Obersten Stab der Volksbefreiungsarmee und Partisanenabteilungen Jugoslawiens« umbenannt.

In der Nacht des 25. November 1942 sprengen Spezialisten des britischen Sabotageteam der SOE unter Colonel Myers die 180 Meter lange Gorgopotamos-Eisenbahnbrücke an der wichtigen Nord-Süd-Strecke Saloniki-Athen. Während die Engländer den Plastik-Sprengstoff an den Trägern des Viadukts unter italienischem Mörserfeuer anbringen, sichern die sonst verfeindeten Trupps der EDES und ELAS das Gelände und stoppen einen Zug mit Verstärkungen. In hartem Kampf finden 137 italienische Soldaten den Tod, 160 werden gefangengenommen.
Dieses Unternehmen ist die erste größere Aktion der griechischen Widerstandsbewegungen und auch die einzige, bei der die sich sonst erbittert bekämpfenden

Gorgopotamos-Eisenbahnbrücke, 25. 11. 1942: Durch das Zaudern der rivalisierenden griechischen Guerilla-Gruppen hat diese Brücke ihre wichtige strategische Bedeutung für die Versorgung der Rommel-Verbände in Nordafrika inzwischen verloren

EDES und ELAS unter dem Kommando von General Zervas zusammen operieren.

Die ELAS-Führer lehnen in der Regel jede Art von Zusammenarbeit mit den Engländern ab. Colonel Myers: »Ich hatte keinen Zweifel, daß sie sich hauptsächlich deshalb beteiligten, um zu verhindern, daß Zervas allein die Früchte der Aktion erntete, nämlich die zu erwartenden Materiallieferungen durch die Engländer in Form von Waffen, Munition und Geld.«

Die Strecke Saloniki-Athen bleibt über 47 Tage nicht befahrbar. Übrigens, das Hauptziel der Aktion, durch die Zerstörung dieser Eisenbahnbrücke den deutschen Nachschub für Generalfeldmarschall Rommel zu behindern, ist fehlgeschlagen: Die Koordinierung einer gemeinsamen Aktion der beiden rivalisierenden griechischen Widerstandstruppen hat die Engländer so viel Zeit gekostet, daß die britische 8. Armee mit ihrer erfolgreichen Offensive das Afrika-Korps so weit nach Westen zurückgedrängt hat und der ganze Nachschub für Rommel inzwischen über die viel kürzere Route via Italien läuft.

Das britische Oberkommando in Kairo – durch die Aktion von Gorgopotamos ermutigt – hofft allen Ernstes, daß die griechischen Widerstandsbewegungen von britischen Offizieren koordiniert und auch bei größeren taktischen Unternehmungen in Übereinstimmung mit alliierter strategischer Planung eingesetzt werden können.

Mit der Eroberung von Bihać gewinnt Tito einen großen Raum, in dem sich jetzt die Partisanenkräfte entfalten können. Sie sind inzwischen für die deutsche Führung zu einem operativen Problem geworden.

Es ist wohl kein Zufall, daß Tito seine bisher wichtigste Operationsbasis nun in die nicht konsolidierten, völkergemischten Randgebiete des kroatischen Staates wie die dalmatinische Zagora in der Gegend von Spalato (Split), oder nach Bosnien verlegt. In Bosnien lebt nämlich ein harter und zäher Menschenschlag, die Granizaren, Grenzbewohner, deren kriegerische Tradition noch aus der jahrhundertelangen Verteidigung der alten Militärgrenze des Habsburgerreiches gegen die Türken stammt.

Seit dem Beginn des »Langen Marsches« hat Tito die Partisanenkräfte erheblich verstärken können. Seine selbständigen Brigaden in Bosnien und Westkroatien sind auf 36 angewachsen. Die Gesamtzahl der Partisanen beträgt jetzt einschließlich der vereinzelten Brigaden und kleinen Abteilungen, die unabhängig von der

Tito-Hauptmacht, jedoch meist unzureichend bewaffnet, in Slowenien, Slawonien, Syrmien oder Serbien operieren, bis zu 150 000 Mann. Nachdem in der vorangegangenen Woche das Partisanengebiet in Westbosnien weiter nach Norden ausgedehnt worden ist, bestimmt Tito die alte Residenzstadt Bihać zu seinem Hauptquartier.

Am Donnerstag, dem 26. November 1942, konstituieren 54 Delegierte des Volksbefreiungskomitees in Bihać den Antifaschistischen Rat der Nationalen Befreiung Jugoslawiens (AVNOJ) als eine Art provisorisches Parlament. Tito beabsichtigt zwar, eine provisorische Regierung zu formieren, aber Stalin verweigert weiterhin seine Zustimmung. Um den Schein einer breiten demokratischen Volksfront zu wahren, wird die Sitzung in einem Kloster abgehalten, dessen Wände mit den Porträts von Roosevelt, Churchill und Stalin dekoriert sind. Die Delegierten plädieren sogar – entgegen der Komintern-Weltanschauung – für Menschenrechte, Privateigentum, Agrarreform und freie Wahlen für die Zeit nach dem Krieg. Zum Präsidenten wird der betagte Altkommunist Ivan Ribar gewählt.

Am Dienstag, dem 1. Dezember 1942, bestehen die deutschen Kräfte in Griechenland und Jugoslawien nur aus einem Korps mit sechs Divisionen, zu denen die 7. SS-Gebirgsdivision »Prinz Eugen« (SS-Gruppenf. Phleps) und die 22. Infanteriedivision (GenMaj. F. W. Müller) auf der »Festung Kreta« gehören. Das italienische Comando Supremo hat 33 Divisionen zur Siche-

rung von Griechenland, Jugoslawien, Albanien und der Mittelmeerinseln eingesetzt.

Am Dienstag, dem 15. Dezember 1942, erkennt Stalin überraschend den »Antifaschistischen Rat der Nationalen Befreiung« (AVNOJ) als alleinige jugoslawische Regierung an. Gleichzeitig werden die in den von Partisanen besetzten Ortschaften gebildeten »Antifaschistischen Räte« durch Provinzräte (Volksbefreiungsausschüsse – NOO) ergänzt. So wird jetzt nach Meinung Stalins die Grundlage für eine föderative Gestaltung Jugoslawiens geschaffen. Der jugoslawischen Exilregierung spricht man alle Rechte, sogar das der Vertretung der Südslawen im Ausland, ab. Die Monarchie bleibt zunächst zwar noch bestehen, dem König jedoch verwehrt Tito bis zu einem Volksentscheid die Rückkehr.

Am Donnerstag, dem 17. Dezember 1942, erhält Generaloberst Löhr von Hitler den Auftrag, im ehemaligen Jugoslawien »die Bandenbewegung von Grund auf zu zerschlagen«. Wie vereinbart, sollen auch die Italiener ihre Besatzungszone von »Banden« säubern.

Am Freitag, dem 18. Dezember 1942, gibt Tito den Befehl, beim Stab der 4. Operativen Zone Kroatiens eine Sektion der »Freien Jugoslawischen Kriegsmarine« zu bilden. Die wichtigste Aufgabe der Sektion ist zur Zeit die Beschaffung von Marineeinheiten.

Vom 18. bis 20. Dezember 1942 führt Hitler in seinem Hauptquartier Besprechungen mit dem italienischen

Außenminister, Graf Ciano, und Marschall Cavallero, dem Chef des Comando Supremo, bei der auch die auf dem Balkan maßgeblichen deutschen Militärs anwesend sind, über die weitere Kriegführung. Was den Balkan betrifft, ist die von Hitler beschlossene Niederwerfung der Aufständischen in Kroatien das Hauptthema.

Bei der für Anfang 1943 geplanten Großoffensive (Unternehmen »Weiß«), die vor allem die Aufständischen in der italienischen Besatzungszone Kroatiens zerschlagen soll, besteht Hitler auf deutscher Leitung bei den gemeinsamen Operationen. Und er will, daß die Aktionen sowohl gegen die Tito-Partisanen als auch gegen die Mihailović-Tschetniks geführt werden. Hitler zu Graf Ciano: »Es bleibe ... nichts übrig, als alle Tschetniks restlos auszurotten und gegen die Banden mit brutalsten Mitteln vorzugehen«. Staatschef Pavelić soll dabei seine dürftig ausgerüsteten sowie schlecht ausgebildeten, unzuverlässigen Verbände den Divisionen des Befehlshabers der deutschen Truppen in Kroatien (GenLt. Lüters) angliedern.

Der deutschen Wehrmacht fehlen weiterhin ausgebildete Truppen für eine radikale Bekämpfung von Partisanen, und ihre Kräfte beschränken sich überwiegend darauf, nur die Städte zu besetzen und Verbindungswege zu sichern, während in den Bergen die Partisanen kaum behelligt werden.

In der Taktik der Partisanenbekämpfung schwören die Deutschen zur Zeit auf eine partisanenähnliche Kampfweise: Die kleinen, in der Regel nur mit leichten MG ausgerüsteten Jagdkommandos, unterstützt von einheimischen Kundschaftern; in Serbien sind es Albaner oder mohammedanische Serben, die Tag und Nacht den Partisanen auf den Fersen bleiben, ihnen keine Ruhe lassen und sie möglichst oft in ein Feuergefecht auf größere Entfernungen verwickeln. Diesen Jagdkommandos folgen andere kleine Gruppen, die – soweit es das Gelände zuläßt – auf Lkw nachgeführt werden, um die übermüdeten Abteilungen abzulösen. Die deutsche Taktik der Partisanenbekämpfung sieht danach energische Angriffe vor, um Partisanenverbände einzuschließen und zu vernichten. Überlegene Waffenwirkung und hohe Beweglichkeit sollen die Bekämpfung der Partisanen erleichtern. Den größten Wert legt man auf die Sicherung von Stützpunkten und Verbindungslinien sowie auf eine reibungslose Versorgung. Außer großen Truppenverbänden werden auch Jagdkommandos teilweise in Zivil eingesetzt. Sie kundschaften Partisanenstützpunkte aus, fahnden in den Dörfern und Städten nach Helfern und überfallen kleinere Gruppen.

Nun kann man den Erfolg der Tito-Partisanen nicht mehr bagatellisieren, und es wächst allmählich sowohl auf italienischer als auch auf deutscher Seite die Furcht

Linke Seite: Nahe Livno, Dezember 1942: Zwei Partisanen werden während einer Säuberungsaktion in ihrem Versteck entdeckt

Rechts: Titelseite des Zentralorgans der KPJ »Borba« (Kampf) vom 13. 12. 1942

vor ihrer fanatischen Kampfweise. Man muß auch aner-
kennend feststellen, daß die Partisanenverbände diszi-
plinierter und straffer geführt werden als die Tschetnik-
Gruppen, und daß sie sich bewußt aus dem unheilvollen
völkisch-religiösen Bürgerkrieg zwischen Serben, Kroaten und Muselmanen heraushalten. Ebenso merkt man
erst jetzt, daß Tito es durch eine geschickte Propaganda
verstanden hat, den ärmeren Bevölkerungsschichten
das proklamierte Ziel einer umfassenden Volksbefrei-

ung glaubhaft zu machen. Zwar steht die serbische
ländliche Bevölkerung noch immer fest entschlossen auf
Seiten Mihailovićs, doch Titos Ansehen wächst überall
dort, wo die Ustascha mit ihrem Terror wütet. Außerdem schaffen die erbitterten Kämpfe der Partisanen
gegen Tschetniks eine unüberbrückbare Kluft zwischen
Mihailović und Tito.
Das deutsche Oberkommando ist gezwungen, Verstärkungen nach Jugoslawien zu senden, um sich den von

Ende Dezember 1942. Die Vorbereitungen für eine großangelegte Säuberungsaktion (Unternehmen »Weiß«) laufen auf Hochtouren: Deutsche Gebirgsjäger auf dem Weg in die Bereitstellungen

Tito mit großem strategischem Geschick geführten Angriffen erwehren zu können. Die Deutschen müssen zu ihrer Verblüffung erkennen, daß dieser Tito, auf dessen Kopf sie 100 000 Reichsmark ausgesetzt haben, weit mehr als ein balkanischer Bandenführer ist. Dr. Neubacher: »Himmler, der auf Grund seiner polizeilichen Nachrichten dem politischen Problem Tito näherstand, wurde als erster in der obersten Führung auf das Besondere dieser Gestalt aufmerksam. Er sagte mir einmal: Das ist ein unbeugsamer Kämpfer – ich wollte, wir hätten ein Dutzend von der Sorte!«

Am Dienstag, dem 22. Dezember 1942, beginnen die Vorbereitungen für das deutsch-italienische Unternehmen »Weiß«, eine neue Offensive mit starken Kräften gegen die Partisanen sowie Tschetniks von Mihailović.

Am Donnerstag, dem 24. Dezember 1942, tuhrt Tito in Bihać eine erneut Reorganisation des Obersten Stabes durch. Jetzt wird der Oberste Stab geteilt in: 1. Operative Abteilung, 2. Agitations- und Propaganda-Abteilung, 3. Nachrichten-Abteilung und Gegenspionage-Abteilung, 4. Wirtschafts-Abteilung, 5. Militärgerichts-Abteilung, 6. Abteilung für die Militärbehörden in den befreiten Gebieten, 7. Technische Abteilung, 8. Sanitäts-Abteilung, 9. Kommission für den Kampf gegen Spionage und Konterrevolution nach dem Muster des sowjetischen NKWD.
Das Halten der befreiten Gebiete ist für die Partisanen nicht immer von Vorteil: Schon ihre Anwesenheit widerspricht den klassischen Regeln der Überraschung, und sie laden den Feind förmlich zum Angriff ein. Dabei verlieren die Partisanen oft das Gesetz des Handelns und müssen befreite Gebiete aufgeben, aus denen ein Teil der Bevölkerung mit ihnen flüchtet. Dadurch wird den Partisanen oft der Rückzugsweg versperrt und ihre Beweglichkeit behindert.

Am ersten Weihnachtstag 1942 landet unweit des Hauptquartiers von Mihailović an der Grenze zu Montenegro eine britische Militärmission unter Colonel Bailey, einem ehemaligen Grubeningenieur der Trepča Mines der exbritischen Selection Trust Group. Man hat sie bereits per Funk durch Colonel Hudson sowohl über die längeren Kampfpausen der Tschetniks als auch über die Zusammenarbeit mancher Tschetnik-Gruppen mit den Italienern informiert. Bailey ist zwar bereit, Waffen- und Munitionslieferungen der Italiener an die Tschetniks stillschweigend zu dulden, da die Engländer selbst im Laufe des Jahres an Mihailović nur einige wenige Tonnen Versorgung per Luft oder mit U-Booten geliefert haben, aber er verlangt zugleich energische Aktionen gegen die Deutschen und Kroaten.

Durch den Umschwung der militärischen Lage im Mittelmeerraum und die Möglichkeit einer alliierten Invasion wird Hitler gezwungen, seine Balkanpläne zu überdenken: Die »Führer-Weisung Nr. 47« vom 28. Dezember 1942 erweitert und vereinfacht die Befehlsbefug-

Kopaonik Planina, Ende Dezember 1942: Auch während der
Weihnachtsfeiertage werden die Bewegungen der Partisanen
ununterbrochen verfolgt

nisse der Verteidigungsvorbereitungen für den gesamten Südostraum unter dem Wehrmachtbefehlshaber
Südost (OB Südost), »da die Lage im Mittelmeerraum
... in absehbarer Zeit von einem Angriff auf Kreta, die
deutschen und italienischen Stützpunkte in der Ägäis
und auf der Balkanhalbinsel möglich« mache. Dabei
müsse »damit gerechnet werden, daß dieser Angriff
durch Aufstandsbewegungen in den westlichen Balkanländern unterstützt wird.«
Zugleich nimmt man wiederholt eine Neuordnung der
deutschen militärischen Befehlsgliederung auf dem
Balkan vor: Der bisherige Wehrmachtbefehlshaber
Südost (GenOberst Löhr) wird als »Oberbefehlshaber
Südost« der oberste Territorialbefehlshaber. In Kroatien bleibt weiterhin General Glaise v. Horstenau
»Deutscher Bevollmächtigter General« mit der Befugnis eines Wehrkreisbefehlshabers, neben dem bereits im

November 1942 eingesetzten »Befehlshaber der deutschen Truppen in Kroatien« (GenLt. Lüters). Mit frischen Verstärkungen steigt Ende 1942 die Zahl der
Divisionen der Achsenmächte in Jugoslawien auf 30 an,
sie umfassen jetzt insgesamt 830 000 Mann.
Die Frage, ob es gelingt, die verschiedenen Aufstandsbewegungen im jugoslawischen Raum niederzuwerfen,
ehe die Bedrohung Südosteuropas von außen akut wird,
scheint dabei von höchster Bedeutung zu sein.

Die Zeichen in der großen Kriegslage versprechen den
Achsenmächten Ende 1942 nichts Gutes: Die Offensive
der deutschen Wehrmacht und ihrer Verbündeten
gegen die untere Wolga sowie im Kaukasus ist zurückgeschlagen worden. Das Drama von Stalingrad markiert die endgültige Wende im Ostkrieg, und Montgomery hat bei El Alamein die deutsch-italienische Armee
zu einem verlustreichen Rückzug gezwungen. Nachdem
die Westalliierten in Nordafrika gelandet sind, steht
fest, daß der Krieg im westlichen Teil des Mittelmeeres
für die Achsenmächte verloren ist. Im Fernen Osten
wiederum haben die US-Streitkräfte bis Ende 1942 den
Japanern die Initiative entrissen.

1943

Januar–Juni

Scharfe Sicherungsmaßnahmen
Montag, 4. Januar 1943, Agram
Die Zeitung *Hrvatski Narod* berichtet:
Die Überwachung der kroatischen Eisenbahnen ist verschärft worden. Nach einer Verordnung des neuen Staatskommissars für die Sicherheit des Eisenbahnverkehrs ist allen Privatpersonen nicht nur das Betreten der Gleise und Eisenbahndämme, sondern auch der Aufenthalt in einer Entfernung von 300 Metern verboten worden. Das Betreten der Anlagen ist nur dem Dienstpersonal erlaubt. Die Benutzung von Straßen und Wegen entlang den Eisenbahnlinien kann Privatpersonen in besonderen Ausnahmefällen bei Tag bewilligt werden.

Rückkehr der Legionäre von der Ostfront
Sonnabend, 9. Januar 1943, Agram
Die Zeitung *Za Dom* teilt mit:
Die kroatischen Legionäre, die seit dem Sommer 1941 an der Seite der deutschen Armeen an der Ostfront gekämpft haben, sind nach Kroatien zurückgekehrt und sollen nun im eigenen Land im Kampf gegen die Partisanen eingesetzt werden.

Aus dem Kriegstagebuch des OKW
Mittwoch, 27. Januar 1943:
Beim Unternehmen »Weiß« besetzte die 3. (kroatische) Gebirgsbrigade Jirovać, das ehemalige Hauptquartier Titos. Die eigenen Verluste betrugen bisher 75 Tote. Das it. V. AK erhielt vom Comando Supremo den Befehl, beschleunigt auf Bihać vorzustoßen.

Moskau gegen Mihailović
Mittwoch, 17. Februar 1943, London
Die *Agentur Reuter* meldet:
In Kreisen, die der Sowjetbotschaft in London nahestehen, wird heute bekannt, daß dem jugoslawischen Gesandten in Moskau vor kurzem eine Note der sowjetischen Regierung überreicht wurde, in der gegen General Mihailović, den Kriegsminister der jugoslawischen Exilregierung und Befehlshaber der Tschetniks in Serbien, direkte Anklagen erhoben werden. Mihailowić wird beschuldigt, daß er mit den Truppen der Achsenmächte in Jugoslawien zusammenarbeite, und sowjeti-

scherseits erklärt man, daß der jugoslawischen Regierung zum Beweis dieser Behauptung »unwiderlegbare Tatsachen« zusammen mit der erwähnten Note unterbreitet worden seien. Wie sehr man übrigens in bezug auf die Vorgänge in Jugoslawien und die Rolle der verschiedenen Gruppen geteilter Meinung sein kann, zeigt die Tatsache, daß gerade in den letzten Tagen General de Gaulle dem General Mihailović einen Orden verliehen hat und an die Patrioten und Freiheitskämpfer seiner Armee ein öffentliches Anerkennungsschreiben gerichtet wurde.

Aus dem Kriegstagebuch des OKW
Donnerstag, 25. Februar 1943:
Am 25. 2. 19.20 Uhr wird der Stellv. Chef WFSt vom Chef OKW fernmündlich davon in Kenntnis gesetzt, daß nach den letzten vorliegenden Meldungen in Mostar starke Ansammlungen des Feindes stattfänden, daß den dort stehenden deutschen Kräften italienische Hilfe mit Rücksicht auf die Cetnici (Tschetniks) versagt werde, Verhandlungen der Italiener mit den Cetnici wegen freien Abzugs der ersteren im Gange seien und die Cetnici bei den Italienern starke Propaganda gegen Deutsche und Kroaten trieben. Der Chef OKW bezeichnet es als eine Ungeheuerlichkeit, die nur als Verrat bezeichnet werden könne, wenn die Italiener die Deutschen im Stich ließen...

Aus dem Kriegstagebuch des OKW
Sonnabend, 13. März 1943:
Der Dt.Gen. beim HQu. der it. Wehrmacht meldet aus besonderer Quelle, daß die abgehörten Funksprüche der Mihailović-Bewegung auf den Duce großen Eindruck gemacht und im stärksten Maße zu seinem Entschluß beigetragen hätten, die Bewegung rücksichtslos zu bekämpfen und die Cetnici zu entwaffnen. Andererseits habe sich bestätigt, daß die ital. Wehrmacht die Bewegung schonen wolle und sogar gewisse Beziehungen zu ihr unterhalte. Da nicht sicher sei, ob die it. Wehrmacht die Absichten des Duce nachdrücklich durchführe, empfiehlt der General die laufende Übersendung von abgehörten Funksprüchen. Der OB Südost übersendet weitere Funksprüche der Mihailović-Bewegung.

Raum Slatina-Daruvar, März
1943: Ein Partisanenverband
versucht, den italienisch-
deutschen Säuberungsaktionen zu entkommen

Tito bei der Erprobung einer
neuen Maschinenpistole

Aus dem Kriegstagebuch des OKW
Dienstag, 23. März 1943:
In Kroatien verläuft ein deutsch-kroat. Unternehmen gegen Banden im Raum Slatina-Daruvar-Pozega planmäßig. Im ital. besetzten Gebiet durchbrachen kommunistische Kräfte den Einschließungsring der Cetnici.

Ansprache König Peters von Jugoslawien
Sonntag, 28. März 1943, London
Die *Agentur Reuter* meldet:
König Peter von Jugoslawien richtete gestern abend anläßlich des zweiten Jahrestages des Umsturzes in Belgrad eine Rundfunkansprache an das jugoslawische Volk. Er betonte u. a., es sei von Wichtigkeit, daß die Jugoslawen im eigenen Land keine größere Aktion gegen den Feind unternähmen, bevor der richtige Augenblick gekommen sei. Er erklärte: »Schart euch um General Mihailović, unseren obersten Kommandanten in Jugoslawien, der weiß, wann und wo er euch gebrauchen kann. Gehorcht seinen Weisungen ohne Zögern.«

Aufstandsbewegung zerschlagen

Dienstag, 30. März 1943
Das *Oberkommando der Wehrmacht* gibt bekannt:
Deutsche und kroatische Truppen haben in Zusammenarbeit mit Teilen der italienischen Wehrmacht in wochenlangen Kämpfen eine von Sowjetrußland angezettelte kommunistische Aufstandsbewegung in Südkroatien zerschlagen ... Nur schwachen Kräften der kommunistischen Banden gelang es, ins Hochgebirge zu entkommen.

W. Churchill an General Ismay
Freitag, 2. April 1943:
... Auf alle Fälle gehört es zu unseren wichtigsten Operationszielen, uns an der dalmatinischen Küste einen Stützpunkt zu sichern, damit wir den Freiheitskämpfern in Albanien und Jugoslawien mit Waffen und sonstigem Material und vielleicht auch mit Commandos beistehen können. Ich glaube, daß Mihailović trotz seiner jetzt gegebenerweise zweideutigen Haltung sein ganzes Gewicht gegen die Italiener geltend machen wird, sowie er weiß, daß wir ihm tatkräftig helfen können. Auf diesem Kriegsschauplatz bieten sich uns augenscheinlich große Möglichkeiten.

Aus dem Kriegstagebuch des OKW
Donnerstag, 8. April 1943:
Nach Ast-Meldung der Abwehrstelle stehen im Raum westl. Foca 10 000 Kommunisten, die nach Albanien durchzubrechen versuchen. Cetnik-Verbände wurden gegen diese Feindkräfte angesetzt. Kalinovik (30 km westl. Foca) wurde von Cetniks genommen (300 Gefangene), Gacko von Italienern geräumt. Nevesinje wurde nach Brechung des Feindwiderstandes durch Cetniks genommen.

Durchbruchsversuche der Kommunisten aus dem Raum südl. Nevesinje nach Süden und ein Angriff auf Stolac wurden abgewiesen.
Serbien: Gemeindeüberfall und Eisenbahnsabotage auf der Nebenstrecke Arandelovac-Mladenovac. Ein Gemeindeamt wurde verbrannt, Fernsprechleitung zerstört.

Erste größere Aktion
Freitag, 30. April 1943, Kairo
Die *Agentur Reuter* meldet:
Die griechische Regierung teilt amtlich mit: Ein starker Verband griechischer Freiheitskämpfer hat nach militärischer Reorganisation eine erste größere Unternehmung durchgeführt. Die Truppen drangen in die Stadt Joannina ein und befreiten dort 200 Geiseln. Die Kämpfe nahmen einen solchen Umfang an, daß die Besatzungstruppen aus Saloniki einen Panzerzug entsenden mußten, um die Bahnlinie Athen-Saloniki zu sichern.

Aus dem Kriegstagebuch des OKW
Mittwoch, 19. Mai 1943:
Operation »Schwarz«: Wetter: Leicht bewölkt.
Feindeindruck: Masse legaler Cetniks von Italienern nach Südmontenegro in Sicherheit gebracht. Tito hat Stoß Sandzak aufgegeben und verschiebt Kräfte nach Süden zum Durchbruch nach Südosten.
Von Italienern stärkere komm. Kräfte hart südostwärts Niksic gemeldet. Im Raum nordwestlich Bioce (45 km südostwärts Niksic) hatte ital. I. R. 383 (Div. »Perugia«) im Abwehrkampf hohe Verluste. Kroatien: Anhaltende örtl. Bandentätigkeit. Eisenbahnsabotage an Strecke Zemun-Novisad (Semlin und Neusatz). Südwestlich Varazdin (65 km nordostwärts Agram) Überfall auf Bahnstation. Stationsgebäude und Gemeindehaus ausgebrannt. 10 Banditen gefangen.

Bericht des *Serbischen Innenministers Dinić* an den Kommandierenden General und Befehlshaber in Serbien
Der Innenminister
Vertraulich
      An den
      Kdr. General und Befehlshaber in Serbien
Ich beehre mich folgende beiliegende Berichte zur Einsicht zuzuleiten:
ANLAGE I – Angaben über die teilweise Mobilisierung Draža Mihailovićs, auf Grund der Berichte der Kreisvorsteher, und
ANLAGE II – Einzelne Gerüchte aus den Reihen der Anhänger Draža Mihailovićs.
Nach der Prüfung der beiliegenden Angaben und insbesondere derjenigen Angaben über die durchgeführte teilweise Mobilisierung Draža Mihailovićs, sowie über den Beschluß für die kombinierte Aktion aus der Luft und der Stoßtruppen erachte ich für unumgänglich, die erforderlichen Maßnahmen zu ergreifen, die meiner Meinung nach sich in Folgendem aufdrängen:

Raum Leskovac, Mai 1943:
Eine Einheit Tito-Partisanen
marschiert zum Übungsplatz

I.

Maßnahmen betreffs die Stärkung der serbischen Verwaltung und des Sicherheitsdienstes

Neben vielen Tatsachen, diese letztere, nämlich die Tatsache, daß die Befehle der Banditen Draža Mihailovićs über die teilweise Mobilisierung durchgeführt sind, ohne daß dabei seitens der Organe des Sicherheitsdienstes ein einziger Fall verhindert zu werden, bestätigt übrigens auch das, daß der Sicherheitsdienst völlig versagt hat, so daß er nicht nur das Wesentlichste, die persönliche Sicherheit der Bevölkerung nicht garantiert, sondern außerdem die Verwaltung fesselt und knebelt und tagtäglich in eine unmögliche Lage drängt. Der Sicherheitsdienst hat so sehr versagt, daß die Banditen in einzelnen Gegenden die faktischen Träger der Gewalt geworden sind, und die Verwaltung ist dort nur insofern möglich, inwieweit sie die Banden erlauben und tolerieren.

. . .

Zum Zwecke des Ordnungsbringens im Dienste, zum Zwecke der Stärkung der Autorität der Verwaltung, zum Zwecke des Schutzes der gehorsamen Bevölkerung die nach der Befreiung von den Banden lechzt, um das nackte Leben zu erhalten, zum Zwecke der besseren Sicherung der Ordnung und der Ruhe und zum Zwecke der besseren Sicherung der Interessen der deutschen Wehrmacht im Bereiche des Kdr. Generals in Serbien beehrte ich mich also von Neuem zu ersuchen, die Organe des serbischen vollziehenden Dienstes unter die Verwaltungsorgane der serbischen Verwaltung und unter die serbische Verwaltung zu stellen.

II.

Politisch-psychologische Maßnahmen zum Zwecke der Lähmung der Aktion aus der Luft

Wie aus dem beiliegenden Berichte zu ersehen ist (Anlage II Absatz 2), wurde der Beschluß für die kombinierte Aktion aus der Luft und der Stoßtruppen durch Abkommen zwischen Draža Mihailović und den Engländern gefaßt. Nach einigen Angaben aus den Reihen der Anhänger Draža Mihailovićs scheint es sogar, daß dieser Antrag auf eine solche Weise von Draža Mihailović selbst vorgeschlagen wurde.

Bei dieser Tatsache und in der Überzeugung, daß auch die deutschen Vertreter wegen Sabotageakte keine Vergeltung über die unschuldige Bevölkerung wünschen, beehrte ich mich bei dieser Meinung folgendes vorzuschlagen:

1. Es wären zu verhaften und als Geiseln zu halten die Mitglieder der Familien und die näheren Verwandten aller derjenigen Personen, die das Land verlassen haben, aus dem Lande flüchteten und sich im Dienste Londons, Washingtons und der Sowjets befinden.

2. Es wären zu verhaften und als Geiseln zu halten die Mitglieder der Familien und näheren Verwandten aller derjenigen Personen Anhänger des Draža Mihailović und der Kommunisten, die sich auf der Flucht befinden und in den illegalen Banden sind betätigt.

Wenn Draža Mihailović und seine Anhänger eine Aktion aus der Luft fordern, ich sehe keinen Grund dafür, seinen Sohn und seine Tochter frei in Beograd leben zu lassen. Dasselbe gilt auch für viele andere

Montenegro, Frühjahr 1943:
Von Partisanen gefangene
deutsche Soldaten

Familien, deren Angehörige sich in Wäldern befinden.
Dabei leidet aber die unschuldige Bevölkerung.
. . .

III.
Maßnahmen zum Zwecke der Lähmung der Stoßtrup-
pen Draža Mihailovićs
Neben den obengenannten Maßnahmen und mit Rücksicht auf die festgestellte Art und Weise der kombinier-
ten Aktion zum Zwecke der Zerstörung der Eisenbahnobjekte drängt sich als unumgänglich die Sicherung der
Eisenbahnobjekte auf.
Meines Erachtens kann dabei die Praxis, daß die unbe-
waffnete Bevölkerung mit nackten Armen die Sicherung bietet, keine Rechtfertigung haben.
Gegen die Stoßtruppen Draža Mihailovićs, die die
Objekte gleichzeitig mit der Aktion aus der Luft zu
zerstören haben, sollte man Gegenstoßtruppen formieren.
. . .
Ich beehre mich, das Dargelegte mit den Anlagen mit
dem Ersuchen zuzuleiten, dem Dargelegten die Aufmerksamkeit zu widmen, um den nötigen Beschluß
möglichst eher erhalten zu können.
Alles Obenangeführte habe ich dem Präsidenten Herrn
Nedić vorgelesen, und er hat die vorgeschlagenen Maßnahmen genehmigt.
Beograd, den 3. Mai 1943

Innenminister
gez. Dinić

Anlage I

Mobilisation des Draža Mihailović

In den letzten Tagen konnte man eifrige gewaltsame
Abführung junger Männer von 20–30 Lebensjahren in
die Abteilungen des Draža Mihailović wahrnehmen.
Terroristische Dreier in einzelnen Bezirken und Dörfern zerstreut, bieten die Jünglinge auf und führen sie
gewaltsam in die Abteilungen ab.
Auf dieses Aufgebot meldet sich die Bevölkerung nur
ungern, flüchtet aus ihren Heimen, um nicht gefunden
und abgeführt zu werden; aber die terroristischen
Dreier ermorden einen Jeden, der sich dem Aufrufe
weigert. Die Bevölkerung auf sich selbst gelassen ohne
Schutz muß gegen ihren Willen den Befehlen der
Banditen Folge leisten.
Die Serbische Staatswache hat keinen einzigen Fall
dieser Gewalttätigkeit Draža Mihailovićs verhindert.
. . .

Und dies alles wird durch verschiedene Gerüchte
begleitet. So:
a) Daß Draža Mihailović ziemlich schwächer geworden
ist, daß ihn einzelne montenegrinische Tschetniksabtei-
lungen im Stiche gelassen haben und zu den Kommunisten hinübergegangen sind, daß er eiligst Verstärkung
braucht, um sein Prestige den Kommunisten gegenüber
zu wahren. – Aber außerdem hört man auch folgendes:
b) Daß man sich zur Invasion (descent) vorbereitet, daß
eine Konzentration der Kräfte in Montenegro durchgeführt wird zum Zwecke der Begegnung der Invasion,

daß in diesem Gebiete auch König Peter landen sollte »weswegen Kalabić die Königliche Garde mobilisiert hat« usw. usw.

Dies Alles sind Gerüchte, die die Mobilmachung begleiten. Die Bevölkerung größtenteils wünscht Ruhe, aber, siehe so unbeschützt muß sie so handeln wie die Banditen es befehlen.

Anlage II

Einzelne Gerüchte
aus den Reihen der Anhänger Draža Mihailovićs

1. Die Bemühungen der Engländer um die Vereinigung der Kommunisten und Draža Mihailovićs

Man behauptet als sicher, daß zwei Engländer aus dem Stabe Draža Mihailovićs um die Mitte April den Partisanen-Hauptstab besucht haben, um die Stimmung und die Bedingungen zu prüfen, unter denen es zum Einverständnis kommen könnte. Dabei wird erwähnt, daß die englischen Vorschläge die Bildung eines gemeinsamen Kommandos mit gewissen Personaländerungen in den jetzigen Stäben enthalten. Diese Bemühungen, wie es scheint, unterstützen gewisse Offiziere beiderseits; bei den Partisanen tut sich in dieser Hinsicht besonders Major Poljanac hervor und etliche pravoslave Priester aus dem Partisanenrate und bei Draža Mihailović die Majors: Palošević, Mirić, Djurić und Obstlt. Radojević. Vorläufig blieb es nur beim Versuchen, aber man glaubt, diese Bemühungen werden sich in der Richtung auswirken, daß es zu keinem Konflikte zwischen Draža Mihailović und den Partisanen kommen wird.

2. Beschluß über das Bombardement

Aus den Reihen des Draža Mihailović erfährt man, daß man übereingekommen ist über das Beginnen der Voraktion. Diese soll durch eine kombinierte Aktion aus der Luft und der speziellen Stoßtruppen Draža Mihailovićs zum Minieren der Eisenbahnobjekte durchgeführt werden.

Dabei sind als Hauptobjekte für die Bombardierung folgende Objekte vorgesehen:

a) Eisenbahnlinien im Tale Morava und im Ibar Defilé. Die Bombardierung dieser Objekte wird aus der Luft erfolgen und durch Minierung von seiten der speziellen Gruppen Draža Mihailovićs.

...

b) Neben den Eisenbahnobjekten sind nach diesem Plane noch folgende Objekte zu bombardieren:
Der Flugplatz in Bežanije;
Die deutschen Militäranlagen in Beograd;
Flugzeugfabrik in Zemun, die als »Filiale der Wiener-Neustadter Flugzeugfabrik« im Betrieb ist.
Die Angaben über alle diese Objekte und die Croquis der Eisenbahnobjekte sind sorgfältig seitens der Anhänger Draža Mihailovićs ausgearbeitet und mit Unterseebooten, die öfter das montenegrinische Küstengebiet besuchen, weiter zugeleitet.

3. Hilfsflugplätze

Zwischen dem Sandžak und Montenegro wurden zwei primitive Flugplätze im Gebirge vorbereitet. Die Flugplätze sind gut kamupfliert. Im Laufe der letzten 20 Tage führte man unter den schwersten Verhältnissen Benzin in die Nähe dieser Flugplätze herbei.

4. Vorbereitungen zur Aufrüstung

In den letzten Tagen hat man mit Fallschirmen Explosivmaterial und Waffen in Serbien herabgeworfen: in Kopaonik, im Gebirge östlich von Kučevo und auf das Maljen und Povlen Gebirge. In Montenegro aber hat man Waffen und Munition öfters in größeren Mengen herabgeworfen. Außerdem hat Draža Mihailović genug Waffen auch von den Italienern erhalten. Daher konnte man den mobilisierten Teilen, die aus Serbien nach Montenegro verschickt werden, den Befehl erteilen, daß alle, die keine Waffen haben, sich auch ohne Waffen auf den Weg begeben sollen.

...

». . . stärkere Banden . . .

Aus dem Kriegstagebuch des OKW
Mittwoch, 26. Mai 1943:
Operation »Schwarz«, Wetter: trübe:
Lage südostwärts Foca zunächst entspannt. Mit erneuten Ausbruchsversuchen über die Sutjeska (15 km süd-südwestlich Foca) nach Norden oder von Celebio (21 km südostwärts Foca) nach Nordosten muß gerechnet werden. Nach V-Mann-Meldung Stab Tito 14 km ostwärts Zabljak (47 km südostwärts Foca) im Tara-Tal.
Kroatien: Anhaltende Bandentätigkeit. Aufklärung stellte stärkere Feindbesetzungen der Ortschaften im Raum nördlich Pozega (33 km nordwestl. Brod) fest. Feindstärke etwa 1500 Mann.
Ital. besetztes Gebiet: Im Raum nordwestl. Ogulin komm. Bande (300 Mann) gemeldet. Weitere Bande (500 Mann) in Abzug auf Vratnik (55 km südwestl. Ogulin). Im Raum Knin Gefecht zwischen Cetniks und Kommunisten.
Serbien: Anhaltende örtliche Bandentätigkeit. Nördl. Mladenovac (45 km südostw. Belgrad) 2 Gemeinden von Kommunisten überfallen. Archive verbrannt, 24 Verdächtige durch serb. Staatswache verhaftet. In Valjevo als Vergeltung für Omnibus-Überfall am 20.5. 250 D.M. (D. Michailowitsch)-Leute erschossen. Hauptstrecke Nis-Cuprija (80 km nordnordwestl. Nis) durch Feuergefecht zwischen Bulgaren und Banden vorübergehend unterbrochen. Gleiche Strecke bei Grdelica durch Schienensprengung vorübergehend gesperrt.
Griechenland: Raum südl. Lewadia Elikon-Banden (2000 Mann), gut ausgerüstet 2 Sender, durch engl. Flugzeuge und U-Boote versorgt. Engl. Offz. im H.Qu. bei Kostia (36 km südwestl. Theben). Im Raum Karditza und im Chassia-Gebirge (36 km nördl. Trikkala) stärkere Bandengruppen gemeldet.

Griechenland, nahe Prewesa, Frühjahr 1943: Gruppe von EDES-Guerillas, in der zweiten Reihe Mitte ein Offizier der US-Militärmission

Frühjahr 1943: Berittene Tito-Partisanen in den Bergen Serbiens

Aus dem Kriegstagebuch des OKW
Donnerstag, 27. Mai 1943:
Griechenland: Im Raum Florina-Armissa bewaffnete Banden. Im Raum Arta-Joannina stärkere Bandengruppen, nordostw. Arta angeblich Flugplatz durch Banden in Bau. Kalabaka kommun. Rekrutierungen (ital. Meldung). Aufenthalt des Zervas in Theodoriana bestätigt.

Aus dem Kriegstagebuch des OKW
Sonnabend, 29. Mai 1943:
Albanien: Bergwerkbetriebe südwestl. und ostw. Ochrid-See von Banden in Brand gesetzt und Arbeiter verschleppt.
Serbien: Anhaltende Bandentätigkeit. Komm.-Bande von Bahnstrecke Lajkovac (55 km südwestl. Belgrad)-Cacak (30 km nordwestl. Kraljevo) durch SFK vertrieben. D. M. (D. Michailowitsch)-Bande Mitic (500) aus Tara-Gebirge nach Raum 20 km westsüdwestl. Valjevo abgezogen.

Aus dem Kriegstagebuch des OKW
Sonntag, 6. Juni 1943:
Griechenland: Im Raum Joannina-Arta Bandenmobilisierung durch Bandengeneral Zervas gemeldet. Verst. ital. Btl. hat südwestl. Lamia stärkere Komm.-Kräfte (4 000) nach Norden geworfen. 12 Feindtote. Athen Streiklage verschärft. Komm. Hetze zum Generalstreik.

Bekämpfung der Tschetniks
Donnerstag, 17. Juni 1943, Belgrad
Die Zeitung *Obnova* meldet:
Die Kämpfe der deutschen, bulgarischen und italienischen Truppen gegen die Truppen Mihailovićs in Montenegro dauern an. Nachdem die deutschen Truppen die Sinjavina Planina durchquert hatten, sind verschiedene Formationen Mihailovićs in der Gegend des Durmitor eingekreist worden.

Kämpfe zwischen Aufständischen und Freischärlern
Sonntag, 20. Juni 1943, Budapest
Die deutschsprachige Zeitung *Pester Lloyd* berichtet:
Die Kämpfe der deutschen, italienischen, kroatischen und bulgarischen Truppen gegen die Tschetniks und die Partisanen in Montenegro scheinen ihrem Ende entgegenzugehen. Zwischen den Truppen Mihailowićs und Titos Partisanen, die erst im April über die Drina nach Montenegro geflüchtet sind, ist es zu ersten Kämpfen gekommen.

Erfolge der griechischen Partisanen
Montag, 28. Juni 1943, London
Die *Agentur Reuter* teilt mit:
Die griechische Regierung erhielt den Bericht, daß es griechischen Partisanen gelungen ist, die strategisch bedeutsame Bahnlinie, die einzige, die Südgriechenland mit Europa verbindet, zu sprengen.

Oben: Banja Luka, Januar 1943, Großunternehmen »Weiß«: Versorgungseinheit der 717. Infanteriedivision auf dem Weg in ihren Bereitstellungsraum

Rechte Seite: Raum Skutari, Albanien, Januar 1943: Anhänger des albanischen Kollaborateurs Balli Kombetar, der auf seiten der Achsentruppen gegen Partisanen kämpft

Und so war es

Anfang des Jahres 1943, als in Stalingrad die eingeschlossene deutsche 6. Armee mit den letzten Kräften kämpft und in Nordafrika die deutsch-italienische Panzerarmee von der britischen 8. Armee immer weiter nach Westen in Richtung Tunis gedrängt wird, steht die Führung der Achsenmächte unter Erfolgszwang. Zu dieser Zeit hofft man, den Gegner zumindest auf dem Balkan entscheidend zu schlagen.

Am Sonntag, dem 3. Januar 1943, beginnen in Rom die Oberbefehlshaber der Achsenmächte auf dem Balkan ihre zweitägigen Beratungen über das Unternehmen »Weiß«, eine Großaktion zur Bandenbekämpfung. Von deutscher Seite ist Generaloberst Löhr anwesend, das italienische Comando Supremo vertreten Marschall Conte Cavallero und der Oberbefehlshaber der

2. Armee General Roatta. Auch ein kroatischer General nimmt daran teil. Es wird beschlossen, zur endgültigen Vernichtung der Tito-Partisanen drei aufeinanderfolgende Großaktionen unter dem Decknamen »Weiß I, II und III« durchzuführen.

Das Ziel: Die Landstriche Südkroatiens und Bosniens, in denen sich die Partisanen aufhalten, in mehrere Teile zu zersprengen, dann die Einheiten der Partisanen im Raum zwischen Karlovac, Ogulin, Knin, Livno, sowie Jaice, Banja Luka und Siseck einzukreisen und zu zerschlagen. Dabei werden vier deutsche Divisionen von Norden und Osten angreifen, drei italienische Divisionen von Westen und Süden, während die »legalen« Tschetniks und Ustaschas mit italienischer Unterstützung die Fluchtwege der Partisanen nach Süden und Osten abschneiden sollen.

Das OKW drängt zwar darauf, daß die Italiener im Rahmen des Unternehmens wenigstens teilweise auch das Problem der Tschetniks in ihrem Machtbereich durch deren Entwaffnung lösen. Doch General Roatta erklärt, daß er vorläufig auf die fast 20 000 bewaffneten »legalen« Tschetniks im Gebiet der italienischen Zone nicht verzichten kann: Er würde sie zur wirksamen Bekämpfung der Partisanen, gerade während der ersten Etappe des Unternehmens »Weiß«, dringend benötigen. General Roatta ahnt jedoch nicht, daß er damit das Gelingen des ganzen Unternehmens in Frage stellt: Der von den Italienern und Tschetniks gehaltene Südabschnitt der Einkreisungslinie wird sich nämlich als schwächster Punkt der gesamten Kesselfront erweisen.

Am Mittwoch, den 20. Januar 1943, beginnt das Großunternehmen »Weiß«, von den Partisanen »Vierte Offensive« genannt. Aus dem Bereitstellungsraum entlang der Linie Karlovac-Prijedor-Banja Luka stoßen die deutsche 714. Infanteriedivision (GenMaj. Stahl) und die 717. Infanteriedivision (GenLt. Dippold), die aus kroatischen Volksdeutschen aufgestellte 7. SS-Gebirgsdivision »Prinz Eugen« (SS-Gruppenf. Phleps) und die 369. (kroatische) Legionsdivision, die »Teufelsdivision«, sowie kroatische Gebirgs- und Ustascha-Brigaden nach Süden vor, um die Tito-Partisanen rund um Bihać einzukreisen. Die deutsche 718. Infanteriedivision (GenMaj. Fortner) soll im Raum von Sarajevo ein Entweichen der Partisanen nach Osten verhindern.

Die italienischen Divisionen »Re«, »Lombardia« und »Sassari« mit einer Tschetnik-Gruppe haben im Süden an der Narenta (Neretva) eine Sperrstellung bezogen. Insgesamt sind es etwa 80 000 Mann, unterstützt durch Panzer, Artillerie und Flugzeuge.

Das befreite Territorium verteidigen die Partisanenverbände: Das I. Kroatische Korps mit der 6., 7. und 8. Division, der 6. und 14. Küstengebirgsbrigade und einer Gruppe von Partisanenabteilungen; das I. Bosnische Korps mit der 4. und 5. Division und einer Gruppe Partisanenabteilungen; die Korpsabteilung z. b. V. des Obersten Stabes mit der 1. und 2. Proletarischen Division und der 3. Stoßdivision, mit insgesamt etwa 30 000 Mann.

Als am Mittwoch, dem 27. Januar 1943, die SS-Division »Prinz Eugen« bis in die Nähe von Bihać vorgestoßen ist, befiehlt Tito dem I. Kroatischen und dem I. Bosnischen Korps, den vordringenden Gegner aufzuhalten. Die zur Verteidigung noch nicht eingesetzte Korpsabteilung z. b. V. soll nach Südosten über Herzegowina, Montenegro und Sandschak auf südserbisches Gebiet durchbrechen, das die Partisanen vor acht Monaten verlassen haben.

Aber am Freitag, dem 29. Januar 1943, dringt die SS-Division »Prinz Eugen« in Bihać ein, und die 369. (kroatische) Infanteriedivision rückt langsam nach. Jetzt gewinnen Teile der Division »Re« westlich von Bihać Fühlung mit der SS-Division »Prinz Eugen«. Und General Felber, Oberbefehlshaber in Kroatien, setzt die ihm unterstellten Truppen gegen die im Grmeč-Gebirge eingeschlossenen Partisanen ein. Da aber die Italiener und Tschetniks in Südbosnien und der Herzegowina gemeinsam operieren, ist es unmöglich, zugleich deutsche oder kroatische Einheiten zur Absperrung und Einschließung des Partisanengebietes im Süden einzusetzen: General Felber befürchtet, daß es dabei zu Schießereien zwischen Tschetniks und deutschen oder kroatischen Verbänden kommen wird.

Am Montag, dem 1. Februar 1943, gelingt es der SS-Division »Prinz Eugen« nach dreitägigem Kampf, die

Verteidigung der 7. Banija-Division südostwärts von Bihać zu überwinden und Bosnisch Petrovac zu nehmen. Die 717. Infanteriedivision (GenLt. Dippold) dringt mit der Kampfgruppe »Vogel« über die 1 500 Meter hohen Gebirgskämme des Raduša-Gebirges nach Prozor vor. Am Nachmittag wird bei Vilica Gumno die 4. Proletarische Brigade, die man zur Verstärkung herangezogen hat, in anhaltende schwere Nahkämpfe verwickelt. Die Partisanen, die die Bevölkerung und deren Vieh mitnehmen, leisten weiterhin zähen Widerstand. Die deutschen Kampfflugzeuge können wegen der aufgeweichten Flugplätze nicht starten.

Am Sonntag, dem 7. Februar 1943, befiehlt Tito allen Partisanenverbänden, die bis jetzt keine Kampfberührung haben, Verbindungswege zu zerstören, Bewegungen und Versorgung des Gegners zu erschweren und seine Garnisonen anzugreifen, um ihn zu zwingen, wenigstens einen Teil seiner Kräfte aus Mittelkroatien und Westbosnien abzuziehen. Die Partisanen setzen sich nun unter Zurücklassung starker Nachhuten langsam ab.

Nach dem von Tito am 8. Februar 1943 entworfenen Plan soll die 1. und 2. Proletarische Division mit Unterstützung der 3. Stoßdivision bis zur Narenta (Neretva) vorstoßen. Tito hat nämlich die schwache Stelle in der Naht zwischen Italienern und Tschetniks erkannt.

Linke Seite: Auf dem Buko-vo-Bergkamm, Februar 1943: Partisanen räumen nach dem Ausbruch aus dem Tata-Kessel das hartumkämpfte Gebiet

Februar 1943: Partisanenabteilung während einer Marschpause auf dem Weg zum Narentatal

Jetzt beginnen die Partisanenverbände in schweren Kämpfen mit deutschen und kroatischen Truppen, die ihnen empfindliche Verluste beibringen, den Rückzug nach Süden in Richtung Herzegowina und Montenegro, in jene Regionen, die sie vor acht Monaten im Juni 1942 verlassen haben.

Und Tito muß seine starken Bastionen im Grmeč-Gebirge sowie in anderen wichtigen befreiten Gebieten um die Städte Bihać, Glamoč, Livno u. a. überstürzt räumen. Das schneebedeckte Grmeč-Gebirge ist bereits eng umstellt, und drei deutsche und kroatische Divisionen beginnen bereits, das Gebirge zu durchkämmen. Tauwetter und dichter Nebel machen weiterhin eine Unterstützung durch die Luftwaffe unmöglich.

Am Montag, dem 15. Februar 1943, greifen die Partisanen mit der 6. Lika-Stoßdivision sowie der 8. Kordun-Division die italienische Division »Sassari« an und zwingen sie, sich zusammen mit der Division »Re« nach Knin zurückzuziehen. Gleichzeitig setzen sich auch die Tschetniks ab. Nun läßt der Druck des Gegners auf das I. Kroatische Korps nach. Tags darauf erreicht die 2. Proletarische Division, die von Livno über Posušje vorgerückt ist, die Narenta (Neretva) nördlich von Mostar und nimmt am 17. Februar 1943 die stark verteidigte Eisenbahnstation Drežnica zwischen Mostar und Konjić. Damit wird der Verkehr in Richtung Sarajevo unterbrochen. Auf ihrem Weg nach Südosten hat inzwi-

schen die Korpsabteilung z. b. V. die Eisenbahnlinien und Straßen sowie den Raum zwischen Mostar und Sarajevo besetzt mit Ausnahme des eingeschlossenen Konjic und der Zufahrtstraßen zu dieser Stadt.

Unterdessen zieht in Gewaltmärschen auch der Hauptteil der Partisanenkräfte in das rund 150 Kilometer weiter südöstlich liegende Narenta-Tal.

Die Partisanenkolonnen leiden unter den jetzt einsetzenden Luftangriffen. Außerdem werden sie von einer sich ausbreitenden Typhus-Epidemie geplagt. Die 3 500 Verwundeten und Kranken, die zum Teil von etwa 500 italienischen Gefangenen der Division »Murge« durch tiefen Schnee in diesem unwegsamen Gelände auf Bahren getragen werden, sind eine zusätzliche Belastung. Zusammen mit den Partisaneneinheiten ziehen auch etwa 40 000 Flüchtlinge, überwiegend Frauen und Kinder, bar jeglicher Versorgung.

In dieser verzweifelten Lage funkt Tito jede Nacht nach Moskau seine dringende Bitte um Unterstützung und fragt: »Ist es denn wirklich unmöglich, nach 20 Monaten des heroischen, ja fast übermenschlichen Kampfes irgendeinen Weg zu finden, um uns zu helfen?« Aber außer mit Worten von »tiefer brüderlicher Sympathie« ist Stalin zu nichts bereit.

Am Donnerstag, dem 18. Februar 1943, ist der erste Teil des Unternehmens »Weiß« abgeschlossen, und die Achsentruppen haben eine Ruhezeit zur Auffrischung erhalten. An diesem Tag erobern die Partisanen auf ihrem Rückzug Ostrožac bei Jablanica an der Narenta. Aus nördlicher Richtung vorstoßend, erreicht die 1. Proletarische Brigade Konjić und greift in der Nacht zum 20. Februar 1943 die Besatzung der Stadt an. Bei Gornji Vakuf geht die 7. Banija-Division in Stellung, um mit der 3. Krajina-Brigade die Sicherung der Korpsabteilung z. b. V. zu übernehmen.

Da die Partisanen-Korpsabteilung z. b. V. gezwungen ist, auf die 3000 Verwundeten zu warten, die man aus Westbosnien in Richtung Narenta heranschafft, kann sie nicht wie befohlen am 20. Februar 1943 den Fluß überschreiten und ihren Marsch in Richtung Drina fortsetzen. Jetzt beordern die Stäbe der »legalen« Tschetniks in Montenegro, im Sandschak und in der Herzegowina etwa 12 000 Mann zum Marsch in Richtung Narenta. Die beiden Tschetnik-Gruppen aus Mostar, die bei Drežnica durch den Widerstand der 2. Proletarischen Division aufgehalten wurden, bilden jetzt zusammen mit der bereits in Konjić eingetroffenen Gruppe die Vorhut der Tschetnik-Kräfte.

Am Sonntag, dem 21. Februar 1943, kann die Kampfgruppe »Anacker« (ein Regiment der 718. Inf. Div.) mit einigen Gebirgsgeschützen und drei Ustascha-Bataillonen sowie Fliegerunterstützung den Ivan-Sattel nördlich Konjić nehmen. Zugleich greift die Kampfgruppe »Vogel« (ein Regiment der 718. Inf. Div.) – verstärkt durch Artillerie, Panzer und eine kroatische Brigade – Teile der 7. Banija-Division sowie die 3. Krajina-Brigade an und besetzt Gornji Vakuf am Vrbas. Das OKW fordert unterdessen vom Comando Supremo, »daß die Berührung zwischen deutschen Truppen und Tschetniks von den Italienern verhindert werden muß.«

Am Dienstag, dem 23. Februar 1943, erreichen nach unsäglichen Strapazen die ersten Vorhuten der Partisanen-Hauptmacht den Fluß Narenta, dessen Bett sich in einer tiefen Schlucht durch das fast 2000 Meter hohe

Prenj-Gebirge windet. Auf den umliegenden Hängen haben sich bereits etwa 12 000 »legale« Tschetniks gesammelt, um den Partisanen die entscheidende Schlacht zu liefern.

Am Mittwoch, dem 24. Februar 1943, gelingt es der 7. Banija-Division mit Unterstützung der 3. Krajina- und der 1. Dalmatinischen Brigade, die Achsenkräfte durch einen energischen Gegenangriff südlich von Gornji Vakuf aufzuhalten.

Am Freitag, dem 26. Februar 1943, treten die SS-Division »Prinz Eugen« und die 369. (kroatische) Division sowie Teile des italienischen XVIII. Korps zum Unternehmen »Weiß II« an.

Am Sonnabend, dem 27. Februar 1943, rückt die deutsche Kampfgruppe »Anacker« in Konjić ein.

Am Sonntag, dem 28. Februar 1943, beschließen Titos Oberster Stab und das Politbüro des Zentralkomitees der KPJ in einer gemeinsamen Sitzung bei Prozor, die Hauptkräfte der Korpsabteilung z. b. V. zu einem Gegenangriff einzusetzen, um die Deutschen sowie die Ustascha- und Domobranen-Gruppierung bei Gornji Vakuf zu zerschlagen. Die Narenta-Brücken sollen gesprengt werden, um die Vereinigung der von Mostar und Konjić vorstoßenden feindlichen Kräfte zu verhindern.

Am gleichen Tag fällt Bosansko Grahovo, und so kann der rechte Stoßkeil der SS-Division »Prinz Eugen« nun weiter vorrücken. Zusammen mit anderen Kräften zwingt die SS-Division »Prinz Eugen« den Stab des I. Bosnischen Korps, mit einem Teil seiner Gruppe gegen eine Umfassung im Šator-Gebirge zur Verteidigung überzugehen und sich danach in Richtung Ključ durchzuschlagen.

Unterdessen greifen die 717. Infanteriedivision (GenLt. Dippold) und die Kampfgruppe »Vogel« mit Fliegerun-

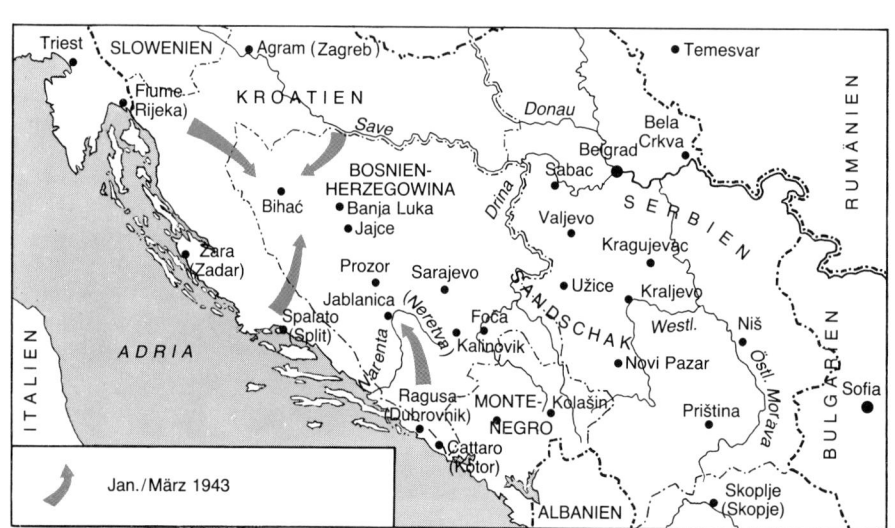

Hauptschauplatz der Partisanenkämpfe Anfang 1943

terstützung an und erreichen die Bergrücken nördlich von Prozor. Damit nähern sie sich jetzt auf nur noch sechs bis acht Kilometer dem Versorgungsraum für Verwundete. Die Deutschen und Kroaten dringen von Norden, Osten und Westen vor, ebenso die Italiener von Osten und Westen. Im Narenta-Tal und bei Prozor entbrennen heftige Kämpfe. Die Korpsabteilung z. b. V. setzt ihre letzten Kräfte ein, um die Verwundeten zu schützen. Den etwa 20000 Partisanen stehen nun vier deutsche Divisionen gegenüber, die Verbände der Italiener, Kroaten und Tschetniks nicht gerechnet.

Am Freitag, dem 5. März 1943, faßt Tito den Entschluß, die Korpsabteilung z. b. V. mit Unterstützung stärkerer Kräfte aus dem Raum Prozor die Narenta (Neretva) überschreiten zu lassen und weiter in Richtung Kalinovik und Foča vorzustoßen.
Die eigentliche Überwindung der Narenta gelingt mit recht schwachen Kräften: Von der Granatwerferabteilung des Obersten Stabes unterstützt, zerschlagen drei nur mit Handgranaten und MP ausgerüstete Bataillone der 2. Proletarischen Division in der Nacht zum 7. März 1943 die Tschetnik-Einheiten auf dem gegenüberliegenden Steilufer bei Jablanica, nachdem sie das Gerüst der zerstörten Brücke erklettert haben. Sie überwinden den breiten reißenden Fluß und setzen sich am linken Ufer fest. Hier werfen sie die frisch eingetroffenen Tschetnik-Kräfte zurück, die das weitere Übersetzen verhindern sollten. Die verstärkte Pionierkom-

panie des Obersten Stabes baut unter abenteuerlichen Umständen aus Baumstämmen eine befehlsmäßige Hängebrücke über die Narenta.

Als erste überquert am 8. März 1943 die 7. Banija-Division die Hängebrücke. Am Abend beginnt der Abtransport der Verwundeten über die Behelfsbrücke, unterstützt von einer Brigade der 7. Division. Die Verwundeten werden wie bisher von gefangenen italienischen Soldaten getragen. Die Achsen-Luftstreitkräfte stören das Übersetzen und fügen den Partisanen schwere Verluste zu.

Am Mittwoch, dem 10. März 1943, müssen die Partisanen den Ort Prozor räumen. Der Oberste Stab will den Narenta-Übergang beschleunigen und beauftragt die 5. Krajina-Stoßdivision, den Transport der Verwundeten zu übernehmen. Da Partisanen und Flüchtlinge die Brücke nur nach Einbruch der Dunkelheit passieren können, dauert die Überquerung mehrere Nächte.

Am Morgen des 11. März 1943 marschieren drei Männer auf der steinigen Straße zu dem etwa 12 Kilometer

März 1943: Deutsche Truppen kehren nach Abschluß des Großunternehmens »Weiß«: in ihre Garnisonen zurück

Rechte Seite: Der Großmufti von Jerusalem begrüßt bosnische Waffen-SS-Freiwillige

»Lang lebe König Peter« – schreibt dieser selbst an die Hauswände: Karikatur des kommunistischen »Daily Worker«

entfernten Prozor. Einer von ihnen trägt einen Stock, an dem eine kleine weiße Fahne flattert. Die drei sind: Milovan Djilas, Koca Popović (Kommandeur der 1. Division) und Vlatko Velebit, die engsten Kampfgenossen von Tito, Mitglieder des ZK der KPJ und des Obersten Stabes. So beginnt ein Ereignis, das nur den paar Beteiligten und wenigen Vertrauten bekannt ist und das noch Jahre nach Kriegsende verschwiegen oder abgestritten wird: Die Gespräche der Partisanen-Führung mit der deutschen Wehrmacht.

Der von ihrer Ankunft verständigte deutsche Wachtposten am Rande von Prozor bringt sie nach Gornji Vakuf, wo sie bereits der Kommandeur der 717. Infanteriedivision, Generalleutnant Dippold, erwartet. Popović nennt bei der Begegnung seinen echten Namen, Velebit stellt sich als Petrović und Djilas als Marković vor. Bei dem Gespräch handelt es sich um den Austausch von knapp einem Dutzend deutscher Gefangener, unter ihnen Major Stecker, gegen die gleiche Anzahl verhafteter Kommunisten, darunter Titos erste Frau Herta Has. Da man eine Antwort der zuständigen deutschen Stellen abwarten muß, kehrt Popović zu Tito ins Hauptquartier zurück; Velebit und Djilas fahren erst zwei Tage später weiter nach Sarajevo. Djilas: »Man gab uns unsere Patronen zurück, allerdings mit der Auflage, sie nicht in die Pistolenmagazine

zu stecken. Beinahe herzlich verabschiedeten Velebit und ich uns von den Offizieren und fuhren mit einem Militärauto nach Sarajevo...«

Am nächsten Tag beginnen im »Konak«-Gebäude, wo sich der Stab von Generaloberst Löhr befindet, die Gespräche mit General Glaise v. Horstenau und den Abwehroffizieren. Djilas: »...Doch die Atmosphäre war dabei keineswegs drohend, nicht einmal abweisend. Schon damals stellten die Deutschen an uns die Forderung, unverzüglich und noch bevor man irgendeine Übereinkunft erzielt hätte, die Sabotage an der Eisenbahnlinie Zagreb-Belgrad einzustellen. Dazu wollten wir uns jedoch nicht verpflichten und machten alles von einer Anerkennung unserer Rechte als einer kriegführenden Partei abhängig.« Nachdem die beiden Tito-Vertrauten den Eindruck gewinnen, daß dies erst der Anfang der eigentlichen Gespräche ist, entschließt sich Djilas zur Rückkehr, und Petrović bleibt weiterhin in Sarajevo. Einige Tage später überrascht Petrović, der als Gast in der Feldkommandantur wohnt, General Glaise v. Horstenau mit der Erklärung, daß er in Wirklichkeit General Velebit sei. Der Partisanen-General ist nicht weniger erstaunt, als er auf seine Bitte hin die Erlaubnis erhält, seine in Agram (Zagreb) lebenden Eltern zu besuchen. Er darf – sogar mit einem deutschen offiziellen Passierschein ausgestattet – in das Gebiet nördlich der Save reisen, wo sich Partisaneneinheiten befinden, mit denen Tito keinen unmittelbaren Kontakt hat.

Bis zum Abend des 15. März 1943 gelingt es allen Einheiten der Korpsabteilung z. b. V., die Narenta (Neretva) zu überschreiten. Insgesamt gelangen rund 15 000 Partisanen ans andere Flußufer. Nach offiziellen deutschen Quellen betragen dabei die Verluste der Partisanen und Flüchtlinge rund 16 000 Menschen.

Jetzt, nachdem die Narenta überquert ist, ziehen die Partisanenverbände nach Süden in Richtung Montenegro und liefern den Tschetniks heftige Gefechte. Die Partisaneneinheiten sammeln sich danach auf dem 2000 Meter hohen Prenj-Gebirge, einer kargen, weglosen und noch schneebedeckten Hochebene. Durch die Verwundeten kommen die lang auseinandergezogenen Marschkolonnen auf den Gebirgspfaden nur langsam vorwärts. Von Zeit zu Zeit erscheinen Stukas und andere Flugzeuge; sie greifen mit Bomben und Bordwaffen an.

Am Sonnabend, dem 20. März 1943, nimmt die 2. Proletarische Division an den Zugängen nach Kalinovik den Kampf gegen 5 000 Tschetniks auf. Beide Seiten greifen mit wechselvollem Erfolg an, bis die 2. Proletarische Brigade die Tschetniks zwingt, sich unter schweren Verlusten und in völliger Auflösung in Richtung Foča zurückzuziehen. Von dieser schweren Niederlage können sich die Tschetniks nie wieder ganz erholen. An diesem Tag ist nach Besetzung des für die deutsche Rüstungsindustrie so wichtigen Bauxit-Gebietes um Mostar und der Vernichtung der Partisanenkräfte westlich und nördlich der Narenta das Unternehmen »Weiß II« abgeschlossen.

Am 26. März 1943, während inzwischen die Gefangenen ausgetauscht sind, fährt Djilas nach Überschreiten der deutschen Linien nach Agram, wo er in einem Hotel für prominente Gäste in der Zrinjevac-Straße gemeinsam mit Velebit weitere Verhandlungen mit den Deutschen führt. Djilas: »Jedoch wurde weder damals noch später irgendein Abkommen unterzeichnet. Auch war niemals die Rede davon, daß wir Waffen oder eine wie immer geartete Hilfe von den Deutschen erhalten sollten.«

Diese Kontakte führen jedoch zum ersten offenen Konflikt zwischen Tito und Stalin. Der sowjetische Diktator reagiert, als wäre er nicht noch vor zwei Jahren der beste Bundesgenosse Hitlers gewesen, auf die Nachricht von dem Gefangenenaustausch »sehr grob«. Tito später: »Ich habe ihm geantwortet: Wenn ihr uns nicht helfen könnt, dann laßt uns in Frieden!«

Laut deutschen Berichten stellt Tito zugleich folgendes Waffenstillstandsangebot an General Glaise v. Horstenau: Falls Deutschland sich verpflichten würde, ihn innerhalb eines abgegrenzten Raumes, womöglich in Westbosnien, nicht anzugreifen, würde er auf die Ausdehnung des Aufstandes auf andere Gebiete, wie z. B.

Slawonien, auf Terror- und Sabotageakte verzichten. Im Falle einer britisch-amerikanischen Landung wäre er bereit, gemeinsam mit den in Kroatien stehenden deutschen Divisionen gegen die gelandeten Truppen der Westalliierten vorzugehen. Dr. Höttl: »Eine Weiterführung des Spiels ohne ausdrückliche Zustimmung Hitlers war nicht möglich . . .« Die Antwort ist von lakonischer Kürze. Hitler läßt wörtlich mitteilen: »Mit Rebellen wird nicht verhandelt, Rebellen werden erschossen.«

Am Sonntag, dem 28. März 1943, versuchen die 1. und 2. Proletarische Division vergeblich, die Drina aus der Bewegung heraus zu überwinden. Daraufhin beginnen sie mit den Vorbereitungen zum gewaltsamen Flußübergang.

In der ersten Aprilwoche 1943 trifft in Agram (Zagreb) der Großmufti von Jerusalem, Emir el Husseini, das religiöse Oberhaupt der palästinensischen Araber, ein. Nachdem er Unruhen gegen Juden und die britische Mandatsbehörde in Palästina gestiftet hat, gelingt ihm 1941/1942 auf manchen Umwegen die Flucht in das von den Achsenmächten besetzte Europa.

In Begleitung des Großmufti, der jetzt eine von Reichsführer SS Himmler inszenierte 14tägige Rundreise durch Kroatien macht, befindet sich der Chef des SS-Hauptamtes, SS-Gruppenführer Berger. Das Ziel der Reise ist, für die Aufstellung einer landeseigenen muselmanischen SS-Division zu werben. Tatsächlich geschieht dies im Sommer 1943: Aus etwa 12 000 Bewerbern entsteht die 13. SS-Freiwilligen-Gebirgsdivision (Kroatien). Sie trägt ab Mai 1944 den Namen SS-Division »Hanschar« (türkisch: Krummes Schwert).

Am Dienstag, dem 6. April 1943, beginnt die 2. Proletarische Division, mit eilig gezimmerten Flößen über die reißende Drina zu setzen. Bis zum Abend des 7. April ist die Überquerung beendet. Die 2. Proletarische Division erweitert anschließend den Brückenkopf und greift von Süden her die italienische Besatzung von Foča an. Nördlich von Foča gelingt es der 1. Proletarischen Division erst am 18. April, mit Flößen überzusetzen. Wegen der anhaltenden Kämpfe dauert die Überquerung bis zum Abend des 19. April an. Nun ist die dritte Phase des Unternehmens »Weiß« zu Ende: Die starken deutschen und italienischen Truppen vermochten die Partisanen nicht zu hindern, in wochenlangen Gewaltmärschen das schneebedeckte Gebirge der Herzegowina zu überqueren und sich den Weg in das nördliche Montenegro freizukämpfen.

Auf deutscher Seite ist man überzeugt, daß nur durch das Versagen der Italiener und Tschetniks die Vernichtung der Partisanenverbände mißlingt. Das einzige, was man erreicht, ist die Vertreibung der Partisanen aus Kroatien. Auch Tito ist nun um eine Erfahrung reicher: Er muß feststellen, daß die Zeit für einen Partisanenstaat noch nicht gekommen ist und daß man die »befreiten Gebiete« gegen einen überlegenen Feind nicht halten kann.

Die Guerillatätigkeit in Griechenland, die wie in Jugoslawien von einer monarchistischen und einer kommunistischen Gruppe betrieben wird, gewinnt nicht annähernd die Bedeutung der Tito-Bewegung. Der Widerstand in Griechenland besteht weiterhin aus sporadisch bewaffneten Aktionen im Bergland in einiger Entfernung von größeren Städten. Er richtet sich vor allem gegen die wichtigsten Eisenbahnlinien, die Griechenlands Häfen mit Südosteuropa verbinden. In Athen oder Saloniki selbst beschränkt sich der Widerstand auf Nachrichtenbeschaffung, Hilfe für geflohene Kriegsgefangene, Sabotage und auf passiven Widerstand gegen Zwangsarbeit. Bewaffnete Zusammenstöße kommen in den Städten nur selten vor.

Weil das Endziel der Kommunistischen Partei Griechenlands nicht die Wiederherstellung der nationalen Unabhängigkeit ist, war es für sie nicht so wichtig, die Deutschen zu bekämpfen, die für sie offensichtlich sowieso verloren sind. Ihr Hauptziel: Die »Nationale Volksbefreiungsarmee« ELAS intakt zu halten und ihre Stärke so zu steigern, daß ihr im günstigsten Augenblick die totale Kontrolle über das Land in die Hände fällt. Als Gegner hat sie zur Zeit nur noch die »Nationale Republikanische Griechische Liga« EDES (Gen. Zervas), die im Epirus ihr Operationsgebiet hat und militärisch dem britischen »Mittelost-Kommando« untersteht. Alle anderen rivalisierenden Partisanenorganisationen hat die ELAS inzwischen blutig ausgerottet. Die

Griechenland, Frühjahr 1943: Berittener ELAS-Trupp auf dem Weg zu einer neuen Aktion

ELAS versucht nun, sich die Form einer regulären Armee – ähnlich wie Tito sie anstrebt – zu geben, um eine ensprechende Wirkung auf die Alliierten im Nahen Osten zu erzielen.

Da die zur Verfügung stehende Ausrüstung für eine größere Streitmacht nicht ausreicht, erfindet die ELAS das System der Reserve: Alle wehrfähigen Bewohner in den Gebieten unter ELAS-Kontrolle werden zwangsweise in diese Reserve einbezogen, und so kann die ELAS immer mit großen Zahlen aufwarten. Die Besatzungstruppen, denen es in erster Linie darum geht, ihre Verbindungslinien aufrechtzuerhalten, lassen die Stützpunkte der ELAS im Gebirge unbelästigt: Es besteht für sie keine Notwendigkeit, sich mit den Kommunisten, die ihnen kaum Schwierigkeiten machen, zu befassen. Außerdem fehlen ihnen auch genügend Truppen für eine wirksame Besetzung der eroberten Gebiete.

Die zweitwichtigsten Bundesgenossen der ELAS – außer Moskau– sitzen in London und Kairo: Es sind Sympathisanten der Kommunisten, manchmal auch – wie im Fall Kim Philby und dessen Kreis – erst Jahre danach entpuppte KGB-Agenten, die leitende Stellungen der Special Operation Executive (SOE) besetzen und diese Organisation auf Order des Kreml unterwandern. Sie sorgen dafür, daß der ELAS, die über mehrere Geheimsender direkte Verbindung mit der SOE in Kairo hat, ein ständiger Strom an Waffen, Nachschub und vor allem Geld zufließt.

Es fehlt den griechischen Kommunisten jedoch eine Führerpersönlichkeit von Titos Format. Ihre Chefs rekrutieren sich überwiegend aus den in Moskau geschulten Agenten der Komintern bzw. des KGB. Diese Unterwanderungs-Spezialisten sind vorwiegend Berufsrevolutionäre auslandsgriechischer (meist kleinasiatischer) Abstammung, die nicht im Lande selbst großgeworden und nicht in griechischer Mentalität und Traditionen verwurzelt sind.

Im ganzen gesehen liegen die Dinge jedoch in Griechenland kaum anders als in Jugoslawien: Auch hier haben sich die Kommunisten fast das Monopol des Widerstandes gesichert und führen unter dem Vorwand des Kampfes gegen den Besatzer einen schonungslosen Bürgerkrieg gegen ihre inneren Gegner, um noch vor der Befreiung vollendete Tatsachen zu schaffen. Hier und dort sind ihnen die royalistischen Partisanenorganisationen nicht gewachsen und werden am Ende unterliegen.

Am Sonnabend, dem 1. Mai 1943, stehen neun kampfstarke Verbände für einen neuen Einsatz gegen Tito-Partisanen bereit: in Serbien die 1. Gebirgsdivision (GenLt. Stettner, Ritter v. Grabenhofen) und die 104. Jägerdivision (GenLt. v. Ludwiger); in Kroatien die 7. SS-Gebirgsdivision »Prinz Eugen« (SS-Gruppenf. Phleps), die 114. Jägerdivision (GenLt. Eglseer) und 118. Jägerdivision (GenLt. Kübler), die 369. (kroat.) Infanteriedivision (GenLt. Neidholdt) und 373. (kroat.) Infanteriedivision (GenLt. Aldrian) sowie die 187. Reservedivision (GenLt. Brauner v. Haydringen); dazu als Heeresgruppenreserve die 117. Jägerdivision (GenLt. Wittmann). An diesem Tag drängt die 2. Proletarische Division bis nach Zabljak am Durmitor vor und kann von dort aus gemeinsam mit der 5. Proletarischen Brigade eine starke Gruppe von Italienern und Tschetniks in einer befestigten Stellung im Javorak-Gebirge nördlich von Nikšić völlig aufreiben. Die Partisanen erbeuten dabei die Ausrüstung einer Panzerkompanie und einer Batterie sowie mehrere Lkw. Danach setzen sie den Vormarsch auf Kolašin fort.

Im Frühjahr 1943 muß der Chef der britischen Militärmission in Griechenland, Colonel Myers, feststellen, daß sein Vorhaben, eine politisch neutrale Einheitsfront der Guerillas, die »Nationale Gruppe« zu schaffen, wohl an der Person des berüchtigten ELAS-Führers Aris Velouchiotis scheitern wird. Selbst die leitenden Funktionäre der kommunistischen Partei Griechenlands (KKE) sind von Aris keineswegs begeistert. Man beschließt daher, sich einen geeigneten Militärführer notfalls im gegnerischen Lager zu suchen, und die Wahl fällt auf Oberst Saraphis, einem strammen Republika-

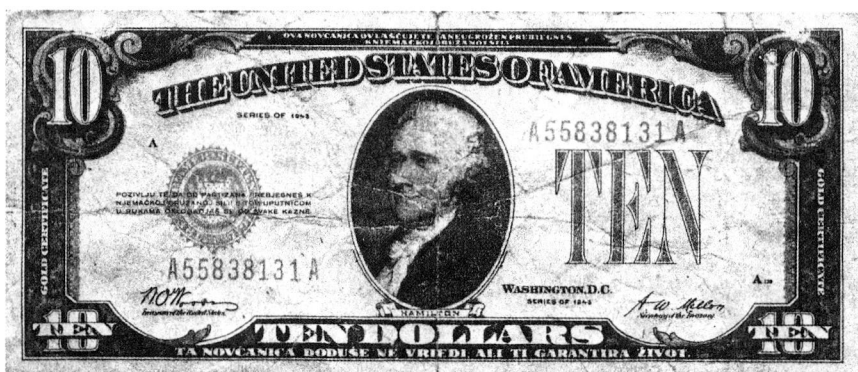

Raffinierte Täuschung: ein 10-US-Dollar-Schein...

...von den Deutschen abgeworfen: Überläufer-Ausweis für abtrünnige Partisanen

ner. Saraphis hat die Ecole de Guerre in Paris besucht und war einige Zeit Direktor der Athener Offizier-schule. Im Mai 1943 wird Saraphis von Mitgliedern der ELAS gefangengenommen, und es gibt bis heute meh-rere Versionen, wie es dazu gekommen ist, daß der Oberst, den man der Kollaboration mit dem Feind beschuldigt und in Ketten durch die Bergdörfer geschleppt hat, am Ende der Behandlung zum Ober-kommandierenden der ELAS ernannt wird.

Am Morgen des 13. Mai 1943 kapitulieren im Brücken-kopf von Tunis die Reste der Heeresgruppe Afrika (GenOberst v. Arnim). Damit ist der letzte Teil afrika-nischen Bodens verlorengegangen. Jetzt steht die deut-sche Führung vor dem Dilemma: Wo liegt das Ziel der nächsten alliierten Invasion? Und gerade der britische Geheimdienst tut alles, um Hitler davon zu überzeugen, daß dies auf dem Balkan sein wird.

Am Sonnabend, dem 15. Mai 1943, beginnt im Sand-schak, dem Landstrich zwischen Bosnien und Montene-gro, die nächste Groß-Säuberungsaktion (Unternehmen »Schwarz«), von den Partisanen die »Fünfte Offen-sive« genannt. Beteiligt sind: die 1. Gebirgsdivision, die 118. Jägerdivision, die 369. Infanteriedivision, die 7. SS-Gebirgsdivision »Prinz Eugen«, vier deutsch-kroatische Jägerbrigaden sowie die italienischen Infanteriedivisio-nen »Ferrara«, »Taurinense« und »Venezia«, dazu zwei bulgarische Regimenter, insgesamt etwa 119 000 Mann. Ihr Ziel: die nicht ganz 20 000 Partisanen zu zerschla-gen. Die »legalen« Tschetnik-Verbände, inzwischen von den Deutschen als völlig unzuverlässig erkannt und auch bei den Italienern aufgelöst, nehmen an dem Unternehmen »Schwarz« nicht mehr teil.
Diesmal sind die deutschen Truppen auf den Kampf im weglosen Hochgebirge gut vorbereitet: Tausende von Packtieren und die als Träger aus Bosnien herange-schafften Muselmanen sorgen für die Nachschubbeför-derung. Die Gebirgsverbände verfügen über alpine Ein-heiten mit Seilmannschaften und sogar über Kompa-

nien mit Fährtenhunden. Selbst das Gelände in Monte-negro ist für die Einkreisung der Partisanen wie geschaffen: Vorwiegend tiefe, cañonartige Schluchten, durch die wilde, kaum überquerbare Bergflüsse dröh-nen, dazwischen nur spärlich mit Gewächs bedeckte Plateaus von etwa 50 Kilometer Länge und 30 Kilome-ter Breite, die kaum Schutz vor Fliegersicht bieten.
Für das Unternehmen »Schwarz« werden deutsche, ita-lienische und kroatische Staffeln von fünf Flugplätzen aus zur unmittelbaren Unterstützung der Bodentruppen eingesetzt. Die Maschinen greifen die Partisanen pau-senlos an und versuchen, ihnen den Rückzugsweg durch Bombardierung der einzigen, ihnen zur Verfügung ste-henden Brücke abzuschneiden. Während die Luftwaffe die vorderen Truppen versorgt, werden gleichzeitig Stellungen bombardiert und die Partisanen in rollenden Tiefangriffen unter MG-Feuer genommen. Die mit äußerster Erbitterung geführten Kämpfe sind weitaus heftiger als bei allen vorangegangenen Unternehmen.

Die Partisanen müssen aber ihren Durchbruchsversuch zunächst verschieben: Ein Funkspruch aus Kairo mel-det die Ankunft einer britischen Militärmission, der ersten, die Tito zugeteilt wird. Tatsächlich, in der Nacht zum 28. Mai 1943 springen inmitten der Kämpfe die Männer des britischen Teams in Montenegro über dem Durmitor, nahe dem Dorf Negobudje ab. Sie landen genau an der Stelle, wo die Partisanen im Frühjahr 1942 auf die Hilfssendungen aus Moskau 37 Nächte lang umsonst gewartet haben. In den Morgenstunden stehen die Engländer vor dem Hauptquartier Titos, einem kleinen Zelt am Rande des Crno Jezero (»Schwarzer See«).
An der Spitze der Mission: der 31jährige Historiker Captain Deakin, ein Dozent aus Oxford, der Churchill beim Verfassen seiner Marlborough-Biographie zur Seite stand. So würdigt der britische Premier, noch vor dem sowjetischen Diktator, Tito und nicht Mihailović als Führer der jugoslawischen Widerstandsbewegung. Nun übt Churchill, zwar unter dem Eindruck der

In der Nähe des Piva-Flusses, Juni 1943: Eingekesselte Partisanen in schweren Kämpfen zusammengedrängt. Deutsche
leichte Feldartillerie im Einsatz

Berichte von Captain Deakin, eine deftige Kritik an der
durchaus zwiespältigen Politik und Kampfführung von
Mihailović, andererseits ordnet der Premier an, Nachschub an die beiden ungleichen Partner in Höhe von 500
Tonnen pro Monat zu liefern. Das ist eine ansehnliche
Menge, wenn man berücksichtigt, daß z. B. die polnische Widerstandsbewegung während des ganzen Zweiten Weltkrieges von den Westalliierten (ab 15. 2. 1941)
insgesamt lediglich 600,9 Tonnen an Waffen, Medikamenten, Sprengstoff etc. bekommen hat.
Aus dem Bruderkrieg der beiden konkurrierenden
Widerstandsbewegungen ziehen die Besatzungsmächte
den größten Vorteil, als Tito immer rücksichtsloser
gegen die Tschetniks vorgeht, die sich den Partisanen
nicht anschließen wollen. Im Frühjahr 1943 gelingt es
den Engländern zumindest zeitweilig, die beiden zu
einer »Waffenruhe« zu bewegen. General Mihailović
soll die Widerstandsbewegungen in Serbien und Montenegro, Tito in den restlichen Ländern führen. So deckt
sich der Partisanenbereich etwa mit dem Gebiet der
Kroaten unter Poglavnik Pavelić und der Tschetnik-
Bereich mit Serbien unter der Nedić-Regierung.

Während sich jedoch zwischen den Partisanen und der
Pavelić-Ustascha eine erbitterte Feindschaft entwickelt,
ist das Verhältnis von Mihailović zu Nedić von Grund
auf anders: Beide sind ehemalige königliche Offiziere,
alte Kameraden und Serben. Beide unterstreichen ihre
Treue zum König und wünschen sich ein serbisches
Königreich. Nedić geht zwar auf offene Kollaboration
mit den Deutschen, Mihailović bleibt dagegen bei der
Allianz mit Großbritannien, doch der gemeinsame
Feind der beiden ist Tito. Diese ideologische Verwick-
lung läßt sich in Belgrad besonders spüren: In den
Ämtern sitzen zahlreiche Anhänger von Mihailović,
doch unter den Tschetniks gibt es Dutzende von V-
Männern, die für Nedić und die Deutschen arbeiten.

Unterdessen werden die im Piva-Drina-Sutjeska-Bogen
eingekesselten Partisanen in schweren Kämpfen zusammengedrängt und aufgerieben. Die Deutschen haben es
jedoch versäumt, das Plateau von Vucevo vom Dorf
Mratinje aus zu besetzen und damit den einzigen noch
freien Pfad aus der Piva-Schlucht offengelassen. Diese
Lücke bedeutet die Rettung für Tito und seine Partisanen, die die Hoffnung auf ein Entkommen schon aufgegeben haben: In der Nacht vom 9./10. Juni 1943 beginnt
der Abstieg der niedergeschlagenen Reste in die über
1000 Meter tiefe Piva-Schlucht zu einem neu errichteten
klapprigen Steg nahe dem Dorf Gornje Kruševo.
Im Morgennebel überqueren sie Schritt für Schritt den
schlüpfrigen Steg über die tosenden Stromschnellen des

Plateau von Vučevo, Juni 1943: Deutsche Einheit mit Suchhunden beim Unternehmen »Schwarz«

wilden Bergflusses. Doch die umgebende Felsrinne liegt unter dem Feuer einer deutschen Haubitzenbatterie, und die an den Felsen entlangführenden Wege sind mit zerfetzten Leichen und Pferdekadavern bedeckt. Bei Sonnenaufgang erscheinen am Himmel Stukas und greifen mit Bomben und MG-Feuer die Wege und umliegenden Felsen an.

Die Partisanen müssen einen Teil der Schwerverletzten ihrem Schicksal überlassen. Man gibt ihnen ihre Waffen zurück, damit sie sich selbst töten können, bevor sie in die Hände des Feindes fallen. Die etwa 500 Italiener von der Division »Murge«, die von den Partisanen während der Schlacht im Narenta-Tal im Februar 1943 gefangengenommen wurden und ihnen bei der Rettung der Verwundeten helfen mußten, werden auf ausdrücklichen Befehl von Tito erschossen.

Nur etwa 3 000 Mann unter Führung von Tito entkommen der Einkreisung, sie müssen jedoch sämtliche schwereren Waffen und Geräte zurücklassen. Die Beute der Achsentruppen: 10 Geschütze, 6 Pak, 220 MG, 3 608 Gewehre, Munitionslager etc. Im Hochgebirge von Montenegro bleiben auch 11 000 bis 12 000 gefallene Partisanen und etwa 2 000 Tote durch Seuchen und Hunger zurück.

Am Donnerstag, dem 10. Juni 1943, gibt der Befehlshaber der deutschen Truppen in Kroatien in einem Funkspruch der 1. Gebirgsdivision die Weisung: »Starker Feind in Sutjeska-Piva auf engstem Raum zusammengedrängt, darunter Tito einwandfrei festgestellt. Letzte Phase des Kampfes, die Stunde der restlosen Vernichtung der Tito-Armee ist damit gekommen. Der Befehl: Kein wehrfähiger Mann verläßt den Kessel lebend. Frauen untersuchen, ob nicht verkleidete Männer, ist der Truppe erneut einzuschärfen. Tito und Begleiter angeblich in deutschen Uniformen, Soldbücher prüfen.«

Allen diesen Vorsichtsmaßnahmen zum Trotz gelingt es sowohl Tito als auch den Partisanen, aus dem Einschließungsring nördlich des herzegowinischen Grenzortes Avtovac zu entkommen. Sie schaffen es noch, einen Sperriegel zu durchbrechen, den aus Sarajevo eiligst herangeführte deutsche Reserven gebildet haben, und in kleinen Gruppen über die Romanija Planina in die sich südwestlich von Zvornik ausbreitenden waldbedeckten Berge der Javor Planina zu entkommen. Sie überqueren dann den über 2 300 Meter hohen Gebirgskamm Vojulak-Maglic und erreichen nach kaum vorstellbaren Strapazen den Raum westlich von Foča. Bei ihrem Durchbruch nach Norden wird Captain Stuart von der britischen Militärmission bei einem deutschen Bombenangriff getötet, Tito und Captain Deakin erleiden Verletzungen.

Anhänger der sogenannten Befreiungsfront!

Wollt Ihr ewig die Gehetzten und Ruhelosen sein?

Als O.F.-ler Euch und Eure Familien dem sicheren Tod ausliefern?

Der Kampf Eurer Verführer ist sinnlos!
Kehrt zurück!
Es geschieht Euch nichts!

Begebt Euch in den Schutz der Reichsgewalt,

die Euch eine schönere Zukunft garantiert.

Meldet Euch bei der nächsten Polizei-, Gendarmerie- oder Gestapostelle.

»...eine schönere Zukunft«, während des Unternehmens »Schwarz« abgeworfenes Flugblatt

Die geschlagenen Partisanen ziehen sich in die Dinarischen Alpen und das mittlere Bosnien zurück, wo die geschützte Romanija Planina östlich der bosnischen Hauptstadt Sarajevo den deutschen Truppen ein natürliches geographisches Hindernis bietet.

Am Sonnabend, dem 19. Juni 1943, endet das Unternehmen »Schwarz«. Damit ist »die stärkste und einheitlichste, gut geführte kommunistische Kräftegruppe auf dem Balkan zerschlagen«, meldet Generalleutnant Lüters, Befehlshaber der deutschen Truppen in Kroatien.
Was jedoch verschwiegen wird: Wiederholt mißlang es, den harten Kern der Partisanenkräfte und ihren Obersten Stab zu vernichten. Und am 20. Juni 1943 muß Generalleutnant Lüters in seinem Abschlußbericht resignierend feststellen: »Der Verlauf der Kämpfe habe bewiesen, daß die unter dem Oberbefehl Titos zusammengefaßten Kommunistenkräfte straff organisiert sind, geschickt geführt werden und über eine erstaunliche Kampfmoral verfügen.« Die feindliche Kampfführung sei »außerordentlich aktiv« gewesen. Es sei den Partisanen wiederholt gelungen, »die Unterlegenheit an schweren Waffen auszugleichen und unter Ausnutzung des Nebels, der Dämmerung und des Regens zum Nahkampf Mann gegen Mann zu kommen. Dabei haben sie sich als fanatische, äußerst genügsame, mit dem schwierigen Gebirgsgelände wohl vertraute und zähe Kämpfer erwiesen«. Schlimmer noch: Während das Unternehmen »Schwarz« noch läuft, tauchen in weiten Teilen Kroatiens neue Partisanen-Kampfgruppen, jetzt vor allem auch nördlich der Save, auf. Skeptisch vermerkt der deutschen Truppenbefehlshaber: Trotz der starken Verluste der Partisanen in Montenegro sei damit zu rechen, daß Tito »mit den in Slawonien bzw. Westkroatien stehenden kommunistischen Verbänden erneut schlagkräftige Kräftegruppen zu bilden vermag«.

In der Nacht vom 20./21. Juni 1943 starten Colonel Myers und seine SOE-Leute mit den nichtkommunistischen Guerillas das drei Wochen dauernde Unternehmen, Codename »Animals« (Tiere). Das Ziel der großangelegten Sabotageaktion ist, die deutsche Führung von der geplanten Landung in Sizilien abzulenken und den Achsenmächten glaubhaft zu machen, daß eine Invasion des Balkans unmittelbar bevorstünde. In derselben Nacht sprengen sechs SOE-Saboteure die strategisch wichtige Asopos-Brücke bei Lamia an der Strecke Saloniki−Athen. Der Viadukt und die Brücke bleiben vier Monate unpassierbar.
Der neue ELAS-Oberkommandierende, Oberst Saraphis, lehnt strikt die Beteiligung seiner Guerillas an dieser Operation ab, die nach seiner Meinung den Einsatz von 1500 Mann und Artillerieunterstützung erfordert.
Übrigens wendet die ELAS eine ganze Reihe verschiedener Kniffe an, um der britischen Militärmission ihren Einsatz zu erschweren. Einer der am meisten praktiziert wird: Nähert sich ein Sabotage-Team der SOE im Angriff auf einen deutschen Stützpunkt oder dem zur Sprengung vorgesehen Objekt, trifft es bereits unterwegs auf eine Abordnung von Bewohnern der benachbarten Ortschaften, die den Leiter des Teams inbrünstig bittet, das Vorhaben aufzugeben, da man sonst deutschen Repressalien ausgesetzt ist. Dies bindet dem Team die Hände, denn ein Racheakt der Deutschen scheint offensichtlich. So findet die Aktion nicht statt.
Bei anderer Gelegenheit wiederum wird den Deutschen die geplante Aktion bereits so früh verraten, daß von einer Überraschung des Gegners keine Rede mehr sein kann und das Unternehmen abgebrochen werden muß.

1943

Juli–Dezember

Die griechischen Partisanen
Sonnabend, 3. Juli 1943, Kairo
Die *Agentur Reuter* meldet:
Alle griechischen Partisanenabteilungen werden dem alliierten Oberkommando unterstellt. Die Streitkräfte der Partisanen in Griechenland haben sich bereit erklärt, militärische Aufgaben zu erfüllen, die ihnen vom Oberkommandierenden der alliierten Streitkräfte übermittelt werden.

Nach langer Pause
Mittwoch, 7. Juli 1943, Budapest
Die Zeitung *Magyar Nemzet* berichtet:
Der 60 Kilometer südlich von Belgrad gelegene Ort Arangjelovac ist am 29. Juni nach Mitternacht von Partisanen überfallen worden, die acht bekannte serbische Persönlichkeiten verschleppten und vor der Stadt erschossen. Der Überfall von Arangjelovac ist der erste ernstere Zwischenfall in Serbien seit vielen Monaten.

Sabotageakte in Griechenland
7. Juli 1943, Kairo
Die *Agentur Reuter* teilt mit:
Einem Sonderverband griechischer Patrioten ist es gelungen, fast 100 Meter des wichtigen Asopos-Viadukts der Athen-Saloniki-Linie südlich der bereits zerstörten Stellen zu sprengen.

W. Churchill an General Alexander
7. Juli 1943:
Ich nehme an, daß Sie von den kürzlichen heftigen Kämpfen in Jugoslawien und dem Entstehen einer verbreiteten Sabotage- und Guerillabewegung in Griechenland gehört haben. Auch Albanien dürfte ein dankbares Feld sein. All das ist, von ein paar Fallschirmabwürfen abgesehen, ohne Großbritanniens Zutun aus sich selbst heraus gewachsen. Falls wir uns die Zufahrt zur Adria sichern und auch nur ein paar Schiffe in jugoslawische oder griechische Häfen einlaufen können, flammt vielleicht der ganze westliche Balkan mit folgenschweren Konsequenzen auf.

Restliche Banden zum großen Teil aufgerieben
Freitag, 9. Juli 1943, Berlin
Das *DNB* berichtet:
Die deutschen und italienischen Säuberungsaktionen im kroatischen und serbischen Raum waren weiter sehr erfolgreich. Mehrere Restgruppen wurden zersprengt und vernichtet. Die noch übriggebliebenen bewaffneten Banden Mihailovićs wurden zum größten Teil aufgerieben.

Aus dem Kriegstagebuch des OKW
Dienstag, 20. Juli 1943:
Der OB Südost übermittelt einen aufgefangenen Funkspruch des Draga Mihailović vom 16. 7., in dem dieser im Hinblick auf die großen sich abzeichnenden Ereignisse zur Sabotage in Kroatien und zum Vorstoß an die Adria auffordert, damit die Alliierten dort die Cetnici und nicht die Kommunisten vorfänden. Um Tito den Wind aus den Segeln zu nehmen, soll die Propaganda jugoslawisch und nicht großserbisch ausgerichtet werden.

Weisung Nr. 48

Der Führer   F. H. Qu., den 26. Juli 1943
OKW/WFSt/Op.
Nr. 661637/43 g. K. Chefs.
Geheime Kommandosache.
Chefsache
Nur durch Offizier!
Weisung 48 für die Befehlsführung und Verteidigung des Südostraumes

. . .
Im rückwärtigen Gebiet ist die vordringlichste Aufgabe des Ob. Südost, die Banden in Serbien und Kroatien mit Schwerpunkt an den Verkehrslinien nach Griechenland zu vernichten. Durch enge Verbindung mit der italienischen Heeresgruppe Ost bzw. der 2. italienischen Armee und durch die etwa erforderliche Abstellung deutscher Kräfte muß erreicht werden, daß die Bandenbekämpfung auch in deren Gebiet mit größtem Nachdruck durchgeführt wird und vor allem die Bandenherde in Küstennähe, die bei einer feindlichen Landung eine besondere Gefahr bedeuten können, ausgeräumt werden. Darüber hinaus muß die Heeresgruppe ständig darauf vorbereitet sein, in die Küstenverteidigung im italienischen Bereich bei entsprechender Entwicklung der Lage mit möglichst starken deutschen Kräften einzurücken.
. . .
(gez.) Adolf Hitler

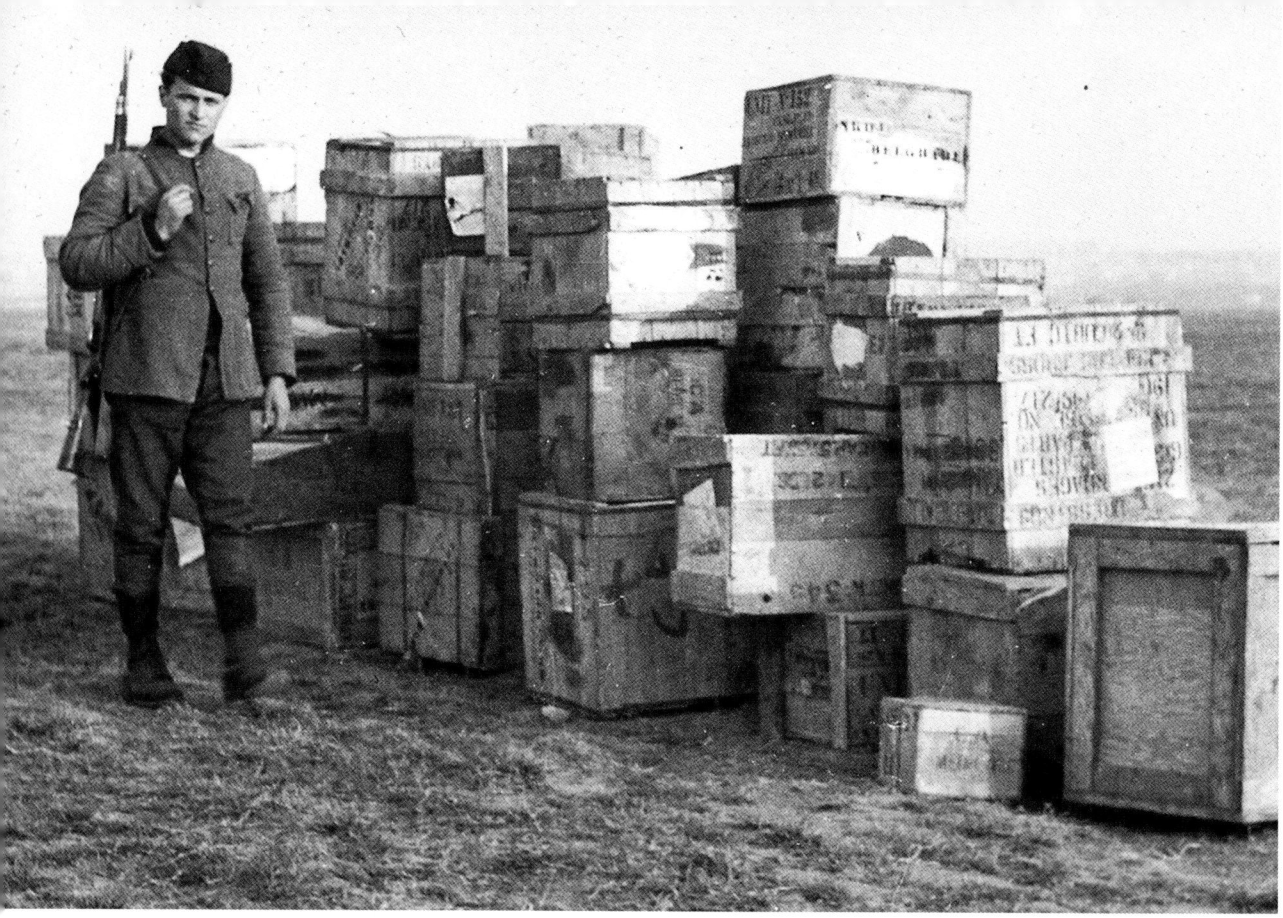

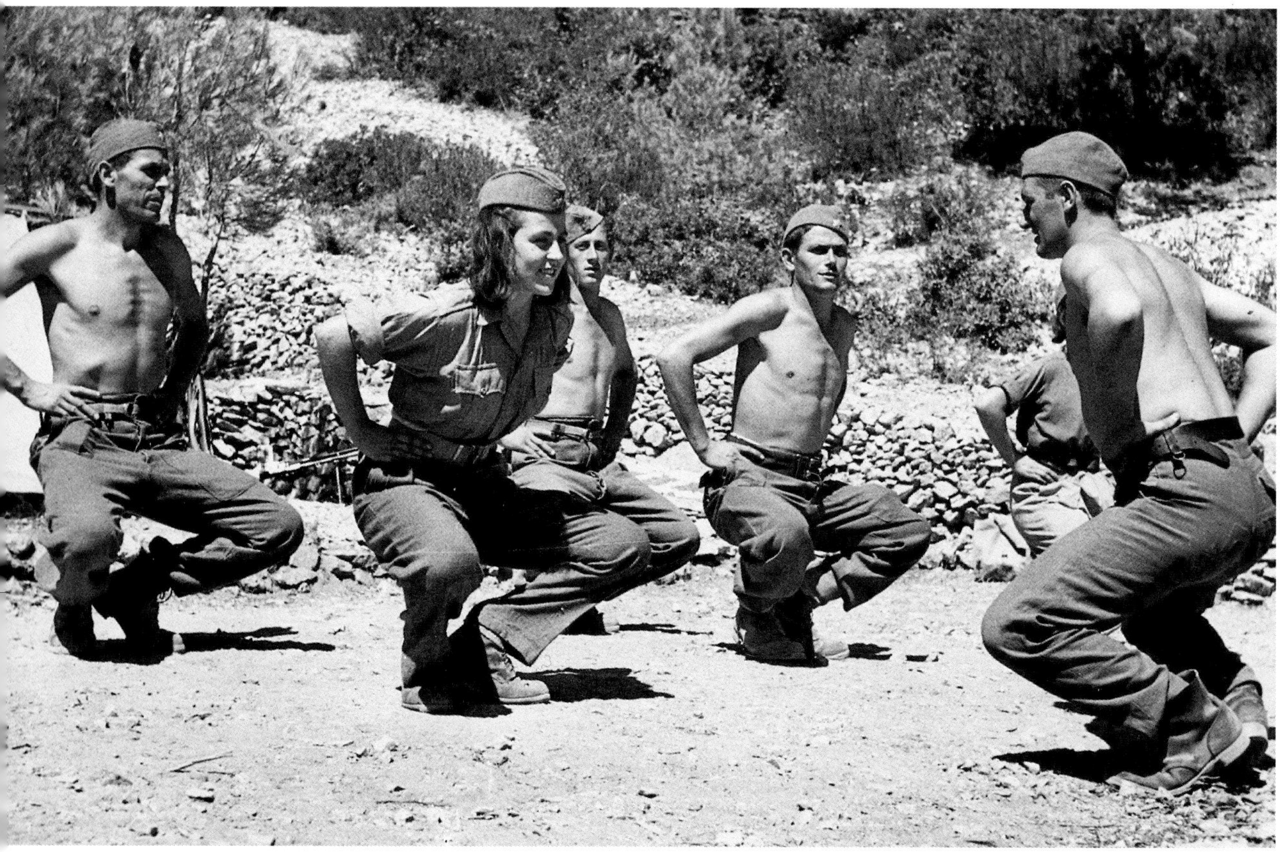

Warnung der Alliierten
Sonnabend, 7. August 1943, London
United Press meldet:
Das alliierte Oberkommando hat heute über den BBC wiederholt eine Warnung an die Bevölkerung Griechenlands und Jugoslawiens gerichtet. Das alliierte Oberkommando macht darauf aufmerksam, daß der Augenblick zum Losschlagen im Balkan aber doch noch nicht gekommen sei.

Erfolgreicher Überfall auf einen Flugplatz
Donnerstag, 19. August 1943, Kairo
Kriegsbericht der *jugoslawischen Volksbefreiungsarmee:*
Die 1. Partisanenbrigade unternahm einen Nachtangriff gegen einen wichtigen Flugplatz bei Sarajevo. Trotz heftigem deutschem Widerstand wurden 34 feindliche Flugzeuge zerstört, darunter vier Bomber vom Typ »Junkers«. Ferner wurde ein Panzerzug in die Luft gejagt.

Auf geheimen Wegen
Sonnabend, 28. August 1943, Kairo
Associated Press berichtet:
Wie jetzt bekannt wird, sind in den letzten Monaten wiederholt im Mittleren Osten ausgebildete griechische und jugoslawische Truppen in voller Ausrüstung »auf geheimen Wegen« in ihr Vaterland gebracht worden, um die dortigen Freiheitskämpfer zu unterstützen. Diese Verbände sind von alliierten Offizieren begleitet, die den Kontakt mit dem alliierten Oberkommando aufrechterhalten.

Ein Attentat?

28. August 1943, New York
New York Times meldet:
Von zuverlässiger Seite verlautet, daß auf Zar Boris III. ein Attentat verübt worden sei. Ein Polizeiinspektor habe Dienstagnacht Schüsse auf den Zaren abgegeben, als dieser von einem Besuch aus dem deutschen Hauptquartier zurückgekehrt sei. Der Zar ist in den Unterleib getroffen worden. Der Anschlag erfolgte in einer Bahnstation in der Nähe von Sofia.

Säuberungsaktion beendet
Donnerstag, 2. September 1943, Berlin
Das *DNB* meldet:
Im montenegrinisch-albanischen Gebiet ist soeben eine Reihe systematischer Säuberungsaktionen der deut-

Oben: Improvisiertes Nachschub-Depot auf offenem Feld: Ein Partisan bewacht Munitionskisten

Links: Montenegro, Sommer 1943: Morgengymnastik in einem Partisanenlager

schen Sicherungstruppen in gemeinsamen Operationen mit italienischen Verbänden mit vollem Erfolg zu Ende geführt worden.

Schnelle Reaktion auf Italiens Verrat

Freitag, 10. September 1943, Berlin
Das *DNB* berichtet:
Schnelle deutsche Truppen marschierten in Durchführung der Maßnahmen, die durch die bedingungslose Kapitulation Italiens notwendig wurden, in Albanien ein. Sie besetzten, vielfach von der Bevölkerung lebhaft begrüßt, die Hafenstädte Valona und Durazzo sowie die Stadt Elbasan.

Italienische Truppen auf Seiten der Guerillas
10. September 1943, Kairo
Die *Agentur Reuter* meldet:
Die jugoslawische Exilregierung hat erfahren, daß italienische Truppen und jugoslawische Guerillas zum erstenmal Seite an Seite im Kampf gegen deutsche Truppen stehen.

Unabhängigkeit Albaniens und Montenegros
Sonnabend, 11. September 1943, Berlin
Der *großdeutsche Rundfunk* gibt bekannt:
Albanien und Montenegro haben ihre Unabhängigkeit proklamiert.

Heftige Kämpfe um Cattaro
12. September 1943, Kairo
Die *Agentur Reuter* meldet:
Jugoslawische Kreise berichten, daß zwischen Italienern und Deutschen heftige Kämpfe um den Hafen Cattaro (Kotor) an der adriatischen Küste im Gange sind. Jugoslawische Partisanen haben an den Kämpfen teilgenommen. Es ist den Deutschen bisher nicht gelungen, die italienischen Verbände, die sich in das Gebirge Montenegros zurückgezogen haben, zu entwaffnen. Die jugoslawischen Partisanen erbeuteten große Vorräte an Waffen und Munition.

Aus dem Kriegstagebuch des OKW
Dienstag, 14. September 1943:
Lage Balkan: Die deutschen Kräfte im Bereich des OB Südost sind durch die Entwaffnungsaktion und das Einrücken in die Küstenverteidigung auf das äußerste beansprucht, so daß für die nötigsten Säuberungsaktionen größeren Ausmaßes keine Kräfte verfügbar sind. Den beteiligten Dienststellen wird der Befehl des Führers mitgeteilt, daß wegen der sich seit dem ital. Verrat verschärfenden Bandenlage in Kroatien die 1. Kosaken-Div. sofort dem OB Südost zugeführt werden soll. Die Ausstattung ist aus der ital. Beute zu vervollständigen.

Italienische Division unterstellt sich den Deutschen
Donnerstag, 16. September 1943, Berlin
Das *DNB* berichtet:

Kroatien, September 1943: Italienische Truppen werden von
einer deutschen Einheit entwaffnet

Die auf dem Balkan eingesetzte italienische Division
»Venezia« hat sich geschlossen der deutschen Wehrmacht unterstellt.

Leros und Samos in der Hand der Alliierten
16. September 1943, New York
Die *Agentur Reuter* meldet:
Die Inseln Leros und Samos im Ägäischen Meer wurden vor drei Tagen von den Alliierten besetzt.

Aus dem Kriegstagebuch des OKW
Freitag, 17. September 1943:
Die jetzige Lage im Südosten ist doch ungünstiger, als
sie sich im ersten Augenblick nach der Entwaffnung der
ital. Kräfte ansah. Denn deren anfängliche schockartige
Wirkung ist seit zwei Tagen im Nachlassen. Die Bandentätigkeit ist im Ansteigen, und einzelne ital. Einheiten leisten Widerstand oder haben sich zu den Banden
geschlagen.
Um Split wird noch gekämpft, sonst sind die westlichen

Häfen von Dalmatien in deutscher Hand. In dem Zwi-
schengelände sind jedoch die Banden Herr, die z. T.
durch ital. Überläufer verstärkt werden. Die Hauptge-
fahrenzone bildet z. Zt. der istrische Raum. Das Schicksal der dort untergebrachten ital. Kräfte ist unbekannt;
dagegen läßt sich erkennen, daß Tito hierher seinen
Schwerpunkt verlegt. Zur Bereinigung dieses Raumes
fehlen z. Zt. die Kräfte.

Warnung an Bulgarien
17. September 1943, Moskau
United Press berichtet:
In einem in der »Prawda« erschienenen Artikel fordert
der frühere Generalsekretär der Komintern, Dimitroff,
Bulgarien auf, dem Beispiel Italiens zu folgen und mit
Hitler zu brechen, da das Land sonst der unvermeidli-
chen Zerstörung entgegengehe. Sollte Bulgarien jedoch
im Lager der Achse verbleiben, heißt es am Schluß des
Artikels, so könnte die Geduld der Sowjetunion zu
Ende gehen.

Nedić bei Hitler
Sonntag, 19. September 1943, Berlin
Das *DNB* teilt mit:
Der Führer empfing am 18. September in seinem
Hauptquartier den serbischen Ministerpräsidenten
Generaloberst Milan Nedić.

Landungen auf Samos und Castelrosso
Montag, 20. September 1943
Aus dem *Hauptquartier der Alliierten in Nordafrika:*
Die britischen Seestreitkräfte haben am Sonnabend Truppenlandungen auf den griechischen Inseln Samos und Castelrosso durchgeführt.

Kämpfe zwischen Italienern und Deutschen
Freitag, 24. September 1943, London
Die *Agentur Reuter* meldet:
Die italienische Division »Taurinense« ging mit ihrem General auf die Seite der Jugoslawen über und kämpft jetzt gegen die Deutschen.

Spalato gestürmt
Dienstag, 28. September 1943, Berlin
Das *DNB* berichtet:
Die an der Adria gelegene Hafenstadt Spalato (Split), die Badoglio-Truppen und Aufständische gemeinsam besetzt hielten, wurde gestern von den deutschen Truppen im Sturm genommen.

Besetzung der Insel Korfu
28. September 1943, Berlin
Das *DNB* meldet:
Auf der Insel Korfu landeten gestern deutsche Kampftruppen. Die Landung war nach Ablehnung eines Ultimatums an die Badoglio-Verbände, die die Insel besetzt gehalten hatten, erfolgt. Unsere Soldaten zerschlugen den Widerstand und brachten mehrere Tausend Gefangene ein.

General Mihailović zur Offensive bereit
Mittwoch, 29. September 1943, Kairo
United Press berichtet:
Nach der Ankunft König Peters in Kairo wurde von amtlicher jugoslawischer Seite bekanntgegeben: General Mihailović warte nur auf das Signal, um zusammen mit britisch-amerikanischen Landungsstreitkräften zur Offensive überzugehen.

Offensive der Tito-Partisanen
Freitag, 1. Oktober 1943, Kairo
Die *Agentur Reuter* teilt mit:
Das Hauptquartier von Marschall Tito berichtet: Nachdem alle Versuche der deutschen Truppen, in das von der Volksarmee befreite Gebiet Sloweniens einzudringen, gescheitert sind, haben unsere Verbände mit starken Kräften gestern früh die Offensive ergriffen. Auf der gesamten Frontbreite von Tserknitsa-Ljubljana-Vischnja Gora wurden die Deutschen zurückgeworfen, wobei sie erhebliche Verluste an Toten und Verwundeten erlitten.

Ende der Kämpfe auf Kos

Mittwoch, 6. Oktober 1943, Ankara
United Press teilt mit:

Das gesamte Gebiet der Insel Kos soll sich jetzt in den Händen der deutschen Landungsverbände befinden. Gleichzeitig treffen Meldungen von einem deutschen Landungsunternehmen gegen die Insel Samos ein. Erbitterte Gefechte sind im Gange. Italienische Truppen kämpfen an der Seite der kleinen britischen Garnison.

Aus dem Kriegstagebuch des OKW
Freitag, 8. Oktober 1943:
Lage Balkan: Zunehmende Bandentätigkeit an der kroat.-montenegr. Grenze. XV. (Geb.) AK. steht im Kampf mit stärkeren Bandenkräften. In Kroatien haben sich wieder größere zusammenhängende Bandengebiete gebildet. Es zeigt sich, daß die Tito-Bewegung stärker und kampfbereiter ist als die des Mihailowitsch, dessen Aufruf zur Sabotage keine große Wirkung gehabt hat. Britische Versorgung von der Küste aus macht sich bemerkbar.

Partisanen setzen Panzer ein
Dienstag, 12. Oktober 1943, Ankara
Die *Agentur Reuter* teilt mit:
Nach Meldungen der türkischen Presse verwendet die jugoslawische Partisanenarmee jetzt leichte Panzerwagen englischer Bauart, die auf geheimem Wege nach Jugoslawien gebracht worden sein sollen.

Insel Kos kapituliert
Mittwoch, 13. Oktober 1943
Aus dem *Hauptquartier von General Wilson:*
Der letzte Funkspruch, der von den britischen Truppen auf der Insel Kos empfangen wurde, lautet: »Erwartet nicht mehr, von uns zu hören. Wir sind am Ende unserer Kraft.«

Britische Flugzeuge unterstützen Guerillas
Sonntag, 24. Oktober 1943, Budapest
Die Zeitung *Magyarorszag* berichtet:
Die Bombardierung von Niš und Skoplje durch britische Flugzeuge hat eine neue Phase der Kämpfe auf dem Balkan eingeleitet. Dabei fällt auf, daß die angelsächsischen Fliegerangriffe die Einflußsphäre von General Mihailowić anscheinend weitgehend schonen.

Hinrichtung von politischen Gegnern
Mittwoch, 27. Oktober 1943, Kairo
Die *Agentur Reuter* teilt mit:
Der Sender »Freies Jugoslawien« meldet, daß in den von Partisanen besetzten Teilen Sloweniens ein erstes reguläres Strafgerichtsverfahren stattgefunden hat. 17 Personen waren der »Zusammenarbeit mit dem Feinde« angeklagt, und zwar mit den italienischen Faschisten, dann mit den Deutschen und später mit »Agenten des Generals Mihailowić«. 14 Angeklagte wurden zum Tode und zwei zu lebenslänglichem Zuchthaus verurteilt; einer wurde freigesprochen. Die Urteile wurden bereits vollstreckt.

Aus dem Kriegstagebuch des OKW
Freitag, 5. November 1943:
Lage Balkan: Bei anhaltender lebhafter Bandentätigkeit Lage unverändert. Für eine bald bevorstehende feindliche Landung fehlen ausreichende Anzeichen. Im Innern hat sich die Lage verschärft; es handelt sich hier jetzt nicht mehr um ein »Bandenunwesen«, sondern darum, daß der Feind auf dem Balkan Fuß gefaßt hat und geschlagen werden muß, bevor die eigenen Truppen in die Küstenverteidigung zurückgezogen werden

LEGITIMACIJA ZA BJEGUNCA
Ne strieljati, predati najbližem Njemačkom zapovjedničtvu. Dobro postupati.
FLÜCHTLINGS-AUSWEIS
Nicht erschiessen, sondern zur nächsten Deutschen Kdo-Stelle bringen und gut behandeln.

Überläufer-Miniausweis für Tito-Partisanen, leicht zu verstekken (Maßstab 1:1)

müssen. Die Bandenlage wird durch die Gesamtkriegslage bestimmt: Der Zulauf zu den Banden hängt von den Hoffnungen auf eine britische Landung oder auf einen bolschewistischen Sieg ab.

Warnung

Dienstag, 9. November 1943, Kairo
Die *Agentur Reuter* meldet:
Zum erstenmal hat eine britische Stelle gewisse Tschetniks der Zusammenarbeit mit den Deutschen bezichtigt. General Sir Wilson, der Oberkommandierende im Mittleren Osten, erließ einen Tagesbefehl an die Jugoslawen: »... Ich habe erfahren, daß in einigen Gebieten Westjugoslwiens, besonders in Dalmatien, gewisse Elemente den Namen der Tschetniks entehren und den Deutschen bei ihren vergeblichen Versuchen helfen, die Befreiungskämpfer niederzuwerfen. Diese Männer verraten schmählich die Sache ihres Landes und vergrößern die Schande dadurch, daß sie behaupten, ihre Aktionen genössen die britische Zustimmung. Diese Behauptung ist völlig unwahr. Ich erlasse diese letzte Warnung: Jeder, der tapfer gegen die Deutschen für die Befreiung seines Landes kämpft, erhält die volle Unterstützung der Alliierten. Jeder, der – ganz gleich mit welcher Begründung – den Deutschen hilft, ist ein Feind der Alliierten. Alle diese einst ehrenhaften Männer, die von falschen Vorstellungen über das Interesse ihres Landes mißleitet wurden, müssen sofort den Dienst für die Deutschen aufgeben. Andernfalls werden

sie als Verräter an ihrem eigenen Volk und als Feinde der Alliierten betrachtet werden.«

Aus dem Kriegstagebuch des OKW
Mittwoch, 10. November 1943:
Daraus, daß Tito sich gegen Serbien wenden will, ist zu entnehmen, daß zunächst kein britischer Angriff von der Adria aus bevorsteht. Andererseits versucht Tito alles, um sich den britischen Nachschubweg über die dalmatinischen Inseln offenzuhalten. Deshalb muß das Loch zugestopft werden.
Der OB Südost sieht jetzt den Kampf gegen Tito als die wichtigste Aufgabe an, wichtiger noch als die Sicherung der Küsten. Da die hierfür verfügbaren Kräfte durch die Abgaben an den Osten erheblich geschwächt worden sind, wird ihm nunmehr mitgeteilt, daß der Führer seinen Antrag vom Vortage auf Heranziehung der 1. Geb.-Div. zum Unternehmen »Kugelblitz« genehmigt habe.

Kapitulation der Engländer auf Leros
Mittwoch, 17. November 1943, Berlin
Das *DNB* berichtet:
Mit der Kapitulation von Leros ist praktisch das gesamte Inselgebiet des Dodekanes in deutscher Hand. Lediglich der Inselsplitter Castelrosso befindet sich noch in der Hand des Gegners.

Vertrag zwischen der *deutschen Wehrmacht* und den *Cetniks*

Geheime Kommandosache

Auszug aus Vertrag zwischen Mil. Befehlshaber Südost und Cetnikstab 148, Führer Major Lukacevic, vom 19. 11. 43.
1. Waffenruhe im Raum Bajina Basta – Drin-Fluß – Tara-Fluß – Bijelopolje – Rozaj – Kos. Mitrovica – Ibar-Fluß – Kraljevo – Cacak – Uzice.
In Abkommen sind eingeschlossen Deutsche Wehrmacht und Polizei, Bulgarische Wehrmacht, SFK, SSW, RSK, serbische Behörden und Wirtschaftsbetriebe, auf Cetnikseite Cetnikverbände des Majors Lukacevic im genannten Gebiet.
2. Waffenruhe soll Voraussetzung für gemeinsamen Kampf gegen Kommunisten bilden.
3. Gemeinsamer propagandistischer Kampf gegen Kommunismus.
4. Bestätigung Lukacevic, daß in unterstellten Einheiten kein Angehöriger der mit Deutschland im Krieg befindlichen Mächte vorhanden.
5. Überlassung von Kampfräumen an Cetnikverbände zu selbständiger Kampfführung durch Deutsche Wehrmacht.
6. Eingliederung der Cetnikverbände in deutsche Kampfführung bei größeren gemeinsamen Operationen. Kampfaufträge für diese Zeit durch deutsche Führung an Cetnikverbände.

7. Verpflichtung Major Lukacevic nicht gegen Mohamedaner vorzugehen. Verpflichtung deutscherseits, mohamedanisches Vorgehen gegen serbische Bevölkerung und Verbände Lukacevic zu verhindern. Bei Zwischenfällen gemeinsame Untersuchung und Befreiung.
8. Austausch von Verbindungsstäben.
9. Lieferung deutscher Munition zur Durchführung gemeinsamer Kampfaufgaben entsprechend militärischen Notwendigkeiten. Vorlage von Stärke, Gliederung und Bewaffnung der Cetnikverbände.
10. Vertrag ist geheimzuhalten.

OB Südost (Okdo. H. Gr. F) Ic C/AO
Nr. 2107/43 gKdos. v. 20. 11. 43

Weisung des *Generalfeldmarschalls v. Weichs* über eine begrenzte Zusammenarbeit zwischen der deutschen Wehrmacht und den Cetniks

Geheime Kommandosache! Ic/AO Nr. 2171/43 g.Kdos.
II. Ang.

Der Oberbefehlshaber   H. Qu., den 21. 11. 1943
Südost
(OKdo.H.Gr.F)
IC/AO Nr. 2171/43 g.Kdos.

1. In Auswirkung der seit längerer Zeit in enger Zusammenarbeit mit dem Sonderbevollmächtigten des Auswärtigen Amtes und OB. Südost geführten Verhandlungen mit Führern von Cetnikverbänden wurde ein Abkommen geschlossen, das örtlich begrenzte Waffenruhe und fallweise zu treffende gemeinsame Kampfführung gegen den Kommunismus vorsieht.

2. Voraussetzung für dieses Abkommen war es und wird es bei möglichen weiteren Abkommen sein, daß die Cetnikverbände
a) sich aller Kampf- und Sabotagehandlungen gegen die deutsche Wehrmacht, deren Verbündete, die mit diesen gemeinsam kämpfenden landeseigenen Verbände und die Muselmanen enthalten,
b) bei Teilnahme an gemeinsamen Kampfhandlungen gegen die Kommunisten sich der deutschen Führung unterstellen,
c) alle Verbindungen zu den mit Deutschland im Kriege stehenden Mächten aufgeben und vorhandene Verbindungsstäbe ausliefern,
d) sich an einer gemeinsamen Propaganda gegen den Kommunismus beteiligen.

3. Sämtliche Offiziere sind über folgendes zu unterrichten:
a) Das bisherige Verbot einer Zusammenarbeit mit den Cetnikverbänden und einzelnen Banden entsprach der eindeutigen Festlegung des Obersten Cetnikführers

Albanien, Herbst 1943: Von Deutschen aufgestellte Anti-Partisaneneinheit in italienischen Uniformen, mit italienischen Waffen und in selbstgefertigten Schuhen

Draga Mihajlović auf unabdingbaren Kampf gegen Deutschland und seine Verbündeten, von dem dieser sich bisher nicht losgesagt hat.

b) Die Erklärung einzelner Cetnikführer, den Kampf gegen den Kommunismus gemeinsam mit der deutschen Wehrmacht führen zu wollen, kam der Gesamtbeurteilung der Feindlage im Südostraum, die das kommunistische Bandenunwesen und seine nachweisbare ideelle und materielle Unterstützung durch die UdSSR als Hauptgefahr erkannt hat, entgegen und mußte demnach zu einer Überprüfung der Cetnik-Angebote führen.

c) Die neuerdings loyale Einstellung einzelner Cetnikverbände kann nicht verallgemeinert werden, da auch heute noch Überfälle und Sabotageakte durch Cetnik-Banden ausgeführt werden.

d) Der Truppe sind weiterhin Verhandlungen mit Cetnikverbänden verboten. Eigenmächtigkeiten können nur die von höchster politischer und militärischer Stelle aus angebahnten Verbindungen stören und damit schwere Nachteile für die Gesamtführung im Südostraum zur Folge haben.

e) Örtliche Cetnikführer, die sich zu gemeinsamem Kampf anbieten, sind an die nächstliegende Dienststelle der Abwehr oder des SD zu verweisen.

f) Die Propaganda gegen die Cetnik-Bewegung wird eingestellt, ihre Wiederaufnahme ist abhängig von der Entwicklung der neugeschaffenen Lage.

gez. *Frhr. von Weichs*
Generalfeldmarschall

Bandenkampf auf nordadriatischen Inseln
Von Kriegsberichterstatter H. G. Rexroth
Eben ist der Mond aufgegangen. Die verschlungenen Buchten der istrischen Küste versinken allmählich im Schatten. Landzungen erstrecken sich wie Keile in das schimmernde Meer. Leise rauscht das Spritzwasser am Bug des Kriegsschiffes. Der Kommandant auf der Brücke sieht zu dem großen Transporter hinüber, der mit hochaufragendem Schiffsrumpf die leicht bewegte See teilt.

Auf dem Deck des Transporters ist es still. Aufbauten und Masten, die langen Rohre der Geschütze, die Sturmboote auf den Luken ragen als Silhouetten in die Helligkeit des Mondes, dessen Licht im sanften Gleiten über das Meer fließt. Die in die Decken gehüllten Gestalten der Grenadiere, die in wenigen Stunden zum Sturmangriff angesetzt werden sollen, liegen regungslos zwischen den Booten und dem Mittschiff.

Im Westen erheben sich über den adriatischen Inseln dünne Nebel. Leise Kommandos erklingen über das Deck des Transporters. Erwartungsvoll stehen die Grenadiere, das Sturmgepäck auf dem Rücken, die Waffen in der Hand, an der Reling.

Es ist 4.00 Uhr. Die Kräne schwenken rasch die besetzten Boote über Bord und lassen sie zu Wasser. Sicherungsfahrzeuge begleiten die ersten auslaufenden Boote, die sich rasch in der beginnenden Morgendämmerung dem bewaldeten Ufer der Insel Lussino nähern.

Boot um Boot entschwand um die Biegung in den Kalkfelsen. Wie eine Muschelschale öffnet sich die Bucht. Helle Hauswände von Villen und Landhäusern schimmern aus dem dunklen, waldigen Gelände.

Aus dem schattigen Dunkel des Uferdickichts leuchten plötzlich Mündungsfeuer leichter Waffen auf. Hart klingen die Schüsse und das metallische Krachen der Maschinengewehre in die Stille des Morgens. Wie aufgeschreckt schwenkt das erste Sturmboot zur Seite, läuft im Bogen auf eine Felsplatte zu und stößt über den Rand des Kalkriffs an das Ufer. Die Insassen des Bootes springen mit dem Karabiner in der Hand an Land. Zwei Verwundete steigen mühsam ans Ufer, während rötlicher Schein im Osten über die Wipfel der Kiefern die Bucht in purpurnes Leuchten taucht. Die Agaven und Lorbeerblätter erglänzen im Tau. Maschinengewehrfeuer dringt durch die Stille. Langsam schieben sich die Prähme in die Bucht und nähern sich dem Ufer. Einige Grenadiere unter der Führung eines Marine-Offiziers, der mit dem ersten Boot an Land gegangen ist, bringen einen englischen Sergeanten als Gefangenen zurück. Zwischen den abgehauenen Ästen einer Aleppokiefer liegt ein toter Badoglio-Italiener. Die Mütze mit dem Sowjetstern ist in den Nacken geglitten. Die Bucht füllt sich nach und nach mit Fahrzeugen. Boote gleiten durch das ruhige Wasser, besetzt mit Grenadieren, mit Munitionskisten und leichten Infanteriegeschützen beladen, stoßen sie von den Prähmen ab und bringen ihre Ladung an Land, Kraftwagen werden ausgeschifft, laut erklingen Kommandorufe in die Morgenstille. Seltener dringen aus dem Innern der Insel Schüsse. Unter dem Ansturm der vordringenden deutschen Stoßtrupps wichen die Bandengruppen in das Innere der Insel zurück. Die Fensterläden der Villen waren geschlossen. Unmittelbar hinter den Gärten zogen sich die Schützengräben der Banden, die als vordere Linie der Verteidigungsstellung die Bucht und die Landungsköpfe beherrschen sollten. Die Haustüren standen offen, unheimlich still lagen die Flure und Treppenhäuser.

In den Zimmern waren Gepäckstücke der dort wohnenden Badoglio-Offiziere und englischen Spezialisten verstreut. Sie hatten in letzter Minute nur noch das Leben gerettet. Aber schon drangen unaufhaltsam kampfkräftige Stoßtrupps durch das Felsendickicht der Insel den Geflohenen nach, trieben sie zu den schmalsten Stellen des Eilands, wo sie zwar noch verzweifelten Widerstand leisteten, der jedoch in wenigen Stunden gebrochen wurde.

Deutsche Allgemeine Zeitung, 23. 11. 1943

Erste sowjetische Militärmission

Dienstag, 14. Dezember 1943, Moskau
United Press teilt mit:
Eine sowjetische Militärmission wird sich dieser Tage nach Jugoslawien begeben und sich dem Stab Marschall Titos zur Verfügung stellen.

Montag, 20. Dezember 1943:
Lage Balkan: Die feindl. Verluste bei dem Unternehmen »Kugelblitz« betragen insgesamt etwa 9000 Mann. 24 Geschütze, 6 Panzerfahrzeuge und zahlreiche Inf.-Waffen wurden erbeutet. Damit ist es im wesentlichen gelungen, trotz schwierigster Gelände- und Witterungsverhältnisse die roten Kräfte in Ostbosnien zu zerschlagen und die operative Absicht des Feindes, in den altserbischen Raum vorzustoßen, zu vereiteln.

zum Stillstand gekommen. Dadurch wurde das deutsche Oberkommando in die Lage versetzt, beträchtliche Truppenteile aus Griechenland nach Jugoslawien abzuziehen.

Tito – alliierter Kommandant
22. Dezember 1943, Kairo
Die *Agentur Reuter* meldet:
Marschall Tito ist in den Rang eines »alliierten Kommandanten« erhoben worden. Die Ernennung erfolgte

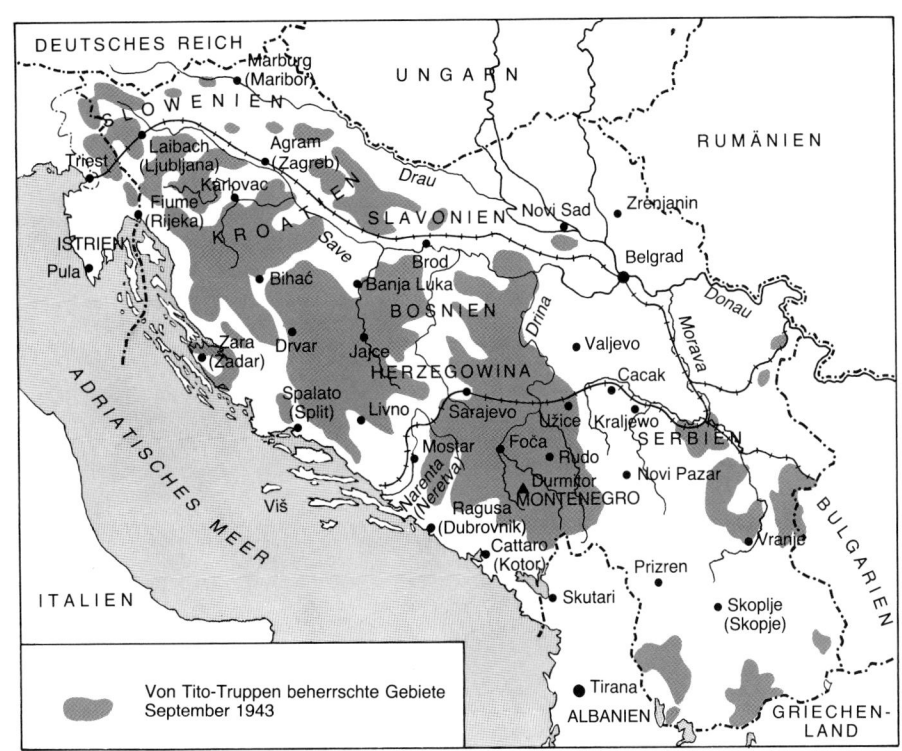

In der zweiten Jahreshälfte 1943 sind beträchtliche Teile Jugoslawiens unter Titos Kontrolle

Von Tito-Truppen beherrschte Gebiete September 1943

Tito-Delegation in Ägypten
Dienstag, 21. Dezember 1943, Kairo
United Press meldet:
Amtlich wird bekanntgegeben, daß in Alexandria zwischen einer Delegation von Marschall Tito und Vertretern der britischen sowie US-Streitkräfte Verhandlungen geführt wurden. Man erzielte volle Übereinstimmung und traf Vereinbarungen, der Volksbefreiungsarmee die größtmögliche Hilfe zu gewähren.

Zwistigkeiten in Griechenland dauern an
Mittwoch, 22. Dezember 1943, Kairo
United Press berichtet:
Seit einigen Wochen sind infolge Zwistigkeiten zwischen den verschiedenen kämpfenden Gruppen in Griechenland die militärischen Operationen gegen die deutschen Besatzungstruppen in Griechenland fast völlig

nach den Besprechungen einer Delegation der jugoslawischen Partisanen in Alexandria.

Tito-Truppen entscheidend geschlagen

Dienstag, 28. Dezember 1943, Berlin
Das *DNB* berichtet:
Dieser Tage kam ein über zwölf Tage dauerndes großes Unternehmen gegen die Tito-Banden zum Abschluß. Die in umfassenden Operationen von unseren Truppen und den Verbündeten angegriffenen Verbände versuchten auszuweichen, wurden jedoch immer wieder zum Kampf gestellt und erlitten dabei Verluste, die ihnen für die nächste Zeit selbständige Unternehmen in diesem Gebiet unmöglich machen. Besonders schwer sind die Verluste der Tito-Banden an Waffen, Munition, Verpflegung und sonstiger Ausrüstung.

Und so war es

Während sich in den heißen Sommernächten die anglo-amerikanischen Invasionstruppen in den küstennahen Ortschaften Marokkos und Tunesiens auf die Landung in Sizilien vorbereiten, werden die politischen Kreisen der Hauptstädte Südosteuropas von der fieberhaften Suche nach einer Möglichkeit beherrscht, sich von Hitler-Deutschland zu lösen.

Am Donnerstag, dem 1. Juli 1943, stattet der rumänische Ministerpräsident Mihai Antonescu dem Duce in Rom einen Besuch ab. Er schlägt während der Unterredung dem verblüfften Mussolini vor, gemeinsame Friedensgespräche mit den Westalliierten einzuleiten. Der Duce lehnt dieses Ansinnen jedoch brüsk ab. Er ahnt nicht, daß seine Generale schon seit Monaten darüber Geheimgespräche im neutralen Portugal mit britischen Kontaktmännern führen und jetzt kurz vor dem Abschluß stehen.

Am Montag, dem 5. Juli 1943, wird zwischen dem Vertreter des alliierten Hauptquartiers Nahost (Kairo), Colonel Myers, und der EAM-ELAS ein Übereinkommen unterzeichnet, wonach die ELAS-Partisanen als ein Teil der unter dem Befehl des Hauptquartiers Nahost stehenden Truppen angesehen werden. Man vereinbart auch eine Koordinierung der einzelnen Aktionen. Dieses Abkommen – auf Initiative des Chefs der britischen Militärmission, Colonel Myers – ist das Resultat langwieriger, zäher Verhandlungen, die sich über Monate hingezogen haben.
Kairo befürwortet das Zustandekommen einer Kooperation mit den unabhängigen griechischen Widerstandsgruppen, deren gemeinsame Unternehmen von britischen Verbindungsoffizieren befehligt werden sollen. Um die ELAS-Führer überhaupt zur Unterzeichnung dieses Abkommens zu bewegen, macht Colonel Myers ein Zugeständnis: Die Engländer müssen Absprachen über Aktionen zusammen mit einem vereinigten Partisanen-Generalstab treffen. Die ELAS erhält in diesem Generalstab drei von sechs Sitzen, je ein Sitz fällt an die »Nationale Republikanische Griechische Liga« EDES, an die »Nationale und Soziale Befreiung« EKKA sowie an die britische Militärmission, was von Anfang an einem Machtmonopol der Kommunisten gleichkommt. Besser noch: Colonel Myers muß sich außerdem bereiterklären, daß jede der Guerilla-Gruppen jeden Monat für ihre Mitglieder pro Kopf ein Pfund Sterling in Gold bekommt, was in dem von Inflation geplagten Griechenland durchschnittlich einem Kaufwert von zehn Monatslöhnen eines Arbeiters entspricht.
Da die zahlenden Engländer überhaupt keine Kontrolle über die wirkliche Stärke der Widerstandsbewegung haben, müssen sie sich damit begnügen, die vorgelegten Namenslisten zu akzeptieren, die jetzt von Monat zu Monat rapide anschwellen. Diese Art der Reaktivie-rung einer Widerstandsbewegung hat in der Geschichte kaum eine Parallele. Und die ELAS-Führer veranstalten zugleich in vielen Landesteilen eine regelrechte Treibjagd und Zwangsrekrutierung von jungen Menschen, um die Reihen der ELAS zu stärken, wofür sie jeden Monat mit englischem Gold entlohnt werden.

Am Sonnabend, dem 10. Juli 1943, gründen die moskautreuen albanischen Partisanen, etwa 15 000 Mann, den »Generalstab der Nationalen Befreiungsarmee« als Zentrum des Volkswiderstandes und als zentrales Organ für die Leitung und Koordinierung des Partisanenkampfes. Sie führen in dieser Zeit Kämpfe gegen italienische Besatzungstruppen und gegen die royalistischen Truppen des Kommandanten Bali Kombetar.

In der Morgendämmerung des 10. Juli 1943 landen im Rahmen der Operation »Husky« alliierte Verbände an den Sandstränden der Südostküste Siziliens. Diese Operation beschleunigt den Verfall des faschistischen Systems und läßt ahnen, daß Italien kurz vor dem Zusammenbruch steht. Jetzt beschließt Tito, seine Streitkräfte in die westlichen Gebiete Kroatiens, den italienischen Besatzungsbereich, zu verlegen, um, falls es zur Kapitulation der italienischen Streitkräfte kommen sollte, von der neuen Situation zu profitieren.

Am Mittwoch, dem 14. Juli 1943, greifen in Albanien vier italienische Divisionen den Raum von Malakastra und Tepeleni an, in dem sich die meisten der Partisanengruppen befinden. In Tirana selbst liegt die für den gesamten Balkanraum zuständige italienische Heeresgruppe »Est«, zu der die 11. Armee in Griechenland gehört. Albanien, Montenegro und das kroatische Küstengebiet wiederum kontrolliert die italienische 9. Armee, ebenfalls mit dem Hauptquartier in Tirana. Ihr sind 6 Armeekorps, 15 Divisionen sowie mehrere Panzerabteilungen und Schwarzhemdenbataillone unterstellt.

Am Sonnabend, dem 24. Juli 1943, wird Mussolini seines Amtes enthoben, und der »Große Faschistische Rat« bittet nun König Viktor Emanuel III., den Oberbefehl über die italienischen Streitkräfte zu übernehmen. Tags darauf, am 25. Juli 1943, wird Mussolini, nachdem er selbst als Regierungschef zurückgetreten ist, beim Verlassen des Königspalastes verhaftet.
Der König ernennt Marschall Badoglio zum neuen Regierungschef. Badoglio, dessen Emissäre in Lissabon mit Vertretern der britischen Führung gerade die Bedingungen des Waffenstillstandes aushandeln, erklärt offiziell: »Der Krieg wird fortgesetzt. Italien bleibt im Geiste seiner tausendjährigen Tradition dem gegebenen Wort treu.«

Am Mittwoch, dem 28. Juli 1943, wird im Generalhauptquartier der ELAS der »Oberste Militärische Rat« gebildet. Er faßt bereits auf seiner ersten Sitzung einige wichtige Beschlüsse, so über die Umorganisie-

rung der Kampfgruppen und das militärische Regle-ment. Dem »Obersten Militärischen Rat« gehören an: Vom Generalhauptquartier der ELAS, Stefanos Sara-fis, Aris Veluchiotis und Wassilis Samariniotis; General-stabschef des Generalhauptquartiers der ELAS ist Dimitrios Petrulakis; Kommandeur von Thessalien, D. Flulis; Kommandeur von Mazedonien, Wassilis Tsot-sos; Kommandeur von Epirus, Panos Nassis; Komman-deur von Rumeli, Jannis Papthanassiu. Das General-kommando Peloponnes und die ELAS in Athen unter-stehen direkt dem Zentralkomitee der ELAS in Athen. Die ELAS verfügt jetzt laut SOE-Zahlliste über Kampftruppen mit 16 000 Männern und Frauen, dazu nochmals die gleiche Anzahl an Dorfbewohnern, die als Reserven gelten. Die EDES ist nur 5000 Mann stark und hat etwa genausoviel Reservisten.

Am Freitag, dem 30. Juli 1943, nimmt der neue italieni-sche Außenminister Guariglia im Vatikan mit dem Ver-treter der britischen Regierung beim Heiligen Stuhl Verbindung auf. Zu gleicher Zeit beordert Churchill den 32jährigen Brigadier MacLean, einen ehemaligen Diplomaten und Mitglied des Parlaments, als Chef einer neuen Militärmission in das Hauptquartier von Tito.

Ab August 1943 wird der Balkan Schauplatz der Fehde zwischen dem britischen und dem US-Geheimdienst: In diesen Tagen beschließt nämlich Präsident Roosevelt, ebenfalls amerikanische Militärmissionen sowohl zu den Tito-Partisanen als auch zu den Mihailović-Tschet-niks zu entsenden. Aber bald merkt das Office of Strategic Services (OSS), daß es nicht einfach ist, die getroffene Entscheidung in die Tat umzusetzen, da die SOE in Kairo sehr aufpaßt, um OSS-Infiltrationen auf dem Balkan, die sie als eigene Einflußsphäre betrach-tet, zu verhindern. Das Vorhaben, OSS-Männer an der jugoslawischen Adriaküste zu landen, wird ständig von der Royal Navy blockiert, die auf Veranlassung der SOE jedes kleinste Schiff »mit Beschlag belegt«, das vom OSS angefordert wird. »Ist es dem britischen Empire nicht möglich, zwei kleine Fischerboote der USA zur Verfügung zu stellen?« fragt ein erzürnter OSS-Offizier beim alliierten Hauptquartier.
Schließlich fordert das Weiße Haus General Donovan auf, persönlich in London zu intervenieren, um den Weg für die jugoslawischen Militärmissionen des OSS zu ebnen.

Am Montag, dem 2. August 1943, fliegt D'Ajeta, ein hoher Beamter des italienischen Außenministeriums, nach Lissabon, um dort mit Abgesandten der britischen Regierung Verhandlungen über eine Kapitulation zu führen.

Bereits am Dienstag, dem 3. August 1943, kommt es in Lissabon zur ersten offiziellen Fühlungnahme zwischen den Vertretern der italienischen Regierung und den Alliierten.

Unterdessen nimmt in Griechenland der Zwist unter den moskautreuen Guerillas, der griechischen Exilregierung und der britischen Militärmission immer schärfere Formen an. Jetzt, nachdem die »Nationale Befreiungsfront« EAM die militärische Anerkennung der Alliierten hat, verlangt sie von der britischen Militärmission auch die politische Anerkennung und ihre eigene, separate Exilregierung, völlig unabhängig von der Königlichen Exilregierung in Kairo. Sie will ebenso eine Zusicherung, daß nach Kriegsende ihr – kommunistischer – Machtanspruch garantiert wird. Colonel Myers, der eine solche Zusicherung weder geben kann noch will, beschließt, die Sache persönlich in Kairo zu klären.

Auf Vorschlag der SOE wird auf dem Hochplateau in Mittelgriechenland, in der Nähe von Neraida, eine geheime Landepiste vorbereitet. Nun verlangt die EAM von Colonel Myers, daß eine größere Abordnung aller drei Organisationen ihn nach Kairo begleitet. Die Streitereien, wer eigentlich mitfliegen soll, nehmen kein Ende, bis am 9. August 1943, um 22.00 Uhr, eine Dakota auf der geheimen Rollbahn landet, in der genug Platz für die ganze Abordnung ist.
In Kairo, wo man auf Gespräche über militärische Probleme vorbereitet ist, kommt es zu scharfen Auseinandersetzungen einerseits zwischen der Delegation und König Georg II., andererseits zwischen der Exilregierung und dem König sowie dem Foreign Office, das den König in seinen politischen Erwägungen unterstützt, sowie zwischen dem britischen Oberkommando und der SOE, die sich von den Operationen der griechischen Guerillas einiges versprechen.

Am Morgen des 5. August 1943 erhält General der Infanterie Rendulic, Befehlshaber des XXXV. Panzerkorps, das gerade in harten Kämpfen mit überlegenen sowjetischen Kräften vor Orel steht, den Befehl, sich im Führerhauptquartier in Ostpreußen zu melden. Rendulic entstammt einem alten kroatischen Soldatengeschlecht und soll jetzt das Kommando der 2. Panzerarmee, der alle in Kroatien stehenden deutschen und kroatischen Truppen unterstellt werden, übernehmen.
Als Rendulic am Freitag, dem 6. August 1943, in der »Wolfsschanze« bei Rastenburg eintrifft, befiehlt ihm Hitler: »Nützen Sie die Wehrkraft Kroatiens aus, zerschlagen Sie Tito, schalten Sie im Bedarfsfall die Italiener aus, besetzen Sie sodann Dalmatien, Montenegro und Albanien und verteidigen Sie die Küste.« Unterdessen will Hitler die Bulgaren überreden, ihre 25 Divisionen aus der Heimat der Ostfront zu Hilfe zu schicken.

Am Sonntag, dem 15. August 1943, bittet Hitler den bulgarischen Zaren Boris zu sich auf den Obersalzberg. Über die unter vier Augen geführten Gespräche werden keine Einzelheiten bekannt. Zar Boris III. spricht fließend deutsch, aus diesem Grund ist kein Dolmetscher zugegen. Man erfährt aus den spärlichen Bemerkungen des Zaren nur, daß Hitler sich mit allen Mitteln vergebens bemüht hat, ihn zu einem Einsatz der bulgarischen Armee an der Ostfront zu bewegen.

Der bevorstehende Zusammenbruch Italiens erfordert eine Neuordnung der deutschen Militärverwaltung. Bereits am Freitag, dem 20. August 1943, hat Generalfeldmarschall Freiherr v. Weichs als Oberbefehlshaber Südost (Heeresgruppe F), Hauptquartier in Belgrad, die Führung auf dem Balkan übernommen. Als Wehrmachtbefehlshaber Südost unterstehen ihm die Heeresgruppe E, Generaloberst Löhr, Hauptquartier in Saloniki (Griechenland und Serbien), der auch die italienische 11. Armee zu befehligen hat, die 2. Panzerarmee, General Rendulic, Hauptquartier in Belgrad (Kroatien, Montenegro und Albanien), der Militärbefehlshaber Serbien (jetzt Gen. d. Inf. Felber) in Belgrad und der Deutsche Bevollmächtigte General in Kroatien (Gen. d. Inf. Glaise v. Horstenau) mit Hauptquartier in Agram (Zagreb). Auf Kreta und Rhodos haben die Festungskommandanten vollziehende Gewalt, und die höheren SS- und Polizeiführer besitzen im Südostraum weitreichende Befugnisse. Der Bevollmächtigte des Reiches für Griechenland, der Generalbevollmächtigte für den Metallerzbau im Südosten und der Sonderbevollmächtigte des Auswärtigen Amtes für den Südosten haben ihre Sonderaufgaben mit Generalfeldmarschall Freiherr v. Weichs abzustimmen. Die griechische Regierung übt ihre Tätigkeit weiter aus. Die schwierige Ernährungslage der griechischen Bevölkerung wird ab August 1943 durch eine schwedische Hilfsaktion des Internationalen Roten Kreuzes etwas erleichtert.

Am Donnerstag, dem 26. August 1943, beordern die alliierten Vereinigten Stabschefs, alle Landungsschiffe, die die indische 8. Division hätten nach Rhodos bringen sollen, für eine Operation gegen die burmesische Küste nach Indien. Damit entscheidet sich nicht nur das Schicksal der ägäischen Insel, sondern letzten Endes das des gesamten Balkans: Roosevelt, der zu dieser Zeit fast völlig auf die Linie Stalins eingeschwenkt ist, macht dem britischen Premierminister alle nur erdenklichen Schwierigkeiten, um den englischen Alleingang auf dem Balkan und vor allem eine Landung britischer Truppen in diesem günstigen Augenblick zu unterbinden.

Kroatien, Spätsommer 1943: Deutsche Kampfgruppe auf dem Weg zu einer »Säuberungsaktion«

Churchill: »Diese Kostbarkeiten liegenzulassen hieß, wie mir schien, das Glück geradezu zurückzuweisen. Wir bauchten nur die Hand auszustrecken, um die Ägäis zu Wasser und aus der Luft zu beherrschen. Die Kapitulation Italiens bot uns die Chance, mit geringem Aufwand und niedrigen Kosten wertvolle Beute im Ägäischen Meer einzuheimsen. Die italienischen Garnisonen hielten sich an die vom König und von Badoglio erlassenen Befehle und waren bereit, zu uns überzutreten, falls wir rechtzeitig auf den Inseln einträfen, bevor sie von den Deutschen überwältigt und entwaffnet würden.«

Die Sicherung der Adriaküste gegen eine enventuelle alliierte Landung ist nun die Hauptaufgabe der Truppen von Generaloberst Rendulic.

Am Sonnabend, dem 28. August 1943, stirbt Zar Boris III. – seit seiner Rückkehr vom Besuch bei Hitler im Koma –, ohne das Bewußtsein wiedererlangt zu haben. Die von Hitler geschickten Fachärzte Professor Sauerbruch, Hitlers Leibarzt Dr. Brandt und Professor Eppinger aus Wien, die sich seit dem 26. August in Sofia aufhalten, können den Zaren nicht mehr retten. Ihre Diagnosen bleiben vieldeutig. Es spricht vieles für Gift. Das offizielle Bulletin berichtet von verschiedenen Todesursachen. Boris III. stirbt eines bis heute ungeklärten und in seiner Ursache geheimnisvollen Todes. Die US-Presse will sogar wissen, daß der Zar einem Attentat aus seiner nächsten Umgebung zum Opfer fiel.

Der Augsut 1943 bleibt in der Geschichte des Balkans einer der bedeutungsvollsten Monate: In dieser Zeit entschließt sich die britische Regierung, nicht nur Tito in Jugoslawien großzügig zu unterstützen, sondern auch von maßgebenden britischen Stellen im Mittleren Osten engere Verbindungen zur moskautreuen ELAS in Griechenland anzuknüpfen. Die Vertreter der griechischen Kommunisten rufen nach ihrer Ankunft in Kairo eine ernste politische und Verfassungskrise unter den griechischen Exilbehörden hervor: Sie fordern erstens eine Erweiterung der Regierung durch Aufnahme von Guerila-Vertretern und zweitens, daß der König sich verpflichte, nach dem Kriege nicht eher nach Griechenland zurückzukehren, bis eine Volksabstimmung über die Zukunft der Monarchie entschieden habe.

Nach den Berichten von Colonel Deakin meint Churchill, daß in Jugoslawien wiederum den Partisaneneinheiten eine so große militärische Bedeutung zukomme, daß sie bis zum Äußersten unterstützt werden müßten, wobei die politischen Erwägungen hinter den militärischen zurückzutreten haben. Den Tschetniks von Mihailović wird es jedoch schon durch ihre zahlenmäßige Unterlegenheit unmöglich gemacht, sich sowohl gegen die Tito-Partisanen als auch gegen die Deutschen zu verteidigen. Unter diesen Umständen zielt auch jeder Angriff der Tito-Partisanen auf ihre Rivalen darauf ab, diese den Deutschen in die Arme zu treiben und sie damit noch mehr zu diskreditieren.

Ende August 1943 wird der Gesandte Dr. H. Neubacher zum Sonderbevollmächtigten des Auswärtigen Amtes für den Südosten mit Amtssitz in Belgrad ernannt. Hitler persönlich überträgt ihm die Befugnis, »Verhandlungen mit Bandenführern zu führen, zu genehmigen oder abzulehnen«. Neubacher wird beauftragt, sowohl in den ehemaligen jugoslawischen Gebieten als auch in Albanien und Griechenland »die nationalen antikommunistischen Kräfte politisch zu organisieren und ihren Einsatz im Kampf gegen die kommunistischen Banden zu lenken«. Dr. Neubacher knüpft engere Verbindungen zum Oberbefehlshaber Südost und kann in allen politischen Angelegenheiten gegenüber den Regierungen Griechenlands, Serbiens, Montenegros und Kroatiens selbständig handeln. Seine wichtigste Aufgabe: Die Balkanländer dem kommunistischen Einfluß zu entziehen.

Am Mittwoch, dem 1. September 1943, werden nach Zustimmung des Zentralkomitees von EAM und ELAS vom Generalhauptquartier der ELAS die Partisaneneinheiten in Divisionen, Regimenter, Bataillone und Kompanien umbenannt und umorganisiert.

Am Nachmittag des 8. September 1943 gibt General Eisenhower in einer Rundfunkerklärung den Abschluß des Waffenstillstandes mit Italien bekannt. Während Marschall Badoglios Regierung kapituliert, befinden sich auf jugoslawischem Gebiet 15 italienische Divisionen. Als Resultat einer sofortigen Aktion jugoslawischer Truppen und des allgemeinen Volksaufstandes in allen Teilen der italienischen Besatzungszone werden elf dieser 15 Divisionen teils freiwillig, teils mit Gewalt entwaffnet und in Kriegsgefangenschaft genommen. Einzelne Abteilungen entschließen sich spontan, den Kampf gegen die Deutschen aufzunehmen. Die Deutschen, die bereits seit mehreren Monaten kein allzu großes Vertrauen in die Zuverlässigkeit ihres Bundesgenossen haben, sind darauf vorbereitet. So kann die mit dem Ausscheiden Italiens verursachte Krise auf dem Balkan recht schnell überwunden werden.

Auf das Stichwort »Fall Achse« rücken deutsche Bataillone in Eilmärschen auf die Küstenstädte Zara (Zadar), Spalato (Split), Ragusa (Dubrovnik), Durazzo (Durrës) und Valona (Vlorë) vor, um die italienischen Truppen zu entwaffnen. Es kommt stellenweise zu blutigen Gefechten.

In Split leisten die italienischen Truppen entschlossenen Widerstand, der erst von der 7. SS-Gebirgsdivision »Prinz Eugen« mit hohen Verlusten gebrochen wird. General Rendulic: »Der Kampf, in den auch Stukas eingriffen, währte mehrere Tage, bis es den dem Gegner der Zahl nach mehr als um die Hälfte unterlegenen Truppen gelang, die Stellung zu durchbrechen und die Übergabe zu erzwingen. Der mutwillige und sinnlose Kampf der Italiener kostete den deutschen Truppen einen Verlust von über 500 Toten und Verwundeten, und ihnen selbst wahrscheinlich nicht weniger. Mit dem

CREDERE.OBBEDIRE.COMBATTERE.

MEDAGLIA D'ORO
(ALLA MEMORIA)

NOCCHIERE DI 1° CLASSE ANGELO PAOLUCCI MATR.166 DA ROMA:
COMANDANTE DELLA CANNONIERA ʻBERTAʼ PER BEN DUE VOLTE
AVEVA CHIESTO DI ESSERE DESTINATO IN MISSIONI RISCHIOSE DI GUER...
RA. AVEVA PREPARATO CON OGNI CURA LA SUA UNITÀ AL COMBATTIMEN...
TO CERCANDO DI TRASFONDERE NEI DIPENDENTI IL SUO ALTO SPIRITO
COMBATTIVO. IN COMBATTIMENTO NAVALE CONTRO INCROCIATORI NEMICI,
DOPO AVER IMMEDIATAMENTE REAGITO CON MEZZI IMPARI,AL FUOCO NE...
MICO.CADEVA COLPITO A MORTE DA PROIETTILE,MENTRE PRODIGANDO...
SI IN TUTTI I MODI ERA INTENTO A RENDERE PIÙ EFFICACE L'OFFESA
...LLA SUA NAVE.
...EMPIO LUMINOSO DI EROISMO,DI SERENO DISPREZZO DEL PERICO...
...E DI ALTISSIMO SPIRITO COMBATTIVO.
(ACQUE DI TOBRUK 12 GIUGNO 1940)

ŽIVIO VRHOVNI
KOMADANT
N.O.V.
DRUG
TITO

Raum Ragusa (Drubrovnik), September 1943: »Glauben, gehorchen, kämpfen«, Wandspruch im italienischen Kasino der Garnison. Auch Tito-Partisanen haben ihre Spuren hinterlassen

Fall von Split war nunmehr die ganze Küste in unserem Besitz.«

Der Kommandant der Festung Spalato, General Fulgosi, und alle Offiziere sowie ein Teil der Mannschaften werden erschossen. Hitler hat kein Erbarmen mit seinem ehemaligen Bundesgenossen: Er läßt in Ragusa auch General Amico mit allen Offizieren seines Verbandes an Ort und Stelle erschießen. Von den Dodekanes-Besatzungen werden 102 Offiziere hingerichtet, später auch Admiral Campioni. Lediglich eine italienische Division, dazu einzelne Bataillone und Batterien, vorwiegend Alpini, schließen sich den Deutschen an.

General Rendulic fliegt mit einer Kampfgruppe von Kraljevo nach Tirana und nimmt den Oberbefehlshaber der italienischen Heeresgruppe »Est« gefangen. Es entbrennen zugleich Kämpfe zwischen Deutschen, Italienern und Partisanen um Zara, Ragusa und Cattaro sowie um die Inseln Korfu, Skarpanto, Kos, Leros und Samos, bei denen stellenweise auch britische Kräfte mit Fallschirmjägern sowie Commandos und mit leichten Seestreitkräften eingreifen.

Mehrere Einheiten versuchen auf Küstendampfern oder Fischerbooten nach Italien zu gelangen. Sie fallen jedoch Minen oder den Bomben deutscher und britischer Flugzeuge zum Opfer. In Dalmatien laufen rund 1500 Mann zu den Tito-Partisanen über und bilden später zwei Brigaden.

In den späten Abendstunden des 9. September 1943 landet die neue britische Militärmission, geführt von Brigadier MacLean, in der Nähe von Titos Hauptquartier.

Das größte Problem für die deutsche Führung entsteht in diesen Tagen durch den Ausfall von 33 italienischen Divisionen, deren Besatzungs- und Verteidigungsaufgaben ohne Zuführung eigener Kräfte mitübernommen werden müssen. Es wird jetzt ein »Deutscher Bevollmächtigter General in Albanien« eingesetzt (Tirana) und in Cetinje eine »Feldkommandantur Montenegro« errichtet.

Am Sonnabend, dem 11. September 1943, trifft beim Oberbefehlshaber Ost ein Führerbefehl ein, der verfügt, daß alle Offiziere von italienischen Truppen, die nach der Kapitulation Widerstand geleistet haben oder zu den Partisanen übergegangen sind, nach Gefangen-

nahme als Freischärler standrechtlich zu erschießen seien.

Auf den Inseln der Ägäis versuchen unterdessen britische Commandotrupps, den italienischen Widerstand zu organisieren. Doch bereits am Sonntag, dem 12. September 1943, ist Rhodos in deutscher Hand. Am gleichen Tag meldet Generalfeldmarschall Freiherr v. Weichs, daß im großen und ganzen die Entwaffnung der italienischen Verbände reibungsloser verlaufen sei, »als bei den verfügbaren schwachen Kräften zu erwarten war«. Das Gesamtbild ergibt eine weitgehende Zerrissenheit der italienischen Führung, die auch in den hohen Stäben von einem loyalen Mitgehen mit Deutschland bis zum offenen Widerstand und teilweise zur Unterstützung kommunistischer Banden reicht«.

Zu dieser Zeit muß das Hinterland von Dalmatien während der blitzartigen Besetzung der von den Italienern kontrollierten wichtigsten Häfen und Küstenabschnitte zunächst von deutschen Kräften entblößt werden. So breitet sich die Partisanentätigkeit – durch erbeutete italienische Waffen und zum Teil auch von italienischen Truppen unterstützt – gefährlich schnell aus.

Durch die wechselvollen Kämpfe erschöpft, sind die deutschen Truppen kaum in der Lage, jene Gebiete, die die Italiener verlassen haben, wieder unter Kontrolle zu bekommen und die Partisanen bis weit in die Berge zu verfolgen. Die deutsche Führung läßt statt dessen in aller Eile improvisierte Verteidigungsanlagen gegen die zu erwartenden Landungen der Alliierten an der Adriaküste errichten und stellt motorisierte Einheiten auf, um die Freischärler einzukreisen und zu zerschlagen.

Die Erfahrungen, die man bisher auf dem Balkan und an der Ostfront gewonnen hat, ermöglichen den Deutschen, wesentlich wirksamere Aktionen zu unternehmen als zuvor ihre italienischen Bundesgenossen. So versuchen sie immer wieder, die Partisanen zu vernichten, um die Gewinnung von Bauxit und anderen strategisch wichtigen Rohstoffen auf dem Balkan für die deutsche Rüstungsindustrie aufrechtzuerhalten.

Als äußerst wirksame Waffe gegen Partisanen erweisen sich Jagdkommandos, die man bereits im Herbst 1942 aufgestellt hat. Ihre Mannschaften rekrutieren sich aus jungen und kampferfahrenen Soldaten, die – abgehärtet und gut ausgebildet – längere Zeit im Freien mit einem Minimum an Nachschub kämpfen können. Wenn es die Lage erfordert, führen sie ihre Einsätze in Räuberzivil durch und tarnen sich als Tschetniks oder Partisanen. Trotz mehrerer erfolgreicher Operationen sind die Verbände jedoch zu schwach, um die Bekämpfung der Guerillas entscheidend zu beeinflussen.

In Griechenland haben sich durch die Kapitulation der italienischen Truppen in der Partisanenbekämpfung keine operativen Auswirkungen gezeigt, lediglich auf dem Peloponnes sind in den küstennahen Orten die deutschen Sicherungseinheiten zeitweilig durch kommunistische Guerillas bedrängt worden.

In Albanien gelingt es den Deutschen, die Flugplätze rechtzeitig zu besetzen. Die sich feindlich gesonnenen Partisanengruppen neutralisieren sich gegenseitig. Eine von der deutschen Militärmacht eingesetzte Regierung stimmt der Rekrutierung albanischer Freiwilliger für eine SS-Division zu, die den Namen des berühmten albanischen Nationalhelden, Fürst Skanderberg (1405 bis 1468), Verteidiger des Christentums und der albanischen Freiheit gegen die Türken, tragen soll.

Für Tito bedeutet der Zusammenbruch Italiens die entscheidende Wende: Die Partisanen gelangen in den Besitz beträchtlicher italienischer Waffenbestände, mit denen sie eine zusätzliche 80 000 Mann starke Armee aufstellen können. Außerdem werden sie ab jetzt von den Alliierten aus Süditalien verstärkt versorgt. Dazu tritt ein Teil der italienischen Soldaten auf die Seite der »Volksbefreiungsarmee« und bildet die neu aufgestellte Division »Garibaldi«. Den Tito-Partisanen gelingt es dazu, außer der Entwaffnung mehrerer italienischer Divisionen sich sogar einer Anzahl von Panzern und Geschützen zu bemächtigen. Titos Armee zählt nun rund 200 000 Mann.

Für Mihailović wiederum bringen die Ereignisse der letzten Tage nicht viel Gutes: Vier italienische Divisionen in seinem Machtbereich werden nicht von den Tschetniks, sondern von Titos Partisanen entwaffnet. So bedeutet die Kapitulation Italiens für Mihailović eine wachsende Konfrontation mit seinem Todfeind und Rivalen Tito, dessen Partisanen jetzt durch den Besitz italienischer Waffen- und Ausrüstungsdepots enorm an Kräften gewonnen haben. Andererseits geht den serbischen Tschetniks mit Italien die bisherige freizügige Schutzmacht verloren.

Nun wird Mihailović politisch und militärisch in eine ausweglose Isolierung gedrängt. Selbst der »Sonderbevollmächtigte Südost« Dr. Neubacher lehnt weiterhin ein förmliches Zusammengehen mit Mihailović trotz dessen gewisser Verhandlungsbereitschaft gegenüber der deutschen Wehrmacht ab. Es kommt aber in verschiedenen Gebieten zu Absprachen mit einzelnen seiner Unterführer, und Neubacher erreicht, daß die Repressalien gegen Mihailović-Anhänger in Serbien eingestellt werden.

Neubacher setzt jetzt auf Tschetnik-Führer Djurišić aus Montenegro: Djurišić, den man einige Monate vorher beim Unternehmen »Schwarz« gefangengenommen hat, gelingt es nach einer abenteuerlichen Flucht aus einem deutschen Gefangenenlager in Polen, sich wieder nach Montenegro durchzuschlagen. Neubacher sorgt für die Entlassung der noch gefangengehaltenen Tschetniks aus der ehemaligen Gruppe von Djurišić und unterstützt ihn freizügig bei der Legalisierung und Auf-

stellung einer mehrere tausend Mann zählenden Kampfgruppe.

Churchill ist über die Untätigkeit der Leute von Mihailović ungehalten. Auf die Vorstellungen von Außenminister Eden antwortet die jugoslawische Regierung in London durch Kabinettsumbildungen. Premierminister Jovanović hat vergeblich gehofft, daß Mihailović sich die italienische Kapitulation zunutze machen würde, um die Lage wieder in seine Hand zu bekommen.

Nach dem Zusammenbruch Italiens bringen zwar die Tschetniks große Teile des italienischen Besatzungsgebietes unter ihre Kontrolle, aber viele der »legalen« Tschetnik-Anführer arbeiten nunmehr mit den Deutschen zusammen.

Die deutsche 2. Panzerarmee (Gen. d. Inf. Rendulic) stellt jetzt eine erhebliche Verstärkung der Partisanenverbände in Ostbosnien fest, so daß ein Einbruch nach Serbien zu befürchten ist. Der einzige Trost: Die Engländer haben Tito im Sommer 1943 zahlreiche Funkgeräte überlassen. Da es den Deutschen innerhalb kurzer Zeit gelungen ist, den Code der Partisanen zu brechen und die Standorte der Funkstellen anzupeilen, ist die 2. Panzerarmee über die Bewegungen und Absichten der Partisanen ständig unterrichtet. Die Armee ist allerdings zu schwach, um zu verhindern, daß große Teile des italienischen Sicherungsgebietes von Partisanen besetzt werden.

Nach der Kapitulation Italiens fassen einige in Süditalien stationierte amerikanische Offiziere des US-Geheimdienstes »Office of Strategic Services (OSS)« den Plan, den Tito-Partisanen mit US-Gütern »inoffiziell« zu helfen. Kurz danach erscheint im Tito-Hauptquartier ein US-Major namens Huot, der den Nachschub organisiert. Major Huot besitzt keine Erlaubnis vom alliierten Hauptquartier, nach Jugoslawien zu gehen. Er tut es aus eigenem Antrieb. Huot wird von Tito zu einer längeren Unterredung empfangen. Er schickt den Partisanen mit Hilfe von jugoslawischen Küstendampfern und Fischerbooten aus amerikanischen Beständen über 400 Tonnen Uniformen, Medikamente und Munition. Als die Engländer von der Anwesenheit des Majors Huot in Jugoslawien erfahren, das in ihrer militärischen Zuständigkeit liegt, protestieren sie dagegen bei General Eisenhower. Und Major Huot wird aus Italien nach London abgeschoben.

Am Dienstag, dem 14. September 1943, kehren die Delegierten der griechischen Guerillas, die kaum etwas Konkretes in Kairo erreichen konnten, erbittert und enttäuscht zurück. Colonel Myers, den der Gesandte Leeper von der britischen Botschaft der griechischen Exilregierung als »Dummkopf« bezeichnet, darf nicht mitreisen. Seitdem ist sein Stellvertreter, Colonel Woodhouse, Chef der britischen Militärmission in Griechenland.

Auch bei der britischen Militärmission im Hauptquartier von Mihailović wird der bisherige Chef Colonel Bailey durch Brigadier Armstrong abgelöst. Doch

selbst Armstrong kann die Tschetnik-Führer nicht von
ihrer bis jetzt verfolgten Politik abbringen.

In Griechenland wiederum machen die griechischen
Kommunisten nach der Kapitulation Italiens den Fehler, nun zu glauben, das Ende des Krieges stehe unmittelbar bevor. Jetzt scheint ihnen sogar ein sofortiger
Rückzug der deutschen Truppen aus Griechenland
denkbar. Dies wäre natürlich die Stunde der EAM. In
diesem Fall könnte sie nämlich ohne ernsthaften Widerstand alle Macht an sich reißen. Und nachdem die
ELAS eine beträchtliche Menge an Waffen den italienischen Truppen abgenommen hat, offenbart sie ihre
wahren Absichten: Sie greift in den Bergen andere
griechische Guerilla-Gruppen an, um sie zu vernichten
und schon jetzt die vollständige Kontrolle über das
Land zu gewinnen. Die ELAS zählt zwar etwa 35 000
Mitglieder, doch es fehlt ihr weiterhin an Waffen und
Munition, um sich die rivalisierenden Gruppen gänzlich
zu unterwerfen.

Der britische Premierminister sieht jetzt die Zeit für
gekommen, seinen Plan einer Landung auf dem Balkan
– »dem weichen Unterleib Europas« wie er sagt – in die
Tat umzusetzen. Churchill rechnet mit nur schwacher
deutscher Verteidigung in der Ägäis oder in Dalmatien.
Doch der Widerstand kommt aus einer ganz anderen
Richtung: aus Washington und Moskau.

W. Churchill: »In den Inselfestungen Rhodos, Leros
und Kos sahen wir schon lange, wenn auch nicht gerade
die wichtigsten, so doch sehr begehrenswerte strategische Kriegsziele, und ihre Eroberung war von den
Vereinigten Stabschefs in dem am 10. September redi-
gierten Schlußbericht über die Quebec-Beschlüsse ausdrücklich gutgeheißen worden... Am 22. September 1943 gab General Wilson seinen bescheidenen Min-
destbedarf für einen Angriff gegen Rhodos bekannt. Er
wollte die indische 10. Division und einen Teil einer
Panzerbrigade verwenden und benötigte nur noch etliche Geleitschutzeinheiten, Bomber, drei Panzerlan-
dungsschiffe, einige Transporter, ein Lazarettschiff und
genügend Transportflugzeuge zur Beförderung eines
Luftlandebataillons. Da es mich außerordentlich
schmerzte, daß wir so gar nicht in der Lage waren, die
Operationen in der Ägäis zu fördern, ersuchte ich
Eisenhower um Unterstützung. Es schien wirklich nicht
viel, was wir an Hilfe benötigten und von unseren
amerikanischen Freunden erbaten. Die von ihnen in
den letzten drei Monaten aufgrund meines unablässigen
Drucks gemachten Konzessionen hätten sich geradezu
erstaunlich gelohnt. Der Landungsschiffspark für eine
einzige Division, ein Beistand von einigen Tagen seitens
des Gros der alliierten Luftstreitkräfte, und Rhodos
wäre unser. Die Deutschen hatten jedoch die Lage
mittlerweile wiederhergestellt, indem sie viele Flugzeuge in die Ägäis verbrachten, deren Aufgabe es war,
eben das zu vereiteln, was ich im Sinn hatte.«

General Rendulic: »Es ist mir noch heute unklar,
warum die Alliierten, die im August dieses Jahres Sizilien genommen hatten, den Stoß über den Balkan aufgegeben haben und sich statt dessen in monatelangen,

verlustreichen Kämpfen durch die schmale italienische
Halbinsel durchzwängten und schließlich die Landung
an der von den entscheidenden Räumen weit abgelegenen Westküste Frankreichs durchführten. Wohl dürfen
die Schwierigkeiten, die durch das Gelände und die
geringe Zahl guter Straßen auf dem Balkan gegeben
waren, nicht unterschätzt werden. Diese Schwierigkeiten waren aber zu bewältigen, um so leichter dann,
wenn der Gegner das schwierigste Gelände durch Brük-
kenköpfe bereits in seiner Hand hatte.

Von dem General Mihailović, dessen Tschetniks im
Herbst 1941 den Kampf im großen aufgegeben hatten,
war bekannt, daß er im Falle einer Landung der Alliierten erneut losschlagen würde. Hinsichtlich Tito erhielt
ich später die Nachricht, daß er von Moskau angewiesen worden sein soll, sich im Falle einer anglo-amerikanischen Landung auf dem Balkan gegen die Alliierten
zu wenden. Wenn dies auch in der allgemeinen Linie
der russischen Politik lag, die eifersüchtig in dem
Balkan ausschließlich ihre Interessensphäre erblickte,
konnte ich doch nicht daran glauben. Ich habe die
Überzeugung, daß das Aufgeben einer Landungsab-
sicht auf dem Balkan im Jahre 1943 die Entscheidung
des Krieges um ein Jahr hinausgeschoben hat.«

Bis zum Herbst 1943 erfreut sich die griechische Inselwelt einer scheinbaren Ruhe. Erst die Kapitulation
Italiens und die Besetzung einiger Dutzend abgelegener

Inseln durch deutsche Truppen schafft neue Probleme. So erfordern z. B. selbst die wiederholten Handstreiche der britischen Commandos auf diese Inseln neue Sonderanweisungen für die Kapitäne der kleinen Versorgungsschiffe und Kajkas auf ihren gefährlichen Fahrten zu den isolierten Garnisonen in der Ägäis oder des Ionischen Meeres: Die Mannschaften müssen an ihren Gefechtsständen bereitstehen, wenn die Schiffe sich den Ankerplätzen der Insel nähern, und der Nachschub darf erst ausgeladen werden, nachdem die jeweilige Garnison mit Sicherheit als solche identifiziert worden ist. Die Versorgungsfahrten sollen, wenn möglich, nur während der Nacht durchgeführt werden, und die Bedienungen der Flak und MG dürfen sogar in den Häfen wegen der Gefahr eines plötzlichen Luftangriffes die Gefechtsstände nicht verlassen. Doch das gut funktionierende Geheimdienstnetz der Guerillas und der Alliierten macht es kaum möglich, diesen Schiffsverkehr zu sichern.

Am Donnerstag, dem 23. September 1943, wird die an der Westküste Griechenlands vor dem Golf von Korinth

Links: Vor der Insel Santorin (Ägäis), September 1943, auf einem Versorgungsschiff: »Gehört die Insel noch uns?«

Unten: Epirus, September 1943: Kommandeur der EDES-Guerillas, Napoleon Zervas, mit seinem Stab in einem Bergdorf

liegende Insel Kephallinia von den Deutschen zurückerobert. Am Tag danach wird auf Kephallinia General Gandin mit seinen 8400 Offizieren und Mannschaften der italienischen Division »Acqui«, die sich der Gefangennahme widersetzten, erschossen.

Noch im letzten Augenblick versucht der britische Premier hartnäckig, die für die Beherrschung des Balkans äußerst bedeutungsvolle Ägäis nach dem Ausscheiden Italiens vor dem Zugriff der Deutschen zu retten. Churchill: »Kos war neben Rhodos die strategisch wichtigste Insel. Sie verfügte als einzige über einen für unsere Jagdflieger geeigneten Flugplatz.«

Am Sonntag, dem 3. Oktober 1943, landen deutsche Fallschirmjäger auf dem mittleren Flugplatz von Kos und überwältigen die einzige ihn verteidigende Kompanie. Der Rest des Bataillons befindet sich im Norden der Insel und wird von deutschen Kräften, die von See her landen, abgeschnitten. Die britischen Truppen sind gezwungen zu kapitulieren.

Churchill: »Am 7. Oktober 1943 wandte ich mich mit einer ausführlichen Lageschilderung an Präsident Roosevelt. Zu meiner Verwunderung erhielt ich jedoch als Antwort ein Telegramm, das praktisch auf die Verweigerung jeder Hilfe hinauslief und mich, nachdem ich mich mit seiner und der amerikanischen Stabschefsbilligung engagiert hatte, wehrlos dem bevorstehenden Schlag preisgab. Präsident Roosevelt führte aus: ›...Ich bin der Ansicht, daß weder Truppen noch Ausrüstung abgelenkt werden dürfen, woraus eine Gefährdung der Pläne für Overlord resultieren könnte.‹ Es widersprach jedem Sinn für die Größenverhältnisse, vorzugeben, daß eine sechswöchige Beanspruchung von neun Landungsschiffen bei einer Gesamtzahl von über fünfhundert – die überdies noch sechs Monate vor dem Einsatz standen – die Hauptoperation im Juni 1944 beeinträchtigen könne.«

Nach der Kapitulation der italienischen Truppen werden das istrische Grenzgebiet und die verträumten Buchten der Inselwelt in der Adria zum Schauplatz von Ereignissen, die keine Parallelen in den Annalen des Zweiten Weltkrieges haben: SS-Sturmbannführer Schwend, alias Dr. Wendig, alias Wenceslav Turi, alias Don Federico, Chef der Falschgeld-Vertriebsorganisation des Referats VI-Wi des RSHA führt mit Zustimmung von Himmler und Kaltenbrunner einen schwunghaften Waffenhandel mit Partisanen und Tschetniks. Bereits als die Italiener ihre Waffen niederlegen, weiß mancher Guerilla-Führer nicht so recht, was er in diesem Augenblick mit der großen Menge an Ausrüstungen und Munition anfangen soll. Da Schwend sofort in bar, noch dazu in englischen Pfund oder Dollars bezahlt, rollen ganze Eisenbahnwaggons mit militärischen Ausrüstungsgegenständen und Vorräten aller Art in den deutschen Machtbereich. Daß die Pfund- und Dollarbanknoten aus der Gestapoeigenen Hausproduk-

tion (Aktion Bernhard) stammen, wissen selbst nur einige wenige in der obersten deutschen Führung.
Doch bald wird Schwend wählerisch und kauft nur noch die modernen westalliierten Maschinenpistolen oder MG. Sie sind bei der deutschen Sicherheitspolizei hoch geschätzt, selbst Skorzeny braucht größere Mengen davon für seine Sonderkommandos. Eine ganze Flottille von kleineren Schiffen pendelt im Auftrag von Schwend zwischen Triest und der istrischen Küste. Oft werden die Kisten mit neuesten automatischen Waffen, die britische U-Boote nachts entladen, unmittelbar danach von Schwends Küstenschiffen übernommen. Dr. W. Höttl, alias Walter Hagen, an der Aktion Bernhard maßgeblich beteiligt: »...Es gab sogar Partisanen-Kommandeure, die Waffenlieferungen ihrer westlichen Bundesgenossen in Bausch und Bogen an Schwend absetzten, bevor auch nur etwas davon an ihre Truppen ausgegeben worden war.« Und SS-Gruppenführer Schellenberg, Leiter des deutschen Geheimdienstes, vermerkt in seinen Memoiren: »Das Heereswaffenamt begrüßte eine solche Unterstützung um so mehr, als es sich bei den gekauften Waffen meist um bestes englisches oder amerikanisches Material, wie automatische Handfeuerwaffen, handelte, die dann an unsere Truppen verteilt wurden.«

Anfang Oktober 1943 stellen die Deutschen stärkere Partisanenkräfte in den Bergen im Raum Jaice-Travnik, westlich von Sarajevo, und in Westkroatien im Raum westlich von Bihać, fest. Für die Bekämpfung von Partisanen, die sich im Hochgebirge verschanzt haben, werden kriegserfahrene Gebirgstruppen beordert und im Adriagebiet Küstenjägerverbände aufgestellt, zu deren Unterstützung auch Fallschirmjäger eingesetzt werden. Die Deutschen setzen auf dem Balkan gegen Partisanen neben regulären auch Spezialverbände ein. Dazu gehören besondere Kommandotruppen der Division »Brandenburg«. Diese Männer werden in Spezialschulen für den Einsatz in Partisanengebieten ausgebildet. Darunter fällt u. a.: Ausheben von Partisanenstäben, Überfälle auf Partisaneneinheiten und Versorgungseinrichtungen, Demoralisierung der Bevölkerung usw. Die Einheiten der »Brandenburger« sind etwa 40 Mann stark. Unter ihnen sind Leute, die den Dialekt der jeweiligen Gegend beherrschen. Sie tragen oft die Bekleidung der Partisanen des jeweiligen Gebietes und besitzen Partisanenausweise.
Bei den deutschen »Bandenkampfverbänden« sind auch Kosaken, eine im Rahmen der Wehrmacht aufgestellte Division aus ehemaligen sowjetischen Kriegsgefangenen unter Generalmajor v. Panwitz. Sie sind zwar tapfere Kämpfer, doch sie plündern, morden und vergewaltigen in Syrmien in einem Ausmaß, daß selbst der Deutsche Bevollmächtigte General in Agram (Zagreb), General Glaise v. Horstenau, ihren Abzug verlangt. Der Kommandeur dieser Kosakenverbände muß selbst zugeben, daß seine Leute in einem slawischen Land kaum zu verwenden sind.
Die Kosaken entwickeln sich zur wahren Landplage,

Syrmien, Oktober 1943: Die auf deutscher Seite kämpfenden Kosaken – eine wahre Landplage

die zuerst Slawonien und später das Tal der Glina heimsucht. In mehreren Fällen muß die kroatische Domobrani-Landwehr gegen die Kosaken einschreiten.

Am Donnerstag, dem 14. Oktober 1943, befiehlt Tito die Formierung der ersten Vorläufer einer Partisanen-Luftstreitmacht. Es entsteht der erste Luftstützpunkt mit rund 60 Fliegern. Sie werden zur Ausbildung nach Italien und später nach Nordafrika beordert. Ihnen schließen sich einige hundert Angehörige der ehemaligen jugoslawischen Luftstreitkräfte an, die früher Kriegsgefangene in Italien waren, sowie eine Gruppe aus dem Fliegerverband der jugoslawischen Exilregierung, den man im Nahen Osten aufgestellt hatte.

Am Sonnabend, dem 16. Oktober 1943, beginnt im Königspalast von Tirana die von den deutschen Behörden mit Wohlwollen geduldete Tagung der albanischen Nationalversammlung, auf der die Unabhängigkeit des Landes beschlossen und ein Regentschaftsrat eingesetzt wird.

Am Montag, dem 18. Oktober 1943, wird der Marinestab der Volksbefreiungsarmee Jugoslawiens gebildet. Die Hauptaufgabe der Marine, die jetzt einige erbeutete italienische Küsteneinheiten zählt, ist der Abtransport von Verwundeten nach Italien, das Heranschaffen der Hilfe aus Italien, dazu der Transport der vor dem Feind fliehenden Bevölkerung und der Kampf gegen feindliche Marineeinheiten.

Trotz einer den Engländern gegebenen Zusage unternimmt die ELAS in der zweiten Oktoberhälfte 1943 eine Ausrottungskampagne gegen ihren letzten Rivalen, die EDES des Generals Zervas. Die britischen Verbindungsoffiziere unterbrechen zwar sofort die Beziehung zur ELAS, aber diese Geste hätte die EDES kaum vor dem Untergang bewahren können. Die Rettung kommt unerwartet von deutscher Seite: General Lanz, Kommandierender General des XXII. Gebirgskorps, hat unter der Hand – trotz des ausdrücklichen Befehl Hitlers – ein Stillhalteabkommen mit den Zervas-Guerillas gebilligt und durch seine eigenen Truppenbewegungen der EDES einen indirekten Flankenschutz an den nördlichen und südlichen Flügeln gegen den ELAS-Angriff gewährt.

Die Kommunisten haben unterdessen eine Widerstandsbewegung nach der anderen liquidiert, einschließlich der EKKA, deren Führer sie mit vielen anderen hingerichtet haben.

Ende Oktober 1943 beginnt eine deutsche Säuberungsaktion, das Unternehmen »Panther«, gegen die griechischen moskautreuen Guerillas.

Bereits am Montag, dem 1. November 1943, fühlt sich der Oberbefehlshaber Südost, Generalfeldmarschall Freiherr v. Weichs, gezwungen, das OKW darauf hinzuweisen, daß es sich jetzt nicht mehr um ein »Bandenunwesen« handelt, sondern daß »der Feind auf dem Balkan Fuß gefaßt hat und geschlagen werden muß, bevor die eigenen Truppen in die Küstenverteidigung zurückgezogen werden«. Weichs sieht jetzt in Kroatien vier Machtbereiche: erstens das von den deutschen Truppen besetzte Gebiet, dann das kroatische »Staatsgebiet« (eigentlich nur noch Agram (Zagreb) und die engste Umgebung), drittens das Gebiet, in dem sich serbische Autonomien gebildet haben, die den Deutschen von Fall zu Fall entgegenkommen und als vierten Titos »Sowjetstaat mit guter Zivilverwaltung und geordneter Wehrorganisation«.

Anfang November 1943 melden deutsche Sicherungseinheiten die in Gruppen durchgeführte Bewegung der Partisanen von Westbosnien in Richtung Serbien, in dem sich zur Zeit kaum noch Aufständische befinden. General Rendulic plant nunmehr, da mit der Ansammlung stärkerer Partisanenkräfte in Ostbosnien gerechnet werden muß, eine neue Operation, um sie endgültig zu zerschlagen. Der Raum wird von fünf deutschen und kroatischen Kampfgruppen umstellt. Zur Abriegelung sämtlicher Drinaübergänge zieht Rendulic die 1. Gebirgsdivision über Mitrovica heran und setzt sie zusammen mit Polizei- und Sicherungstruppen des Militärbefehlshabers Serbien ein.

Am Sonntag, dem 7. November 1943 führt der Chef des Wehrmachtführungsstabes, Generaloberst Jodl, in seinem Vortrag vor den Reichs- und Gauleitern aus, daß »die Beherrschung des Balkans als Bestandteil der Festung Europa aus operativen, militärpolitischen und wirtschaftlichen Gründen kriegsentscheidend« sei. Jodl betont dabei vor allem die kriegswirtschaftlichen Motive: Von der europäischen Gesamterzeugung liegen auf dem Balkan an Mineralöl 50 Prozent, an Chromerz sogar 100 Prozent, an Bauxit 60 Prozent, an Antimon 29 Prozent und an Kupfer 21 Prozent.

Am Montag, dem 8. November 1943, berichtet General Glaise v. Horstenau dem Generalstabschef des Oberbefehlshabers Südost (Heeresgruppe F) in Belgrad über die Kosakenplage in Kroatien: »Schon heute ist kaum zu bestreiten, daß das Vorgehen der Kosaken bei ihrem Hang zu Alkohol, Plünderung und Schändung und ihrer Geringschätzung jeglichen Lebens, außer des eigenen... in der deutschen Kriegsgeschichte einen Vergleich höchstens noch im Dreißigjährigen Krieg findet. Die Zahl der Ausschreitungen ist, auch wenn man von den Anklagen alles Mögliche abstreicht, so groß, daß an eine ernsthafte Untersuchung und Ahndung bei vielen Abteilungen einfach nicht gedacht werden kann... Hinzu kommt, daß nach vorliegenden Mitteilungen der Einsatz der Kosaken-Division im Kampf gegen die Partisanenverbände zu den Seltenheiten gehören soll, weil die Truppe – wohl dank der Pferde wegen stark an Kommunikation gebunden – sich oftmals mit dem Durchsuchen von Ortschaften nach ihrer Art begnügt und abseits der Wege wenig wirksam wird... Wenn wir in Kroatien überhaupt noch an politische Lösungen denken, dann müssen Experimente wie die mit den Kosaken möglichst rasch liquidiert werden. Zögern wir, rauben wir uns die letzten Anhänger in diesem Staat.« Diese Proteste des Generals nutzen jedoch nicht viel: Die Kosaken-Division bleibt weiterhin in Kroatien stationiert.

Ab Freitag, dem 12. November 1943, führen die deutschen Truppen verlustreiche Landungen auf den von Engländern besetzten Inseln Kos, Leros und Samos in der Ägäis durch. So landet im Rahmen des Unternehmens »Leopard« in den frühen Morgenstunden die »Kampfgruppe Müller« mit Teilen der 22. Infanteriedivision (GenLt. Müller) auf Leros. Sie kommt mit einer improvisierten Armada von Dampfern, Küstenmotorseglern und Fährprämen im Schutz der 9. T. Flottille (KKpt. Riede). Die Luftwaffe mit 206 Bombern, Stukas, Zerstörern und Jägern unterstützt die Landung. Am Nachmittag springen 600 Fallschirmjäger ab, und es entbrennen äußerst erbitterte Kämpfe, in deren Verlauf die Deutschen etwa 41 Prozent der eingesetzten Soldaten verlieren. Nach der Kapitulation der Verteidiger unter dem britischen Brigadier Tilney gehen 3200 Engländer und 5350 Italiener in Gefangenschaft.

Am Montag, dem 15. November 1943, befinden sich im gesamten Befehlsbereich des Oberbefehlshabers Südost genau 467 229 Mann aller Wehrmachtteile im Einsatz.

Am Donnerstag, dem 18. November 1943, besetzt die »Kampfgruppe Müller« schlagartig noch eine Reihe kleinerer Inseln: Furni, Ikera, Patmos und Lisso. 310 italienische Offiziere und Mannschaften werden gefangengenommen.

Am Montag, dem 22. November 1943, kapituliert die Besatzung der Insel Samos nach einem massiven Stuka-

Angriff der II/St. G. 3 auf die Stadt Tigani. Rund 2500 Italiener legen die Waffen nieder.

So endet der mit englischen Seestreitkräften in der Ägäis geführte Kleinkrieg. W. Churchill: »Im letzten Moment wurde noch die Garnison von Samos, das 2. Bataillon der Royal West Kents, nach Leros geworfen; doch war es zu spät. Auch diese Truppe fiel dem Feind zum Opfer. Unverzüglich gingen wir daran, wenigstens die kleinen Garnisonen auf Samos und anderen Inseln zu evakuieren und die auf Leros Überlebenden zu retten. Über tausend Mann britische und griechische Truppen, viele den Alliierten günstig gesinnte Italiener und deutsche Kriegsgefangene wurden fortgeschafft, aber wiederum nur um den Preis harter Flotteneinbußen. Sechs Zerstörer und zwei Unterseeboote gingen infolge Flieger- oder Mineneinwirkung verloren, vier Kreuzer und vier Zerstörer wurden beschädigt. Die griechische Flotte, die sich die ganze Zeit über wacker schlug, teilte alle diese Prüfungen.«

Im Verlauf der Konferenz in Teheran vom 28. 11. 1943 bis 1. 12. 1943 beschließen die »Großen Drei« – Churchill, Roosevelt und Stalin – einstimmig, nur noch Titos Partisanen zu unterstützen. Tito wird als »selbständiger alliierter Befehlshaber« anerkannt, ohne damit der Exilregierung das Vertrauen zu entziehen. In Teheran wird nicht nur das Schicksal von Nachkriegs-Deutsch-

Insel Furni (Ägäis), November 1943, Unternehmen »Leopard«: Deutsche Artillerie im Einsatz

land oder die Festlegung der neuen Grenzen Polens festgelegt. Es wird ebenso über das Schicksal von Mihailović und seiner Tschetnik-Bewegung entschieden. MacLean zur Ausschaltung des Generals Mihailović: »... Diese beendete eine Verbindung, die von Anfang an auf Mißverständnissen beruhte. Mit Hilfe unserer eigenen Propaganda hatten wir in unseren Vorstellungen Mihailović zu etwas gemacht, das er ernsthaft nie beanspruchen konnte. Nun ließen wir ihn fallen, weil er versäumt hatte, unsere eigenen Erwägungen zu erfüllen ...«

Am Montag, dem 29. November 1943, dem Jahrestag der Oktoberrevolution, wird auf der zweiten Tagung des AVNOJ in Jajce (Bosnien) das Nationalkomitee als Exekutive des AVNOJ mit den Funktionen eines vorläufigen Kabinetts betraut. Damit werden die Grundsätze der künftigen Volksrepublik Jugoslawien proklamiert.

Man beschließt zugleich, der Exilregierung in London die Anerkennung zu verweigern und König Peter sowie allen anderen Angehörigen des Herrscherhauses Karageorgević die Rückkehr nach Jugoslawien zu verbieten. Es wird auch ein Appell an die US-Regierung verfaßt, die jugoslawischen Goldreserven, die man Hitlers Zugriff entzogen und nach Washington abtransportiert hatte, einfrieren zu lassen.

Auf Vorschlag der slowenischen Delegation wird Tito der Rang eines Marschalls von Jugoslawien verliehen und Dr. Ivan Ribar zum Präsidenten der AVNOJ ernannt. Tito hat für diesen Fall bereits eigenhändig das Abzeichen der Marschallwürde entworfen: ein goldener, reich bestickter Kranz aus Eichenblättern mit einem goldenen Stern.

Der Mann, der sich am meisten über die Beschlüsse von Jajce aufregt, ist keineswegs König Peter: Stalin nennt sie mit Empörung »den Dolchstoß in den Rücken der Sowjetunion und der Teheraner Beschlüsse«. Der Diktator, wütend darüber, daß man es gewagt hat, irgend etwas Konkretes zu unternehmen, ohne ihn um sein Einverständnis zu fragen, verlangt jetzt von Tito, »...eine Verständigung mit dem Kreis um König Peter

zu suchen«. Der Sender »Freies Jugoslawien« darf laut Anordnung des Kreml die Resolution gegen eine Rückkehr des Königs nicht bekanntgeben. Und Jugoslawiens Vertreter in Moskau, Veljko Vlahović, erhält einen scharfen Verweis. Seine Sendungen über Radio Moskau und »Freies Jugoslawien« werden seitdem zensiert.

Am gleichen Tag wird in Jajce, da nun genügend Waffen vorhanden sind, die Mobilisierung aller Männer im Alter von 18 bis 50 Jahren in den Partisanengebieten beschlossen.

Die deutsche Führung erwartet im nächsten Frühjahr eine feindliche Großlandung auf dem Balkan. Bis dahin müssen die deutschen Verbände abwehrbereit an der Adriaküste stehen, daneben das Hinterland und die wenigen wichtigen Nachschubstraßen unter Kontrolle halten. Man plant, im Winter die seit September 1943 stark angewachsene Partisanenarmee zu zerschlagen. Es soll auch verhindert werden, daß Tito seinen Einfluß wieder nach Serbien ausdehnt. Dies alles veranlaßt den Oberbefehlshaber Südost, zwei Groß-Säuberungsaktio-

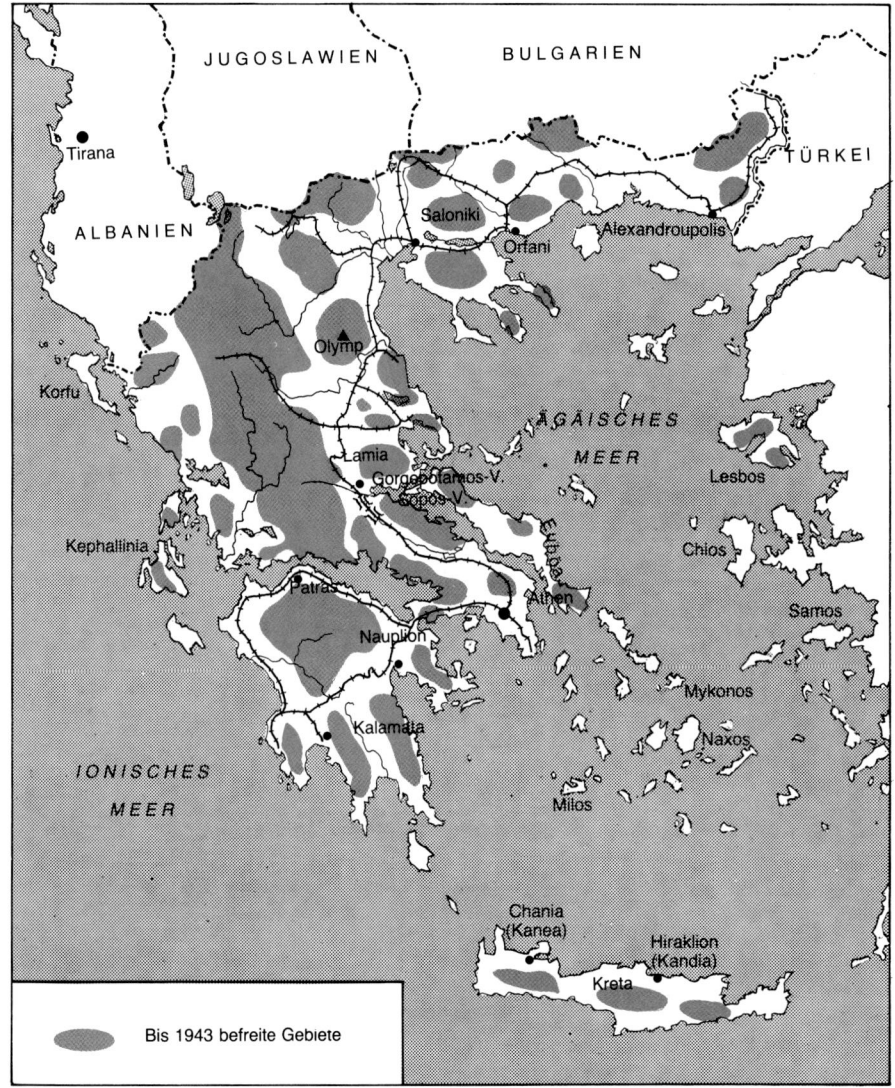

Links: Auch in Griechenland sind 1943 weite Teile des Landes dem deutschen Zugriff entzogen

Bis 1943 befreite Gebiete

Rechte Seite: Jajce (Bosnien), 29. 11. 1943: Auf der zweiten Tagung der AVNOJ am Jahrestag der Oktoberrevolution werden die Grundsätze der künftigen Volksrepublik Jugoslawien proklamiert

nen für Dezember 1943 vorzubereiten. Das Ziel der ersten Aktion (Unternehmen »Adler«): Die Freikämpfung des Küstenabschnittes Fiume-Zara-Spalato sowie die Wiedergewinnung der kroatischen Inseln südlich Spalato (Brazza/Brač, Hvar usw.) und damit die Benutzung der wichtigen Küstenschiffahrt für den Nachschub. Das zweite Unternehmen, das gleichzeitig stattfinden soll, beabsichtigt die Zerschlagung der Hauptstreitmacht der Partisanen in Kroatien durch eine umfassende Einkesselung. Die Besatzungsarmee in Jugoslawien zählt jetzt 14 Divisionen mit insgesamt 140 000 Mann.

Am Donnerstag, dem 2. Dezember 1943, beginnt die großangelegte deutsche Säuberungsaktion, Tarnbezeichnung »Kugelblitz«, nach dem Spitznamen von General der Infanterie Zeitzler, Chef des Generalstabes des Heeres. Die für das Unternehmen »Kugelblitz« in Ostbosnien bereitgestellten sechs großen deutschen, kroatischen und bulgarischen Verbände eröffnen, von

den Partisanen »Siebte Offensive« genannt, ihr konzentrisches Vorgehen.

Am Mittwoch, dem 15. Dezember 1943, telegrafiert der britische Botschafter der Königlich Jugoslawischen Exilregierung an das Foreign Office: »Unsere Politik muß sich auf drei neue Faktoren gründen: Die Partisanen werden die Herrscher Jugoslawiens sein. Sie sind militärisch für uns dermaßen wertvoll, daß wir sie, politische Erwägungen den militärischen unterordnend, uneingeschränkt unterstützen müssen. Es ist äußerst zweifelhaft, ob wir die Monarchie weiterhin als ein einigendes Element in Jugoslawien ansehen können.« Bei seiner Rückkehr von Teheran nach Kairo kündigt Churchill König Peter von Jugoslawien an, daß Großbritannien seine Militärmission bei Mihailović zurückziehen und ihn mit keinerlei Waffenhilfe mehr unterstützen werde. Auch die jugoslawische Exilregierung, deren Kriegsminister er bisher war, entfernt Mihailović auf Churchills Drängen aus ihrem Exilkabinett und entzieht ihm ihren Beistand. Viele seiner Anhänger

gehen zu Tito über. Mihailović ist jetzt fast vollständig isoliert, mehr noch: Churchill veranlaßt König Peter II., Tito zum alleinigen militärischen Befehlshaber in Jugoslawien zu bestellen.

Die Art, mit der Mihailović jetzt von seinen westlichen Freunden, die seinen Kämpferruhm jahrelang in der Welt gepriesen haben, fallengelassen wird, macht seinen Untergang zur Tragödie.

General Rendulic: »Tito war außerhalb des Ringes und wurde in Gegend Jajce, etwa 120 Kilometer nordwestlich Sarajevo, vermutet. Er dürfte nunmehr die Lage erkannt haben und befahl den Durchbruch nach Serbien. Der Übergang über die Drina wurde an mehreren Stellen versucht. Ein Führer der Partisanen funkte, daß Floßsäcke und anderes Übersetzgerät nicht eingetroffen seien. Unter den Partisanen schien ziemliche Ratlosigkeit ausgebrochen zu sein.«

In beißender Kälte entbrennen in den Bergwäldern Ostbosniens, die mit einer Schneedecke bis zu zwei Meter überzogen sind, harte Kämpfe. Die überwiegend prawoslawische Bevölkerung unterstützt die in dieser Region etwa 30 000 Partisanen starke Tito-Streitmacht.

Im Dezember 1943 gelingt es dem Chef der britischen Militärmission, Brigadier MacLean, sich auf abenteuerlichen Wegen von Titos Hauptquartier in Jajce über die »befreiten Gebiete« per Pferd, Eisenbahn, Pkw, Lkw, Bus und per Floß bis zur Dalmatinischen Küste durchzuschlagen. Von der Insel Vis aus wird MacLean mit einem britischen Schnellboot nach Italien gebracht. Und von Bari fliegt er dann nach Kairo.
Im britischen Hauptquartier in Kairo berichtet MacLean über seine reibungslose Zusammenarbeit mit Marschall Tito. In der ägyptischen Hauptstadt trifft er auch Churchill, der nach der Konferenz in Teheran auf seinem Rückweg nach London gerade hier einige Tage verweilt. Es sind hauptsächlich die Berichte von Brigadier MacLean, die Churchill zur vollen Unterstützung der Tito-Partisanen veranlassen, die Mihailović-Tschetniks werden dabei mit keinem Wort erwähnt.
Der britische Premierminister nimmt eine persönliche Korrespondenz mit Tito auf und legt dem ersten Brief sogar sein signiertes Porträt bei. Churchill beordert kurz entschlossen die Versetzung seines Sohnes Randolph ins Tito-Hauptquartier. Churchill an Tito: »Ich wünschte, ich könnte selbst kommen, aber ich bin zu alt und zu schwerfällig, um mit einem Fallschirm abzuspringen.«

In der ersten Dezemberhälfte 1943 hoffen die deutschen Truppen, jetzt endlich die Tito-Partisanen zu zerschlagen. General Rendulic: »Der Dezember war schon stark fortgeschritten, als der Kreis so eng gezogen war, daß auch die Truppen an den anderen Fronten in Kampffühlung mit den Partisanen traten. Alle Übergangsversuche der Partisanen über die Drina scheiterten. Als sie die Unmöglichkeit des Durchbruchs nach Serbien eingesehen hatten, versuchten sie nun nach Westen und Norden aus dem Kessel auszubrechen. Obwohl wir ihre Befehle mithörten, war es nicht einfach, rechtzeitig Gegenmaßnahmen zu treffen und ihre Durchbruchsversuche abzuwehren, da sie es verstanden, mit überraschender Schnelligkeit aufzutreten. Sie verstanden aber auch, genau so rasch den Kampf wieder abzubrechen und zu verschwinden. Da es sich immer um größere Verbände handelte, waren dies beachtenswerte Leistungen ihrer Führung, die dadurch gefördert wurden, daß die Partisanen über kein die Bewegung hemmendes Material für den Kampf verfügten. Die Kämpfe kosteten beide Seiten Verluste. Die Partisanen erlitten jedoch besonders starke Verluste durch unser Artilleriefeuer.«

Ebenfalls am 15. Dezember 1943, bricht Stalin die Beziehungen zur Königlich Jugoslawischen Exilregierung in Kairo ab und erkennt zugleich offiziell Titos »Volksbefreiungskomitee« als einzige Regierung Jugoslawiens an.
Die von den Deutschen verbreiteten Gerüchte über den »Verkauf« des Balkans an die Sowjets auf der Konferenz in Moskau (19.–30. 10. 1943) ruft erhebliches Mißtrauen der Mihailović-Tschetniks gegenüber den Engländern hervor.

Schon am Freitag, dem 17. Dezember 1943, gelingt es der Masse der Tito-Partisanen, die dünne Sicherungslinie der Verbände von General Rendulic in Ostbosnien zu durchbrechen. Die Partisanen verlieren zwar Tuzla, die Hauptstadt in diesem Gebiet, können aber ihre Streitmacht retten. General Rendulic: »Inzwischen war Mitte Dezember vorübergegangen, der Ring verengte sich schließlich so weit, daß es zu einer Entscheidung kommen mußte. Da es für die Partisanen, deren Stärke schon sehr zusammengeschrumpft war, nach der ganzen Lage aussichtslos war, die letzte Entscheidung im Kampf anzunehmen, mußten wir mit Überraschungen rechnen. Und diese kamen auch. Im Norden waren unsere Truppen bei ihrem Vorgehen zur Verengung des Kessels in eine große, sehr dichte und weglose Waldzone gekommen, die am nächsten Tag zum Teil durchschritten sein sollte. Hier gab es natürlich keine fest zusammenhängende Front.
Die Partisanen hatten unsere Bewegung sowie die Lage und die örtlichen Verhältnisse im Wald gut aufgeklärt. Es gelang ihnen, in einer schwer zugänglichen Gegend eine Lücke herauszufinden und in einer Nacht brachen sie hier mit ihrer Masse durch den Ring. Kleinere Teile verkrümelten sich in anderen Richtungen. Ihre Verluste während der ganzen Aktion wurden auf 15 000 Mann geschätzt, darunter fast 10 000 Gefangene.«

Oben: Ostbosnien, Dezember 1943, Unternehmen »Kugelblitz«: Deutsche Truppen im wiedereroberten Tuzla

Rechts: Raum Skoplje, Dezember 1943: Der frühere Bundesgenosse jetzt als Gegner – gefangene italienischer Soldaten

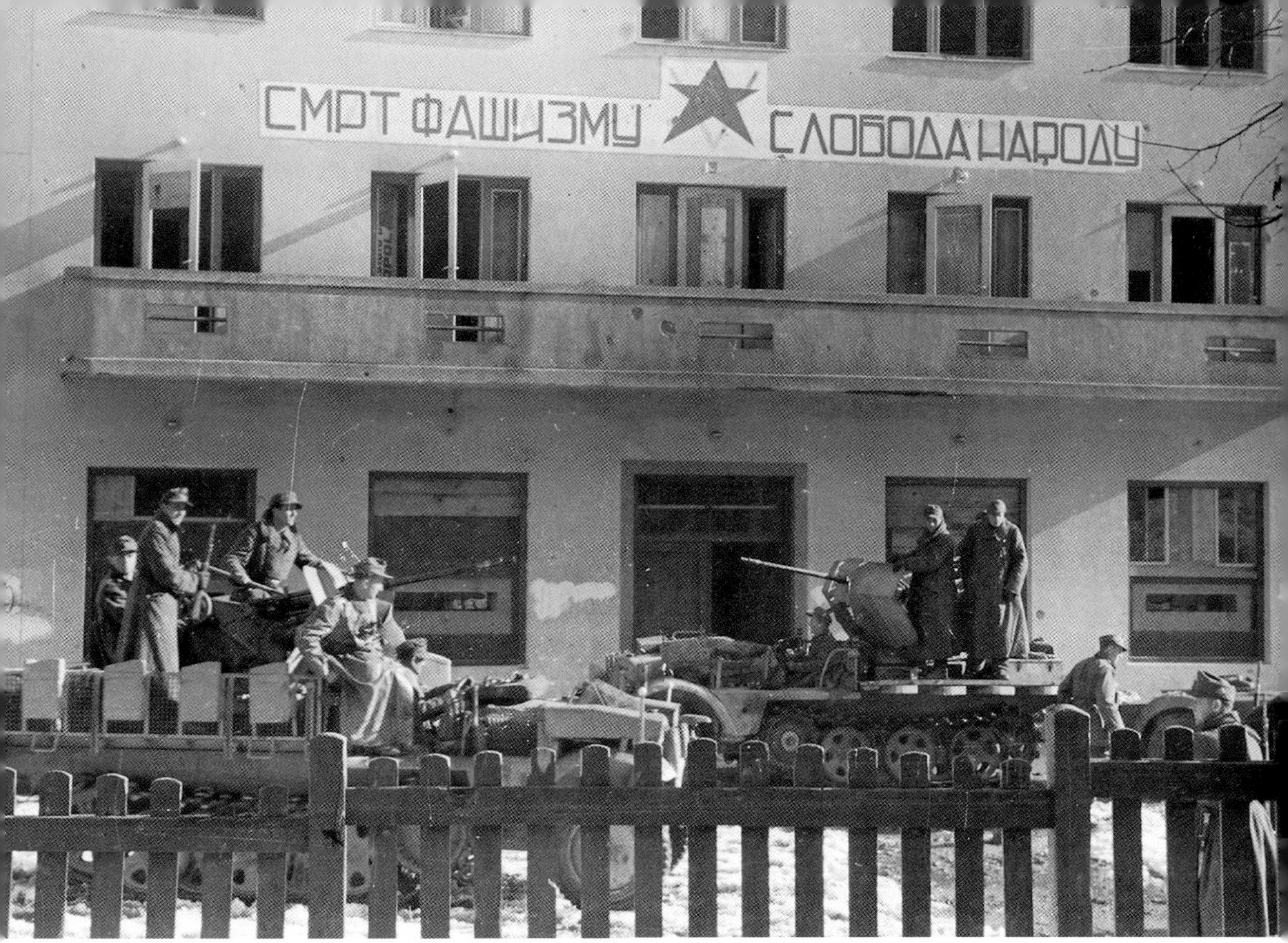
СМРТ ФАШИЗМУ
СЛОБОДА НАРОДУ

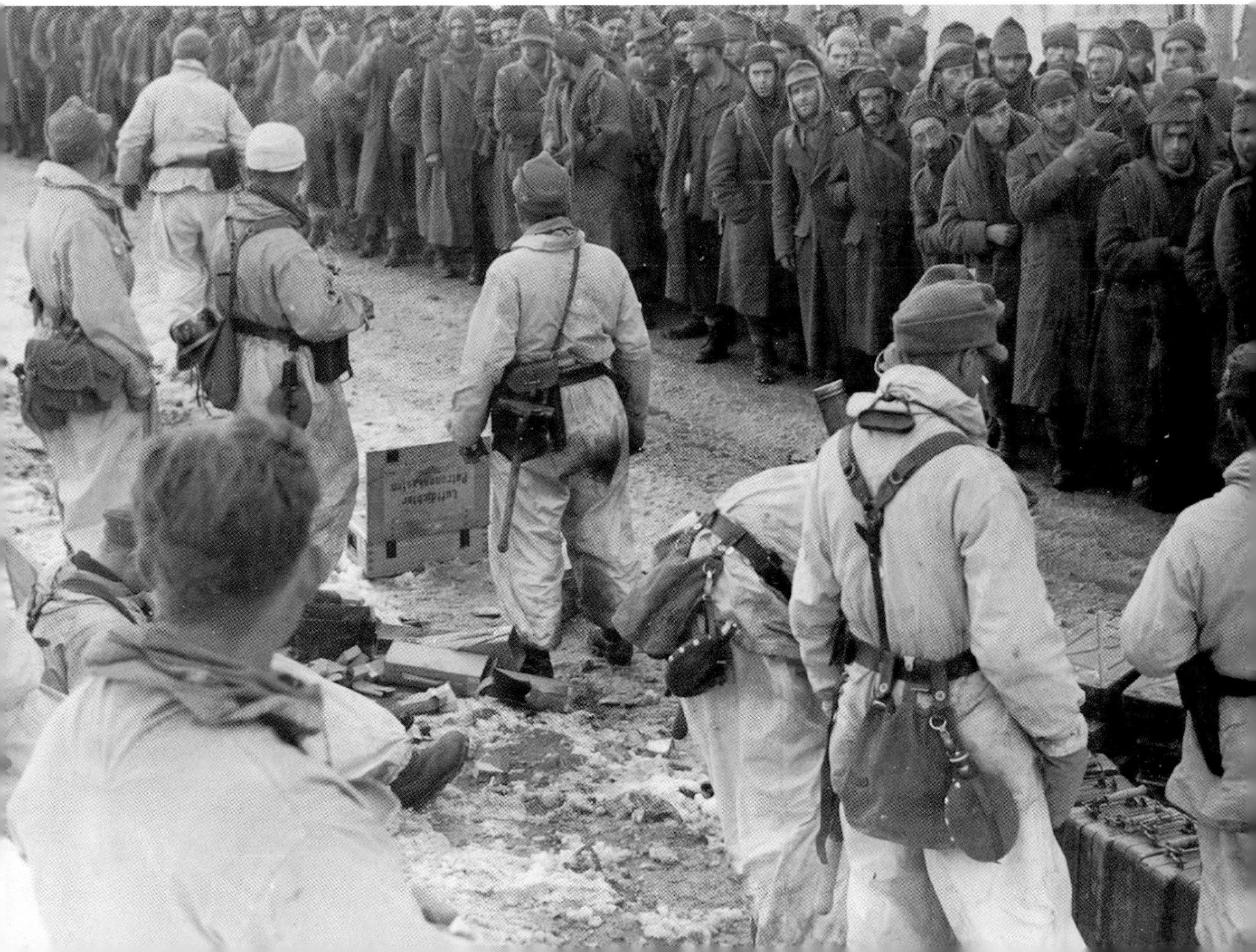

Am Sonnabend, dem 18. Dezember 1943, wird nun das Säuberungsunternehmen »Kugelblitz« in Ostbosnien abgebrochen. General Rendulic: »Nach der ersten Operation waren die Truppen zum größten Teil in die Orte im Bosnatal gezogen worden, wo sie auch günstig für die beabsichtigte Fortsetzung lagen. Die Leistungen, welche die Truppen hinter sich hatten, waren besonders groß. Hier zeigte sich wieder, daß die Anforderungen, die der Partisanenkampf im Großen wie im Kleinen an sie stellte, nicht hinter denen anderer Kriegsschauplätze zurückstanden. Auch fielen Klima, Gelände und die allgemeine Unsicherheit des Lebens stark ins Gewicht. Die Verwirrung der Partisanen mußte ausgenutzt, und deshalb sollte die Operation weitergeführt werden. Als Ziel kamen die im Raum Jajce und südlich befindlichen oder neu dorthin gelangten Kräfte Titos in Betracht. In Gegend Jajce wurde damals Titos Hauptquartier vermutet.«

Erfolgreicher verläuft dagegen die Säuberungsaktion im Küstengebiet; die überaus angespannte Transportlage wird entlastet. Es herrscht nämlich in der Ägäis immer noch ein höchst empfindlicher Mangel an Kleinschiffsraum, was die Inselversorgung gefährdet und bereits Rationskürzungen einzelner Inselgarnisonen verursacht.

General Rendulic: »Über die Weihnachtsfeiertage rasteten die Truppen und traten dann erneut an. Die auf Jajce angesetzte Hauptgruppe hatte ihre äußeren Flügel, besonders den westlichen, stark vorzustaffeln, um eine einkreisende Bewegung anzubahnen. Die 1. Gebirgsdivision sollte quer zu dieser Richtung aus Gegend Sarajevo in einem sehr schwierigen Gelände in den Raum südlich Jajce, vornehmlich gegen die Beckenlandschaften Norddalmatiens, vorstoßen. Es war erneut viel Schnee gefallen, und die Kälte hielt an. Wie zu erwarten war, versuchten die Partisanen Jajce und Umgebung zu verteidigen. Es kam zu ziemlich heftigen Kämpfen.

Dann gingen sie in südlicher Richtung zurück und wurden hierbei durch die am rechten Flügel vorgestaffelten Kräfte und die Gebirgsdivision noch mehrmals zum Kampf gestellt. Ihre Verfolgung ging bis Mitteldalmatien, wobei sich die Reste ihrer Verbände auflösten. Bei Jajce wurde das Hauptquartier Titos festgestellt, mehrere Baracken in der Nähe von Felskavernen. Hier wurden auch die neuesten Lichtbilder Titos gefunden.«

Die deutschen Feldherren auf dem Balkan ahnen das kommende Unheil: Der Zusammenbruch der deutschen Sommeroffensive bei Kursk und der darauffolgende Vormarsch sowjetischer Truppen nach Westen, das Fußfassen der Alliierten auf der Apenninen-Halbinsel, die sich immer mehr steigernden alliierten Terrorangriffe auf deutsche Industriestädte lassen vermuten, daß das Jahr 1944 eine entscheidende Wende auf dem Balkan bringen wird.

Ostbosnien, 17. 2. 1943: Deutsche Patrouille bricht in ein partisanenverdächtiges Haus ein

Schwere Kämpfe um Banja Luka

Dienstag, 4. Januar 1944, Kairo
United Press meldet die Bekanntgabe des Senders
»Freies Jugoslawien«:
In Banja Luka halten schwere Straßenkämpfe an.
Gegenangriffe deutscher Panzer wurden von unserer
Artillerie erfolgreich abgewiesen. Das Gefängnis von
Banja Luka, das berüchtigte »Schwarze Haus«, haben
unsere Truppen besetzt und 200 politische Häftlinge
befreit. Unsere Stoßtrupps steckten das Rathaus in
Brand und töteten über 100 Gendarmen und Ustaschis.
Der Flugplatz von Banja Luka liegt unter ständigem
Feuer unserer Geschütze, so daß kein einziges Flugzeug
starten konnte. Die heftigsten Kämpfe toben gegenwär-
tig um das Regierungsviertel, das Hotel »Palace« und
den Bahnhof im Zentrum der Stadt.
Partisanenabteilungen haben die Eisenbahnlinie Banja
Luka–Prijedor, auf der die Deutschen Nachschub und
Verstärkungen erhalten, auf einer Länge von sechs
Kilometern gesprengt; auch die Nebenlinie Prijedor–
Novi wurde unterbrochen. Auch in anderen Frontab-
schnitten haben unsere Partisanenabteilungen ihre
Tätigkeit erheblich verstärkt.

W. Churchill an Marschall Tito
Sonnabend, 8. Januar 1944, Afrika
Streng geheim und Persönlich
Sir,
ich danke Ihnen sehr für ihre freundliche Botschaft zu
meiner Genesung, die Sie mir in Ihrem eigenen Namen
und im Namen der heroischen Patrioten- und Partisa-
nenarmee Jugoslawiens gesandt haben. Von Major
Ashkin, der ein Freund von mir ist, habe ich alles über
Ihre heldenhaften Anstrengungen erfahren. Es ist mein
tiefster Wunsch, Ihnen jede nur menschenmögliche
Hilfe durch Lieferungen auf dem Seeweg, Unterstüt-
zung aus der Luft und durch Hilfskommandos für Ihre
Kämpfe auf den Inseln zukommen zu lassen. Brigadegeneral MacLean ist auch ein Freund von mir und
Kollege im Unterhaus. Zusammen mit ihm wird in
Kürze mein Sohn, Major Randolph Churchill, der
ebenfalls Parlamentsmitglied ist, in Ihrem Hauptquar-
tier Dienst tun...
Ich habe beschlossen, daß die britische Regierung
Mihailović keine weitere militärische Unterstützung

gewähren, sondern nur noch Ihnen helfen wird, und es
würde uns freuen, wenn ihn die Königlich Jugoslawische Regierung aus ihrem Kabinett entfernte...
Sie können versichert sein, daß ich in engstem Kontakt
mit meinen Freunden Marschall Stalin und Präsident
Roosevelt handeln werde; und ich hoffe aufrichtig, daß
die Militärmission, die die Sowjetregierung in Ihr
Hauptquartier entsendet, mit der anglo-amerikanischen
Mission unter Brigadegeneral MacLean ebenso harmo-
nisch zusammenarbeiten wird. Korrespondieren Sie
bitte über Brigadegeneral MacLean mit mir und lassen
Sie mich Ihre Meinung wissen, wie ich Ihnen helfen
kann, denn ich werde bestimmt mein Bestes versuchen.
Dem Tag entgegensehend, der das Ende Ihrer Leiden
und die Befreiung ganz Europas von der Tyrannei
bringt, verbleibe ich

Ihr ergebener
Winston S. Churchill

Jajce erobert

Mittwoch, 12. Januar 1944, Agram
Das *DNB* teilt mit:
Wie die kroatische Nachrichtenagentur meldet, haben
im Laufe der Aktionen gegen die Partisanen in der
Umgebung von Banja Luka deutsche und kroatische
Verbände die Stadt Jajce besetzt.

Britische Militärmission in Albanien
Mittwoch, 16. Februar 1944, Kairo
Die *Agentur Reuter* gibt bekannt:
Zum erstenmal erfährt man von offizieller Seite die
Nachricht über die Anwesenheit einer britischen Mili-
tärmission in Albanien, die eng mit den dortigen Patrio-
ten zusammenarbeite. Bei einem Gefecht albanischer
Patrioten mit Deutschen und albanischen Kollaborateu-
ren, das für die Patrioten unglücklich verlief, wurde der
Chef der britischen Mission, General Davies, schwer
verwundet und geriet in Gefangenschaft.

Unruhen unter den jugoslawischen Truppen?
Montag, 21. Februar 1944, Moskau
Die *Agentur TASS* berichtet:
Nach Meldungen aus Kairo sollen unter den jugoslawi-
schen Truppen Unruhen ausgebrochen sein, weil sich
die Regierung König Peters weigere, den Offizieren

und Soldaten die Rückkehr nach Jugoslawien und den Beitritt zu den Streitkräften Titos zu gestatten. Unter den aufständischen jugoslawischen Truppen befinden sich auch 22 Angehörige der Leibwache König Peters. Vier Mann der Wache hat man festgenommen, weil sie einen Anschlag auf das Leben König Peters geplant haben.

Griechische Partisanen einigen sich
Freitag, 3. März 1944, Kairo
Die *Agentur Reuter* meldet:
Offiziell wird bekanntgegeben, daß Vertreter der rivalisierenden griechischen Partisanen ein Abkommen unterzeichnet haben. Dieses Abkommen wurde auch von britischen und amerikanischen Offizieren unterschrieben, die an den am 10. Februar in Griechenland begonnenen Verhandlungen teilgenommen hatten.

Sowjetische Militärmission bei Tito
Dienstag, 7. März 1944, Moskau
United Press teilt mit:
Wie »Iswestija« aus Kairo meldet, ist eine sowjetische Militärmission unter Führung von Generalleutnant Korniejew im Hauptquartier Marschall Titos eingetroffen.

Anspruch Titos auf die Bankguthaben der Exilregierung
Donnerstag, 16. März 1944, London
United Press berichtet:
Das jugoslawische Befreiungskomitee Titos hat alle neutralen und alliierten Banken ersucht, sämtliche, auf rund 100 Millionen Dollar geschätzten Guthaben der jugoslawischen Exilregierung zu blockieren.

Deutsche Intervention in Ungarn

Mittwoch, 22. März 1944, Budapest
Die *Agentur MTJ* meldet:
Im Rahmen der gemeinsamen Kriegführung der im Dreierpakt verbündeten europäischen Nationen sind aufgrund gegenseitiger Verständigung deutsche Truppen in Ungarn einmarschiert. Anstelle der zurückgetretenen bisherigen Regierung hat Seine Durchlaucht der Herr Reichsverweser den bisherigen Gesandten in Berlin, Sztojay, mit der Bildung der neuen Regierung betraut.

Tito-Truppen auf Hvar
Mittwoch, 29. März 1944, Kairo
United Press meldet:
Wie das Hauptquartier Titos bekanntgibt, haben seine Truppen die Insel Hvar südlich von Split besetzt. Der Angriff auf die Insel wurde von alliierten Landungseinheiten, Kriegsschiffen und Flugzeugen unterstützt. Rund 100 deutsche Gefangene wurden eingebracht.

Tito und die Regierung Badoglio
Donnerstag, 13. April 1944, Neapel
United Press teilt mit:
Die Regierung Marschall Badoglios und die provisorische jugoslawische Partisanenregierung Marschall Titos haben beschlossen, Vertreter auszutauschen und sowohl in militärischer als in politischer Hinsicht zusammenzuarbeiten.

Neue deutsche Angriffe
Dienstag, 18. April 1944, London
Die *Agentur Reuter* meldet:
Das Hauptquartier des Marschalls Tito meldet neue deutsche Angriffe gegen die jugoslawischen Partisanen. In Ostbosnien sind die Deutschen mit bedeutenden Kräften zur Offensive übergegangen, aber die jugoslawischen Einheiten leisten hartnäckigen Widerstand.

Ein weiser Politiker als Befehlshaber
18. April 1944, London
Die *Agentur Reuter* gibt den Bericht des Chefs der britischen Militärmission, General MacLean bekannt:
»In den letzten Monaten sind Tausende von Tonnen Kriegsmaterial nach Jugoslawien gesandt worden. Als ich in Jugoslawien eintraf, konnte ich feststellen, daß die Armee Titos politisch und militärisch einen starken Machtfaktor darstellt. Sie ist in der Tat viel stärker, als man im Ausland allgemein annimmt. Unter der hervorragenden Führung Marschall Titos ist eine mächtige,

gut disziplinierte und vortrefflich organisierte Armee aufgestellt worden, die über zahlreiche kampferprobte militärische Führer mit ausgezeichneter Erfahrung verfügt. Marschall Tito hat sich nicht nur als Befehlshaber von hohen Fähigkeiten erwiesen, sondern auch als ein weiser Politiker, der es verstanden hat, die besten Elemente aus allen Volksschichten des Landes um sich zu scharen.«

Meuterei griechischer Truppen
Dienstag, 25. April 1944, Kairo
Die *Agentur Reuter* meldet:
Offiziell wurde gestern abend bekanntgegeben, daß auch die Meuterei der griechischen Landtruppen beendet sei, die nach der Meuterei auf einem griechischen Zerstörer und zwei Korvetten ausgebrochen war.

US-Bomber über dem Balkan

Mittwoch, 26. April 1944
United Press berichtet aus dem Hauptquartier von General Wilson: Wie das alliierte Oberkommando mitteilt, wurden bei den Angriffen auf Bukarest, Ploesti und Belgrad am Montag, die schwere US-Bomber von Italien aus unternommen haben, große Beschädigungen angerichtet.

Oben: Bosnien, März 1944: Während der Aktion »Schneesturm« wird das Partisanen-Hauptquartier verlegt. Der Chef der sowjetischen Militärmission, Generalleutnant Korniejew (vorne rechts), begleitet Tito auf dem Marsch

Rechts: Montenegro, April 1944: Auf einem Feldflugplatz in den Bergen wird Partisanen-Versorgungsgut aus einer ehemals italienischen Maschine vom Typ Marchetti S. M. 81 entladen

Landung bei Dubrovnik
26. April 1944, Kairo
United Press meldet:
Wie Marschall Tito heute in seinem Kommuniqué berichtet, sind jugoslawische Truppen mit Unterstützung britischer Flotteneinheiten auf der Insel Mljet westlich Dubrovnik gelandet. Die Royal Air Force hat jetzt auf einer der dalmatinischen Inseln einen Flugplatz eingerichtet, um die Verbindung mit den Partisanen zu verstärken.

Die Meuterei an Bord griechischer Kriegsschiffe
Donnerstag, 27. April 1944, Kairo
United Press teilt mit:
Über die Meuterei an Bord griechischer Kriegsschiffe ist jetzt zu erfahren, daß sie begonnen hat, als Mitglieder der Kommunistischen Organisation »EAM« sich eines im Hafen von Kairo liegenden Zerstörers bemächtigten.

Zusammenarbeit der RAF mit Tito
Montag, 1. Mai 1944
Die *Agentur Reuter* berichtet aus dem Hauptquartier der RAF im Mittleren Osten:
Zwischen Marschall Tito und Vertretern des Hauptquartiers der RAF im Mittleren Osten ist ein Abkommen abgeschlossen. Mit sofortiger Wirkung wird im Rahmen der RAF ein jugoslawischer Sonderverband aufgestellt, der einige Bomber- und Jägerstaffeln umfaßt. Tito hat die Mannschaften ausgewählt und nach Kairo zur Ausbildung und Übernahme der Maschinen beordert.

Britischer Handstreich auf Kreta

Dienstag, 2. Mai 1944, Kairo
Die *Agentur Reuter* meldet:
Britischen Commando-Truppen ist es gelungen, den Oberbefehlshaber der deutschen Truppen auf Kreta gefangenzunehmen und von Kreta zu entführen. Das Kommuniqué lautet: »Der Kommandeur der deutschen 22. Panzergrenadierdivision, Generalmajor Kreipe, wurde von britischen Offizieren bei einem Handstreich auf der Insel Kreta gefangengenommen und bereits von dort abtransportiert. Die 22. Panzergrenadierdivision gehört zu den deutschen Elitetruppen und erhielt für ihre Leistungen den Beinamen »Sewastopol«. Generalmajor Kreipe ist Ritterkreuzträger.

Agram und Split eingeschlossen?
Freitag, 5. Mai 1944, Kairo
Die *Agentur Reuter* teilt mit:
Auf dem Funkweg gab das Hauptquartier der Jugoslawischen Volksbefreiungsarmee bekannt, daß der wichtige deutsche Nachschubhafen Split (Spalato) an der dalmatinischen Küste und Zagreb, die Hauptstadt von Kroatien, von Verbänden der Befreiungsarmee eingeschlossen worden seien.

Erfolge albanischer Partisanen
Sonntag, 14. Mai 1944, London
United Press berichtet:
Das Hauptquartier der albanischen Freiheitskämpfer gibt bekannt, daß die Städte Elbasan, Berat und Koritza von albanischen Partisanen besetzt worden sind.

Bandenkrieg auf dem Balkan

Freitag, 26. Mai 1944
Das *Neue Wiener Tagblatt* berichtet:
Das Mittel, von dem besonders der Laie sich viel Erfolg verspricht, ist das Kesseltreiben. Das Ergebnis eines solchen Kesseltreibens steht fast immer in keinem Verhältnis zum Kräfteaufwand. Um ein Gebiet von nur 16 bis 17 Kilometer im Durchmesser von wenigen hundert Partisanen zu säubern, braucht man, wenn man nur mit einer schütteren Schützenlinie, gefolgt von ganz kleinen Reserven, vorgehen will, mindestens 10 000 Mann, d. h. einen Mann auf 10 bis 12 Meter. Auch eine solche Schützenlinie ist noch keine Gewähr dafür, daß nicht bei bedecktem Gelände und besonders bei Nacht und Nebel die meisten Banditen einzeln oder in ganz kleinen Trupps durchschlüpfen, während andere sich eben in friedliche Bewohner verwandeln oder von den Einwohnern verborgen werden.
Besser ist es schon, die Banden gegen eine Linie zu treiben, in der an den Wechselpunkten von einzelnen Gruppen Hinterhalte angelegt sind. Das Ergebnis war meist besser, aber auch hier spielt die Unmöglichkeit eine Rolle, das betreffende Gebiet mit den zur Verfügung stehenden Kräften gründlich durchzukämmen, besonders weil die Bevölkerung, auch wenn sie gutgesinnt ist, von den Banden terrorisiert wird, die hierzu die grausamsten Mittel anwenden.

Tito entkommen

Freitag, 2. Juni 1944, New York
Associated Press berichtet:
Nach einer Meldung von Radio Bari ist es Tito und dem Sohn des britischen Premierministers, Randolph Churchill, gelungen, in die Berge zu entweichen, als am 25. Mai deutsche Fallschirmjäger und Luftlandetruppen das Hauptquartier der jugoslawischen Partisanen in Bosnien eingenommen haben.

Überfall auf das Tito-Hauptquartier
Sonnabend, 3. Juni 1944, Kairo
United Press meldet:
Wie jetzt mitgeteilt wird, wurde Ende Mai ein Überfall auf das Hauptquartier der jugoslawischen Befreiungsarmee bei Gravar, etwa 100 Kilometer nördlich von Split, von starken deutschen Luftlandeverbänden durchgeführt.

Drvar, Mai 1944: Tito mit seinen engsten Beratern im Hauptquartier der Jugoslawischen Befreiungsarmee

Und so war es

Aktion griechischer und bulgarischer Partisanen
Montag, 5. Juni 1944, Ankara
Die Zeitung *Yeni Sabah* berichtet:
Ein kombinierter Verband griechischer und bulgarischer Partisanen sprengte unweit Adrianopol die Eisenbahnbrücke über die Maritza in die Luft. Über diese Brücke, die nahe des Dreiländerecks Türkei, Griechenland und Bulgarien liegt, läuft die Eisenbahnverbindung zwischen der Türkei und dem Kontinent.

Kampf gegen Banden auf dalmatinischen Inseln
Sonnabend, 10. Juni 1944
Das *Oberkommando der Wehrmacht* gibt bekannt:
Jugoslawien: Bei der erfolgreichen Abwehr eines feindlichen Bandenunternehmens gegen die vor der dalmatinischen Küste gelegene Insel Brac hat sich ein Bataillon einer ostmärkisch-bayerischen Jägerdivision besonders bewährt. Der englische Oberstleutnant Tom Churchill, Kommandant der Insel Lissa (Vis), wurde gefangengenommen.

Um die Jahreswende ähnelt Großbritannien einem Heerlager: zwei Millionen Soldaten, 13 000 Flugzeuge, 9000 Schiffe, künstliche Molen, Amphibienpanzer und Riesenmengen anderes Kriegsgerät sind für die Invasion in Nordfrankreich zusammengezogen. In Berlin ist man weiterhin überzeugt, daß die Westalliierten vernünftigerweise eher auf dem Balkan, dem »weichen Unterleib« Europas, landen werden. Und Hitler will es weiterhin nicht riskieren, den Balkan zu entblößen, um seine Kräfte im Westen zu verstärken. Sein Problem spiegelt sich auch in den Tagebucheintragungen von Generaloberst Jodl, dem Chef des Wehrmachtführungsstabes, zum Neujahr 1944 wider: »Die feindlichen Absichten für 1944: Atlantikwall oder Balkan.«
Bereits in der Silvesternacht unternehmen Tito-Partisanen mehrere Überfälle auf Banja Luka sowie auf das nördlich davon an der Save gelegene Bosnisch Gradiska und Bosnisch Samac an der Mündung der Bosna in die Save. Alle diese Aktionen werden laut deutschen Berichten abgeschlagen, wobei die Partisanen rund 1000 Kämpfer verloren haben sollen. Doch selbst der erfolglose Angriff auf Banja Luka weist auf die innen-

politische Schwäche Kroatiens hin, denn der kroatische Staat hat Banja Luka anstelle Agram (Zagreb) zu seiner Hauptstadt auserkoren. Gerade hier befinden sich die Stäbe der deutschen 2. Panzerarmee (Gen. d. Inf. Rendulic), der im Falle einer alliierten Invasion die Verteidigung der dalmatinischen Küste obliegt.

Unterdessen sind deutsche Truppen im Rahmen der neuen deutsch-kroatischen Winteroffensive (Tarnname »Schneesturm«), die Ende Dezember 1943 begonnen hat, am Fluß Glina nach Süden bis Cazin, 20 Kilometer östlich von Bihać, vorgestoßen. Die von der bosnisch-dalmatinischen Grenze über die Dinarischen Alpen vorrückenden Gebirgsjäger entdecken in der Nähe des Ortes Glamoč sogar einen gutgetarnten Feldflugplatz, auf dem in der letzten Zeit mehrfach britische Maschinen mit Nachschub für die Partisanen gelandet sind.

Am Montag, dem 3. Januar 1944, bombardieren alliierte Kampfflugzeuge der Balkan Air Force die Städte Doboj und Travnik im Rahmen einer Unterstützung der Partisanen gegen die deutsche Winteroffensive, Unternehmen »Schneesturm«. Doboj, ein Eisenbahnknotenpunkt an der unteren Bosna, liegt etwa 60 Kilometer nordwestlich von Tuzla an der Bahnlinie von Sarajevo nach Bosnisch Brod. Travnik, nur 40 Kilometer südöstlich von Jajce, beherrscht den Übergang von der mittleren Bosna in das Tal des oberen Vrbas. Im Schutz der Balkan Air Force verlegen die Partisanen ihre Verbände immer näher an die dalmatinische Küste.

Am Abend des 7. Januar 1944 wird Jajce, wo sich das Hauptquartier Titos befindet, nach harten Gefechten aufgegeben. Die nach Süden ausweichenden Partisanen geraten jetzt auf die von Tuzla über Travnik in den Raum südlich von Jajce vorstoßende 1. Gebirgsdivision (GenLt. Stettner). Mehrmals zum Kampf gestellt, ziehen sich die in kleine Gruppen aufgelösten Partisanen nach Mitteldalmatien zurück. Auch diesmal entkommt Tito nur mit knapper Not der Gefangennahme. Sein Hauptquartier befindet sich nun etwa 100 Kilometer westlich von Jajce in einer Höhle nahe der Stadt Drvar im geschützten Tal der Una (Bosnien), etwa 70 Kilometer südostwärts von Bihać.

Die Hauptkräfte der Partisanen ziehen in die befreiten Gebiete des östlichen Bosniens, zwischen den Flüssen Una und Bosna. Doch auch hier sind die wichtigen Flußübergänge und verschiedene Städte immer noch im Besitz der deutschen und kroatischen Truppen. General Rendulic: »Während der Zeit der Versammlungsmärsche der Partisanen und der folgenden Kämpfe hatten die Anschläge in Kroatien erheblich nachgelassen. Nur in Slawonien, dem Gebiet nördlich der Save, hielten sie in größerem Maße an. Ein Problem blieb hier immer die Aufrechterhaltung des Verkehrs auf der 400 Kilometer langen Bahnstrecke Belgrad-Agram.«

Anfang Februar 1944 landet tatsächlich Churchills Sohn Randolph zusammen mit Brigadier MacLean in Jugoslawien. Die Geste des Premierministers, seinen einzigen Sohn in das Hauptquartier von Tito zu beordern,

macht auf die Partisanen großen Eindruck. Djilas: »...aber sein Hang zum Alkoholkonsum und seine Interesselosigkeit verrieten, daß er mit seinem Namen weder politischen Spürsinn noch Tatkraft geerbt hatte.« Zu der britischen Mission bei Tito gehören auch mehrere Artillerie-Instrukteure. In einer Artillerieschulung unter britischem Kommando werden die Partisanen im Gebrauch der für den Transport auf Tragtieren zerlegbaren Gebirgshaubitzen unterrichtet.

In den ersten Monaten 1944 kommt es sowohl in Serbien und Montenegro als auch in Kroatien während verschiedener Kampfhandlungen gegen Tito-Partisanen zum gemeinsamen Einsatz von legalen und illegalen (Mihailović-)Tschetniks zusammen mit deutschen Truppen. Diese deutsch-serbische Kollaboration erscheint der Ustascha in Agram (Zagreb) kaum weniger verwerflich als den Tito-Partisanen. Erstaunlicherweise hat die erbitterte Feindschaft der Tschetniks und der Ustascha trotz einer den beiden gleichermaßen drohenden Gefahr durch Tito nichts von ihrer Schärfe verloren.

Im Frühjahr 1944 sind auf dem Balkan der deutsche Truppenbefehlshaber und auch die Geheime Feldpolizei verschiedentlich dazu übergegangen, zur Befriedung bestimmter Landesteile, die deutsche Truppen von Partisanen gesäubert haben, »bandenverdächtige« wehrfähige männliche Bewohner in diverse Durchgangslager zu evakuieren. Von dort aus hat man sie anschließend zur Zwangsarbeit nach Deutschland transportiert. Nicht besser ergeht es Muselmanen und Kroaten, die sich freiwillig zur deutschen Polizei oder zur Bosniaken-Division gemeldet haben, aber das Unglück hatten, im Musterungslager Semlin als nicht verwendungsfähig ausgesondert zu werden. Auch sie verschickt man ohne Befragen und oft unter merkwürdigen Begleitumständen zum Arbeitseinsatz bzw. zu militärischen Hilfsdiensten nach Deutschland.

Um diese Zeit bessert sich die Lage der Partisanen bedeutend: Die Bedrohung durch die legalen Tschetniks ist jetzt nur auf Serbien beschränkt. Zwar kontrollieren die Deutschen zusammen mit ihren bulgarischen und regionalen Verbündeten mehr als die Hälfte Jugoslawiens, doch ist Titos Armee – nach dessen Angaben – um 150 000 Männer und Frauen angewachsen. Sie zählt jetzt etwa 300 000 Mitglieder. Die Partisanen sind inzwischen, was die Kampfstärke und Feuerkraft betrifft, beinahe so stark wie die Besatzungsverbände.

Im Februar 1944 stellt Churchill im Unterhaus fest, daß die Tito-Partisanenarmee als einzige einen wirkungsvollen Kampf gegen die Deutschen führt. Der Premierminister erklärt dem Parlament seine Gründe für die Distanzierung von Mihailović: »Er hat den Feind nicht bekämpft, und obendrein haben sich einige seiner Untergebenen mit dem Feind gütlich verständigt.« Dennoch kann sich die britische Regierung von König Peter nicht einfach lossagen, obwohl dieser durch seine Verbindung zu Mihailović an Ansehen eingebüßt hat. Der König – zu dieser Zeit gerade 21 Jahre alt – zögert

noch, seinen Kriegsminister fallenzulassen. In diesem Monat stoppen daraufhin die Engländer ihre Versorgungslieferungen an die Tschetniks und weisen die bei ihnen befindlichen 30 britischen Verbindungsoffiziere an, das Land zu verlassen.

Am Mittwoch, dem 23. Februar 1944, landen auf dem schneebedeckten Plateau nahe Bosnisch Petrovac zwei britische Lastensegler vom Typ Horsa mit der sowjetischen Militärmission. Unter Führung von Generalleutnant Korniejew und dessen Stellvertreter, General Gorskow, ist die Mission per Flugzeug über Persien, Ägypten und Italien in Jugoslawien eingetroffen. Da inzwischen tiefer Schnee gefallen ist, können die Flugzeuge nicht auf dem Feldflugplatz in den Bergen bei Bosnisch Petrovac, nördlich von Drvar, landen. Die Sowjets sind jedoch nicht gewillt, mit Fallschirmen abzuspringen. So stellen ihnen die Engländer Lastensegler zur Verfügung. Sie werden über Bosnisch Petrovac ausgeklinkt und landen sanft auf der dicken Schneedecke.

Generalleutnant Korniejew, ehemaliger Stabschef eines Großverbandes der Roten Armee, ist nach den Worten von Stalin ein unheilbarer Trunkenbold. Er wurde bei Stalingrad schwer verwundet und hinkt seitdem. Zu seiner Mission gehören 35 Mitglieder, überwiegend Offiziere des KGB, unter ihnen Major Grigorijew und Saharow, die bereits vor dem Krieg in der sowjetischen Gesandtschaft in Belgrad tätig waren. Generalleutnant

Bosnien, Februar 1944, Unternehmen »Schneesturm«: Kollaborateure helfen deutschen Einheiten

Korniejew bringt sogar seinen Offiziersburschen mit. Die Ankunft der sowjetischen Militärmission markiert den Beginn der unmittelbaren Zusammenarbeit zwischen der Roten Armee und den Tito-Partisanen.

Donnerstag, der 24. Februar 1944, ist ein wichtiges Datum im Leben des Staatsmannes Tito: An diesem Tag gibt Tito zu Ehren der eingetroffenen sowjetischen Militärmission seinen ersten Galaempfang für die Vertreter eines auswärtigen Staates in seiner neuen Eigenschaft als Präsident des Nationalkomitees und Marschall von Jugoslawien. Tito erscheint zum ersten Mal in seiner prachtvollen Marschalluniform mit den selbst entworfenen goldbestickten Ranken auf Schulterstücken und Kragenaufschlag. Auch Brigadier MacLean als Chef der anglo-amerikanischen Mission gehört zu den Ehrengästen des Abends. Dies ist der erste offizielle Kontakt zwischen den Vertretern der drei Alliierten und den Vertretern Jugoslawiens auf befreitem Gebiet mitten auf dem Balkan.

Erst ab Sonnabend, dem 26. Februar 1944, verlegt man die muselmanische SS-Division nach Bosnien zurück.

Sie wurde im Anschluß an die im Winter 1943/44 durchgeführte deutsche Großoperation (Unternehmen »Kugelblitz«) zur Säuberung Ostbosniens herangezogen. Die an den Einsatz der SS-Division geknüpften Hoffnungen auf eine dauerhafte Sicherung des Gebietes von Ostbosnien bleiben weiterhin ein Wunschgedanke.

Ende Februar 1944 überreden die Engländer ELAS und EDES, einem formellen Waffenstillstand zuzustimmen. Der Versuch der ELAS, die EDES zu zerschlagen, findet wenig Zustimmung unter ihren gemäßigten Anhängern und erzielt des öfteren unverhoffte Effekte: So gestattet jetzt z. B. der Republikaner Zervas – durch die Angriffe der ELAS erzürnt – seinen Guerillas das Tragen des königlichen Abzeichens an ihren Mützen. Deutsche Kommandeure lassen sich gelegentlich mit der EDES auf einen zeitweiligen Waffenstillstand ein. Solche Kampfpausen mit den Deutschen sind für Zervas eine Notwendigkeit, damit er die mörderischen Angriffe der Kommunisten überleben kann.

Etwa Anfang März 1944 wird als erste Maßnahme gegen einen möglichen deutschen Handstreich auf das Tito-Hauptquartier vom Obersten Stab eine Brigade der 6. Proletarischen Division »Nikola Tesia« zum Schutz der militärischen und zivilen Stellen in Drvar

angefordert. Daraufhin verlegt man die 2. Brigade nach Drvar, die übrigens am 28. April 1944 abberufen und durch die 3. Brigade ersetzt wird.

Am Sonntag, dem 19. März 1944, besetzen deutsche Truppen unter Generalfeldmarschall v. Weichs im Rahmen des Unternehmens »Margarethe I« Ungarn. Und während die Deutschen sich handstreichartig Budapests bemächtigen, um den bevorstehenden Frontwechsel Ungarns als Vorspiel für den zu erwartenden Angriff der Anglo-Amerikaner im Südosten Europas zu unterbinden, ist das Schicksal des Kontinents längst entschieden.

General Rendulic: »Im März 1944 aufgefangene Funksprüche der Partisanen brachten willkommene Anhaltspunkte über die Absichten der Alliierten hinsichtlich des Balkans. Die Partisanengruppe auf der Insel Vis (Lissa) meldete um diese Zeit an Tito, daß die Engländer eine Landung auf dem Balkan vorbereiteten. Tito funkte zurück, daß dies nicht richtig sei, da aufgrund der Vereinbarung zwischen den Alliierten eine Landung der Westmächte auf dem Balkan nicht in Frage komme.

Zypern, 28. 3. 1944: In einem militärischen Ausbildungslager für jugoslawische Flüchtlinge wird der Jahrestag des Belgrader Umsturzes von 1941 gefeiert

Ich war überzeugt, daß die Antwort Titos den Tatsachen entsprach und kein Täuschungsmanöver war.«

Am Freitag, dem 24. März 1944, vereinbart der Oberste Stab von Tito mit dem Alliierten Oberkommando im Mittelmeerraum die Schulung seiner Piloten auf alliiertem Gebiet sowie die Lieferung von Flugzeugen an die Volksbefreiungsarmee.

In Griechenland verschärft das kompromißlose Vorgehen der moskautreuen Guerillas weiterhin die Lage. Viele patriotisch gestimmte Griechen hassen die ELAS so sehr, daß sie es sogar vorziehen, mit den Deutschen gegen diese Organisation zusammenzuarbeiten.

Während am Sonntag, dem 26. März 1944, dank der Anstrengungen britischer und amerikanischer Verbindungsoffiziere ein Waffenstillstand zwischen den Kommunisten und EDES verkündet wird, geben am gleichen Tag die Kommunisten die Gründung des »Politischen Komitees der Nationalen Befreiung« (PEEA) bekannt. Dessen Hauptaufgabe: Die Bildung einer provisorischen griechischen Regierung. Churchill betont, daß die Wahl einer Nachkriegsregierung Sache der Griechen sein wird und daß Griechenland seinen konstitutionellen Ausdruck nicht in einzelnen Partisanengruppen finden kann, die in vielen Fällen kaum von Banditen zu unterscheiden sind und sich als Erretter ihres Landes aufspielen, während sie von den Dorfbewohnern leben. Die Anführer der EAM, durch das erbarmungslose Vorgehen der ELAS immer mehr enthüllt, versuchen jetzt unter neuer Tarnung der PEEA ihre Ziele zu verfolgen, und ab März 1944 beginnen die Sowjets, die britische Politik in Griechenland zu durchkreuzen.

Zu dieser Zeit hat die ELAS über 30 000 Guerillas unter den Waffen, die Reserven nicht gerechnet. Sie kontrollieren jetzt mehr als die Hälfte Griechenlands. Lediglich im Epirus, wo die Reste der EDES noch immer ausharren, sowie auf Kreta, wo unabhängige nationalistische Guerillas die Oberhand haben, ist ihnen die Macht vorenthalten.

Bereits Ende März 1944 muß Tito feststellen, daß die Deutschen recht gut über sein neues Hauptquartier in Drvar Bescheid wissen: Am Montag, dem 27. März 1944, verhört ein Partisanenstab den kurz zuvor gefangengenommenen Expartisanen Tetarić, der zu den Deutschen übergelaufen war. Er gehörte dem 1. Proletarischen Korps an, das sich in der Umgebung von Drvar befindet. Tetarić hatte den Deutschen genaue Angaben über Tito, das Begleitbataillon, die Stärke der Wachen und der Partisanen in und um Drvar geliefert.

Währenddessen rückt die Rote Armee trotz erbitterten Widerstandes der deutschen Truppen weiter nach Westen vor. Noch vor Beginn der Schlammperiode überschreitet sie die Grenze zur Slowakei und nähert sich dem Gebiet Rumäniens.

Am Dienstag, dem 28. März 1944, überqueren die Armeen der 2. Ukrainischen Front (Armeegen. Konjew) den Pruth nördlich von Jassy und drängen auf altrumänisches Gebiet vor. Der unaufhaltsame Vormarsch der Sowjets veranlaßt Churchill, seine Aufmerksamkeit noch stärker auf die verworrene Lage in Jugoslawien und Griechenland zu lenken.

Am Sonnabend, dem 1. April 1944, mahnt Churchill die jugoslawische Exilregierung, Mihailović müsse schleunigst zurücktreten. Die Sowjets seien jetzt in Titos Hauptquartier vertreten, »und wir brauchen kaum darüber im Zweifel sein, daß die Russen stracks auf ein von Tito regiertes kommunistisches Jugoslawien losteuern und alles, was sich diesem Ziel entgegenstellt, als ›undemokratisch‹ brandmarken werden.«

Inzwischen wächst in Albanien der Widerstand gegen die Deutschen. General Rendulic: »Im Frühjahr 1944 begann sich auch in Südalbanien die Partisanenbewegung sehr stark fühlbar zu machen. Sie wurde durch den kommunistischen Teil der Partisanen des angrenzenden Griechenland genährt. In Albanien haben wir die Bildung »nationaler Banden«, wie sie sich selbst nannten, gefördert, an deren Spitze angesehene Albaner standen und die den Kampf gegen die kommunistischen Partisanen führten.«

Neben der albanischen kommunistischen Befreiungsarmee gibt es noch zwei andere Guerilla-Organisationen, die »Nationale Front« und eine Organisation unter Führung von Major Abas Kupi, Anhänger von König Zogu. Alliierte Verbindungsoffiziere in Albanien versuchen, diese verschiedenen Truppen zusammenzubringen. Selbst General Wilson, Oberbefehlshaber der Alliierten im Mittelmeerraum, richtet einen Appell an das albanische Volk, den Tag seiner Befreiung durch verstärkten Widerstand zu beschleunigen.

In der Nacht vom 6./7. April 1944 startet eine britische »Dakota« von der Petrovac-Ebene in offizieller jugoslawischer Mission nach Moskau, geführt von Djilas, einem der engsten Vertrauten Titos, und General Terzić. Ihre Aufgabe: Sie sollen die Anerkennung des Nationalkomitees als legitime jugoslawische Regierung seitens der UdSSR erreichen, dazu als Militär-Soforthilfe ein Darlehen von 200 000 US-Dollar und die Herstellung jugoslawischer Orden nach den Entwürfen von Tito. Die Mission landet zuerst auf dem jugoslawischen Militärstützpunkt in Bari (Italien) und fliegt von dort über Kairo, Bagdad, Teheran nach Moskau. Die Missionschefs werden von Stalin empfangen. Allerdings gibt Stalin keine Zusage für eine Anerkennung des am 29. 11. 1943 in Jajce gegründeten Nationalkomitees als legale Regierung Jugoslawiens. Der sowjetische Diktator verspricht zwar eine verstärkte Hilfe, setzt sich aber weiterhin für einen Kompromiß mit der Exilregierung ein. Wie Djilas berichtet, hat Stalin lauter kritische Einwände, wie z. B.: »Wozu braucht ihr die roten Sterne? Ihr jagt nur den Briten Angst ein. Die äußere Form ist unwichtig.« Zum Schluß überreicht das Präsidium des Obersten Sowjets Djilas einen goldenen Säbel als Geschenk für Tito.

Bereits Ende 1943 ist auf Stalins Befehl in der UdSSR eine jugoslawische Brigade aufgestellt worden. Sie setzt sich überwiegend aus »umerzogenen« Angehörigen der bei Stalingrad zerschlagenen kroatischen Verbände des Staatschefs Pavelić, dazu aus jugoslawischen Staatsbürgern, die in der Sowjetunion leben, sowie aus Emigranten zusammen. Stalin hat angeordnet, daß die Brigade das königliche Wappen an ihrer Mütze tragen soll. Der Tito-Vertreter in Moskau, Vlahović, kann seine Empörung kaum beherrschen und weist darauf hin, welch politischer Fehler dies sei, wenn die Brigade dann auf jugoslawischen Boden mit dem königlichen Wappen erscheine, das die Mihailović-Tschetniks getragen haben. Erst nach mehreren seiner beharrlichen Vorstellungen wird das Emblem durch einen fünfzackigen Stern ersetzt.

Zur Vorbereitung einer neuen Partisanenoffensive führen alliierte Bomber der Balkan Air Force im Frühjahr 1944 mehrere Angriffe auf serbische Städte und Ortschaften, darunter Belgrad, Niš, Semendria, Leskovac und Podgorica durch. Der erste Angriff der 15. USAAF auf Belgrad erfolgt am Vormittag des 16. April 1944, dem serbischen Ostersonntag. Die aus den Kirchen strömende Bevölkerung erleidet schwere Verluste. Tag und Stunde des Angriffs sind übrigens von Tito festgelegt worden.

Am Sonnabend, dem 22. April 1944, wird in Bari, Süditalien, auf dem jugoslawischen Militärstützpunkt die 1. Staffel der Luftstreitkräfte der Volksbefreiungsarmee aufgestellt. Ihr Hoheitsabzeichen ähnelt der neuen jugoslawischen Fahne (blau-weiß-rote Trikolore mit einem Stern). Die Luftstreitkräfte der Volksbefreiungsarmee sollen im Verband mit der Balkan Air Force gegen die auf jugoslawischem Gebiet befindliche Besatzungsmacht eingesetzt werden.

Während jedoch die Engländer und Amerikaner die Tito-Partisanen reichlich mit Waffen, Ausrüstung und Medikamenten versorgen, hilft Stalin ihnen nur mit Ratschlägen und moralischer Unterstützung über den Propaganda-Sender »Freies Jugoslawien«. Wie Tito bei seinem obligatorischen wöchentlichen Treffs mit den alliierten Missionschefs vermerkt, »...bringen die in Italien stationierten sowjetischen Transportflugzeuge zwar reichlich Wodka und Kaviar für General Korniejew und seine Männer, aber kaum Waffen ...«

Der Aufschwung, den die Partisanenbewegung in Bulgarien nimmt, ermöglicht nun die Aufstellung größerer Verbände. Am Dienstag, dem 25. April 1944, wird die erste bulgarische Volksbefreiungsbrigade gebildet. In dieser Zeit treten häufig ganze Einheiten der bulgarischen Armee zur Partisanenbewegung über.

In Griechenland veranstaltet das »Politische Komitee der Nationalen Befreiung (PEEA) im April 1944 in den von der ELAS kontrollierten Gebieten »Wahlen« für ein Nationalparlament. Damit soll eine provisorische Pseudo-Regierung der legalen griechischen Exilregierung die Macht entreißen. Die ELAS versucht zwar, eine kommunistische Revolution in ganz Griechenland anzuzetteln, doch der Mangel an Waffen und Munition hindert die Elas an ihrem Vorhaben.

Das am 26. März 1944 von der EAM gegründete »Politische Komitee der Nationalen Befreiung« (PEEA) spricht jetzt dem König und der Exilregierung das Recht ab, noch länger im Namen Griechenlands zu handeln. Die Agitatoren der PEEA schüren zugleich unter den in Ägypten stationierten griechischen Seeleuten und Soldaten den Widerstand gegen die Monarchie und inszenieren im April 1944 eine offene Meuterei zur Unterstützung der PEEA-Regierung. Die Rebellen verlangen eine offizielle Anerkennung der EAM. Ministerpräsident Tsuderos tritt zurück, sehr zum Ärger Churchills, der den griechischen König und die britischen Militärbehörden in Kairo und Alexandria beschwört, unnachgiebig zu bleiben und die Rebellion notfalls mit Gewalt zu unterdrücken.

In Athen stellt der neue Ministerpräsident der griechischen Marionettenregierung, Rallis, jetzt Sondertrupps zum Einsatz gegen die ELAS, griechische »Sicherheitsbataillone«, auf. Sie haben gerade in den südlichen Landstrichen, wo die kommunistischen Partisanen am meisten wüten, großen Zulauf. Viele ihrer Mitglieder sind ehemalige Guerillas der von der ELAS aufgeriebenen republikanischen Gruppen.

In Alexandria bringen Mitglieder der ELAS, die zu den Besatzungen der drei dort liegenden griechischen Kriegsschiffe »Apostolis«, »Ierix« und »Sachtouris« gehören, diese drei Einheiten in ihre Gewalt und weigern sich, die Befehle des britischen Oberkommandos auszuführen. In der Nacht vom 23./24. April 1944 entern auf Order des griechischen Flottenkommandanten, Vizeadmiral Boulgaris, eine Anzahl griechischer Offiziere und Soldaten die drei Kriegsschiffe. Nach einem kurzen heftigen Feuerwechsel zwischen den meuternden Besatzungen und den regierungstreuen Truppen kann die Meuterei unterdrückt werden. Nach dem Gefecht zählt man auf beiden Seiten über 50 Tote und Verletzte. Die drei Kriegsschiffe werden von den regierungstreuen Marinestreitkräften übernommen. Zugleich gelingt es den Engländern, eine ebenfalls rebellierende griechische Brigade zu überwältigen, die sich in einem Wüstenlager verschanzt hat. Etwa 10 000 Rebellen, die Hälfte der griechischen Exiltruppen, werden in Internierungslager gesteckt.

König Georg II. verspricht, dafür Sorge zu tragen, daß in der neuen Exilregierung alle politischen Kräfte seines Landes vereint sein würden.

Vor der dalmatinischen Küste, April 1944: Patrouillenboot der Jugoslawischen Befreiungsarmee im Einsatz

Am Mittwoch, dem 26. April 1944, wird ein neuer links-liberaler Ministerpräsident der griechischen Exilregierung ernannt: Georgios Papandreou, ein erfahrener Politiker. Er ist vor kurzem aus Griechenland geflohen. Der König kündigt an, er werde sich nach Kriegsende einem Plebiszit des griechischen Volkes unterwerfen, bevor er in sein Land zurückkehre.

Schon im April 1944 zeigen sich die ersten Erfolge der jugoslawischen Mission in Moskau: In diesen Tagen fliegen mehrere sowjetische Flugzeuge bis nach Jugoslawien, werfen Versorgungsbehälter ab und kehren auf ihre Flugplätze in der Ukraine zurück. Die Sowjetregierung hat außerdem den Vorschlag von Djilas angenommen, zehn sowjetische Transportflugzeuge nach Bari zu entsenden, die als Versorgungsmaschinen für Jugoslawien eingesetzt werden können.

Für Mai 1944 plant die deutsche Wehrmacht ihr letztes größeres Unternehmen in Jugoslawien gegen die Hauptkräfte der Partisanen: Der 2. Panzerarmee (GenOberst Rendulic) ist es inzwischen gelungen, den genauen Standort des Tito-Hauptquartiers bei Drvar festzustellen. Im Mittelpunkt des sorgfältig vorbereiteten Unternehmens (Tarnname »Rösselsprung«) steht die Luftlandung eines Fallschirmjägerbataillons, das den Partisanen-Hauptstab ausheben soll. Generaloberst Rendulic: »Der Angriff sollte in mehreren Gruppen aus verschiedenen Richtungen erfolgen. Je eine motorisierte Gruppe hatte von Norden aus Petrovac und von Süden aus Grahovo auf Drvar vorzustoßen.

Eine aus mehreren Bataillonen Infanterie und einigen Geschützen bestehende Gruppe sollte, von der Straße Knin—Bihać ausgehend, durch das weglose Gebirge von Westen vorgehen. Von ihr wurde angenommen, daß sie am frühesten Drvar erreichen würde, da bei den motorisierten Gruppen mit viel Zeitverlust bei Behebung der Zerstörungen und Beseitigung der Sperren an den Straßen gerechnet wurde. Von Osten hatten Kräfte in der Stärke einer Division vorzugehen. Hier wurde starker Widerstand erwartet, auch war eine große Waldzone zu durchschreiten.

Den Austritt aus dem Wald nach Norden und nach Süden hatten schwächere Gruppen zu sperren. Den ersten Überraschungsangriff sollte jedoch das Fallschirmjägerbataillon führen, das unmittelbar bei Drvar abzuspringen und zu landen und sogleich zum Angriff gegen das Hauptquartier zu schreiten hatte.«

Am Donnerstag, dem 4. Mai 1944, vermerkt Churchill in seinem Tagebuch: »Offenbar nähern wir uns einer Kraftprobe mit den Russen über ihre kommunistischen Intrigen in Italien, Rumänien, Jugoslawien und Griechenland.« Churchill weist zugleich Außenminister Eden an, ein Exposé anzufertigen, »das die brutalen Gegensätze aufzählt, die sich zwischen uns und der Sowjetregierung in Italien, Rumänien, Bulgarien, Jugoslawien und vor allem Griechenland entwickeln.« Die entscheidende Frage Churchills in dieser Anweisung:

»Sollte der Westen die Kommunisierung des Balkans hinnehmen? Wenn nicht, wann und wie sollte man sich gegen die kommunistische Infiltration wehren?«

An diesem Tag haben die Tito-Partisanen Glück: Die zur 4. Division gehörende 11. Kozara-Brigade erbeutet nach Sprengung der Eisenbahnstrecke in einem entgleisten Zug mit deutschen Wehrmachtsangehörigen eine Skizze von Drvar mit detaillierten Angaben über alle militärischen und zivilen Organisationen sowie Einzelheiten über die Militärmissionen der Alliierten und Sicherungsvorkehrungen des Obersten Stabes.

Am Freitag, dem 5. Mai 1944, schlägt Eden dem sowjetischen Botschafter in London, Gusjew, ein britisch-sowjetisches Abkommen vor, wonach die Sowjetunion freie Hand in Rumänien erhalten soll, wenn Großbritannien freie Hand in Griechenland bekommt.

Am Montag, dem 15. Mai 1944, wird die einzige in Drvar stationierte größere Einheit, die 3. Brigade der 6. Proletarischen Division, aufgrund einer Falschmeldung aus der Stadt herausgezogen und als Divisionsreserve in das westlich von Drvar gelegene Gebiet um Trubar verlegt. In Drvar bleibt das 350 Mann starke Begleitbataillon des Obersten Stabes. Zum Begleitbataillon gehört ein aus drei Kampfwagen bestehende Panzereinheit.

Am Mittwoch, dem 17. Mai 1944, tritt auf britischen Druck die jugoslawische Exilregierung Purić zurück. Dr. Ivan Šubašić, ehemaliger Gouverneur von Kroatien und Mitglied der Bauernpartei, bildet ein neues Kabinett, dem der Tschetnik-Führer General Mihailović, der bis jetzt die Funktion des Kriegsministers innehatte, nicht mehr angehört. Šubašić strebt auch eine Verständigung mit Tito an.

Am gleichen Tag treffen sich in Beirut alle bedeutenden griechischen Parteiführer aus dem Mutterland. Das Ziel der Konferenz: Überbrückung der Gegensätze innerhalb der griechischen Gesellschaft, die während der Meuterei griechischer Matrosen und Soldaten im vorangegangenen Monat in Ägypten besonders deutlich wurden. Eine neue griechische Koalitions-Exilregierung der Nationalen Einheit wird unter Papandreou, zunächst noch ohne Beteiligung der Kommunisten, gebildet.

Am Donnerstag, dem 18. Mai 1944, meldet der Partisanenstab des 5. Korps Bewegungen starker deutscher Truppen aus Bihać in Richtung Drvar. Man vermutet fälschlicherweise, das Ziel dieser deutschen Aktion sei die Besetzung des von Partisanen gehaltenen Flugplatzes Bosan bei Petrovac für den Abtransport von Verwundeten und für Nachschub. In Wirklichkeit laufen die letzten deutschen Vorbereitungen für das Unternehmen »Rösselsprung«, der Angriff auf Titos Hauptquartier in Drvar. Inzwischen wird in Drvar erhöhte Alarmbereitschaft angeordnet, veranlaßt durch die intensive deutsche

Luftaufklärung über dem Gebiet von Bosanska Krajina und Drvar: Die auf dem Feldflugplatz Zaluzani bei Banja Luka stationierten deutschen Nahaufklärer überfliegen fast täglich westbosnisches Gebiet mit dem Ziel, Einzelheiten über Stärke und Verteilung der Partisanen zu erkunden und Luftaufnahmen von der Umgebung des Tito-Hauptquartiers zu machen. Weil jedoch die Führung der Partisanen nie mit einem deutschen Luftlandeunternehmen rechnet, obwohl laut Berichten die alliierten Kampfflugzeuge eine Anzahl deutscher Lastensegler im Raum von Banja Luka am Boden zerstört haben, verzichtet man auf Übungen zur Abwehr eines Angriffs aus der Luft, wozu außerdem Flugabwehrwaffen fehlen. Die Partisanen begnügen sich lediglich mit der Schaffung von Luftbeobachtungsstellen in der Umgebung von Drvar, die den Einwohnern den Anflug feindlicher Maschinen melden sollen. Um den Truppen zu ermöglichen, die Einwohner der Umgebung vor einem Luftangriff rechtzeitig zu warnen, wird an einem nahe gelegenen Berghang ein Gerüst mit einer Kirchenglocke befestigt.

Ebenfalls am 18. Mai 1944 erwidert die Sowjetunion auf das Angebot von Außenminister Eden vom 5. Mai 1944 – betreffs der »Einflußzonen auf dem Balkan« –, daß sie vorbehaltlich einer amerikanischen Zustimmung damit einverstanden sei. Schon innerhalb kurzer Zeit soll Stalin Gelegenheit haben, sein Einverständnis mit der von Churchill vorgeschlagenen Balkan-Formel in Griechenland unter Beweis zu stellen.

Am Montag, dem 22. Mai 1944, als die deutsche Luftaufklärung über Drvar zunimmt, wird Tito von dem stellvertretenden Leiter des britischen Verbindungsstabes bei den Partisanen, Colonel Street, gebeten, die Übersiedlung der westalliierten Militärmissionen in die umliegenden Dörfer zu gestatten. Noch am gleichen Tag wird die britische und amerikanische Mission evakuiert. Zum Schutz der am Stadtrand und in Einzelgehöften im Talkessel von Drvar untergebrachten alliierten Militärmissionen werden insgesamt vier Gruppen des Begleitbataillons mit dieser Aufgabe betraut. Randolph Churchill, der zusammen mit Tito Anfang Mai die Delegierten des in Drvar tagenden Zweiten Jugendkongresses begrüßte, hat Drvar mit einer der jugoslawischen Einheiten bereits früher verlassen.

Am Mittwoch, dem 24. Mai 1944, erreicht Drvar die Meldung der 5. Partisanenbrigade, daß auf einem Behelfsflugplatz bei Bihać eine größere Zahl deutscher Flugzeuge gelandet sei. Da man am nächsten Tag mit einer stärkeren Bombardierung des Ortes rechnen muß, soll die Bevölkerung Drvar noch vor Tagesanbruch verlassen. Feststeht, daß man in Drvar zwar am kommenden Tag eines der häufigen Bombardements, aber noch immer kein deutsches Luftlandeunternehmen vermutet und so keine besonderen Sicherheitsvorkehrungen trifft. In der Stadt selbst liegen auch weiterhin keine Partisaneneinheiten außer dem Begleitbataillon des Obersten Stabes.

Am gleichen Tag rühmt Churchill in einer Rede im Unterhaus, daß sich die Lage in Griechenland ganz deutlich zum Besseren gewendet hat. Am 25. Mai 1944 verständigen sich nämlich die Repräsentanten der verschiedenen Parteien Griechenlands auf einer Konferenz im Libanon über die Bildung einer breiten Koalitionsregierung unter dem Vorsitz von Premierminister Papandreou, der sich als geschickter Politiker erweist: Er lädt 25 Vertreter von 17 Parteien und Widerstandsgruppen sowie kommunistischen Scheinorganisationen aus dem Mutterland zu einem Treffen ein. Hier gewinnt er die Zustimmung der kommunistischen Delegierten zur Beteiligung an einer neuen Regierung der Nationalen Einheit.

Obwohl auf der Konferenz im Libanon der EAM fünf von 16 vorhandenen Regierungssitzen zugesagt werden, so daß diese moskautreue Bewegung im Verhältnis zu den übrigen Parteien und Organisationen stark genug vertreten ist, sind die kommunistischen Führer in Griechenland, die nach der Libanon-Konferenz von den Konzessionen ihrer Delegierten erfahren, keineswegs erbaut: Sie erkennen die Vereinbarungen nicht an und streiten mit Papandreou mehrere Monate lang über die Zahl ihrer Sitze in seinem Kabinett. Die Verwirklichung der Nationalen Einheit wird von der ELAS immer stärker sabotiert. Churchill ist erbittert: »Warum können sich die Griechen ihren Haß nicht für den gemeinsamen Feind aufsparen?«

Ebenfalls am 24. Mai 1944, als die deutschen Bodentruppen sowie Fallschirmjäger in ihre Ausgangsstellungen und Flugplätze einrücken, ahnt keiner in Drvar den bevorstehenden Großangriff. Es werden die letzten Vorbereitungen für die Feier zum 52. Geburtstag Titos am nächsten Tag getroffen. Tito ist gerade aus dem nahen Bastasi nach Drvar gekommen und gibt am Abend einen Empfang für seine engsten Mitarbeiter und die Vertreter der drei Militärmissionen. Titos Hauptquartier befindet sich weiterhin oberhalb von Drvar in einer Baracke am Eingang zur Höhle, durch die ein Bach fließt, der in dieser Jahreszeit jedoch ausgetrocknet ist.

In der Morgendämmerung des 25. Mai 1944 führen Stukas einen schweren Luftangriff auf Drvar und Umgebung durch. Nachdem die Stukas abgeflogen sind, erscheinen Transportmaschinen Junkers Ju 52, aus denen 600 Fallschirmjäger der SS abspringen. Danach folgen weitere Maschinen mit Lastenseglern im Schlepp, die Luftlandetruppen, Munition, Maschinengewehre und Granatwerfer herbeischaffen. Gleichzeitig stoßen sternförmig motorisierte Infanterie, Panzer und Sturmgeschütze auf Drvar vor.

Tito und seinen engsten Begleitern gelingt es im letzten Augenblick wie durch ein Wunder, in die unübersichtlichen Wälder zu entkommen. Den ganzen Tag über toben in Drvar und der Umgebung schwere Kämpfe. Das Unternehmen »Rösselsprung«, von den Partisanen »Siebte Offensive« genannt, ist schlecht geplant: Wären

die Fallschirmtruppen auf dem Bergplateau oberhalb
der Höhle, wo sich das Hauptquartier befindet, abgesprungen, hätte Tito mit seinem Stab kaum der Gefangennahme entgehen können. Das deutsche Fallschirm-
bataillon erleidet schwere Verluste und wird auf einem
Friedhof bei Drvar zusammengedrängt, am nächsten
Morgen jedoch von starken deutschen Panzerkräften
befreit.

Vier Berichterstatter großer amerikanischer und englischer Zeitungen, darunter der Reuter-Korrespondent
Talbot und der Vertreter von Life, Pribičević, geraten in
deutsche Gefangenschaft. Das Oberste Hauptquartier
kann seine Akten und die Sendeanlage retten. Die
Deutschen erbeuten nur eine neue Marschalluniform
von Tito, die noch beim Schneider in der Stadt hing,
und seine Reitstiefel. Alles wird später als Siegestro-
phäe in Wien ausgestellt.

Am Freitag, dem 26. Mai 1944, drängt eine deutsche
Panzerkolonne in die Umgebung von Drvar und besetzt
den wichtigen Partisanen-Flugplatz nördlich von Petro-
vac. Die Kämpfe rings um Drvar dauern etwa zehn
Tage. Die alliierte Balkan Air Force unterstützt die
Partisanen erstmals unmittelbar mit starken Kräften.
Neben Angriffen schwerer Bomber auf die deutsche
Bodenorganisation, Truppenunterkünfte und Nach-
schublinien bekämpfen Jagdbomber laufend deutsche
Truppen auf dem Marsch und im Gefecht. Die alliierten
Jäger erschweren den Einsatz der schwachen deutschen
Luftstreitkräfte erheblich. Die Balkan Air Force fliegt
über 2000 Einsätze gegen Ziele, die mit dem Unterneh-
men »Rösselsprung« zusammenhängen.

Am Dienstag, dem 30. Mai 1944, sucht der britische
Botschafter in den USA, Lord Halifax, Außenminister
Hull auf und bittet ihn um die amerikanische Zustimmung zum Balkan-Abkommen. Als Hull sich ablehnend
verhält, wendet sich Churchill am 31. Mai 1944 an
Roosevelt und teilt ihm unter anderem mit: »In der
letzten Zeit haben sich beunruhigende Zeichen eingestellt, wonach es zwischen uns und den Russen betreffs
der Balkanländer und besonders Griechenlands zu politischen Divergenzen kommen kann. Wir haben daher
dem hiesigen Sowjetbotschafter den Vorschlag unterbreitet, unter uns zu vereinbaren, daß die Sowjetregierung in praxi die Führung in den rumänischen Angelegenheiten übernehmen wird, während uns die Führung
in den griechischen obliegt, wobei jede Regierung der
anderen in den betreffenden Ländern ihren Beistand
angedeihen lassen solle...«

Am Mittwoch, dem 31. Mai 1944, landen auf dem Flugplatz in Bari der britische Brigadier Armstrong und das
restliche Personal der letzten britischen Militärmission
bei Mihailović. Nun sind die Amerikaner dessen letzte
Hoffnung. Tatsächlich löst eine US-Militärmission
unter Oberst McDowell, Professor für Balkanwissen-
schaften an der Universität Boston, den englischen Stab
im Hauptquartier des Tschetnik-Führers ab. Aber diese

Oben: Drvar, am Morgen des 25. 5. 1944: Pünktlich zu seinem Geburtstag wird mit dem Unternehmen »Rösselsprung« die Jagd auf den Partisanenmarschall Tito eröffnet

Links: Drvana, 23. 5. 1944; 2. Antifaschistischer Jugendkongreß: Die von den 54 Teilnehmern zur Kongreß-Vorsitzenden gewählte Stana Tomasević (Mitte)

Mission bedeutet für die Tschetniks aufgrund der Alliierten-Vereinbarungen keine materielle Unterstützung.

Ende Mai 1944 erreichen die Deutschen auf jugoslawischem Boden ihre größte Truppenstärke: So verfügt die Heeresgruppe F (GFM Frhr. v. Weichs) in Serbien über die 73. Infanteriedivision (GenLt. Dr. Franek), die 1. Gebirgsdivision (GenLt. Stettner, Ritter v. Grabenhofen), die 8. SS-Kavalleriedivision (SS-Brigadef. Rum-

mohr) und die 18. SS-Panzergrenadierdivision (SS-Oberf. Trabandt). Dem Panzerarmeeoberkommando 2 (GenOberst Rendulic) in Kroatien unterstehen: die Generalkommandos des LXIX Armeekorps (Gen. d. Inf. Ringel), des XV. Gebirgskorps (Gen. d. Pz. Tr. Fehn) und des XXI. Gebirgskorps (Gen. d. Inf. v. Leyser) sowie das V. SS-Gebirgskorps (SS-Obergruppenf. Krüger) mit der 98. Infanteriedivision (GenLt. Reinhardt), der 181. Infanteriedivision (GenLt. Fischer) und der 297. Infanteriedivision (GenLt. Baier), der 264. bodenständigen Infanteriedivision (GenLt. Gareis), der 118. Jägerdivision (GenLt. Kübler), der 7. SS-Gebirgsdivision »Prinz Eugen« (SS-Gruppenf. Phleps). der 22. (ung.) SS-Kavalleriedivision (SS-Oberf. Zehender), der 369. (kroat.) Infanteriedivision (GenLt. Neidholdt), der 373. (kroat.) Infanteriedivision (GenLt. Aldrian) und der 392. (kroat.) Infanteriedivision (GenLt. Mickl), der 13. (kroat.) SS-Gebirgsdivision »Handschar« (SS-Oberf. Hampel) und der 21. (alban.) SS-Gebirgsdivision »Skanderberg« (SS-Oberf. Schmidhuber). Dazu gehören auch drei Regimenter der Division »Brandenburg«, das Infanterieregiment (mot.) 92, ein SS-Polizeiregiment, ein Sicherungsregiment und ein Jägerregiment sowie ungefähr 30 000 serbische und slowenische Soldaten der Marionettenregierung – runde 700 000 Mann.

Seit der Kapitulation Italiens im September 1943 wird die romantische Inselwelt der dalmatinischen Küste zum permanenten Schauplatz von Gefechten zwischen den Deutschen und Partisanen oder britischen Commandos.

Generaloberst Rendulic: »Inzwischen lief der Kampf um die Inseln weiter. Die Armee erhielt auch die Küstenjägerabteilung der Division »Brandenburg« unterstellt, die mit ihren bewaffneten Motorfahrzeugen per Bahn in Fiume eingetroffen war. Die im Inselkampf sehr erfahrene Abteilung mit ihren zweckentsprechenden Fahrzeugen brachte den Truppen eine sehr wertvolle Unterstützung, so daß der Kampf nunmehr systematischer geführt werden konnte. So wurden allmählich bis Anfang Juni 1944 alle Inseln besetzt, mit Ausnahme der in der südlichen Adria liegenden großen Insel Vis (Lissa) . . . Mit der Wegnahme der anderen Inseln war jedoch die Möglichkeit eines Nachschubs für die Partisanen von See her praktisch unterbunden.«

Die Besetzung der Adria-Inseln durch deutsche Truppen und damit das Unterbinden der alliierten Versorgung der Partisanen von See her, hat nun zur Folge, daß englische Commandos zahlreiche Unternehmungen gegen die dort befindlichen deutschen Garnisonen starten. Bei einem der ersten nächtlichen Commando-Raids wird die schwache Besatzung der Insel Solta südwestlich von Spalato (Split) überrascht und restlos ausgehoben. Weitere Unternehmungen der Engländer haben jedoch kaum noch Erfolg. Die Truppen auf den Inseln haben sich inzwischen in gut ausgebauten Stützpunkten eingeigelt.

Am Freitag, dem 2. Juni 1944, macht das britische 2. Commando (Col. Jack Churchill) einen nächtlichen Überfall auf die große Insel Brač vor der Küste Süddalmatiens. Es kommt zu harten Kämpfen, in denen die Engländer starke Verluste erleiden und sich im Morgengrauen auf ihre Landungsfahrzeuge zurückziehen müssen. Ein Teil des 2. Commando sowie 1300 Partisanen werden gefangengenommen. Unter ihnen befindet sich auch Colonel Jack Churchill, der das Unternehmen geführt hat. Vor seinem Abtransport schreibt er dem Kommandeur des Bataillons, Hauptmann Thorner von der 118. Infanteriedivision, das ihn gefangengenommen hat, einen Brief, in dem er ihm für die faire Behandlung dankt, die ihm und seinen Leuten zuteil wurde, und lädt ihn nach Kriegsende nach England ein.

Die Zersprengung des Hauptquartiers von Tito in Drvar während des deutschen Unternehmens »Rösselsprung« und die damit eine Zeitlang unterbrochene Truppenfüh-

rung hindert die Partisanenverbände keineswegs in ihren Aktionen: Man stellt planmäßige Verlegungen größerer Partisanenkräfte fest.

Seit Anfang Juni 1944 dringen immer mehr Partisanen aus Ostbosnien und dem Sandschak nach Westserbien ein. Für eine Operation gegen diese Gruppen fehlt es den Deutschen an ausreichenden Kräften. Generaloberst Rendulic setzt nun gegen die Partisanen im Raum nordostwärts des Lim Sicherungs- und Polizeiverbände sowie Tschetniks ein. Noch auf dem Westufer der Drina von Zvornik bis Bajina Bašta verwehren ihnen deutsche und kroatische Truppen den Übertritt nach Serbien. Nun ziehen sich die Partisanengruppen südwärts in den bosnisch-montenegrinischen Grenzraum zurück und warten hier auf eine günstige Gelegenheit, sich nach Serbien durchzuschlagen. Fast eine Woche lang durch unwegsame Landstriche auf der Flucht, stimmt Tito dem Drängen der sowjetischen Militärmission zu, sich zunächst nach Italien abzusetzen.

Am Sonnabend, dem 3. Juni 1944, startet Tito mit einem Teil des Nationalkomitees und des Obersten Hauptquartiers in einer von dem sowjetischen Major Schornikow gesteuerten britischen »Dakota« von dem unweit der Stadt Kupres in den bosnischen Bergen gelegenen Flugplatz nach Bari in Süditalien. Einige Tage später fährt Tito mit einem britischen Zerstörer zu der von den Partisanen im September 1943 befreiten jugoslawischen Insel Vis.

Oben: Insel Vis, Juni 1944: Marschall Tito bei einer Truppeninspektion

Ganz links: Insel Brac, 3. Juni 1944: Colonel Jack Churchill nach der Gefangennahme

Wien, Juni 1944: Ein Beutestück des Unternehmens »Rösselsprung«: Marschall Titos nagelneue Uniform, gefunden in einer Drvarer Schneiderwerkstatt

Tito richtet hier sein Hauptquartier auf einem Berg im Zentrum der Insel ein. Vor einigen Felshöhlen, die man als Büroräume umfunktioniert, werden Zelte zum Schlafen aufgestellt. Um einer deutschen Landeoperation vorzubeugen, wird die Insel stark befestigt. Den kleinen Flugplatz baut man zu einem behelfsmäßigen Stützpunkt für die 15. USAAF (Maj.Gen. Twining) aus, damit schwere Bomber, die von Einsätzen gegen Ziele in Mitteleuropa und auf dem Balkan beschädigt oder aus Treibstoffmangel zurückkehren, in Vis sicher landen können. Von der Insel aus ist es für Tito viel leichter, Verbindungen mit dem Ausland ebenso wie mit allen Gebieten Jugoslawiens aufzunehmen. Eine britische Flakeinheit sorgt für die Luftsicherheit der Insel Vis.

Generaloberst Rendulic: »Nach dem Überfall auf Drvar verloren wir Tito aus dem Auge. Er hatte seine Hauptfunkstelle eingebüßt. In den nächsten Tagen riefen zahlreiche Partisanenverbände vergeblich Titos Funkstelle an. Dann fragten sie andere Verbände um Auskunft über die Lage. Schließlich übernahm das VIII. Partisanenkorps die Führung. Erst nach 14 Tagen wurden wieder Befehle Titos gehört, die er über die Funkstelle seines VIII. Korps gab.«

Am Sonnabend, dem 10. Juni 1944, schickt Roosevelt die von US-Außenminister Hull verfaßte Antwort zur Frage des Balkan-Problems an Churchill. Er empfiehlt, statt der geplanten Aufteilung Südosteuropas in militärische Operationszonen, eine beratende Organisation für den Balkan zu schaffen. Sowohl Roosevelt als auch Hull sind überzeugt, man würde mit den Sowjets auch nach dem Krieg im Rahmen der Vereinten Nationen freundschaftlich zusammenarbeiten können. Aus diesem Grund lehnen sie Churchills Vorschlag einer Politik der Abgrenzung von Interessensphären ab und sprechen sich auch kategorisch gegen eine alliierte Landung auf dem Balkan aus. Sie fürchten, dadurch das sowjetische Mißtrauen und einen Rückfall in die Einflußsphärenpolitik heraufzubeschwören. Diese Bedenken versucht Churchill zu zerstreuen: Er schlägt vor, das Abkommen nur für eine Probezeit von drei Monaten in Kraft zu setzen.

Am Montag, dem 12. Juni 1944, stimmt überraschend Präsident Roosevelt, diesmal ohne Außenminister Hull zu verständigen, dem Balkan-Abkommen zu. Er unterstreicht noch einmal, daß damit keine Interessenssphären für die Nachkriegszeit geschaffen werden. So wird Rumänien dem sowjetischen, Griechenland dem britischen Einflußbereich zugeteilt. Dieser Einflußbereich soll sich nur auf das Gebiet militärischer Operationen beziehen. Die Dauer wird zwar auf drei Monate beschränkt, doch von dieser Beschränkung ist später keine Rede mehr.

Am Vormittag des 16. Juni 1944 trifft auf Vis der Premierminister der jugoslawischen Exilregierung, Dr. Dubašić, als Vertreter von König Peter mit Tito zusam-

men. Djilas: »Subašićs Entwurf sah eine Koalitionsregierung vor, in der Tito das Ressort des Heeresministers erhalten würde. Der König sollte Oberster Befehlshaber ›aller‹ Streitkräfte, also auch unseres Heeres werden. Die königlichen Rangabzeichen würden wieder eingeführt. Der Antifaschistische Rat und das Nationalkomitee würden praktisch aufhören zu existieren...
Als wir Subašić die Frage stellten, mit welchen Streitkräften – außer den unseren – er rechne, erwähnte er die kroatischen Domobrani, das Heer Pavelićs. Als wir ihn dann fragten, ob der die Domobrani befehligen wolle, mußte er selber lachen...«

Die beiden Politiker vereinbaren, daß über die Zukunft der Monarchie erst nach Kriegsende entschieden werden solle, daß Titos Nationalkomitee in Jugoslawien selbst als einzige staatliche Autorität anzuerkennen und die Regierung Subašić um einige Vertrauensleute Titos zu erweitern sei.

Zur Zeit erreichen die westalliierten Hilfslieferungen für Tito-Partisanen einen neuen Höhepunkt: durchschnittlich 100 Tonnen pro Tag. Da die Sowjetunion – »unser mächtigster Beschützer«, wie ihn die Partisanen nennen – nur einen Bruchteil dessen liefert, schärfen die politischen Kommissare den Partisanenverbänden ein, daß die Initialen US auf den Containern »Union Sowjetica« bedeuten.

Die britische Militärmission setzt sich jetzt aus hochqualifizierten Spezialisten und Ärzten zusammen, die unter schwersten Bedingungen den Partisanen einen wichtigen Beistand leisten. Auch das Problem der Betreuung von Verwundeten und Kranken wird gelöst: Die RAF und USAAF sowie sowjetische Transportmaschinen, die auf improvisierten Flugplätzen in Jugoslawien landen, bringen sie nach Bari. Von hier aus besteht sowohl per Schiff als auch auf dem Luftweg eine ständige Verbindung zum Tito-Hauptquartier auf der Insel Vis.

In Griechenland entbrennt der Bürgerkrieg immer heftiger. Nach den deutschen Niederlagen an der Ostfront und in Nordafrika sowie nach den alliierten Landungsoperationen in Italien und in der Normandie erkennt Zervas, Chef der EDES, daß Griechenland von der EAM eine vielfach größere Gefahr droht als von den bereits geschlagenen Deutschen. Gegen Ende Juni 1944 beginnen die Kommunisten, nachdem sich ihre Volksfront allmählich stabilisiert, erneut einen Feldzug gegen ihre Rivalen, dem bald weitere folgen.

Am Freitag, dem 23. Juni 1944, telegrafiert Churchill an Roosevelt, man solle die Russen überreden, daß sie davon ablassen, für die EAM zu werben und sie mit aller Kraft in den Vordergrund zu schieben.
Ende Juni 1944 sind die moskautreuen griechischen Guerillas etwa 37 000 bis 38 000 Man stark. Die nationale Organisation (EDES) dagegen zählt mit drei Divisionen höchstens 7000 bis 8000 Mann. Sie haben sich hauptsächlich auf dem engen Raum an der griechischen Westküste gegenüber der Insel Korfu versammelt. Die

Italien, 21. 6. 1944: König Peter II. von Jugoslawien mit General Wilson »Jumbo« (links) und Exil-Premierminister Dr. Subasić

Ägäis, Juni 1944: Deutscher Posten hält Küstenwache – man muß ständig mit einer alliierten Invasion rechnen

Peloponnes, Juni 1944: Über der karstigen Landschaft eine
deutsche Transportmaschine Junkers Ju 52

kommunistischen ELAS-Guerillas sind dagegen in kleinen Einheiten über den ganzen griechischen Raum
verstreut.

Der Sommer 1944 steht an allen Fronten im Zeichen
weiterer Niederlagen der deutschen Wehrmacht. In
Weißrußland gipfelt dies im Zusammenbruch der Heeresgruppe Mitte, im Westen macht die alliierte Invasion
weiter erhebliche Fortschritte. Zu dieser Zeit treten die
Tito-Partisanen mit vier Divisionen erstmalig in Südserbien auf. Die gut organisierte Streitmacht, als Bündnis-
partner von der Alliierten mit Material jeder Art reichlich versorgt, hat Tito aus politischen und militärischen
Gründen zur Eroberung von Alt-Serbien eingesetzt. Er
glaubt, nur von Belgrad aus könne man ein neues
Jugoslawien aufbauen.
Ab Sommer 1944 verändert sich die Kriegslage dermaßen ungünstig für die Deutschen, daß eine weitere
planmäßige Bekämpfung der Partisanen auf dem
Balkan kaum mehr möglich ist.

Bulgarische Offensive zusammengebrochen
Dienstag, 4. Juli 1944, Kairo
United Press meldet:
Das Hauptquartier von Marschall Tito gibt bekannt, daß in Serbien eine Offensive bulgarischer Truppen unter schweren Verlusten zusammengebrochen ist. In Dalmatien stehen jugoslawische Truppen in erbitterten Gefechten mit einer deutschen Panzerdivision.

Die neue jugoslawische Exilregierung
Montag, 10. Juli 1944, London
Die *Agentur Reuter* teilt mit:
Der neue jugoslawische Ministerpräsident Šubašić wandte sich im Radio an die Völker Jugoslawiens. In seinem eigenen und im Namen von König Peter feierte er Marschall Tito als den Führer im Kampf Jugoslawiens um seine Befreiung. Es war das erste Mal, daß ein Vertreter der jugoslawischen Regierung in einem Appell an das Mutterland Marschall Tito mit Namen nannte.

Banden vernichtet

10. Juli 1944, Berlin
Das *DNB* meldet:
Nach Abschluß der großen Säuberungsaktion in den südalbanischen Bergen bildete sich dieser Tage in der Bekämpfung der Banden auf dem westlichen Balkan ein neuer Schwerpunkt im slowenisch-italienischen Grenzgebiet, vor allem bei Karlovac. Mehrere starke Bandengruppen wurden zum Kampf gestellt und in einer Reihe von Gefechten überwiegend durch kroatische Verbände zerschlagen und vernichtet. Die sich auf eine Insel flüchtenden Überreste erlitten dort das gleiche Schicksal. Deutsche Truppen stießen in Montenegro in Bereitstellungen des Gegners hinein und vereitelten dadurch alle Übersetzversuche der Partisanen über den Limfluß.

Hitler über Tito
Montag, 31. Juli 1944
Lagebesprechung im Führerhauptquartier:
»...Es ist ganz richtig, wenn die Tito als Marschall bezeichnen: Ein Mann, der mit nichts eine ganze feindliche Kriegsmacht dauernd in Atem hält und sich immer

wieder erholt, verdient den Titel Marschall viel eher, als bei uns mancher den Titel Generaloberst oder Feldmarschall verdient hat, der nicht in der Lage war, mit dem besten Instrument, das es überhaupt je in der Welt gegeben hat, mit Geschick zu operieren.«

Debar besetzt
Dienstag, 1. August 1944, London
Die *Agentur Reuter* meldet:
Das Hauptquartier von Marschall Tito gibt bekannt, daß in Mazedonien die Partisanen nach schweren Kämpfen Debar besetzt und damit die deutschen Verbindungen zwischen Albanien und dem oberen Vardartal unterbrochen haben.

Alliierte Balkan-Luftflotte
Sonnabend, 5. August 1944
Aus dem *Hauptquartier der RAF:*
Das Oberkommando der Royal Air Force gibt die Aufstellung einer Balkan-Luftflotte bekannt. Man bezweckt damit die Zentralisierung der Luftaktionen gegen taktische Ziele auf dem Balkan und die Intensivierung der Operationen im Gebiet der Adria. Befehlshaber der Balkan-Luftflotte ist Vice-Air Marshal William Elliot, bisher RAF-Kommandant Gibraltar und früher Direktor der Abteilung für Operationsplanung im britischen Air Ministry.

W. Churchill an das Komitee der Stabschefs
Sonntag, 6. August 1944:
In ungefähr einem Monat werden wir vermutlich 10 000 bis 12 000 Mann mit ein paar Geschützen, Panzern und Panzerwagen nach Athen legen müssen. In England steht eine über 13 000 Mann starke Division. Sie könnte jetzt eingeschifft werden und träfe wahrscheinlich rechtzeitig für die politische Krise ein, die für die Politik der Regierung Seiner Majestät von großer Bedeutung ist ... Für strengste Geheimhaltung ist zu sorgen. Am Dienstag oder Mittwoch wird die Angelegenheit in Gegenwart der Minister in einer Stabskonferenz zur Sprache kommen.

Überfall auf Rote-Kreuz-Transport
Montag, 7. August 1944, Berlin
Das *DNB* berichtet:
Kommunistische Banden überfielen dieser Tage im

US-Luftstützpunkt Bari (Italien), August 1944: Marschall Tito verläßt seine Maschine

Gebiet von Kalamata im südöstlichen Peloponnes wieder vier Verpflegungsfahrzeuge des Internationalen Roten Kreuzes, deren Ladungen für die griechische Zivilbevölkerung bestimmt waren, und plünderten sie aus.

Treffen Churchill – Tito

Montag, 14. August 1944, London
Die *Agentur Reuter* meldet:
Churchill hatte am 12. und 13. August in Italien Besprechungen mit dem jugoslawischen Ministerpräsidenten und Marschall Tito, wobei politische und militärische Probleme behandelt wurden.

Einigung in Griechenland?
Sonnabend, 19. August 1944, Kairo
Die *Agentur Reuter* teilt mit:
Der griechische Ministerpräsident Papandreou gab bekannt, daß die vier Parteien und Freiheitsbewegungen »ELAS«, »EKKA«, »EAM« und »EDES« zu einer Einigung gekommen sind und den Beschluß faßten, sich unter dem Premier Papandreou an einer »Regierung der Nationalen Einheit« zu beteiligen.

Tagesparole des Reichspressechefs,
Donnerstag, 24. August 1944:
»Über den Putsch in Bukarest und den gemeinen Verrat der Hofclique um den König Michael sowie über die Bildung einer rumänischen Nationalregierung kommt eine DNB-Meldung, die zweispaltig herausgebracht werden kann. Der schamlose Vorgang ist als ungeheuerliches Verbrechen am Leben und der nationalen Existenz des rumänischen Volkes zu brandmarken. Von einem Verrat rumänischer Truppen ist dabei nicht zu sprechen. Auch von deutschen Gegenmaßnahmen ist vorläufig nicht zu berichten.«

Freies und unabhängiges Rumänien
Freitag, 25. August 1944
Der *Außenminister der UdSSR Molotow* erklärt:
Im Zusammenhang mit den Ereignissen in Rumänien hält es die Sowjetregierung für nützlich, ihre im April dieses Jahres abgegebene Erklärung zu unterstreichen, daß die Sowjetunion nicht die Absicht hat, sich irgendeinen Teil des rumänischen Territoriums anzueignen oder die bestehende soziale Ordnung in Rumänien zu verändern oder in irgendeiner Weise die Unabhängigkeit Rumäniens einzuschränken. Im Gegenteil, die Sowjetregierung erachtet es für notwendig, gemeinsam mit den Rumänen die Unabhängigkeit Rumäniens durch die Befreiung des Landes vom faschistischen Joch wiederherzustellen . . .

Rückzug deutscher Truppen aus Griechenland?
Montag, 4. September 1944, Kairo
United Press teilt mit:
Nach verläßlichen Meldungen aus Griechenland zieht das deutsche Oberkommando alle irgendwie entbehrlichen Truppen aus Südgriechenland zurück, um die Linie Belgrad–Niš–Skoplje(Skopje)–Saloniki halten zu können.

Kriegserklärung Bulgariens an Deutschland?
Donnerstag, 7. September 1944, London
United Press teilt mit:
Wie Radio Paris meldet, hat Bulgarien Deutschland den Krieg erklärt.

Alliierte Offensive in Jugoslawien
7. September 1944, Rom
Die *Agentur Reuter* meldet:
Alliierte Land-, See- und Luftstreitkräfte haben zusammen mit den Streitkräften von Marschall Tito in Jugoslawien eine kombinierte Offensive begonnen.

Die Sowjets in Jugoslawien

7. September 1944, Moskau
United Press berichtet:
Nach der Besetzung von Turnu Severin haben die Verbände von General Malinowski die Donau überschritten, sind in Jugoslawien eingedrungen und haben die

serbischen Ortschaften Kladovo und Brloga besetzt. Ihre Vorhuten, die die Fühlung mit jugoslawischen Partisanen aufgenommen haben, sind nur noch 150 Kilometer von Belgrad entfernt.

Sowjetischer Einmarsch in Bulgarien
Sonnabend, 9. September 1944, London
Radio Sofia meldet:
Am Freitag sind sowjetische Truppen über die Dobrudscha in Bulgarien einmarschiert. Der Einmarsch begann um 9.20 Uhr.

König Peter für Tito
Mittwoch, 13. September 1944, Kairo
Associated Press berichtet:
In einer Rundfunkansprache, die außerordentliches Aufsehen erregte, wandte sich König Peter von Jugoslawien gestern abend an alle Serben, Kroaten, Slowenen sowie andere Volksteile in Jugoslawien. Der König forderte dann alle auf, sich unverzüglich um Marschall Tito in der jugoslawischen Volksbefreiungs-Armee zu scharen. In herzlichsten Worten würdigte der König die patriotischen Leistungen Titos.

September 1944: Die Rote Armee in Jugoslawien – Plakat von Titos Befreiungsarmee

Griechische Partisanen erwarten Sowjets
Donnerstag, 14. September 1944, Istanbul
Die *Agentur Reuter* meldet:
Griechische Partisanen haben Dedeagatsch befreit. Die Partisanen stehen jetzt in Thrazien, wo sie die sowjetischen Truppen aus Bulgarien erwarten, um mit ihnen gegen Saloniki vorrücken zu können.

Britische Truppen besetzen griechische Inseln
Montag, 2. Oktober 1944, Kairo
United Press meldet:
Britische Streitkräfte besetzten am Sonnabend drei griechische Inseln zwischen Kreta und dem Peloponnes. Sie verstärken die neugewonnenen Positionen durch weitere Truppenlandungen.

Kostspieliger Rückzug der Deutschen
2. Oktober 1944, Kairo
Die *Agentur Reuter* teilt mit:
Ein Kommuniqué des Luftwaffenkommandos im Mittleren Osten lautet: Die Evakuierung von Mannschaften und Material von den Ägäischen Inseln auf dem Luftwege wird für den Feind immer kostspieliger. In der vergangenen Nacht zerstörten Jagdbomber vom Typ »Beaufighter«, die von Stützpunkten im östlichen Mittelmeer aus operierten, fünf feindliche Flugzeuge, darunter zwei Junkers-52-Transportflugzeuge.

Schwere Kämpfe auf dem Balkan
Freitag, 6. Oktober 1944
Das *Oberkommando der Wehrmacht* gibt bekannt:
...Auf dem Balkan dauern die schweren Kämpfe an den bisherigen Brennpunkten südlich des Eisernen Tores und im Raum von Belgrad weiter an.

Britischer Vormarsch auf dem Peloponnes
6. Oktober 1944, Rom
Die *Agentur Reuter* teilt mit:
Nachdem weitere britische Truppen gelandet sind, haben die Alliierten aus ihren Brückenköpfen auf dem Peloponnes aus den Vormarsch ins Landesinnere angetreten. Der Hafen von Patras ist nach den bisherigen Berichten fast unbeschädigt. Der Überfall auf die Stadt kam für die Deutschen so überraschend, daß sie das vorbereitete Zerstörungswerk nicht mehr durchführen konnten.

Patras frei
6. Oktober 1944, Kairo
Die *Agentur Reuter* meldet:
Ein Staffelkommandant der RAF, Leutnant Willians, berichtet: »Wir waren die erste Staffel der RAF, die dort landete. Und nun begann ein Triumphzug durch das Gebiet des Peloponnes. Die griechische Bevölkerung überbot sich an Herzlichkeit und Dankbarkeit. Immer wieder wurden uns Blumen und nochmals Blumen zugeworfen. In Patras selbst war die Begeisterung so überwältigend, daß wir in einigen Straßenzügen mit unseren leichten Panzern über die auf die Fahrstraße

Sofia, September 1944: Bulgarische Partisanen beim Einmarsch der Roten Armee

Unten: Oktober 1944: Flugblatt der Jugoslawischen Befreiungsarmee für deutsche Soldaten

Morgen geht der Krieg zu Ende! Wollt ihr mit Hitler dieses Ende erleben, oder auf Seiten Titos Freiheitsarmee in ein erlöstes Deutschland zurückkehren?

gelegten Teppiche rollen mußten. Diese Szenen, denen wir ergriffen gegenüber standen, waren um so eindrucksvoller, als das furchtbare Elend, das die griechische Bevölkerung erlebte, deutlich seine Spuren hinterlassen hat.

Kämpfe mit bulgarischen Truppen
Freitag, 13. Oktober 1944
Das *Oberkommando der Wehrmacht* gibt bekannt:
...Auf dem Balkan kam es zu Kämpfen mit bulgarischen Verbänden im Raum östlich und südöstlich Nisch.

An der unteren Morawa sind südöstlich Belgrad Kämpfe mit den über den Fluß vorgegangenen russischen Verbänden im Gange.

Titos Truppen in Belgrad
Sonnabend, 14. Oktober 1944, London
Die *Agentur Reuter* teilt mit:
Ein jugoslawischer Sonderbericht vom Freitag lautet:
Einheiten des 1. und des 12. Korps sind in Belgrad eingedrungen.

Rückkehr der griechischen Regierung nach Athen
Mittwoch, 18. Oktober 1944, Athen
United Press meldet:
Der griechische Ministerpräsident Papandreou ist zusammen mit anderen Mitgliedern der Regierung am Dienstag an Bord eines alliierten Kriegsschiffes im Piräus eingetroffen. Die Bevölkerung empfing sie mit großer Begeisterung.

Bruderkampf in Griechenland
18. Oktober 1944, Athen
Die *Agentur Reuter* berichtet:
Die britische Landungsarmee in Griechenland hat

scharf zugegriffen, um weiteren Zusammenstößen zwischen den rivalisierenden politischen Gruppen ein Ende zu bereiten.

Valona genommen – Tirana umkämpft
Dienstag, 24. Oktober 1944, Kairo
Associated Press meldet aus dem Hauptquartier von Marschall Tito:
Jugoslawische Truppen haben gemeinsam mit albanischen Patrioten Valona im Sturmangriff genommen. In Tirana, der Hauptstadt Albaniens, ist es zu Straßenkämpfen gekommen.

Freies und unabhängiges Ungarn
Montag, 30. Oktober 1944
Aufruf des *Oberkommandos der Roten Armee* an die Bevölkerung Ungarns:
Ungarn! Die Truppen der Roten Armee haben in Verfolgung des Gegners euer Land betreten. Die Rote Armee hat die Grenzen Ungarns nicht mit dem Ziel überschritten, sich irgendeinen Teil des ungarischen Territoriums anzueignen oder die in Ungarn bestehende gesellschaftliche Ordnung zu verändern ...
Die sowjetischen Militärbehörden beabsichtigen nicht, die ungarische Ordnung abzuschaffen und ihre Ordnung in den von ihnen besetzten Gebieten einzuführen. Das Privateigentum der Bürger bleibt unangetastet und befindet sich unter dem Schutz der sowjetischen Militärbehörden. Alle örtlichen Organe des Staates und der zivilen Selbstverwaltung, die vor der Ankunft der Roten Armee bestanden, bleiben erhalten ...

Erstes Gefecht mit deutschen Truppen
30. Oktober 1944, Athen
Associated Press meldet:
In Griechenland ist die 65 Kilometer von der jugoslawischen Grenze gelegene Stadt Kozani (zwischen Larissa und Monastir/Bitola) von britischen Truppen befreit worden. Es war dies das erste größere Gefecht zwischen Briten und Deutschen im Befreiungsfeldzug in Griechenland.

Saloniki geräumt
Donnerstag, 2. November 1944, Berlin
Das *DNB* meldet:
Die Räumung von Saloniki vollzog sich in bester Ordnung und planmäßig, nachdem die aus Griechenland zurückmarschierenden Verbände ihre vorgesehenen Abschnitte ohne wesentliche Feindberührung erreicht hatten. Vor dem Abmarsch der Nachhuten wurden die Hafenanlagen und andere kriegswichtige Anlagen in die Luft gesprengt.

Kein Eisenbahnmaterial
Freitag, 3. November 1944, Athen
Die *Agentur Reuter* meldet:
Der griechische Verkehrsminister gab bekannt, daß vom Vorkriegsbestand an rollendem Material der griechischen Eisenbahnen lediglich zehn Lokomotiven und 40 halbzerstörte Güterwagen übriggeblieben sind. Personenwagen wären überhaupt keine mehr vorhanden.

Deutsche Balkan-Armee in geordnetem Rückzug
Sonnabend, 4. November 1944, Konstantinopel
Die Agentur *Ulus* teilt mit:
Die militärischen Kreise Berlins verkennen keineswegs die Schwierigkeiten, in denen sich die Balkan-Armee befindet, doch sie vertrauen darauf, daß die Schwierigkeiten gemeistert werden können. Bisher wenigstens scheint der Rückmarsch in guter Ordnung zu erfolgen. Die deutschen Truppen konnten sich immer wieder den Weg nach dem Norden öffnen, und es ist ihnen auch gelungen, den Zusammenhang untereinander zu wahren.

Griechenland befreit

4. November 1944
Aus dem *britischen Hauptquartier* von General Scobie:
In der vergangenen Nacht wurden in Griechenland die letzten Kampfhandlungen gegen deutsche Kolonnen geführt, die nach Jugoslawien zurückwichen. Seit heute mittag ist ganz Griechenland befreit.

Unruhen in Athen
Freitag, 10. November 1944, Athen
Die *Agentur Reuter* meldet:
Der griechische Ministerpräsident Papandreou teilte mit, daß es in Athen während der letzten 24 Stunden anläßlich der Auflösung der »Nationalen Volksbefreiungsarmee« ELAS zu einigen Unruhen gekommen ist. Sowohl die Kommunistische Partei als auch die »Nationale Befreiungsfront« EAM haben die Forderung gestellt, daß alle nationalen Militärorganisationen, auch die in Ägypten aufgestellten militärischen Verbände, zu entwaffnen sind.

Tito-Truppen in Ungarn
Sonnabend, 11. November 1944, Kairo
United Press berichtet:
Marschall Tito gab in seinem Mitternachtskommuniqué bekannt, daß die Truppen der jugoslawischen Befreiungsarmee, die mit der Roten Armee zusammenwirken, die Donau etwa 130 Kilometer südlich von Budapest auf breiter Front überschritten haben und gegen die ungarische Stadt Pecs (Fünfkirchen) vorstoßen.

Kriegsmaterial für Tito
Mittwoch, 15. November 1944, Rom
United Press meldet:
Wie mitgeteilt wird, hat die Royal Air Force in den letzten 48 Stunden ihre Lieferungen für die Partisanen Titos auf eine neue Redkordhöhe gebracht. Es sind von fast 500 Flugzeugen 660 Tonnen Kriegsmaterial transportiert worden.

Kämpfe in Tirana
Sonnabend, 18. November 1944, London
Die *Agentur Reuter* berichtet:
In Tirana, der Hauptstadt Albaniens, sind heftige Kämpfe im Gange. Die Deutschen behaupten sich noch in den Kasernen und im Königspalast.

Auflösung der Widerstandsbewegung
Dienstag, 28. November 1944, Athen
Die *Agentur Reuter* meldet:
Durch Regierungsdekret wurden alle Kräfte der griechischen Widerstandsbewegung aufgelöst. Der Beschluß ist im Einvernehmen mit allen in der nationalen Regierung vertretenen Parteien gefaßt worden.

Neue Schwierigkeiten in Griechenland
Freitag, 1. Dezember 1944, Athen
United Press berichtet:
Der griechischen Regierung droht eine neue ernste Krise, da sich der kommunistische Landwirtschaftsminister weigerte, das Dekret über die Auflösung der Widerstandsgruppen zu unterzeichnen.

Unruhen in Athen
Montag, 4. Dezember 1944, Athen
United Press meldet:
Nachdem die Straßenkämpfe sich auch auf das Gebiet der Akropolis ausgedehnt hatten, wurden britische Panzer abkommandiert, die durch die Hauptstraßen patrouillierten und vor den wichtigen Plätzen Posten bezogen. Der Militärgouverneur von Athen, General Katsetas, hat ein Ausgehverbot von abends 19.00 Uhr bis morgens 6.00 Uhr verhängt.

W. Churchill an General Scobie (Athen)
Dienstag, 5. Dezember 1944:
1.) ...Ich habe General Wilson instruiert, daß Ihnen alle Ihre Kräfte bleiben und alle verfügbaren Verstärkungen gesandt werden.
2.) Sie sind für die Aufrechterhaltung von Ruhe und Ordnung in Athen verantwortlich und haben alle EAM-ELAS-Banden, die sich der Stadt nähern, am Einmarsch zu hindern und notfalls zu vernichten. Sie können alle Ihnen wichtig erscheinenden Vorschriften zur Kontrolle der Straßen und Festnahme von widerspenstigen Elementen erlassen.
Die ELAS wird natürlich, wo die Gefahr einer Schießerei besteht, versuchen, Frauen und Kinder vorauszuschicken. In solchen Fällen müssen Sie geschickt vorgehen und Fehler vermeiden. Aber zögern Sie nicht, auf alle Bewaffneten im Stadtgebiet zu schießen, die sich gegen unsere oder die von uns anerkannte griechische Autorität auflehnen. Es wäre selbstverständlich gut, wenn sich die griechische Regierung mit ihrer Autorität hinter Ihre Kommandogewalt stellen würde, und Leeper wirkt in diesem Sinn auf Papandreou ein. Zögern Sie aber nicht, so zu handeln, als befänden Sie sich in einer eroberten Stadt, in der ein örtlicher Aufstand ausgebrochen ist.

In einem Vorort von Tirana, 21. 11. 1944: Albanische Partisanen, zum Teil mit deutschen Uniformen und deutschen Waffen

Rechte Seite: Athen, 4. 12. 1944: ELAS-Angehörige mit deutschen Stahlhelmen beim Kampf um den Hauptsitz der Polizei

3.) Sollten sich ELAS-Banden der Stadt von außen nähern, sind Sie bestimmt in der Lage, ihnen mit Ihren Panzern eine Lektion zu erteilen, die andere von weiteren Versuchen abschrecken wird. Sie dürfen darauf zählen, daß ich Sie bei jeder derartigen wohlüberlegten, vernünftigen Aktion decken werde. Wir müssen unsere Position und Autorität in Athen behaupten. Sie würden sich das größte Verdienst erwerben, wenn es Ihnen ohne Blutvergießen gelänge, nötigenfalls aber auch mit Blutvergießen.

Kämpfe zwischen britischen Truppen und der ELAS
Mittwoch, 6. Dezember 1944, Athen
Die *Agentur Reuter* teilt mit:
Heute morgen gingen britische Panzer und Fallschirmtruppen gegen die ELAS vor. Ein stärkerer griechischer Verband hatte sich im Hauptquartier der Kommunistischen Partei verbarrikadiert, und erst nachdem die britische Infanterie, die zusammen mit regulären griechischen Truppen operierte, durch Sherman-Panzer verstärkt wurde, gelang es, das Gebäude von den Guerillas zu säubern. Zum ersten Mal wurden auch britische Spitfire-Jagdbomber gegen die ELAS eingesetzt. Die britischen Flugzeuge führten sechs Angriffe mit ihren Bordwaffen gegen die auf dem Arditoshügel massierten griechischen Aufständischen durch.

Straßenkämpfe in Athen
Donnerstag, 7. Dezember 1944, Athen
United Press berichtet:
Die Straßenkämpfe in Athen hielten die ganze Nacht über an. Auf beiden Seiten wurden in den Kämpfen Artillerie und Minenwerfer eingesetzt. Schon am frühen Morgen griff die Royal Air Force wieder in die Kämpfe ein und ging mit Beaufighter-Jagdbombern gegen eine starke Stellung der ELAS vor, die die Hauptstraße zwischen Athen und dem Piräus abriegelte. Dieselbe Stellung wurde gleichzeitig von britischer Artillerie beschossen.

Verteidiger der Freiheit
7. Dezember 1944, Athen
Die *Agentur Reuter* teilt mit:
Ministerpräsident Papandreou erklärte heute vor der Presse: »Wir verteidigen die Freiheit gegen Gewalttätigkeiten. Die Linksparteien versuchen offensichtlich einen Staatsstreich. Die britische Hilfe stellt keine Intervention dar. Ich bin Demokrat und Sozialist, und mein Feind ist der Faschismus. Die ELAS ist zu einer selbständigen Armee innerhalb des Staates geworden. Nach der Befreiung Griechenlands von den Eindringlin-

gen bestand unsere Pflicht darin, dem Volk wahre Freiheit zu gewähren. Wir waren übereingekommen, die Partisanenverbände aufzulösen, wie auch darüber Einvernehmen bestand, daß die öffentliche Ruhe und Ordnung in Zukunft nicht von der ELAS, sondern von der Nationalgarde gewahrt werden soll.
Ich wende mich an alle Demokraten und Sozialisten in der ganzen Welt und frage sie, ob sie damit einverstanden wären, wenn in ihren demokratischen Ländern Armee und Polizei in den Händen einer Partei lägen statt beim Staat, der die Gesamtheit des Volkes umfaßt. Das war der Punkt, bei dem die Spaltung erfolgte...«

Deutsche und bulgarische Offiziere bei der ELAS
Freitag, 8. Dezember 1944, Athen
Die *Agentur Reuter* teilt mit:
General Scobie hat Verstärkungen nach Athen sowie zum Piräus gebracht und den Truppenbefehlshabern Anweisung gegeben, mit äußerster Schärfe gegen die Widerstandsnester der ELAS vorzugehen. Anlaß zur Verschärfung des Kampfes bildete auch die wiederholte Feststellung, daß sich bei einigen Kampfgruppen deutsche und bulgarische Offiziere und Mannschaften befanden. Ein deutscher Offizier, der eine ELAS-

Sturmgruppe befehligte, geriet in Gefangenschaft. General Scobie forderte die Unterstützung der britischen Flotte an, die mit einem Zerstörer und zwei Kanonenbooten Breitseiten in die Verschanzungen der ELAS-Verbände feuerte. Marinetruppen gingen an Land und sicherten die Zufahrtsstraßen nach dem Piräus.

Bombenangriffe gegen Rebellen
Montag, 11. Dezember 1944, Athen
United Press berichtet:
Gestern erreichten die Kämpfe in Athen ihren Höhepunkt. Die Truppen der ELAS gingen an verschiedenen Stellen der Stadt zum Angriff über, und es entwickelten sich Kämpfe von bisher nicht erreichter Heftigkeit. Die Engländer setzten zum erstenmal Bomben gegen die Rebellen ein. Wellington-Bomber belegten die ELAS-Verbände mit Sprengbomben, und die Wucht der Explosionen ließ in Athen die Häuser erzittern. Die Royal Air Force gab in einem Kommuniqué bekannt, daß »die endgültige Luftoffensive« gegen die Rebellen begonnen habe. Das ganze Gebiet des Piräus befindet sich noch in den Händen der ELAS.

Schwierigkeiten der militärischen Operationen
11. Dezember 1944, Athen
Associated Press berichtet:

Die Lage ist weiterhin unübersichtlich. Oft scheint es, daß sich wieder Abteilungen der ELAS in die geräumten Stadtteile einschleichen, womit das blutige Spiel von vorne beginnt. Die Rebellen verwenden jedes Hilfsmittel, um sich den nach den regulären Kriegsregeln schlagenden Gegnern gegenüber in Vorteil zu setzen; sie kämpfen zum Beispiel von Kirchen, Krankenhäusern und Privathäusern aus.

Lage in Athen kritisch
Dienstag, 12. Dezember 1944, New York
United Press meldet:
Der Vertreter der National Broadcasting Corporation erklärte in seiner letzten Meldung aus Athen, daß die Lage in der Hauptstadt immer beunruhigender werde. »Ich weiß nicht, wie lange ich diese Berichte noch senden kann. Die Verbindungen können jeden Augenblick unterbrochen werden. Die ELAS hat ungefähr 22 000 Mann in oder in der unmittelbaren Umgebung von Athen zusammengezogen. Heute früh gingen Bomber der Royal Air Force gegen Verstärkungen der ELAS vor, die acht Kilometer nördlich von Athen gesichtet wurden und sich auf die Hauptstadt in Marsch gesetzt hatten. Ganz Griechenland ist unter der Kontrolle der EAM mit Ausnahme des südlichen Teils der Piräus-Halbinsel.«

»ELAS behält die Initiative« – meldet die Pariser Presse

Rechte Seite: Athen, Akropolis, 12. 12. 1944: Feldmarschall Alexander (Mitte) beobachtet die Kämpfe in der griechischen Hauptstadt

Neue Kämpfe in Athen

Freitag, 15. Dezember 1944, Athen

United Press berichtet:

Nachdem gestern vormittag in Athen zum ersten Mal Ruhe herrschte und man ohne Gefahr durch die Straßen spazieren konnte, krachten nachmittags um 15.00 Uhr wieder die ersten Schüsse, denen auch bald das Donnern der Artillerie folgte. Die Feindseligkeiten wurden von den Rebellen wieder aufgenommen. Sie griffen britische und griechische Truppen an, als diese ein Polizeigebäude räumten. Dieser Angriff schien das Signal zum allgemeinen Wiederbeginn der Kämpfe zu sein, denn nach kurzer Zeit hatten sich die Angriffe der ELAS-Verbände auf alle Stadtteile ausgedehnt.

Erzbischof Damaskinos bereit

Sonntag, 17. Dezember 1944, Athen

United Press meldet:

Erzbischof Damaskinos hat sich bereit erklärt, die Regentschaft zu übernehmen. Ob Premierminister Papandreou nun zurücktreten wird, steht bis zur Stunde noch nicht fest.

Neue blutige Zusammenstöße

Montag, 18. Dezember 1944, Athen

Die *Agentur Reuter* teilt mit:

Die Hoffnungen, daß es dem beruhigenden Einfluß der griechischen Unterhändler gelingen möge, die Kampfverbände der ELAS zu bewegen, die Revolte einzustellen, haben sich nicht erfüllt. Nach kurzer Kampfpause kam es am Samstag nachmittag erneut zu blutigen Zusammenstößen. Die RAF sah sich gezwungen einzugreifen und entsandte zum ersten Mal mit Raketen ausgerüstete Typhoon-Jagdbomber, die das Hauptquartier der ELAS und eine Reihe von Stützpunkten an der Bahnlinie Piräus-Athen zerstörten. In der vergangenen Nacht eröffneten einige Batterien der Rebellen vom Stadion her das Feuer auf die Innenstadt. Während der Abgabe dieses Berichtes stehen britische Panzer im Kampf gegen diese bedrohlichen und gut befestigten Stellungen, die zur Zeit den stärksten Sammelpunkt der ELAS bilden. Aus der Gefangennahme mehrerer ELAS-Kampfverbände bestätigt sich einwandfrei, daß bulgarische Partisanen gemeinsame Sache mit den Rebellen machen.

Podgorica gefallen

Dienstag, 19. Dezember 1944, London

Die *Agentur Reuter* berichtet:

Nach einer Meldung aus dem Hauptquartier von Marschall Tito ist Podgorica, die größte Stadt Montenegros und ein bedeutender Verkehrsknotenpunkt, 16 Kilometer von der nordalbanischen Grenze entfernt, erobert worden.

Ultimatum an die ELAS

Mittwoch, 20. Dezember 1944, Athen
Exchange meldet:
Britische Flugzeuge warfen heute vormittag über Athen und dem Piräus Zehntausende von Flugblättern ab, die ein Ultimatum General Scobies an die ELAS enthalten. Es wird darin mitgeteilt, daß wenn die Geschütze der ELAS das Feuer morgen früh nach 9.00 Uhr fortsetzen, der britische Oberbefehlshaber in Griechenland mit allen ihm zur Verfügung stehenden Kräften zum Angriff übergehen wird.

Attentatsversuch auf Churchill?
Dienstag, 26. Dezember 1944, Athen
United Press berichtet:
Wenige Stunden vor Beginn der von Churchill und Eden einberufenen Konferenz ist unter dem Haupteingang zum Hotel »Grande Bretagne« eine fast tausend Kilogramm schwere Mine gefunden worden. Die Mine, die in einer Holzkiste lag, auf der der Name einer deutschen Firma stand, ist offenbar erst gelegt worden, nachdem die Ankunft Churchills und Edens bekannt wurde. Noch in der vergangenen Nacht hatten britische Patrouillen die Kanalisation unter dem Hotel inspiziert und nichts gefunden. Heute vormittag stellte es sich aber heraus, daß die in den Kanalisationsröhren angebrachten Stacheldrahtsperren durchschnitten worden sind.

Tausende Geiseln in den Händen der ELAS
26. Dezember 1944, Athen
Die *Agentur Reuter* teilt mit:
Die Zahl der Geiseln, die sich in den Händen der ELAS befinden, ist höher, als bisher angenommen wurde; sie wird jetzt auf rund 10 000 geschätzt. Es sind darunter eine Anzahl bekannter Persönlichkeiten und eine Reihe von Universitätsprofessoren.

Ein weiterer Attentatsversuch?
Donnerstag, 28. Dezember 1944, Athen
Die *Agentur Reuter* meldet:
Als Churchill gestern früh vor der britischen Botschaft seinen Panzerwagen besteigen wollte, wurde kaum 30 Meter von ihm entfernt ein junges Mädchen von einer Kugel getroffen. Das Mädchen starb später. Es wird nicht angenommen, daß die Kugel Churchill galt.

Heftige Straßenkämpfe in Athen
28. Dezember 1944, Athen
Associated Press berichtet:
Die Straßenkämpfe in Athen gehen ohne Unterbrechung weiter. In den letzten 24 Stunden konnten die britischen Truppen die ELAS aus drei weiteren Stadtteilen vertreiben, wobei ihnen 300 Gefangene in die Hände fielen. Der Hauptwiderstand konzentriert sich jetzt auf die nördlichen und südöstlichen Stadtteile Athens. Angriffe der Rebellen gegen einen Flugplatz der RAF bei Athen konnten abgewiesen werden.

Erstürmung des letzten Stützpunktes der ELAS
Freitag, 29. Dezember 1944, Athen
Die *Agentur Reuter* teilt mit:
Heute in der Morgendämmerung haben in Athen britische Truppen den Ardettos-Hügel angegriffen, einen der letzten Stützpunkte der ELAS-Truppen in der Nähe des Stadtzentrums. Der Angriff erfolgte, nachdem die Stellung von britischen Batterien sturmreif geschossen worden war.

Lager des Roten Kreuzes geplündert
Sonnabend, 30. Dezember 1944, Athen
United Press berichtet:
Die Kämpfe in Athen gehen weiter. Die Engländer sind nun Herr der Lage in der Hälfte der griechischen Hauptstadt. In Nordgriechenland dagegen operieren die Truppen der ELAS weiterhin mit beträchtlichem Erfolg. Im Piräus (dem Hafen von Athen), der von den Rebellen gesäubert ist, läuft das Leben wieder normal. Die Minister, die sich nach Piräus begaben, sind von der Bevölkerung mit begeisterten Kundgebungen empfangen worden. Nach einem offiziellen Kommuniqué hat die ELAS alle Lager des Roten Kreuzes geplündert.

Und so war es

Deutschlands Niederlagen in Ost und West im Sommer 1944 machen den Bundesgenossen des Reiches, deren Schicksal eng mit dem Balkan verknüpft ist, ihre aussichtslose Lage klar. Ungarns, Rumäniens und Bulgariens Überlegungen wegen eines Frontwechsels werden nun zwingend.

Um Churchill sein Desinteresse an Griechenland glaubwürdig vorzuspielen und die Westalliierten möglichst lange in der Ungewißheit über seine Balkanpläne zu lassen, beruft Stalin seinen Botschafter bei der griechischen Exilregierung ab. Statt dessen beordert der sowjetische Diktator seine besten KGB-Spezialisten zur ELAS: In der Nacht vom 23./24. Juli 1944 landet eine sowjetische »Dakota« auf dem getarnten Feldflugplatz der Guerillas bei Neraida im Norden Griechenlands. Die Maschine ist von dem anglo-amerikanischen Luftstützpunkt Bari unter falscher Zielangabe gestartet und

Leichter US-Panzer M5 für Titos Befreiungsarmee

bringt eine acht Mann starke sowjetische Mission unter Leitung des KGB-Oberstleutnant Popow nach Griechenland.

Doch die Chefs der ELAS, die erwarten, daß »die sowjetische Mission Manna vom Himmel bringen wird«, erleben eine herbe Enttäuschung: Sie werden als erstes belehrt, nicht mit sowjetischen Waffen oder Versorgungsleistungen rechnen zu können. Die KGB-Offiziere sind auch nicht minder verblüfft: Anstelle einer kampferfahrenen Guerilla-Armee im Zuschnitt der Tito-Verbände finden sie – nach ihren eigenen Berichten – »einen wirren Haufen im Schatten einer kunstvoll errichteten zentralisierten Führung« vor.

Anfang August 1944 wird nach Abschluß des Unternehmens in Südalbanien die deutsche 1. Gebirgsdivision (GenLt. Stettner, Ritter v. Grabenhofen) wieder verfügbar und sofort nach Südwestserbien verlegt. Ihre Aufgabe: Unter Führung des Panzerarmeeoberkommandos 2 (GenOberst Rendulic) soll sie im Zusammenwirken mit Teilen anderer Divisionen die Tito-Partisanenverbände in Nordmontenegro zerschlagen. Die Bewegungen der 1. Gebirgsdivision werden jedoch durch alliierte Luftangriffe stark behindert.

Inzwischen unternehmen die Tito-Verbände, um der in Richtung Jugoslawien verstoßenden Roten Armee entgegenzukommen, Angriffe aus dem Sandschak gegen Südwestserbien. Bereits in den ersten Augusttagen 1944 schaffen sie es, mit einigen Partisanendivisionen fast ungehindert das Ibar-Tal nach Osten zu überschreiten und die Gebirgskette der Kopaonik Planina östlich von Novi Pazar den deutschen und bulgarischen Sicherungstruppen sowie den Nedić-Tschetniks zu entreißen und mit ihren in Serbien rekrutierten Divisionen Verbindung aufzunehmen.

Am Donnerstag, dem 10. August 1944, besucht Marschall Tito in Caserta bei Neapel den britischen Feldmarschall Wilson – alliierter Oberbefehlshaber im Mittelmeerraum, – und danach den Oberbefehlshaber der britischen 8. Armee, General Alexander. Von Rom aus begibt sich Tito nach Neapel und trifft dort zwei Tage später mit Winston Churchill zusammen. Die Begegnung findet in einer Villa statt, dem ehemaligen Besitz von Königin Victoria. Churchill: »Tito versicherte mir, daß er nicht beabsichtige, wie er öffentlich erklärt habe, das kommunistische System in Jugoslawien einzuführen.«

Während die Mihailović-Tschetniks erbitterte Kämpfe gegen Tito-Partisanen führen, unterstützen sie andererseits die Westalliierten. So finden z. B. im Sommer 1944 bei den Tschetniks in Serbien über 270 amerikanische Flieger Unterschlupf. Es sind Besatzungen der schweren Bomber vom Typ »Flying Fortress« und »Liberator«, die während der Massenbombenangriffe auf die rumänischen Ölfelder bei Ploesti abgeschossen wurden. Nachdem die Tschetniks inmitten der Berge, 80 Kilometer südwestlich von Belgrad, einen Feldflugplatz errichtet haben, holt man am 10. August 1944 über eine

Luftbrücke die Amerikaner zurück. 12 große C-47-Transportmaschinen landen innerhalb einer Stunde auf dem primitiven Flugplatz und bringen die 270 US-Flieger nach Bari.

Als am Sonnabend, dem 12. August 1944, deutsche Verbände zu neuen Säuberungsaktionen (Unternehmen »Rübezahl«) übergehen, stoßen sie ins Leere. Inzwischen erobert eine Partisanendivision in der Adria von Vis aus alle Inseln Mitteldalmatiens. Dies gelingt nur, da man von dem als Küstenschutz eingesetzten V. SS-Gebirgskorps (SS-Gruppenf. Phleps) die 7. SS-Division »Prinz Eugen« (SS-Brigadef. Kumm) schon zuvor nach Serbien verlegt hat.

Am Dienstag, dem 15. August 1944, formiert Titos Oberster Stab die Volkswehr zur Sicherung der von den Partisanen besetzten Gebiete Jugoslawiens. Ihre Aufgabe: Kollaborateure, Saboteure und Spione unschädlich zu machen. Sie soll gegen verschiedene Einheiten und Gruppen von Kollaborateuren vorgehen – damit sind auch die Tschetniks von Mihailović gemeint – sowie gegen deutsche Kommandotruppen, Saboteure und Spione, die in das befreite Gebiet eindringen.

Ebenfalls am 15. August 1944 beginnt die Operation »Dragoon Anvil«, die Landung der 7. US-Armee (Lt. Gen. Patch) mit Unterstützung der französischen 1. Armee (Gen. de Lattre de Tassigny) an der südfranzösischen Mittelmeerküste. Als der Chef des US-Generalstabes, General Marshall, zuvor in Rom von Feldmarschall Wilson, General Alexander und anderen beschworen wird, im geeigneten Augenblick über die Adria, durch das kroatische Küstenland, das Laibacher Becken und Ungarn bis Wien vorzudringen, lehnt er dies kategorisch ab. Roosevelt: »Ich kann nicht einwilligen, amerikanische Truppen in Istrien und auf dem Balkan zu verwenden...« So muß die 5. US-Armee (Lt. Gen. Clark) nun auf dem Höhepunkt ihrer siegreichen Verfolgungsoperation sieben ihrer besten Divisionen für dieses Unternehmen bereitstellen. Und wie ein Jahr zuvor auf Stalins Drängen hin in Teheran zugesagt, landen die Alliierten an der Côte d'Azur. Diese Operation hat jedoch wenig Sinn: Hitler zieht außer den Besatzungen von Toulon und Marseille sofort alle Truppen aus Süd- und Südwestfrankreich heraus. So besteht kaum die Aussicht, größere deutsche Verbände einzuschließen oder irgendeinen Einfluß auf die sich gut entwickelnde Offensive in Nordfrankreich zu nehmen. Oberbefehlshaber der 5. US-Armee, Lieutenant General Clark: »Es war nicht allein meine Ansicht, sondern auch die verschiedener Sachverständiger, die mit dem Problem eng vertraut waren, daß es einer der größten Fehler des Krieges war, den Feldzug in Italien durch die Invasion in Südfrankreich abzuschwächen, anstatt zum Balkan vorzudringen...« Stalin hatte während des Treffens der »Großen Drei« und im Lauf der Verhandlungen in Teheran am stärksten auf die Invasion in Südfrankreich gedrängt. Er wußte genau, was er sowohl auf militärischem als auch auf politischem Gebiet

anstrebte ... uns vom Balkan fernzuhalten, den er der Roten Armee reservieren wollte.« So werden der Balkan, der Mittelmeerraum und Italien für die Westalliierten zu einem Nebenkriegsschauplatz.

Am Sonntag, dem 20. August 1944, treffen sich Mihailović und Nedić im Dorf Razani bei Užice. Sie einigen sich, mit Hilfe von Waffenlieferungen durch die Deutschen und durch gemeinsame Aktionen ihrer Tschetniks, Serbien gegen die Tito-Partisanen zu verteidigen. Dr. Neubacher: »Auch die von den Alliierten fallengelassenen Tschetniks waren bestrebt, durch diese Pakte aus einem Zweifrontenkampf gegen Wehrmacht und Partisanen herauszukommen, gegebenenfalls bei der Wehrmacht Hilfe gegen den Feind Nr. 1 zu finden und vor allem durch diese Politik in den Besitz einer Bewaffnung zu kommen, die sie für den Endkampf gegen Tito benötigten.«

Ende August 1944 mehren sich Gerüchte über eine bevorstehende Räumung Griechenlands durch die Deutschen. Sie rufen sowohl unter den Guerillas im Mutterland als auch in Papandreous Regierung eine erhebliche Aufregung hervor.

Am Abend des 21. August 1944 trifft Churchill in Rom den griechischen Ministerpräsidenten. Papandreou macht Churchill darauf aufmerksam, daß seine Regierung der Nationalen Einheit und der griechische Staat weder über eine Polizei noch über Waffen verfügen. Er erbitte britische Hilfe, um alle griechischen Widerstandskräfte gegen die Deutschen zu einigen. Churchill: »Ich erklärte Papandreou, wir könnten weder etwas versprechen noch uns verpflichten, britische Truppen nach Griechenland zu entsenden, und vor allem dürfe in der Öffentlichkeit nicht einmal von der Möglichkeit einer solchen Aktion gesprochen werden.«

Zu dieser Zeit finden in Montenegro zermürbende Kämpfe von Deutschen und »legalen« Tschetniks gegen Tito-Einheiten statt. Am Durmitor sind einige Partisanengruppen, darunter über 1000 Verwundete, von den Deutschen umzingelt. In dieser aussichtslosen Lage wendet sich Tito an den Chef der alliierten Militärmission, Brigadier MacLean, mit der Bitte um Hilfe, diese Verwundeten zu retten. Sie hindern nicht nur die Beweglichkeit der Partisanen, sondern es besteht auch die Gefahr, daß die Deutschen oder Tschetniks sie sämtlich niedermetzeln würden.

Am Dienstag, dem 22. August 1944, landen ab mittags unter Jagdschutz nacheinander 25 »Dakotas« auf dem kleinen Gebirgsplateau Bajovo Polje, um die fast 1100 verwundeten und kranken Partisanen der vom Gegner eingekreisten Einheit nach Bari auszufliegen.

Am Mittwoch, dem 23. August 1944, wird der rumänische Marschall Antonescu auf Drängen der Opposition von König Michael I. abgesetzt. Die darauffolgende Kriegserklärung Rumäniens an Deutschland sowie der

Belgrad

Donau

RUMÄNIEN

Bukarest

Sarajevo

Kraljevo

Niš

JUGOSLAWIEN

BULGARIEN

Sofia

SCHWARZES MEER

Cattaro (Kotor)

181.

Skutari

ALBANIEN

297

Durazzo

XXI.

Valona

Skoplje (Skopje)

5. Bulg. bulg. Besatzung

Vardar

II. Bulg.

9. Bulg.

Kawala

E.

Saloniki

LXXXXI.

Istanbul

THRAKIEN

Alexandroupolis (Dedeagatsch)

TÜRKEI

MARMARA-M.

ADRIA

Saranda

Korfu

Florina

Edessa

XXII.

Joannina

THESSALIEN

Igumenitsa

4. SS.

Volos

Lemnos

ÄGÄISCHES MEER

Lesbos

Preveza

104.

Kephallinia

Euböa

11. Lw. LXVIII.

Chios

Smyrna

Samos

Patras

Pyrgos

117.

Korinth

Athen

41.

Tripolis

Kalamata

Leros

Kdt.O.-Ä.

Kyparissia

IONISCHES MEER

Milos

Piskopi

Simi

Rhodos

Skarpanto

Von den Deutschen im Herbst 1944 noch gehaltene befestigte Gebiete

0   200 km

133.

Kdt.Kr.

22.

Hiraklion

Chania (Kanea)   KRETA

In Griechenland und auf den ägäischen Inseln beherrschen die Deutschen im Herbst 1944 nur noch Stützpunkte

271

bevorstehende Frontwechsel Bulgariens stellen den Oberbefehlshaber Südost vor schwere Aufgaben. Unterdessen stoßen starke Verbände der Roten Armee weiter nach Westen vor.

Am Freitag, dem 25. August 1944, gibt Hitler angesichts der neuen Lage auf dem Balkan den Befehl zur »Auflockerung« der militärischen Besetzung Südosteuropas. Die Räumung Griechenlands und der Inseln in der Ägäis sollen vorbereitet werden. Der Heeresgruppe E (GenOberst Löhr) unterstehen zur Zeit etwa 350 000 Mann in Griechenland, Thrakien und Mazedonien.

Am Sonnabend, dem 26. August 1944, ruft das moskautreue Zentralkomitee der Bulgarischen Arbeiterpartei die unter seinem Einfluß stehende Vaterländische Front auf, den bewaffneten Aufstand zu organisieren. Entscheidend ist dabei die Tatsache, daß die sowjetische Armee bereits an der bulgarischen Grenze steht. An der Vorbereitung des Aufstandes sind auch die im geheimen Zweno-Offiziersbund vereinigten, mit den Sowjets sympathisierenden Militärs der bulgarischen Armee beteiligt.

Am Montag, dem 28. August 1944, setzt König Peter II. den Kriegsminister der Exilregierung, General Mihailović, ab, und Tito wird alleiniger Oberbefehlshaber in Jugoslawien.

Am Mittwoch, dem 30. August 1944, muß nach dem Frontwechsel Rumäniens die deutsche Operation gegen Tito-Partisanen (Unternehmen »Rübezahl«) abgebrochen werden.

Am Donnerstag, dem 31. August 1944, besetzt die sowjetische 53. Armee (GenLt. Managarow) Bukarest. Bevor Churchill Ende August 1944 Italien verläßt, hat er den Generalstabschef des Empire ersucht, eine sofort der deutschen Räumung Griechenlands folgende britische Expedition vorzubereiten. Sie erhält den Decknamen »Manna«.

Im August 1944 beurteilt die Heeresgruppe F (GFM Frhr. v. Weichs) die Lage in Kroatien als äußerst chaotisch. Hitler hält jedoch an Pavelić, »seinem letzten Verbündeten«, fest. In Serbien wiederum stehen nur noch ein schwaches Polizeiregiment und einige tausend serbische Freiwillige der Zbor-Bewegung, dazu ortsgebundene Sicherungstruppen. Jetzt, als sich die Rote Armee der serbischen Grenze nähert, werden eiligst Großverbände in den Kampfraum verlegt, darunter die 1. Gebirgsdivision, (GenLt. Stettner, Ritter v. Grabenhofen), die 7. SS-Gebirgsdivision »Prinz Eugen«, (bisher SS-Gruppenf. Phleps) die 117. (GenLt. Wittmann) und 118. (GenLt. Kübler) Jägerdivision (nur noch Regimentskampfgruppen), Teile der Division »Brandenburg« (GenLt. Kühlwein) und der Grenadierbrigade 92 (Gesamtstärke etwa eine Division), das Sturmregiment »Rhodos« (ohne schwere Waffen), dazu 25 Bataillone

Polizei- und Sicherungstruppen sowie Alarmeinheiten. Sie verfügen jedoch weder über schwere Waffen noch über entsprechende Kampferfahrung.

Noch im August 1944 gibt Hitler an die Heeresgruppe E (GenOberst Löhr) in Griechenland und an den übergeordneten Oberbefehlshaber Südost, Generalfeldmarschall Freiherr v. Weichs, den strikten Befehl, den gesamten Balkan zu halten. Hitler glaubt noch, die Südfront des osteuropäischen Raumes mit einer von Korfu bis Saloniki verlaufenden Linie abdecken zu können. Zugleich soll die in Jugoslawien zur Partisanenbekämpfung eingesetzte 2. Panzerarmee mit eilig zusammengerafften Kräften den nun drohenden Durchbruch sowjetischer und womöglich bulgarischer Armeen an der jugoslawisch-bulgarischen Grenze auffangen.

Am Freitag, dem 1. September 1944, läßt der kroatische Staatschef Pavelić seine zwei engsten Vertrauten, den Kriegsminister Vokić und Außenminister Lorković, verhaften. Die beiden Ustascha-Minister, nun in das berüchtigte Gefängnis von Lepoglava gebracht, werden vor ein Kriegsgericht gestellt und erschossen. Ihr Vergehen: Sie sollen eine Fühlungnahme mit den Westalliierten angebahnt haben.
Ebenfalls am 1. September 1944 gibt Mihailović, wie immer schon versprochen, den Befehl zum allgemeinen Aufstand. Die Amerikaner lassen ihm weiterhin wenn auch mehr symbolische Hilfe zukommen. Der letzte Versorgungsabwurf findet in diesem Monat statt. Dem Aufruf von Mihailović folgen zwar viele junge Menschen in Serbien, doch kann der General sie kaum mit den nötigen Waffen und Ausrüstungen versorgen.
Mihailović, der auf eine britische Balkaninvasion hofft und niemals eine sowjetische Invasion des Donaubeckens ins Auge faßt, wird ein Opfer der Beschlüsse in Teheran: Als die Tschetniks Anfang September 1944 endlich alle Vorbereitungen zum Aufstand beendet haben, nähert sich bereits die Rote Armee der serbischen Grenze.

Jetzt starten die Alliierten die Operation »Woche der Ratten« (Rat Week), zur Verfolgung der deutschen Truppen, die sich soeben zum Rückzug aus Griechenland vorbereiten. Die einzige Eisenbahnlinie in Nord-Süd-Richtung, die Athen mit Belgrad und Wien verbindet und für die Deutschen von entscheidender Bedeutung ist, bildet das Hauptziel der griechischen Guerillas. Über diese Strecke sollen die deutschen Verbände in Stärke von etwa 90 000 Mann aus Griechenland nach Norden verlegt werden, bevor ihnen die Rote Armee den Weg abschneidet.
Im Rahmen der Operation »Rat Week« landen per Fallschirm oder mit U-Booten mehrere britische SOE-Teams, unterstützt von amerikanischen OSS-Spezialisten für Sabotage. Sie sollen den Guerillas bei ihren Aktionen gegen deutsche Eisenbahntransporte zur Seite stehen. Dieser Einsatz wird so gründlich durchgeführt, daß den Griechen bei Kriegsende tatsächlich nur ein Dutzend intakte Eisenbahnwaggons bleiben.

Zypern, August 1944: Das Marschall Tito von der RAF zur Verfügung gestellte Jagdgeschwader

Links: August 1944, im Tschetnik-Hauptquartier: Mihailović (rechts) mit Captain Lallich, Chef der OSS Air Rescue Mission

273

Griechenland, Pindusgebirge, September 1944: Nur mühsam vollzieht sich der Rückzug deutscher Truppen in dem unwegsamen Gelände

Am Sonnabend, dem 2. September 1944, beginnen die deutschen Truppen mit der Räumung der Ägäis. Als erstes werden – teilweise über eine Luftbrücke – die deutschen Kräfte von Kreta, Rhodos und Kos auf das Festland gebracht. Sie haben jedoch kaum noch kampffähige Verbände. Das Luftwaffenkommando Ost (Gen-Oberst Ritter v. Greim), für den ganzen Balkan und Ungarn zuständig, verfügt zu dieser Zeit über 272 Maschinen (darunter 109 Transportflugzeuge vom Typ Ju 52). Die Tätigkeit der griechischen Guerillas gegen den Straßen- und Eisenbahnverkehr in Mittel- und Nordgriechenland nimmt schlagartig zu.

Am Sonntag, dem 3. September 1944, verlangt der Oberbefehlshaber Südost die Herauslösung der 11. Luftwaffen-Felddivision aus Griechenland. Diese Schwächung der Heeresgruppe E zwingt Generaloberst Löhr zu einer stärkeren Sicherung der wichtigen Festlandsverbindungen und bedeutet gleichzeitig die Aufgabe einer künftigen aktiven Partisanenbekämpfung.

Am Mittwoch, dem 6. September 1944, erreichen die Panzerspitzen der 2. Ukrainischen Front (Armeegen. Malinowski) im Morgengrauen die rumänisch-jugoslawische Grenze bei Turnu-Severin. Übrigens die ersten, die sowjetische Panzervorhuten auf jugoslawischem Boden begrüßen: eine Gruppe von Tschetniks des Generals Mihailović, angeführt von Drago Vodopivez und Anton Puzcko. Sie bieten dem sowjetischen Kommandanten ihre Dienste an. Einige Stunden später wird die Verbindung zwischen der Roten Armee und den Tito-Partisanen hergestellt. Ein von Tito eigenhändig verfaßter Tagesbefehl hebt die Bedeutung dieses denkwürdigen Tages hervor.
Die Mobilisierung der bulgarischen Truppen gegen Deutschland sowie das ungehinderte Vorstoßen der Roten Armee durch Rumänien reißt bereits Kroatien in das Chaos der allgemeinen Auflösung der deutschen Herrschaft auf dem Balkan.

An diesem Tag, dem 6. September 1944, erteilt das Oberkommando der Wehrmacht den endgültigen Befehl zur Räumung Griechenlands. Bei der Rücknahme zum Festland selbst mit kleinen Küstendampfern und Kajkas erleiden die Truppen schwere Verluste durch britische Schnellboote, und die Aktion muß bald völlig eingestellt werden. Der Abtransport weiterer Verbände bleibt allein der Luftwaffe überlassen. Außer der verstärkten Tätigkeit feindlicher Nachtjäger und dem Abzug von Ju-52-Staffeln für Transportaufgaben auf dem Festland werden die Flugzeuge auch durch ungünstige Wetterlage erheblich behindert.

Allein auf Kreta befinden sich noch 34 000 Deutsche und 6 500 »hilfswillige« Italiener, auf den Inseln des Dodekanes 23 300 deutsche und 7 350 italienische Soldaten. Bis zum 6. September 1944 beträgt die tägliche Transportleistung durchschnittlich 44 Ju-52-Einsätze. Evakuiert werden von Kreta die 22. Infanteriedivision (GenMaj F. W. Müller), von Rhodos die Sturmdivision »Rhodos« und von der Insel Leros die Festungsbrigade 967.

Am Donnerstag, dem 7. September 1944, wird der Deutsche Bevollmächtigte General in Kroatien, General Glaise v. Horstenau, als Ergebnis der Intrigen von Pavelić und des Gesandten Kasche, seines Postens enthoben. Er verläßt Agram, um in die Führerreserve zu treten. Als sich General Glaise v. Horstenau bei Generalfeldmarschall Keitel von seiner Dienststelle abmeldet, meint dieser: »Seien Sie froh, daß Sie den schmählichen Untergang dieses schäbigen Staates nicht miterleben müssen.« Glaises Nachfolger wird Generalleutnant Juppe.

In der Nacht vom 8./9. September 1944 bricht in Bulgarien ein Staatsstreich der moskautreuen Kommunisten und des von den Kommunisten kontrollierten geheimen Zveno-Offiziersbundes aus. Kampfgruppen und einzelne Truppenteile der Armee beherrschen die Hauptstadt Sofia. Ähnliche Aktionen zur Besetzung von Städten und Ortschaften finden im ganzen Land statt. Die prosowjetische neue »Demokratische Regierung der Vaterländischen Front« unter Georgieff erklärt dem Deutschen Reich den Krieg.

Mitte September 1944 führt Titos 26. Division von ihrem Stützpunkt auf der Insel Vis mehrere Landungsoperationen durch. Sie hat alle Inseln Mitteldalmatiens befreit und landet jetzt mit Unterstützung der Marine an der Festlandsküste. Damit will man den deutschen Truppen, die sich noch in Albanien befinden, den späteren Rückzug durch Dalmatien erschweren.

Am Dienstag, dem 12. September 1944, gibt König Peter II. durch einen Aufruf über BBC London den Tschetniks Befehl, sich Titos Partisaneneinheiten anzuschließen. Mihailović ist damit völlig isoliert und endgültig verloren. Als letztes versucht er, mit seinen Getreuen in den Bergen Bosniens Titos Partisanen zu entkommen. Jetzt, als der Abzug der deutschen Truppen aus Serbien bevorsteht, hofft Mihailović auf die Übernahme der geräumten Gebiete. Er fordert außerdem von den Engländern Waffen für 50 000 Mann. Beides erfüllt sich nicht.

Die äußerst gespannte Lage der Heeresgruppe E verschlechtert sich zusehends, als Bulgarien an Deutschland den Krieg erklärt: Damit ist die östliche Flanke des Rückzugbereiches der Heeresgruppe E von Saloniki bis zur Donau aufgerissen, was die Preisgabe des Schutzes vor bulgarischen und sowjetischen Angriffen bedeutet. Die Heeresgruppe E besteht zur Zeit aus den Verbänden des Kommandanten Ostägäis (Gen. d. Pz. Tr. Kleemann) und dem Kommandanten der »Festung Kreta« (Gen. d. Inf. Müller), dem LXVIII. Korps (Gen. d. Fl. Felmy), dem XXII. Gebirgskorps (Gen. d. Geb. Tr. Lanz) und dem LXXXXI. Korps (GenLt. v. Erdmannsdorff), sowie aus den Marineeinheiten des Kommandierenden Admirals Ägäis (Vizeadm. Lange) und einer Jagdstaffel sowie der 19. Flakdivision (GenLt. Pavel) unter dem Kommandierenden General der Luftwaffe (Gen. d. Fl. Fink), dazu aus den Dienststellen und Polizeitruppen, über die der HSSPF Griechenland (SS-Brigadef. Schimana) verfügt. Die deutschen Truppen versuchen Zeit zu gewinnen, um den Rückmarsch der Heeresgruppe E zu ermöglichen.

Bis zum Donnerstag, dem 14. September 1944, gelingt es der Luftwaffe, einem Teil der Einheiten von Kreta und den Dodekanes-Inseln mit durchschnittlich 101 Transportmaschinen pro Tag abzutransportieren.

Ab Freitag, dem 15. September 1944, fällt die Zahl der Transportmaschinen durch die rege Tätigkeit englischer Nachtjäger auf einen Tagesdurchschnitt von 38 Maschinen. Der Frontwechsel Bulgariens zwingt nämlich die Heeresgruppe E, eine Sicherung an der Struma aufzubauen, und dafür werden Teile der 22. Infanteriedivision von Kreta über Athen direkt nach Saloniki geflogen. Noch holen einzelne Ju 52 bei Nacht kampffähige Soldaten von Kreta auf das griechische Festland zurück. Nachdem von 57 000 Soldaten rund 40 000 Mann verlegt worden sind, müssen auch diese Flüge eingestellt werden.

Um der bevorstehenden Bedrohung durch die Rote Armee zu entgehen, verlegt Generalfeldmarschall Freiherr v. Weichs sein Hauptquartier nach Brod und dann nach Agram. Zugleich laufen die Vorbereitungen zur Verteidigung der noch besetzten Gebiete Jugoslawiens. So wird z. B. die 2. Panzerarmee (GenOberst Rendulic) in den Raum nördlich der Drau-Donau-Linie verschoben. Südlich davon, in Syrmien und Ostslawonien, steht die kroatische 3. Domobranen-Division. Zur Überwachung des südlichen Save-Ufers hat man die 13. (Kroat.) SS-Gebirgsdivision, »Handschar« (SS-Oberf. Hampel) und die kroatische 12. Domobranen-Division eingesetzt.

Am Sonnabend, dem 16. September 1944, rückt die Rote Armee in Sofia, der Hauptstadt Bulgariens, ein und stößt in Richtung Niš–Skoplje (Skopje) vor. Damit wird die Lage für die Heeresgruppe E bedrohlich: Gelingt es der Roten Armee, rechtzeitig diese Linie zu besetzen, ist der Rückzugsweg der Heeresgruppe E blockiert.

Am Donnerstag, dem 21. September 1944, führt der Oberbefehlshaber Südost in seiner Lagebeurteilung aus: »Die Klassifizierung des Feindes als ›Bandengegner‹ und der mit ihm zu führenden Kämpfe als Bandenkrieg ist endgültig als falsch zu bezeichnen. Es handelt sich, mit Ausnahme der Neuaufstellungen, um operativ und taktisch gut geführte, mit schweren Waffen beneidenswert ausgerüstete und von einer nicht zu unterschätzenden Dynamik getragene Kräftegruppen von ständig wachsender Zahl. Ich weiß mich dabei frei von dem Fehler, den Feind zu überschätzen, da gerade die gegenwärtigen Kämpfe und ihre beiderseitigen Erfolgs- und Verlustzahlen objektive Beurteilungsunterlagen sind.«

Am gleichen Tag, gegen 23.00 Uhr, startet im Schutz der Nacht von dem kleinen Flugplatz auf der Insel Vis eine sowjetische »Dakota« mit Tito an Bord. In voller Verschwiegenheit und ohne Kenntnis der westalliierten Verbindungsoffiziere begibt sich Tito zu einem Treff mit Stalin. Tito muß zunächst über Jugoslawien nach Krajova (Rumänien), dem Hauptquartier von Marschall Tolbuchin, und dann erst weiter nach Moskau fliegen.

In seiner Begleitung: General Korniejew, Chef der sowjetischen Militärmission, der führende montenegrinische Kommunist Ivan Milutinović vom Obersten Hauptquartier und Titos Sekretär Mitar Bakić. Titos Schäferhund »Tiger«, der es gewöhnt ist, seinen Herrn ständig zu begleiten, läßt sich nicht zurückhalten und fliegt mit.

Die Abreise organisiert Ranković, Chef des Tito-Nachrichtendienstes. Die Geheimhaltung ist so vollkommen, daß selbst die Mitglieder des Nationalkomitees sowie hohe Parteifunktionäre, die in dem Zentralkomitee oder im Obersten Stab arbeiten, keine Ahnung davon haben. Um seine westalliierten Bundesgenossen irrezuführen, läßt Tito über den Sender »Freies Jugoslawien« verlauten, er sei in Westserbien gelandet, wo jetzt gerade Kämpfe entbrannt sind. »Die Bevölkerung hat Marschall Tito einen begeisterten Empfang bereitet«,

Gebirgsartillerie der Jugoslawischen Befreiungsarmee, 19. Brigade, in Feuerstellung

heißt es in der Meldung. Kurze Zeit darauf fliegt tatsächlich – zur Belustigung der wenigen Eingeweihten – ein Team britischer Offiziere nach Westserbien, um Tito dort zu suchen.

In Moskau unterzeichnet Tito währenddessen im Namen des Nationalkomitees ein von Stalin verfaßtes Abkommen mit der sowjetischen Regierung über Operationen sowjetischer Truppen auf dem an Ungarn grenzenden jugoslawischen Territorium. In dem Abkommen schafft es Tito – entgegen den üblichen Gepflogenheiten Moskaus – den Abzug sowjetischer Truppen nach Beendigung der Operationen zu vereinbaren und die Zuständigkeit der Administration des Nationalkomitees für das befreite Territorium festzulegen. Gleichzeitig verspricht man Tito Ausrüstungen und Waffen für 12 Infanteriedivisionen, Flugzeuge für zwei Fliegerdivisionen, und Stalin erklärt sich bereit, Offiziere zur Schulung an sowjetischen Militärakademien aufzunehmen.

Djilas: »Tito wußte nicht, als er nach Moskau flog, daß die Unterzeichnung eines solchen Abkommens bevorsteht, obwohl man vorausgesehen hat, daß im Verlauf der Operationen die Rote Armee jugoslawischen Boden betreten könnte. Tito hatte auch nicht die Absicht, Stalin um eine direkte Unterstützung durch die Rote Armee zu bitten.« Er wollte vielmehr die Lieferung von schweren Waffen, vor allem von Panzern, erreichen, ohne die die Partisanen Belgrad aus eigenen Kräften, wie sie es vorhaben, nicht befreien können. Auf die Frage Stalins, was die Partisanen im Falle einer britischen Landung in Dalmatien tun würden, antwortet Tito: »Wir würden entschiedenen Widerstand leisten.« Es ist ihm klar, daß eine britische Landung den greifbar nahen Sieg der Kommunisten zunichte machen müßte. Tito wagt es bereits, Stalin offen zu widersprechen. So antwortet er auf dessen Vorhaltung, die Bourgeoisie sei in Serbien stark, »Genosse Stalin, ich stimme nicht mit ihrer Auffassung überein. Die Bourgeoisie ist in Serbien sehr schwach.« Als Stalin fordert, die jugoslawischen Kommunisten sollten König Peter aus dem Exil »zum Schein zurückholen und auf den Thron bringen«, lehnt Tito dies kategorisch ab. Daraufhin Stalin: »Ihr müßt ihn ja nicht für alle Zeiten zurücknehmen. Nur zeitweilig, später könnt ihr ihm dann ein Messer in den Rücken stoßen.« Tito muß wohl dieser Vorschlag als höchst unwürdig erschienen sein. Er geht darauf nicht ein. Als Tito um 80 bis 100 Panzer bittet, erwidert Stalin: »Wir werden ein ganzes Panzerkorps in Bewegung setzen.«

Sonnabend, der 23. September 1944, erweist sich als verhängnisvoller Tag für Ungarn: An diesem Tag scheitern in Caserta die geheimen Waffenstillstandsverhandlungen des in persönlichem Auftrag von Reichsverweser v. Horthy entsandten Generals Naday. Hier im Hauptquartier des alliierten Oberbefehlshabers im Mittelmeerraum erklärt man Horthys Emissär, daß Ungarn »den Krieg einzig durch Verhandlungen mit Moskau beenden« könne.

Der griechische Ministerpräsident Papandreou und die Regierungsmitglieder der »Nationalen Einheit«, verlegen jetzt ihren Sitz von Kairo nach Italien und nehmen in einer Villa bei Caserta Quartier. Hier verhandelt Papandreou mit den EAM-Vertretern und ihren nationalistischen Rivalen von der EDES. Sein Anliegen wird von Macmillan, dem britischen bevollmächtigten Minister im Mittelmeerraum, und Sir Reginald Leeper, dem britischen Botschafter bei der griechischen Regierung unterstützt.

Am Sonntag, dem 24. September 1944, begibt sich eine ungarische Delegation, angeführt von dem ehemaligen Militärattaché Generaloberst Faragho, auf Weisung des Reichsverwesers v. Horthy nach Moskau, um Waffenstillstandsverhandlungen einzuleiten. Sie überschreitet auf geheimen Wegen die Ostfront und soll Stalin einen eigenhändig geschriebenen Brief von Horthy übergeben.

Am Dienstag, dem 26. September 1944, kommt es in Caserta zur Unterzeichnung einer bedeutenden Vereinbarung: Sämtliche Guerillaverbände im Land sollen sich den Befehlen der griechischen Regierung »Nationale Einheit« unterordnen, die ihrerseits den britischen General Scobie zum Oberkommandierenden ernannt hat. Im Namen der griechischen Guerillas versprechen die Führer von EAM/ELAS und EDES, nicht auf eigene Faust zu handeln und sich im Raum Athen strikt an die Weisungen des britischen Befehlshabers zu halten. Churchill: »Dieses als Caserta-Vereinbarung bekannte Dokument bildet von da an die Richtschnur für unsere Aktionen.«

Am Donnerstag, dem 28. September 1944, tritt die 3. Ukrainische Front (Armeegen. Tolbuchin) mit der 46. (GenLt. Schlemin) und 57. Schützenarmee (GenLt. Hagen), unterstützt von bulgarischen und rumänischen Verbänden, zum Angriff auf Belgrad an. Von jugoslawischer Seite sind acht Divisionen eingesetzt. Sie werden von einem sowjetischen mechanisierten Korps verstärkt. Neun weitere Partisanendivisionen halten zusammen mit bulgarischen Divisionen die Front gegen den Druck der deutschen Truppen unter General Schneckenburger, bisher Kommandant der deutschen Instruktionstruppen in Bulgarien. Er hat verschiedene Einheiten des Heeres, der Waffen-SS und der Luftwaffe als »Korpsgruppe Belgrad« eilig zusammengerafft und richtet sich auf die Verteidigung der Stadt ein.

Bis zum Freitag, dem 30. September 1944, räumt die Besatzung der Festungsbrigade 1017 mit Küstenschiffen die Insel Korfu.

Am Sonntag, dem 1. Oktober 1944, beginnen die deutschen Truppen den Rückzug aus Athen.

Am Dienstag, dem 3. Oktober 1944, gibt Hitler endlich den Befehl, Griechenland, Südalbanien und Südmazedonien zu räumen, jedoch mit Ausnahme von Rhodos, Westkreta und einigen kleinen ägäischen Inseln wie Leros und Milos. Dort sollen die Truppen, die nicht mehr evakuiert werden können, in den sogenannten Kernfestungen bis zum »Endsieg« aushalten. Auf Kreta verbleiben insgesamt 11 828 deutsche und 4 737 italienische Soldaten unter dem Befehl von Generalmajor Benthack. Auf den Dodekanes-Inseln sind unter dem Kommando von Generalmajor Wagener noch 10 700 deutsche und 5 517 italienische Soldaten, davon auf Rhodos 6 356 Deutsche und 4 097 Italiener, auf Leros 3 228 Deutsche und 809 Italiener und auf Kos 1 116 Deutsche und 611 Italiener. »Die größten Kriegsgefangenenlager der Geschichte, die sich selbst versorgen«, so spotten die Engländer.

Die Befürchtungen, daß die Tito-Partisanen eine Sperre bilden werden, so daß den deutschen Truppen nichts anderes übrigbleibt, als zu kapitulieren, erweist sich als Irrtum: Die deutschen Verbände ziehen geordnet und planmäßig nach Norden. Die Einheiten der ELAS zeigen sich nur in seltensten Fällen aggressiv, meistens warten sie, bis die Ortschaften oder Landstriche geräumt sind, um sie dann zu »befreien«, d. h. sofort eine »volksdemokratische« Ordnung einführen.

Ebenfalls am 3. Oktober 1944 erklären die Deutschen Athen zur offenen Stadt und bereiten gleichzeitig über Vertreter des Schwedischen und Schweizer Roten Kreuzes sowie über den Erzbischof von Athen, Damaskinos, die Übergabe der griechischen Hauptstadt an die Engländer vor. Befehle des OKW, die Versorgungslager zu zerstören und den Staudamm des Marathon-Sees zu sprengen, werden nicht befolgt.

In den frühen Morgenstunden des 4. Oktober 1944 besetzen im Rahmen der Operation »Manna«, der Befreiung Griechenlands, britische Commandos Patras auf dem Peloponnes. Hier kommt es zu ersten Gefechten mit deutschen Nachhuten. Churchill: »Damit faßten wir seit unserem tragischen Auszug 1941 erstmals wieder Fuß in Griechenland.« Zugleich landen im Hafen von Piräus die Vorhuten des britischen 3. Korps (Maj.Gen. Scobie). Ihre Aufgabe: der griechischen Exilregierung bei der Machtübernahme den Rücken zu stärken.

Donnerstag, der 5. Oktober 1944, ist ein gewichtiger Tag im Leben des Politikers Tito und zugleich in der Geschichte des neuen Jugoslawiens: Der Partisanen-Marschall schließt ein Freundschaftsabkommen mit Bulgarien. Damit eröffnet Tito seine Balkan-Pakt-Politik, wohl ein Signal für Stalin, der kein selbständiges Handeln in seinem Machtbereich zuläßt. Der Konflikt zwischen der mächtigen Sowjetunion und dem kleinen Jugoslawien beginnt zu eskalieren.

Am Sonntag, dem 8. Oktober 1944, besetzen britische Truppen Korinth.

Am Montag, dem 9. Oktober 1944, setzt sich der Gesandte Dr. Neubacher dafür ein, den zusammen mit

deutschen Truppen operierenden legalen Tschetniks den Rückzug auf kroatisches Gebiet zu gestatten und die zu erwartenden Proteste der kroatischen Regierung zurückzuweisen. Neubacher: »Deutschland könne unter keinen Umständen Verbände, die seit Jahren für uns verlustreich gekämpft haben, der restlosen Vernichtung durch Russen und Partisanen preisgeben.«

Am gleichen Tag treffen Churchill und Eden in Moskau ein und suchen – zusammen mit dem US-Botschafter

Flugplatz Megara bei Athen, Oktober 1944: Landung britischer Fallschirmjäger im Rahmen der Operation »Manna«

als »Beobachter« – gegen Mitternacht Stalin im Kreml auf. Der britische Premier wendet sich sofort der Balkanfrage zu. Churchill: »Lassen Sie uns unsere Angelegenheiten auf dem Balkan regeln. Soweit es Großbritannien und Rußland angeht, wie wäre es, wenn sie 90 Prozent der Vorherrschaft in Rumänien erhielten, wir 90 Prozent in Griechenland hätten und uns in Jugoslawien auf 50:50 einigten?« Er überreicht Stalin zugleich ein Blatt Papier, auf dem sein Vorschlag für die

Abgrenzung der beiderseitigen Interessen in Südosteuropa verzeichnet ist. In Ungarn sollen beide Mächte einen gleich großen Einfluß ausüben, 50:50, während für Bulgarien ein Verhältnis von 75:25 zugunsten der Sowjetunion vorgesehen ist.

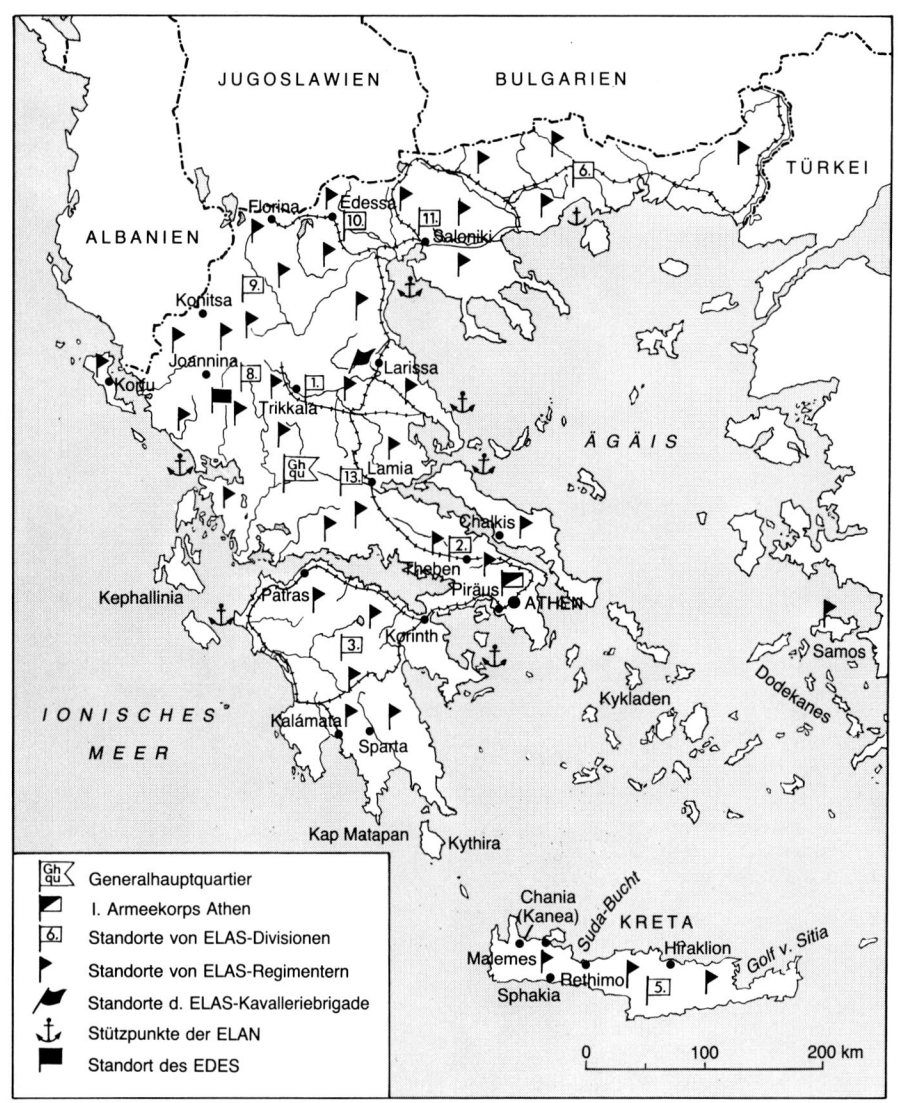

Im Herbst 1944 sind die Standorte der ELAS-Einheiten fast über das ganze griechische Festland und die Inseln verteilt

Gh qu	Generalhauptquartier
	I. Armeekorps Athen
6.	Standorte von ELAS-Divisionen
	Standorte von ELAS-Regimentern
	Standorte d. ELAS-Kavalleriebrigade
	Stützpunkte der ELAN
	Standort des EDES

0   100   200 km

Rechte Seite: Einen Tag nach Hitlers Rückzugsbefehl landen die Engländer bei Patras und stoßen nach

Churchill: »Ich schob den Zettel Stalin zu, der mittlerweile die Übersetzung gehört hatte. Eine kleine Pause trat ein. Dann ergriff er seinen Blaustift, machte einen großen Haken und schob uns das Blatt wieder zu. Die ganze Sache beanspruchte nicht mehr Zeit, als sie zu schildern... Diesmal trat ein langes Schweigen ein. Das mit Bleistift beschriebene Papier lag in der Mitte des Tisches. Schließlich sagte ich: Könnte es nicht für äußerst zynisch gehalten werden, wenn wir den Anschein erweckten, über die für Millionen von Menschen so gravierenden Schicksalsfragen aus dem Stegreif entschieden zu haben? Lassen Sie uns das Papier verbrennen. – ›Nein, heben Sie es auf‹, antwortete Stalin.«

Am Dienstag, dem 10. Oktober 1944, blockieren die Sowjets mit dem Durchbruch über die Morava auf Belgrad den ursprünglich vorgesehenen Rückzugsweg der deutschen Truppen. Gleichzeitig versuchen die Bulgaren im Süden zu dem Zeitpunkt, als sich die deut-

schen Kräfte erst im Anmarsch auf Skoplje befinden, von Niš nach Südwesten vorzugehen, um die Rückzugstraße auch nördlich Priština zu sperren. Die bulgarischen Truppen schaffen es aber nicht, den Übergang über den Gebirgszug westlich Niš zu erzwingen. Einen sowjetischen Vorstoß von Kragujevac auf Kraljevo, der den Deutschen die einzige Rückzugslinie durch das Ibar-Tal abschneiden soll, kann jedoch die 7. SS-Gebirgsdivision »Prinz Eugen« abwehren. Einzelne Gruppen der Tschetniks setzen sich nach Nordwesten ab, um der vorrückenden Roten Armee und den Partisanen zu entkommen. Ihr Weg führt durch Kroatien, wo selbst das Chaos die Ustascha nicht daran hindert, an den flüchtenden Serben noch blutige Rache zu nehmen.

Am Donnerstag, dem 12. Oktober 1944, wird die griechische Hauptstadt geräumt und die Hafenanlage von Piräus gesprengt. Am gleichen Tag geben die Deutschen auch Valona auf.

Am Freitag, dem 13. Oktober 1944, springen Eliteverbände der britischen Fallschirmjäger auf dem Flugplatz Megara ab, zwölf Kilometer westlich von Athen.

Am Sonnabend, dem 14. Oktober 1944, laufen die ersten Kriegsschiffe der Royal Navy den Piräus an und bringen Major General Scobie und das Gros seiner Streitmacht.
Bis Mitte Oktober 1944 dauern die Kämpfe im Nordosten Serbiens an, bei denen die deutschen Truppen schwere Verluste erleiden.
In der Nacht vom 14./15. Oktober 1944 durchbrechen sowjetische Panzerspitzen den Verteidigungsring um Belgrad und erreichen am Mittag zusammen mit Titos 1. Proletarischer Division das Stadtzentrum. Die deutschen Truppen verteidigen sich zäh und mit beachtenswertem Geschick.

Seit einer Wetterbesserung in der zweiten Oktoberhälfte 1944 erschweren die ständigen Angriffe der RAF-Jagdbomber den Rückzug der deutschen Marschkolonnen, was zu wachsenden Verlusten führt. Auf einer einzigen Straße, die über hohe Pässe führt, ziehen die Trecks und Marschgruppen in beschleunigtem Tempo nach Norden. Sie schaffen unter unsäglichen Mühen bis zu 25 Kilometer pro Tag. Obwohl die Masse der Soldaten keinen festgefügten Verbänden, sondern einzelnen Festungsbataillonen, Luftwaffen- und Marineeinheiten angehört, wird Ordnung und Disziplin bewahrt. Nachhuten versuchen den Gegner abzuwehren, Pioniere sprengen oder zerstören Straßen und Eisenbahnbrücken sowie alle militärisch wichtigen Objekte.
Die Heeresgruppe kann aus den seit langem gehorteten Vorräten versorgt werden. Um Treibstoff zu sparen, müssen alle zu Fuß gehen. Es erscheint fraglich, ob es gelingen wird, den Raum zwischen Priština und Kraljevo lange genug zu halten. Man versucht, weit nach Westen ausholend, unter einem Flankenschutz den Rückmarsch der Heeresgruppe durch den Sandschak und über Višegrad, Sarajevo mitten durch ein von Partisanen besetztes Gebiet durchzuführen.

Am Montag, dem 16. Oktober 1944, trifft in Athen die Regierung von Papandreou ein. Der König muß laut dem Libanon- und Caserta-Abkommen noch im Exil bleiben. Der größte Teil Griechenlands befindet sich mittlerweile in den Händen der moskautreuen Guerillas. Die Frage nach dem Schicksal der Guerillaverbände wird zu einem kaum lösbaren Problem. Die Regierung »Nationale Einheit« will sie nicht länger als Staat im Staate dulden. Ihr Fortbestand ist unvereinbar mit der Rückkehr in die Legalität und mit dem Wiederaufbau der Nation. Jedoch macht selbst die regierungstreue EDES die Auflösung davon abhängig, wenn sich auch die ELAS dazu bereit findet.
Doch für die Kommunisten, die nicht hoffen können, auf demokratischem Weg an ihr Ziel zu gelangen, bedeutet die Preisgabe der ELAS den Verlust ihres im Kriege gewonnenen Terrains und den Zusammenbruch

ihrer Politik. Ihre jetzige Taktik: Da sie der Meinung sind, daß die Zeit für die ELAS arbeitet, verlegen sie sich auf eine Vertagung der Entscheidung, indem sie unerfüllbare Gegenbedingungen stellen. Sie verlangen z. B. auch die Entwaffnung der regierungstreuen Exilverbände »Rimini-Brigade« und »Heilige Kompanie«, die man inzwischen aus Italien und dem Mittleren Osten nach Griechenland überführt hat. Es sind übrigens die einzigen regulären Streitkräfte, über die der Staat zu dieser Zeit verfügt. Die Antwort der Regierung Papandreou: ein klares »Nein!«.
EAM/ELAS fordern außerdem die Kollektiv-Aburteilung der »Kollaborateure«, denen sie auch alle antikommunistischen Widerstandskämpfer zuordnet. Unterdessen reitet der berüchtigte Sadist Aris Velouchiotis, einer der wichtigsten Männer der ELAS, auf seinem Schimmel kreuz und quer durch das südliche Griechenland, um keine der Massenexekutionen zu versäumen, mit denen die ELAS ihre Gegner richtet. Meistens führt Velouchiotis selbst den Vorsitz.
Inzwischen schlängeln sich lange Truppenkolonnen der Heeresgruppe E nach Norden. Eine besondere Gefahr zeichnet sich ab, als die auf Belgrad vorgehenden sowjetischen Hauptkräfte eine starke Gruppe aus fünf Divisionen nach Westen auf Kraljevo ansetzen. Ihr Ziel: die letzte, zur Zeit noch offene Rückzugstraße aus dem griechischen Raum zu blockieren. Tito, der Masse seiner Partisanenverbände in die weiten Waldregionen westlich der unteren Morava verlegt hat, rückt jetzt von hier aus auf Belgrad vor.

Erst am Dienstag, dem 17. Oktober 1944, erreichen die letzten Trosse einer endlosen Marschkolonne der

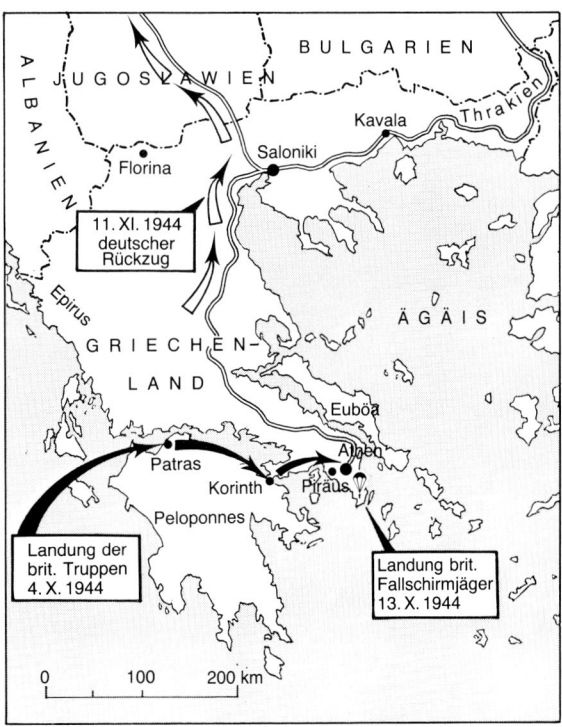

281

zurückziehenden Heeresgruppe E den wichtigen Knotenpunkt Larissa in Thessalien. Damit ist der viele hundert Kilometer lange Engpaß überwunden. Dies war nur möglich, da nach dem sowjetischen Durchbruch südlich von Belgrad ein weiterer Vorstoß über Kraljevo nach Višegrad abgewehrt werden konnte. Außerdem hielt die Flankensicherung vom Golf von Orfani bis Vranje die Bulgaren so lange in Schach, bis die Rückmarschkolonne das Vardar-Tal passiert hatte. Als sich die Spitzen der Hauptkolonne der Heeresgruppe E Mitte Oktober 1944 Mitrovica nähern, steht Belgrad kurz vor dem Fall. In der jugoslawischen Hauptstadt toben jetzt schwere Straßenkämpfe, die sowohl der deutschen Korpsgruppe (Gen. d. Inf. Schneckenburger) als auch dem sowjetischen 4. mechanisierten Gardekorps sowie den Partisanen vom jugoslawischen 1. und 12. Korps Verluste von mehreren tausend Mann bringen.

Bis zum Donnerstag, dem 19. Oktober 1944, werden die Stadtteile am Donau-Ufer und die Savebrücke von den Verteidigern gehalten. In der Nacht vom 19./20. Oktober 1944 räumen sie Belgrad und ziehen sich unter Nachhutgefechten auf das Nordufer des Flusses zurück. Da die Sprengung der Savebrücke mißlingt, kann die Rote Armee sofort nachstoßen.

Am Freitag, dem 20. Oktober 1944, meldet Radio Moskau den Fall von Belgrad. Seine Befreiung bedeutet den Höhepunkt der Partisanenkämpfe in Jugoslawien.
Daß die auf Kraljevo angesetzte sowjetische Kampfgruppe ihren Vorstoß nach Westen bereits eingestellt hat, um ihn entlang der Morava über Belgrad weiterzuführen, bedeutet die Rettung für die deutsche Heeresgruppe E. Während die Tito-Verbände in Syrmien den Abschnitt zwischen Donau und Save übernehmen, marschiert die Rote Armee nach Ungarn.
Der Partisanenkrieg in Jugoslawien ist nun beendet: Spätestens seit der Einnahme von Belgrad sind die Tito-Partisanen rechtmäßige Kombattanten im Sinne der Haager Konventionen. Sie kontrollieren jetzt den größten Teil ihres Landes, und der Kampf nimmt Formen eines konventionellen Stellungskrieges an.
Am selben Tag, dem 20. Oktober 1944, wird das »Nationale Befreiungskomitee« in »Provisorische Demokratische Regierung Albaniens« umgewandelt und die albanische Befreiungsarmee in drei Korps und acht Divisionen zusammengefaßt. Ihre Gesamtstärke: 70 000 Mann.
Am Sonnabend, dem 21. Oktober 1944, besetzen Titos Verbände Stadt und Hafen von Ragusa (Dubrovnik).

Nachdem man der Heeresgruppe E den Rückweg über Serbien abgeschnitten hat, gibt Generaloberst Löhr den Befehl, sich durch Montenegro in Richtung auf Mostar und Sarajevo durchzukämpfen. Jetzt will Tito auch diesen Weg blockieren. Er wendet sich an die Engländer und bittet um Artillerieunterstützung. General Wilson stellt sofort ein mit den neuesten Waffen ausgerüstetes Artillerieregiment zur Verfügung mit der Auf-

lage, daß dieses von einem britischen Commando-Trupp gesichert wird. Kurz danach landen die britischen Artilleristen und eine etwa 600 Mann starke Commando-Einheit in Ragusa.
Nachdem die Engländer ihre Aufgabe erfüllt haben, »... und die britische Artillerie eine wichtige, vielleicht sogar entscheidende Rolle bei der Zerschlagung der deutschen Vorstöße gespielt hat« – so Djilas –, geben die Tito-Männer – übrigens von Stalin geschickt geschürt –, zu bedenken, ob die britischen Commandos nicht als Vorhut einer westalliierten Invasion gedacht seien. Sie gehen in ihrem Mißtrauen sogar so weit, daß sie jetzt die Bewegungsfreiheit der anglo-amerikanischen Militärmission drastisch einschränken und selbst die Vertreter der UNRRA-Hilfsorganisation der Vereinten Nationen, die in Jugoslawien Nahrungsmittel und andere Hilfsgüter verteilen sollen, in ihrer Arbeit behindern.

Am Mittwoch, dem 25. Oktober 1944, trifft Djilas, einer der Vertrauten Titos, in Belgrad ein und besucht den serbischen Stab der 1. Armee (Gen. Dapčević) in dessen provisorischem Sitz.

Djilas: »Sofort wurden mir von allen Seiten konkrete Beschwerden über Gewaltakte sowjetischer Soldaten buchstäblich ins Gesicht geschleudert. Unseren Offizieren seien Pistolen und Armbanduhren entrissen worden, es habe zahlreiche Plünderungen und Vergewaltigungen gegeben. Auch Dapčević war wie benommen, hauptsächlich wohl durch die abschätzige ›Wir-haben-euch-befreit‹-Haltung der sowjetischen Kommandeure, obwohl wir in der Schlacht um Belgrad 3 000 Mann, die Sowjets dagegen nur 1 000 Mann verloren haben.

Als ich mich spät nachts hingelegt hatte, ließen mich die drastischen Szenen dieser Schilderungen, das dadurch zerstörte Bild vom ›Sowjetmenschen‹, das sowohl die Propaganda als auch meine eigene Idealisierung der Sowjets in mir aufgebaut hatte, nicht zur Ruhe kommen... Schließlich kochte unser Zorn über. Da ein Ende der Mißstände nicht abzusehen war, entschloß sich das Politbüro zu einem ernsten Gespräch mit dem Chef der sowjetischen Mission, Generalleutnant Korniejew...

Titos Ausführungen hörte er sich kaum an und erklärte barsch, das alles seien Einzelfälle, die noch dazu von Reaktionären aufgeblasen und hochgespielt würden. Wir tauschten vielsagende Blicke aus, während Tito beherrscht mit der Begründung fortfuhr... Schließlich tat ich den Mund auf: ›Das Problem liegt auch darin, daß unsere Gegner diese Dinge ausnützen, indem sie die Ausschreitungen der Rotarmisten mit dem Benehmen der englischen Offiziere vergleichen, die solche Ausschreitungen nicht zulassen...‹ Korniejew lief rot an und erhob sich von seinem Stuhl: ›Ich protestiere auf das schärfste gegen die Beleidigungen, die man der Roten Armee zufügt, indem man sie mit den Armeen der kapitalistischen Länder vergleicht!‹«

Erst am Dienstag, dem 31. Oktober 1944, wird Saloniki geräumt. Hier haben sich die Reste der deutschen Seestreitkräfte zurückgezogen.

Am Mittwoch, dem 1. November 1944, gehen im Hafen von Saloniki die ersten britischen Vorhuten an Land. An diesem Tag wird zwischen Tito und dem Premierminister der jugoslawischen Exilregierung, Dr. Šubašić, das Abkommen über eine Koalitionsregierung und die Befugnisse des Königs abgeschlossen.

In der Nacht vom 1./2. November 1944 überschreiten die letzten deutschen Nachhuten die griechisch-jugoslawische Grenze. Die Räumung Griechenlands ist beendet. Das Land ist wieder frei und steht nun vor einem offenen Bruderkrieg. In Albanien ist unterdessen eine neue Front auf der Linie Durazzo-Elbasan aufgebaut worden.

Am Donnerstag, dem 2. November 1944, und an den folgenden Tagen versuchen die drei bulgarischen Divisionen und eine Panzerbrigade nördlich Pudojevo, die deutschen Truppen von den Hauptkräften abzuschnei-

Links: Oktober 1944: Flugblatt der Jugoslawischen Befreiungsarmee für deutsche Truppen

Rechts: Belgrad, Oktober 1944: Festessen nach Befreiung der jugoslawischen Hauptstadt. Von links nach rechts: Marschall Tito, OSS-Colonel Thayer, General Korniejew, Chef der sowjetischen Mission

Oben: Die mühsamen und stets gefährdeten Rückzugswege der Heeresgruppen E und F und das Vordringen der jugoslawischen Verbände

Rechts: Von Enver Hodscha unterzeichnetes Flugblatt für deutsche Soldaten

den. Sie erzwingen die Öffnung des Mrdaye-Passes und gefährden den wichtigen Straßenknotenpunkt Priština.

Im November 1944 befindet sich bei den Mihailović-Tschetniks noch immer eine US-Militärmission unter Führung von Lieutenant Colonel McDowell, vorwiegend »im Rahmen der Informationsbeschaffung und Rettung notgelandeter US-Flieger«. Diese Mission ist in Wirklichkeit ein Team der OSS, des amerikanischen Geheimdienstes, und ein Stein des Anstoßes sowohl für die Sowjets als auch für Tito. Ein weiterer Kollisionsgrund sind die Ansprüche Jugoslawiens auf die zu Italien gehörenden adriatischen Küstengebiete von Istrien und Fiume (Rijeka). Auch die sich gerade anbahnende britische Intervention in Griechenland gegen die moskautreuen ELAS-Guerillas trägt zur Verschärfung der Beziehungen zwischen den Westalliierten und Tito bei.

Die Offensive der bulgarischen Divisionen, die gut ausgerüstet mit Unterstützung zahlreicher Panzer und Jagdflugzeuge deutscher Herkunft im Raum Skoplje angreifen, zwingt die deutschen Kräfte zur Rückzugsbewegung in die östlichen Seitentäler. Können die Angriffe nicht zurückgeschlagen werden, ist die einzige Ausweichmöglichkeit nach Westen abgeschnitten. Eine Kampfgruppe wird von Mitrovica über Prijepolje nach Višegrad in Marsch gesetzt mit der Order, hier eine neue Marschstraße durch den von Partisanen beherrschten Sandschak freizukämpfen. Die Korps-

gruppe Müller wiederum soll über Užice nach Višegrad durchstoßen.

Am Freitag, dem 10. November 1944, erkennen Großbritannien, die USA und Sowjetunion die von Oberst Enver Hodscha gebildete moskautreue Regierung Albaniens an.

Am Sonnabend, dem 11. November 1944, nehmen bei Dobrun die Spitzen beider deutscher Gruppen Verbindung auf. So kann der Anschluß der Heeresgruppe E an die restlichen Teile der 2. Panzerarmee hergestellt werden.

In der Nacht vom 11./12. November 1944 wird Skoplje von der Heeresgruppe E geräumt.

Am Mittwoch, dem 15. November 1944, erhält in Athen Major General Scobie von Churchill die Weisung, Gegenmaßnahmen zu treffen, da der Aufstand der EAM offensichtlich bevorsteht: Er wird bevollmächtigt, den Abzug der ELAS-Truppen aus der Hauptstadt zu fordern und den Kriegszustand zu proklamieren. Die indische 4. Division trifft aus Italien ein. Die gleichfalls aus Italien herüberkommende exil-griechische Brigade wird zum Zankapfel zwischen Premier Papandreou und der EAM. Die einzige Chance, einen Bürgerkrieg zu verhindern: Die Entwaffnung sämtlicher Guerillaverbände bei gleichzeitiger Aufstellung einer neuen nationalen Armee und Polizeitruppe unter dem direkten Befehl der Athener Regierung.

Am Donnerstag, dem 16. November 1944, hat die Heeresgruppe E die Räumung Mazedoniens abgeschlossen. Die Verbände ziehen sich unter den Kämpfen mit bulgarischen Truppen und albanischen Partisanen in Richtung auf die Drina zurück. Am gleichen Tag trifft der Stab der Heeresgruppe E in Sarajevo ein. Die häufigen Brückensprengungen durch Partisanen und rollende Luftangriffe erschweren den Rückmarsch in Richtung Drina. Eine Hochwasserkatastrophe, der auch die größten Brückenbauten nicht standhalten und die ebenso die Notbrücken fortreißt, macht die Lage noch schwieriger.

Um den Anschluß des in Albanien stehenden XXI. Gebirgskorps (Gen. d. Inf. v. Leyser) an die aus Griechenland herankommenden Kräfte zu erkämpfen, wird ihm der soeben eingetroffene, einzig noch aus dem aktiven Heer stammende Verband, die 22. Infanteriedivision (GenMaj. F. W. Müller), durch das Gebirge entgegengeschickt. So schafft es das abgeschnittene XXI. Gebirgskorps doch noch, sich den Rückweg freizukämpfen. Trotzdem verzögern sich die deutschen Räumungsbewegungen aus dem Raum Tirana um fast zwei Wochen. Erst am 17. November 1944 wird die albanische Hauptstadt aufgegeben.

Ab Mitte November 1944 beginnt die Rote Armee tatsächlich, sich aus Jugoslawien zurückzuziehen. Die mei-

Deutsche Offiziere und Soldaten in Albanien!

Hitler-Deutschland steht vor dem unmittelbaren Zusammenbruch. Die britisch-amerikanischen und die Sowjet-Armeen sind im Begriffe, den letzten Widerstand des Naziheeres zu vernichten. Jeder Widerstand Eurerseits auf dem Balkan ist vergeblich, da Euch alle Wege durch die Nationalen Befreiungsarmeen der Balkanvölker versperrt sind.

Alle Strassenknotenpunkte in Albanien, über die Ihr zu entkommen versuchen könntet, stehen unter der Kontrolle und dem ständigen Feuer der Albanischen Nationalen Befreiungsarmee. Unser Heer überwacht jede Strasse, und täglich werden hunderte und aberhunderte von Euch durch die Partisanen getötet; zahllos sind die Kraftfahrzeuge, die täglich vernichtet werden.

Deutsche Offiziere und Soldaten in Albanien!

Eure Sache ist bereits endgültig verloren, aber Hitler und die Verbrecherbande in Berlin wollen Euch bis zum Letzten verbluten lassen, bloss um ihren blutdürstigen Grössenwahn zu befriedigen. Vergiesst nicht umsonst Euer Blut, denn jeder Widerstandsversuch ist zwecklos. Ihr habt noch die Möglichkeit, Euer Leben zu retten, darum streckt die Waffen und ergebt Euch der nächsten Einheit unserer Nationalen Befreiungsarmee.

Wir wissen, dass man Euch täglich belügt und Euch einredet, dass wir die Gefangenen erschiessen, wenn sie zu uns überlaufen. Alle Offiziere und Soldaten, die sich uns ergeben, werden als Kriegsgefangene betrachtet, und es werden ihnen gegenüber die internationalen Kriegsgesetze, die die Kriegsgefangenen betreffen, eingehalten.

Der Oberbefehlshaber der Albanischen Nationalen Befreiungsarmee

Enver Hoxha

Generaloberst

SHQIPTAR! Këndo anën tjetër të kësaj flete!

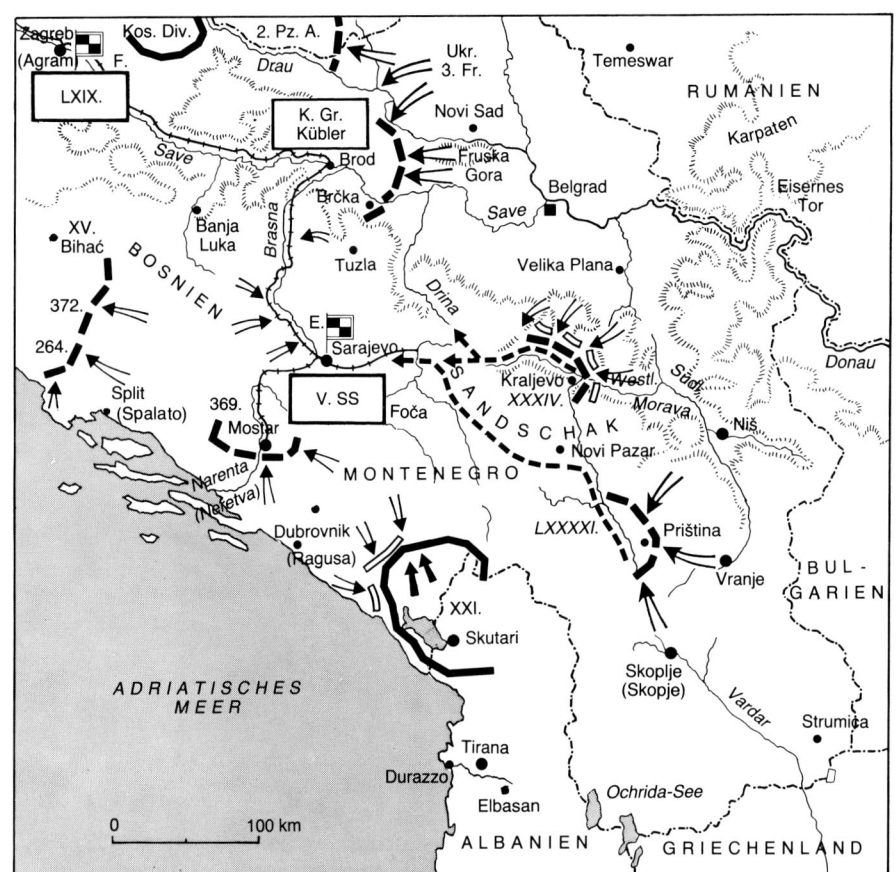

Die Gesamtlage im Südost-
raum im November 1944
nach Eintreffen der Heeresgruppe F in Sarajevo

Rechts: Athen, 23. 11. 1944:
Schwierige Verhandlungen.
Von links nach rechts General Skafis (ELAS), der britische General Scobie, General Zervas (EDES)

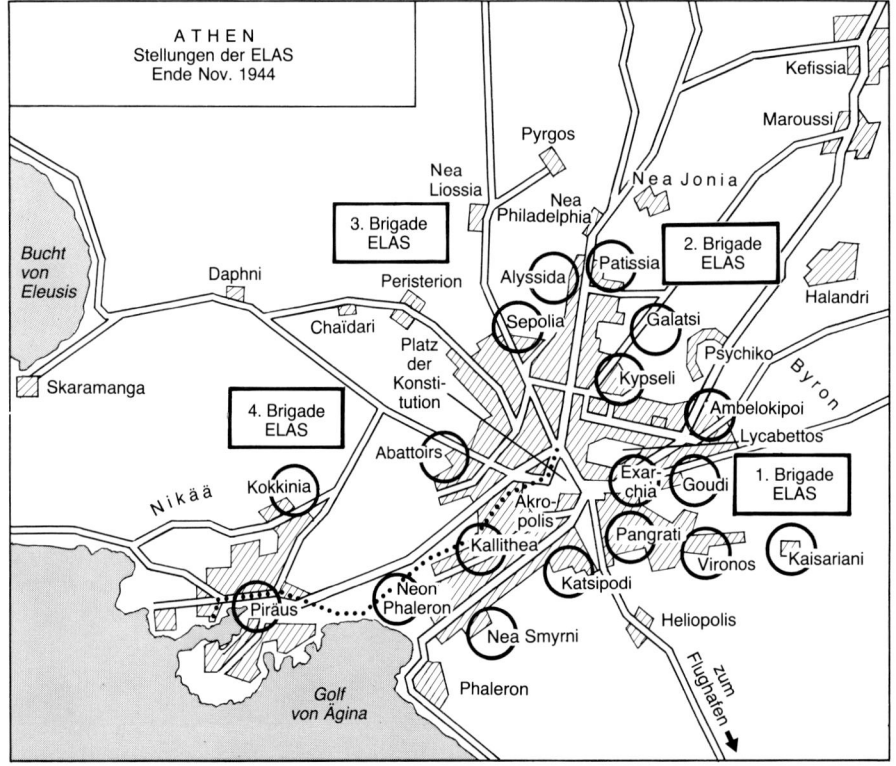

Ebenfalls im November
1944: Die Verteilung der
ELAS-Einheiten in Athen

sten Verbände werden nach Ungarn verlegt, wo zur Zeit schwere Kämpfe toben. Die Staatsgewalt in den bis jetzt befreiten Gebieten übernimmt endgültig die von Tito aufgestellte Administration.

Am Montag, dem 20. November 1944, werden nördlich von Priština die nachdrängenden bulgarischen Truppen erneut geschlagen. Der Durchbruch des XXI. Gebirgskorps mit 21 000 Mann und zahlreichem Kriegsgerät ist überaus schwierig. Jeder Kilometer in Richtung Norden muß in zähem Kampf mit den in diesem Raum stehenden besten Divisionen Titos abgerungen werden. Das Hochwasser reißt alle mühsam hergestellten Übergänge über die Flüsse Tara und Lim nieder.

Am Sonnabend, dem 25. November 1944, führt der Premier der jugoslawischen Exilregierung, Dr. Šubašić, im Kreml Gespräche mit Stalin. Er und die Regierung der UdSSR billigen die am 1. November 1944 zwischen Dr. Šubašić und Tito getroffenen Abmachungen über eine Koalitionsregierung und die zukünftigen Befugnisse des Königs.

Am Donnerstag, dem 30. November 1944, erfolgt die Räumung von Skutari; damit befinden sich keine deutschen Truppen mehr in Albanien.

In Griechenland beginnt nun die EAM ihre entscheidende Phase im Kampf um die Macht: Am Freitag, dem 1. Dezember 1944, treten sechs Minister der EAM aus der Regierung unter Papandreou aus und rufen zugleich die Bewohner Athens zum Generalstreik auf, um den Ministerpräsidenten zu stürzen. Das Rumpfkabinett läßt sich jedoch nicht beeindrucken und beschließt die Auflösung und Entwaffnung der Partisanenverbände, sowohl der EAM/ELAS als auch der EDES. Daraufhin verlegt die kommunistische Partei ihren Sitz aus der Hauptstadt. Der britische Major General Scobie erläßt eine Proklamation an das griechische Volk, daß die derzeitige, verfassungsmäßige Regierung unter seinem Schutz stehe, »bis der griechische Staat eine gesetzmäßige Streitmacht aufgerichtet hat und freie Wahlen abgehalten werden können«.

Am Sonntag, dem 3. Dezember 1944, antworten die Kommunisten in Athen mit einer Protestdemonstration, und als kleine Stoßtrupps der ELAS die Polizei provozieren, fallen Schüsse.

Am Montag, dem 4. Dezember 1944, befiehlt General Scobie der ELAS, Athen und den Piräus sofort zu räumen. Statt dessen versuchen deren Truppen zusammen mit bewaffneten Zivilisten, die Hauptstadt in ihre

Oben: Athen, Dezember 1944: Die schweren Straßenkämpfe dauern an

Links: Athen, Dezember 1944: Erzbischof Damaskinos wird von Vizeadmiral Voulgaris begrüßt

Rechte Seite: Slawonien, Dezember 1944: Deutsche Lkw-Kolonne auf dem Rückzug nach einem RAF-Tieffliegerangriff

Gewalt zu bekommen. Die Schlacht um Athen, die 40 Tage dauern wird, beginnt.

Als die öffentliche Meinung in den westlichen Ländern auf Churchills Weisung, notfalls zu schießen, teilweise höchst kritisch reagiert hat, findet man in den sowjetischen Zeitungen kein Wort des Tadels. Inzwischen besetzt die ELAS sämtliche 24 Polizeistationen in der Hauptstadt und die Straße Athen–Piräus. Alle Polizisten, die sich weigern zur ELAS überzutreten, werden ermordet.

Die Lage des britischen III. Korps in Athen entwickelt sich derart kritisch, daß über eine Luftbrücke mehrere Einheiten aus Italien eingeflogen werden, obwohl man sie dort nicht weniger dringend braucht. General Scobies Streitmacht zählt nur 6000 britische Soldaten und etwa 4000 Soldaten der regierungstreuen griechischen Brigade, dazu rund 600 EDES-Kämpfer. Die 2000 Mann Verstärkung aus Italien ändert die verzweifelte Lage der Engländer kaum. Auf engstem Raum zusammengedrängt und zahlenmäßig unterlegen, schlagen

sich die britischen Soldaten inzwischen im Stadtzentrum von Athen. Churchill: »... Es war ein schwerer Kampf von Haus zu Haus, bei dem mindestens vier Fünftel aller Feinde Zivil trugen. Aber im Gegensatz zu vielen der dortigen alliierten Zeitungsberichterstatter verstanden unsere Soldaten unschwer, worum es ging.«

Inzwischen hat das Rumpfkabinett der Regierung unter Papandreou jegliche Autorität eingebüßt. Diplomaten, wie der Bevollmächtigte Minister im Alliierten Hauptquartier Mittelmeer, Macmillan, und der britische Botschafter in Athen, Leeper, schlagen daher der Londoner Regierung vor, Erzbischof Damaskinos als Regenten einzusetzen. Jedoch lehnt König Georg dies kategorisch ab, und auch Churchill ist sich über die Person des Erzbischofs nicht schlüssig.

Am Dienstag, dem 12. Dezember 1944, gibt das britische Kriegskabinett Feldmarschall Alexander freie Hand in militärischen Dingen: Die britische 4. Division, die von Italien nach Ägypten unterwegs ist, wird nun nach Griechenland umdirigiert. Unterdessen toben in Athen Straßenkämpfe mit wachsender Heftigkeit.

Mitte Dezember 1944 gewinnt die ELAS langsam Oberhand: Die griechische Brigade ist in Vororten der Hauptstadt eingekreist und von den britischen Streitkräften abgeschnitten. Das III. Korps von Major General Scobie hat man in der City von Athen in einem schmalen, etwa 3 Kilometer langen und 1 Kilometer breiten Gebiet zusammengedrängt. Zu ihrer Versorgung müssen sich die britischen Truppen den Weg zum Hafen von Piräus und zurück jedesmal durch die Linien der ELAS unter blutigen Verlusten bahnen.

Am Freitag, dem 15. Dezember 1944, meldet Feldmarschall Alexander an Premierminister Churchill, daß es äußerst wichtig sei, schnellstens eine Regelung zu finden, die – wie er betont – wohl am ehesten durch die Person des Erzbischofs Damaskinos zu erreichen wäre. »Falls der Widerstand der Aufständischen so heftig bleibt wie jetzt« – telegrafiert er – »werde ich, wie ich befürchte, weitere bedeutende Verstärkungen von der italienischen Front verlegen müssen, um den Raum Piräus-Athen, einen 130 Quadratkilometer großen Komplex zu säubern.«

Am Donnerstag, dem 21. Dezember 1944, während die Engländer in Athen durch Kämpfe mit der ELAS abgelenkt sind, greifen ELAS-Leute EDES-Stützpunkte auf dem Peloponnes an. Nur einer schnellen Aktion der Royal Navy, die drei britische Zerstörer und neun Landungsschiffe zur Verfügung stellt, ist es zu verdanken, daß die 7 000 Mann der EDES und ihre Familien gerettet werden können: Die britische Marine bringt etwa 15 000 Menschen samt Vieh, Geflügel und Hausrat zur Insel Korfu.

In der Hauptstadt selbst ist die Lage so verworren, daß sich Churchill entschließt, am Weihnachtstag 1944 nach Athen zu fliegen. Churchill: »Es war der 24. Dezember 1944, und für den Weihnachtsabend war eine Familienzusammenkunft mit Kindern geplant. Wir hatten einen Weihnachtsbaum – von Präsident Roosevelt gesandt – und freuten uns alle auf einen angenehmen Abend... Doch als ich meine Telegramme gelesen hatte ... gab ich telefonisch die Weisung, mir für den Abend ein Flugzeug bereitzustellen. Auch Edens Weihnachtsfeier verdarb ich, indem ich ihn aufforderte, mitzukommen, worauf er ohne Zögern einging.«

Die Verhandlungen mit den griechischen Politikern werden unter dem Vorsitz von Erzbischof Damaskinos geführt, dem Oberhaupt der orthodoxen Landeskirche, einem überaus vitalen, fast zwei Meter großen ehemaligen erfolgreichen Meisterringer, der sich durch sein diplomatisches Geschick und mutiges Auftreten gegen die deutsche Besatzungsmacht das größte Ansehen erworben hat.

Am Dienstag, dem 26. Dezember 1944, schafft es Churchill, die Repräsentanten der feindlichen Lager unter dem Vorsitz von Damaskinos am runden Tisch zu vereinen. Churchill: »Feldmarschall Alexander brachte mit der Bemerkung, daß griechische Soldaten in Italien

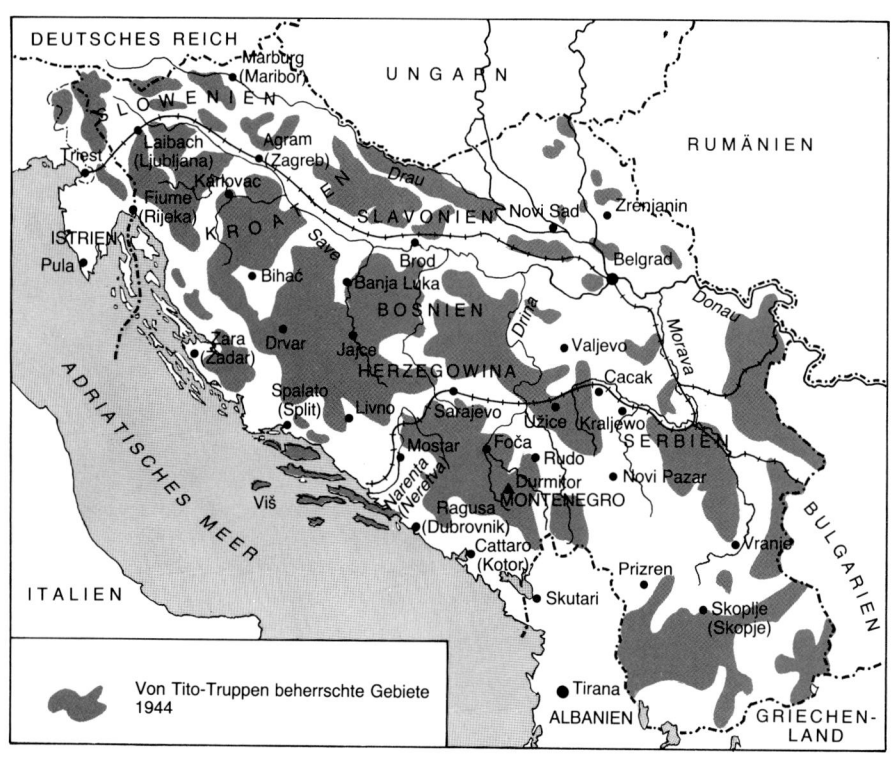

Ende 1944 wird der größte Teil Jugoslawiens von Tito beherrscht

kämpfen sollten und nicht gegen britische Truppen in Griechenland, eine schärfere Note in die Verhandlung.«

Am Freitag, dem 29. Dezember 1944, sind Churchill und Eden wieder in London. Die beiden Staatsmänner führen noch bis 4.30 Uhr früh mit dem griechischen König eine Besprechung. Churchills massiver Druck veranlaßt König Georg II., noch am 31. Dezember 1944 eine Proklamation zu erlassen, in der er sich verpflichtet, bis zu einer Volksabstimmung im Ausland zu bleiben. In der Zwischenzeit überträgt der König alle Macht dem Regenten, Erzbischof Damaskinos. Der Erzbischof ernennt daraufhin General Plastiras zum neuen Ministerpräsidenten.
Die Notwendigkeit, britische Truppen in einer Stärke von mehreren tausend Mann in Athen einzusetzen, schadet den militärischen Operationen in Italien. Andererseits hat die militärische Intervention der Engländer Griechenland im Dezember 1944 vor dem Zugriff Moskaus gerettet. Der Besitz Griechenlands hätte Stalin den Weg ins Mittelmeer nach Italien, nach Nordafrika und dem Nahen Osten geöffnet.

In Jugoslawien nähert sich der Rückzug der Heeresgruppe E (GenOberst Löhr) über den Sandschak, Südserbien, Montenegro und Bosnien seinem Ende. Die Truppen stehen kurz vor der Linie Narenta/Neretva-Mündung—Mostar—Sarajewo. Nach einem fast 1 500 Kilometer langen Marsch erreichen die rund 340 000 Mann den ihnen zugewiesenen Raum und bilden hier eine neue Front. Das Erscheinen der Kräfte aus Griechenland, Albanien und Montenegro im bosnischen Gebiet festigt für einige Zeit die immerhin aussichtslose Lage. In den letzten Tagen des Dezember 1944 haben alle Truppenteile die Drina überschritten, sie sind

Bosnien, Dezember 1944, Rückzug der Heeresgruppe E:
Gelände und Witterung haben ihren Marsch mehr behindert
als die Partisanen

jedoch völlig erschöpft. Gelände und Witterung haben
den Marsch der Heeresgruppe E mehr behindert als die
Partisanen.

Ende Dezember 1944 zählt Titos Volksbefreiungsarmee
nach offiziellen Angaben: 14 Korps mit 59 Divisionen
und drei Gruppen in Divisionsstärke, einen Marinestab
mit Einheiten, einen Luftstab mit zwei selbständigen

Jägerstaffeln (zwei Luftwaffendivisionen sind in der
angeführten Divisionzahl miteinbegriffen). 12 Militär-
schulen sowie Einheiten fremder Nationen, darunter 11
Brigaden und eine Division. Die Gesamtstärke der
Volksbefreiungsarmee: etwa 500 000 Soldaten, Offiziere und Unteroffiziere. Zwischen der alten jugoslawischen und der neuen Befreiungsarmee besteht in orga-
nisatorischer Hinsicht keine Kontinuität: Die jugoslawische Armee ist auf völlig neuer Grundlage organisiert
worden.
Und während zu Füßen der Akropolis die erbarmungs-
losen Kämpfe andauern, die Athen den ganzen Krieg
über bisher erspart blieben, rüstet sich Titos Armee zu
ihren letzten Schlachten mit den Besatzungstruppen.

1945

Januar–Mai

Keine Einigung in Athen
Dienstag, 2. Januar 1945, Athen
United Press berichtet:
Die Konferenz zwischen General Scobie und den Delegierten der EAM ist erfolglos verlaufen. Eine Einigung konnte nicht erreicht werden, da die Delegierten zwei britische Hauptbedingungen, nämlich Niederlegung der Waffen seitens der ELAS-Truppen und Räumung Athens nicht erfüllen wollten. Am Dienstag setzten die britischen Truppen, unterstützt von regulären griechischen Streitkräften, ihre Säuberungsaktionen fort, wobei verschiedene Male Artillerie gegen die Stellungen der Rebellen eingesetzt wurde.

Heftiger Kanonendonner
Donnerstag, 4. Januar 1945, Athen
United Press meldet:
Die britischen Truppen setzten heute ihre Säuberungsaktionen in der griechischen Hauptstadt fort. Die Stadt erdröhnte unter heftigem Kanonendonner.

Terror der ELAS
Freitag, 5. Januar 1945, Athen
United Press teilt mit:
In einem von Rebellen gesäuberten Vorstadtbezirk von Athen wurde Journalisten die Hinrichtungsstätte der ELAS auf dem Kladuraplatz in dem Vorort Brahami, rund fünf Kilometer vom Stadtzentrum entfernt, gezeigt. Die Leichen von Soldaten und Zivilpersonen, nur notdürftig bestattet, wiesen oft Spuren von Mißhandlungen auf. Ihre Zahl wird auf rund 3000 geschätzt. Die meisten Opfer unter der Zivilbevölkerung hat man nur deshalb hingerichtet, weil sie politischen Parteien angehörten, die Gegner der ELAS waren. Fast alle hier beerdigten Opfer sind am 28. Dezember von maskierten Mitgliedern der sog. PPLA verhaftet worden. Die PPLA ist die politische Geheimpolizei und Hinrichtungstruppe der ELAS und der EAM.

Zerstörungen in Athen
5. Januar 1945, Athen
Die Zeitung *Elesteron Vima* meldet:
In einem amtlichen Kommuniqué wird bekanntgegeben, daß die ELAS fortfährt, öffentliche und private Gebäude und besonders die großen Wohnhäuser in den Stadtteilen, die sie noch beherrschen, zu zerstören. Sie haben u. a. das Alhambra-Theater und die Textilfabrik Kathara mit Dynamit in die Luft gesprengt. Die ELAS bringt täglich Geiseln aus Athen in das Konzentrationslager nach Theben. Man schätzt die Zahl der Geiseln und der in die Konzentrationslager von Theben und Lamia verbrachten Personen auf 17000. Unter ihnen befinden sich zahlreiche Universitätsprofessoren, sonstige Intellektuelle, hohe Beamte und Offiziere.

Griechisches Nationalkomitee in Deutschland
Dienstag, 9. Januar 1945, Berlin
Das *DNB* teilt mit:
Auf deutschem Boden hat sich in diesen Tagen ein »Griechisches Nationalkomitee« gebildet, das sich die Wahrung der griechischen nationalen Interessen zur Aufgabe gestellt hat. Es wird diese Aufgabe besonders auch auf dem Gebiet der Betreuung der zahlreichen auf deutschem Boden befindlichen griechischen Arbeiter erfüllen. Das »Griechische Nationalkomitee« fühlt sich als Bestandteil der europäischen antibolschewistischen Front. Dem Komitee gehören hervorragende Persönlichkeiten des griechischen politischen Lebens an.

W. Churchill an W. J. Stalin
Donnerstag, 11. Januar 1945 (persönlich und streng geheim):
1. Herr Eden und ich haben bei König Peter mehrmals unser Bestes versucht. Er ist ein temperamtentvoller junger Mann und meint, daß das Abkommen Tito-Šubašić praktisch einer Abdankung gleichkommt. Er hat jetzt ohne Konsultation mit uns und tatsächlich gegen unseren Rat seine Deklaration herausgegeben. Er denkt, daß sein Tag noch kommen wird, wenn er sich aus allem heraushält, was in Jugoslawien in den nächsten Jahren vor sich geht. Er ist voller Bewunderung für Sie, mehr als für einen von uns, wie mir scheint.
2. Ich schlage vor, daß wir jetzt das Tito-Šubašić-Abkommen für gültig erklären und König Peter II. einfach übergehen. Seine Erklärung wurde ohne den Rat eines Ministerpräsidenten veröffentlicht, und da er als konstitutioneller Monarch auftritt, kann sie nicht als Staatsakt betrachtet werden. Das heißt, wir sind dafür, die Regierung Marschall Titos, die unter der Regent-

Athen, Januar 1945: Britische Soldaten auf der Suche nach ELAS-Angehörigen

schaft eingesetzt wurde, als Königlich-jugoslawische Regierung anzuerkennen sowie einen Botschafter nach Belgrad zu entsenden und einen hier zu empfangen. Ich hoffe, daß Sie das für einen guten Ausweg aus den Schwierigkeiten halten, bis es einen freien und direkten Ausdruck des Volkswillens gibt.

3. Bevor wir uns jedoch endgültig zu dieser Frage äußern können, müssen wir die Angelegenheit den Vereinigten Staaten vorlegen, die sehr verletzt wären, wenn sie nicht auf dem laufenden gehalten würden. Wir sind natürlich in keiner Weise verpflichtet, ihre Entscheidung zu akzeptieren. Ich telegrafiere Ihnen jedoch noch, bevor ich Marschall Tito irgend etwas sage. Ich werde ihn lediglich bitten, eine Mitteilung abzuwarten, die ich ihm nach Konsultation mit Ihnen machen will.

Abschluß eines Waffenstillstandes in Athen
Freitag, 12. Januar 1945, Athen
Die *Agentur Reuter* teilt mit:
Gestern am späten Abend ist zwischen General Scobie und den Bevollmächtigten der EAM und der ELAS ein Waffenstillstand abgeschlossen worden, der dem griechischen Bürgerkrieg ein Ende setzen wird. Einzelheiten sind noch nicht bekannt, dagegen verlautet, daß die Kampfhandlungen im Laufe des heutigen Vormittags eingestellt werden.

Tagesparole des Reichspressechefs
12. Januar 1945:
Die politischen Vorgänge zwischen Belgrad und London verdienen besondere Aufmerksamkeit, weil sie die britische Verratspolitik an den kleinen Verbündeten Englands nicht weniger deutlich zeigen, wie es im Falle Polen geschehen ist. Zur Bewertung der Weigerung Ex-Königs Peter, auf seinen Thron zu verzichten, muß daran erinnert werden, daß es England und die USA waren, die ihn im Jahre 1941 veranlaßten, sein Amt anzutreten und gegen Deutschland Krieg zu führen.

Links. Athen, Januar 1945: Opfer des Bürgerkrieges...

...und ihre nächsten Angehörigen

Griechische Gewerkschafter bedanken sich
Sonnabend, 13. Januar 1945, Athen
Associated Press berichtet:
Die griechischen Gewerkschafter gaben im Namen der griechischen Arbeiter ihrer Dankbarkeit gegenüber Großbritannien Ausdruck, daß dieses Griechenland vor einer kommunistischen Tyrannei bewahrt habe. Nach dem Abzug der Deutschen hätten die Kommunisten eine Terrorherrschaft eingeführt und nicht weniger als 114 Vertrauensleute der Gewerkschaften hingerichtet.

Massengräber bei Athen
Dienstag, 16. Januar 1945, Athen
United Press berichtet:
Die von der Regierung eingesetzte Kommission zur Untersuchung der von der ELAS begangenen Verbrechen entdeckte in Wäldern und Schluchten bei Athen weitere Massengräber. In der Hauptstadt selbst fanden die Kommissionsmitglieder in Brunnen und Kellern weitere 450 Leichen, meist schwer verstümmelt. Es ist offensichtlich, daß die Opfer von den ELAS-Leuten vor der Ermordung barbarisch gequält wurden. Unter den Opfern befinden sich Personen im Alter von 15 bis 75 Jahren.

Deutschlands Hilfe für die ELAS
Freitag, 19. Januar 1945, Athen
Associated Press teilt mit:
In einem Haus im Piräus, wo das örtliche Komitee der ELAS seinen Sitz hatte, konnten zahlreiche Dokumente sichergestellt werden, die einwandfei die Verbindung der ELAS mit den deutschen Besatzungstruppen nachweisen. Aus mehreren Dokumenten ergibt sich übereinstimmend, daß die deutschen Truppen vor ihrem Abzug der ELAS Waffen und Munition lieferten. Die Parolen für die Rebellen waren bereits im November 1944 ausgegeben worden, was die Behauptung der ELAS, der Aufstand sei spontan ausgebrochen, widerlegt.

Militärmission für Tito
Sonnabend, 27. Januar 1945, Paris
Die *Agence Française Independante (AFI)* meldet:
Die französische Regierung hat beschlossen, sich bei Marschall Tito durch eine Militärmission vertreten zu lassen. Als Chef der Mission wurde General Peyronnet bestimmt.

Ende des Widerstandes in Budapest
Dienstag, 13. Februar 1945, Moskau
Die *Agentur TASS* meldet:
Laut einem heute abend um 18.35 Uhr erlassenen Tagesbefehl von Marschall Stalin an Marschall Malinowski und seinen Stabschef, Generaloberst Sacharow, sowie an Marschall Tolbuchin und dessen Stabschef, Generalleutnant Iwanow, haben die Truppen der 2. Ukrainischen Front mit Unterstützung der Streitkräfte der 3. Ukrainischen Front nach einer Belagerung von anderthalb Monaten und hartnäckigen Kämpfen heute die eingeschlossenen feindlichen Truppen liquidiert und die ungarische Hauptstadt Budapest vollständig besetzt.

Erfolge der Streitkräfte Titos
Freitag, 16. Februar 1945, London
Der neue *Jugoslawische Telegraphendienst (JT)* teilt mit:
Die Streitkräfte Titos haben die beiden größten Städte in der Herzegowina, Mostar und Neresinje, erobert. Die deutsche Verteidigungslinie in der Herzegowina ist zusammengebrochen.

Feldmarschall Alexander in Belgrad
Montag, 26. Februar 1945, Rom
United Press meldet:
Der alliierte Oberkommandierende im Mittelmeerraum, Feldmarschall Alexander, hielt sich dieser Tage in Belgrad auf, wo er mit Marschall Tito Besprechungen führte.

Jugoslawische Armee
Donnerstag, 1. März 1945, Belgrad
Der *Jugoslawische Telegraphendienst (JT)* teilt mit:
Durch Verfügung von Marschall Tito erhält die jugoslawische »Befreiungsarmee« vom 1. März an den Namen »Jugoslawische Armee«. Diese Verordnung gilt eben-

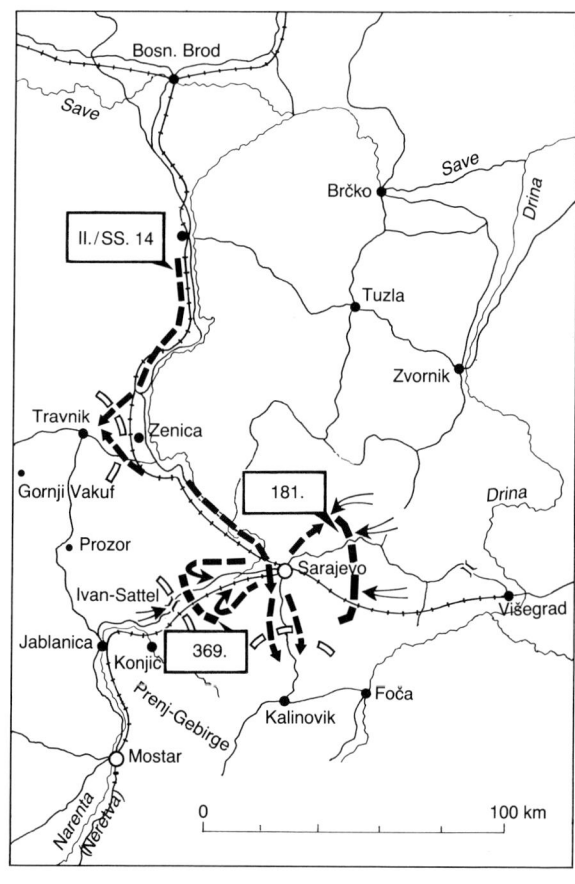

Belgrader Flugplatz, 23. 2. 1945: Feldmarschall Alexander (zweiter v. rechts), zu Besuch bei Tito, wird begrüßt von Ex-Hauptmann der Königlich Jugoslawischen Armee, General Arso Jovanović, Chef des Generalstabs der Befreiungsarmee, in der Mitte Brigadier MacLean

falls für die jugoslawischen Partisanen und die Marine. Titos Hauptquartier trägt künftig den Namen »Jugoslawisches Hauptquartier«.

Erfolge gegen Banden
Montag, 26. März 1945, Berlin
Das *Oberkommando der Wehrmacht* gibt bekannt:
Im Umkreis von Bihac in Westkroatien behaupteten sich unsere Truppen gegen den Druck starker Banden und festigten ihre Stellungen. Die Säuberungsunternehmen im Drina-Save-Dreieck werden unter harten Kämpfen fortgesetzt.

Das Schicksal der Balkanarmee
Mittwoch, 4. April 1945, Ankara
Die Agentur *Ulus* berichtet:
Südlich der Drau beginnt für die Balkanarmee des Generalfeldmarschalls v. Weichs der letzte Akt einer langen Tragödie. Der Armee v. Weichs bleibt nur der Ausweg eines Rückzugs nach Kärnten oder eines Flankenstoßes gegen die südöstliche Steiermark. Da die zur Verfügung stehenden Straßen für beide Operationen nicht ausreichen, erscheint eine Einkreisung der deutschen Balkanarmee nicht ausgeschlossen.

Angriffe der Banden abgeschlagen
Donnerstag, 5. April 1945, Berlin
Das *Oberkommando der Wehrmacht* gibt bekannt:
An der dalmatinischen Küste ist der Gegner erneut zu starken Angriffen gegen unsere Stützpunkte beiderseits

Gospic angetreten. Im Gebiet von Bihac sind die eigenen Gegenangriffe gegen die nach Norden strebenden Banden in gutem Fortschreiten.

Schwere Abwehrkämpfe
Dienstag, 10. April 1945
Das *Oberkommando der Wehrmacht* gibt bekannt:
In Nordwestdalmatien stehen die deutschen Stützpunktbesatzungen im Abwehrkampf gegen fortgesetzte Angriffe starker Bandenkräfte.

Jugoslawische Infanterie in Triest
Montag, 30. April 1945, Belgrad
Der *Jugoslawische Telegraphendienst (JT)* berichtet:
Marschall Tito gibt durch ein Sonderkommuniqué bekannt, daß jugoslawische Infanterie mit Panzerunterstützung in Triest eingebrochen ist, wo sich zur Zeit erbitterte Straßenkämpfe abspielen.

Kapitulationsversuch der Balkanarmee
Sonnabend, 5. Mai 1945
Die *Agentur Reuter* meldet:
Der Oberkommandierende der deutschen Balkanarmee, General Löhr, gab gestern abend um 21.30 Uhr über den Sender Zagreb eine Erklärung ab, nach der die deutschen Truppen mit ihren kroatischen Verbündeten bis zum letzten Blutstropfen gegen den »Bolschewismus« kämpfen werden. Dagegen wollen sie sich gegenüber den britisch-amerikanischen Armeen ergeben. Dies gelte für alle in Kroatien und Slowenien noch

297

stehenden Truppen der deutschen Wehrmacht sowie für die kroatisch-slowenische Heimwehr. Somit ergibt sich für Kroatien und Slowenien eine ähnliche verworrene Situation wie in Triest, wo sich Deutsche und Tschetniks nicht den Truppen Marschall Titos ergeben wollten, aber vor den Neuseeländern kapitulierten.

Deutsche Truppen kapitulieren vor der Tito-Armee
Gen. d. Geb. Tr. LXXXXVII. A. K.

Bistritza, 7. 5. 45

An den Generalstab der 4. jugoslawischen Armee
In Ergänzung der am 7. Mai 1945 vereinbarten Waffenstillstandsbedingungen wurden heute mit dem Chef des Generalstabs der 4. Armee, Herrn Generalmajor Jacić, folgende Vereinbarungen getroffen:

1. Sämtliche Fahrzeuge, Kraftfahrzeuge und das gesamte Gerät werden vor dem Einrücken in die Versammlungsräume im Fabrikgelände nordwestlich Bistritza abgestellt. Auf die ursprünglich vorgesehene zeitliche Begrenzung wird kein Wert gelegt. Der Abgabetermin wird um die unbedingt notwendige Zeit hinausgeschoben.

2. Jeder Mann behält sein persönliches Gepäck und Verpflegung, soviel er tragen kann. Dies gilt grundsätzlich auch für Offiziere, für deren Gepäckbeförderung für den Weitermarsch jedoch Fahrzeuge in Aussicht gestellt werden. Privatgepäck z. Z. bei den Trossen noch nicht eingetroffener Soldaten wird unter deutscher Bewachung gestapelt und wird durch das jugoslawische Heer nachgeführt.

3. Dem Korps verbleiben fünf Pkw und vier Kräder bis zum Ausscheiden aus dem Befehlsbereich der jugoslawischen Armee, und zwar zwei Pkw und ein Krad für den Korpsstab, je ein Pkw und ein Krad für die Division. Für die Kraftfahrzeuge werden besondere Ausweise ausgestellt.

4. Funkgeräte sind sofort abzugeben. Radiogeräte sind gestattet.

5. Sanitätsmaterial verbleibt bei der Truppe, Fehlendes wird geliefert.

6. Verpflegung für das Korps wird von dem jugoslawischen Heer geliefert und zugeführt.

7. Abmarsch aus dem Versammlungsraum wird in Bälde erfolgen, jedenfalls so, daß das Marschziel (Klagenfurt) bis 31. Mai 1945 erreicht ist. Eine Verlegung des Korps aus dem derzeitigen Versammlungsraum in das Grobniker Feld oder einen anderen Raum vor Antritt des Marsches in die Heimat kommt nicht in Frage.

8. Trennung von Offizieren, Unteroffizieren und Mannschaften während der Versammlungen und auf dem Marsch erfolgt nicht. Die Truppenteile bleiben in sich geschlossen.

9. Der jugoslawischen Armee ist Stellenbesetzungsliste bis zu den Bataillonsstäben sowie Stärkemeldungen der Truppenteile vorzulegen.

10. Kroatische und italienische Faschisten, einschließlich Legionäre, sowie beim Korps befindliche Zivilisten sind auszuliefern. Ihnen wird die gleiche Behandlung

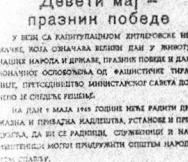

9. 5. 45: BORBA (Kampf); das Organ der KPJ verkündet die Kapitulation der Deutschen

Rechte Seite: Triest, 8. 5. 1945, auf der Straße nach Monfalcone: Deutsche Einheit, die entschlossen ist, nur vor britischen Truppen zu kapitulieren

zugestanden wie der deutschen Truppe, jedoch mit der Maßgabe, daß sie nicht nach Deutschland mitgeführt, sondern nach ihrer Heimat entlassen werden.

11. Herausgabe der vor dem Waffenstillstand gemachten deutschen Gefangenen wird abgelehnt.

12. Beim Abmarsch sind nur gehfähige Verwundete mitzunehmen. Fahrzeugstellung für transportfähige Verwundete wird noch geprüft. Die nicht mit den Truppen abrückenden Verwundeten bleiben in hiesigen Spitälern unter deutschem Sanitätspersonal und werden nach ihrer Genesung unverzüglich in ihre Heimat in Marsch gesetzt.

13. Für alle noch aufkommenden Fragen ist der Chef des IV. Korps vom Kommandeur der 4. Armee mit der Entscheidung beauftragt. Ein jugoslawischer Verbindungsoffizier tritt zur Regelung von Einzelfragen zum Korps.

14. General v. Hoesslin erklärt auf den Vorwurf, daß die Truppe einen Teil der Waffen zurückbehalten habe,

daß er sich verantwortlich dafür einsetzen werde, daß diese und sämtliche anderen Vereinbarungen mit peinlicher Genauigkeit erfüllt werden.

Das Korps bittet um schriftliche Bestätigung der Richtigkeit vorstehender Vereinbarungen auf beiliegendem Umschlag.

Gen. Kdo. LXXXXVII. A. K. z. b. V.
Der Kommandierende General:
i. V.: v. Hoesslin, Generalleutnant

Kapitulation der Deutschen auf dem Dodekanes
Mittwoch, 9. Mai 1945, Kairo
United Press berichtet:
Die deutschen Truppen auf dem Dodekanes haben sich am Dienstag um 10.00 Uhr einer britischen Commando-Einheit bedingungslos ergeben. Der Kommandant der deutschen Garnisonen auf dem Dodekanes, General Wagner, unterzeichnete das Abkommen.

Titos Truppen in Zagreb
9. Mai 1945, Belgrad
Der *Jugoslawische Telegraphendienst (JT)* meldet:
Das Hauptquartier Titos gibt bekannt, daß gestern die kroatische Hauptstadt Zagreb von jugoslawischen Streitkräften besetzt wurde.

Kapitulation der Deutschen auf Kreta
Freitag, 11. Mai 1945, Kairo
Die *Agentur Reuter* teilt mit:
Auch die deutschen Garnisonen auf den Inseln Kreta

Banknoten, von der Volksrepublik Jugoslawien für eine Besetzung von Triest vorbereitet

und Melos im Ägäischen Meer haben sich jetzt ergeben. Auf Kreta standen noch etwa 10 000 Mann deutsche und 5 000 Mann italienische Truppen.

Anglo-jugoslawischer Konflikt
Mittwoch, 16. Mai 1945, London
Die *Agentur Reuter* meldet:
Aus Klagenfurt wird gemeldet, daß alle Bemühungen um eine Entspannung der Lage gescheitert sind. Im Gegenteil, die Dinge spitzen sich schnell in gefährlicher Weise zu. Während die britische Flagge über dem Rathaus weht und britische Beamte die Verwaltung

übernahmen, errichteten Titos Truppen ohne jede Fühlungnahme mit den britischen Behörden in Klagenfurt eine eigene Verwaltung. Sie ließen wissen, daß Kärnten »mit sofortiger Wirkung« als jugoslawischer Boden zu betrachten sei. Eine unbeschreibliche Konfusion ist entstanden, da unmittelbar neben diesen Plakaten die britischen Aufrufe hängen. Besonders behindert sind die Engländer, weil inzwischen Titos Truppen alle Zeitungsbetriebe und Druckereien beschlagnahmt haben und die einzige unter britischer Verwaltung stehende Zeitung gewaltsam gezwungen wurde, ihren Betrieb einzustellen.

Spannungen zwischen amerikanischen
und Tito-Truppen
16. Mai 1945, Triest
United Press berichtet:
Heute haben die Jugoslawen für die Provinz Triest einen eigenen Präfekten, Guglielmo Callipara, ernannt und die Hauptstraße in »Corso Tito« umgetauft. Gleichzeitig begannen sie die Rekrutierung der diensttauglichen Männer im Alter von 15 bis 50 Jahren für die jugoslawische Armee. Auch in Görz herrscht Spannung. Die Stadt ist unter jugoslawischer Herrschaft, doch steht dort auch ein amerikanisches Regiment. Die Jugoslawen haben mehrere amerikanische Soldaten verhaftet, denen die Verletzung des Ausgehverbotes vorgeworfen wird. Gestern nacht begannen Tito-Truppen dann plötzlich mit der Errichtung von Straßensperren rund um die Stadt. Der energische Protest des amerikanischen Obersten hatte schließlich den Rückzug der jugoslawischen Soldaten von diesen Straßensperren zur Folge. Als die Amerikaner in einem Theater eine Filmvorführung vorbereiteten, requirierten die Jugoslawen das Lokal in letzter Minute und veranstalteten für ihre Truppen einen Tanzabend.

Triest, 9. 5. 1945: zwei Panzermänner der Jugoslawischen Volksbefreiungsarmee

Und so war es

Zu Beginn des Jahres 1945 beherrscht Hitler im Südosten Europas noch Teile von Ungarn, Kroatien und Slowenien. In den befreiten Gebieten Jugoslawiens rüsten sich die Partisanen zu ihrem letzten Kampf.

Am Montag, dem 1. Janur 1945, verfügt Titos Oberster Stab die Aufstellung von vier Armeen. Es wird dabei das 1. Proletarische Korps in die 1. Armee (Gen. Dapčević), das 12. Korps in die 3. Armee (Gen. Nadj) und die südliche operative Divisionsgruppe in die 2. Armee (Gen. Popović) umgebildet.

Am Mittwoch, dem 3. Januar 1945, übernimmt in Athen General Plastiras, ein überzeugter Republikaner, der 1922 die Armeerevolte gegen König Konstantin geführt hat und unter Metaxas nach Frankreich ins Exil ging, das Amt des Ministerpräsidenten.

Erst am Freitag, dem 5. Januar 1945, nach vierzigtägigen blutigen Gefechten, gelingt es den britischen Truppen – durch zwei neue von der italienischen Front verlegte Divisionen auf 50 000 Mann verstärkt – nach harten Straßen- und Häuserkämpfen den organisierten Widerstand der ELAS zu brechen.

Am Sonnabend, dem 6. Januar 1945, gibt sich die ELAS geschlagen und zieht aus der Hauptstadt nach Norden ab. Die ELAS-Leute treiben etwa 15 000 Griechen als Geiseln vor sich her. Es sind überwiegend harmlose Zivilisten, unter ihnen Frauen, Kinder und Greise, die jetzt gezwungen werden, trotz der Kälte ohne warme Bekleidung und Verpflegung in den verschneiten Bergen den »Todesmarsch« anzutreten. 4 000 von ihnen, das ist jeder vierte, überleben den Marsch nicht. Und von den Resten, die ein improvisiertes KZ-Lager erreichen, werden weitere 8 752 als »Verräter und Kollaborateure« von der ELAS hingerichtet.
Der Terror und die Opfer, die ihre Herrschaft in Athen und im Peloponnes gefordert hat, kostet die ELAS die letzten Sympathien des Volkes: Jetzt werden in den Dörfern und Städten die griechischen und britischen Soldaten als die wahren Befreier begrüßt. Die politische Niederlage und die militärische Überwindung der kommunistischen Revolte bedeuten keineswegs Ruhe in Griechenland. Die Royalisten, die nun die sofortige Rückkehr des Königs fordern, stehen den Republikanern gegenüber. Ab etwa Mitte Januar 1945 kontrollieren die britischen Truppen ganz Attika.

Am Donnerstag, dem 11. Januar 1945, werden ein Waffenstillstand sowie ein Abkommen zwischen General Scobie, der griechischen Regierung und der ELAS unterzeichnet. Die Guerillas verpflichten sich, Athen, Saloniki und Patras zu räumen, sowie alle Gefangenen und Geiseln freizulassen.

Am Sonnabend, dem 13. Januar 1945, überschreiten die Nachhuten des deutschen XXI. Gebirgskorps (Gen. d. Inf. v. Leyser) die montenegrinisch-kroatische Grenze. Damit ist einer der größten Rückzüge des Zweiten Weltkrieges nach viereinhalb Monaten ununterbrochener Märsche und Kämpfe in schwierigstem Gelände beendet.

Am Sonntag, dem 4. Februar 1945, beginnt in Jalta auf der Krim die Konfernez der »Großen Drei«. Die Beschlüsse der Teheran-Konferenz von 1943 werden ergänzt. Stalin, Roosevelt und Churchill koordinieren die militärischen Operationen, bestätigen das 1. und 2. »Zonenprotokoll« der »Europäischen beratenden Kommission« in London über die Aufteilung Deutschlands in Besatzungszonen und legen die allgemeinen Richtlinien der Nachkriegspolitik fest.

Am Sonntag, dem 11. Februar 1945, erobern die Truppen der sowjetischen 2. Ukrainischen Front (Marschall Malinowski) und der 3. Ukrainischen Front (Marschall Tolbuchin) nach 51 Tage dauernden Belagerungskämpfen Budapest.

Am Montag, dem 12. Februar 1945, schließt der griechische Premier Plastiras im Seebad Varkiza bei Athen mit der EAM einen »Friedensvertrag«. Er bestimmt die Demobilisierung und Entwaffnung der ELAS wie der Nationalen Miliz (EP), eine Amnestie für deren Mitglieder sowie die Freigabe der Geiseln. Ferner sagt die Regierung eine Säuberung der Verwaltung, der Polizei und Armee von Kollaborateuren zu. Plastiras verspricht die Abhaltung einer Volksabstimmung über die Staatsform noch für 1945 sowie Parlamentswahlen, beides unter Kontrolle der Alliierten.
Mit Unterzeichnung des »Varkiza-Abkommens« verzichten die kommunistischen Führer keineswegs auf ihre eigentlichen Ziele, sondern versuchen nur Zeit zu gewinnen. Die ELAS liefert zwar ihre alten und unbrauchbaren Waffen ab, behält jedoch insgeheim die besseren Waffen und Munition zurück. Etwa 3 000 bis 4 000 Mann, darunter die Führer der ELAS, flüchten nach Jugoslawien, um dort einen günstigeren Zeitpunkt abzuwarten. Kleinere Gruppen kehren in die Berge zurück. Die größte von ihnen wird von der Nationalgarde im Pindus-Massiv aufgespürt und zerschlagen.

Am Mittwoch, dem 14. Februar 1945, räumen deutsche Truppen Mostar.

Am Mittwoch, dem 21. Februar 1945, werden in Athen die Ministerpräsidenten der Marionettenregierung unter deutscher Besatzung, General Tsolakoglou, Logothetopoulos und Rhallys, unter Anklage der Kollaboration vor Gericht gestellt.

Ende Februar 1945 trifft General Alexander, Oberbefehlshaber der Mittelmeerstreitkräfte, zu einem offiziellen Besuch in Belgrad ein und führt Besprechungen mit Tito. Eine Zusammenarbeit beider Armeen wird festgelegt. Alliierte Kräfte in Italien sollen die Versorgung der jugoslawischen 4. Armee (Gen. Drapsin) übernehmen, die an der dalmatinischen Küste operiert. Tito gibt für General Alexander einen Galaempfang im Belgrader Offiziersklub, bei dem außer dem Ehrengast der sowjetische General Kisseljew, US-General Lemnitzer und der britische General MacLean teilnehmen. Es ist zugleich MacLeans Abschied, da er nach zwei Jahren als Leiter der westalliierten Militärmission seinen Posten verlassen soll.

Ende Februar 1945 zählt die Partisanenbewegung rund 800 000 Mann. Tito stellt jetzt aus seinen vielen Verbänden 50 große, neuzeitlich bewaffnete und einheitlich organisierte Divisionen auf und faßt sie in vier Armeen zusammen: die 3. Armee (Gen. Nadj) steht mit 95 000 Mann in sieben Divisionen auf dem nördlichen Ufer der Drau, westlich ihrer Mündung; die 1. Armee (Gen. Dapčević) mit 130 000 Mann in zehn Divisionen in Syrmien; die 2. Armee (Gen. Popović) mit 100 000 Mann in zwölf Divisionen im Raum um Dolnja Tuzla und die 4. Armee (Gen. Drapsin) mit 95 000 Mann in 14 Divisionen in Mitteldalmatien. Sieben Divisionen behält sich Tito als Heeresreserve zurück. Außerdem verfügt Tito über ein sowjetisches Panzerkorps und einige bulgarische Verbände.

Am Donnerstag, dem 1. März 1945, wird gemäß dem Befehl des Obersten Befehlshabers, Marschall Tito, die Volksbefreiungsarmee in »Jugoslawische Armee«, der Oberste Stab in »Generalstab« und die Marine in »Jugoslawische Kriegsmarine« umbenannt.

Am Donnerstag, dem 8. März 1945, bildet Tito in Belgrad eine neue Regierung der »Nationalen Einheit«, in der jedoch nur zwei einflußlose Nichtkommunisten vertreten sind. Einer von ihnen, Dr. Subašić, wird Außenminister. Tito übernimmt die Funktion des Ministerpräsidenten.

Mitte März 1945 geht die Westgruppe der Befreiungsarmee Titos zum Angriff gegen die Verbände der Heeresgruppe E (GenOberst Löhr) über. Sie stößt im Karstgebirge an der Adriaküste mit zunächst neun Divisionen nach Nordwesten vor und drängt das hier mit zwei kroatischen Legionärsdivisionen stehende XV. Gebirgskorps (Gen. d. Pz. Tr. Fehn) zurück.
Zu dieser Zeit befinden sich in Südosteuropa nur noch schwache deutsche Truppen, deren Nachhuten in erbitterten Kämpfen versuchen, den Vormarsch der Roten Armee und der jugoslawischen Armee zu verlangsamen. Währenddessen entwickelt in Berlin Reichsaußenminister v. Ribbentrop einen Plan, wonach Stalin vom Dritten Reich den Balkan bekommen soll. Ribbentrop strebt nämlich ein Bündnis zwischen Deutschland, Japan und der Sowjetunion an, um eine Wende im Krieg gegen die USA und England herbeizuführen. Die Geheimdokumente, aus denen dies hervorgeht, stam-

Links: Mostar, März 1945: Ein Soldat der Jugoslawischen Befreiungsarmee unterbricht seinen Streifendienst

Rechts: 20. 3. 1945, über dem Höhenzug Gorski Kotar: Panzer der Jugoslawischen Befreiungsarmee rollen zum Angriff auf Triest

men aus dem Archiv der Nationalen Sicherheitsagentur der USA (NSA) in Washington. Es sind chiffrierte Funksprüche, die von den Geheimdiensten Großbritanniens und der USA im Rahmen der Operation »Ultra Secret« aufgefangen und entziffert worden sind. Laut dieser zwischen Berlin und Tokio gewechselten Funksprüche hat sich Außenminister v. Ribbentrop am 17. März 1945 mit dem japanischen Botschafter in Berlin, Hiroshi Oshima, getroffen, um nun in seiner Lagebeurteilung unter anderem darzulegen: »Nicht wenige sagen, daß sie (USA und Großbritannien – der Autor) nach dem Zusammenbruch Deutschlands den Kampf gegen die Sowjetunion beabsichtigen. Wenn all dies wahr ist, könnte sich Stalin möglicherweise bereitfinden, aus Japan und Deutschland Verbündete zu machen, um sich in Zukunft gegen Amerika und England stellen zu können.« (Japan befand sich im März 1945 noch nicht im Krieg mit der UdSSR.)

Das Deutsche Reich werde in dieser Sache kein harter Verhandlungsparter sein, habe der Minister zu Oshima gesagt und erklärt: »Nach meiner privaten Meinung würde Deutschland es für richtig halten, der Sowjetunion den ganzen Balkan, Nordeuropa usw. anzubieten, nur altes deutsches Territorium, Ungarn und Kroatien zu behalten und darüber hinaus die UdSSR zu unterstützen, wenn es einen Vorstoß zu den Dardanellen oder sogar bis Suez zu unternehmen wünscht.«

In einem Funkspruch an seine Regierung berichtet Oshima weiter, Ribbentrop habe erklärt, wenn die Sowjetunion einem solchen Plan nähertreten sollte, dann wolle er persönlich nach Moskau fliegen, um zu verhandeln. Diese phantastischen Pläne Ribbentrops scheitern (laut Archiv-Dokumenten) am Veto des Führers, der trotz der Niederlagen an allen Fronten . . . den Endsieg immer noch für möglich hält.

Am Dienstag, dem 20. März 1945, gestattet Hitler der Heeresgruppe E die Räumung des Frontbogens um Sarajevo.

Ebenfalls am 20. März 1945 beginnt die jugoslawische 4. Armee aus dem Großraum Knin ihren Vormarsch über den Höhenzug Gorski Kotar zum Angriff auf Triest. Am gleichen Tag werden zur Unterstützung der Landtruppen zwei jugoslawische Flußflottillen formiert: Die Saveflottille mit neun bewaffneten Booten sowie die Donauflottille mit fünf bewaffneten Booten.
Die jugoslawische 1. und 3. Armee durchbrechen nördlich von Belgrad die deutsche Front in Syrmien und dringen in Eilmärschen die Drau aufwärts, während die 4. Armee die Front in der Lika durchstößt.

Am Freitag, dem 23. März 1945, wird der Stab der Heeresgruppe F (GenOberst Frhr. v. Weichs) aufgelöst und Generaloberst Löhr (OB d. H. Gr. E) zum Oberbefehlshaber Südost ernannt.

In den letzten Märztagen 1945 müssen die deutschen Truppen Bihać räumen. Das Heeresgruppenkommando macht alle Anstrengungen, den Verkehrsknotenpunkt Karlovac südwestlich von Agram und damit die Verbindung nach Fiume (Rijeka) zu halten. Die Stunde für Titos Endkampf schlägt, als die deutsche Offensive in Ungarn scheitert und die Rote Armee nach Wien vordringt.

Am Freitag, dem 6. April 1945, setzen sich die deutschen und kroatischen Truppen aus Sarajevo ab.

Am Mittwoch, dem 11. April 1945, werden in Moskau von Tito und Stalin ein Freundschafts- und Beistandsvertrag zwischen der UdSSR und Jugoslawien unterzeichnet.

In der Nacht vom 11./12. April 1945 beginnt die große Offensive der jugoslawischen Befreiungsarmee – unterstützt durch die bulgarische 1. Armee (Gen. Stojtscheff) – gegen den seit fünf Monaten gehaltenen deutschen Frontvorsprung in Syrmien. Die 3. Armee (Gen. Nadj) erzwingt den Übergang über die Drau und geht durch die Podravina bis nördlich Agram (Zagreb) vor. Die 1. Armee (Gen. Dapčević) durchbricht die deutsche Front in der Strem. Die 2. Armee (Gen. Popović) erzwingt unterdessen den Übergang über die Bosna. Die 4. Armee (Gen. Drapsin) befreit die Lika und die kroatische Küste, einschließlich der vorgelagerten Inseln.

Durch einen Zangenangriff der jugoslawischen 3. Armee, die westlich von Essegg die Drau überquert, und eine nördlich von Vukovar erfolgende Donauüberschreitung der jugoslawischen 1. Armee wird ein Frontdurchbruch der in Ostslawonien stehenden deutsch-kroatischen Nordgruppe (Kosakenkorps, 11. Luftwaffenfelddivision deutsches XXXIV. Armeekorps (Gen. d. Inf. Müller), I., II. und III. Ustascha-Korps sowie einige deutsche Polizei- und Festungsbataillone) erzielt. Die 2. Armee rückt von Tuzla über Banja Luka entlang der Save, die 4. Armee in Hochkroatien nordwärts vor. Generaloberst Löhr befiehlt daraufhin die Räumung Ostkroatiens.

Der Rückzug der Heeresgruppe E ist nun beendet. Acht Monate ununterbrochener, erbitterter Kämpfe, der Marsch in Eis und Schnee ohne einen Tag Rast sind vorbei. Den letzten von insgesamt 35 000 Verwundeten hat man in die Heimat gebracht. 250 000 Mann haben die Reichsgrenze erreicht. Die Nachhuten, rund 150 000 Mann, befinden sich jedoch noch auf jugoslawischem Gebiet, nur 72 Marschstunden von Österreich entfernt.

Am Sonntag, dem 29. April 1945, wird in Caserta gegenüber den alliierten Streitkräften unter General Alexander nach langwierigen, zeitweise von Stalin behinderten Geheimverhandlungen die Kapitulation der in Italien kämpfenden deutschen Heeresgruppe C (GenOberst v. Vietinghoff) mit der 10. Armee (Gen. d.

Pz. Tr. Herr) und der 14. Armee (Gen. d. Pz. Tr. Lemelsen) unterzeichnet. Die Kapitulation soll am 2. Mai 1945 bekanntgegeben werden und um 14.00 Uhr des gleichen Tages in Kraft treten.

Am Montag, dem 30. April 1945, fast zur gleichen Stunde, als Hitler in Berlin Selbstmord verübt, drängt Titos Streitmacht in die Vorstädte von Triest.

In der Nacht vom 1./2. Mai 1945 gelingt es der Tito-Armee noch vor Eintreffen der zur britischen 8. Armee gehörenden neuseeländischen 2. Division (Maj. Gen. Parkinson), den größten Teil von Triest sowie Görz und die Halbinsel Istrien mit der Stadt Pola zu besetzen.

Am Mittwoch, dem 2. Mai 1945, laufen bei Generaloberst Löhr Nachrichten über eine Kapitulation der in Oberitalien stehenden deutschen Heeresgruppe C ein.

Am Freitag, dem 4. Mai 1945, verläßt Generaloberst Löhr bei Morgengrauen Agram, um sich nach Heilenstein (Velenje, 15 km nordwestlich von Cilli/Celje) zu begeben. Zugleich beschließt die kroatische Regierung, ihren Regierungssitz nach Klagenfurt zu verlegen.

Am Sonnabend, dem 5. Mai 1945, leitet die Heeresgruppe E den Rückzug aus der Zvonimir-Linie zur österreichischen Grenze ein.

Am Nachmittag des 6. Mai 1945 beruft Generalfeldmarschall Kesselring, Oberbefehlshaber aller im Süden ste-

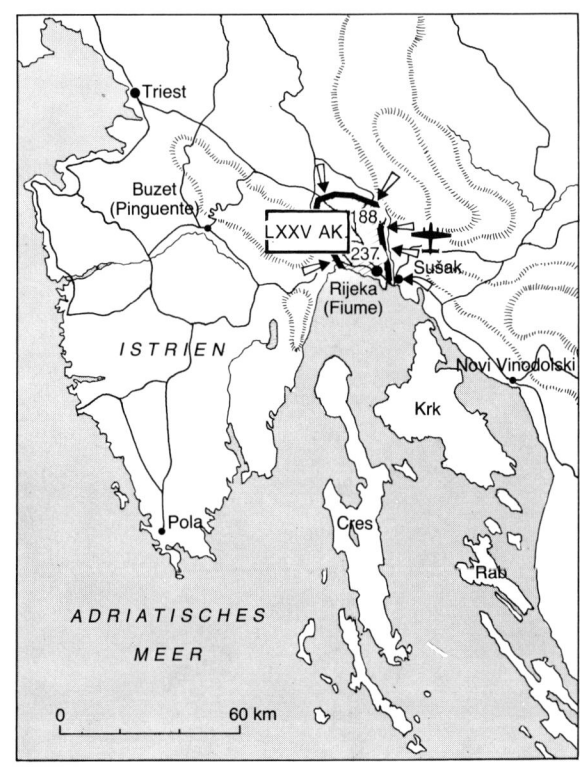

Slowenien, Mai 1945: Kroaten, die ihr Land verlassen, im Troß der deutschen Heeresgruppe E

Links: Der »Igel« bei Fiume

henden Heeresteile, Generaloberst Löhr und den Kommandeur der 2. Panzerarmee, General de Angelis, nach Graz. Hier teilt er ihnen mit, daß Deutschland bedingungslos kapituliert und die Waffen am 9. Mai 1945, 00.00 Uhr früh, strecken wird. Damit besteht keine Hoffnung mehr, die Verbände noch rechtzeitig über die Reichsgrenze zurückführen zu können. Die Weisung zur Kapitulation wird dem kroatischen Staatschef Pavelić in der Nacht zum 7. Mai mitgeteilt. Gleichzeitig legt Generaloberst Löhr die Befehlsgewalt über die kroatischen Truppen und Legionäre in die Hand des Poglavnik zurück.

Die nördlichste Kampfgruppe der Heeresgruppe E steht zur Stunde westlich von Koprivnica an der Drau unweit der ungarischen Grenze. Sie hat eine lose Verbindung mit den talaufwärts wegreitenden Kosaken. Im Raum südlich von Koprivnica befinden sich die 11. Luftwaffen-Felddivision und die 22. Infanteriedivision

(GenMaj. F. W. Müller), das I. Ustascha-Korps, dann das XXI. Gebirgskorps (Gen. d. Inf. v. Leyser) mit der 181. Infanteriedivision (Gen. v. Tschudi), dem II. und III. Ustascha-Korps und vor Dugoselo die 41. Infanteriedivision (GenLt. Hauser). Gegen sie rücken die jugoslawische 3. und 1. Armee an. Westlich anschließend halten noch das XV. Gebirgskorps (Gen. d. Pz. Tr. Fehn) mit der 104. Jägerdivision (GenLt. v. Ludwiger), der 7. SS-Gebirgsdivision »Prinz Eugen« (SS-Brigadef. Kumm) und der 372. Legionsdivision sowie das IV. und V. Ustascha-Korps die Zvonimir-Stellung. An der Küste steht die 392. Legionsdivision, die von Süden her von Titos 2. und 4. Armee bedrängt wird. In Triest kämpft das von Partisanen eingeschlossene LXXV. Armeekorps (Gen. d. Geb. Tr. Schlemmer) mit zwei Infanteriedivisionen sowie Splittergruppen von Luftwaffe und Marine.

Am Morgen des 7. Mai 1945 entschließt sich Pavelić, seinen Truppen – insgesamt etwa 200 000 Mann – den beschleunigten Rückzug in Richtung Kärnten zu befehlen, um sich nach Überschreiten der österreichischen Grenze mit allen Waffen den Engländern und nicht der Tito-Armee zu ergeben.
Am Spätabend des 7. Mai 1945 verfügt Generaloberst Löhr per Funk von Heilenstein aus die Waffenstreckung

seiner Heeresgruppe für den 9. Mai 1945, 00.00 Uhr.
Bis zum Wirksamwerden der Kapitulation sollen aber
die bereits angeordneten Marschbewegungen in Rich-
tung Kärnten planmäßig durchgeführt werden. Gleichzeitig verständigt Löhr die eigene und die gegnerische
Führung, daß General Felmy mit den Engländern und
General de Angelis mit den Sowjets verhandeln wird.
Er selbst will die persönlichen Verhandlungsgespräche
mit den Jugoslawen übernehmen. Die Antwort des
Tito-Oberkommandos auf seinen Kapitulations-Funk-
spruch bleibt jedoch aus.
In der Nacht vom 7./8. Mai 1945 verläßt die deutsche
41. Infanteriedivision als letzte Truppe die kroatische
Hauptstadt Agram. Sie führt noch am nächsten Vormittag nordwestlich der Stadt ein Gefecht mit den Verfol-
gern.

Am Dienstag, dem 8. Mai 1945, am Vorabend der Kapitulation, befindet sich die Heeresgruppe noch südlich
der Draustrecke Villach-Warasdin (Varaždin) im Raum
um Cilli (Celje) und mit den Nachhuten in der Linie
Aßling-Krapina-Warasdin-Mureck. Das in Triest eingeschlossene Armeekorps versucht vergeblich, nach Norden zur österreichischen Grenze durchzubrechen.

Am Mittwoch, dem 9. Mai 1945, um 00.00 Uhr, als auch
hier der Waffenstillstand den Kämpfen ein Ende setzt,
befinden sich noch etwa 150 000 Mann drei Tagesmär-
sche von der rettenden Grenze entfernt, hinter der der
westalliierte Machtbereich beginnt, auf jugoslawischem
Boden. Unterdessen sind die Engländer nach der Kapitulation der Heeresgruppe C (GenOberst v. Vietinghoff) in Italien mit motorisierten Kräften in das Klagen-
furter Becken eingedrungen. Ihre östlichste Kolonne hat
Bleiburg, ein österreichisches Grenzstädtchen, erreicht
und sperrt damit die von Marburg (Maribor) im Drautal
und von Cilli durch das Miestal in den Südostwinkel
Kärntens führenden Straßen. Sie schneidet so den
Kroaten den Ausweg nach Klagenfurt ab. Die Hauptkolonne der kroatischen Armee mit etwa 70 000 Flüchtlingen rückt indessen von Cilli über Schönstein
(Šoštanj) und Windischgraz (Slov. Gradec) gegen
Unterdrauburg (Dravograd) vor.

Erst am Nachmittag des 9. Mai 1945 treffen zwei Offiziere der jugoslawischen 14. Division als Unterhändler
im Stabsquartier von Generaloberst Löhr in Heilenstein
ein. Sie begleiten den Oberbefehlshaber der Heeresgruppe E zu Verhandlungen nach Topolčice, dem Sitz
der IV. jugoslawischen Operationszone. Von hier aus
befiehlt Löhr den im Raum Bleiburg und Cilli marschie-
renden Truppen, zu stoppen und die Waffen niederzulegen.

Und während am Abend des 10. Mai 1945 die Engländer den Stab der Heeresgruppe auffordern, nach Griffen nordöstlich Völkermarkt zu verlegen, verläßt der
Stab der IV. jugoslawischen Operationszone unerwartet Topolčice in unbekannter Richtung.

In den frühen Morgenstunden des 12. Mai 1945 über-
schreiten die Einheiten des Schutzkorps Serbien
(Oberst Rogozhin), das sich jetzt Russisches Korps in
Serbien nennt, die Drau-Brücke bei Ferlach in der
Nähe von Klagenfurt. Sie legen vor dem britischen

АНТИФАШИСТИЧКА ОМЛАДИНА

СРЕМЧИЦА

...ИН   ТИТО

3. Bataillon der Grenadier Guards die Waffen nieder. Es sind insgesamt nur noch etwa 2 000 Mann, denen es nach harten Kämpfen im Herbst und Winter 1944/45 gegen die Rote Armee und Tito-Truppen gelingt, den rettenden Boden Österreichs zu erreichen. Dieses letzte

Mai 1945: Die Kapitulation der Deutschen wird gefeiert

Relikt der russischen Zarenarmee wird in Klein St. Veit interniert. Im Gegensatz zu anderen Russen, die ebenfalls auf deutscher Seite kämpften, ist ihm das Schicksal gnädig: Die Einheiten des Russischen Korps in Serbien werden nicht an Stalin ausgeliefert.

Am Mittag des 12. Mai 1945 verfügt Generaloberst Löhr, da weiterhin weder ein Bescheid von den Engländern noch von den Jugoslawen eintrifft, die Fortsetzung des Marsches in Richtung Bleiburg-Unterdrauburg. Plötzlich wird in der Nacht vom 12./13. Mai 1945 die Kolonne, bei der sich Löhr befindet, durch Offiziere der IV. jugoslawischen Operationszone aufgehalten. Man will die Kapitulationsverhandlungen wieder aufnehmen.

Am Morgen des 13. Mai 1945 stehen die kroatischen Verbände bei Unterdrauburg im Kampf gegen Titos Befreiungsarmee, dort, wo die Bulgaren auf dem Südufer der Drau einen Brückenkopf besetzt halten. Weil ein Weitermarsch im Drautal unmöglich ist, biegen die Kroaten nach Südwesten in das Miestal ab, um über Prävali (Prevalje) nach dem schon auf österreichischem Boden liegenden Bleiburg und von dort nach Klagenfurt vorzurücken. Die Kroaten sind noch guten Mutes und bahnen sich stellenweise unter Gefechten mit den sie umkreisenden Partisanen den Weg.

Am Sonntag, dem 13. Mai 1945, nachmittags, vereinbart Generaloberst Löhr mit den Jugoslawen, daß Waffen und Gerät südlich der Drau abgegeben werden, da das Gebiet nördlich der Drau dem englischen Befehlsbereich unterliegt. Danach kehrt Löhr in das Stabsquartier der Heeresgruppe nach Griffen zurück und trifft dort am nächsten Morgen ein. Er will das Ergebnis der Verhandlungen mit dem englischen V. Korps abwarten,

die der Stabschef der Heeresgruppe, General Schmidt-Richberg, führt. Die Engländer lassen durchblicken, daß »sie den bei ihnen befindlichen Führungsstab der Heeresgruppe mit dem Generalstabschef übernehmen würden. Der Oberbefehlshaber hat sich durch den erwähnten Funkspruch bereits an die Jugoslawen gebunden.« Diese Nachrichten bestärken Generaloberst Löhr noch in seinem Entschluß, freiwillig in jugoslawische Gefangenschaft zu gehen, in der Hoffnung, das Schicksal seiner Soldaten in dieser Gefangenschaft erleichtern zu können.

Am Montag, dem 14. Mai 1945, nähern sich die kroatischen Truppen, etwa 150 000 Mann, dem Raum Bleiburg. Der Ort ist seit einigen Tagen von der britischen 8. Armee besetzt. Auf den Höhen südöstlich davon haben Tito-Verbände Stellung bezogen. Mit diesen kommt es zu einem letzten scharfen Gefecht. Dann beginnen noch am gleichen Tag Kapitulationsverhandlungen mit den Engländern wegen Übernahme der Kroaten in britische Gefangenschaft. Das Gros der kroatischen Truppen beordert man auf die Höhe östlich des Städtchens. Unterdessen wird Generaloberst Löhr von den Engländern zur IV. jugoslawischen Operationszone geleitet und am 15. Mai 1945 dem jugoslawischen Armeekommando in Marburg (Maribor) als Kriegsgefangener überstellt.

Noch im letzten Augenblick versucht General Schmidt-Richberg, Generaloberst Löhr von seinem Vorhaben abzubringen. Als er ihn fragt, was er von den Jugoslawen erwarte, antwortet Löhr: »Mit Sicherheit den Tod!«

Rund 150 000 deutsche Soldaten erreichen die österreichische Grenze nicht mehr und geraten ebenfalls in jugoslawische Gefangenschaft.

Epilog

Am Morgen des 15. Mai 1945 rollten englische Panzer heran, Spitfires dröhnten über dem Bleiburger Becken, und starke Tito-Verbände rückten auf die Höhen nördlich von Bleiburg. Die Engländer forderten die Kroaten auf, innerhalb von 30 Minuten die Waffen niederzulegen und bedingungslos zu kapitulieren. Etwa 20 000 Mann der Ustascha-Verbände und der Domobranen, die sofort die ihnen drohende Gefahr erkannten, nutzten den allgemeinen Tumult aus und flohen in die umliegenden Wälder. Auch andere der Ustascha und der Domobranen verschwanden in größeren und kleineren Gruppen an den Nordhängen der Karawanken entlang in das Innere Kärntens. Die noch verbliebenen etwa 120 000 Menschen mußten auf Befehl der unter englischem Schutz auftretenden Tito-Truppen nach Bleiburg marschieren. Eine weitere Kolonne von etwa 100 000 bis 150 000 Menschen, überwiegend Flüchtlinge, ergaben sich dort, wo sie sich gerade befanden.

Vom 16. Mai 1945 an eskortierten die Soldaten der jugoslawischen Befreiungsarmee diese kroatischen Menschenmassen aus Bleiburg in mehreren Kolonnen bis nach Marburg an der Drau. Während dieses viertägigen »Todesmarsches« wurden nach kroatischen Angaben etwa 30 000 Kroaten ermordet.

Vom 20. Mai 1945 an begannen in der Nähe des Dorfes Thesen (Tezna) südlich von Marburg und in anderen Orten Sloweniens die etwa fünf Tage lang dauernden Hinrichtungen von rund 50 000 kroatischen Soldaten und etwa 30 000 Flüchtlingen, meist Frauen und Kinder. Hier fanden alle Ustascha-Angehörigen, Offiziere und Mannschaften, sowie alle aktiven Domobranen-Offiziere einen grausamen Tod. Ihre Leichen wurden zum Großteil in den Panzergräben der Marburger Brückenkopfbefestigungen verscharrt.

Nach vorsichtigen Schätzungen betraf die Zahl der nach der Bleiburger Kapitulation umgebrachten kroatischen Offiziere und Soldaten zwischen 100 000 und 150 000 Mann. Ein makabres Ende des »Unabhängigen Staates Kroatien«.

Am Freitag, dem 25. Mai 1945, zogen sich die Tito-Truppen, die seit etwa zwei Wochen Klagenfurt und einen Teil Südkärntens besetzt hielten, nach dem Protest der westalliierten Militärbehörden auf die jugoslawische Grenze von 1941 zurück.

Schon zwei Tage später, am 27. Mai 1945, forderte Tito aufgrund der »Atlantik-Charta« die Angliederung des zu Österreich gehörenden Slowenisch-Kärnten an Jugoslawien.

Am Sonnabend, dem 9. Juni 1945, wurde in Venezia Giulia ein Abkommen zwischen Jugoslawien, Großbritannien und den USA über die »zeitweilige Militärverwaltung« unterzeichnet. Tito erklärte sich einverstanden, das zu Italien gehörende Triest, Pola und das Isonzotal von jugoslawischen Truppen zu räumen.

Am Sonnabend, dem 16. Juni 1945, kreiste die griechische Nationalgarde im Pindus-Gebirge den blutdürstigen Anführer der ELAS, Aris Velouchiotis, mit einer Handvoll seiner Männer ein. Noch kurz zuvor erklärte er ihnen die Gründe des Scheiterns der ELAS: »Es liegt daran, daß wir nicht genug Leute umgebracht haben. Revolutionen siegen, wenn sich die Flüsse rot färben von Blut.« Die Nationalgardisten schlugen ihm den Kopf ab und stellten ihn auf dem Marktplatz des nahen Trikala zur Schau.

In Jugoslawien jagte wiederum die jugoslawische Geheimpolizei OZNA noch lange nach Ende des Krieges systematisch ihre ehemaligen inneren Feinde, die serbischen und montenegrinischen Kollaborateure, die kroatische Ustascha, die Tschetniks und wie sie alle hießen.

Djilas: »Sie wurden alle niedergemacht, außer den Frauen und Jugendlichen unter 18 Jahren – so wurde es damals nach Montenegro berichtet, und so hörte ich es später auch von Teilnehmern an diesen durch maßlose Wut und blinden Zorn verursachten Racheakten. Wie viele waren es? Ich glaube, das weiß niemand genau, und man wird es auch niemals erfahren... Im slowenischen Zentralkomitee beklagte man sich ein, zwei Jahre später, man habe mit den Bauern aus einer dieser Gegenden Unannehmlichkeiten gehabt: Die unterirdischen Karstflüsse hätten Leichen an die Erdoberfläche geschwemmt. Erzählt wurde auch folgendes: In seichten Massengräbern verwesend, seien die Leichenhaufen derart angequollen, daß es aussah, als ob die Erde atmete.«

Rund 1 750 000 Menschen forderte allein in Jugoslawien der Partisanenkrieg, jeder neunte Einwohner büßte ihn mit seinem Leben. Das serbische Volk kostete die Herrschaft von Pavelić etwa 800 000 Menschenleben. Daneben wurden über 820 000 Häuser zerstört, zwei Drittel des Viehbestandes und 90 Prozent der Eisenbahnlinien vernichtet.

Tirana, 9. 5. 1945: Parade der albanischen Nationalen Befreiungsarmee vor Enver Hodza

Anfang 1946, nachdem der letzte Funker von Mihailović dem Tito-Geheimdienst OZNA den Geheimcode verraten hatte, wurde durch fingierte Funksprüche der Tschetnik-Führer mit seinen letzten Getreuen in eine Falle gelockt. Man spürte ihn völlig erschöpft in einer Höhle an der serbisch-bosnischen Grenze auf. Er hatte sich nur noch von Schnecken und Kräutern ernährt. In einem großen Schauprozeß, der in einer Kaserne nahe Belgrad stattfand, wurde er zum Tode verurteilt. Mihailovićs letzte Worte: »Ich habe viel gewollt, ich habe etliches begonnen, aber der Sturmwind der Ereignisse hat mich und mein Werk verweht.« Seine Leiche wurde an einem unbekannten Ort vergraben.

Dem kroatischen Poglavnik Ante Pavelić und einem Teil der Ustascha-Führungsgruppe gelang die Flucht ins westliche Ausland. Sie erlangten im Laufe der Zeit innerhalb der kroatischen Exilgruppen in Europa und Übersee zum Teil wieder einflußreiche Positionen. Pavelić tauchte Ende 1948 als Gast von Präsident Peron in Buenos Aires auf. Er galt weiterhin als Poglavnik und Chef der kroatischen Exilregierung. Nach dem Sturz Perons wurde Pavelić von der argentinischen Polizei verhaftet, konnte aber auf geheimnisvollen Wegen nach Spanien fliehen. Er starb dort am 28. Dezember 1959 im »Deutschen Krankenhaus« in Madrid.

Und der Oberbefehlshaber Südost, Generalfeldmarschall Freiherr v. Weichs, hat wohl Recht, als er in seinem letzten Bericht über den drei Jahre auf dem Balkan dauernden Partisanenkrieg schrieb: »Es war kein Kleinkrieg! Nein, es war ein alles umfassender Aufruhr, ein Losbrechen jahrhundertealter Leidenschaften triebhafter Naturvölker, überlagert von dem Zusammenstoß der die heutige Zeit beherrschenden polaren Weltanschauungen, ein Ringen ohne Anfang und ohne Ende, ein Kämpfen ohne Fronten, ein Fechten wider alle Regeln moderner Kriegskunst.«

311

Gliederung

Die deutschen Heeresverbände in Jugoslawien
und Griechenland nach Beendigung des Balkanfeldzuges
von 1941

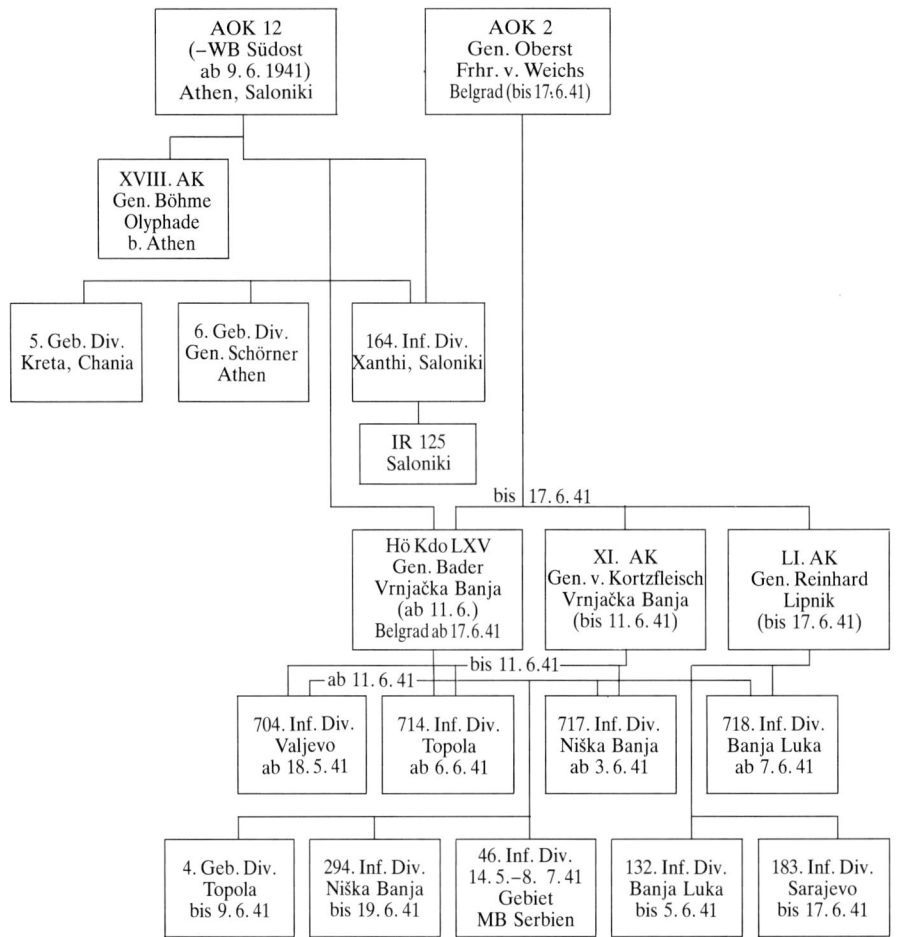

Die wichtigsten Dienststellen des MB Serbien

(Stand: Juni/Juli 1941)

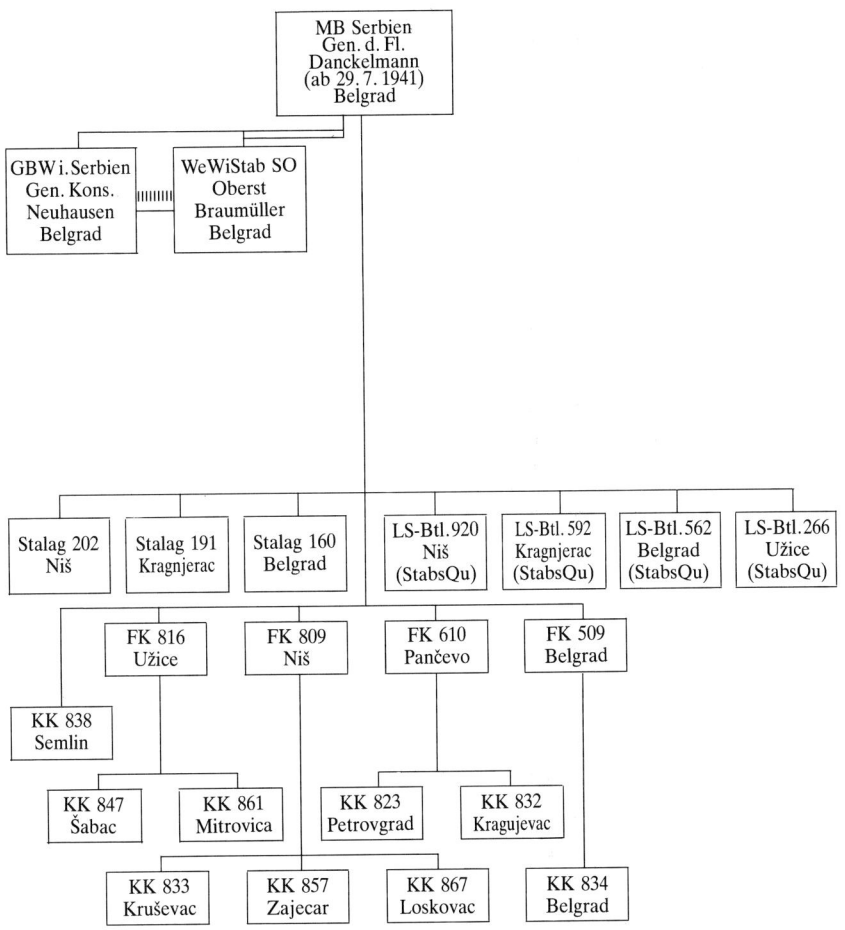

Abkürzungen: MB = Militärbefehlshaber
GBW = Generalbevollmächtigter für die Wirtschaft
WeWi = Wehrwirtschaftsstab
Stalag = Standortlager für Gefangene
LS-Btl = Landesschützenbataillon
KK = Kreiskommandantur
FK = Feldkommandantur

Dokumente

Akten zur deutschen auswärtigen Politik 1914–1945, aus dem Archiv des Auswärtigen Amtes, Serie D (1937–1945), Bd. X–XIII, Frankfurt/M. 1964, Bonn 1964, Göttingen 1969–1970

Berichte und Briefe des Kommandierenden Generals Kroatien, E. Glaise v. Horstenau, 1942–1944

Das Kriegstagebuch des Kommandierenden Generals und Befehlshabers in Serbien, 1943–1944

Documents Regarding the Situation in Greece Cmd 6592, London HMSO 1945

Gesandtschaftsberichte aus Agram, vom Gesandten S. Kasche und seinen Mitarbeitern

Kriegstagebuch des OKW (Wehrmachtsführungsstab), Hrsg. P. Schramm/A. Hillgruber/W. Hubatsch/H. A. Jacobsen, Frankfurt/M. 1961–1965

The Conspiracy against Greece, Hrsg. Greek Undersecretariat for Press and Information, Athen 1947

Zbornik dokumenata i podataka o Narodnooslobodilackom ratu jugoslovenskih naroda, Hrsg. Vojno Istoriski Institut, Beograd

Archive

Britannic Majesty's Stationery Office, London
Bundesarchiv, Bern
Bundesarchiv, Koblenz
Institut für Zeitungsforschung, Dortmund
National Archives, Washington D. C.
Tsouderor-Archiv (in Gennadius Library), Athen
Vojno Istoriski Institut, Beograd
Weltkriegsbücherei, Stuttgart
Zentralbibliothek der Bundeswehr, Düsseldorf

Zeitungen und Zeitschriften

Die Wehrmacht
Die Welt, 26. 9. 1979
Eleftheria, Athen
Istoriki Epitheorisis, Athen
Istorikon Archeion Ethnikis Antistaseos, Athen
Military Review
Militärwissenschaftliche Rundschau
Militär-Wochenblatt
Narodna Armija, Beograd
Neo Kratos, Athen
Novaja i Novejsaja Istorija, Moskwa
Österreichische Militärische Zeitschrift
Revue de Défense Nationale
Revue Historique de l'Armée
Revue Militaire Suisse
Rizospastis, Athen
The Army Quarterly
Vojno-Istoriski Glasnik, Beograd
Wehrkunde
Wehrwissenschaftliche Rundschau
Wissen und Wehr
Zeitschrift für Militärgeschichte

Bildquellen

Bundesarchiv, Koblenz
E. C. E. P. D. A., Fort D'Ivry
Imperial War Museum, London
National Archives, Washington D. C.
US-Army, Washington D. C.
Archiv M. R. de Launay, Paris
Archiv J. S. Middleton, London
Archiv A. Stilles, New York
Archiv K. Kirchner, Erlangen
Archiv J. K. Piekalkiewicz

Ein Wort des Dankes

Ich möchte für ihre freundliche Hilfe meinen herzlichen Dank sagen:

Herrn Dr. A. Hofmann, Herrn Nilges, Herrn Werner Held, Bundesarchiv Koblenz

Oberstleutnant i. G. Dr. H. Rohde, Militärgeschichtliches Forschungsamt, Freiburg

Frau Dr. M. Lindemann, Frau H. Rajkovic, Institut für Zeitungsforschung, Dortmund

Herrn Professor Dr. J. Rohwer, Herrn W. Haupt und ihren Mitarbeitern, Weltkriegsbücherei, Stuttgart

Herrn Dr. J. Sack und seinen Mitarbeitern, Zentralbibliothek der Bundeswehr, Düsseldorf

Herrn K. Kirchner, Verlag D+C, Erlangen

Oberst (Bw) a. D. Dr. phil. C. H. Hermann, Euskirchen

Mr. I. S. Lucas, Mr. P. H. Reed, Imperial War Museum, London, und allen Herren des Dept. of Photographs, Imperial War Museum, London

Colonel W. D. Kasprowicz, London

Colonel Dr. M. Mlotek, London

Lt. Col. Dousset, Mr. G. Rolland, E. C. E. P. D. A., Paris

Service Historique de l'Armée, Paris

Captain C. L. Blische, Dept. of the Army, US-Army Audio-Visual Activity, Pentagon, Washington D. C.

Mr. W. H. Leary, National Archives, Washington D. C.

Colonel B. J. Morden, Center of Military History, Dept. of the Army, Washington D. C.

Herrn Dr. P. Gosztony, Stiftung Schweizerische Osteuropa-Bibliothek, Bern

Herrn U. Schefold, Manfred Metzger, Südwest Verlag, München

Herrn H. Limmer, München

Mein besonderer Dank gilt den Herren:
Herrn Dr. phil. D. Bradley, Münster
Brigadier R. L. Walton, O. B. E., London
Colonel B. D. Samuelson, Washington D. C.
für ihre großzügige Bereitschaft, mir mit ihrem umfangreichen Wissen zur Seite zu stehen.

Bibliographie

Achin, M. K.: The first guerillas of Europe, New York 1963

Akten zur deutschen, auswärtigen Politik 1918–1945, Serie E: 1941–1945, Bd. 1, 12.12.1941 bis 28.2.1942, Göttingen 1969

Alexander of Tunis, Fieldmarshal, The Alexander Memoirs 1940–1945, London 1962

Apostolski, M.: Zavrsene operacije za oslobodjenje Makedonije, Belgrad 1953

Bakaric, V.: Tito – der Politiker, Staatsmann und Mensch. In: Internationale Politik, 1955, Nr. 124

Baum, W./Weichold, E.: Der Krieg der Achsenmächte im Mittelmeerraum, Göttingen 1973

Bathe, R./Glodschey, E.: Der Kampf um den Balkan, Oldenburg 1942

Berg, R.: Sie wollten Tito gefangennehmen. In: Der Deutsche Fallschirmjäger 1961, H. 7

Berndt, H. M.: Der Durchbruch zum Mittelmeer. In: Alte Kameraden, 11 (1963), H. 1

Biber, D.: Nacizem in nemci v Jugoslaviji 1933–1941 (Der Nazismus und die Deutschen in Jugoslawien 1933–1941), Ljubljana 1966

Böhme, K. W.: Die deutschen Kriegsgefangenen in Jugoslawien 1941–1953, München 1964

Bretholz, W.: Ich sah sie stürzen, München 1953

Brown, A.: Mihailović and Yugoslav Resistance, London 1943

Büchner, A.: Der deutsche Griechenlandfeldzug, Heidelberg 1957

Burdick, Ch.: Operation Cyclamen. In: Journal of Central European Affairs, 19 (1959/60)

Cavallero, U.: Comando Supremo. Diario 1940–1943 del Capo die S(tato) M(aggiore) G(enerale). Bologna 1948

Cervi, M.: Storia della guerra di Grecia, Milano 1965

Ciano, Conte C.: Tagebücher 1939–1943, Bern 1947

Charisius, A.: Zur Rolle von Spionage und Diversion in den Blitzkriegsplänen des deutschen Generalstabes. In: Militärwesen, 1962, H. 6

Churchill, W. S.: Der Zweite Weltkrieg, Stuttgart-Bern 1948–1954

Colacović, R.: Borba KPJ za resenje nacionalnog pitanja. Beograd 1959

Dapcević, P.: Taktika partizanskih odreda i brigada u toku NOB'a. Beograd 1961

Dedijer, V.: Tito, Berlin 1953

Diakow, J.: Generaloberst Alexander Löhr, Freiburg/Br. 1964

Diederich, C. (Hrsg.): Kroaten, Zagreb 1942

Dincic, K. M.: Tito et Mihailović. In: Revue d'histoire de la deuxième guerre mondiale, 8 (1958), Nr. 29

Djilas, M.: Gespräche mit Stalin, Frankfurt/M. 1960

Djilas, M.: Der Krieg der Partisanen, Wien 1978

Dokumenti o izdajstvu Draze Mihailovića. Izdanje Drzavne Komisije za Utvrdjivanje Zlocina, Beograd 1945

Dragojlov, F.: Art und Organisation des Partisanenkrieges 1941–1945 auf dem Gebiete des »Unabhängigen Staates Kroatien«. In: Wehrkunde, 1956, H. 5

Dragojlov, F.: Der Krieg 1941–1945 auf dem Gebiet des »unabhängigen Staates Kroatien«. In: Allgemeine Schweizerische Militärzeitschrift, 1956, H. 5 und 7

Ehrhart, A.: Kleinkrieg, Potsdam 1944

Fabry, P. W.: Balkan-Wirren 1940–41, Darmstadt 1966

Falk, C.: Bandenkampf – Erfahrungen und Folgerungen. In: Truppenpraxis, 1958

Foley, Ch.: Commando extraordinary, New York 1954

Frank, H.: Rückzugskämpfe im Gebirge (Jugoslawien 1944/45). In: Allgemeine Schweizerische Militärzeitschrift 1956

Fricke, G.: Das Unternehmen des XXII. Gebirgsarmeekorps gegen die Inseln Kefalonia und Korfu im Rahmen des Falles »Achse« September 1943. In: Militärgeschichtliche Mitteilungen I/67

Gaul, W.: Operation Merkur. In: Wehrwissenschaftliche Rundschau, 1951, H. 4

Generalkommando LI. Armeekorps (Hrsg.): Vorstoß nach Bosnien, Köthen/Anhalt 1941

Gheorghe, L.: Rumäniens Weg zum Satellitenstaat, Heidelberg 1953

Glaise-Horstenau, E. v.: Erinnerungen an die Dienstzeit als Bevollmächtigter Deutscher General in Kroatien. Manuskript (1941–1944) ungedruckt

Gosztony, P.: Der Krieg zwischen Bulgarien und Deutschland 1944/45. In: Wehrwissenschaftliche Rundschau, 1967, H. 1–3

Gotzel, H.: Die Luftlandung bei Korinth am 26.4.1941. In: Wehrkunde, 1961, H. 10

Gregoric, D.: So endete Jugoslawien, Leipzig 1943

Gribanov, P.: Banda Tito – orudie amerikano-angliskih podzigatelej vojny, Moskwa 1951

Grimm, G.: Churchills Pläne einer Balkaninvasion im 2. Weltkrieg. Phil. Diss., München 1960

Guingand, F. de: Operation Victory, London 1947

Hagen, W.: Die geheime Front, Zürich 1950

Halder, F.: Kriegstagebuch. Bearb. von H. A. Jacobsen, 3 Bde, Stuttgart 1962–1964

Halperin, E.: L'affaire Djilas (Bericht über einen Ketzerprozeß). In: Der Monat, 1954, H. 6

Heckstall-Smith, A./Baillie-Grohman, H. T.: Greek Tragedy, London 1961

Heep, L.: Die 12. Armee im Balkanfeldzug 1941. In: Wehrwissenschaftliche Rundschau, 1955

Heiber, H.: Der Stand der Partisanenbewegung in Jugoslawien Ende September 1941, Stuttgart 1966

Hillgruber, A.: Hitler, König Carol und Marschall Antonescu, Wiesbaden 1965

Hnilicka, K.: Das Ende auf dem Balkan 1944/45, Frankfurt 1970

Hnilicka, K.: Bihacka Republika i jugoslovenski partizanski pokret u ogledalu njemackih izvora i ocjena njemackih generala koji su komandovali na jugoistoku. In: prvo zasjedanje avnoj-a, Bihać 1966

Hory, L./Broszat, M.: Der kroatische Ustascha-Staat 1941–1945, Stuttgart 1964

Hünger, H./Strassl, E.: Kampf und Intrige in Griechenland, München 1942

Hubatsch, W. (Hrsg.): Hitlers Weisungen für die Kriegführung 1939–1945. Dokumente des Oberkommandos der Wehrmacht, Frankfurt/M. 1962

Jacobsen, H. A. (Hrsg.): Kriegstagebuch des Oberkommandos der Wehrmacht (Wehrmachtführungsstab), 1. 8. 1940 bis 31. 12. 1941, Frankfurt/M. 1965

Jonas, W.: 12 months with Tito's partisans, Bedford 1946

Jouvenel, R. de: Tito, Marschall der Verräter, Berlin (Ost) 1952

Jovecević, N.: Od pete ofanzive do slobode 1943–1944, Beograd 1955

Kardelj, E.: Der Weg Jugoslawiens, Graz 1946

Kennedy, R. M.: German Antiguerilla Operations in the Balkans 1941–1944, Washington 1954

Kerchnawe, H.: Die alte k. k. Militärgrenze, Wien 1943

Kerekes, L. (Hrsg.): Alianz Hitler-Horthy-Mussolini. Dokumente zur ungarischen Außenpolitik (1933–1944), Budapest 1966

Kjosseff, D. G.: Tito ohne Maske, Berlin (Ost) 1952

Kladarin, D.: Bitka na Sutjesci, Beograd 1959

Kolb, V.: Borbena dejstva u sumi, Beograd 1956

Konjhodzić, M.: Na 1000 Frontova, Zagreb 1959

Krakov, St.: General Milan Nedic, München 1963

Kreidler, E.: Die Eisenbahnen im Machtbereich der Achsenmächte während des Zweiten Weltkrieges, Göttingen 1975

Das Kriegstagebuch des Militärbefehlshabers Südost 1941 bis 1944. Aufschlußreich sind die Anlagebände mit Tagesmeldungen.

Kühl, J.: Die Föderationspläne im Donauraum und in Ostmitteleuropa, München 1958

Kühnrich, H.: Der Partisanenkrieg in Europa 1939-1945, Berlin (Ost) 1968

Kveder, D.: Der jugoslawische Partisanenkrieg. In: Allgemeine Schweizerische Militärzeitschrift, 1953, H. 7–9

Lagdas, P.: Aris Velouchiotis, Athen 1964

Lanz, H.: Gebirgsjäger. Die 1. Gebirgsdivision 1935–1945, Bad Nauheim 1954

Lazitch, B.: La tragédie du Général Draja Mihailovitch, Paris 1946

Linden, H. J.: Die Vorgeschichte des Südostkrieges 1941. In: Militärpolitisches Forum, 1953, H. 2

Leeper, Sir R.: When Greek meets Greek, London 1950

Loverdo, C. de: La Grèce au combat, Paris 1966

Maclean, F.: Eastern Approaches, London 1955

Maller, M.: Die Fahrt gegen das Ende. 3 Bde., Bonn 1962–1964

Mansfield, W.: Marine with the Chetniks. In: The Marine Corps Gazette, Jan./Feb. 1946

Marjanović, J.: Ustanak i NOR u Srbiji 1941, Beograd 1963

Marković, M.: Borba Srbije 1941–1945, Beograd, 1952

Martin, D.: Ally betrayed, New York 1946

Matković, D.: Die strategische Bedeutung des Balkanraumes. In: Wehrkunde 1957

McClymont, W. G.: To Greece, Official History of New Zealand in the Second World War (1939–1945), Wellington 1959

Meister, J.: Die jugoslawische Marine in der Adria 1941–1945. In: Marine-Rundschau, 1963

Militärwissenschaftliche Rundschau: Ein Überblick über die Operationen des jugoslawischen Heeres im April 1941, 1942, H. 7

Militärwissenschaftliche Rundschau: Ein Überblick über die Operationen des griechischen Heeres und des britischen Expeditionskorps im April 1941, 1943, H. 8

Militärpolitisches Forum: Der Partisanenkrieg. Wirkung auf Land und Leute, 1953

Morzik, F.: Die deutschen Transportflieger im Zweiten Weltkrieg, Frankfurt/M. o. J.

Mühleisen, H.-O.: Kreta 1941, Freiburg 1968

Myers, E. Ch. W.: The Greek Entanglement, London 1955

Nazor, V.: Partizanska knjiga, Zagreb 1949

Neubacher, H.: Sonderauftrag Südost, Göttingen 1956

Olshausen, K.: Zwischenspiel auf dem Balkan, Stuttgart 1973

Osanka, F. M.: Der Krieg aus dem Dunkel, Köln 1963

Österreichische Militärische Zeitschrift: Der Aufmarsch der deutschen 2. Armee gegen Jugoslawien anfangs April 1941, 1963

Oven, W. v./Hahn-Butry, J.: Panzer am Balkan, Berlin 1941

Papagos, A.: The Battle of Greece 1940–1941. Athen 1949

Papagos, A.: Griechenland im Kriege 1940–1941, Bonn 1954

Pape, H.: Panzerflieger über dem Balkan, Berlin 1943

Parezanovic, T.: Partizanke vatre, Beograd 1962

Piekalkiewicz, J.: Pferd und Reiter im 2. Weltkrieg, München 1976

Piekalkiewicz, J.: Ju 52 im 2. Weltkrieg, Stuttgart, 1976

Piekalkiewicz, J.: 8,8 Flak im Erdkampf-Einsatz, Stuttgart 1976

Piekalkiewicz, J.: Luftkrieg 1939–1945, München 1978

Piekalkiewicz, J.: Seekrieg 1939–1945, München 1980

Piekalkiewicz, J.: Krieg der Panzer 1939−1945, München 1981

Playfair, S. O.: The Mediterranean and the Middle East, London 1956

Randa, A. v.: Der Balkan – Schlüsselraum der Weltgeschichte, Wien 1949

Rendulic, L.: Gekämpft, gesiegt, geschlagen, Wels 1952

Report of the British Legal Mission to Greece Cmd 6838, London 1946

Ribar, I.: Politicki zapisci (Politische Notizen) Bd. IV, Belgrad 1952

Richter, H.: Griechenland zwischen Revolution und Konterrevolution (1936–1946), Frankfurt/M. 1973

Rintelen, E. v.: Mussolini als Bundesgenosse. Erinnerungen des deutschen Militärattachés in Rom 1936–1943, Tübingen 1951

Rintelen, E. v.: Mussolinis Parallelkrieg. In: Wehrwissenschaftliche Rundschau, Januar 1962

Röhricht, E.: Die Entwicklung auf dem Balkan 1943–1945. In: Wehrwissenschaftliche Rundschau 1962, H. 12

Roberts, W. R.: Tito, Mihailović and the Allies 1941–1945, New Jersey 1973

Rootham, J.: Miss Fire. The chronicle of a British Mission to Mihailović, 1943–1944, London 1946

Sarafis, St.: In den Bergen von Hellas, Berlin (Ost) 1964

Schellenberg, W.: Memoiren, Köln 1959

Schiebold, K.: Opfergang in Rumänien, Tübingen 1952

Schmidt-Richberg: Der Endkampf auf dem Balkan, Heidelberg 1955

Schraml, F.: Kriegsschauplatz Kroatien, Neckargmünd 1962

Schramm von Thadden, E.: Griechenland und die Großmächte im Zweiten Weltkrieg, Wiesbaden 1955

Schramm, P./Hillgruber, A./Hubatsch, W./Jacobsen, H.-A.

(Hrsg.): Kriegstagebuch des Oberkommandos der Wehrmacht (Wehrmachtführungsstab), 4 Bde., Frankfurt/M. 1961–1965

Schumann, W. (Hrsg.): Griff nach Südosteuropa, Berlin (Ost) 1973

Strugar, V.: Der jugoslawische Volksbefreiungskrieg 1941 bis 1945. 2 Bde., Berlin (Ost) 1969

The trial of Draza Mihailović. Stenographic records and documents, Beograd 1946

Tippelskirch, K. v.: Der deutsche Balkanfeldzug 1941. In: Wehrwissenschaftliche Rundschau, Heft 2

Tito, J. B.: Berba za oslobodjenje Jugoslavije 1941–1945, Beograd 1947

Tomać, P.: Cetvrta neprijatelska ofenziva, Beograd 1951

Toszkowa, W.: Balgarija i Tretijet Reich (1941–1944), Sofia 1975

Tsoukalas, C.: The Greek Tragedy, Harmondsworth 1969

Ulepić, Z.: Ratno vazduhoplovstvo v drugom svetskom ratu, Beograd 1974

Uzorinac-Kohary, T. v.: Die Geheimnisse der Ravna Gora. In: Neue Ordnung (14. 5. 1944)

Vauhnik, V.: Memoiren eines Militärattachés, Klagenfurt 1967

Vogel, G.: Mussolinis Überfall auf Griechenland im Oktober 1940. In: Europa Archiv, 1950, H. 5

Wehler, H.-U.: Reichsfestung Belgrad. In: Vierteljahrshefte für Zeitgeschichte, 1963, H. 11

Weichs, M. Frhr. v.: Das (persönliche) Tagebuch des Generalfeldmarschall Maximilian Freiherr von Weichs, 1943–1944 (31. 12. 1944), sowie die handschriftlichen Eintragungen, die Freiherr von Weichs als General 1941/42 und als Kriegsgefangener 1945–1946 angefertigt hat.

Deutsches Weißbuch Nr. 6: Die Geheimakten des französischen Generalstabes, Berlin 1941

Deutsches Weißbuch Nr. 7: Dokumente zum Konflikt mit Jugoslawien und Griechenland, Berlin 1941

Wuescht, J.: Jugoslawien und das Dritte Reich, Stuttgart 1969

Zakythinos, D. A.: La Grèce et les Balkans, Athen 1947

Namen- und Ortsverzeichnis

La Charité-sur-Loire 29, 35
Laibach (Ljubljana) 23, 106, 148
Lamia 210
Lange (dt. Adm.) 275
Lanz (dt. Gen.) 232, 275
Larissa 75, 107, 108, 282
Laurion 136
Leeper (brit. Botschafter) 277, 289
Lepoglava 272
Leros (Insel) 214, 216, 225, 232, 233, 278
Lesbos (Insel) 122
Leskovac 248
Leyser (dt. Gen.) 285, 301, 305
Lim (Fluß) 259, 287
Limnos (Insel) 122
Lissa → Vis
List (dt. GFM) 44, 56, 84, 87, 91, 99, 100, *113,* 127, 134, 142, 144, 148
Livno *175,* 176, 197, 199
Ljubljana → Laibach
Logothetopoulos (griech. Min.-Präs.) 181
Löhr (dt. Gen.) 99, 100, 107, 109, 112, *118,* 175, 176, 180, 184, 188, 196, 222, 272, 282, 291, 297, 302, 303, 305, 308
Lorković (kroat. Außenmin.) 272
Losnica 127, 148
Ludwiger (dt. Gen.) 206, 305
Lulac 172
Lüters (dt. Gen.) 180, 182, 185, 188, 210

Maček (Kroatenführer) 94
MacLean (brit. Brigad.) 221, 225, 236, 239, 240, 244, 245, 270, 302
MacMillan (brit. Min.) 277, 289
Maisky (sowj. Botsch.) 149
Malakastra 220
Malemes 82, 111, 112, 113
Marathon-See 278
Marburg (Maribor) 306, 309
Markowić (jugosl. Min.) 107
Medvenica-Bergland 125
Megara *279,* 281
Meindl (dt. Gen.) 113
Melos (Insel) 299
Mendakos (griech. Gen.) 125
Mesta (Fluß) 26
Metaxas (griech. Gen. u. Min.-Präs.) 25, 26, 28, 29, 32, 36, 42, 47, 50, 54, 60, 86, 87
Metaxas-Linie 26, 56, 68, *68,* 92, 99, 100, *102,* 103
Metsovo/Metsovo-, Zygon-

Paß 40, 48, 50, 75, 108
Mickl (dt. Gen.) 253
Mieß (Fluß) 306
Mihailović (Tschetnik-Anf.) 111, 112, *113,* 120, 125, 131, 137, 140, 145, 147, 148, 149, 150, 151, 153, 155, 157, 160, 164f., 178, 189, 191f., 194f., 207f., 211, 215, 227, 228, 233, 235, 244, 247, 270, 272, *273,* 275
Miljković (jugosl. Gen.) 107
Milos (Insel) 31, 114, 122, 278
Mircowić (jugosl. Gen.) 94
Mitrovica 125, 137, 232, 282, 285
Mlado Nagoricane 100
Mohacs 21
Molotow (sowj. Außenmin.) 33, 51, 52, 67, 86, 97, 260
Monastir (Bitola) 72, 75, 77, 103, *159*
Morava (Fluß) 103, 106, 144, 152, 280, 281, 282
Mostar 107, 170, 171, 175, 178, 199, 282, 291, 301
Mratinje 208
Mrkonjić Grad 178
Müller, F.W. (dt. Gen.) 184, 232, 275, 285, 304, 305
Mureck 306
Mussolini 24, 27, 28, 29, *29,* 30, 33, 34, 36, 48, 52, 53, 56, 58, 87, *90,* 91, 92, 94, 108, 110, 136, 148, 164, 220
Myers (brit. SOE-Col.) 206, 210, 220, 222, 227

Naday (ung. Gen.) 277
Nadj (jugosl. Gen.) 301, 302, 304
Nagy-Kanizsa 99
Narenta/Neretva (Fluß) 170, 197, 198f., 291
Naumović (jugosl. Gen.) 99
Nauplion 17, 110, 136
Nedeljkowić (jugosl. Gen.) 100
Nedić (jugosl. Gen. u. Min.-Präs.) 125, 126, 127, 137, 142, 152, 153, 166, 172, 208, 214, 270
Negobudje 207
Neidholdt (dt. Gen.) 206, 253
Neresinje 164, 196
Neretva → Narenta (Fluß)
Neubacher (Sonderbeauftr.) 181, 187, 224, 227, 270, 278
Nikopoli 21
Nikšić 106, 164
Niš (Nisch) 22, 97, 103, 106,

131, 148, 215, 248, 260, 262, 275, 280
Novi Pazar 23, 137

Obrenovac 127
Ochrida-See 53, 56, 59, 91, 103, 137
Ofen (Buda) 22
Ogulin 194, 197
Olymp 97, 103, 105, 107
Orfani, Golf von 282
Oshima (jap. Botsch.) 303
Oster (dt. Gen.) 97
Ostrožac 200
Ott (dt. Gen.) 99, 100

Panwitz (dt. Gen.) 230
Papadopoulos (griech. Gen.) 48, 50, 52
Papagos (griech. Gen.) 29, 35, 48, 50, 54, 75, *85,* 86, 88, 95, 97, 102, 103, 105, 106
Papandreou (griech. Exil-Min.-Pr.) 250, 251, 260, 262, 263, 277, 281, 285f.
Patmos (Insel) 232
Patras 36, 39, 111, 261, 278, 301
Paul (jugosl. Prinzreg.) 25, *27,* 62, 94
Pavel (dt. Gen.) 275
Pavelić (kroat. Staatschef) 24, 72, 107, 135, 148, 157, 164, 169, 180, 185, 256, 272, 275, 305, 311
Pecs (Fünfkirchen) 263
Pecanać (Tschetnik-Anf.) 138, 152
Peć 137
Pemsel (dt. Oberst) 151
Peneios 106
Peter II. v. Jugosl. 23, 65, 75, 94, 105, 160, 191, 215, 233, 235, 239, 240, 244, 245, *257,* 261, 272, 275, 277
Petrova Gora (Berg) 125
Petrovać → Bosnisch Petrovać
Philipopol → Plovdiv
Phleps (SS-Grf.) 184, 197, 206, 253, 270, 272
Pindus-Gebirge 50, 75, 78, 106, 108, 301
Piräus 69, 78, 92, 110, 112, 119, 178, 268, 278, 280, 288f.
Pirzio-Biroli (ital. Gen.) 100
Pitsikas (griech. Gen.) 107
Piva (Fluß) 208
Plastiras (griech. Gen., Min.-Pr.) 291, 301
Pleven 120
Plevna 22

Ploesti 32, 33, 55, 269
Plovdiv (Philipopol) 91, 120, 175
Podgorica (heute Titograd) 137, 248, 267
Popović (jugosl. Gen.) 203, 301, 302, 304
Pola 304
Posušje 199
Pozega 150, 194
Prapastica 111
Prävali (Prevalje) 308
Predeal 84, 87
Prenj-Gebirge 204
Prespa-See 48
Prevalje → Prävali
Prijedor 140, 197
Prijepolje 285
Prilep 77, 100, 103
Priština 111, 137, 280, 281, 287
Prochoma 103
Prozor 198, 201f.
Pudojevo 283

Radenković (jugosl. Gen.) 106
Raduša-Gebirge 198
Ragusa (Dubrovnik) 137, 170, 171, 224, 225, 242, 282
Rangabé (griech. Ges.) 92
Ranković (Mitarb. v. Tito) 138, 140, 276
Ravna Gora (Hochebene) 108, 112, 144, 147, 148, 150, 151
Rawlings (brit. Adm.) 118
Ražani 270
Reinhardt (dt. Gen.) 105, 106, 253
Rendulic (dt. Gen.) 222, 224f., 236f., 244f., 253f., 269f., 275
Rethymo 111, 116
Rhodos (Insel) 116, 162, 222, 226, 228, 274, 275
Ribar (AVNOJ-Präs.) 184, 234
Ribbentrop v. (dt. Außenmin.) 28, 34, 51, 62, 92, 94, 108, *124,* 302f.
Richthofen v. (dt. Gen.) 109, 110, 112, 113, 114
Rijeka → Fiume
Rila (Kloster) *173*
Ringel (dt. Gen.) 110, 114, 116, 253
Rintelen v. (dt. Gen.) 30, 31, 34
Roatta (ital. Gen.) 30, 31, 34, 100, 106, 142, 164, 166, 178, 196
Romanija Planina (Berg) 160, 210